“*컴퓨터 구조:* 정량적 접근 방법: 제 4 판”에 대한 찬사

“멀티프로세서의 시대가 도래하였다. 이는 피할 수 없는 사실이다. 단일 코어 프로세서의 시대를 마감하고 칩 멀티프로세서의 시대가 새로이 열리는 이 시점은 Hennessy와 Patterson이 저술한 이 고전적 교과서의 개정판이 출간하기에는 아주 적합한 시기이다. 지금까지 어떠한 책도 이 교과서가 가르쳐 준 원칙만큼 지대한 영향을 미친 책은 없었다. 이 개정판은 앞으로도 수년 간 그 최정상의 위치를 지킬 것이다.”

— Google 사의 Luiz André Barroso

“비틀즈의 음악, HP 계산기, 초콜릿 칩 쿠키와 *컴퓨터 구조 책*, 이들은 어떤 공통점을 갖고 있을까? 이들은 모두 시대를 우뚝 선 고전들이다.”

— Intel의 수석 설계자 Robert P. Colwell

“이 책은 모든 컴퓨터 설계자들이 숙지하여야 할 개념들에 대하여 권위 있는 참고문헌의 역할을 제공할 뿐만 아니라 컴퓨터 구조에서 새로이 생겨나는 분야에 대하여 좋은 출발점을 제공한다.”

— ARM 사의 Krisztián Flautner

“최고의 책이 더 좋아지고 있다! 이 개정판은 최신 정보로 갱신되었고 오늘날 컴퓨터 구조의 핵심 이슈들과 더 밀접하게 관련되어 있다. 또한, 새로운 연습문제 패러다임은 학생들과 교수 모두에게 훨씬 더 유용할 것이다.”

— HP Lab의 Norman P. Jouppi

“*컴퓨터 구조*는 RISC 혁명을 일으킨 기초위에 구축되어 있으며 CISC 번역 기술을 가능하게 하였다. 이 새 개정판은 차세대 멀티쓰레디드 멀티코어 프로세서에 필요한 최신 마이크로구조 기술들을 설명하고 통찰력을 제시한다.”

— Sun Microsystems 사의 석학 연구원, 부사장 겸 수석 설계자, Marc Tremblay

“이 책은 모든 면에서 위대한 교과서이다. 컴퓨터 구조와 설계를 정의하는 개념과 기술들을 노출시키는 데 교육학적으로 높은 가치를 지니고 있으며, 흥미롭게 읽을 수 있고 광범위한 주제들을 다루고 있다. 초판이 우수성의 기준을 정립하였고 이 개정판은 다시 한 번 우수성의 기준을 정립하였다.”

— UCLA의 Miloš Ercegovac

“저자들은 또 한 번 일을 해냈다. Hennessy와 Patterson은 이 깊고 변화하는 분야의 일인자임을 확실하게 증명하였다. 오류: 정보화 시대에서 컴퓨터 구조는 핵심 주제는 아니다. 함정: 컴퓨터 구조의 제 4 개정판이 필요하지 않다.”

— Harvard 대학의 Michael D. Smith

"Hennessy와 Patterson이 다시 한 번 해냈다. 제 4 개정판은 최신 CMOS 기술의 빠르게 변화하는 제한 사항들을 만족시킬 수 있도록 아름답게 개정된 고전의 앙코르이다. 실제 프로세서 제품의 상세한 사례 연구들은 특히 교육적이며 본문의 내용은 부드럽게 읽혀져서 손을 떼기 어렵다. 이 책은 학생은 물론 전문가에게도 필수적인 교과서이다!"

— IBM의 Pradip Bose

"*컴퓨터 구조*의 최신 개정판은 미래의 영향력 있는 설계자가 되기 위해 필요한 아키텍처의 기본과 기초를 학생들에게 충실히 전달한다."

— Intel의 Ravishankar Iyer

"기술이 발전하면서 설계의 기회와 제한 사항이 바뀌었으며 이 책 역시 변화하였다. 제 4 개정판은 최신 혁신 기술과 이 기술이 상용 제품에 대하여 미치는 영향을 함께 기술하는 전통을 이어가고 있으며 첨단의 프로세서와 메모리 시스템 설계 기술, 멀티쓰레딩과 칩 멀티프로세서, 저장 시스템, 가상 기계 등 근본적인 개념들을 기술한다. 이 책은 실제 상용 제품에 숨겨있는 아키텍처 기술을 공부하기를 원하는 누구에게나 훌륭한 자원이다."

— University of Wisconsin-Madison의 Gurindar Sohi

"나는 우리 학생들이 이 환상적인 책으로 컴퓨터 구조를 공부할 수 있게 되어 매우 행복하다. 하지만 동시에 이런 책을 나 자신이 쓰지 못한 것에 대해서는 약간의 질투를 느낀다."

— UPC Barcelona의 Mateo Valero

"Hennessy와 Patterson의 교육 방법은 컴퓨터 시스템 설계의 변화하는 모습에 따라 계속해서 진화하고 있다. 학생들은 이 책으로부터 컴퓨터 아키텍처 구조의 모습에 영향을 미치는 변수들과 컴퓨터 시스템 분야에서의 잠재력 있는 새로운 연구 방향에 대하여 통찰력을 얻을 것이다."

— University of Colorado at Boulder의 Dan Connors

이 개정판을 통해 *컴퓨터 구조* 책은 앞으로 10년 간 컴퓨터 구조를 배우는 모든 학생들에게 반드시 읽어야 하는 고전으로 남을 것이다.

— University of Illinois at Urbana-Champaign의 Wen-mei Hwu

*컴퓨터 구조*의 제 4 개정판은 컴퓨터 시스템 설계자와 학생, 연구원들의 마음을 얻고 있는 적절한 내용과 최신 기술 방향을 제시하는 전통을 계속 이어가고 있다. 이 새 개정판이 가르치는 교훈들은 지금까지 보다 그 이상으로 독자들에게 적절한 내용을 제공한다.

— Harvard 대학의 David Brooks

제 4 개정판으로 Hennessy와 Patterson은 *컴퓨터 구조*의 초판을 즉각적인 고전으로 만들어 준 이전의 영광을 재현하였다.

— University of Wisconsin-Madison의 Mark D. Hill

Fourth Edition

COMPUTER ARCHITECTURE

A Quantitative Approach

컴퓨터 구조

-정량적 접근방식-

Hennessy | Patterson 저
최 린 역

MK MORGAN KAUFMANN

홍릉과학출판사

John L. Hennessy는 현재 스탠포드 대학 총장이며 1977년부터 이 대학 전기공학 및 컴퓨터학과에서 교수로 재직중이다. Hennessy는 IEEE와 ACM의 석학 회원이며 국립공학원(National Academy of Engineering), 국립학술원 (National Academy of Science)의 회원이고 미국 과학예술원(American Academy of Arts and Sciences)의 석학 회원이다. 그는 RISC 기술에 대한 공헌으로 2001년 Eckert-Mauchly 상을 수상하였고, 2001년에는 Seymour Cray 컴퓨터 공학 상을, 2000년에는 David Patterson과 함께 John von Neumann 상을 수상하였다. 그는 또한 여러 명예박사 학위를 수상하였다.

1981년 스탠포드 대학에서 소수의 대학원생들과 MIPS 프로젝트를 시작하였다. 1984년 프로젝트를 완료한 후 대학을 1년 간 휴직하고 MIPS 컴퓨터 시스템을 공동으로 설립하였으며 최초의 상용 RISC 마이크로프로세서인 MIPS 프로세서를 개발하였다. 이 회사는 1991년 Silicon Graphic 사에 의해 인수되었고 1998년 MIPS Technologies 사로 독립하여 임베디드 시장의 마이크로프로세서 개발에 집중하였다. 2006년 현재 5억 개 이상의 MIPS 마이크로프로세서가 생산되어 비디오 게임과 휴대용 컴퓨터에서부터 레이저 프린터와 네트워크 스위치에 이르기까지 다양한 장치에 사용되었다.

David A. Patterson은 1977년부터 캘리포니아 대학교 버클리 캠퍼스에서 교수로 재직 중이며 현재 컴퓨터학과의 Pardee 석좌 교수로서 컴퓨터 구조를 강의하여 왔다. 그의 강의는 Upsilon Pi Epsilon으로부터 Abacus 상을, 캘리포니아 주립대학교로부터 최우수 강의 상을, ACM으로부터 Karlstrom 상을, IEEE로부터는 Mulligan 교육상과 학부 강의 상을 수상했다. Patterson은 RISC에 대한 공헌으로 IEEE 기술 업적 상을 수상했고 RAID에 대한 공헌으로 IEEE Johnson 정보 저장 장치 상을 공동 수상했다. 그 후 John Hennessy와 함께 IEEE John von Neumann 메달과 C & C 상을 공동 수상했다. Hennessy와 마찬가지로 Patterson 역시 미국 과학예술원, ACM, IEEE의 석학 회원이고 국립공학원, 국립학술원, 실리콘 밸리 공학 명예의 전당 정회원으로 선출되었다. 그는 버클리 전기공학 및 컴퓨터학과 학과장으로, 컴퓨팅 연구 연합(CRA) 회장으로, 또 ACM의 회장으로 미국 대통령의 정보 기술 자문 위원을 역임하였다. 이와 같은 업적으로 CRA로부터 최우수 서비스 상을 수상하였다.

버클리 대학에서 Patterson은 최초의 VLSI 축소 명령 집합 컴퓨터인 RISC I의 설계와 구현을 지휘하였다. 이 연구는 Sun Microsystems, 후지쯔와 타 회사들이 현재 사용중인 SPARC 아키텍처의 기초가 되었다. 그는 RAID 프로젝트를 주도하여 여러 회사로부터 신뢰성 있는 저장 시스템들의 개발을 이끌었다. 그는 또한 워크스테이션들의 네트워크인 NOW 프로젝트에 참여하였으며 이는 인터넷 회사들이 사용하는 클러스터 기술로 발전되었다. 이와 같은 프로젝트로 ACM으로부터 3 번의 학위 논문 상을 수상하였다. 그의 현재 프로젝트는 신뢰성 있고, 적응적이며 분산된 인터넷 서비스 기술을 창조하는 RAD 연구실과 다중 프로세서를 위한 연구 가속기(RAMP) 프로젝트가 있다. RAMP 프로젝트는 FPGA, 공개 소스 하드웨어와 소프트웨어를 기반으로 저비용의 대형 확장이 가능한 병렬 컴퓨터를 개발, 공급하는 것이다.

Computer Architecture
A Quantitative Approach

Fourth Edition

John L. Hennessy
Stanford University

David A. Patterson
University of California at Berkeley

기고자 명단

Andrea C. Arpaci-Dusseau
University of Wisconsin-Madison

Remzi H. Arpaci-Dusseau
University of Wisconsin-Madison

Krste Asanovic
Massachusetts Institute of Technology

Robert P. Colwell
R&E Colwell & Associates, Inc.

Thomas M. Conte
North Carolina State University

José Duato
Universitat Politécnica de Valéncia and *Simula*

Diana Franklin
California Polytechnic State University, San Luis Obispo

David Golbderg
Xerox Palo Alto Research Center

Wen-mei W. Hwu
University of Illinois at Urbana-Champaign

Norman P. Jouppi
HP Labs

Timothy M. Pinkston
University of Southern California

John W. Sias
University of Illinois at Urbana-Champaign

David A. Wood
University of Wisconsin-Madison

ELSEVIER
Amsterdam • Boston • Heidelberg • London
New York • Oxford • Paris • San Diego
San Francisco • Singapore • Sydney • Tokyo

MORGAN KAUFMANN PUBLISHERS

COMPUTER ARCHITECTURE

A Quantitative Approach (4/E)

John L. Hennessy and David A. Patterson 공저
최 린 역

ISBN : 9780123704900
Translated Edition ISBN : 9788972837152
Publication Date in Korea : 2008. 08. 30

Translated by HongReung Publishing Co.
Printed in Korea.

머리말

Fred Weber, MetaRAM 사의 대표 이사 및 CEO

컴퓨터 구조 분야에서 가장 저명한 이 책의 4 번째 개정판에 대한 머리말을 쓰게 되어 영광으로 생각한다. 초판에서 나의 첫 번째 산업계 스승이신 Gordon Bell은 이 책이 컴퓨터 구조 및 설계 분야를 새로이 정의하는 교과서가 될 것이라 예측하였다. 그의 예측은 옳았으며 이 책의 소개로 생겨난 흥분을 나 역시 생생히 기억한다. 지금 다시 세 번의 새 개정판에 실린 보강된 내용을 읽으니 즐거운 기억이 다시 떠오른다. 컴퓨터 구조 분야에서의 어떠한 책들도 – 솔직히 모든 분야의 책을 망라해서 – 이 책만큼 독자가 쉽고 빠르게 지식의 폭과 깊이를 넓혀준 책을 본 적이 없다.

이 책은 정확한 사실과 그림, 경험적 규칙과 이론, 예제와 설명 등을 상세히 다루고 있다. 또한 약어, 신기술, 경향, 공식, 예제와 표들로 가득 차 있다. 이는 컴퓨터 구조 분야에 대한 아주 적절한 접근 방법이다. 설계자의 역할은 새로운 현상을 심도 있게 연구하거나 새로운 기본 재료나 기술들을 창조하는 과학자나 발명자의 역할과는 다르다. 또한 뛰어난 공예품을 만들기 위해 도구들을 자유자재로 사용하는 장인의 역할과도 다르다. 설계자의 역할은 가능한 최신 기술을 철저히 이해하고, 과거와 현재의 바람직한 기술 유형을 완벽하게 분석하여, 조화롭게 전체 시스템을 설계하는 감각을 동원하여, 무언가를 제작하기 위해 이러한 지식과 자원을 총동원하여 정리하는 에너지와 확신을 요구한다. 이를 달성하기 위해서 설계자는 기본에 대한 충실한 이해와 그의 사고를 연마하기 위한 정량적 접근 기법과 함께 상당한 분량의 정보를 필요로 한다. 이 책은 바로 이를 제공한다.

컴퓨터 구조가 대형 컴퓨터, 미니컴퓨터, 마이크로프로세서의 시대에서 마이크로프로세서가 주도하는 시대로, 또 마이크로프로세서 자체가 과거 대형 컴퓨터의 모든 복잡성을 포함하는 시대로 진화함에 따라 저자는 이 책을 적절히 개정하여 왔다. 초판에 소개된 IBM 360, DEC VAX, Intel의 80x86 등은 그 당시 각 컴퓨터 유형의 정점을 대표하였고, RISC 구조를 세계에 소개하는데 공헌하였다. 이후의 개정판들은 그 후 컴퓨터 판도를 주도한 80x86과

RISC 프로세서를 상세히 소개하는 데 초점을 맞추었다. 본 개정판은 쓰레딩(threading), 멀티프로세싱, 가상화(virtualization), 메모리 계층, 저장 장치 시스템의 최신 내용을 보강하여 독자에게 최근의 중요한 기술적 발전 방향을 제시하고 앞으로 10년 간의 설계를 위한 준비를 제공한다. AMD의 Opteron과 SUN Niagara를 x86과 SPARC(RISC) 구조의 대표 사례로 집중 조명하고 멀티프로세싱과 시스템-온-칩 구조의 새로운 세계를 설명함으로써 첨단 컴퓨터 제품의 과학과 예술을 소개한다.

1장은 60 페이지 정도의 내용으로 컴퓨터 시스템의 분류, 컴퓨터 구조에서의 기본 이슈, 산업을 주도하는 기술 동향에 대하여 소개하고 컴퓨터 설계에서 이러한 모든 정보를 사용하기 위한 정량적 접근 방법을 소개한다. 2장과 3장은 전통적인 CPU 설계 기술에 초점을 두어 이 핵심 분야에서의 가능성과 제한점은 무엇인지 설명한다. 4, 5, 6장은 멀티프로세싱, 메모리 계층, 저장 시스템과 같은 시스템 이슈들을 기술한다. 컴퓨터 설계자에게 이 분야들에 대한 지식은 항상 매우 중요히 여겨져 왔으며 특히 시스템-온-칩 설계에서는 필수적이다. 마지막으로 부록에서는 구체적 사례 들을 상세히 논의하여 보다 깊이 있는 이해를 제공한다.

설계는 나무와 숲을 모두 볼 수 있어야 하며 또 두 관점을 자유롭게 바꿀 수 있어야 한다. 이 책을 통해 이 두 관점을 모두 충분히 접할 수 있을 것이다. 컴퓨터 설계, 빌딩의 건축, 교과서의 설계에 이르기까지 위대한 구조의 결과는 고객의 요구사항과 관심을 수용하여 고객으로 하여금 “와! 이런 것이 가능할 줄이야”와 같은 탄성을 야기하는 것이다. 이 책은 이러한 측면에서 성공적이며 내가 느꼈던 것과 같은 감동과 즐거움을 여러분에게도 가져다 주기를 바란다.

역자 머리말

이 책은 컴퓨터 구조 분야에서 전 세계적으로 가장 널리 읽혀지는 교과서 중 하나이며 최신 마이크로프로세서의 이론과 구현 기술, 개발 경향을 가장 정확하고 포괄적으로 설명한 참고 서적이다. 두 저자는 컴퓨터 구조 분야에서 가장 권위 있는 석학으로 두 권의 공저를 출간하였는데 그 첫 번째 저서가 바로 이 "Computer Architecture" 책이다. 이 책은 처음 발간되었을 때 그 전 교과서에서는 보여 주지 못했던 혁신적이고 과학적인 분석 방법을 사용하여 컴퓨터 구조에 대한 이해를 높인 책으로 현재 미국 대학원 및 학부 4학년 교제로 널리 사용되고 있으며, 두 번째 저서인 "Computer Organization and Design" 은 학부 컴퓨터 구조 분야의 입문서로 널리 보급되어 있다. 이 책은 컴퓨터 시스템 및 마이크로프로세서 분야의 현 주소를 가장 정확하게 정리하고 이론적인 방향을 제시하고 있으며, 인쇄본과 CD-ROM의 부록을 합쳐 1000 페이지가 넘는 방대한 분량으로 컴퓨터 구조와 관련된 거의 모든 분야를 망라한 참고 서적이라고 할 수 있다.

이 책은 컴퓨터 구조 분야에 관심을 가지고 있는 모든 학부 및 대학원 학생을 대상으로 한다. 더 나아가서 컴퓨터, 정보통신, 반도체 등 다양한 IT 산업에 종사하는 대기업/중소기업 연구원들께도 좋은 안내서와 참고 서적의 역할을 수행할 수 있을 것으로 기대한다. 컴퓨터 구조 분야는 컴퓨터 구조, 디지털 시스템, 회로 설계 및 VLSI/CAD, 반도체 공정 기술 등 하드웨어 지식은 물론, 컴파일러, 운영 체제, 데이터 구조 및 알고리즘 등 소프트웨어 분야의 지식을 포함하는 광범위하면서 학문적 깊이가 큰 분야로서 공부하기에는 상당히 많은 노력과 시간을 필요로 하는 학문 분야이다. 이 책을 통해 이 분야의 이해를 돕고 앞으로 비메모리 반도체 분야의 핵심 기술인 프로세서 설계 분야의 인재 양성에 도움이 되도록 하는 것이 본 역자의 작은 바람이다.

이 책은 1990년 처음 출간된 후 4 번째 개정판으로 그 인지도와 영향력을 고려하면 벌써 수차례 번역서가 출간되어야 마땅하나 그 내용면에서의 깊이와 방대한 분량으로 아직까지 국내에서는 번역서로 소개된 적이 없었다. 본 역자 역시 미 유학 시절에 이 책을 처음 교과서로 접한 인연을 갖고 있고 또 컴퓨터 구조 분야의 전문가 중 한 사람으로서 이 책을 국내에 번역서로 소개하게 된 것을 기쁘게 생각한다.

두 저자는 컴퓨터 구조의 개념과 기술들을 다양한 각도에서 분석함으로써 미묘한 의미까지 정확하게 전달하도록 상당한 주의를 기울였다. 또, 기존 우리말 교재에서는 설명되지 않았던 최신 용어와 개념들이 다수 소개되어 있어 이러한 원어 표현을 한글로 옮기기에는 정확하고 효과적으로 의미를 전달하는 데 있어서 역자로서 많은 고통이 따랐다. 본 역자는 가능하면 저자들의 메시지를 올바르게 전달하는 데 중점을 두었으며 일부는 좀 더 부드러운 표현으로 바꾸거나 또는 간단한 설명을 역자 각주로 추가하여 설명하였다. 하지만 아직도 딱딱하고 껄끄러운 표현이 있는 것을 부정할 수 없고 독자 여러분의 너그러운 이해를 바라는 바이다.

마지막으로 이 책의 출간을 추천해 주시고 책의 번역이 완료되기까지 1년 이상 기다려 주시며 애써 주신 홍릉과학출판사의 우명찬 사장님과 신선 상무님, 또 책 번역에서 찾아보기 부분을 도와준 고려대학교 이상훈 학생에게 깊은 감사를 보낸다.

차 례

서문

이 책을 쓰게 된 이유

이 책의 제 4 개정판을 통해서 우리의 목표는 내일의 기술 개발의 밑받침이 될 기본적 이론들을 기술하는 것이다. 컴퓨터 구조 분야에서의 기회에 대한 흥분은 줄지 않았으며 우리는 초판에서 기술한 이 분야에 대한 발언을 되풀이하고자 한다. “컴퓨터 구조란 결코 동작하지 않는 종이 위에 설계된 기계들의 따분한 과학이 아니다. 가격-성능-전력소모 측면에서 시장 힘의 균형을 요구함으로써 영예로운 실패들과 몇몇 주목할만한 성공으로 이끄는 예리한 지적 관심의 학문이다.”

우리가 처음 이 책을 소개할 때의 목표는 사람들로 하여금 컴퓨터 구조에 대한 공부와 생각의 방식을 변화시키는 것이었다. 이러한 목표는 여전히 유효하고 중요하다. 이 분야는 매일같이 새로이 변화하고 있으며, 따라서 비현실적인 정의와 설계보다는 실제의 사례와 실제 컴퓨터 시스템에서의 측정을 통하여 학습하여야 한다. 우리는 과거의 독자들 뿐만 아니라 새로이 동참하는 독자 모두 매우 환영하며 이 두 독자층 모두에게 실제 시스템에 대한 정량적 접근 기법과 분석을 제공할 것을 약속한다.

이전 개정판과 마찬가지로, 새 개정판 역시 고급 컴퓨터 구조와 설계 교육에 관련된 분들 뿐만 아니라 전문적인 공학자와 설계자에게도 유익하도록 최선을 다하였다. 이전 개정판에서와 같이 가격-성능-전력소모 사이의 타협과 훌륭한 공학 설계를 강조함으로써 컴퓨터 구조에 대한 신비성을 제거하는 데 주력하였다. 우리는 이 분야가 계속해서 성숙하여 전통 있는 과학과 공학 이론의 엄격한 정량적 토대를 마련할 것으로 믿는다.

본 개정판

*컴퓨터 구조: 정량적 접근 기법*의 4 번째 개정판은 초판 이후로 가중 중요한 개정판이다. 이 개정판에 대한 작업을 시작하기 바로 전에 Intel은 IBM, Sun과 같이 고성능 설계를 위해 칩당 여러 개의 프로세서 또는 코어를 사용하는

데 동참한다고 발표하였다. 책의 첫 그림에서 설명하듯이 16년간 지속되어온 매 18개월마다 두 배의 성능 증가를 이룩하여 온 단일 프로세서의 성능 증가율이 최근 상당히 줄어들고 있다. 컴퓨터 구조 분야의 이러한 추세는 역사상 처음으로 아무도 훨씬 더 빠른 단일 프로세서를 만들지 못하는 것을 의미한다. 만약 여러분이 새로운 기능의 추가로 인하여 프로그램을 더 빨리 실행하기를 원한다면 프로그램을 병렬화하여야 만 가능하다는 것이다.

따라서 이 전의 개정판들이 주로 명령어 수준의 병렬성(instruction-level parallelism, ILP)에 초점을 두어 설명하였다면 이 번 개정판은 쓰레드 수준의 병렬성(thread-level parallelism, TLP)과 데이터 수준의 병렬성(data-level parallelism, DLP)도 같은 비중으로 설명하였다. 초기 개정판들은 대형 멀티프로세서 서버에서의 TLP와 DLP를 다루었지만 현재는 단일 칩 멀티코어 제품에서 TLP와 DLP가 적용되고 있다. 이와 같은 역사적인 전환으로 인해 책의 순서가 변화되었다. 지난 개정판에서는 6장에서 멀티프로세서에 대하여 설명하였지만 이 개정판에서는 4장에서 소개하고 있다.

이 개정판 내용의 순서를 바꾸게 한 기술적 변화와 함께 이 개정판에서는 연습문제에 대한 새로운 접근 방법이 시도되었다. 각 장의 내용을 철저히 테스트하는 흥미 있고, 정확하고, 명확한 연습문제를 만드는 것은 매우 시간이 걸리고 놀라울 정도로 어려운 작업이다. 또한 인터넷은 연습문제의 수명을 불과 몇 달로 단축시키기까지 하였다. 숙제를 하는 대신에 학생들은 책이 출판되고 난 후 멀지 않아 웹에서 답안을 찾을 수 있다. 따라서 연습문제를 만들기까지의 엄청난 노력은 수포로 돌아가고 교수님들 역시 연습문제를 통해 학생들의 학습 성과를 평가하는 것을 기피하게 되었다.

이러한 문제를 완화시키기 위해 이 개정판에서는 두 가지 아이디어를 시험하고 있다. 첫 번째로, 우리는 학계와 산업계의 전문가들로 하여금 각 주제에 대한 연습문제들을 출제하도록 부탁하였다. 즉, 각 분야 최고의 전문가들이 각 장에서 소개된 주요 개념들을 활용하고 그 주제에 대한 독자의 이해를 평가하는 흥미 있는 방법들을 연구하였다는 것을 의미한다. 두 번째로, 각 연습문제들이 사례 연구를 중심으로 구성되었다. 각 사례 연구의 정량적 예제들을 다년간 흥미 있게 유지할 수 있도록, 또 강사들이 원하는 경우 이 예제들로부터 독자적인 새로운 연습문제들을 쉽게 창안해낼 수 있도록 구체적이고 견고하게 설계하였다. 이를 가능하게 하는 주 열쇠는 매년 각 사례 연구마다 새로운 연습문제들을 제공하는 것이다. 이 새로운 연습문제들은 몇몇 변수에 중요한 변화를 주어 이전 문제의 해답이 더 이상 적용하기 못하도록 할 것이다.

또 하나의 중요한 변화는 *컴퓨터 구조와 설계(Computer Organization and design, COD)*의 제 3 개정판처럼 본문은 거의 모든 독자들이 보고 싶어 하는 내용만 포함되도록 줄이고 선택적인 내용은 부록으로, 또 참고적인 내용들은 동반된 CD로 이동시킨 것이다. 이러한 변화의 동기는 다음과 같다:

1. 많은 학생들이 이 책의 크기에 불만을 가지고 있다. 초판에서 594 페이지의 본문과 160 페이지의 부록에서, 두 번째 개정판에서는 760 페이지의 본문과 223 페이지의 부록으로, 세 번째 개정판에서는 다시 880 페이지의 본문, 209 페이지의 부록, 245 페이지의 온라인 부록으로 확장되었던 것이다. 이런 상태로는 4 번째 개정판은 (책과 온라인을 합하여) 1500 페이지를 초과했을 것이다!
2. 마찬가지로, 교수님들 역시 한 교과목에서 너무 많은 분량을 다루는 것에 문제점을 인식하고 있었다.
3. *COD*의 경우와 마찬가지로, 본문 밖의 내용을 CD에 포함함으로써 독자들은 Elsevier의 웹 사이트에 접속을 통해 쉽게 모든 자료에 접근할 수 있다. 따라서 이 개정판의 부록은 추후에 새로운 개정판이 출판되더라도 독자들에게 제공될 수 있을 것이다.
4. 이러한 융통성을 통해 본문에 있던 파이프라이닝, 명령어 집합, 메모리 계층에 대한 복습 내용이 부록 A, B, C로 옮겨질 수 있었다. 강사는 물론 독자 역시 보다 빠르게 복습 내용을 점검한 후 2, 3, 5장에 있는 고급 주제들에 좀 더 많은 시간을 할애할 수 있다. 또한, 중요하지만 핵심 내용이 아닌 주제들은 CD 상의 부록으로 옮길 수 있었다. 그 결과 모든 자료가 제공되지만 출판된 책의 크기는 훨씬 줄었다. 본 개정판은 6장으로 구성되어 있고 각 장은 80페이지를 넘지 않는다. 반면에 지난 개정판은 8장으로 되어 있으며 가장 긴 것은 129페이지나 되었다.
5. 얇아진 책과 CD는 이 전 개정판들에 비하여 제조비용이 적기 때문에 출판사가 책의 정가를 상당히 낮출 수 있었다. 따라서 유럽 독자들에게도 국제판을 따로 제공할 필요가 없어졌다.

지난 개정판과의 또 다른 주요 변화는 3판에 소개된 내장된 자료들을 독립된 부록 D로 옮긴 것이다. 내장된 자료들이 책의 정량적 분석 부분과 문맥에 맞지 않은 부분이 있었고 또 이미 상당한 분량인 각 장의 내용을 증가시켰기 때문이다. 또한 모든 내장된 정보를 하나의 부록으로 모으는 것이 교육적인 장점도 있기 때문이었다.

본 개정판 역시 지난 개정판과 마찬가지로 실제 사례들을 이용하여 아이디어를 설명하는 전통을 이어 왔다. "종합" 절은 완전히 새로이 바뀌었다. 실제로 일부 내용은 이미 책이 인쇄소로 보내진 후에 결정되었다. 이 개정판의

"종합" 절에는 Intel의 Pentium 4, AMD의 Opteron, SUN의 T1("Niagara") 8개의 프로세서와 32개의 쓰레드를 지원하는 마이크로프로세서, 최신의 NetApp Filer, Internet Archive 클러스터, IBM의 Blue Gene/L 대규모 병렬 프로세서의 파이프라인 구조와 메모리 계층을 소개한다.

주제 선택과 구조

컴퓨터 구조 분야에는 기본적인 이론 수준에서 다루기 어려운 흥미로운 개념들이 너무 많기 때문에 전과 같이 보수적 관점에서 주제를 선택하였다. 모든 컴퓨터 구조 아이디어들을 포괄적으로 조사하기보다는 최신 컴퓨터에 사용되는 핵심 개념들을 집중적으로 다루었다. 주제의 선택 기준은 충분히 연구되어졌고 성공적으로 활용되어 정량적인 분석과 논의가 가능한 주제들을 선택하는 것이다.

다른 책이나 자료에서는 찾기 어려운 내용을 포함하기 위하여 가능하면 최신의 고급 내용들을 포함시키는 데 집중하였다. 따라서 다른 교재나 참고문헌에서는 찾을 수 없는 여러 최신 시스템에 대한 기술이 포함되었다. (컴퓨터 구조에 대한 보다 기본적인 소개는 *Computer Organization and Design: The Hardware/Software Interface*, 제 3 개정판을 참고하라.)

전체 내용의 소개

1장의 내용은 본 개정판에서 좀 더 보강되었다. 정적 전력소모, 동적 전력소모, 집적회로의 제조원가, 신뢰성과 가용성에 대한 수식들이 포함되었다. 평균의 다양성을 표현하기 위하여 이 전 개정판보다 기하 평균과 기하 표준 편차를 좀 더 심도 있게 다루었다. 이 장에서는 주로 책의 나머지 부분에서 사용될 수 있는 주제들을 논의하였다. 컴퓨터 설계와 성능 평가의 정량적 이론들을 소개하고 벤치마크 관련 절은 최신의 SPEC2006 벤치마크를 사용하여 개정하였다.

명령어 집합 구조(instruction set architecture, ISA)는 1990년대에 비하여 그 역할이 축소되었다는 판단에 따라 부록 B로 이동하였다. 전과 같이 MIPS64 구조를 사용하였다. ISA의 팬들을 위해 부록 B에는 10 가지의 RISC 아키텍처, 80x86, DEC VAX, IBM 360/370을 소개한다.

2장과 3장은 슈퍼스칼라 실행 기법, 분기 예측(branch prediction), 예측 실행(speculation), 동적 스케줄링과 관련된 컴파일러 기술을 포함한 고성능 프로세서의 명령어 수준 병렬성에 대하여 기술한다. 앞에서 언급하였듯이 필요한 경우를 위해 부록 A는 파이프라이닝의 기본 이론을 소개한다. 3장은 ILP의 제한성에 대하여 기술하였다. 이 개정판에서는 멀티쓰레딩에 대한 정량적 평가가 추가되었다. 3장은 또 경우에 따라 ILP 또는 TLP를 강조한 AMD Athlon, Intel Pentium 4, Intel Itanium 2, IBM Power5를 비교한다. 지난 개정판에서 중점적으로 다루었던 Itanium에 대한 내용은 이 구조가 초기의 주장과는 달리 영향력이 축소되었다는 판단에 따라 부록 G로 내용이 이동되었다.

ILP 위주의 논의에서 쓰레드와 데이터 수준의 병렬성을 같은 비중으로 다루기 위해 4장에서는 멀티프로세서 시스템의 내용을 보강하여 공유 메모리 구조(shared-memory architectures)를 집중적으로 논의하였다. 공유 메모리 구조의 성능에 대한 소개를 시작으로 대칭형(symmetric)과 분산형(distributed) 메모리 구조의 이론과 성능을 논의한다. 다음으로 메모리 동기화(synchronization)와 일관성 모델(consistency model)을 설명한다. 상용 제품으로는 혁신적 설계인 SUN의 T1("Niagara")을 예제로 소개하였다. T1은 단일 명령어 이슈(single-instruction issue), 6-단계 파이프라인의 마이크로구조를 가진 프로세서 8개를 단일 칩에 집적하였다. 각 프로세서는 4개의 쓰레드를 지원하므로 소프트웨어는 이 저 전력 칩으로부터 32개의 쓰레드를 사용할 수 있다.

앞에서 언급하였듯이 부록 C는 필요한 경우를 위해 캐시(cache)에 대한 기본적인 내용을 소개한다. 이에 따라 5장은 11 가지의 고급 캐시 최적화 기법들을 바로 소개할 수 있었다. 이 장에서는 보호(protection), 소프트웨어 관리, 하드웨어 관리 등의 장점을 제공하는 가상 기계(virtual machine)에 대한 새로운 절을 포함하였다. 예제로는 AMD의 Opteron을 사용하여 최근에 확장된 64 비트 주소를 위한 캐시 계층 구조와 가상 메모리(virtual memory) 기법에 대하여 설명하였다.

6장, "저장 시스템"에서는 신뢰성(reliability)과 가용성(availablity)의 내용을 확장하였고 RAID 6 시스템에 대한 설명과 실제 시스템에서의 고장률을 바탕으로 RAID에 대하여 소개하였다. 또 전과 같이 큐잉 이론(queuing theory)과 I/O 성능 벤치마크에 대하여 기술하였다. 하지만 이 전 개정판에서와 같이 가상의 클러스터를 구축하기 위한 과정을 단계별로 소개하는 대신에 실제 클러스터인 Internet Archive의 비용, 성능, 신뢰성을 평가하였다. "종합" 예제로는 AMD Opteron 마이크로프로세서에 기반 한 NetApp FAS6000 filer를 소개하였다.

앞에서 언급하였듯이 부록 A와 C는 파이프라이닝과 캐시의 기본 개념을 소개한다. 파이프라이닝에 생소한 독자는 2장과 3장을 읽기 전에 부록 A를 읽는 것을, 캐시에 생소한 독자는 5장을 읽기 전에 부록 C를 읽는 것을 권장한다.

부록 B는 MIPS64를 포함한 ISA의 이론을 다루며 부록 J는 Alpha, MIPS, PowerPC, SPARC의 64 비트 버전과 멀티미디어 확장 명령어 집합에 대하여 소개한다. 또한 전통적인 ISA들(80x86, VAX, IBM 360/370)과 널리 사용되는 임베디드 프로세서 명령어 집합들(ARM, Thumb, SuperH, MIPS16, Mitsubishi M32R)에 대한 내용을 포함한다. 부록 G는 VLIW ISA의 구조와 컴파일러를 소개하는 측면에서 ISA와 관련되어 있다.

부록 D는 Thomas M. Conte에 의해 보강되었으며 임베디드 시스템에 대하여 소개한다.

부록 E는 네트워크와 관련된 내용으로 Timothy M. Pinkston과 José Duato에 의해 수정되었다. 부록 F는 Krste Asanovic에 의해 교정되었고 벡터 프로세서에 대해 소개한다. 이 두 부록은 각 주제와 관련된 최고의 자료로 평가되고 있다.

부록 H는 병렬 처리 응용과 대형 공유 메모리 멀티프로세싱을 위한 캐시 일관성(coherence) 프로토콜에 대하여 기술한다. 부록 I는 컴퓨터 연산에 대한 내용으로 David Goldberg에 의해 수정되었다.

부록 K는 3 판으로부터 각 장의 "역사적 관점과 참고자료"의 내용을 하나의 부록으로 통합하였다. 각 장에서 소개된 아이디어에 대한 발명자를 소개하고 각 발명과 관련된 역사적 사실을 소개한다. 이는 컴퓨터 설계에 있어서 인간 드라마의 느낌을 제공한다. 또한 더 탐구를 원하는 컴퓨터 구조 분야의 학생을 위해 참고문헌을 제공한다. 만약 여러분이 시간이 있다면 이 절에서 소개된 몇몇 전통적인 논문들을 읽어 보기를 권장한다. 발명자로부터 아이디어를 직접 소개받는 것은 상당히 재미있고 교육적이다. "역사적 관점"은 이 전 개정판에서 가장 인기 있는 내용이었다.

부록 L(*textbooks.elsevier.com/0123704901*에서 다운로드 가능)은 책의 사례 연구 연습문제에 대한 해답을 제공한다.

본문의 탐색

1장부터 시작하는 것을 제외하면 본문의 각 장의 내용과 부록을 접근하는 정해진 순서는 없다. 책 내용 전부를 읽기를 원하지 않는다면 다음의 순서를 따르기를 제안한다.

- ILP: 부록 A, 2장, 3장, 부록 F, G
- 메모리 계층: 부록 C, 5장, 6장
- 쓰레드와 데이터 수준 병렬성: 4장, 부록 H, E
- ISA: 부록 B와 J

부록 D는 언제 읽어도 좋지만 ISA와 캐시를 읽은 후가 가장 좋다. 부록 I는 언제든지 연산에 관심이 갈 때 읽으면 된다.

장의 구조

각 장의 내용은 일관성 있는 체계로 소개되었다. 먼저 그 장에서 소개될 아이디어를 설명한 후 "연관된 이슈" 절에서는 각 장의 내용이 다른 장의 내용과 어떤 상관관계에 있는지를 기술한다. 다음의 "종합" 절에는 이러한 아이디어를 종합하여 어떻게 실제 시스템에서 사용되는지를 설명한다.

다음으로는 "오류와 함정" 절에서 독자들에게 다른 사람들이 저지른 실수로부터의 교훈을 소개한다. 또 의식하더라도 피하기 어려운 구조적 함정과 흔한 오해들의 예를 보여 준다. "오류와 함정" 절은 본 교재의 가장 인기 있는 내용이다. 각 장은 "결론" 절로 끝을 맺는다.

사례 연구와 연습문제

각 장의 끝에는 사례 연구와 연습문제가 제공되었다. 학계와 산업계의 전문가에 의해 기술된 사례 연구는 각 장의 주요 내용을 검토하고 또 흥미로운 연습문제를 통해 깊은 이해를 가능하게 한다. 교수님들 역시 충분히 상세하고 건실한 내용의 사례 연구를 통해서 독자적인 연습문제를 생성할 수 있을 것으로 기대한다.

각 연습문제의 괄호(<장.절>)는 문제를 푸는 데 관련된 본문 절을 표시한다. 이를 통해 독자들은 아직 읽지 않은 절에 대한 연습문제를 피하고 또 복습할 내용을 알 수 있다. 사례 연구 연습문제에 대한 해답은 부록 L에서 제공함을 주목하라. 각 연습문제는 문제의 해답을 구하는 데 소모되는 시간을 등급으로 표시하였다:

[10] (읽고 이해하는 데) 5 분 이내
[15] 정답을 구하는 데 5분에서 15분
[20] 정답을 구하는 데 15분에서 20분
[25] 정답을 작성하는 데 1시간
[30] 간단한 프로그래밍 과제: 1일 이내의 프로그래밍
[40] 상당한 분량의 프로그래밍 과제: 2 주 이상 소요
[토의] 다른 학생과의 토의 주제

*textbooks.elsevier.com/0123704901*에 등록하는 교수님들께는 2 번째의 다른 사례 연구 문제들이 제공된다. 이 두 번째 집합은 매해 여름에 수정되어 가을 학기마다 교수님들께 새로운 연습문제와 해답을 제공하게 될 것이다.

보충 자료

동반된 CD는 다음과 같은 다양한 자료들을 포함한다.

- 참고 부록 – 각 분야 전문가들이 저술한 다양한 고급 주제에 대한 기술
- 본문의 각 장에 소개된 주요 아이디어의 개발과 관련된 역사적 자료
- 본문과 CD에만 소개된 내용에 대한 탐색 엔진

추가적인 자료는 *textbooks.elsevier.com/0123704901*에서 얻을 수 있다. 강사 자료 사이트(*textbooks.elsevier.com*에 등록한 강사들에게 제공)는 다음의 자료를 제공한다.

- 또 다른 사례 연구 연습문제와 해답 (매년 갱신된다.)
- PowerPoint 강의자료
- (JPEG과 PPT 형태의) 책의 그림들

(모든 독자들에게 제공되는) 동반 사이트는 다음의 정보를 포함한다.

- 본문의 사례 연구 연습문제에 대한 해답
- 웹의 관련된 자료에 대한 링크
- 정오표

웹에서 제공되는 다른 자료들에 대한 새로운 자료와 링크는 정기적으로 추가될 것이다.

이 책의 교정에 도움을 주는 방법

마지막으로 여러분은 이 책을 읽으면서 여유 돈을 벌 수도 있다. 다음에 소개된 감사의 글에서 여러분은 오류를 교정하기 위하여 많은 지면을 할애한 것을 볼 수 있을 것이다. 교재는 여러 번 출판되는 과정을 거치므로 더 많은 교정을 수행할 기회가 있다. 만약 여러분이 아직 남아 있는 오류들을 찾게 된다면 이메일(*ca4bugs@mkp.com*)을 통해 출판사에게 연락하기를 부탁하는 바이다. 오류와 함께 미래 교정판에 포함될 수정을 보고하는 첫 번째 독자에게는 1$의 상금이 지급될 것이다. 홈페이지(*textbooks.elsevier.com/0123704901*)의 정오표를 점검하여 이미 보고된 오류들을 점검하라. 오류들에 대한 처리와 수표의 발행은 매 년 1번씩 수행하므로 인내심을 갖기를 바란다.

또 본문에 대한 어떠한 서평도 환영하며 *ca4comments@mkpcom*의 독립적인 이메일 주소로 의견을 보내주기를 부탁한다.

결론

이 책은 본 저자 각각이 각 장과 부록의 반반씩을 기술한 공동 작업이다. 각 저자는 이 작업의 반을 책임지었고, 불가능할 것 같은 작업에 영감을 불어넣었고, 어려운 개념을 소개하기 위한 통찰력을 제공하였고, 주말마다 각 장의 내용을 점검하였고, 다른 일로 인한 중압감으로 인해 펜을 들기도 어려울 때 서로를 위로 했다. 또 다른 사람의 이러한 도움 없이는 얼마나 오래 걸렸을지 상상하기조차 힘들다. (수차례 개정판이 나오면서 다른 업무로 인한 중압감은 기하급수적으로 증가했다. 왜냐하면 저자 중 한 사람은 스탠포드 대학의 총장이었고 다른 사람은 컴퓨터학회(Association for Computing Machinery)의 회장직을 수행하였기 때문이다.) 따라서 여러분이 읽게 될 내용에 대한 책임 역시 동등하다.

John Hennessy ▪ David Patterson

감사의 글

비록 이 책이 4판이지만 실제로는 9개 버전의 본문을 출간하였다: 초판의 세 버전(알파, 베타, 최종본)과 2, 3, 4판의 두 버전(베타와 최종본). 이 와중에서 수백 명의 심사자와 독자로부터 도움을 받았다. 이 분들 모두가 이 책을 개정하는 데 도움을 주었다. 따라서 이 책의 여러 버전에 공헌을 한 사람들의 리스트를 제공하기로 결정하였다.

4판에 도움을 준 사람들

지난 개정판과 마찬가지로 여러 지원자들의 도움으로 이 번 개정판이 깔끔히 마무리될 수 있었다.

심사자

Krste Asanovic, Massachusetts Institute of Technology; Mark Brehob, University of Michigan; Sudhanva Gurumurthi, University of Virginia; Mark D. Hill, University of Wisconsin-Madison; Wen-mei Hwu, University of Illinois at Urbana-Champaign; David Kaeli, Northeastern University; Ramadass Nagarajan, University of Texas at Austin; Karthikeyan Sankaralingam, University of Texas at Austin; Mark Smotherman, Clemson University; Gurindar Sohi, University of Wisconsin-Madison; Shyamkumar Thoziyoor, University of Notre Dame, Indiana; Dan Upton, University of Virginia; Sotirios G. Ziavras, New Jersey Institute of Technology

포커스 그룹

Krste Asanovic, Massachusetts Institute of Technology; José Duato, Universitat Politècnica de València and Simula; Antonio González, Intel and Universitat Politècnica de Catalunya; Mark D. Hill, University of Wisconsin-Madison; Lev G. Kirischian, Ryerson University; Timothy M. Pinkston, University of Southern California

부록

Krste Asanovic, Massachusetts Institute of Technology (부록 F); Thomas M. Conte, North Carolina State University (부록 D); José Duato, Universitat Politècnica de València and Simula (부록 E); David Goldberg, Xerox PARC (부록 I); Timothy M. Pinkston, University of Southern California (부록 E)

사례 연구와 연습문제

Andrea C. Arpaci-Dusseau, University of Wisconsin-Madison (6장); Remzi H. Arpaci-Dusseau, University of Wisconsin-Madison (6장); Robert P. Colwell, R&E Colwell & Assoc., Inc. (2장); Diana Franklin, California Polytechnic State University, San Luis Obispo (1장); Wen-mei W. Hwu, University of Illinois at Urbana-Champaign (3장); Norman P. Jouppi, HP Labs (5장); John W. Sias, University of Illinois at Urbana-Champaign (3장); David A. Wood, University of Wisconsin-Madison (4장)

추가 자료

John Mashey (1장의 기하 평균과 표준 편차); Chenming Hu, University of California, Berkeley (1장의 웨이퍼 비용과 생산 변수); Bill Brantley and Dan Mudgett, AMD (5장의 Opteron 메모리 계층 평가); Mendel Rosenblum, Stanford and VMware (5장의 가상 기계); Aravind Menon, EPFL Switzerland (5장의 Xen 측정 수치); Bruce Baumgart and Brewster Kahle, Internet Archive (6장의 IA 클러스터); David Ford, Steve Kleiman, and Steve Miller, Network Appliances (6장의 FX6000 정보); Alexander Thomasian, Rutgers (6장의 큐잉 이론)

마지막으로, 이 원고의 최종적인 기술적 검토를 도와준 Clemson 대학의 Mark Smotherman에게 다시 한 번 감사를 드린다. Mark는 수많은 오류와 모호한 글들을 찾아 주었고 그 결과 책은 훨씬 개선되었다.

이 책은 출판사 없이는 물론 출판될 수 없었다. Morgan Kaufmann/Elsevier 직원들의 노고와 지원에 감사한다. 제 4 개정판에서 자료조사, 포커스 그룹, 원고 검토와 부록의 작성을 도와준 Kimberlee Honjo에게 특히 감사를 드린다.

또 사례 연구의 개발과 검토를 도와준 Nate McFadden에게 감사를 드린다. 또 이 원고의 집필을 이끌어 준 편집자 Denise Penrose에게 따뜻한 감사의 말을 전하고 싶다.

또 이 책을 집필하는 동안 Stanford와 Berkeley의 업무와 수많은 특급 우편을 도와준 대학 직원들 Margaret Rowland와 Cecilia Pracher에게 감사를 드린다.

마지막으로 매일 이른 아침 원고의 검토와 집필로 인한 고통을 감내해 준 우리 아내들에게 감사한다.

지난 개정판에 도움을 준 사람들

심사자

George Adams, Purdue University; Sarita Adve, University of Illinois at Urbana-Champaign; Jim Archibald, Brigham Young University; Krste Asanovic, Massachusetts Institute of Technology; Jean-Loup Baer, University of Washington; Paul Barr, Northeastern University; Rajendra V. Boppana, University of Texas, San Antonio; Doug Burger, University of Texas, Austin; John Burger, SGI; Michael Butler; Thomas Casavant; Rohit Chandra; Peter Chen, University of Michigan; the clases at SUNY Stony Brook, Carnegie Mellon, Stanford, Clemson, and Wisconsin; Tim Coe, Vitesse Semiconductor; Bob Colwell, Intel; David Cummings; Bill Dally; David Douglas, Anthony Duben, Southeast Missouri State University; Susan Eggers, University of Washington; Joel Emer; Barry Fagin, Dartmouth; Joel Ferguson, University of California, Santa Cruz, Carl Feynman; David Filo; Josh Fisher, Hewlett-Packard Laboratories; Rob Fowler, DIKU; Mark Franklin, Washington University (St. Louis); Kourosh Gharachorloo; Nikolas Gloy, Harvard University; David Goldbeg, Xerox Palo Alto Research Center; James Goodman, University of Wisconsin-Madison; David Harris, Harvey Mudd College; John Heinlein; Mark Heinrich, Stanford; Daniel Helman, University of California, Santa Cruz; Mark Hill, University of Wisconsion-Madison; Martin Hopkins, IBM; Jerry Huck, Hewlett-Packard Laboratories; Mary Jane Irwin, Pennsylvania State University; Truman Joe; Norm Jouppi; David Kaeli, Northeastern University; Roger Kieckhafer, University of Nebraska; Earl Killian; Allan Knies, Purdue University; Don Knuth; Jeff Kuskin, Stanford; James R. Larus, Microsoft Research; Corinna Lee, University of Toronto; Hank Levy; Kai Li, Princeton University; Lori Liebrock, University of Alaska, Fairbanks; Mikko Lipasti, University of Wisconsin-Madison; Gyula A. Mago, University of North Carolina, Chapel Hill; Bryan Martin; Norman Matloff; David Meyer; William Michalson, Worcester Polytechnic Institute; James Mooney; Trevor Mudge, University of Michigan; David Nagle, Carnegie Mellon University; Todd

Narter; Victor Nelson; Vojin Oklobdzija, University of California, Berkeley; Kunle Olukotun, Stanford University; Bob Owens, Pennsylvania State University; Greg Papadapoulou Sun; Joseph Pfeiffer; Keshav Pingali, Cornell University; Bruno Preiss, University of Waterloo; Steven Przybylski; Jim Quinlan; Andras Radics; Kishore Ramachandran, Georgia Institute of Technology; Joseph Rameh, University of Texas, Austin; Anthony Reeves, Cornell University; Richard Reid, Michigan State University; Steve Reinhardt, University of Michigan; David Rennels, University of California, Los Angeles; Arnold L. Rosenberg, University of Massachusetts, Amherst; Kaushik Roy, Purdue University; Emilio Salgueiro, Unysis; Peter Schnorf; Margo Seltzer; Behrooz Shirazi, Southern Methodist University; Daniel Siewiorek, Carnegie Mellon University; J. P. Singh, Princeton; Ashok Singhal; Jim Smith, University of Wisconsion-Madison; Mike Smith, Harvard University; Mark Smotherman, Clemson University; Guri Sohi, University of Wisconsin-Madison; Arun Somani, University of Washington; Gene Tagliarin, Clemson University; Evan Tick, University of Oregon; Akhilesh Tyagi, University of North Carolina, Chapel Hill; Mateo Valero, Universidad Politécnica de Cataluña, Barcelona; Anujan Varma, University of California, Santa Cruz; Thorsten von Eicken, Cornell University; Hank Walker, Texas A&M; Roy Want, Xerox Palo Alto Research Center; David Weaver, Sun; Shlomo Weiss, Tel Aviv University; David Wells; Mike Westall, Clemson University; Maurice Wilkes; Eric Williams; Thomas Willis, Purdue University; Malcolm Wing; Larry Larry, SUNY Stony Brook. Ellen Witte Zegura, Georgia Institute of Technology

부록

벡터 부록은 MIT의 Krste Asanovic에 의해 수정되었다. 부동 소수점 부록은 Xerox PARC의 David Goldberg에 의해 최초로 작성되었다.

연습문제

George Adams, Purdue University; Todd M. Bezenek, University of Wisconsin-Madison(그의 할머니 Ethel Eshom을 추억하며); Susan Eggers; Anoop Gupta; David Hayes; Mark Hill; Allan Knies; Ethan L. Miller, University of California, Santa Cruz; Parthasarathy Ranganathan, Compaq Western Research Laboratory; Brandon Schwartz, University of Wisconsion-Madison; Michael Scott; Dan Siewiorek; Mike Smith; Mark Smotherman; Evan Tick; Thomas Willis.

그 밖의 분들에 대한 특별한 감사

Duane Adams, Defense Advanced Research Projects Agency; Tom Adams; Sarita Adve, University of Illinois at Urbana-Champaign; Anant Agarwal; Dave Albonesi, University of Rochester; Mitch Alsup; Howard Alt; Dave Anderson; Peter Ashenden; David Bailey; Bill Bandy, Defense Advanced Researach Projects Agency; L. Barroso, Compaq's Western Research Lab; Andy Bechtolsheim; C. Gordon Bell; Fred Berkowitz; John Best, IBM; Dileep Bhandarker; Jeff Bier, BDTI; Mark Birman; David Black; David Boggs; Jim Brady; Forrest Brewer; Aaron Brown, University of California, Berkeley; E. Bugnion, Compaq's Western Research Lab; Alper Buyuktosuno- glu, University of Rochester; Mark Callaghan; Jason F. Cantin; Paul Carrick; Chen-Chung Chang; Lei Chen, University of Rochester; Pete Chen; Nhan Chu; Doug Clark, Princeton University; Bob Cmelik; John Crawford; Zarka Cvetanovic; Mike Dahlin, University of Texas, Austin; Merrick Darley; the staff of the DEC Western Research Laboratory; John DeRosa; Lloyd Dickman; J. Ding; Susan Eggers, University of Washington; Wael El-Essawy, University of Rochester; Patty Enriquez, Mills; Milos Ercegovac; Robert Garner; K. Gharachorloo, Compaq's Weatern Research Lab; Garth Gibson; Ronald Greenberg; Ben Hao; John Henning, Compaq; Mark Hill, University of Wisconsin-Madison; Danny Hillis; David Hodges; Urs Hoelzle, Google; David Hough; Ed Hudson; Chris Hughes, University of Illinois at Urbana-Champaign; Mark Johnson; Lewis Jordan; Norm Jouppi; William Kahan; Randy Katz; Ed Kelly; Richard Kessler; Les Kohn; John Kowaleski, Compaq Computer Corp; Dan Lambright; Gary Lauterbach, Sun Microsystems; Corinna Lee; Ruby Lee; Don Lewine; Chao-Huang Lin; Paul Losleben, Defense Advanced Research Projects Agency; Yung-Hsiang Lu; Bob Lucas, Defense Advanced Research Projects Agency; Ken Lutz; Alan Mainwaring, Intel Berkeley Research Labs; Al Marston; Rich Martin, Rutgers; John Mashey; Luke McDowell; Sebastian Mirolo, Trimedia Corporation; Ravi Murthy; Biswadeep Nag; Lisa Noordergraaf, Sun Microsystems; Bob Parker, Defense Advanced Research Projects Agency; Vern Paxson, Center for Internet Research; Lawrence Prince; Steven Przybylski; Mark Pullen, Defense Advanced Research Projects Agency; Chris Rowen; Margaret Rowland; Greg Semeraro, University of Rochester; Bill Shannon; Behrooz Shirazi; Robert Shomler; Jim Slager; Mark Smotherman, Clemson University; the SMT research group at the University of Washington; Steve Squires, Defense Advanced Research Projects Agency; Ajay Sreekanth; Darren Staples; Charles Stapper; Jorge Stolfi; Peter Stoll; the students at Stanford and Berkeley who endure our first attempts at creating this book; Bob Supnik; Steve Swanson; Paul Taysom; Shreekant Thakkar; Alexander Thomasian, New Jersey Institute of Technology; John Toole, Defense Advanced Reserarch Projects Agency; Kees A. Vissers, Trimedia Corporation; Willa Walker; David Weaver; Ric Wheeler, EMC; Maurice Wilkes; Richad Zimmerman.

John Hennessy ▪ David Patterson

컴퓨터 구조 :

정량적인 접근 방식

COMPUTER ARCHITECTURE

Chapter **01**

컴퓨터 설계의 기초

Fundamentals of Computer Design

자 이제 완전히 새로운 세계가 펼쳐진다.

Monty Python의 플라잉 서커스

1.1 서론

Computer Architecture

최초의 전자식 컴퓨터가 발명된 이후 약 60년 간 컴퓨터 기술은 놀라운 발전을 거듭하였다. 500불이 안 되는 비용으로 1985년 백만 불에 구입한 컴퓨터에 비하여 더 빠른 성능, 더 큰 메인 메모리와 더 큰 디스크 공간을 가진 PC를 구입할 수 있다. 이와 같은 빠른 발전은 컴퓨터 제조 기술의 발전과 컴퓨터 설계 기술의 혁신을 통해 실현되었다.

제조 기술의 발전이 상당히 지속적으로 진행되어 온 반면 컴퓨터 구조의 혁신을 통한 발전은 일관성이 훨씬 적었다. 이 두 발전을 통해 전자식 컴퓨터 역사의 처음 25 년은 매년 25% 정도의 성능 향상을 이룩하였다. 1970년대 말에는 마이크로프로세서가 출현하였다. 집적회로 기술에 기반을 둔 마이크로프로세서를 통해 좀 더 빠른 속도, 즉 매년 35% 정도의 성능 향상이 가능하였다.

이러한 빠른 성능 향상과 대량 생산된 마이크로프로세서의 비용 절감 효과는 컴퓨터 산업에서 마이크로프로세서에 기반을 둔 시스템의 비중을 증가시켰다. 이와 더불어, 컴퓨터 시장에서 새로운 구조의 상업적 성공을 가져온 두 가지 중요한 변화가 일어났다. 첫째, 어셈블리(assembly) 프로그래밍이 거의 없어지게 됨에 따라 목적 코드(object-code) 호환성의 필요가 줄어들었다. 둘째, UNIX와 그 복제품인 Linux와 같이 표준화되고 기업과는 독립적인 운영 체제가 개발됨에 따라 새로운 컴퓨터 구조를 탄생시키는 데 드는 비용과 위험 요소는 절감되었다.

이러한 변화들은 1980년대에 RISC[1)](Reduced Instruction Set Computer)라 불리는 간단한 명령어 집합을 가진 새로운 아키텍처들을 성공적으로 개발하는 것을 가능하게 하였다. RISC 기반 시스템에서 설계자들은 (초기에는 파이프라이닝으로 후기에는 다중 명령어 이슈[2)]를 통해) *명령어 수준 병렬성*과 (초기에는 단순한 형태로 후기에는 보다 발전된 구조와 최적화 기법을 적용한) 캐시의 사용이라는 두 가지 중요한 성능 향상 기법을 집중하였다.

RISC 기반 시스템들로 인해 성능의 기준이 높아지면서 이전의 아키텍처들은 성능을 쫓아오거나 그렇지 못한 경우에는 시장에서 사라지게 되었다. Digital Equipment 사의 VAX 아키텍처[3)]는 결국 RISC 아키텍처에 의해 대체되었다. Intel은 x86 (또는 IA-32) 명령어를 내부적으로 RISC 형태의 명령어로 변환하는 방식을 통해 RISC 설계에서 처음 시도된 많은 혁신적 기법들을 채택함으로써 이 도전에 성공하였다. 1990년대 후반에 이르러 칩에 집적할 수 있는 트랜지스터의 수가 급상승함에 따라 복잡한

1) 축소 명령어 집합 컴퓨터라고도 불린다. 이 책에서는 RISC라는 영문 약어를 사용한다.
2) Multiple instruction issue. 슈퍼스칼라, VLIW 프로세서와 같이 한 클록에 여러 개의 명령을 처리하는 마이크로구조 기법.
3) 여기서 아키텍처(architecture)의 의미는 명령어 집합 구조(ISA)를 주로 의미한다.

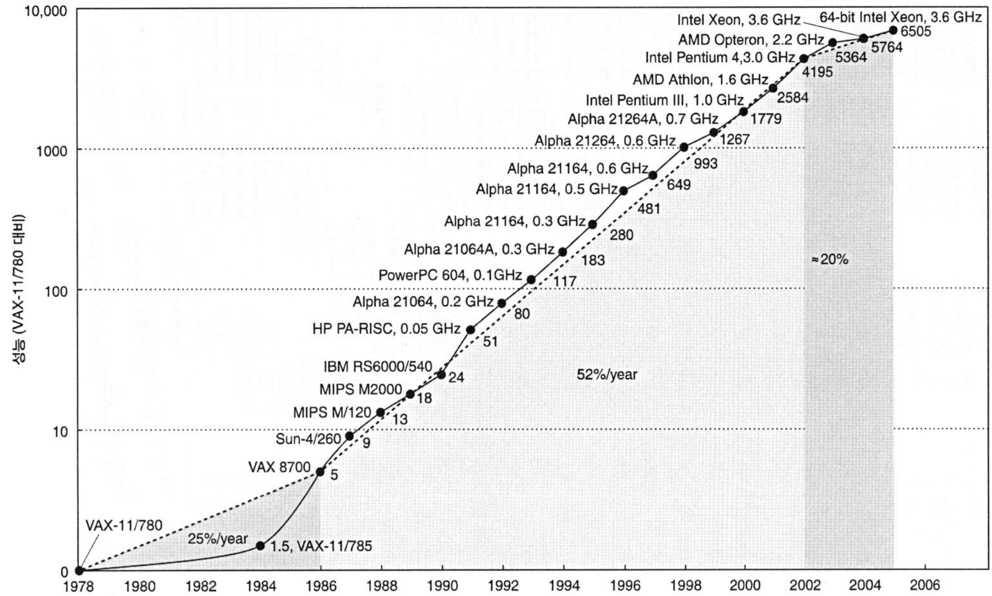

그림 1.1 1980년대 중반 이후 프로세서의 성능 향상. 이 차트는 SPECint 벤치마크(1.8절 참조)에 의해 측정된 각 프로세서의 성능을 VAX 11/780 시스템에 대비하여 상대적 성능으로 보여 준다. 1980년대 중반 이전까지 프로세서의 성능 증가율은 평균 연간 25% 정도의 비율로 주로 반도체 기술에 의해 주도되었다. 그 이후는 더 향상된 아키텍처와 구조적 혁신을 통해 2002년까지 연간 약 52% 비율로 성능 향상이 이루어졌다. 부동 소수점(floating-point) 연산 성능은 더 빠른 속도로 증가하였다. 하지만 2002년 이후, 전력 소비 문제, 이용 가능한 명령어 수준 병렬성의 부족, 긴 메모리 지연시간 등으로 인하여 단일 프로세서의 성능 향상은 최근까지 연간 20% 정도로 둔화되었다. SPEC 벤치마크 역시 시간에 따라 수차례 변화되어왔기 때문에 새로운 기종의 성능은 SPEC의 두 버전 사이 (예를 들어, SPEC92 대 SPEC95, 또는 SPEC95 대 SPEC2000)의 상대적 성능을 기준으로 변환하여 표시하였다.

x86 명령어들을 변환하는 데 드는 하드웨어 비용은 무시할 수 있을 만큼 작아졌다.

그림 1.1은 아키텍처와 구조적 향상을 통해 16년 간 연간 50% 이상의 성능 증가를 지속적으로 가져왔음을 보여 준다. 이러한 성능 향상은 컴퓨터 산업에서 전례를 찾아보기 힘든 사례이다.

20세기 이러한 극적인 성장 속도는 다음과 같은 두 가지 효과를 가져왔다. 첫째, 컴퓨터 사용자에 제공되는 능력을 엄청나게 증가시켰다. 많은 응용에서 오늘날 최고 성능의 마이크로프로세서는 10년도 안된 슈퍼컴퓨터의 성능을 압도한다.

둘째, 이러한 급격한 성능 향상은 모든 기종의 컴퓨터 설계를 마이크로프로세서 기반으로 변화시켰다. PC와 워크스테이션이 컴퓨터 산업의 대표 제품으로 출현하였다. 전통적으로 보드 수준의 설계 또는 게이트 어레이(gate array)로 제작되던 미니컴퓨터는 마이크로프로세서들을 사용한 서버로 바뀌었으며, 메인프레임[4](Mainframe) 역시 대부분 작은 상용 마이크로프로세서들로 구성된 멀티프로세서 시스템으로 대체되었다. 고성능 슈퍼컴퓨터조차도 마이크로프로세서들의 집단으로 구현되었다.

4) 대형 컴퓨터라고도 불린다. 이 책에서는 영어명인 메인프레임을 사용한다.

컴퓨터 구조 개선과 반도체 기술의 발전을 중심으로 한 이러한 혁신을 통해 컴퓨터 설계는 부흥기를 맞이하였다. 이러한 성장 속도는 2002년까지 고성능 마이크로프로세서의 성능을 회로 설계 기술과 반도체 기술만으로 가능한 것에 비하여 약 7배가량 증가시켰다.

하지만, 그림 1.1에서 보듯이 16년간의 르네상스 시대는 막을 내렸다. 2002년 이후 프로세서의 성능 향상률은 매년 약 20% 정도로 둔화되었다. 이는 칩 전력 소비의 증가, 효율적으로 이용할 수 있는 명령어 수준 병렬성의 고갈, 거의 변화가 없는 메모리 지연시간 등 세 가지 장벽에 기인한다. 2004년에 결국 Intel은 고성능 프로세서 프로젝트를 취소시켰고 IBM, Sun과 마찬가지로 빠른 단일 프로세서 보다는 한 칩에 여러 프로세서를 집적하여 성능을 향상시킬 것을 선언하게 이르렀다. 이는 명령어 수준 병렬성(ILP)에서 *쓰레드 수준 병렬성*(TLP)과 *데이터 수준 병렬성*(DLP)로의 역사적 변환을 의미한다. ILP는 프로그래머의 의도와 상관없이 컴파일러와 하드웨어가 이용할 수 있는 반면, TLP와 DLP는 명시적 병렬성을 요구한다. 즉, 성능 향상을 위해서는 프로그래머가 병렬 코드를 작성하여야 한다.

이 책은 지난 세기 엄청난 발전을 가능하게 한 컴퓨터 아키텍처의 개념들과 이와 관련된 컴파일러 기술들을 소개하고 이러한 극적인 변화의 이유를 설명하며 21세기 유망한 아키텍처와 컴파일러 기법을 소개한다. 그 핵심은 프로그램의 관찰과 실험, 시뮬레이션을 도구로 사용하는 컴퓨터 설계와 분석에 있어서의 정량적 접근 기법이다. 이 책은 이러한 설계 유형을 설명하고 또 여러분들로 하여금 이러한 발전에 공헌을 하도록 유도한다. 이러한 접근 기법이 지난 과거의 암시적 병렬 컴퓨터에서와 마찬가지로 미래의 명시적 병렬 컴퓨터에서도 유효할 것으로 믿어 의심치 않는 바이다.

1.2 컴퓨터 시스템의 유형

Computer Architecture

1960년대의 일반적인 컴퓨터 유형은 수백만 불을 호가하며 컴퓨터실에 설치되어 여러 명의 운영자들에 의해 관리되는 대형 메인프레임이었다. 주로 비즈니스 데이터 처리와 대규모 과학 계산용으로 사용되었다. 1970년대는 더 작은 규모의 미니컴퓨터가 출현하여 초기에는 과학 실험실의 연구용으로 사용되다가 시분할 방식(time-sharing)이 인기를 얻자 곧 여러 개의 독립적인 터미널을 사용하여 여러 사용자가 공유하는 대화형 컴퓨터로 그 응용이 확장되었다. 또 이 시기에 과학 계산용 고성능 컴퓨터인 슈퍼컴퓨터가 출현하였다. 비록 숫자는 적었지만 후에 그 보다 저가의 컴퓨터 유형에도 적용된 혁신 기술들을 제공하였으므로 역사적으로 중요한 가치가 있다. 1980년대에는 개인용 컴퓨터와 워크스테이션의 형태로 마이크로프로세서에 기반을 둔 데스크탑 컴퓨터(desktop computers)들이 출현하였다. 이러한 개인용 데스크탑 컴퓨터는 시분할 방식의 컴퓨터를 대체하기 시작하였고 서버의 출현을 촉진시켰다. 서버는 신뢰성 있고 장시간 저장할 수 있는 파일 공간과 더 큰 메모리, 더 강력해진 계산 성능과 같은 대형 서비스를 제공하였다. 1990년대에는 인터넷과 월드 와이드 웹(World Wide Web), 최초의 성공적인 휴대용 컴퓨터인 PDA(personal digital assistant), 비디오 게임에서 셋 탑 박스(set-top box)에 이르는 고성능 디지털 가전제품 등이 출현하였다. 21세기 들어서는 휴대폰의 놀라운 인기를 빠트릴 수 없다. 휴대폰은 빠르게 기능이 향상되었고 판매 규모는 PC 전체 판매액을 훨씬 초과한다. 이러한 최신의 응용 시스템들은 *임베디드 컴퓨터(embedded computers)*를 사용한다. 임베디드 컴퓨터는 다른 장치 속에 설치되어 있어 컴퓨터의 존재를 쉽게 인식하기 어렵다.

이러한 변화들은 21세기 들어 컴퓨터, 컴퓨터 응용, 컴퓨터 시장을 바라보는 시각을 급격히 변화시켰다. 20년 전 PC의 출현 이후 컴퓨터의 모습과 사용면에서 이와 같은 급격한 변화를 찾을 수 없기 때문이다. 컴퓨터 사용의 이러한 변화는 응용, 요구사항, 컴퓨터 기술 측면에서 각기 다른 세 분야의 컴퓨터 시장을 출현시켰다. 이러한 세 컴퓨팅 환경 클래스들과 그 중요 특징은 그림 1.2에 요약되어 있다.

데스크탑 컴퓨터

가장 오래된 시장이면서 여전히 가장 큰 컴퓨터 시장은 데스크탑 컴퓨터 분야이다. 데스크탑 컴퓨터는 $500 이하의 저가 시스템에서부터 $5000의 고급 사양 워크스테이션에 이르기 까지 다양하며 주로 *가격 대 성능 비(price-performance)*를 최적화하는 경향을 가지고 있다. 이러한 성능(주로 계산 성능과 그래픽 성능으로 측정)과 시스템 가격이 이 시장의 고객에게 가장 중요하며 이는 컴퓨터 설계자에게도 마찬가지이다. 그 결과 가장 최신의, 최고 성능의 마이크로프로세서뿐만 아니라 비용을 줄인 마이크로프로세서들이 종종 데스크탑 시스템에 가장 먼저 사용된다. (컴퓨터 가격에 영향을 주는 이슈에 대한 논의는 1.6절을 참조하라.)

특 징	데스크탑	서 버	임베디드 시스템
시스템 가격	$500-$5000	$5000-$5,000,000	$10-$100,000(고 가격 대에서 네트워크 라우터포함)
마이크로프로세서 모듈의 가격	$50-$500 (개 당)	$200-$10,000 (개 당)	$0.01-$100 (개 당)
중요 시스템 설계 이슈	가격대 성능비 그래픽 성능	처리량, 가용성, 확장성	가격, 전력 소비, 특정 응용의 성능

그림 1.2 세 가지 주요 컴퓨터 시스템 유형과 특성 요약. 서버와 임베디드 시스템의 큰 가격 범위에 주목하라. 서버에서 고가격 시스템은 고급 트랜잭션 처리와 웹 서버 응용을 위한 대형 멀티프로세서 시스템으로 사용된다. 2005년 판매된 임베디드 프로세서의 수는 8비트와 16비트 마이크로프로세서를 포함하면 30억 개가 넘는 것으로 추정된다. 2 억대의 데스크탑과 1000만대의 서버가 2005년에 판매되었다.

데스크탑 컴퓨터는 비록 웹 중심의 대화형 응용들이 늘어나면서 성능 평가가 어려워지긴 하지만 그 응용과 벤치마크 측면에서 특징들이 비교적 잘 정리되어 있는 편이다.

서버

데스크탑 컴퓨터의 시대가 도래하자, 보다 신뢰성 있는 파일 시스템과 대형 컴퓨팅 서비스를 제공하는 서버의 역할이 증가하게 되었다. 월드 와이드 웹을 통한 더 발전된 웹 기반 서비스에 대한 요구가 급격히 증가함에 따라 이러한 경향은 가속화되었다. 서버는 대 기업 전산 시스템의 중추 역할을 수행하게 되었고 기존의 메인프레임을 대체하게 되었다.

서버에서는 다른 특성들이 요구되었다. 첫째, 의존성(dependability)이 중요하다. (1.7절에서 의존성에 대하여 기술한다.) Google 서버나 Cisco사로부터 주문을 받는 서버, 또는 eBay에서 경매를 수행하는 서버를 고려하여 보자. 이 서버들은 주 칠 일, 매일 24 시간 작동하여야 하므로 이러한 서버 시스템에서의 고장은 단일 데스크탑 시스템에 비하여 훨씬 피해가 크다. 그림 1.3은 2000년 기준으로 고장 시간의 매출액 손실을 추정한다. 최신 자료에 따르면 Amazon.com은 2005년 가을 매출액이 29억 8천만 불이다. 이 기간 약 2200 시간의 다운 시간이 있었으므로 시간당 평균 매출액 손실액은 135만 불이다. 크리스마스 쇼핑의 주 시간대라면 그 손실은 몇 배 이상 더 컸을 것이다.

따라서 시스템의 다운 시간으로 인한 비용은 엄청나다. 하지만 그림 1.3과

응용 프로그램	시간당 다운 시간의 비용 (천 불 단위)	다운 타임에 따른 연간 손실액 (백만 불 단위)		
		1% (연간 87.6 시간)	0.5% (연간 43.8 시간)	0.1% (연간 8.8시간)
부동산 중개	$6450	$565	$283	$56.5
신용 카드 허가	$2600	$228	$114	$22.8
우편 서비스	$150	$13	$6.6	$1.3
홈 쇼핑 채널	$113	$9.9	$4.9	$1.0
카탈로그 판매 센터	$90	$7.9	$3.9	$0.8
항공 예약 센터	$89	$7.9	$3.9	$0.8
휴대폰 서비스 활성화	$41	$3.6	$1.8	$0.4
온라인 통신비용	$25	$2.2	$1.1	$0.2
ATM 서비스 비용	$14	$1.2	$0.6	$0.1

그림 1.3 세 가지 다운 시간 비율과 다운 시간의 균일한 분포를 가정한 경우, 시스템 고장 시간에 따른 손실액을 (매출액 손실의 관점에서) 분석하여 보여 준다. 이 데이터는 Kembel [2000]로부터 참조된 것으로 Contingency Planning Research에 의해 수집, 분석되었다.

Amazon 숫자는 순수 매출액 손실만 고려한 것이지 직원의 생산성 저하나 불만족한 고객으로 인한 손실은 고려되지 않았다.

두 번째 서버 시스템의 주요 특징은 확장성이다. 서버 시스템은 서비스의 요구사항이 증가하거나 기능적 추가에 의해 종종 기능과 성능이 확장되어야 한다. 따라서 서버의 컴퓨팅 성능, 저장 공간, I/O 대역폭을 증가시킬 수 있는 것이 중요하다.

마지막으로 서버는 처리량을 극대화하도록 설계되어야 한다. 즉, 분당 처리되는 트랜잭션의 수, 초당 서비스되는 웹 페이지의 수 관점에서 서버의 총 성능이 중요하다. 대부분의 서버에서는 개개 요청에 대한 응답도 중요하지만 그 보다 더 중요한 것은 단위 시간당 처리되는 요청의 수로 결정되는 전체 성능과 가격 효율성이다. 1.8절에서 다른 유형의 컴퓨팅 환경에서의 성능 평가 이슈에 대하여 설명한다.

서버와 관련된 또 다른 컴퓨터 유형은 *슈퍼컴퓨터(supercomputer)*이다. 가장 고가의 컴퓨팅 장비로 수천만 불을 호가하며 부동 소수점 연산 성능을 강조한다. 데스크탑 컴퓨터로 구성된 클러스터(cluster)들이 많은 부분 이 역할을 대체하였으며 부록 H에서 보다 상세히 설명하기로 하자. 클러스터의 인기가 높아지자 슈퍼컴퓨터 제조 회사 수는 감소하고 있으며 기존 슈퍼컴퓨터의 수 역시 감소하고 있다.

임베디드 컴퓨터

임베디드 컴퓨터는 컴퓨터 시장에서 가장 성장이 빠른 분야이다. 임베디드 컴퓨터를 탑재한 시스템은 전자레인지, 프린터, 네트워크 스위치, 자동차와 같은 일상 용품에서부터 휴대폰, 스마트카드와 같은 휴대용 전자 기기, 비디오 게임기, 디지털 셋 탑 박스에 이르기 까지 다양하다.

임베디드 컴퓨터는 가격과 성능에서 많은 차이가 있다. 10센트도 안 되는 8비트, 16비트 프로세서, 5$ 이하의 가격으로 초당 1억 개의 명령을 실행하는 32비트 마이크로프로세서, 최신형 비디오 게임기나 네트워크 스위치에 사용되며 $100 정도의 가격으로 초당 수십억 개의 명령을 실행하는 고성능 프로세서 등이 포함된다. 비록 임베디드 컴퓨터 시장에서 계산 성능의 차이는 크지만, 이 분야 컴퓨터 설계의 핵심 요소는 가격이다. 물론 성능적인 요구 사항도 존재하지만 고가격에 더 높은 성능을 제공하는 것 보다는 최소가격에 성능 요구를 만족시키는 것이 주요 목표이다.

종종 임베디드 응용에서는 실시간 실행의 성능이 요구된다. *실시간 성능(real-time performance)* 요구조건은 응용이 특정 영역을 실행할 때 절대적인 최대 실행시간 내에 처리되어야 한다는 것이다. 예를 들어, 디지털 셋 탑 박스에서 프로세서는 짧은 시간에 다음 프레임을 받아들여 처리하여야 하기 때문에 각 비디오 프레임을 처리하는 시간은 제한되어 있다. 어떤 응용의 경우에는 좀 더 미묘한 요구조건을 갖고 있다. 특정 작업을 수행하는 평균 시간뿐만 아니라 최대 허용 시간이 초과된 경우의 수 역시 제한되어야 한다. *소프트 리얼타임*[5]*(soft real-time)*이라 불리는 이러한 접근 방법은 때때로 특정 사건에 대한 시간제한을 만족시키지 못하는 것을 그 수가 많지 않다면 허용한다. 실시간 성능은 응용에 따라 좌우되는 경향이 있다.

이에 추가하여 대부분의 임베디드 응용은 저 전력과 저 메모리라는 두 가지 중요한 특성을 갖고 있다. 많은 임베디드 응용에서 메모리는 시스템 가격의 많은 부분을 차지하고 있으며 따라서 이 경우 메모리 크기의 최적화는 중요하다. 때로는 응용 전체가 프로세서 내부의 메모리에 적재되어야 하는 경우도 있고 칩 외부의 메모리에 적재되어야 하는 경우도 있다. 데이터의 크기는 응용 프로그램에 의해 결정되기 때문에 메모리 크기는 결국 코드 크기 문제로 귀결된다.

큰 메모리는 또한 많은 전력 소모를 의미하므로 임베디드 응용에서 전력 소비를 최적화시키는 것이 중요하다. 비록 저 전력은 종종 배터리의 사용에 의해 좌우되지만, 저가의 패키징에 대한 필요성, 즉 플라스틱 대 세라믹, 냉각 팬의 부재 역시 전력 소모를 제한한다. 전력 이슈는 1.5절에서 자세히 논의한다.

이 책의 내용 대부분은 시판되는 마이크로프로세서이든 마이크로프로세서 코어이든 간에 임베디드 프로세서의 설계, 사용, 성능에도 동일하게 적용된다.

이 책의 3판 역시 각 장의 아이디어를 예시하기 위해 임베디드 컴퓨터의 예제들을 포함하였다. 하지만 데스크탑과 서버의 정략적 설계와 평가가 아직 임베디드 컴퓨터에게는 잘 적용되지 않아서 (예를 들어, 1.8절의 EEMBC와 관련된 이슈를 참조하라.) 많은 독자들이 이러한 예제에 만족하지 못했었다. 따라서 이 책의 나머지 부분과는 어울리지 않게 정성적인 설명만을 포함한다. 그 결과로 이번 개정판에서는 임베디드 시스템과 관련된 내용을 하나의 부록으로 통합하였다. 이 새로운 부록(부록 D)이 독자들에게 이러한 다른 요구 사항들이 임베디드 시스템에 어떻게 영향을 주었는지를 설명할 뿐만 아니라 책의 전개 흐름을 개선할 것으로 기대한다.

1.3 컴퓨터 구조의 정의

Computer Architecture

컴퓨터 설계자의 작업은 복잡하다. 새로운 컴퓨터에 대한 중요 특성을 결정하고 가격, 전력 소비, 가용성 제한 조건을 만족시키면서 성능을 최대화하는 컴퓨터를 설계한다. 이 작업은 명령어 집합 설계, 기능적 구조 설계, 논리 설계, 구현 등 많은 작업으로 구성된다. 구현은 집적 회로 설계, 패키징, 전력, 냉각 문제 등을 포함한다. 설계를 최적화하기 위해서는 컴파일러와 OS로부터 논리 회로 설계와 패키징까지 다양한 기술에 친숙해 있어야 한다.

5) 이와는 대조적으로 반드시 최대 허용 시간을 만족하여야 하는 경우를 하드 리얼 타임(hard real-time)이라 부른다.

과거 *컴퓨터 구조(computer architecture)*라는 용어는 명령어 집합 설계만을 의미했다. 컴퓨터 설계의 다른 측면들은 *구현(implementation)*이라 불리었는데 이는 구현이 흥미롭지 못하다거나 덜 의욕적인 작업임을 암시하는 것이었다.

이러한 관점은 분명히 잘못되었다고 생각한다. 설계자의 작업은 명령어 집합 설계 그 이상이며 설계의 다른 측면에서 발생하는 기술적 어려움들이 명령어 집합 설계에서의 어려움 보다 큰 경우가 많다. 컴퓨터 설계의 보다 어려운 과제들을 논의하기 전에 먼저 명령어 집합 구조를 간단히 살펴보도록 하자.

명령어 집합 구조(Instruction Set Architecture)

이 책에서 *명령어 집합 구조(instruction set architecture*, ISA)란 용어는 프로그래머가 사용가능한 실제 명령어 집합을 뜻한다. ISA란 소프트웨어와 하드웨어의 경계 역할을 수행한다.

이 절에서는 MIPS와 80x86의 예제들을 사용하여 ISA 설계의 7 가지 측면을 설명한다. MIPS와 80x86 ISA는 부록 B와 J에서 상세히 다룰 것이다.

1. ISA의 분류 – 거의 오늘날의 모든 ISA는 오퍼랜드가 레지스터이건 메모리 주소이건 간에 범용 레지스터 구조로 분류된다. 80x86은 16개의 범용 레지스터와 부동 소수점 데이터를 저장할 수 있는 16개의 부동 소수점 레지스터를 갖고 있는 반면, MIPS는 32개의 범용 레지스터와 32개의 부동 소수점 레지스터를 갖는다(그림 1.4 참조). 범용 레지스터 구조에는 80x86과 같은 *레지스터-메모리(register-memory)*

이 름	숫 자	사 용	함수 호출 후 값이 유지되는가?
$zero	0	상수 값 0	해당 없음
$at	1	어셈블러의 임시변수	아니오
$v0-$v1	2–3	함수 결과 값	아니오
$a0-$a3	4–7	매개변수	아니오
$t0-$t7	8–15	임시 값	아니오
$s0-$s7	16–23	저장되는 임시 값	예
$t8-$t9	24–25	임시 값	아니오
$k0-$k1	26–27	OS 커널 용	아니오
$gp	28	전역 포인터	예
$sp	29	스택 포인터	예
$fp	30	프레임 포인터	예
$ra	31	복귀 주소	예

그림 1.4 MIPS 레지스터와 사용법. MIPS는 32개의 범용 레지스터(R0–R31)에 추가하여 32비트의 단일 정밀도(single-precision) 숫자나 2배 정밀도(double-precision) 숫자를 저장할 수 있는 32개의 부동 소수점 레지스터(F0–F31)를 갖고 있다.

ISA와 MIPS와 같은 *로드-스토어(load-store)* ISA의 두 가지 대중적인 버전이 존재한다. 레지스터-메모리 ISA는 명령어 실행의 일부로 메모리 액세스를 수행할 수 있는 반면에, 로드-스토어 ISA에서는 로드와 스토어 명령을 통해서만 메모리를 액세스할 수 있다. 거의 모든 최근의 ISA는 로드-스토어 유형이다.

2. 메모리 주소지정 – 80x86과 MIPS를 포함하여 거의 모든 데스크탑과 서버 컴퓨터는 메모리 오퍼랜드를 액세스하기 위해 바이트 주소를 사용한다. MIPS와 같은 일부 아키텍처에서는 모든 객체들이 *정렬(aligned)*되어 있어야 한다. 바이트 주소 A에 있는 s 바이트 크기의 객체에 대한 액세스는 A mod s = 0이면 정렬되어 있다고 정의된다(B-9 페이지의 그림 B.5 참조). 80x86은 정렬을 요구하지는 않지만, 정렬된 오퍼랜드에 대한 액세스가 정렬되어 있지 않은 경우에 비하여 빠르다.

3. 주소지정 모드 – 레지스터 오퍼랜드와 상수 오퍼랜드와는 달리 메모리 오퍼랜드는 주소지정 모드에 의해 메모리 객체의 주소가 명시되어야 한다. MIPS의 주소지정 모드에는 레지스터(Register) 모드, 상수를 위한 이미디어트(Immediate) 모드, 상수 오프셋(offset)이 레지스터에 더하여 메모리 주소를 형성하는 디스플레이스먼트(Displacement) 모드의 3 종류가 있다. 80x86은 이 세 가지 모드에 디스플레이스먼트 모드의 3 가지 변형을 추가하였다. 레지스터가 없는 모드(absolute), 두 개의 레지스터를 사용하는 모드(based indexed with displacement), 두 개의 레지스터를 사용하지만 이중 한 레지스터에 오퍼랜드의 바이트 크기를 곱한 경우(based with scaled index and displacement)의 세 가지 모드가 존재한다. 또 이 세 가지 모드에서 디스플레이스먼트를 뺀 경우와 유사한 세 가지 모드를 갖고 있는 데 이들은 레지스터 간접(register indirect) 모드, 인덱스(indexed) 모드, 스케일된 인덱스를 가진 베이스(based with scaled index) 모드로 부른다.

4. 오퍼랜드의 유형과 크기 – 대부분의 ISA와 마찬가지로 MIPS와 80x86은 8비트(ASCII 문자), 16비트(유니코드(Unicode) 문자 또는 해프워드 (half word)), 32비트(정수 또는 워드), 64비트(더블워드 (double word) 또는 긴 정수(long integer)), IEEE 754 부동 소수점 숫자 32비트(단일 정밀도)와 64비트 (2배 정밀도) 오퍼랜드를 갖고 있다. 이에 추가하여 80x86은 80비트의 부동 소수점 오퍼랜드(확장된 2배 정밀도(extended double precision))를 지원한다.

5. 연산 – 연산의 일반적 유형에는 데이터 전송, 산술 논리, 제어(아래에서 설명), 부동 소수점 연산이 있다. MIPS는 파이프라이닝을 하기 쉬운 간단한 명령어 집합 구조로서 2006년에 사용되는 RISC 아키텍처의 대표적 유형이다. 그림 1.5는 MIPS ISA를 요약한다. 80x86은 훨씬 더 많고 다양한 연산을 갖고 있다(부록 J 참고).

6. 제어 명령 – 80x86과 MIPS를 포함한 거의 모든 ISA가 조건 분기, 무조건 분기,

명령어 유형/op코드	명령어 의미
데이터 전송	*레지스터와 메모리, 또는 GPR 또는 FP 레지스터와 특수 레지스터 사이에 데이터를 전송한다. 메모리 주소지정 방법으로는 16비트 디스플레이스먼트에 GPR의 값을 더한 내용을 사용한다.*
LB, LBU, SB	Load byte, load byte unsigned, store byte (GPR 레지스터로 또는 GPR 레지스터로부터)
LH, LHU, SH	Load half word, load half word unsigned, store half word (GPR 레지스터로 또는 GPR 레지스터로부터)
LW, LWU, SW	Load word, load word unsigned, store word (GPR 레지스터로 또는 GPR 레지스터로부터)
LD, SD	Load double word, store double word (GPR 레지스터로 또는 GPR 레지스터로부터)
L.S, L.D, S.S, S.D	Load SP float, load double float, store SP float, store DP float
MFC0, MTC0	GPR과 특수 레지스터 사이의 복사
MOV.S, MOV.D	(SP 또는 DP) FP 레지스터와 다른 FP 레지스터 사이의 복사
MFC1, MTC1	GPR과 FP 레지스터 사이의 32비트 복사
산술/논리	*GPR에 있는 정수 또는 논리 데이터에 대한 연산; 오버플로우(overflow)가 발생한 경우 부호를 가진 산술 트랩 (trap)*
DADD, DADDI,DADDU, DADDIU	Add, add immediate (모든 immediate 값은 16 비트); 부호를 가진 경우 (signed)와 가지지 않은 경우 (unsigned)
DSUB, DSUBU	Subtract; 부호를 가진 경우와 가지지 않은 경우
DMUL, DMULU, DDIV, DDIVU, MADD	Multiply, divide, 부호를 가진 경우와 가지지 않은 경우 multiply-add; 모든 연산은 64비트 값으로 계산한다.
AND, ANDI	And와 immediate and
OR, ORI, XOR, XORI	Or와 immediate or, exclusive or와 immediate를 가진 exclusive or
LUI	Load upper immediate; 레지스터의 32비트에서 47비트를 immediate로 load한 후 부호 확장 (sign-extension)
DSLL, DSRL, DSRA, DSLLV, DSRLV, DSRAV	Shift: immediate (DS__)와 변형 형태 (DS__V); shift는 shift left logical, right logical, right arithmetic
SLT, SLTI, SLTU, SLTIU	Set less than, set less than immediate; 부호를 가진 경우와 가지지 않은 경우
제어	*조건부 분기와 점프; PC-relative 또는 레지스터*
BEQZ, BNEZ	Branch GPR equal/not equal to zero; 16비트 오프셋은 PC +4로부터
BEQ, BNE	Branch GPR equal/not equal; 16비트 오프셋은 PC+4로부터
BC1T, BC1F	FP 상태 레지스터의 비교 비트를 테스트 한 후 분기; 16비트 오프셋은 PC +4로부터
MOVN, MOVZ	세 번째 레지스터가 음수이거나 0일 때 GPR을 다른 GPR로 복사
J, JR	Jump; 26비트 오프셋은 PC + 4 (J)로부터 또는 레지스터의 목적지 주소(JR)로부터
JAL, JALR	Jump and link: PC +4를 R31에 저장, 목적지 주소는 PC-relative(JAL)이거나 레지스터(JALR)
TRAP	운영 체제상의 인터럽트 벡터 주소로 이동
ERET	예외 상황으로부터 사용자 코드로 복귀; 사용자 코드 복구
부동 소수점	*DP와 SP 형태의 FP 연산*
ADD.D, ADD.S, ADD.PS	Add DP, SP, SP 숫자 쌍
SUB.D, SUB.S, SUB.PS	Subtract DP, SP, SP 숫자 쌍
MUL.D, MUL.S, MUL.PS	Multiply DP, SP, SP 숫자 쌍
MADD.D, MADD.S, MADD.PS	Multiply-add DP, SP, SP 숫자 쌍
DIV.D, DIV.S, DIV.PS	Divide DP, SP, SP 숫자 쌍
CVT._._	Convert 명령; CVT.x.y는 x 유형을 y 유형으로 변환한다. x와 y는 L (64비트 정수), W (32비트 정수), D (DP), S (SP). 두 오퍼랜드 모두 FPR이다.
C.__.D, C.__.S	DP와 SP 비교: "__" = LT, GT, LE, GE, EQ, NE; FP 상태 레지스터의 비트를 결정한다.

그림 1.5 MIPS64 명령어 집합의 일부. SP = 단일 정밀도 (single precision), DP = 2배 정밀도 (double precision). 부록 B에 MIPS64의 보다 상세한 내용이 기술되어 있다. 데이터의 경우 MSB (most significant bit)는 0이고 LSB (least significant bit)는 63이다.

프로시저 호출(procedure call)과 복귀(return) 명령을 지원한다. 두 아키텍처 모두 주소 필드를 PC 값에 더하여 분기 주소를 결정하는 PC-relative 주소지정을 사용한다. 하지만 두 아키텍처 사이에는 간단한 차이가 존재한다. MIPS의 조건 분기 명령 (BE, BNE 등)은 레지스터의 내용을 테스트하지만 80x86 분기명령(JE, JNE 등)은 산술 논리 연산의 결과로 정해진 조건 코드 비트들을 테스트한다. MIPS 프로시저 호출(JAL)은 복귀 주소를 레지스터에 저장하는 반면에 80x86의 호출(CALLF)은 복귀 주소를 메모리 스택에 저장한다.

7. ISA의 인코딩 – 인코딩(encoding) 방법에는 *고정 길이*와 *변동 길이*의 두 가지 방법이 있다. 모든 MIPS 명령어는 32 비트이며 이는 명령어의 해독을 쉽게 하여 준다. 그림 1.6은 MIPS 명령어의 포맷을 보여 준다. 80x86은 1 바이트에서 16 바이트의 변동 길이 명령어를 사용한다. 변동 길이의 명령은 고정 길이 명령보다 작은 공간을 사용해서 같은 프로그램의 경우 MIPS보다 작은 코드를 생성한다. 이러한 인코딩 방법 선택에 따라 명령어의 이진 표현도 달라지는 것에 주목하라. 예를 들어, 레지스터 필드와 주소지정 모드가 한 명령어 내에서 여러 번 사용될 수 있으므로 레지스터의 수와 주소지정 모드의 수 모두 명령어 크기에 상당한 영향을 갖는다.

명령어 집합들 사이에 차이가 크지 않고 다양한 응용 분야가 있기 때문에 컴퓨터 설계자들은 ISA 설계를 넘어서 현재 여러 다른 첨예한 도전에 직면하고 있다. 따라서 이 개정판에서는 지금까지 설명한 명령어 집합에 대한 자세한 기술은 부록 B와 J에서 논의한다.

이 책에서는 ISA 예제로 MIPS64의 일부를 사용한다.

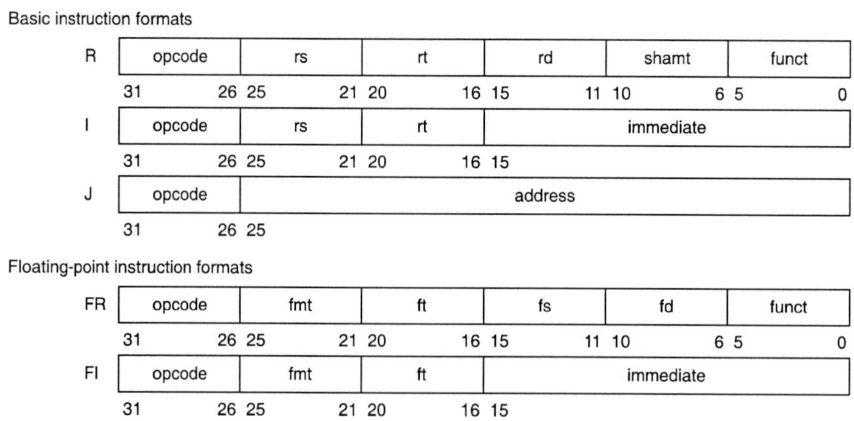

그림 1.6 MIPS64 명령어 집합 구조 포맷. 모든 명령어는 32비트이다. R 포맷은 DADDU, DSUBU와 같이 레지스터 사이의 연산용이다. I 포맷은 LD, SD, BEQZ, DADDI와 같이 데이터 전송, 분기, immediate 명령용이다. J 포맷은 점프용이고 FR 포맷은 부동 소수점 연산용, FI 포맷은 부동 소수점 분기용이다.

컴퓨터 구조의 나머지: 기능적 요구사항을 만족하기 위한 구조와 하드웨어 설계

컴퓨터의 구현은 구조와 하드웨어의 두 가지 구성 요소를 갖고 있다. *구조(organization)*란 용어는 메모리 시스템, 메모리 연결망, 내부 프로세서 또는 CPU(central processing unit – 산술, 논리, 분기, 데이터 전송이 구현되는)와 같은 컴퓨터 설계의 상위 단계 측면을 포함한다. 예를 들어, 같은 명령어 집합 구조를 가졌지만 매우 다른 구조를 가진 두 프로세서의 예가 AMD Opteron 64와 Intel의 Pentium 4이다. 두 프로세서 모두 x86 명령어 집합을 구현하지만 매우 다른 파이프라인과 캐시 구조를 갖고 있다.

*하드웨어*란 상세한 논리 설계와 패키징 기술을 포함한 컴퓨터의 세부 구조를 일컫는다. 종종 컴퓨터 라인은 동일한 ISA와 거의 동일한 구조를 가졌지만 구체적인 하드웨어 구현은 상당히 다른 기종들을 포함한다. 예를 들어, Pentium 4와 모바일 Pentium 4는 거의 동일하지만 모바일 Pentium 4는 저 사양 컴퓨터에 적합한 느린 클록 속도와 메모리 시스템을 제공한다.

이 책에서 *아키텍처(architecture)*란 용어는 컴퓨터 설계의 3 가지 측면, 즉 ISA, 구조, 하드웨어를 모두 포함한다.

컴퓨터 설계자는 기능적 요구사항뿐만 아니라 가격, 전력소비, 성능, 가용성 목표를 모두 만족시키도록 컴퓨터를 설계하여야 한다. 그림 1.7은 새 컴퓨터를 설계하는데 고려하여야 할 요구사항들을 요약한다. 종종 설계자들은 또 기능적 요구사항이 무엇인지를 결정하여야 하며 이는 컴퓨터 설계자의 주요 작업이다. 이러한 요구사항들은 시장에 의해 결정되기도 한다. 응용 소프트웨어는 컴퓨터의 사용을 결정함으로써 특정한 기능적 요구사항의 선택을 유도한다. 만약 특정 ISA 용으로 많은 수의 소프트웨어가 존재하면 설계자는 새로운 컴퓨터에 이 기존의 명령어 집합을 구현하기로 결정하기도 한다. 특정 부류의 응용에 큰 시장이 존재하면 설계자는 그 시장에서 컴퓨터가 경쟁력을 갖도록 하는 요구사항들을 포함한다. 많은 요구사항과 기능들이 본문에서 상세히 다루어질 것이다.

설계자는 컴퓨터 기술과 사용 측면에서의 중요한 경향을 간파하고 있어야 한다. 왜냐하면 이러한 경향이 미래의 비용을 결정할 뿐만 아니라 아키텍처의 수명에 영향을 주기 때문이다.

1.4 기술 경향

Computer Architecture

명령어 집합 구조가 성공하기 위해서는 컴퓨터 기술의 빠른 변화에 생존할 수 있도록 설계되어져야 한다. IBM 메인프레임 코어가 40 년 이상 사용되어 온 것과 같이

기능적 요구 사항	요구되거나 지원되어져야 하는 전형적인 특징
응용 분야	*컴퓨터의 목표*
범용 데스크탑	그래픽, 비디오, 오디오 등 대화형 작업을 포함하여 다양한 응용 프로그램을 위해 균형 있는 성능을 제공 (2, 3, 5 장과 부록 B)
과학용 데스크탑과 상용 서버	고성능 부동 소수점 연산과 그래픽 (부록 I) 데이터베이스와 트랜잭션 처리 지원; 신뢰성과 가용성, 확장성 지원 (4장, 부록 B, E)
임베디드 컴퓨팅	그래픽과 비디오를 위한 특수 지원 (그 밖의 특정 응용을 위한 확장); 전력 소비 제한과 전력 제어 기능 필요 (2, 3, 5장, 부록 B)
소프트웨어 호환성 수준	*컴퓨터에 대한 기존 소프트웨어 양을 결정*
프로그래밍 언어 수준	설계자에게는 가장 융통성이 있는 부분이다; 새 컴파일러를 요구하기도 함 (4장, 부록 B)
목적 코드 또는 이진 코드 호환성	명령어 집합 구조가 완전히 정의되어야 함; 융통성이 거의 없음; 소프트웨어나 프로그램 포팅을 위한 투자가 필요해서는 안 됨
운영 체제 요구사항	*선택된 운영체제를 지원하는데 필요한 기능 (5장, 부록 E)*
주소 공간 크기	매우 중요한 특징 (5장); 응용에 제한을 줄 수 있다
메모리 관리	현대적 OS를 위한 기능; 페이징 또는 세그먼테이션을 사용할 수 있다 (5장)
보호	OS와 응용에 따라 요구 사항이 다름; 페이지 대 세그먼트; 가상 기계 (5장)
표준	*특정 표준이 시장에 의해 요구될 수 있다.*
부동 소수점	포맷과 산술연산; IEEE 754 표준 (부록 I), 그래픽과 신호 처리용 특수 연산
I/O 인터페이스	I/O 장치용: 직렬 ATA, 직렬 부착 SCSI, PCI Express (6장, 부록 E)
운영 체제	UNIX, Windows, Linux, CISCO IOS
네트워크	다른 네트워크 지원: 이더넷, Infiniband (부록 E)
프로그래밍 언어	언어 (ANSI C, C++, Java, FORTRAN)는 명령어 집합에 영향을 준다. (부록 B)

그림 1.7 설계자에게 필요한 주요 기능적 요구사항의 정리. 왼쪽 열은 요구사항의 유형을, 오른 쪽 열은 구체적 예를 기술한다. 오른 쪽 열은 또한 각 이슈와 관련된 본문의 장들과 부록을 가리킨다.

성공적인 명령어 집합 구조는 수십 년을 지속할 수 있다. 따라서 설계자는 컴퓨터의 수명에 영향을 줄 수 있는 기술 변화에 대비하여야 한다.

컴퓨터의 진화에 대비하기 위하여 설계자는 구현 기술의 빠른 변화를 인지하고 있어야 한다. 급변하고 있는 다음의 4 가지 구현 기술은 현대적 구현에 매우 중요하다:

- 집적회로 기술 – 트랜지스터 밀도는 매년 35%씩 증가하며 4년에 약 4배로 증가한다. 다이(die) 크기의 증가는 예측하기 어렵고 속도가 상대적으로 느리지만 매년 약 10%에서 20% 범위이다. 이 두 요소를 합하면 칩 당 집적되는 트랜지스터 수의 증가율은 매년 약 40%에서 55%이다. 아래에서 논의하듯이 장치의 속도는 이보다 느리게 발전한다.
- 반도체 DRAM (dynamic random-access memory) – 용량은 매년 약 40%씩 증가하고

2년에 약 두 배씩 증가한다.

- 자기 디스크 기술 – 1990년 전까지 밀도는 매년 약 30%씩, 3년에 2배로 증가하였다. 그 후 매년 약 60%로 증가한 후 1996년에 이 비율은 100%로 증가하였다. 2004년 이후 이 비율은 다시 매년 30%로 감소되었다. 이와 같이 증가율이 비록 일정하지는 않지만 디스크의 비트당 가격은 DRAM에 비하여 50-100배 저렴하다. 6장은 디스크 기술에 대하여 상세히 기술한다.
- 네트워크 기술 – 네트워크 성능은 스위치 성능과 전송 시스템의 성능에 달려 있다. 부록 E에서 네트워크의 기술 경향에 대하여 논의한다.

이와 같이 급변하는 기술과 속도 향상은 5년 또는 그 이상의 수명을 가지고 있는 컴퓨터 설계에도 영향을 준다. (2년의 설계와 2~3년의 생산 기간을 갖는) 컴퓨터 시스템의 단일 기종에 대해서도 DRAM과 같은 주요 기술은 변화가 충분히 빠르기 때문에 설계자들은 이러한 변화에 대비하여야 한다. 실제로 설계자들은 새로운 제품이 대량으로 판매되는 시점에서 가장 가격 경쟁력이 있거나 성능 우위를 가진 차세대 기술에 맞추어 제품을 설계한다. 전통적으로 비용은 밀도가 증가하는 비율로 감소되어 왔다.

비록 기술이 계속적으로 발전하더라도 이러한 발전의 영향은 새로운 기술 발전을 가능하게 하는 임계점에 다다를 때마다 단계적으로 발생하기도 한다. 예를 들어, 1980년대 초기 MOS 기술이 25000개에서 50000개의 트랜지스터를 단일 칩에 집적시킬 수 있는 시점에 도달하자 단일 칩의 32비트 마이크로프로세서를 구현하는 것이 가능하게 되었다. 1980년대 후반에는 1단계 캐시가 프로세서 칩 안에 구현되었다. 프로세서와 캐시 사이의 칩 경계를 제거하면서 가격 대비 성능과 전력 대비 성능에 놀라운 향상을 가져왔다. 이러한 설계는 기술이 특정 단계에 도달하기 전까지는 불가능하다. 이러한 기술적 임계점은 종종 발생하며 여러 다양한 설계 방안에 중요한 영향을 미치고 있다.

성능 경향: 대역폭과 지연시간

1.8절에서 알 수 있듯이, *대역폭(bandwidth)* 또는 *처리량(throughput)*은 디스크 전송량을 표시하는 MB/s(megabytes per second)와 같이 주어진 시간당 수행된 작업의 양을 지칭한다. 이와는 대조적으로 *지연 시간(latency)* 또는 *응답 시간(response time)*은 디스크 액세스 시간을 나타내는 밀리세컨드(ms)와 같이 한 사건의 시작과 마지막 사이의 시간을 나타낸다. 그림 1.8은 대역폭과 지연시간 측면에서 마이크로프로세서, 메모리, 네트워크, 디스크의 상대적 향상을 각 기술적 전환점에서 보여 준다. 그림 1.9는 기술적 전환점과 예제들을 상세히 설명한다. 대역폭의 향상이 지연시간보다 빠른 것이 분명하다.

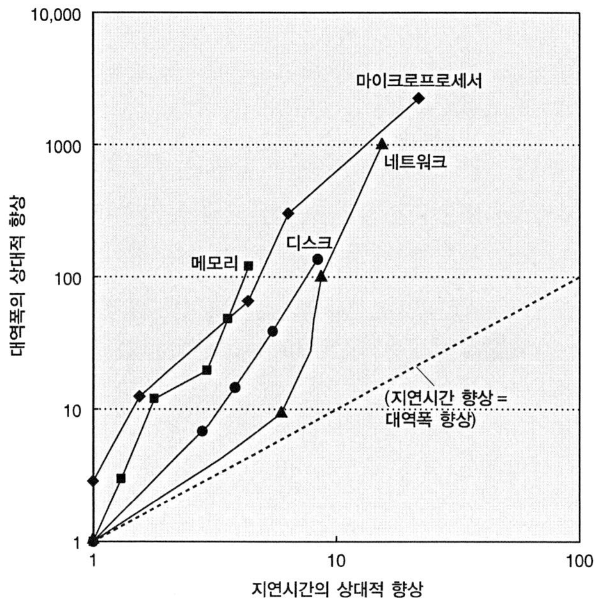

그림 1.8 그림 1.9의 각 대역폭과 지연시간 전환점을 첫 번째 전환점에 상대적으로 비교한 log-log 그래프. 지연시간은 약 10배로 증가한 반면 대역폭은 100-1000배로 증가한 것에 주목하라. Patterson[2004] 참조.

성능 발전 면에서 마이크로프로세서와 네트워크는 메모리와 디스크에 비하여 확연히 차이가 있다. 대역폭은 1000-2000배, 지연시간은 20-40배의 향상을 보여 주었다. 메모리와 디스크에서는 성능 보다는 용량이 일반적으로 중요하다. 용량이 가장 많이 향상되었고 대역폭은 120-140배로 지연시간 향상률 4-8배보다 훨씬 크다. 즉 모든 기술에서 대역폭의 발전 속도는 지연시간보다 빠르며 이 경향은 앞으로도 계속될 것이다.

경험에서 얻을 수 있는 간단한 규칙은 대역폭이 최소한 지연시간 향상의 제곱에 비례하여 증가한다는 것이다. 컴퓨터 설계자는 이러한 규칙에 따라 계획해야 한다.

트랜지스터 성능과 배선의 발전

집적 회로의 공정 기술은 x 또는 y 축에서 트랜지스터나 전선의 최소 크기인 *최소 배선 폭(feature size)*으로 명시할 수 있다. 최소 배선 폭은 1971년 10 마이크론에서 2006년 0.9 마이크론으로 줄어들었다. 실제로는 단위가 바뀌었기 때문에 2006년의 공정 기술은 "90 나노미터" 공정으로 불리며 65 나노미터 칩이 개발 중에 있다. 실리콘 1 평방 밀리미터당 트랜지스터 수는 트랜지스터의 표면적에 의해 결정되므로 트랜지스터 밀도는 최소 배선 폭의 감소에 제곱으로 증가한다.

트랜지스터의 성능 향상은 좀 더 복잡하다. 최소 배선 폭이 작아짐에 따라 디바이스 크기 역시 x축과 y축으로 제곱에 비례하여 작아진다. y축으로의 감축은 정확한

마이크로프로세서	16비트 주소, 마이크로코드 사용	32비트 주소, 마이크로코드 사용	5-단계 파이프라인, 온칩 I & D 캐시, FPU	2-way 슈퍼스칼라, 64-비트 버스	비순차적 (Out-of-order) 3-way 슈퍼스칼라	비순차적 슈퍼파이프라인, 온칩 1.2 캐시
제품	Intel 80286	Intel 80386	Intel 80486	Intel Pentium	Intel Pentium Pro	Intel Pentium 4
년도	1982	1985	1989	1993	1997	2001
다이 크기 (mm^2)	47	43	81	90	308	217
트랜지스터 수	134,000	275,000	1,200,000	3,100,000	5,500,000	42,000,000
핀 수	68	132	168	273	387	423
지연시간 (클록)	6	5	5	5	10	22
버스 폭 (비트)	16	32	32	64	64	64
클록 속도 (MHz)	12.5	16	25	66	200	1500
대역폭 (MIPS)	2	6	25	132	600	4500
지연시간 (ns)	320	313	200	76	50	15
메모리 모듈	DRAM	Page mode DRAM	Fast page mode DRAM	Fast page mode DRAM	Synchronous DRAM	Double data rate SDRAM
모듈 폭 (비트)	16	16	32	64	64	64
년도	1980	1983	1986	1993	1997	2000
Mbits/DRAM 칩	0.06	0.25	1	16	64	256
다이 크기 (mm^2)	35	45	70	130	170	204
핀/DRAM 칩	16	16	18	20	54	66
대역폭 (Mbit/sec)	13	40	160	267	640	1600
지연시간 (ns)	225	170	125	75	62	52
근거리 통신망	Ethernet	Fast Ethernet	Gigabit Ethernet	10 Gigabit Ethernet		
IEEE 표준	802.3	803.3u	802.3ab	802.3ac		
년도	1978	1995	1999	2003		
대역폭 (MBit/sec)	10	100	1000	10000		
지연시간 (μsec)	3000	500	340	190		
하드 디스크	3600 RPM	5400 RPM	7200 RPM	10,000 RPM	15,000 RPM	
제품	CDC WrenI 94145-36	Seagate ST41600	Seagate ST15150	Seagate ST39102	Seagate ST373453	
년도	1983	1990	1994	1998	2003	
용량 (GB)	0.03	1.4	4.3	9.1	73.4	
디스크 form factor	5.25 inch	5.25 inch	3.5 inch	3.5 inch	3.5 inch	
매체 직경	5.25 inch	5.25 inch	3.5 inch	3.0 inch	2.5 inch	
인터페이스	ST-412	SCSI	SCSI	SCSI	SCSI	
대역폭 (MBit/sec)	0.6	4	9	24	86	
지연시간 (ms)	48.3	17.1	12.7	8.8	5.7	

그림 1.9 20 ~ 25년 역사 동안 마이크로프로세서, 메모리, 네트워크, 디스크의 성능적 전환점. 마이크로프로세서의 전환점은 16비트 버스와 마이크로코드를 사용한 80286에서 64비트 버스, 슈퍼스칼라, 비순차적(out-of-order) 실행, 슈퍼파이프라인 구조의 Pentium 4에 이르는 IA-32 프로세서의 6 세대를 가리킨다. 메모리 모듈 전환점은 비트 단위 출력의 순수 DRAM에서 64비트 출력의 DDR SDRAM까지를 나타내며 이더넷은 10Mb/sec에서 10Gb/sec로 발전하였다. 디스크 전환점은 회전 속도를 기반으로 하며 3600RPM에서 15,000RPM으로 향상되었다. 각 경우는 최대 대역폭과 트래픽이 없는 상황에서의 단일 연산을 수행하는 데 걸리는 지연시간을 표시한다. Patterson [2004] 참조.

동작과 트랜지스터의 신뢰성을 위해 운영 전압의 감소를 요구한다. 이러한 비례 인자들이 복합적으로 작용하여 트랜지스터 성능과 공정의 최소 배선 폭 사이의 복잡한 관계를 이끌어 내게 된다. 간단히 요약하면 트랜지스터의 성능은 최소 배선 폭이 작아짐에 따라 비례하여 향상된다.

트랜지스터 성능의 선형 증가와 이에 제곱으로 비례하는 트랜지스터 수의 증가는 컴퓨터 설계자에게는 도전이며 동시에 기회가 된다! 마이크로프로세서의 초창기에는 이러한 트랜지스터 밀도의 높은 증가가 4비트에서 8비트, 16비트, 32비트 마이크로프로세서로 빠른 발전을 가져왔다. 최근 들어서는 이러한 밀도 증가가 2, 3, 5장에서 설명할 파이프라이닝과 캐시에서의 여러 기술 혁신을 가능하게 하였을 뿐만 아니라 64비트 마이크로프로세서의 출현을 가능하게 하였다.

비록 최소 배선 폭이 작아짐에 따라 트랜지스터의 성능 역시 일반적으로 향상되지만 집적 회로의 배선 성능은 그렇지 못했다. 특히 전선의 신호 지연은 그 저항과 전기용량(capacitance)의 곱에 비례하여 증가한다. 물론 최소 배선 폭이 작아지면 전선의 길이 역시 작아지지만 단위 길이당 저항과 용량은 악화된다. 저항과 용량 모두 공정의 미묘한 측면, 즉 배선의 구조, 배선의 부하, 또 다른 구조물들과의 인접성 등 여러 구체적 상황에 달려 있기 때문에 이러한 관계는 복잡하다. 때때로 구리선의 출현과 같은 공정 기술의 발전이 전선의 지연시간을 향상시키기도 하였다.

하지만 일반적으로 전선의 지연시간은 트랜지스터 성능에 비하여 성능 개선이 매우 더디었기 때문에 설계자에게는 추가적인 문제를 야기하였다. 과거 몇 년간 전선의 지연시간은 대규모 집적회로에 있어서 큰 설계 제한사항으로 종종 트랜지스터의 스위칭 지연시간보다 더 중요하게 여겨지고 있다. 클록 사이클 시간에서 전선의 신호 지연시간이 차지하는 비중은 점점 더 커지고 있다. 2001년 Pentium 4는 20+ 단계의 파이프라인에서 신호가 칩 전체를 횡단하는데 지연하는 시간에만 2 단계를 할당하는 새로운 기록을 수립하였다.

1.5 집적 회로의 전력소비 경향

반도체 디바이스의 크기가 축소됨에 따라 전력 문제 역시 새로운 과제가 되었다. 첫째로, 전원이 칩 전체에 분산 공급되어져야 하며 현재의 마이크로프로세서들은 전원과 접지 신호에만 수백 개의 핀과 여러 단계의 연결망 층을 사용한다. 둘째로 전력은 열로 방산되어지므로 이 열은 반드시 제거되어져야 한다.

CMOS 칩에서는 전통적으로 *동적 전력*이라 불리는 트랜지스터의 스위칭에 따른 전력 소모가 대부분이었다. 트랜지스터당 소비 전력은 와트(Watt)를 단위로 하며 트랜지스터의 부하 용량(load capacitance)과 전압의 제곱, 스위칭 주파수의 곱에 비례한다.

$$\text{전력}_{\text{동적}} = 1/2 \times \text{부하 용량} \times \text{전압}^2 \times \text{스위칭 주파수}$$

모바일 기기들은 전력보다는 배터리 수명이 중요하며 따라서 주울(Joule)로 측정되는 에너지가 측정 기준이 된다.

$$\text{에너지}_{\text{동적}} = \text{부하 용량} \times \text{전압}^2$$

따라서 동적 전력과 에너지 모두 전압을 낮춤으로써 상당히 줄어들게 되며 이에 따라 전압은 지난 20년간 5V에서 1V로 점차적으로 감소되어 왔다. 부하 용량은 출력에 연결된 트랜지스터 수와 공정 기술의 함수로서 공정 기술은 배선과 트랜지스터의 용량을 결정한다. 특정 작업을 실행하는 데 있어서 클록 속도를 낮추는 것은 전력 소모를 줄이지만 에너지를 줄이지는 못한다.

예제 오늘날의 일부 마이크로프로세서들은 전압을 조절할 수 있도록 설계되어 있다. 예를 들어, 15%의 전압 감소를 통해 15%의 주파수 감소를 가능하게 할 수 있다. 동적 전력에는 어떤 영향이 있는가?

해답 부하 용량에는 변화가 없으므로 해답은 전압과 주파수의 관계에 있다:

$$\frac{\text{전력}_{\text{new}}}{\text{전력}_{\text{old}}} = \frac{(\text{전압} \times 0.85)^2 \times (\text{주파수} \times 0.85)}{\text{전압}^2 \times \text{주파수}} = 0.85^3 = 0.61$$

따라서 전력 소모를 원래의 약 60%로 줄일 수 있다.

공정 기술이 한 단계 발전하면 트랜지스터들의 스위칭 횟수와 스위칭 주파수의 증가가 용량 부하와 전압 감소를 압도하게 되어 궁극적으로 전력과 에너지 소비의 증가를 가져오게 된다. 최초의 마이크로프로세서들은 1와트의 전력도 소모하지 않은 반면에 최근의 3.2GHz Pentium 4 Extreme Edition은 135와트의 전력을 소비한다. 이로부터 발생한 열이 한 면이 1cm 정도인 칩에서 발산되어져야 하므로 공기로 냉각시킬 수 있는 한계에 다다르고 있다. 여러 인텔 마이크로프로세서들은 칩이 너무 뜨거워지는 경우 자동적으로 칩의 활동을 줄이는 온도 다이오드(temperature diodes)들을 갖고 있다. 예를 들어, 이들은 클록 속도를 줄이거나 명령어 이슈율을 줄이기도 한다.

전원의 분배, 열 제거, 핫 스폿(hot spot) 방지 등은 점점 더 어려운 문제가 되고 있다. 과거에는 실리콘 면적이 주가 되었지만 현재는 전력이 트랜지스터의 사용을 제한하는 가장 큰 이슈이다. 이러한 제한 사항들로 인하여 오늘날 대부분의 마이크로프로세서들은 에너지 절감과 전력 소비를 줄이기 위하여 비활동 모듈의 클록을 차단한다.[6] 예를 들어, 부동 소수점 명령어들이 실행되지 않으면 부동 소수점 장치로 입력되는 클록을 차단한다.

비록 동적 전력이 CMOS 전력 소모의 주 근원이지만 트랜지스터가 꺼져있을 때 발생하는 누설(leakage) 전류에 의한 정적 전력 역시 중요한 이슈가 되고 있다.

$$\text{전력}_{\text{정적}} = \text{전류}_{\text{정적}} \times \text{전압}$$

트랜지스터 수가 증가하면서 꺼져 있을 때의 전력 소비 역시 증가하고 있고 작은 트랜지스터를 사용하는 프로세서에서 이러한 누설 전류가 증가하고 있다. 그 결과 초저 전력 시스템에서는 누설에 의한 전력 소모를 줄이기 위해 비활동 모듈에 대한 전압을 차단시키는 방법을 사용하기까지 한다. 누설로 인한 전력 소모를 전체의 25% 정도로 유지하는 것이 2006년도의 목표이지만 고성능 설계에서 때때로 이 비중은 목표치를 훨씬 초과하고 있다. 앞에서 논의한 것과 같이 공기 냉각의 어려움으로 인하여 단일 칩에서 여러 프로세서를 저전압에서 저속의 클록으로 동작시키는 것이 시도되고 있다.

1.6 제조 원가 경향

슈퍼컴퓨터와 같이 컴퓨터 설계에서 가격의 중요성이 상대적으로 작은 분야도 있지만, 설계에 있어 제조 원가의 중요성은 점차 커지고 있다. 지난 20년 동안 제조 원가를 절감시키고 성능을 향상시키기 위한 기술 혁신이 컴퓨터 산업을 주도하여 왔다.

대부분의 교과서는 비용-성능의 반을 차지하는 비용 부분을 무시한다. 이는 비용이 계속해서 변화하고 또 비용 이슈가 미묘하며 산업 분야에 따라 다르기 때문이다. 그럼에도 불구하고 설계자가 제조 원가와 관련된 요소들을 이해하는 것은 비용이 문제가 되는 경우 새로운 기능을 설계에 포함시키는 것을 결정할 때 매우 중요하다. (강철판이나 콘크리트의 원가 정보 없이 초고층 빌딩을 설계하는 건축가를 상상하여 보라!)

시간, 수량, 상용화의 영향

컴퓨터 부품 비용은 기본적인 구현 기술의 개선 없이도 시간이 지남에 따라 감소한다. 비용 절감을 유도하는 근본 원리는 *학습 커브(learning curve)*이다 – 제조비용은 시간에 따라 감소한다. 학습 커브는 테스트 절차를 통과하는 상품의 비율인 *수율(yield)* – 변화로 잘 측정될 수 있다. 칩이건, 보드이건, 시스템이건 간에 수율을 두

6) 이를 클록 게이팅 (clock gating)이라 부른다.

배로 증가시키는 설계는 비용을 반으로 낮출 수 있다.

학습 커브가 수율 향상에 어떻게 영향을 주는지를 이해하는 것이 상품의 수명 기간 동안 상품 가격을 예측하는데 중요하다. 한 예로 DRAM의 메가바이트 당 가격은 오랫동안 매년 40%씩 감소하였다. DRAM의 가격은 – 물량 부족이나 과잉 공급의 시기를 제외하고는 – 비용과 밀접한 관련이 있으므로 DRAM의 가격과 비용은 거의 같은 커브를 그린다.

마이크로프로세서의 가격 역시 시간이 흐름에 따라 떨어지지만, DRAM 보다는 표준화가 덜 되어 있기 때문에 가격과 비용의 관계는 더 복잡하다. 비록 마이크로프로세서를 손실을 보면서 파는 경우는 드물지만 경쟁이 치열한 시기에는 가격은 비용과 밀접한 관련을 가진다. 그림 1.10은 인텔 마이크로프로세서의 가격 추이를 보여 준다.

수량은 비용을 결정하는 두 번째 주요 인자이다. 수량 증가는 여러 측면에서 비용에 영향을 준다. 첫째, 학습 커브를 따라가는데 걸리는 시간을 감소시킨다. 왜냐하면 학습 커브가 제조되는 시스템(또는 칩)의 수에 달려있기 때문이다. 둘째, 수량 증가는 구매와 제조 효율을 높여주기 때문에 비용을 감소시킨다. 대략 수량이 두 배로

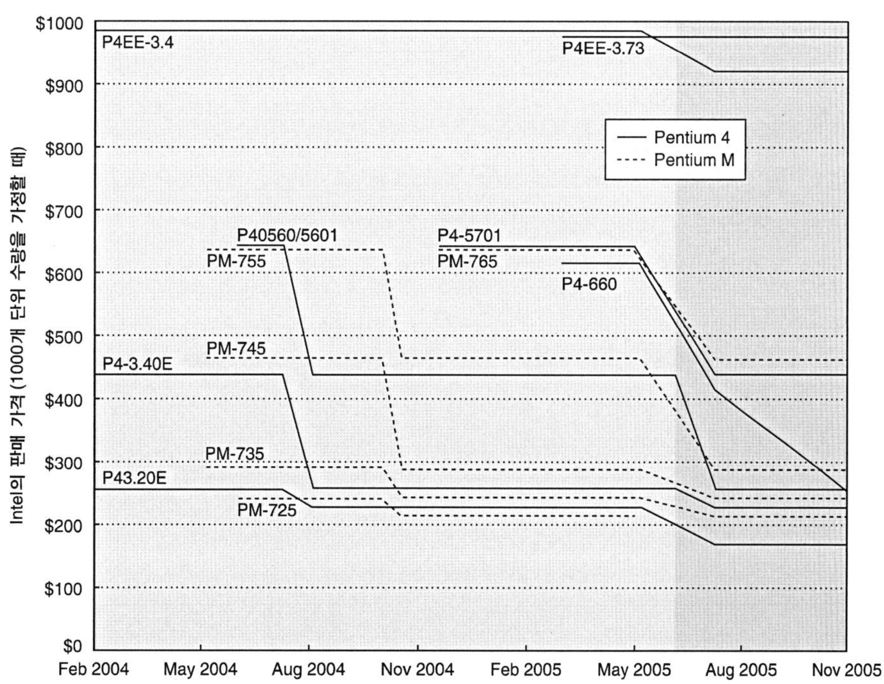

그림 1.10 수율 향상과 가격 경쟁으로 인하여 주어진 클록 속도의 Intel Pentium 4와 Pentium M의 가격은 시간에 따라 하락한다. 최신 프로세서의 가격은 현재의 저가 프로세서의 가격 ($200)과 비슷하게 떨어질 때까지 하락할 것이다. 이와 같은 가격 하락은 가격과 비용이 밀접한 연관을 가지는 경쟁적 상황을 가정하고 있다. 출처: Microprocessor Report, May 2005.

증가하면 비용은 10% 정도 감소하는 것으로 예측된다. 또한 수량은 각 컴퓨터에 들어가는 개발 비용의 비중을 감소시키므로 제조 원가와 판매가의 차이를 줄인다.

*필수품(commodities)*은 여러 제조사에 의하여 대량으로 판매되는 실제로 동일한 상품을 말한다. 표준 DRAM과 디스크, 모니터, 키보드와 같이 슈퍼마켓에서 판매되는 거의 모든 상품들은 필수품이다. 지난 15년간 중저가 컴퓨터 비즈니스의 대부분은 필수품 산업으로 마이크로소프트의 윈도우를 실행하는 데스크탑과 노트북 컴퓨터에 집중되어왔다.

많은 제조사가 거의 동일한 제품을 판매하므로 경쟁은 치열하다. 이러한 경쟁은 제조 원가와 판매가의 격차를 줄여줄 뿐만 아니라 비용을 감소시킨다. 필수품 시장은 수량이 크고 제품이 명확히 정의되어 있기 때문에 여러 제조업체가 필수품의 부품을 제조하는데 경쟁할 수 있으므로 비용은 감소된다. 따라서 부품 제조사의 경쟁과 다량 생산에 따른 제조사의 효율성 증가로 인하여 총 제품 원가는 감소한다. 이는 중저가 컴퓨터 비즈니스가 다른 컴퓨터 제품군에 비하여 (다른 필수품 산업과 마찬가지로) 비록 수익은 제한되어 있지만 가격 대 성능 비를 향상시키고 높은 성장을 가능하게 하였다.

집적 회로의 비용

왜 컴퓨터 구조 책이 집적 회로 비용에 대한 내용을 포함하여야 하는가? 디스크, DRAM 등과 같은 표준 부품들이 시스템 비용의 상당 부분을 차지하며 경쟁이 점점 더 치열해지는 컴퓨터 시장에서 집적 회로의 비용은 컴퓨터 제조 원가의 큰 부분을 차지하고 있다. 특히 대량 생산되며 가격에 민감한 시장에서는 집적 회로의 비용은 더 중요하다. 따라서 현재 컴퓨터의 원가를 이해하기위해서는 칩 비용을 이해하여야 한다.

비록 집적 회로의 가격이 기하급수적으로 하락했지만 실리콘 제조 공정의 기본 절차는 변화하지 않았다. *웨이퍼(wafer)*는 테스트된 후 *다이(die)*들로 쪼개지며 각 다이 별로 패키지 되어 진다(그림 1.11과 1.12 참조). 패키징 된 집적 회로의 비용은 다음과 같다.

$$\text{집적 회로의 비용} = \frac{\text{다이 비용} + \text{다이 테스트 비용} + \text{패키징과 최종 테스트의 비용}}{\text{최종 테스트 수율}}$$

이 절에서는 다이 비용을 중심으로 테스트와 패키징에서의 핵심 이슈를 요약한다.

웨이퍼 당 생산되는 칩의 수를 예측하려면 먼저 웨이퍼에 몇 개의 다이가 들어갈 수 있는지 또 그 중 몇 퍼센트가 동작하는지를 예측할 수 있어야 한다. 그 후 비용은 간단히 예측할 수 있다.

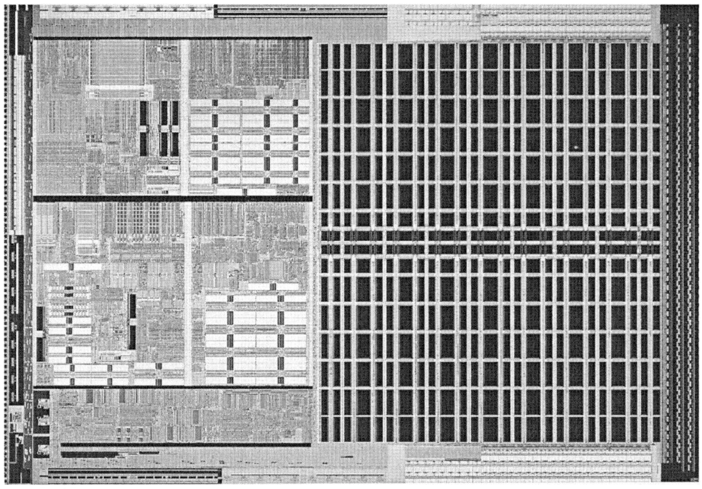

그림 1.11 AMD Opteron 마이크로프로세서의 다이 사진 (출처 AMD)

$$\text{다이 비용} = \frac{\text{웨이퍼 비용}}{\text{웨이퍼당 다이 수} \times \text{다이 수율}}$$

칩 비용 방정식의 이 첫 번째 항목에서 가장 흥미로운 사실은 아래에서 설명한 것과 같이 이 항목이 다이 크기에 민감하다는 것이다.

웨이퍼당 다이 수는 대략 웨이퍼 면적을 다이 면적으로 나누면 된다. 이는 다음의 식으로 좀 더 정확히 표현될 수 있다.

$$\text{웨이퍼당 다이 개수} = \frac{\pi \times (\text{웨이퍼 직경}/2)^2}{\text{다이 면적}} - \frac{\pi \times \text{웨이퍼 직경}}{\sqrt{2 \times \text{다이면적}}}$$

첫 번째 항목은 웨이퍼 면적(πr^2)과 다이 면적의 비율이다. 두 번째 항목은 원형 웨이퍼 주변 근처의 사각형 다이들과 관련된 문제를 보상한다. 원주(πd)를 사각형 다이의 대각선 길이로 나누면 대략 가장자리 근처의 다이 수를 계산할 수 있다.

예제 다이의 한 면이 1.5cm일 때 300mm (30cm) 웨이퍼에서의 다이 수를 계산하라.

해답 다이 면적은 2.25cm^2이다. 따라서

$$\text{웨이퍼당 다이 개수} = \frac{\pi \times (30/2)^2}{2.25} - \frac{\pi \times 30}{\sqrt{2 \times 25}} = \frac{706.9}{2.25} - \frac{94.2}{2.12} = 270$$

하지만 이는 웨이퍼당 최대 다이 수를 계산하는 것에 불과하다. 중요한 질문은 웨이퍼에서 생산되는 양질의 다이 비율 또는 *다이 수율(die yield)*이 얼마인가 하는

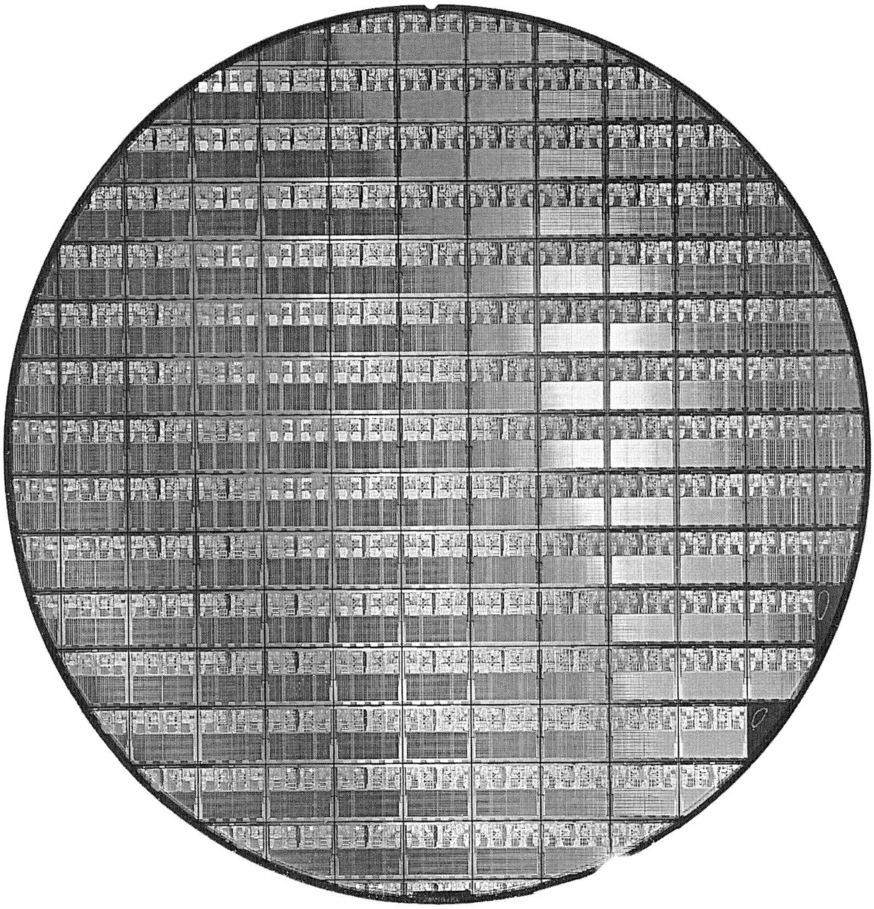

그림 1.12 이 300mm 웨이퍼에는 90나노 공정으로 구현된 117개의 AMD Opteron 칩이 포함되어 있다. (출처 AMD.)

것이다. 결함이 웨이퍼 상에 임의로 분포되어 있고 수율이 제조 공정의 복잡성에 반비례한다는 것을 가정한 간단한 집적회로 수율 모델은 다음의 식으로 표현될 수 있다:

$$\text{다이 수율} = \text{웨이퍼 수율} \times \left(1 + \frac{\text{단위 면적당 결함수} \times \text{다이 면적}}{\alpha}\right)^{-\alpha}$$

이 공식은 여러 제조라인의 수율을 관찰하여 개발된 경험 모델이다. *웨이퍼 수율(water yield)*은 테스트조차 필요 없는 불량 웨이퍼들을 고려한 변수이다. 설명을 간단히 하기 위해 웨이퍼 수율을 100%로 가정하자. 단위 면적당 결함 수는 무작위로 발생하는 제조 결함을 측정하는 기준이다. 2006년에 90나노 공정에 대한 이 수치는 1 cm^2에 0.4 결함이다(지난 절에서 설명한 학습 커브를 상기하라). 마지막으로 α는 주요 마스크 단계에 해당하는 변수로 제조공정의 복잡성을 측정한다. 2006년도 다단계 메탈 CMOS 공정에서 이 수치는 대략 $\alpha = 4.0$이다.

예제 결함률이 cm^2당 0.4이고 α가 4임을 가정할 때 한 면의 길이가 1.5 cm인 다이와 1.0 cm인 다이의 다이 수율을 계산하라.

해답 총 다이 면적은 각각 2.25 cm^2과 1.00 cm^2이다. 큰 다이의 경우, 수율은

$$\text{다이 수율} = \left(1 + \frac{0.4 \times 2.25}{4.0}\right)^{-4} = 0.44$$

$$\text{작은 다이의 경우 수율은, 다이 수율} = \left(1 + \frac{0.4 \times 1.00}{4.0}\right)^{-4} = 0.68$$

따라서 큰 다이의 반 정도가 양호한 반면에 작은 다이의 2/3 이상이 양호하다.

결론적으로 웨이퍼당 산출되는 양질 다이의 수는 결함의 효과를 고려하여 다이 수에 다이 수율을 곱하여 얻어진다. 위 예제는 300 mm 웨이퍼에서 약 120개 정도의 좋은 품질의 2.25 cm^2 다이와 약 435개의 좋은 품질의 1.00 cm^2 다이를 생산할 수 있는 것을 예측한다. 현재의 90나노 공정을 사용하는 대부분의 32비트 마이크로프로세서와 64비트 마이크로프로세서가 이 두 다이 사이의 크기를 갖는다. 저가의 임베디드 32비트 프로세서는 때때로 0.25 cm^2 만큼 작은 경우도 있으며 (프린터, 자동차 등) 임베디드 시스템의 제어에 사용되는 프로세서는 0.1 cm^2 보다도 작은 경우도 종종 있다.

DRAM, SRAM과 같이 가격 경쟁이 심각한 필수품의 경우 설계자들은 수율을 높이기 위해 중복성을 포함한다. 지난 수년간 DRAM들은 일정 수의 결함을 수용할 수 있도록 일부 중복적인 메모리 셀들을 포함하여 왔다. 설계자들은 또한 표준 SRAM과 마이크로프로세서의 캐시로 사용되는 대형 SRAM에서도 유사한 기술을 사용하였다. 이와 같이 중복적인 셀들은 분명히 수율을 상당히 향상시킬 수 있다.

2006년 최첨단 기술로 제조된 300 mm (12 인치) 웨이퍼의 공정 비용은 \$5000에서 \$6000 정도이다. \$5500의 웨이퍼 공정 비용을 가정하면 1.00 cm^2 다이의 비용은 약 \$13이며 2.25 cm^2 다이의 비용은 약 \$46로서 2배를 약간 넘은 크기에 비용은 거의 4배 가까이 증가된다.

컴퓨터 설계자는 칩 비용에 대하여 무엇을 기억하여야 하는가? 제조 공정이 웨이퍼 비용, 웨이퍼 수율, 단위 면적당 결함 수를 결정하기 때문에 설계자는 다이 면적만 결정할 수 있다. 실제로 단위 면적당 결함 수는 적기 때문에 웨이퍼 당 양질 다이의 수, 즉 다이 비용은 대략 다이 면적의 제곱에 비례한다. 컴퓨터 설계자는 어떤 기능들이 다이에 포함될 것인지 또 I/O 핀의 수를 결정함으로써 다이 크기, 즉 비용에 영향을 미친다.

컴퓨터에 부품을 사용할 수 있기 위해서는 다이를 (양질의 다이와 불량 다이를 구별하기 위해) 테스트하고, 패키징한 후, 다시 테스트하여야 한다. 이러한 단계들은

상당한 비용을 추가한다.

이 분석은 집적회로의 양산 과정에서 제 기능을 하는 다이를 생산하는 데 소모되는 변동비용에 대하여 논의하고 있다. 하지만 (1 백만 개 이하의) 소량 생산에서 집적 회로 비용에 상당한 영향을 주는 고정 비용의 중요 부분, 즉 마스크 비용은 생략되었다. 집적 회로 제조 공정의 각 단계는 독립적인 마스크를 필요로 한다. 따라서 4에서 6단계의 메탈 계층을 갖는 최신 고밀도 집적 회로 공정에서 마스크 비용은 1백만 불을 초과한다. 이와 같이 큰 고정 비용은 프로토타이핑과 디버깅 비용에 영향을 주며 소량 생산의 경우 생산 비용의 상당한 비중을 차지한다. 마스크 비용은 계속 증가하므로 설계자들은 재구성가능한 회로(reconfigurable logic)를 사용하여 부품의 융통성을 향상시키거나 게이트 어레이(gate array)를 사용하여 마스크 비용을 절감시키는 기술들을 사용할 수 있다.

비용과 가격

컴퓨터가 필수품이 되어감에 따라 제품의 제조 원가와 판매가 차이의 마진은 줄어들고 있다. 이러한 마진은 회사의 연구 개발(R&D), 마케팅, 영업, 제조 장비의 관리, 건물 임대, 금융 비용, 세전 이득, 세금 등에 사용되고 있다. 많은 공학자들은 대부분의 회사가 그 수입의 4%(필수품 사업인 PC 시장)에서 12%(고성능 서버 시장)만 R&D에 소비하고 있는 것에 놀라고 있다.

1.7 의존성

Computer Architecture

역사적으로 집적 회로는 컴퓨터에서 가장 신뢰성 있는 부품이다. 비록 핀들은 고장나기 쉽고 따라서 통신 채널에서의 고장이 발생할 수 있지만 칩 내부의 오류율은 매우 낮다. 하지만 65나노 공정 이하로 최소 배선 폭이 작아짐에 따라 이와 같은 믿음에 변화가 생기고 있다. 이러한 공정에서는 일시적 결함(transient fault)과 영구적 결함(permanent fault)이 더 자주 발생하게 되기 때문에, 설계자들은 이런 문제를 해결할 수 있는 시스템을 설계하여야 한다. 이 절에서는 의존성과 관련된 이슈들을 간단히 리뷰하고 용어들에 대한 공식적인 정의와 접근 기법은 6.3절에서 논의하기로 한다.

컴퓨터는 여러 다른 추상적 단계에서 설계되고 구현되어 진다. 컴퓨터의 각 부품을 단계별로 회귀적으로 확대하여 나가면 개개의 트랜지스터 수준에 도달할 것이다. 전원의 손실과 같이 일부 결함은 칩 전체로 퍼지게 되지만 많은 고장들은 한 모듈의 한 부품으로 제한된다. 따라서 어떤 특정 단계에서의 한 모듈의 완전한 고장은 더 상위 모듈에서는 단순한 부품 오류에 불과하다. 이와 같은 구별이 신뢰성 있는 컴퓨터를 구현하는 여러 가지 방법을 찾아주는데 도움을 준다.

한 가지 어려운 질문은 시스템이 정상적으로 작동하는 지를 결정하는 것이다. 이 철학적인 문제는 인터넷 서비스가 유행하면서 좀 더 구체화되고 있다. 시스템 제공자들은 네트워킹과 전원 서비스의 신뢰성을 보장하기 위하여 *서비스 수준 약정(Service Level Agreements, SLA)* 또는 *서비스 수준 목표(Service Level Objectives, SLO)*를 제공하기 시작하였다. 예를 들어, 한 달에 일정 시간 이상 약정을 만족시키지 못하는 경우 고객에게 보상금을 지급한다. 따라서 시스템이 작동 중인지 아닌지를 결정하기 위하여 SLA가 사용될 수 있다.

시스템은 SLA 관점에서 두 서비스 상태를 반복한다.

1. 서비스 수행(Service accomplishment), 명시된 서비스가 제공되는 경우
2. 서비스 중단(Service interruption), 제공된 서비스가 SLA와 다른 경우

이 두 상태 사이의 전이는 (상태 1에서 상태 2로의) *고장(failures)* 또는 (상태 2에서 1로의) *복구(restoration)*에 의해 야기된다. 이러한 상태 전이를 정량화하면 다음의 두 의존성 측정 기준이 유도된다.

- 모듈 신뢰성(Module reliability)은 참조 시점으로부터 연속적인 서비스 수행 (또는 고장까지의) 시간을 측정한다. 따라서 *평균 고장 시간(MTTF, mean time to failure)*은 신뢰성의 측정 기준이다. MTTF의 역수는 고장률로서 일반적으로 10억 시간당 고장 수 또는 *FIT(failures in time)*으로 보고된다. 따라서 1,000,000 시간의 MTTF는 $10^9/10^6$ 또는 1000 FIT와 같다. 서비스 중단은 *평균 수리 시간(MTTR, mean time to repair)*으로 측정된다. *평균 고장 간격 시간(MTBF, mean time between failures)*은 단순히 MTTF + MTTR이다. 비록 MTBF도 널리 사용되지만 MTTF가 적합한 경우가 많다. 만약 어떤 모듈 집합이 기하급수적 분포를 가진 수명을 가지고 있다면 – 즉 한 모듈의 수명이 고장 확률에 영향을 주지 않는다면 – 이 집합 전체의 고장률은 각 모듈의 고장률의 합이 된다.
- 모듈 가용성(Module availability)은 수행과 중단의 두 상태 사이를 교대하는 관점에서 서비스 수행의 측정 기준이다. 중복성이 없지만 수리 가능한 시스템에서 모듈 가용성은

$$\text{모듈 가용성} = \frac{\text{MTTF}}{(\text{MTTF} + \text{MTTR})}$$

신뢰성과 가용성은 의존성의 동의어라기보다는 새로운 정량적 기준이다. 고장이 독립적으로 발생하고 부품의 신뢰성에 대한 가정을 추가한다면 이러한 정의를 사용하여 시스템의 신뢰성을 정량적으로 추정할 수 있다.

예제 다음의 부품과 MTTF를 가진 디스크 시스템을 가정하자.

- 10개의 디스크, 각 디스크는 1,000,000 시간의 MTTF를 갖는다.
- 1개의 SCSI 제어기, 500,000 시간 MTTF
- 1개의 전원, 200,000 시간 MTTF
- 1개의 팬, 200,000 시간 MTTF
- 1개의 SCSI 케이블, 1,000,000 시간 MTTF

수명이 기하급수적 분포를 가지고 있고 각 고장이 독립적이란 가정을 사용하여 시스템 전체의 MTTF를 계산하라.

해답 고장률의 합은

$$\text{고장률}_{\text{시스템}} = 10 \times \frac{1}{1{,}000{,}000} + \frac{1}{500{,}000} + \frac{1}{200{,}000} + \frac{1}{200{,}000} + \frac{1}{1{,}000{,}000}$$

$$= \frac{10 + 2 + 5 + 5 + 1}{1{,}000{,}000\ \text{시간}} = \frac{23}{1{,}000{,}000} = \frac{23{,}000}{1{,}000{,}000{,}000\ \text{시간}}$$

또는 23,000 FIT. 시스템의 MTTF는 고장률의 역수이다:

$$\text{MTTF}_{\text{시스템}} = \frac{1}{\text{결함률}_{\text{시스템}}} = \frac{1{,}000{,}000{,}000\ \text{시간}}{23.000} = 43{,}500\ \text{시간}$$

다시 말해 5년이 채 안 된다.

고장을 극복하는 한 가지 방법은 시간 중복성(계속 오류가 발생하는 지를 점검하기 위해 연산을 반복) 또는 자원 중복성(고장 난 부품을 다른 부품으로 대체)이다. 일단 부품이 대체되고 시스템이 완전히 복구되면 시스템의 의존성은 새 제품과 같다고 가정한다. 다음의 예제를 통하여 중복성의 장점을 정량화하여 보자.

예제 디스크 시스템은 의존성을 향상시키기 위해 종종 중복적인 전원 장치를 갖고 있다. 위의 부품과 MTTF를 사용하여 중복적인 전원 장치의 신뢰성을 계산하라. 디스크시스템을 동작시키는 데 하나의 전원이 충분하다고 가정하고 또 하나의 추가 전원을 공급한다고 가정하자.

해답 고장을 허용할 수 있고 계속 서비스를 제공할 수 있을 때 무엇을 기대할 수 있는 지를 보여 주는 공식이 필요하다. 계산을 쉽게 하기 위해 각 부품의 수명이 기하급수적 분포를 가지고 있고 부품 고장 사이에는 어떠한 상관관계도 없다고 가정한다. 이 중복적 전원에 대한 MTTF는 하나의 전원이 고장 나기까지의 평균 시간을 교체되기 전까지 다른 전원이 고장 날 확률로 나눈 값이다. 따라서 수리 전에 두 번째 고장이 날 확률이 작으므로 이 쌍의 MTTF는 큰 값을 가진다.

두 개의 전원을 가지고 있고 각각이 독립적인 고장을 가지므로 한 디스크가 고장날 때까지의 평균 시간은 $MTTF_{전원}/2$이다. 두 번째 고장 확률의 근사치는 MTTR을 다른 전원이 고장날 때까지의 평균 시간으로 나눈 값이다. 따라서 중복적인 한 쌍의 전원 장치에 대한 근사치는

$$MTTF_{전원\ 쌍} = \frac{MTTF_{전원}/2}{\frac{MTTR_{전원}}{MTTF_{전원}}} = \frac{MTTF^2_{전원}/2}{MTTR_{전원}} = \frac{MTTF^2_{전원}}{2 \times MTTR_{전원}}$$

위의 MTTF 숫자를 사용하고 운영자가 고장난 전원을 발견하고 교환하는 데 평균 24 시간이 걸린다고 가정하면 이 고장 방지 전원 시스템의 신뢰성은 다음과 같다.

$$MTTF_{전원\ 쌍} = \frac{MTTF^2_{전원}}{2 \times MTTR_{전원}} = \frac{200{,}000^2}{2 \times 24} \cong 830{,}000{,}000$$

따라서 이 한 쌍의 전원은 단일 전원에 비하여 약 4150배의 신뢰성을 갖는다.

지금까지 컴퓨터 기술의 제조 원가, 전력, 의존성을 정량화하였다. 다음은 성능에 대한 정량적 분석을 논의하여 보자.

1.8 성능 측정, 보고, 요약

Computer Architecture

한 컴퓨터가 다른 컴퓨터보다 빠르다고 말할 때 이는 무엇을 뜻하는가? 데스크탑 컴퓨터의 사용자는 프로그램이 더 짧은 시간에 실행을 마칠 때 컴퓨터가 더 빠르다고 이야기하는 반면에 Amazon.com의 관리자는 시간당 완료하는 트랜잭션의 수가 많을 때 더 빠르다고 말한다. 컴퓨터 사용자는 *응답 시간* – 한 사건의 시작과 끝 사이의 시간 – 또는 *실행 시간*을 감소시키는 데 관심이 있다. 대형 데이터 프로세싱 센터의 관리자는 *처리량* – 주어진 시간동안 처리되는 총 *작업량* – 을 증대시키는 것에 관심이 있다.

설계의 대안들을 비교할 때 우리는 종종 두 다른 컴퓨터, X와 Y의 성능을 연관짓고 싶어 한다. "X가 Y보다 빠르다"라는 구절은 주어진 작업에 대하여 응답 시간 또는 실행 시간이 Y보다 X에서 작다는 것을 뜻하는 데 사용된다. 구체적으로 "X가 Y보다 n배 빠르다"는 것은 다음을 뜻한다.

$$\frac{실행\ 시간_Y}{실행\ 시간_X} = n$$

실행 시간은 성능의 역수이므로 다음의 관계가 성립한다.

$$n = \frac{\text{실행 시간}_Y}{\text{실행 시간}_X} = \frac{\frac{1}{\text{성능}_Y}}{\frac{1}{\text{성능}_X}} = \frac{\text{성능}_X}{\text{성능}_Y}$$

"X의 처리량이 Y보다 1.3배 많다"라는 구절은 컴퓨터 X에서 단위 시간당 완료되는 작업의 수가 Y에서 완료되는 작업 수의 1.3배라는 것을 의미한다.

하지만 불행하게도 항상 시간이 컴퓨터 성능 비교에 사용되는 기준은 아니다. 우리 입장은 실제 프로그램의 실행 시간만이 일관성과 신뢰성을 갖춘 성능의 기준이라는 것이다. 지금까지 제안된 시간에 대한 대안들 또 실제 프로그램 대신 제안된 측정 항목들은 궁극적으로 컴퓨터 설계를 잘못된 방향으로 이끌거나 실수를 유발시킨 적도 있었다.

실행 시간조차도 우리가 어떻게 측정하느냐에 따라 여러 다른 방법으로 정의될 수 있다. 가장 단순한 시간의 정의는 *벽시계(wall-clock) 시간*, *응답 시간*, 또는 *경과 시간(elapsed time)*으로 부르며 이는 디스크 액세스, 메모리 액세스, 입출력, 운영 체제 오버헤드 등 작업을 완수하는 데 필요한 모든 것을 포함한 지연시간이다. 멀티프로그래밍이 사용되면 프로세서는 한 프로그램이 I/O를 수행하는 동안 다른 프로그램을 실행하게 되어 결과적으로 프로그램의 지연시간을 줄이지 못하게 된다. *CPU 시간(CPU time)*은 이를 구별하기 위해 프로세서가 이 프로그램을 실행하는데 걸리는 시간을 의미하며 I/O를 기다리거나 다른 프로그램을 실행하는 시간을 포함하지 않는다. (사용자가 보는 시간은 따라서 CPU 시간이 아니라 프로그램의 지연시간이 된다.)

같은 프로그램을 주기적으로 실행하는 컴퓨터 사용자는 새 컴퓨터를 평가하는 완벽한 후보가 될 것이다. 새 시스템을 평가하기 위해 사용자는 자신의 *워크로드(workload)* – 사용자가 컴퓨터에서 실행하는 프로그램들과 운영 체제 커맨드들의 혼합 – 의 실행시간을 단순히 비교하면 된다. 하지만 이렇게 운 좋은 상황은 매우 드물다. 대부분은 신형 컴퓨터의 성능을 예측하기 위해 다른 방법을 사용하거나 종종 다른 평가자들이 컴퓨터를 평가한다.

벤치마크

성능 평가를 위한 최고의 벤치마크는 컴파일러와 같은 실제 응용 프로그램들이다. 실제 응용 보다 훨씬 간단한 프로그램을 사용하는 것은 항상 성능적 함정에 빠질 위험이 존재한다. 다음은 그 예제들이다.

- 커널(kernels), 실제 응용 프로그램의 작은 핵심 코드;
- 장난감 프로그램(toy programs), quicksort와 같은 초보 프로그램 숙제로부터 얻어

진 100라인 정도의 프로그램;

- 합성 벤치마크(synthetic benchmarks), Dhrystone과 같이 실제 응용의 특징과 행동을 모방하기 위하여 고안된 가짜 프로그램.

컴파일러 개발자나 컴퓨터 설계자가 실제 응용에서 보다 이러한 대역 프로그램에서 성능이 우수하도록 조작할 수 있기 때문에 오늘날 이 세 가지 방법의 신용도는 낮다.

또 다른 이슈는 벤치마크가 실행되는 조건이다. 벤치마크의 성능을 향상시키는 한 가지 방법은 벤치마크 용 플래그를 사용하는 것이다. 이러한 플래그들은 종종 다른 많은 프로그램에게는 잘못된 변환이나 성능 저하를 가져온다. 이러한 문제를 방지하고 벤치마크 결과의 신뢰성을 증가시키기 위하여 벤치마크 개발자들은 제조사가 하나의 컴파일러를 사용하고 같은 언어(C 또는 FORTRAN)로 작성된 모든 프로그램들에게 동일한 플래그들을 사용하도록 요구한다. 컴파일러 플래그 문제에 추가하여 또 다른 이슈는 소스 코드의 변경을 허락하느냐 하는 문제이다. 이 문제에 대해서는 다음의 세 가지 접근 방안이 사용된다.

1. 소스 코드의 변경을 허락하지 않는다.
2. 소스 코드의 변경을 허락하지만 실제로는 불가능하다. 예를 들어, 데이터베이스 벤치마크는 몇 천만 줄의 코드로 작성된 표준 데이터베이스 프로그램들을 사용한다. 데이터베이스 제조사들이 특정 컴파일러의 성능 향상을 위해 코드 수정을 할 가능성은 매우 적다.
3. 변경된 코드가 같은 결과를 출력하는 경우에만 코드 변경을 허락한다.

벤치마크 설계자가 소스의 변경을 허락할 지를 결정하는 데 핵심 이슈는 그와 같은 변경이 실제 발생하고 있고 따라서 사용자에게 유익한 정보를 제공할 것인지 아니면, 이러한 변경이 실제 성능 예측의 척도로서의 벤치마크의 정확성을 떨어뜨리는 것인지를 판단하는 것이다.

응용이 다양해지면서 너무 많은 계란을 바구니에 담는 위험성을 해결하기 위해 *벤치마크 스위트(benchmark suite)*라 불리는 벤치마크 응용의 집합이 프로세서 성능 기준으로 널리 사용된다. 물론 이와 같은 스위트들은 이를 구성하는 개개 벤치마크의 품질에 달려 있다. 그럼에도 불구하고 이와 같은 스위트의 장점은 한 벤치마크의 단점이 다른 벤치마크의 존재에 의해 보완된다는 것이다. 벤치마크 스위트의 목적은 특히 고객이 실행시킬 가능성이 적은 프로그램에서 두 컴퓨터의 상대적 성능을 평가한다는 것이다.

교훈적인 예로 EEMBC(EDN Embedded Microprocessor Benchmark Consortium, "embassy"로 발음)는 자동차/산업공학, 가전, 네트워킹, 사무자동화, 통신 등 여러 다른 임베디드 응용들의 성능을 예측하기 위해 사용되는 41개의 커널 스위트이다.

EEMBC는 변경되지 않은 성능과 무엇이든 가능한 "최고 최대(full fury)"의 성능을 보고한다. 커널을 사용하고 리포트 옵션을 가지고 있기 때문에 EEMBC는 그 분야 다른 임베디드 컴퓨터들의 상대적 성능에 대한 좋은 예측 방법이 못 된다는 명성을 갖고 있다. EEMBC는 합성 벤치마크를 대체하고자 하는 목표를 갖고 있지만 일부 임베디드 시스템 분야에서는 아직도 Dhrystone과 같은 합성 프로그램을 사용하기도 한다.

표준화된 벤치마크 응용 스위트를 개발하려는 가장 성공적인 시도는 1980년대 말 워크스테이션용 벤치마크를 개발하기 위하여 출발한 SPEC(Standard Performance Evaluation Corporation)이다. 컴퓨터 산업이 진화하면서 다른 벤치마크 스위트의 필요성 역시 증대되었고 이에 따라 현재에는 여러 다른 응용 클래스를 위한 SPEC 벤치마크가 존재한다. 모든 SPEC 벤치마크와 그 보고 결과는 *www.spec.org*에서 찾을 수 있다.

비록 이 책에서는 대부분의 논의가 SPEC에 집중되어 있지만 Windows 운영 체제를 실행하는 PC를 위한 많은 벤치마크가 개발되었다.

데스크탑 벤치마크

비록 그래픽 벤치마크가 집중적인 프로세서 활동을 포함하지만 데스크탑 벤치마크는 프로세서 중심 벤치마크와 그래픽 중심 벤치마크의 두 유형으로 나눠진다. SPEC은 원래 프로세서 성능 평가를 위한 벤치마크 스위트(처음에 SPEC89라 불림)를 만들었고 이는 5 세대, 즉 SPEC89, SPEC92, SPEC95, SPEC2000, SPEC2006에 걸쳐 진화하였다. SPEC CPU2006은 12개의 정수 벤치마크(CINT2006)와 17개의 부동 소수점 벤치마크(CFP2006)로 구성된다. 그림 1.13은 현재의 SPEC 벤치마크와 그 이전 버전들을 보여 준다.

SPEC 벤치마크는 포팅을 쉽게 할 수 있도록 또 성능에 대한 I/O의 영향을 감소시키도록 변형된 실제 프로그램이다. 정수 벤치마크는 C 컴파일러의 부분에서부터 체스 프로그램, 양자 컴퓨터 시뮬레이션까지 다양하다. 부동 소수점 벤치마크는 유한 원소 모델링(finite element modeling)을 위한 그리드 코드, 분자 역학(molecular dynamics)을 위한 입자 기법 코드(particle method codes), 유체 역학을 위한 희귀 선형 대수 코드(sparse linear algebra codes) 등을 포함한다. SPEC CPU 스위트는 데스크탑 시스템이나 단일 프로세서 서버의 프로세서 성능 평가에 사용된다. 이 책에서는 이 벤치마크 프로그램의 데이터를 종종 볼 수 있다.

1.11절에서는 SPEC 벤치마크 스위트를 개발하는 과정에서 발생한 여러 함정들과 또 유익하고 예측적인 벤치마크 스위트를 유지하는 데 겪는 여러 어려움을 설명한다. 비록 SPEC CPU2006은 프로세서 성능 평가를 목표로 하지만 SPEC은 그래픽과 Java를 위한 여러 벤치마크도 갖고 있다.

	SPEC 세대 별 벤치마크 이름				
SPEC2006 벤치마크 설명	SPEC2006	SPEC2000	SPEC95	SPEC92	SPEC89
GNU C 컴파일러					gcc
인터프리터 방식의 문자열 처리			perl		espresso
조합 최적화(Combinatorial optimization)		mcf			li
블록 정렬 압축		bzip2		compress	eqntott
바둑 게임(AI)	go	vortex	go	sc	
비디오 압축	h264avc	gzip	ijpeg		
게임/경로 찾기	astar	eon	m88ksim		
유전인자 검색	hmmer	twolf			
양자 컴퓨터 시뮬레이션	libquantum	vortex			
이산 이벤트 시뮬레이션 라이브러리	omnetpp	vpr			
체스 게임(AI)	sjeng	crafty			
XML 파싱	xalancbmk	parser			
CFD/돌풍	bwaves				fpppp
수치적 상대성	cactusADM				tomcatv
유한 원소 코드	calculix				doduc
미분 방정식 해답 시스템	dealII				nasa7
양자 화학	gamess				spice
EM 방정식 계산(주파수/시간 영역)	GemsFDTD			swim	matrix300
확장가능한 분자 역학(~NAMD)	gromacs		apsi	hydro2d	
래티스 볼쯔만(Lattice Boltzman) 기법(유체/공기 역학)	lbm		mgrid	su2cor	
대형 에디(eddi) 시뮬레이션/폭풍 CFD	LESlie3d	wupwise	applu	wave5	
래티스 양자 크로모 역학(chromodynamics)	milc	apply	turb3d		
분자 역학	namd	galgel			
이미지 광선 추적(ray tracing)	povray	mesa			
희소 선형 대수(sparse linear algebra)	soplex	art			
대화 인식(speech recognition)	sphinx3	equake			
양자 화학(quantum chemistry)/객체 지향(object oriented)	tonto	facerec			
날씨 연구와 예보	wrf	ammp			
마그네토 유체역학(Magneto hydrodynamics) (천체물리학)	zeusmp	lucas			
		fma3d			
		sixtrack			

그림 1.13 SPEC2006 프로그램과 SPEC 벤치마크의 진화. 정수 프로그램은 줄 위쪽에 부동 소수점 프로그램은 아래쪽에 나타내었다. 12개의 SPEC2006 정수 프로그램 중에서 9개는 C로 작성되었으며 나머지는 C++로 작성되었다. 부동 소수점 프로그램 중 6개는 FORTAN, 4개는 C++, 3개는 C, 나머지 4개는 C와 Fortran 모두 사용하여 작성되었다. 그림은 1989, 1992, 1995, 2000, 2006년 버전의 70개 모든 프로그램을 보여 준다. 왼쪽 열의 벤치마크 설명은 SPEC2006에만 해당하며 그 이전 버전에는 적용되지 않는다. 같은 줄에 있는 다른 SPEC 세대의 프로그램들은 일반적으로 관련되어 있지 않다. 예를 들어, fpppp는 bwaves와 같은 CFD 코드가 아니다. Gcc는 이 그룹에서 가장 오래된 코드이다. 단 3개의 정수 프로그램과 3개의 부동 소수점 프로그램만 3세대 이상 사용되었다. SPEC2006에서 모두 새로운 부동 소수점 프로그램이 선정된 것에 주목하라. 비록 일부는 세대가 바뀌어도 계속 남아 있지만 프로그램의 버전은 바뀐다. 또, 실행 시간을 바꾸기 위해 또 측정 시 혼란을 피하거나 CPU 시간을 제외한 다른 인자에 의해 실행 시간이 영향을 받는 것을 피하기 위하여 벤치마크의 크기나 입력 값이 종종 변화되어진다.

서버 벤치마크

서버가 여러 기능을 가졌듯이 여러 유형의 벤치마크가 존재한다. 가장 간단한 벤치마크는 아마도 프로세서 처리량 중심의 벤치마크이다. 간단한 처리량 벤치마크를 만들기 위해 SPEC CPU2000은 SPEC CPU 벤치마크를 사용하여 멀티프로세서의 처리속도를 평가하는 데 각 SPEC CPU 벤치마크의 여러 (프로세서의 수만큼) 사본을 실행한 후 CPU 시간을 비율로 변환하여 측정한다. 이는 SPECrate이라 불리는 측정 기준이 된다.

SPECrate를 제외하고 파일 서버, 웹 서버, 데이터베이스와 트랜잭션 처리 시스템 등 대부분의 서버 관련 응용과 벤치마크들은 디스크나 네트워크 트래픽으로부터 발생하는 상당한 수준의 I/O 활동을 포함하고 있다. SPEC은 파일 서버 벤치마크(SPECFS)와 웹 서버 벤치마크(SPECWeb)를 제공한다. SPECFS는 파일 서버 명령들의 스크립트를 사용하여 네트워크 파일 시스템(NFS) 성능을 측정하는 벤치마크이다. 이 벤치마크는 I/O 시스템(디스크와 네트워크 I/O 모두)의 성능뿐만 아니라 프로세서의 성능을 테스트한다. SPECFS는 처리량 중심 벤치마크이지만 응답 시간에 대한 중요한 요구사항을 갖고 있다. (6장은 일부 파일과 I/O 시스템 벤치마크에 대하여 상세히 기술한다.) SPECWeb은 클라이언트의 정적 페이지와 동적 페이지 요청뿐만 아니라 데이터 포스팅(posting) 역시 시뮬레이션하는 웹 서버 벤치마크이다.

트랜잭션 처리(TP) 벤치마크는 데이터베이스 액세스와 갱신으로 구성된 트랜잭션을 처리하는 시스템의 능력을 측정한다. 항공 예약 시스템과 은행 ATM 시스템은 TP의 전형적인 예제들이며 보다 발전된 TP 시스템은 복잡한 데이터베이스와 의사 결정 응용을 포함한다. 1980년대 중반에 TP를 위한 보다 현실적이고 공정한 벤치마크를 만들기 위해 관심 있는 공학자들이 모여 기업들과는 독립적인 TPC(Transaction Processing Council)를 구성하였다. TPC 벤치마크에 대한 상세한 정보는 *www.tpc.org*에서 찾을 수 있다.

첫 번째 TPC 벤치마크인 TPC-A는 1985년에 발표되었으며 그 이후 다른 여러 벤치마크에 의해 대체되고 개선되었다. 1992년 처음 만들어진 TPC-C는 복잡한 질의어(query) 환경을 묘사한다. TPC-H는 임기응변적 의사 결정 지원을 모델하는데 여기서 질의어들은 독립적이지 않아서 이전 질의어가 미래 질의어의 실행을 최적화하는 데 사용될 수 없다. TPC-W는 웹 트랜잭션 벤치마크이다. 상업용 트랜잭션 웹 서버에서의 활동을 묘사하기 위하여 워크로드는 제어된 인터넷 상용 환경에서 실행된다. 가장 최근의 TPC-App는 응용 서버와 웹 서비스 벤치마크이다. 여기서 워크로드는 7일 24시간 작동하는 환경에서의 B2B 트랜잭션 응용 서버의 활동을 모델링한다.

모든 TPC 벤치마크는 초당 트랜잭션 수로 성능을 측정한다. 추가적으로 이 벤치마크들은 응답 시간 제한 사항이 만족되는 경우에만 처리 성능을 측정하는 응답 시간 요구사항을 포함한다. 실제 시스템을 모델링하기 위해서 대형 시스템의 경우에는 사용자와 데이터베이스 두 관점에서 모두 트랜잭션 처리속도가 높도록 설정되어 있다. 마지막으로 정확한 비용-성능을 비교하기 위해서는 벤치마크 시스템의 시스템 비용도 고려되어져야 한다.

성능 결과의 보고

성능 측정 결과를 보고하는 데 있어서 한 가지 중요한 원칙은 재생 가능성(reproducibility)이다. 이를 위해서는 다른 실험자가 같은 결과를 중복 생성할 수 있도록 측정의 모든 조건들을 나열해야 한다. SPEC 벤치마크 보고서는 컴퓨터의 사양과 컴파일러 플래그들을 모두 명시하여야 할 뿐만 아니라 기본적 결과와 최적화된 결과 모두를 발표할 것을 요구한다. 하드웨어, 소프트웨어, 기본적 튜닝 변수에 대한 설명에 추가하여, SPEC 보고서는 표와 그래프 형태로 나타낸 실제 성능 시간들을 포함한다. TPC 벤치마크 보고서의 경우에는 벤치마킹 감사와 비용 정보까지 포함하여야 하므로 더 복잡하다. 제조회사들은 고성능과 비용-성능을 경쟁하므로 이러한 보고서들은 컴퓨터 시스템의 실제 비용을 계산할 수 있는 훌륭한 자료가 된다.

성능 결과의 요약

실제 컴퓨터 설계에서 설계자는 관련 있다고 간주되는 모든 벤치마크 집합에 대하여 수많은 설계 방안과 그들의 상대적인 정량적 장점들을 평가하여야 한다. 마찬가지로 고객 역시 사용자의 응용 환경과 유사한 벤치마크에서의 성능 측정 결과를 사용하여 컴퓨터를 선택한다. 두 경우 모두 벤치마크 스위트에 대한 측정을 수행하는 것이 유익한데 이는 중요 응용의 성능이 일부 벤치마크의 성능과 유사하거나 또 성능의 다양성을 이해할 수 있게 하여 주기 때문이다. 이상적인 경우에 스위트는 응용 공간의 통계적 유효 샘플들과 비슷해지지만 이러한 샘플은 대부분의 스위트보다 많은 벤치마크를 필요로 하고 또 실제 벤치마크에서는 사용되지 않는 무작위 샘플링을 필요로 한다.

벤치마크 스위트로 성능을 측정하였다면 그 스위트의 성능 결과를 한 숫자로 요약하고 싶을 것이다. 요약된 결과를 계산하는 가장 단순한 방법은 그 스위트 프로그램들의 실행시간의 산술 평균을 구하는 것이다. 하지만 일부 SPEC 프로그램의 실행은 다른 프로그램보다 4배 이상 오래 걸리며 산술 평균을 사용한다면 이러한 프로그램의 영향력이 훨씬 커지게 된다. 다른 방안은 각 벤치마크에 가중치를 더하여 계산한 가중치 평균을 사용하여 성능을 요약하는 것이다. 그렇지만 문제는 어떻게 가중치를 선택하느냐 하는 것이다. 각 회사는 자신이 원하는 가중치 집합을 가질 것이고 여러 회사들 사이에 이 값을 동의하는 것은 쉽지 않은 일이다. 한 가지 방법은 모든 프로그램이 특정 기준 컴퓨터에서 같은 시간을 실행하도록 하는 가중치를 사용하는 것이다. 하지만 이는 기준 컴퓨터의 성능 특성에 의해 좌우되는 결과를 초래한다.

가중치를 선택하는 것 대신에 기준 컴퓨터에서의 실행 시간을 평가 대상의 컴퓨터에서의 실행 시간으로 나눔으로써 실행 시간을 기준 컴퓨터에 정형화할 수 있다.

이는 성능에 비례하는 수치를 산출하게 된다. SPEC은 이러한 방법을 사용하며 이 비율을 SPECRatio라 부른다. 이는 이 책에서 컴퓨터 성능을 비교하는 방법과 일치하는 상대적 성능을 비교하여 주는 장점을 제공한다. 예를 들어, 컴퓨터 A의 성능이 특정 벤치마크에서 컴퓨터 B보다 1.25배 높은 경우, 우리는 다음을 알 수 있다.

$$1.25 = \frac{\text{SPECRatio}_A}{\text{SPECRatio}_B} = \frac{\dfrac{\text{실행 시간}_{reference}}{\text{실행 시간}_A}}{\dfrac{\text{실행 시간}_{reference}}{\text{실행 시간}_B}} = \frac{\text{실행 시간}_B}{\text{실행 시간}_A} = \frac{\text{성능}_A}{\text{성능}_B}$$

기준 컴퓨터에서의 실행 시간은 생략되고 따라서 기준 컴퓨터로 어떤 컴퓨터를 선정하는지는 중요하지 않게 되는 것에 주목하라. 그림 1.14는 한 예를 보여 준다.

SPECRatio는 절대적 실행 시간이 아니라 비율이므로 평균은 *기하 평균(geometric mean)*을 사용하여 계산되어져야 한다. (SPECRatio는 단위가 없으므로 산술적으로 SPECRatio를 비교하는 것은 의미가 없다.) 공식은 다음과 같다.

$$\text{기하 평균} = \sqrt[n]{\prod_{i=1}^{n} Sample_i}$$

SPEC의 경우, $sample_i$는 프로그램 i에 대한 SPECRatio이다. 기하 평균은 다음의 두 중요한 특성을 보장한다.

벤치마크	Ultra 5 시간 (초)	Opteron 시간 (초)	SPECRatio	Itanium 2 시간 (초)	SPECRatio	Opteron/Itanium 시간 (초)	Itanium/Opteron SPECRatios
wupwise	1600	51.5	31.06	56.1	28.53	0.92	0.92
swim	3100	125.0	24.73	70.7	43.85	1.77	1.77
mgrid	1800	98.0	18.37	65.8	27.36	1.49	1.49
applu	2100	94.0	22.34	50.9	41.25	1.85	1.85
mesa	1400	64.6	21.69	108.0	12.99	0.60	0.60
galgel	2900	86.4	33.57	40.0	72.47	2.16	2.16
art	2600	92.4	28.13	21.0	123.67	4.40	4.40
equake	1300	72.6	17.92	36.3	35.78	2.00	2.00
facerec	1900	73.6	25.80	86.9	21.86	0.85	0.85
ammp	2200	136.0	16.14	132.0	16.63	1.03	1.03
lucas	2000	88.8	22.52	107.0	18.76	0.83	0.83
fma3d	2100	120.0	17.48	131.0	16.09	0.92	0.92
sixtrack	1100	123.0	8.95	68.8	15.99	1.79	1.79
apsi	2600	150.0	17.36	231.0	11.27	0.65	0.65
기하 평균			20.86		27.12	1.30	1.30

그림 1.14 SPECfp2000의 실행 시간과 SPECRatio의 비교. 기준 컴퓨터인 Sun Ultra5에서의 실행 시간과 AMD Opteron, Intel Itanium2의 실행 시간과 SPECRatio를 비교한다. (SPEC2000은 결과 값에서 소수점 이하의 수를 없애기 위하여 실행 시간의 비율에 100을 곱한다. 따라서 20.86은 2086으로 보고된다.) 마지막 두 열은 실행 시간과 SPECRatio의 비율을 보여 준다. 이 그림은 상대적 성능에서 기준 컴퓨터가 상관이 없음을 보여 준다. 실행 시간의 비율은 SPECRatio의 비율과 같으며 기하 평균의 비율 (27.12/20.86 = 1.30)은 비율의 기하 평균 (1.30)과 같다.

1. 비율의 기하 평균은 기하 평균의 비율과 같다.
2. 기하 평균의 비율은 성능 비율의 기하 평균과 같으며 이는 기준 컴퓨터의 선택과는 무관하다는 것을 의미한다.

따라서 기하 평균에는 상당한 장점이 있으며 특히 비교를 위해 성능 비율을 사용하는 경우 그 동기는 크다고 할 수 있다.

예제 기하 평균의 비율이 성능 비율의 기하 평균과 동등함을 증명하라. 또 SPECRatio에서 기준 컴퓨터는 중요하지 않은 것을 증명하라.

해답 두 컴퓨터 A와 B, 각각에 대한 SPECRatio를 가정하자.

$$\frac{\text{기하 평균}_{\text{A}}}{\text{기하 평균}_{\text{B}}} = \frac{\sqrt[n]{\prod_{i=1}^{n} \text{SPECRatio A}_i}}{\sqrt[n]{\prod_{i=1}^{n} \text{SPECRatio B}_i}} = \sqrt[n]{\prod_{i=1}^{n} \frac{\text{SPECRatio A}_i}{\text{SPECRatio B}_i}}$$

$$= \sqrt[n]{\prod_{i=1}^{n} \frac{\dfrac{\text{실행 시간}_{\text{reference}_i}}{\text{실행 시간}_{\text{A}_i}}}{\dfrac{\text{실행 시간}_{\text{reference}_i}}{\text{실행 시간}_{\text{B}_i}}}} = \sqrt[n]{\prod_{i=1}^{n} \frac{\text{실행 시간}_{\text{B}_i}}{\text{실행 시간}_{\text{A}_i}}} = \sqrt[n]{\prod_{i=1}^{n} \frac{\text{성능}_{\text{A}_i}}{\text{성능}_{\text{B}_i}}}$$

즉, A와 B의 SPECRatio들의 기하 평균 비율은 스위트의 모든 벤치마크에서 A의 성능 비율과 B의 성능 비율의 기하 평균과 같다. 그림 1.14는 SPEC의 예제들을 사용하여 이를 증명한다.

한 가지 중요한 질문은 단일 평균이 벤치마크 스위트 프로그램들의 성능을 잘 요약하느냐 하는 것이다. 만약 분포의 변동성을 표준 편차로 묘사하면 평균이 훌륭한 예측치가 될 수 있는지를 결정할 수 있다. 만약 분포가 표준적 형태를 가진다면 표준 편차는 좀 더 많은 정보를 제공한다.

한 가지 가능성은 샘플 데이터가 평균을 중심으로 대칭 형태를 가지는 종 모양의 *정규 분포(normal distribution)*를 가지는 경우이다. 또 한 가지 경우는 데이터 자체가 아니라 데이터의 로그 값이 정규 분포의 대칭적 형태를 가지는 *로그정규 분포(lognormal distribution)*이다. (로그 배율이 아닌 선형 배율을 가정하면 로그정규 분포는 대칭이 아니라 오른쪽에 긴 꼬리를 갖는 형태가 된다.)

예를 들어, 만약 두 시스템 각각이 두 개의 벤치마크 중 하나에서 상대방 시스템에 비해 10배 빠르면, 상대적 성능은 비율 집합 {0.1, 10}으로 표현된다. 하지만 요약된 성능은 동일하여야 한다. 즉, 평균은 1.0이 되어야 하며 실제 로그 배율에서 이는 맞는 말이다.

산술 평균에 대한 변동성을 묘사하기 위해 σ로 표시되는 산술 표준 편차(stdev)를 사용하며 이는 다음과 같이 정의된다.

$$\text{stdev} = \sqrt{\sum_{i=1}^{n}(sample_i - \text{평균})^2}$$

기하 평균과 같이 기하 표준 편차는 덧셈이 아니라 곱셈으로 구해진다. 기하 평균과 기하 표준 편차를 사용하려면 샘플의 자연 로그 값(natural logarithm)을 취한 후, 표준 평균과 표준 편차를 계산한 후, 지수를 사용하여 원 값을 복원하면 된다. 이에 따라 평균과 σ로 표시되는 표준 편차의 곱셈 버전(gstdev)을 다음과 같이 정의할 수 있다.

$$\text{기하 평균} = \exp\left(\frac{1}{n} \times \sum_{i=1}^{n}\ln(sample_i)\right)$$

$$\text{gstdev} = \exp\left(\sqrt{\frac{\sum_{i=1}^{n}(\ln(sample_i) - \ln(\text{기하 평균}))^2}{n}}\right)$$

EXP( )와 LN( )과 같이 현대적 스프레드시트 프로그램이 제공하는 함수를 사용하면 쉽게 기하 평균과 기하 표준 편차를 계산할 수 있는 것에 주목하라.

로그정규 분포에서는 샘플의 68%가 [평균/gstdev, 평균 × gstdev]에 존재하고 95%가 [평균/gstdev^2, 평균 × gstdev^2]에 존재한다.

예제 그림 1.14의 데이터를 사용하여 기하 표준 편차와 기하 평균의 단일 표준 편차 범위에 속하는 결과 값의 비율을 계산하라. 결과들이 로그정규 분포와 일치하는가?

해답 Opteron의 기하 평균은 20.86이고 Itanium 2의 기하 평균은 27.12이다. SPECRatio에서 예측할 수 있듯이 Itanium 2의 표준 편차가 훨씬 크다 – 1.93 대 1.38. 따라서 결과 값이 평균으로부터 널리 퍼져있고 예측하기가 더 어렵다. Itanium의 단일 표준 편차 범위는 [27.12 / 1.93, 27.12 × 1.93] 또는 [14.06, 52.30]이고 Opteron의 단일 표준 편차 범위는 [20.86 / 1.38, 20.86 × 1.38] 또는 [15.12, 28.76]이다. Itanium 2의 경우 14개 중 10개 (71%)의 벤치마크가 단일 표준 편차 범위 내에 존재하며 Opteron의 경우 14개 중 11개 (78%)가 이 범위에 존재한다. 따라서 두 결과 모두 로그정규 분포와 일치한다.

1.9 컴퓨터 설계의 정량적 이론

Computer Architecture

지금까지 성능, 비용, 의존성, 전력을 정의하고 측정하고 요약하는 것에 대하여 기술하였다. 지금부터는 컴퓨터의 설계와 분석에 유용한 이론과 지침들을 논의하여 보자. 이 절에서는 설계와 관련된 중요한 관찰들과 대안을 평가하는 두 가지 식에 대하여 소개한다.

병렬성의 이용

병렬성을 이용하는 것은 성능 향상에서 제일 중요한 방법 중 하나이다. 이 책의 각 장은 병렬성을 이용하여 성능을 향상시키는 예제들을 포함하고 있다. 이 절에서는 뒤에서 상세히 논의할 3 가지 간단한 예제들을 소개한다.

첫 번째 예제는 시스템 수준에서의 병렬성 사용이다. SPECWeb 또는 TPC-C와 같은 전형적인 서버 벤치마크에서 처리량 성능을 향상시키기 위하여 여러 개의 프로세서와 여러 개의 디스크를 사용할 수 있다. 워크로드는 각 프로세서와 디스크에 분배될 수 있고 결과적으로 처리량은 증가한다. 메모리를 확장하고 프로세서와 디스크 수를 증가시키는 것을 *확장성(scalability)*이라 하며 서버에서는 매우 중요한 방법이다.

개개 프로세서 수준에서 고성능을 달성하기 위해서는 명령어들 사이의 병렬성을 이용하는 것이 중요하다. 이를 위한 가장 간단한 방법은 파이프라이닝이다. 파이프라이닝의 기본 아이디어는 일련의 명령어 수행을 완료하는 전체 시간을 줄이기 위하여 명령어 실행을 중첩시키는 것이다. 파이프라이닝에 대해서는 부록 A에서 상세히 설명하고 2장에서 주요 주제로 다룰 것이다. 파이프라이닝이 동작하는 이유는 모든 명령어가 이전 명령에 의존하고 있지 않기 때문이며 따라서 명령어들을 부분적으로 또는 완전히 병렬로 실행하는 것이 가능하기 때문이다.

병렬성은 논리회로 설계 수준에서도 이용될 수 있다. 예를 들어, 세트 연관(set-associative) 캐시는 원하는 항목을 찾기 위해 여러 개의 메모리 뱅크를 병렬로 탐색하는 기법을 사용한다. 최근 ALU는 덧셈을 수행하는 과정을 병렬성을 사용하여 오퍼랜드의 비트 수에 비례하는 선형에서 로그 수준으로 가속화시키는 캐리 예견(carry-lookahead) 방식을 사용한다.

지역성의 원칙

중요하면서도 근본적인 관측들은 프로그램 특성으로부터 발견되었다. 주로 이용되는 가장 중요한 프로그램 특성은 *지역성의 원칙(principle of locality)*이다. 프로그램은 최근 사용한 데이터와 명령어들을 재사용하는 경향이 있다. 널리 알려진 간단한 규칙은 프로그램은 일반적으로 실행 시간의 90%를 코드의 10%에서 소비한다는 것이다. 지역성이 의미하는 것은 프로그램이 가까운 장래에 사용할 명령어와 데이터를 최근 과거의 액세스를 기반으로 상당히 정확하게 예측할 수 있다는 것이다. 이와 같은 지역성의 원칙은 코드 액세스만큼 강하지는 않지만 데이터 액세스에도 적용된다.

두 가지 유형의 지역성이 관찰되었다. *시간적 지역성(temporal locality)*은 최근에 액세스된 항목이 가까운 미래에 다시 참조될 가능성이 있음을 말하며 *공간적 지역성(spatial locality)*은 주소가 가까운 항목들은 같은 시간대에 함께 참조되는 경향을 말한다. 5장에서 이 원칙의 응용을 살펴볼 것이다.

일반적인 경우에 집중하라

컴퓨터 설계에 있어서 가장 중요하고 많이 사용되는 원칙은 일반적인 경우에 집중하라는 것이다. 설계의 타협점을 찾을 때 흔치않은 경우에 비하여 자주 발생하는 경우가 중요하다. 이러한 원칙은 향상의 효과가 자주 발생하는 경우 더 크기 때문에 어떻게 자원을 분배할 지를 결정할 때도 적용된다.

자주 발생하는 것에 집중하는 것은 전력 소모뿐만 아니라 자원 할당과 성능에도 해당된다. 프로세서의 명령어 인출과 해독 장치는 곱셈기보다 더 자주 사용되므로 먼저 최적화되어야 한다. 의존성의 경우도 마찬가지이다. 다음 절에서와 같이 데이터베이스 서버가 각 프로세서 별로 50개의 디스크를 갖는다면 저장 장치의 신뢰성은 시스템 전체의 신뢰성을 좌우할 것이다.

또한 자주 발생하는 경우는 흔치 않은 경우에 비하여 종종 더 간단하고 빨리 수행될 수 있다. 예를 들어, 프로세서에서 두 수를 더하는 경우, 오버플로우(overflow)는 매우 드물게 발생하므로 오버플로우가 발생하지 않는 경우를 최적화함으로써 성능을 개선할 수 있다. 이와 같은 방법은 흔치 않은 경우에는 성능 저하를 가져올 수 있지만 일반적인 경우를 최적화함으로써 전체 성능을 개선할 수 있다.

이 책의 여러 부분에서 이러한 원칙이 적용되는 것을 볼 수 있을 것이다. 이 간단한 원칙을 적용할 때 우리는 어떤 경우가 흔한 경우이고 이를 가속화하여 얼마나 성능을 증가시킬 수 있는 지를 결정하여야 한다. *암달의 법칙(Amdahl's Law)*이라 불리는 기본적인 법칙을 사용하여 이 원칙을 정량화할 수 있다.

암달의 법칙

컴퓨터의 일부를 개선하여 얻을 수 있는 성능 향상은 암달의 법칙을 적용하여 계산할 수 있다. 암달의 법칙에 따르면 더 빠른 실행 기법에 의해 얻을 수 있는 성능 향상은 더 빠른 기법이 사용될 수 있는 시간의 비율에 의해 제한된다.

암달의 법칙(Amdahl's law)은 특정 기법을 사용하여 얻어질 수 있는 *스피드업(speedup)*을 결정한다. 스피드업이란 무엇인가? 컴퓨터의 성능을 향상시킬 수 있는 방법을 개발했다고 가정하자. 스피드업은 다음과 같이 정의된다.

$$\text{스피드업} = \frac{\text{성능 향상 방법을 사용할 때의 전체 작업에 대한 성능}}{\text{성능 향상 방법을 사용하지 않을 때의 전체 작업에 대한 성능}}$$

또는

$$\text{스피드업} = \frac{\text{성능 향상 방법을 사용하지 않을 때의 작업 전체에 대한 실행 시간}}{\text{성능 향상 방법을 사용할 때의 전체 작업에 대한 실행 시간}}$$

스피드업은 원래의 컴퓨터에 비하여 성능 향상 방법을 사용하여 작업을 얼마나 빨리 실행할 수 있는지를 알려 준다.

암달의 법칙을 통해 특정 성능 향상 방법으로부터 얻어지는 스피드업을 간단하게 계산할 수 있으며 스피드업은 다음 두 가지 요소에 의해 결정된다.

1. 원래의 컴퓨터에서 성능 향상 방법이 적용 가능한 계산 시간의 비율 – 예를 들어, 실행 시간이 총 60초인 프로그램에서 20초가 성능 향상 방법을 사용할 수 있다면, 이 비율은 20/60이다. $\text{비율}_{\text{enhanced}}$이라 불리는 이 값은 항상 1보다 같거나 작다.
2. 성능 향상 방법에 의해 얻을 수 있는 향상; 즉, 향상 방법이 전체 프로그램에 적용되었을 때 작업이 얼마나 빨리 실행되는 가이다. – 이 값은 원래 모드의 시간에 대한 향상된 모드의 시간 비율이다. 만약 프로그램의 한 영역에서 향상 방법이 적용될 때 실행 시간이 2초 걸리는 반면에 그 전에는 5초가 걸린다면 향상은 5/2이다. 이 값은 항상 1보다 크며 $\text{스피드업}_{\text{enhanced}}$이라 부른다.

향상 방법을 사용한 원래 컴퓨터의 실행 시간은 향상되지 않은 영역에서의 시간에 향상된 영역에서의 시간을 합한 것과 같다.

$$\text{실행 시간}_{\text{new}} = \text{실행 시간}_{\text{old}} \times \left((1 - \text{비율}_{\text{enhanced}}) + \frac{\text{Fraction}_{\text{enhanced}}}{\text{스피드업}_{\text{enhanced}}} \right)$$

총 스피드업은 실행 시간의 비율이다.

$$\text{스피드업}_{\text{overall}} = \frac{\text{실행 시간}_{\text{old}}}{\text{실행 시간}_{\text{new}}} = \frac{1}{(1 - \text{비율}_{\text{enhanced}}) + \dfrac{\text{Fraction}_{\text{enhanced}}}{\text{스피드업}_{\text{enhanced}}}}$$

예제 웹 서비스에 사용되는 프로세서의 성능을 향상한다고 가정하자. 신형 프로세서가 구형에 비하여 웹 서비스 응용에서 계산 능력이 10배 더 빠르다. 원래의 프로세서가 40%는 계산을, 60%는 I/O를 대기하는 시간에 소비한다고 가정한다면 신형 프로세서에 의한 스피드업은 얼마인가?

해답

$$\text{비율}_{\text{enhanced}} = 0.4,\ \text{스피드업}_{\text{enhanced}} = 10,\ \text{스피드업}_{\text{overall}} = \frac{1}{0.6 + \dfrac{0.4}{10}} = \frac{1}{0.64} \approx 1.56$$

암달의 법칙은 수익 감소의 법칙을 표현한다. 계산의 일부를 향상시켜서 얻어지

는 스피드업의 추가적인 향상은 그 향상이 추가되면서 감소한다. 암달의 법칙의 필연적 결과는 향상이 작업의 일부에만 적용 가능하다는 것이다. 따라서 1에서 그 일부분에 해당하는 비율을 뺀 수의 역수 이상으로 그 작업을 스피드업 시킬 수는 없다.

암달의 법칙을 적용시키는 데서 발생하는 흔한 실수는 "향상을 적용할 수 있는 시간의 비율"과 "향상을 적용한 후의 비율"을 혼동한다는 것이다. 만약 계산에서 향상을 *사용할 수* 있는 시간을 측정하는 대신에 향상을 적용한 *후*의 시간을 측정한다면 결과 값은 잘못될 것이다!

암달의 법칙은 얼마나 향상시키는 것이 성능을 향상시킬 수 있고 가격 대비 성능을 향상시키기 위해 자원을 어떻게 분배하여야 하는지를 결정하는 데 도움을 준다. 따라서 목표는 시간이 소비되는 것에 비례하여 자원을 할당하는 것이다. 암달의 법칙은 두 가지 대안에 대한 전체 시스템 성능을 비교하는 데 특히 유용하며, 다음 예제에서 보여 주듯이 두 프로세서 설계 방법을 비교하는 데도 적용할 수 있다.

예제 그래픽 프로세서에 자주 사용되는 변환은 제곱근이다. 부동 소수점 제곱근을 구현하는 것은 방법에 따라 특히 그래픽 용 프로세서에서 상당한 성능 차이가 있다. 부동 소수점 제곱근(FPSQR)이 한 그래픽 벤치마크에서 실행 시간의 20%를 차지한다고 가정하자. 한 가지 제안은 FPSQR 하드웨어를 향상시켜서 이 연산의 성능을 10배로 향상시키는 것이다. 다른 제안은 그래픽 프로세서의 모든 FP 명령어를 1.6배 빨리 실행시킬 수 있는 방법이다. FP 명령은 응용 실행 시간의 반을 차지한다. 설계 팀에 따르면 모든 FP 명령어를 1.6배 빠르게 하는 것과 제곱근을 가속시키는 방법은 같은 비용을 요구한다. 이 두 설계 방법을 비교하라.

해답 이 두 가지 제안은 스피드업을 비교하여 비교할 수 있다.

$$\text{스피드업}_{\text{FPSQR}} = \frac{1}{(1 - 0.2) + \frac{0.2}{10}} = \frac{1}{0.82} = 1.22$$

$$\text{스피드업}_{\text{FP}} = \frac{1}{(1 - 0.5) + \frac{0.5}{1.6}} = \frac{1}{0.8125} = 1.23$$

따라서 FP 연산 전체의 성능을 향상시키는 것이 약간 빠르다.

암달의 법칙은 성능 외에도 적용할 수 있다. 1.7절의 신뢰성 예제를 다시 살펴보자. 전원을 중복시켜 신뢰성을 200,000 시간에서 830,000,000 시간으로, 즉 MTTF를 4150배 향상시켰다고 가정하자.

예제 디스크 시스템의 고장률을 계산하면 다음과 같다.

$$\text{고장률}_{\text{시스템}} = 10 \times \frac{1}{1{,}000{,}000} + \frac{1}{500{,}000} + \frac{1}{200{,}000} + \frac{1}{200{,}000} + \frac{1}{1{,}000{,}000}$$
$$= \frac{10 + 2 + 5 + 5 + 1}{1{,}000{,}000 \text{ 시간}} = \frac{23}{1{,}000{,}000{,}000 \text{ 시간}}$$

따라서 개선될 수 있는 고장률의 비율은 전체 23개 중, 백만 시간당 5개로 그 비율은 0.22이다.

해답 신뢰성 향상은 다음과 같다.

$$\text{향상}_{\text{전원 쌍}} = \frac{1}{(1 - 0.22) + \frac{0.22}{4150}} = \frac{1}{0.78} = 1.28$$

한 모듈의 신뢰성을 무려 4150배 향상시킬지라도 시스템 관점에서 그 변화는 측정 가능하지만 작은 편이다.

위의 예제들에서 새 방법 또는 향상된 방법이 적용된 비율을 알 필요가 있다. 하지만 이러한 비율을 측정한다는 것은 종종 쉽지 않은 일이다. 다음 절에서는 CPU 실행 시간을 세 가지 독립적인 구성 요소로 분해한 식을 기반으로 이러한 비교를 수행하는 또 다른 방법을 논의할 것이다. 만약 새로운 설계 제안이 이 세 가지 구성요소에 어떻게 영향을 주는지를 알 수 있다면 전체 성능을 결정할 수 있다. 또한 하드웨어를 실제로 설계하기 전에 이러한 구성 요소를 측정할 수 있는 시뮬레이터를 개발하는 것이 가능하다.

프로세서 성능 식

근본적으로 모든 컴퓨터는 일정한 속도로 동작하는 클록을 사용하여 구현된다. 이러한 불연속적인 시간 사건을 *틱(tick)*, *클록 틱*, *클록 기간*, *클록*, *사이클*, 또는 *클록 사이클*이라 부른다. 컴퓨터 설계자는 클록 시간을 그 기간(예, 1ns) 또는 그 속도(예, 1GHz)로 표현한다. 프로그램에 대한 CPU 시간은 두 가지 방식으로 표현될 수 있다.

$$\text{CPU 시간} = \text{프로그램의 실행에 필요한 CPU 클록 사이클 수} \times \text{클록 사이클 시간}$$

또는

$$\text{CPU 시간} = \frac{\text{프로그램의 실행에 필요한 CPU 클록 사이클 수}}{\text{클록 속도}}$$

이 책에서는 프로그램을 실행시키는 데 필요한 클록 사이클의 수와 더불어 *명령어 경로 길이(instruction path length)* 또는 *명령어 수(IC, instruction count)*라 부르는 실행한 명령어 수 역시 산출한다. 프로그램의 클록 사이클 수와 명령어 수를 안다면 평균 *명령어당 클록 사이클 수(CPI, clock cycles per instruction)*를 계산할 수 있다. 이 장에서는 단순한 프로세서들을 사용하고 또 CPI가 사용하기 쉬우므로 CPI를 사용하여 설명한다. 때로 설계자들은 CPI의 역수인 *클록당 명령어 수(IPC, instructions per clock)*를 사용하기도 한다.

CPI는 다음과 같이 계산된다.

$$\text{CPI} = \frac{\text{프로그램의 실행에 필요한 CPU 클록 사이클 수}}{\text{프로그램의 명령어 수}}$$

이러한 프로세서 수식은 다른 유형의 명령어 집합과 구현을 평가할 수 있는 통찰력을 제공한다. 이 수식은 책의 본문에서 집중적으로 사용될 것이다.

위 수식에서 명령어 수의 역수를 취하하면 클록 사이클 수는 IC × CPI로 정의될 수 있다. 이를 이용하면 다음의 실행 시간 공식에 CPI를 사용할 수 있다.

$$\text{CPU 시간} = \text{명령어 수} \times \text{명령어당 클록 수} \times \text{클록 사이클 시간}$$

이 식의 각 항목을 확장하면 다음의 수식을 구할 수 있다.

$$\frac{\text{명령어 수}}{\text{프로그램}} \times \frac{\text{클록 사이클 수}}{\text{명령어}} \times \frac{\text{초}}{\text{클록 사이클}} = \frac{\text{초}}{\text{프로그램}} = \text{CPU 시간}$$

이 공식이 보여 주듯이 프로세서의 성능은 3 가지 특성, 즉 클록 사이클 시간 (또는 속도), 명령어당 클록 사이클 수, 명령어 수에 달려 있다. 또한 CPU 시간은 이 세 가지 특성에 의해 *균등*하게 결정된다. 예를 들어, 어느 한 항목이 10% 향상되면 CPU 시간 역시 10% 향상된다.

하지만 각 특성을 변경시키는 기본 기술들이 아래와 같이 상호 종속적이기 때문에 다른 특성들과 무관하게 한 특성을 독립적으로 변화시키는 것은 쉽지 않다.

- 클록 사이클 시간 – 하드웨어 기술과 구조
- CPI – 구조와 명령어 집합 구조
- 명령어 수 – 명령어 집합 구조와 컴파일러 기술

다행히 프로세서 성능의 한 요소를 향상시키는 많은 성능 향상 기법들은 보통 다른 두 요소에는 작거나 예측 가능한 영향을 갖고 있다.

때때로 프로세서 설계에서 총 프로세서 클록 사이클의 수를 계산하는 것은 유용하다.

$$\text{CPU 클록 사이클 수} = \sum_{i=1}^{n} \text{IC}_i \times \text{CPI}_i$$

여기서 IC_i는 프로그램에서 명령어 i의 실행 횟수를, CPI_i는 명령어 i에 대한 명령어당 평균 클록 사이클 수를 나타낸다. 이 식은 CPU 시간을 표현하는데 다음과 같이 사용될 수 있다.

$$\text{CPU 시간} = \left(\sum_{i=1}^{n} IC_i \times CPI_i\right) \times \text{클록 사이클 시간}$$

따라서 전체 CPI는 다음과 같다.

$$CPI = \frac{\sum_{i=1}^{n} IC_i \times CPI_i}{\text{명령어 수}} = \sum_{i=1}^{n} \frac{IC_i}{\text{명령어 수}} \times CPI_i$$

CPI를 계산하는 마지막 수식은 각 명령어 i의 CPI_i와 프로그램에서 그 명령어의 발생 빈도(즉, IC_i ÷ 명령어 수)를 사용한다. CPI*i*는 파이프라인 효과, 캐시 미스, 또 다른 메모리 시스템 비효율성을 포함하여야 하므로 프로세서 레퍼런스 매뉴얼의 뒤에 있는 표에서 계산될 수 있는 것이 아니고 측정되어야 한다.

40페이지에 있는 성능 예제를 다시 고려하여 보자. 여기서는 명령어 빈도와 CPI 값의 측정치를 사용하여 변경하였는데 이러한 값들은 실제로는 하드웨어 측정이나 시뮬레이션을 통해 구할 수 있다.

예제 다음과 같은 측정치를 가정하여 보자.

FP 연산의 빈도 = 25%
FP 연산의 평균 CPI = 4.0
다른 명령어들의 평균 CPI = 1.33
FPSQR의 빈도 = 2%
FPSQR의 CPI = 20

FPSQR의 CPI를 2로 감소시키는 방법과 모든 FP 연산의 평균 CPI를 2.5로 감소시키는 두 가지 설계 방안을 가정하자. 프로세서 성능 식을 사용하여 두 방안을 비교하라.

해답 먼저 CPI만 변경되는 것에 주목하라. 클록 속도와 명령어 수는 동일하다. 두 방안 모두 사용하지 않은 원래의 CPI를 계산하여 보자:

$$CPI_{original} = \sum_{i=1}^{n} CPI_i \times \left(\frac{IC_i}{\text{명령어 수}}\right)$$
$$= (4 \times 25\%) + (1.33 \times 75\%) = 2.0$$

향상된 FPSQR에 대한 CPI는 원래의 CPI로부터 절감된 사이클 수를 차감함으로써 계산할 수 있다.

$$\text{CPI}_{\text{with new FPSQR}} = \text{CPI}_{\text{orignal}} - 2\% \ (\text{CPI}_{\text{old FPSQR}} - \text{CPI}_{\text{of new FPSQR only}})$$
$$= 2.0 - 2\% \times (20 - 2) = 1.64$$

모든 FP 명령어의 성능을 향상하는 방안 역시 같은 방식으로 또는 FP 연산과 FP가 아닌 연산의 CPI를 합하여 CPI를 계산할 수 있다. 후자의 방식을 사용하면 다음의 식을 얻는다.

$$\text{CPI}_{\text{new FP}} = (75\% \times 1.33) + (25\% \times 2.5) = 1.62$$

전체 FP를 향상하는 방안의 CPI가 약간 낮으므로 성능은 약간 높을 것이다. 구체적으로 전체 FP를 향상하는 방안의 스피드업은 다음과 같다.

$$\text{Speedup}_{\text{new FP}} = \frac{\text{CPU 시간}_{\text{original}}}{\text{CPU 시간}_{\text{new FP}}} = \frac{\text{IC} \times \text{클록 사이클 시간} \times \text{CPI}_{\text{original}}}{\text{IC} \times \text{클록 사이클 시간} \times \text{CPI}_{\text{new FP}}}$$
$$= \frac{\text{CPI}_{\text{original}}}{\text{CPI}_{\text{new FP}}} = \frac{2.00}{1.625} = 1.23$$

흥미롭게도 40페이지에서 역시 암달의 법칙을 사용하여 같은 스피드업을 구한 바 있다.

종종 프로세서 성능 식의 구성 요소를 측정하는 것이 가능하다. 이는 암달의 법칙 대신에 프로세서 성능 식을 사용하는 가장 큰 장점이다. 특히 특정 명령어 집합에 해당하는 실행 시간의 비율 등을 측정하는 것은 어렵다. 실제로 이는 그 집합 내 각 명령어의 CPI와 명령어 수를 곱해서 합계를 내어 계산한다. 출발점이 각 명령어의 수와 CPI 측정치이므로 프로세서 성능 식은 매우 유용하다.

프로세서 성능 식을 설계 도구로 사용하기 위해서는 여러 요소를 쉽게 측정할 수 있어야 한다. 기존 프로세서의 경우 실행 시간을 측정하는 것은 쉽고 클록 속도 역시 알려져 있다. 문제는 명령어 수와 CPI 값을 찾는 것이다. 대부분의 최신 프로세서들은 실행된 명령어 수와 클록 사이클 수에 대한 카운터들을 갖고 있다. 주기적으로 이 카운터 값을 검사하여 코드 영역에 대한 실행 시간과 명령어 수를 측정할 수 있으며 이는 프로그래머가 응용 프로그램의 성능을 이해하고 최적화하는 데 도움이 된다. 종종 설계자나 프로그래머는 하드웨어 카운터가 제공하는 것보다 더 상세한 수준의 성능을 측정하고 싶어 한다. 예를 들어, 왜 CPI 값이 그렇게 산출 됐는지를 알고 싶어 한다. 이와 같은 경우는 설계에 사용되는 시뮬레이션 기술들이 사용될 수 있다.

1.10 종합: 성능과 가격 대비 성능

Computer Architecture

각 장의 마지막에 기술한 "종합" 절에서는 각 장에서 소개된 이론들을 사용하는 실제 예제를 보여 준다. 이 장에서는 데스크탑 시스템의 경우 SPEC 벤치마크를 사용하고 서버에서는 TPC-C 벤치마크를 사용하여 성능과 가격 대비 성능을 측정하는 것을 살펴보자.

데스크탑 시스템과 선반 설치(Rack-Mountable) 시스템의 성능과 가격 대비 성능

비록 데스크탑 시스템을 위한 여러 벤치마크 스위트가 나와 있지만 대부분은 특정 OS나 아키텍처용이다. 이 절에서는 SPEC CPU2000 정수와 부동 소수점 벤치마크를 사용하여 다양한 데스크탑 시스템의 프로세서 성능과 가격 대비 성능을 살펴본다. 그림 1.14에서 언급하였듯이 SPEC CPU2000은 Sun Ultra 5를 기준으로 정규화된 기하 평균을 사용하여 프로세서의 성능을 요약하며 큰 숫자는 성능이 높은 것을 뜻한다.

그림 1.15는 다섯 시스템의 프로세서와 가격을 보여 준다. 각 시스템은 하나의 프로세서, 1 GB의 DDR DRAM(가능한 경우 ECC와 함께), 약 80GB의 디스크와 이더넷 연결을 갖고 있다. 데스크탑 시스템은 고성능의 그래픽 카드와 모니터를 갖고 있는 반면에 선반 설치 시스템은 그렇지 못하다. 가격 차이가 많이 나는 것은 프로세서 비용, 소프트웨어 차이(Linux나 Microsoft OS 또는 제조 회사의 OS), 시스템 확장성, 1.6절에서 논의했던 필수품 효과 등 다양한 요소에 의한 결과이다.

그림 1.16은 SPEC CINT2000base와 CFP2000base를 측정 기준으로 사용하여 이 다섯 시스템의 성능과 가격 대비 성능을 보여 준다. 그림은 또한 $1000 당 CINT 또는 CFP를 오른쪽 축에 표시하여 가격 대비 성능의 차트를 보여 준다. 다섯 시스템 모두 부동 소수점 성능이 정수 성능에 비하여 기준 컴퓨터 대비 상대적으로 높은 것에 주목하라.

제조회사/모델	프로세서	클록 속도	L2 캐시	유형	가격
Dell Precision Workstation 380	Intel Pentium 4 Xeon	3.8 GHz	2 MB	Desk	$3346
HP ProLiant BL25p	AMD Opteron 252	2.6. GHz	1 MB	Rack	$3099
HP ProLiant ML350 G4	Intel Pentium 4 Xeon	3.4 GHz	1 MB	Desk	$2907
HP Integrity rx2620-2	Itanium 2	1.6 GHz	3 MB	Rack	$5201
Sun Java Workstation W1100z	AMD Opteron 150	2.4 GHz	1 MB	Desk	$2145

그림 1.15 3개의 다른 프로세서를 사용하는 세 제조회사의 다섯 데스크탑과 선반 설치 시스템. 프로세서, 클록 속도, L2 캐시 크기, 판매가를 보여 준다. 그림 1.16은 절대 성능과 가격 대비 성능을 보여 준다. 다섯 시스템 모두 1GB의 ECC DRAM과 약 80GB의 디스크를 갖고 있다. (소프트웨어 비용을 모두 고려하여 가격을 산출하였다.) 이러한 공통점에도 불구하고 여러 요소에 의하여 가격 차이가 많은 것을 볼 수 있다. 첫째로, 각 시스템의 확장성의 차이를 들 수 있다. Sun사의 Java 워크스테이션은 확장성이 가장 작은 반면, Dell 시스템은 중간 정도의 확장성을, HP사의 BL25b blade 서버는 가장 큰 확장성을 갖고 있다. 둘째로, 프로세서의 비용이 최소 2배 이상 다르다. 높은 비용은 L2 캐시의 크기와 큰 다이 크기에 기인한다. 2005년 기준으로 클록 속도와 L2 캐시 크기에 따라 Opteron은 $500에서 $800사이로 판매되었으며 Pentium 4 Xeon은 $400에서 $700 사이에 판매되었다. Itanium 2의 다이 크기는 다른 프로세서들에 비하여 훨씬 크고 따라서 비용은 최소한 2배 이상이다. 셋째로, 소프트웨어의 차이가 (Linux나 Microsoft OS 또는 제조회사의 OS) 최종 가격에 영향을 주었다. 이 가격은 2005년 8월 기준이다.

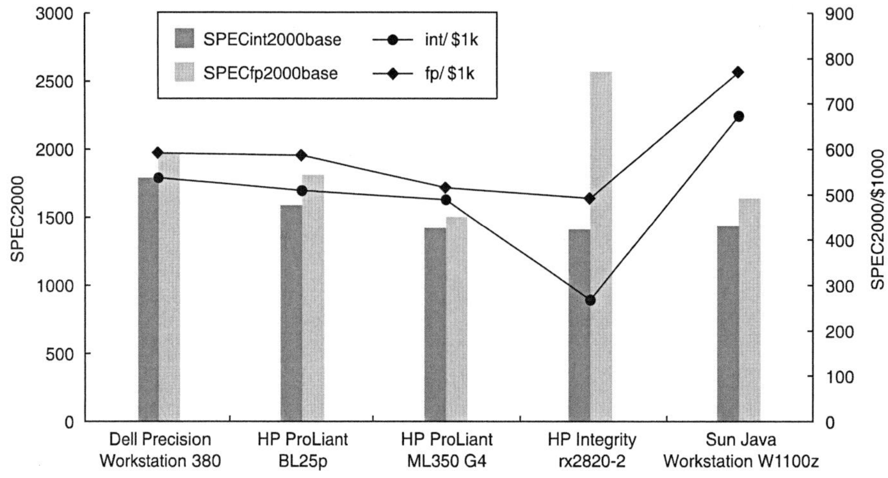

그림 1.16 그림 1.15의 다섯 시스템에 대한 성능과 가격 대비 성능. SPEC CINT2000과 CFP2000을 벤치마크로 사용하여 측정하였다. 가격 대비 성능은 $1000당 CINT2000과 CFP2000 성능으로 표시하였다. 성능 수치는 2006년 1월에 수집되었고 가격은 2005년 8월 기준이다. 측정값들은 www.spec.org에서 온라인으로 액세스 가능하다.

Itanium 2 기반의 설계가 가장 높은 부동 소수점 성능을 가지지만 가장 비싸기 때문에 $1000당 성능은 가장 낮다. 부동 소수점은 1.1−1.6의 비율로, 정수 성능은 1.8−2.5의 비율로 가격 대비 성능이 낮음을 볼 수 있다. 2 MB의 L2 캐시와 3.8 GHz Intel Xeon 프로세서를 가진 Dell 시스템이 가장 높은 CINT 성능과 두 번째로 높은 CFP 성능을 갖고 있지만 1 MB의 L2 캐시와 2.4 GHz AMD Opteron 프로세서를 기반으로 한 Sun 제품에 비하여 훨씬 가격이 높아서 후자의 시스템이 가격 대비 성능 면에서 CINT와 FP 모두에서 최고이다.

트랜잭션 처리 서버의 성능과 가격 대비 성능

서버의 가장 큰 시장은 온라인 트랜잭션 프로세싱(OLTP, online transaction processing)이다. OLTP의 산업 표준 벤치마크는 TPC-C로서 질의어와 갱신을 수행하는 데이터베이스 시스템에 의해 좌우된다. TPC-C 성능을 다음의 5 가지 이유가 흥미롭다. 첫째, TPC-C는 실제 OLTP 응용과 매우 유사하다. 비록 복잡하고 시간이 소요되는 작업이지만 그 결과 OLTP의 실제 성능을 적절히 표시한다. 둘째, TPC-C는 하드웨어, 운영 체제, I/O 시스템, 데이터베이스 시스템을 포함한 전체 시스템 성능을 측정하므로 실제 성능을 잘 예측한다. 셋째, 벤치마크의 실행 규칙과 실행 시간을 보고하는 규칙이 완벽하기 때문에 비교하기 좋은 수치를 산출한다. 넷째, 이 벤치마크의 중요성으로 인하여 컴퓨터 제조회사들이 TPC-C 성능을 향상시키기 위하여 상당한 노력을 기울인다. 다섯째로, 각 제조회사는 성능과 가격 대비 성능을 모두 보고하여야 하기 때문에 두 성능 수치를 모두 살펴볼 수 있다. TPC-C의 경우, 성능은 분당 트랜잭션 수(TPM, transactions per minute)로 측정되며 가격 대비 성능은 TPM당 달러로 측정된다.

그림 1.17은 성능 또는 가격 대비 성능이 최고 수준인 10개 시스템의 특성을 보여 준다. 그림 1.18은 절대 성능은 로그 스케일로 보여 주는 반면 가격 대비 성능은 선형 스케일로 보여 준다. 디스크의 수는 벤치마크를 실행하기 위해 필요한 저장 공간보다는 성능 목표를 달성하기 위한 초당 I/O의 수에 의해 결정된다.

최고 성능의 시스템은 IBM의 64 노드 공유 메모리 멀티프로세서로 1700만 불을 호가한다. 이 시스템은 절반 크기의 같은 시스템에 비하여 성능과 가격 모두 약 2배이고 3위의 HP 클러스터 시스템에 비하여 거의 3배가 빠르다. 이 컴퓨터들은 프로세서당 35-50개의 디스크와 16-20GB의 DRAM을 포함한다. 4장은 멀티프로세서 시스템의 설계에 대하여 기술하고 6장과 부록 E는 클러스터를 설명한다.

최고의 가격 대비 성능을 제공하는 컴퓨터는 Pentium 4 Xeon 기반의 단일 프로세서 시스템들이다. 이 시스템들은 고성능 시스템들에 비하여 3배에서 4배의 가격 대비 성능을 제공한다. 이 시스템들도 프로세서당 평균 35-50개의 디스크를 갖고

제조회사와 시스템	프로세서	메모리	저장장치	데이터베이스/OS	가격
IBM eServer p5 595	64 IBM POWER 5 @ 1.9 GHz, 36 MB L3	64 cards, 2048 GB	6548 disks 243,236 GB	IMB DB2 UDB 8.2/ IMB AIX 5L V5.3	$16,669,230
IBM eServer p5 595	32 IBM POWER 5 @ 1.9 GHz, 36 MB L3	32 cards, 1024 GB	3298 disks 112,885 GB	Orcale 10g EE/ IMB AIX 5L V5.3	$8,428,470
HP Integrity rx5670 Cluster	64 Intel Itanium 2 @ 1.5 GHz, 6 MB L3	768 dimms, 768 GB	2195 disks 93,184 GB	Orcale 10g EE/ Rea Hat E Linux AS 3	$6,541,770
HP Integrity Superdome	64 Intel Itanium 2 @ 1.6 GHz, 9 MB L3	512 dimms, 1024 GB	1740 disks 53,743 GB	MS SQL Server 2005 EE/MS Windows DE 64b	$5,820,285
IMB eServer pSeries 690	32 IBM POWER 4+ @ 1.9 GHz, 128 MB L3	4 cards, 1024 GB	1995 disks 74.098 GB	IBM DB2 UDB 8.1/ IBM AIX 5L V5.2	$5,571,349
Dell PowerEdge 2800	1 Intel Xeon @ 3.4 GHz, 2MB L2	2 dimms, 2.5 GB	76 disks 2585 GB	MS SQL Server 2000 WE/ MS Windows 2003	$39,340
Dell PowerEdge 2850	1 Intel Xeon @ 3.4 GHz, 1MB L2	2 dimms, 2.5 GB	76 disks 1400 GB	MS SQL Server 2000 SE/ MS Windows 2003	$40,170
HP ProLiant ML350	1 Intel Xeon @ 3.1 GHz, 0.5MB L2	3 dimms, 2.5 GB	34 disks 696 GB	MS SQL Server 2000 SE/ MS Windows 2003 SE	$27,827
HP ProLiant ML350	1 Intel Xeon @ 3.1 GHz, 0.5MB L2	4 dimms, 4 GB	35 disks 692 GB	IBM DB2 UDB EE V8.1/ SUSE Linux ES 9	$29,990
HP ProLiant ML350	1 Intel Xeon @ 2.8 GHz, 0.5MB L2	4 dimms, 3.25 GB	35 disks 692 GB	IBM DB2 UDB EE V8.1/ MS Windows 2003 SE	$30,600

그림 1.17 TPC-C 벤치마크를 사용한 10개 OLTP 시스템의 특징. 표의 위 다섯 시스템은 최고 성능을 (분당 트랜잭션 수로 측정), 표 아래 다섯 시스템은 최고의 가격 대비 성능을 (분당 트랜잭션 수당 US $로 측정) 제공하는 시스템들을 보여 준다. 그림 1.18은 절대 성능과 가격 대비 성능을 그래프로 보여 주고 그림 1.19는 가격을 프로세서, 메모리, 저장장치, 소프트웨어로 구분하여 보여 준다.

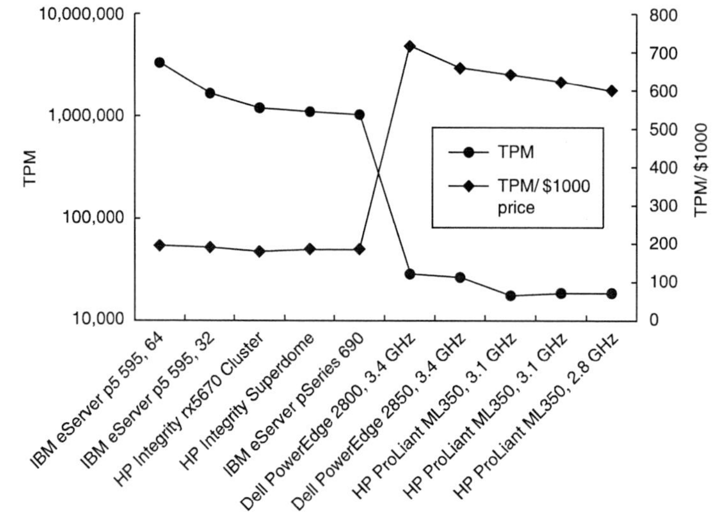

그림 1.18 그림 1.17의 10개 시스템에 대한 성능과 가격 대비 성능을 TPC-C 벤치마크를 사용하여 보여 준다. 비록 일반적인 가격 대비 성능은 $/TPM (715 TPM/$1000 = $1.40/TPM)으로 표시하지만 그림의 가격 대비 성능은 시스템 비용 $1000당 TPM으로 나타내었다. 이 성능 수치와 가격은 2005년 7월 기준이다. 측정치는 *www.tpc.org*에서 온라인으로 액세스할 수 있다.

있지만 2.5-3GB의 DRAM만 사용한다. 이와 같은 구성이 최선의 선택인지 아니면 중저가 PC 서버의 32비트 주소 공간 때문인지는 판단하기 어렵다. 메모리 크기를 2배로 증가하는 것은 가격을 4% 정도만 증가시키므로 아마도 후자의 가능성이 크다.

1.11 오류와 함정

이 절의 목적은 일반적으로 잘못 알려진 믿음이나 오해를 설명하는 것이다. 이와 같은 잘못된 믿음을 *오류(fallacies)*라 부른다. 오류를 설명할 때는 반례를 제시하려고 노력하였다. 이와 더불어 쉽게 저지르는 실수인 *함정(pitfalls)* 역시 설명한다. 종종 이러한 함정은 일부 제한된 문맥에서만 해당하는 원리를 일반화하는 데서 비롯된다. 이 절의 목표는 컴퓨터 설계에서 저지르는 이러한 실수를 피하도록 도와주는 것이다.

함정 *암달의 법칙에 의한 희생.*

거의 모든 컴퓨터 설계자가 암달의 법칙을 알고 있다. 하지만 대부분이 그 용도를 측정하기도 전에 특정 기능을 최적화하는 데 엄청난 노력을 하고 있다. 실망스러운 스피드업이 알려진 후에야 너무 많은 시간을 투자하기 전에 측정하지 않은 것을 후회하게 된다.

함정 *실패의 홑일점.*

암달의 법칙을 사용한 1.9절의 신뢰성 향상 예제는 신뢰성이 연결 고리의 가장 약한 링크보다 강하지 않음을 보여 준다. 예제에서 보듯이 아무리 신뢰성 있는 전원을 사용한다 하더라도 하나의 팬이 디스크 시스템의 신뢰성을 제한할 수 있다. 암달의 법칙에 따른 이러한 관찰에 기인하여 고장 허용(fault-tolerant) 시스템에서는 모든 구성 요소를 중복시켜 어떤 단일 구성 요소의 고장이 발생해도 전체 시스템의 고장에 영향을 주지 않도록 하는 간단한 규율이 생기게 되었다.

오류 *프로세서의 비용이 시스템의 비용을 좌우한다.*

프로세서는 메모리나 디스크에 비하여 지적으로 흥미롭고 또 알고리즘은 전통적으로 프로세서에서의 연산 횟수로 측정되므로 컴퓨터 과학은 프로세서 중심적이라 할 수 있다. 이와 같은 환상은 프로세서 활용이 가장 중요한 성능 지수라고 생각하게 만든다. 실제로 고성능 컴퓨팅 분야에서는 프로세서 최대 성능의 얼마만큼을 달성할 수 있는 지가 종종 알고리즘과 아키텍처의 평가 기준이 된다. 이는 프로세서가 비용의 대부분을 차지하는 경우에만 타당하다.

그림 1.19는 그림 1.17에서 제시된 컴퓨터 시스템들의 제조 원가를 프로세서(케

	프로세서+ 캐비닛	메모리	저장장치	소프트웨어
IBM eServer p5 595	28%	16%	51%	6%
IBM eServer p5 595	13%	31%	52%	4%
HP Integrity rx5670 Cluster	11%	22%	35%	33%
HP Integrity Superdome	33%	32%	15%	20%
IBM eServer pSeries 690	21%	24%	48%	7%
고성능 컴퓨터에서의 중간 값	21%	24%	48%	7%
Dell PowerEdge 2800	6%	3%	80%	11%
Dell PowerEdge 2850	7%	3%	76%	14%
HP ProLiant ML350	5%	4%	70%	21%
HP ProLiant ML350	9%	8%	65%	19%
HP ProLiant ML350	8%	6%	65%	21%
가격 대비 성능 면에서 우수한 컴퓨터에서의 중간 값	7%	4%	70%	19%

그림 1.19 TPC-C 벤치마크를 실행하는 그림 1.17의 고성능 컴퓨터들의 가격을 프로세서, 메모리, 저장장치, 소프트웨어 비용으로 나누어 표시하였다. 메모리는 DRAM 모듈의 비용만을 포함한다. 따라서 전원과 쿨링 시스템의 비용은 프로세서에 포함하였다. TPC-C는 TPC-C 벤치마크의 사용료와 3년 간의 유지비용을 포함하지만 이 비용은 표에서 포함되지 않았다. 시스템의 유지관리를 고려한다면 전체 비용이 평균 약 10%가 추가된다. 소프트웨어 유지관리 비용에 따라 이 비용의 범위는 5%에서 22%가 된다. 고객의 하드웨어 옵션이 추가되면 고성능 서버의 가격은 약 2%, PC 서버의 가격은 7% 정도 추가된다.

이스와 전원 등을 포함하여), DRAM 메모리, 디스크 저장장치, 소프트웨어로 구분하여 전체 원가의 비율로 표시하였다. 프로세서 비용에 케이스, 전원, 쿨링 시스템을 포함하였지만 대형 서버에서는 시스템 전체 비용의 약 20%, PC 서버에서는 10% 이하의 비용에 불과하다.

오류 *벤치마크는 계속해서 유효하다.*

실제 성능의 예측 수단으로서 벤치마크의 유용성은 여러 요인에 의해 영향을 받는다. 벤치마크의 유용성에 영향을 주는 큰 이슈는 "벤치마크 공학"으로 알려진 "크래킹(cracking)"에 저항할 수 있는 능력이다. 벤치마크가 표준화되고 널리 사용되기 시작하면 벤치마크를 목표로 한 최적화 기술을 사용하거나 벤치마크 실행 규칙을 최대한 활용하여 성능을 향상시키려는 엄청난 노력이 시도된다. 매우 적은 라인 수의 코드에 대부분의 시간을 소비하는 작은 커널이나 프로그램이 특히 취약하다.

예를 들어, 초기의 SPEC89 벤치마크는 matrix300이라 불리는 작은 커널을 포함하는데 이는 8개의 각기 다른 300 × 300 행렬 곱셈으로 구성되었다. 이 커널의 경우, 한 줄의 코드가 실행 시간의 99%를 차지하였다(SPEC [1989] 참조). IBM 컴파일러가 (5장에서 설명된 블로킹이란 기술을 사용하여) 이 내부 루프 코드를 최적화하자 이 벤치마크의 성능은 컴파일러의 이전 버전에 비하여 9배로 증가하였다! 이 벤치마크는 결국 컴파일러의 튜닝을 테스트한 것이지 전체 성능을 표시한 것도 아니고 이 컴파일러 최적화 기술의 전형적인 수치도 아니었다.

이 벤치마크가 제거된 후에도 제조회사들은 다른 컴파일러나 전처리프로세서(preprocessor), 또는 특정 벤치마크 용 플래그를 사용하여 다른 벤치마크의 성능을 튜닝 하는 방법을 발견하였다. 비록 기본 성능 측정은 전체 벤치마크에 하나의 플래그 집합을 사용하도록 요구하나 최적화된 또는 튜닝된 성능은 이럴 필요가 없다. 특정 벤치마크 용 플래그는 비록 일반적으로 불법이고 잘못된 컴파일을 유도할 수도 있지만 사실상 사용이 가능하다!

비록 잘 선정된 벤치마크라도 오랜 기간에 걸친 이러한 변화에 의해 구식이 될 수 있다. Gcc는 SPEC89중에서 가장 오랫동안 사용되는 벤치마크이다. 1.8절의 그림 1.13은 지금까지 공개된 SPEC 버전의 모든 70개 벤치마크의 상태를 보여 준다. 놀랍게도 SPEC2000 또는 그 이전 버전의 거의 70%가 다음 버전에서 빠진 것을 볼 수 있다.

오류 *디스크의 평균 고장 시간이 1,200,000 시간, 즉 거의 140년이라면 디스크가 실제로 고장 날 가능성은 없다.*

디스크 제조사들의 현재 마케팅 전략은 고객을 오도할 수 있다. MTTF는 어떻게 계산되는가? 제조사들은 수천 개의 디스크를 한 룸에 설치하여 몇 달을 실행시킨 후 고장 횟수를 카운트한다. MTTF는 누적된 총 디스크 동작 시간을 고장 횟수로 나누어 계산한다.

한 가지 문제점은 이 숫자가 보통 5년 또는 43,800 시간으로 추정되는 디스크의 수명을 훨씬 초과한다는 것이다. 이 큰 MTTF 값이 의미를 갖으려면 디스크 제조사는 사용자가 디스크의 수명 시간인 5년 주기로 디스크를 교체하는 모델을 가정한다. 만약 많은 고객과 그 후손들이 1세기 동안 이렇게 디스크를 사용한다고 가정하면 고객은 고장이 나기 전까지 약 140년 동안 평균적으로 27번 디스크를 교체하게 된다.

좀 더 유익한 측정 기준은 고장난 디스크의 비율이다. 1,000,000 MTTF를 가진 1000개의 디스크가 24시간 동작한다고 가정하자. 만약 고장난 디스크를 같은 신뢰성 특성을 가진 새 것으로 교체한다면, 1년 (8760 시간) 동안 발생할 고장의 수는 다음과 같다.

$$\text{고장난 디스크의 수} = \frac{\text{디스크의 수} \times \text{시간 간격}}{\text{MTTF}} = \frac{1000\ \text{디스크} \times 8760\ \text{시간/드라이브}}{1{,}000{,}000\ \text{시간/고장}} = 9$$

다시 말해 1년 동안의 고장률은 0.9%이며 5년 수명을 가정하면 4.4%이다.

게다가 이와 같은 고 신뢰도 수치는 제한된 온도 범위와 진동을 가정한 것이다. 만약 이러한 값들이 초과된다면 실제 수치는 완전히 달라진다. 최근 조사된 실제 환경에서의 디스크 드라이브 결과에 따르면 [Gray and van Ingen 2005] 1년 동안 SCSI 드라이브의 약 3-6%가 고장나며 MTTF는 약 150,000-300,000 시간이고 ATA 드라이브는 1년에 3-7%가 고장나며 MTTF는 약 125,000-300,000 시간이다. 발표되는 ATA 디스크의 MTTF는 대개 500,000-600,000 시간이다. 따라서 이 조사에 따르면 실제의 MTTF는 제조사가 발표하는 ATA 디스크의 MTTF에 비하여 약 2-4배 짧고 SCSI 디스크의 경우는 4-8배 짧다.

오류 *최대 성능은 관측된 성능을 따라간다.*

최대 성능의 진정한 정의는 "도저히 초과할 수 없는 그 컴퓨터의 최대 성능 수준"이다. 그림 1.20은 4대의 멀티프로세서 시스템에서 4개 프로그램에 대한 최대 성능 대비 실제 성능의 비율이다. 이 비율은 5%에서 58%로 다양하다. 실제 성능과의 격차가 크고 벤치마크 마다 달라지므로 최대 성능은 관측 성능을 예측하는 데 일반적으로 도움이 되지 않는다.

함정 *고장의 감지가 가용성을 떨어뜨릴 수 있다.*

이와 같은 아이러닉한 함정은 컴퓨터 하드웨어가 상당 시간 작동에 심각한 영향을 주지 않는 상태를 가질 수 있기 때문에 발생한다. 예를 들어, 분기 예측기(branch predictor)에 오류가 발생하였다면 성능에는 영향을 주지만 작동에는 아무런 상관이

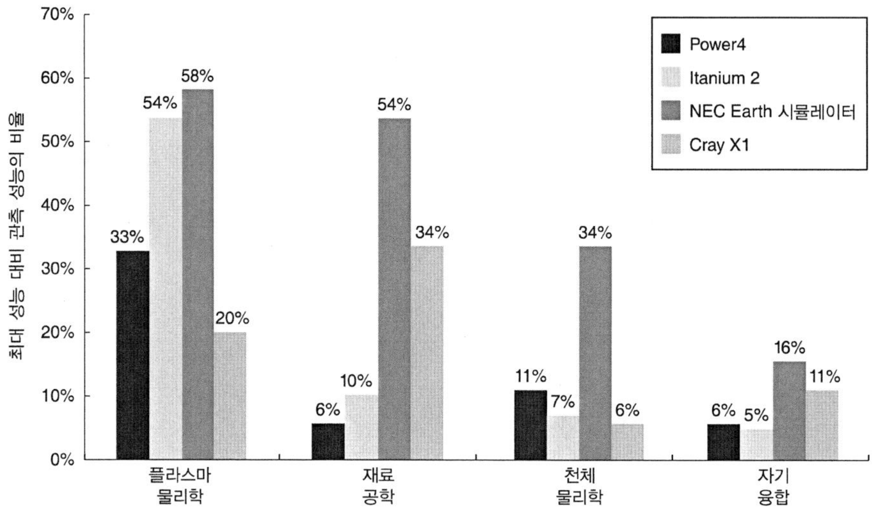

그림 1.20 64개 프로세서를 가진 네 멀티프로세서 시스템에서 최대 성능 대비 실제 성능의 비율. Earth 시뮬레이터와 X1은 벡터 프로세서이다. (부록 F 참조.) 이들은 최대 성능에 가장 가까운 성능을 보여주었을 뿐만 아니라 가장 높은 최대 성능과 가장 느린 클록 속도를 갖고 있다. Paratec 프로그램을 제외하고는 Power 4와 Itanium 2 시스템은 최대 성능의 5%에서 12% 정도의 성능을 제공한다. 출처 Oliker et al. [2004].

없기 때문이다.

명령어 수준 병렬성을 공격적으로 활용하는 프로세서에서 프로그램의 올바른 실행을 위해 모든 연산이 필요한 것은 아니다. Mukherjee et. al. [2003]는 Itanium 2에서 SPEC2000 벤치마크를 실행하는 데 30% 이하도 안 되는 연산들만 중요 경로(critical path)에 존재할 가능성이 있음을 발견하였다.

같은 관측이 프로그램에도 해당된다. 만약 레지스터가 프로그램에서 "죽어있다면(dead)", 프로그램이 그 레지스터를 다시 읽기 전까지는 오류가 문제를 일으키지 않는다. 죽은 레지스터의 임시적 결함을 감지한 경우 프로그램을 중단시킨다면 가용성은 불필요하게 감소될 것이다.

Sun Microsystems 사는 2000년에 Sun E3000과 Sun E10000 시스템 시리즈에서 ECC 없는 패리티(parity)만 가진 L2 캐시를 사용하여 이와 같은 함정에 빠졌다. 캐시에 사용된 SRAM은 간헐적으로 고장을 일으켰으며 패리티를 사용하여 이와 같은 고장은 감지되었다. 캐시의 데이터가 변경되지 않았다면 프로세서는 단순히 캐시로부터 데이터를 다시 읽으면 된다. 설계자가 캐시를 ECC로 보호하지 않았기 때문에 운영 체제는 잘못된 데이터에 대한 오류를 보고하고 프로그램을 중단시킬 수밖에 없었다. 하지만 현장 엔지니어들의 조사에 따르면 이런 경우 90% 이상 실제 아무 문제도 발견하지 못했다.

이와 같은 오류 빈도를 줄이기 위해 Sun은 일부러 오염된 데이터를 캐시에 쓰는 프로세스를 사용하여 캐시를 "세척(scrub)" 하도록 Solaris 운영 체제를 변경하였다.

프로세서 칩이 ECC 추가에 필요한 충분한 핀 수를 갖지 못했기 때문에 오염된 데이터에 대한 유일한 하드웨어 옵션은 외부 캐시에 데이터를 중복시켜 그 복제 데이터를 사용하여 오류를 수정하는 것이었다.

오류 교정 방법 없이 고장을 감지하는 것이 함정이었다. Sun사가 ECC 없는 외부 캐시를 가진 또 다른 컴퓨터 제품을 출시하기는 쉽지 않을 것이다.

1.12 결론

Computer Architecture

이 장에서는 이 책의 나머지 부분에서 상세히 논의할 여러 개념을 소개하였다.

2장에서는 명령어 수준 병렬성(ILP)을 살펴볼 것이다. 가장 단순하고 보편적인 형태의 ILP활용은 파이프라인을 사용하는 것이다. ILP의 활용은 고속 단일 프로세서 설계에서 가장 중요한 기술 중 하나이다. 2장과 3장에 걸쳐 소개한 것은 ILP를 활용하는 여러 가지 방법이 존재하며 ILP 활용이 매우 중요하고 성숙한 기술임을 반영한다. 2장에서는 다양한 기술들을 공부하는 데 필요한 기본적인 개념들을 먼저 설명한다. 2장은 최초의 슈퍼컴퓨터(IBM 360/91)에서부터 2006년에 발표된 최고 성능의 프로세서에 이르기까지 35년간의 예제들을 사용하여 ILP을 활용하는 동적인 실행 방법을 집중적으로 설명한다. 3장은 멀티쓰레딩을 포함하여 2장에서 소개된 아이디어들의 확장 방법과 제한점들을 논의한다. 부록 A는 파이프라이닝에 대한 예비지식이 부족한 독자에게 파이프라이닝을 소개한다. (이 내용은 많은 독자에게 학부 초급 교재인, *Computer Organization and Design: The Hardware/Software Interface*를 복습하는 기회를 제공할 것으로 기대한다.)

4장은 여러 개의 프로세서, 즉 멀티프로세서를 사용하여 고성능 시스템을 구현하는 이슈를 중점적으로 다룬다. 개개 명령어들 사이의 병렬성을 사용하는 대신에 멀티프로세서는 여러 명령어 스트림을 각기 다른 프로세서에서 동시에 실행하는 병렬성을 사용한다. 여러 다른 유형의 멀티프로세서를 소개하고 멀티프로세서에서 발생하는 다양한 이슈들을 논의하지만 우리는 가장 일반적인 형태인 공유 메모리 멀티프로세서에 초점을 맞추어 설명한다. 주로 1980년대와 1990년대에 처음 소개된 중요한 개념들을 중심으로 다양한 기술들을 소개한다.

5장은 메모리 시스템 설계와 관련된 모든 중요 분야를 논의한다. 메모리를 무한정 크게 느끼게 하면서 동시에 빠르게 하는 다양한 기법들을 공부할 것이다. 2, 3, 4장에서 설명하였듯이 하드웨어와 소프트웨어의 협동이 고성능 파이프라인 시스템에서와 마찬가지로 고성능 메모리 시스템 설계의 핵심이라는 것을 깨닫게 될 것이다. 이 장은 또한 가상 기계(virtual machines)를 소개한다. 부록 C는 캐시에 대한 예비지식이 부족한 독자에게 캐시를 소개한다.

6장은 프로세서 중심의 설명에서 벗어나서 저장 시스템과 관련된 이슈를 설명한다. 이 전과 같이 정량적 분석을 적용하지만 시스템 관찰에 기반 한 전체적 성능 분석 방법을 사용한다. 저가의 자기 저장 기술을 사용하여 효율적으로 데이터를 저장하고 검색하는 방법에 대하여 논의할 것이다. 이 기술은 DRAM에 비하여 50-100배 정도 비트당 비용을 절감한다. 6장은 이 장에서 소개했던 OLTP 벤치마크와 같이 I/O 중심의 작업환경을 위한 디스크 저장 시스템의 성능을 논의하는 데 초점을 둔다. 디스크들을 중복적으로 사용하여 고성능과 고 가용성을 달성하는 RAID 기반 시스템에 대한 고급 주제도 논의할 것이다. 마지막으로 이용률과 지연시간의 타협점을 찾기 위한 큐잉 이론을 소개한다.

이 책은 경비를 절감하면서 독자들에게 다양한 주제들을 소개하기 위하여 동반된 CD에 많은 관련 자료를 제공하였다. 그림 1.21은 이러한 자료들을 열거하고 있다. 책에 포함된 부록 A, B, C의 내용은 많은 독자에게 복습 자료를 제공한다. 부록 D는 임베디드 컴퓨팅 관점에서 책의 각 장의 내용을 리뷰 한다. 부록 E는 컴퓨터간의 통신을 위한 장거리 네트워크와 시스템 네트워크를 포함한 시스템 연결망과 관련된 주제를 폭넓게 다룬다. 또한 데이터베이스 및 웹 서버 응용에 적합한 효율성을 제공하여 관심이 증대되고 있는 클러스터 시스템에 대하여 설명한다.

부록 F는 NEC Global Climate 시뮬레이터가 수년간 세계에서 가장 빠른 컴퓨터로 등장하면서 지난 개정판부터 인기를 얻은 벡터 프로세서에 대하여 설명한다. 부록 G는 VLIW 하드웨어와 소프트웨어를 리뷰하며 이 보다 더 널리 알려져 있고 지난 개정판 이후에 새로 출시된 EPIC에 대하여 살펴본다. 부록 H는 고성능 컴퓨팅

부록	제목
A	파이프라이닝: 기초 및 중급 개념
B	명령어 집합 원리와 예제
C	메모리 계층 리뷰
D	임베디드 시스템 (CD)
E	연결망 회로 (CD)
F	벡터 프로세서 (CD)
G	VLIW와 EPIC을 위한 하드웨어와 소프트웨어 (CD)
H	대형 멀티프로세서와 과학 응용 (CD)
I	컴퓨터 연산 (CD)
J	명령어 집합 구조의 조사 (CD)
K	역사적 관점과 참고자료 (CD)
L	사례 연구 연습문제에 대한 해답 (온라인)

그림 1.21 부록 리스트.

에 사용되는 대형 멀티프로세서에 대하여 기술한다. 부록 I는 초판으로부터 남아있는 유일한 부록으로 컴퓨터 연산에 대하여 소개한다. 부록 J는 80x86, IBM 360, VAX와 ARM, MIPS, Power, SPARC 등 여러 RISC 아키텍처를 포함한 명령어 집합 구조를 리뷰 한다. 부록 K는 아래에서 설명하고 부록 L은 사례 연구 연습문제에 대한 해답을 제공한다.

1.13 역사적 관점과 참고문헌

동반된 CD의 부록 K는 각 장에서 소개된 핵심 아이디어에 대한 역사적 관점을 다루고 있다. 이러한 역사적 관점은 각 아이디어의 개발 과정을 개발된 시스템들이나 관련된 중요 프로젝트를 통해 살펴볼 수 있게 한다. 여러분이 아이디어의 초기 개발이나 특정 시스템, 또는 추가적인 자료가 필요하다면 각 역사의 끝에 제공된 참고문헌을 참조하라. 이 장과 관련해서는 초기 디지털 컴퓨터와 성능 측정 방법에 대하여 논의한 K.2절, 초기 컴퓨터의 역사(The Early Development of Computers)를 참고하라.

역사 자료를 통해 여러분은 컴퓨팅 역사가 다른 공학 분야에 비하여 짧기 때문에 생기는 장점을 깨닫게 될 것이다. 즉, 개척자 중 다수가 아직 생존하여 있기 때문에 여러분은 직접 그들에게 문의하여 역사를 배울 수도 있다!

사례 연구와 연습문제 (Diana Franklin)

사례 연구 1: 칩 제조비용

이 사례 연구에 의해 설명된 개념

- 제조 비용
- 제조 수율
- 중복을 통한 고장 허용

컴퓨터 칩의 가격은 여러 요소에 의해 결정된다. 새로운 미세 공정은 성능을 증가시키고 칩 면적을 줄이게 된다. 미세 공정을 사용하면 면적을 줄이거나 또는 더 많은 기능을 위해 칩에 더 많은 하드웨어를 집적할 수 있다. 이 사례 연구를 통해 제조 기술, 면적, 중복성과 관련된 여러 다른 설계 기술이 칩의 제조 원가에 어떤 영향을 주는지를 탐구할 것이다.

칩	다이 크기 (mm^2)	추정 결함률 (per cm^2)	제조 공정 크기 (nm)	트랜지스터 수 (백만)
IBM Power5	289	.30	130	276
Sun Niagara	380	.75	90	279
AMD Opteron	199	.75	90	233

그림 1.22 여러 최신 프로세서의 제조 원가를 결정하는 인자들. $\alpha = 4$.

1.1 [10/10/토론] <1.5, 1.5> 그림 1.22는 여러 현재 칩들의 원가에 영향을 주는 관련 칩 통계를 보여 준다. 다음의 몇 연습문제들은 단일 칩 프로세서인 AMD Opteron과 8-코어 칩인 Sun Niagara 사이의 설계 절충 방안들을 탐색한다.

a. [10] <1.5> AMD Opteron의 수율은 얼마인가?

b. [10] <1.5> 8-core Sun Niagara 프로세서의 수율은 얼마인가?

c. [토론] <1.4, 1.6> 같은 고장률에도 불구하고 Sun Niagara가 AMD Opteron보다 낮은 수율을 갖는 이유는?

1.2 [20/20/20/20/20] <1.7> 여러분이 IBM Power 5 칩을 위해 새로운 공장을 건설하여야 할지를 결정한다고 가정하자. 새 공장을 건설하는 데는 10억불이 소요된다. 새 공장의 장점은 과거 칩 가격의 두 배로 3배나 많은 칩들을 판매할 수 있을 것으로 예측한다. 새 칩은 1 cm^2당 0.7개의 고장을 갖으며 면적은 186 mm^2을 갖게 된다. 웨이퍼의 직경은 300 mm라고 가정하자. 두 공정 모두 웨이퍼의 제조비용은 $500 이다. 이전에는 실제 비용보다 40% 비싼 가격으로 칩을 판매하였다.

a. [20] <1.5> 구형 Power5 칩의 제조비용은 얼마인가?

b. [20] <1.5> 신형 Power5 칩의 제조비용은 얼마인가?

c. [20] <1.5> 각 구형 Power5 칩의 이윤은 얼마인가?

d. [20] <1.5> 각 신형 Power5 칩의 이윤은 얼마인가?

e. [20] <1.5> 한 달에 500,000개의 구형 Power5 칩을 판매하였다면, 새 공장 시설의 투자비용을 복구하는 데 얼마나 걸리는가?

1.3 [20/20/10/10/20] <1.7> Sun에 근무하는 당신의 동료가 수율이 너무 나쁘기 때문에 8개의 정상 프로세서 1 세트와 6개의 정상 프로세서 1 세트, 두 세트의 칩을 판매하는 것이 바람직하다고 제안하였다. 결함률이 주어졌을 때 특정 영역에서 결함이 발생하지 않을 확률을 수율이라고 보는 관점에서 이 연습문제를 풀어 보자. Niagara의 경우 각 Niagara 코어별로 분리하여 확률을 계산하라. (이 방법은 완전히 정확하지는 않다. 왜냐하면 수율 계산식은 칩의 각 영역 별로 오류가 발견될 확률을 수학적

으로 계산하는 방식 대신에 경험적 증거에 기반을 두고 있기 때문이다.)

a. [20] <1.7> 위의 결함률에 대한 수율 계산식을 사용하는 경우, (칩이 각 코어로 균일하게 나뉘어져있다고 가정하는 경우) 8-코어 칩의 한 Niagara 코어에서 결함이 발견될 확률은?

b. [20] <1.7> 하나 혹은 두 개의 코어에서 결함이 발생될 확률은?

c. [10] <1.7> 모든 코어에서 결함이 전혀 발견되지 않을 확률은?

d. [10] <1.7> (b)와 (c)에 대한 답이 주어졌을 때, 8-코어 칩 하나에 몇 개의 6-코어 칩을 판매할 것인가?

e. [20] <1.7> 만약 8-코어 칩을 $150에 판매하고, 6-코어 칩은 $100에, 다이 비용은 $80, 연구 개발 경비는 $2000, 칩의 테스트 비용은 $1.50 이라면, 비용을 복구하기 위해서는 몇 개의 프로세서를 판매하여야 하는가?

사례 연구 2: 컴퓨터 시스템의 전력 소모

이 사례 연구에 의해 설명된 개념

- 암달의 법칙
- 중복성
- MTTF
- 전력 소모

최근 시스템의 전력 소모는 칩의 클록 속도, 효율, 디스크 드라이브 속도, 디스크 드라이브 이용률, DRAM 등 다양한 요소에 의해 결정된다. 다음의 연습문제들은 여러 다른 설계 방안과 사용 방법에 따른 전력 소모의 영향을 탐구할 것이다.

1.4 [20/10/20] <1.6> 그림 1.23은 여러 컴퓨터 시스템 구성 요소의 전력 소모를 보여 준다. 이 연습문제는 하드 드라이브가 시스템의 전력 소모에 어떻게 영향을 주는 지를 탐구할 것이다.

부품 유형	제품	성능	전력
프로세서	Sun Niagara 8-core	1.2 GHz	최대 72-79W
	Intel Pentium 4	2 GHz	48.9-66W
DRAM	Kingston X64C3AD2 1 GB	184-pin	3.7W
	Kingston D2N3 1 GB	240-pin	2.3W
하드 드라이브	DiamondMax 16	5400 rpm	7.0W read/seek, 2.9 W idle
	DiamondMax Plus 9	7200 rpm	7.9W read/seek, 4.0 W idle

그림 1.23 여러 컴퓨터 부품 유형별 전력 소모.

a. [20] <1.6> 각 구성 요소의 최대 부하와 전원 효율 70%를 가정할 때 서버의 전원이 Sun Niagara 8-코어 칩과 2GB 184-핀 Kingston DRAM, 2개의 7200 rpm 하드 드라이브를 가지고 있는 시스템에 몇 와트의 전력을 공급하여야 하는가?

b. [10] <1.6> 7200 rpm 디스크 드라이브가 40% 정도의 유휴 시간을 가진다면 얼마나 많은 전력을 소모하는가?

c. [20] <1.6> rpm이 디스크의 유휴 시간을 결정하는 유일한 요소라 가정하자 (이는 디스크 성능을 지나치게 간소화한 것이다.) 다시 말해, 같은 디스크 요청들을 가정하는 경우, 5400 rpm 디스크는 10,800 rpm 디스크에 비하여 데이터를 읽는데 2배의 시간을 요구한다. (b)와 같은 트랜잭션을 수행하기 위해 5400 rpm 디스크 드라이브는 몇 %의 유휴 시간을 가져야 하는가?

1.5 [10/10/20] <1.6, 1.7> 서버 팜(server farm)에 전원을 공급하는 데 가장 중요한 이슈는 냉각 문제이다. 열이 컴퓨터로부터 효율적으로 제거되지 않으면 팬은 컴퓨터에 찬바람이 아닌 더운 바람을 공급할 것이다. 다른 설계 방안이 냉각에 어떠한 영향을 주는지, 또 이 결과 시스템 가격에 어떤 영향을 주는지를 탐구할 것이다. 전력 계산을 위해 그림 1.23을 사용하라.

a. [10] <1.6> 컴퓨터 선반에서 냉각 문의 가격은 $4000 정도이며 14KW의 전력을 소비한다. (방 내부에서; 방 밖으로 옮기기 위해서는 추가 비용이 요구된다.) 하나의 냉각 문으로 Sun Niagara 8-코어 프로세서, 1 GB 240-핀 DRAM, 하나의 5400 rpm 하드 드라이브를 가진 서버를 몇 개나 냉각시킬 수 있는가?

b. [10] <1.6, 1.8> 하드 드라이브를 위해 고장 허용 기능을 제공하려 한다고 가정하자. RAID 1은 디스크의 수를 두 배로 증가시킨다. (6장 참조) 단일 냉각기를 가진 하나의 선반에 몇 개의 시스템을 설치할 수 있는가?

c. [20] <1.8> 하나의 선반에서, 각 프로세서의 MTTF는 4500 시간, 하드 드라이브의 MTTF는 9백만 시간, 전원의 MTTF는 30K 시간이다. 8개의 프로세서를 가진 선반에서 이 선반의 MTTF는 얼마인가?

1.6 [10/10/토론] <1.2, 1.9> 그림 1.24는 두 서버(Niagara를 사용한) Sun Fire T2000과

	Sun Fire T2000	IBMx346
전력 (와트)	298	438
SPECjbb (초 당 연산 수)	63.378	39,985
전력 (와트)	330	438
SPECWeb (합성)	14.001	4,348

그림 1.24 Sun사가 발표한 Sun 시스템의 전력 대비 성능 비교.

(Intel Xeon 프로세서를 사용한) IBM x346의 전력과 성능을 여러 벤치마크에 대하여 비교한다.

a. [10] <1.9> 각 벤치마크에 대하여 프로세서 별로 성능/전력 비율을 계산하라.

b. [10] <1.9> 전력이 제일 중요하다면 어떤 시스템을 선택하겠는가?

c. [토론] <1.2> 데이터베이스 벤치마크의 경우 시스템 가격이 쌀수록 데이터베이스 연산당 비용은 더 적다. 이는 직관적인 결과는 아니다. 대형 시스템의 처리량이 크기 때문에 여러분은 대형 시스템의 절대 비용은 많지만 연산당 비용은 적을 것으로 생각하기 쉽다. 이것이 사실이라면 왜 대형 서버 팜(server farm)이 비싼 서버를 구매하는가? (*힌트*: 연습문제 1.4를 참고하라.)

1.7 [10/20/20/20] <1.7, 1.10> 한 회사의 자체 연구에 따르면 단일 코어 시스템이 요구되는 처리 성능을 위해서 충분한 성능을 제공한다고 한다. 하지만 여러분이 두 개의 코어를 사용하여 전력을 감소시키려 한다고 가정하자.

a. [10] <1.10> 여러분의 응용 프로그램이 100% 병렬화될 수 있다고 가정하자. 같은 성능을 얻기 위해서 클록 속도를 얼마나 줄일 수 있는가?

b. [20] <1.7> 전압은 클록 속도에 비례하여 선형으로 감소시킬 수 있다고 가정하자. 1.5절의 식을 사용하여 단일 코어 시스템에 비하여 듀얼 코어 시스템이 요구하는 동적 전력은 얼마인가?

c. [20] <1.7, 1.10> 이제 전압이 원래 전압의 30% 이하로 감소할 수 없다고 가정하자. 이 전압을 "바닥 전압(voltage floor)"이라 부르며 이 값 이하로 전압이 떨어지면 상태 값을 잃어버리게 된다. 몇 %의 병렬화가 전압을 바닥 전압에 도달하게 하는가?

d. [20] <1.7, 1.10> 바닥 전압을 고려할 때 단일 코어 시스템에 비하여 (a)의 듀얼 코어 시스템이 요구하는 동적 전력을 1.5절의 식을 사용하여 계산하라.

사례 연구 3: 웹 서버의 신뢰성(과 고장) 비용

이 사례 연구에 의해 설명된 개념

- TPCC
- 웹 서버의 신뢰성
- MTTF

이 연습문제들은 신뢰성 있는 웹 서버를 가지지 못한 경우의 비용을 다룬다. 두 데이터 집합이 사용되었다. 하나는 2005년 2주간 유지보수로 시스템이 다운된 Gap.

com의 여러 통계 데이터이다. 또 다른 하나는 Amazon.com의 데이터로 다운되지는 않았으나 부하가 많은 세일 기간에 대하여 훌륭한 통계 데이터를 제공한다. 연습문제는 두 데이터 집합을 조합하였으며 시스템 정지에 따른 경제적 비용을 추정한다.

1.8 [10/10/20/20] <1.2, 1.9> 2005년 8월 24일, Gap사가 관리하는 세 웹 사이트 – Gap.com, OldNavy.com, BananaRepublic.com – 가 시스템 업그레이드를 위해 정지되었다 [AP 2005]. 이 사이트들은 다음 2 주간 거의 액세스가 불가능하였다. 그림 1.25의 통계를 사용하여 다음 질문에 대하여 답하라. 일부는 가설적 가정에 기반을 두고 있다.

a. [10] <1.2> 2005년 3/4분기에 Gap의 매출은 39억불 이었다 [Gap 2005]. 이 웹 사이트는 2005년 9월 7일 복구되었다 [Internet Retailer 2005]. 온라인 판매가 하루에 140만 불이고 나머지는 변한 것이 없다고 가정하자. 2005년 3/4분기의 Gap의 매출 예상액은 얼마인가?

b. [10] <1.2> 다운 시간이 4/4 분기에 발생하였다면 다운 시간의 비용은 얼마인가?

c. [20] <1.2> 사이트가 복구되었을 때, 한번에 사이트를 방문할 수 있는 사용자의 수는 제한되었다. 사이트를 방문하고자 하는 고객의 50%로 제한되었다고 상상하여 보자. 각 서버의 구매와 설치비용은 $7500이라고 가정하자. 판매 손실액으로 하루에 몇 개의 서버를 구매하고 설치할 수 있었는가?

d. [20] <1.2, 1.9> Gap.com은 2004년 7월 260만 명의 방문자가 있었다 [AP 2005]. 사용자는 Gap.com에서 하루에 평균 8.4 페이지를 액세스하였다. Gap.com의 고성능 서버들이 SQLServer 소프트웨어를 실행하고 있고 TPC-C 벤치마크를 실행하

회사	기간	매출액	유형
Gap	2004년 3/4 분기	40억불	판매
	2004년 4/4 분기	49억불	판매
	2005년 3/4 분기	39억불	판매
	2005년 4/4 분기	48억불	판매
	2004년 3/4 분기	1억7백만 불	온라인 판매
	2005년 3/4 분기	1억6백만 불	온라인 판매
Amazon	2005년 3/4 분기	18억6천만 불	판매
	2005년 4/4 분기	29억8천만 불	판매
	2005년 4/4 분기	1억8백만	판매 항목 수
	2005년 12월 12일	3천6백만	판매 항목 수

그림 1.25 Gap과 Amazon의 판매 통계 데이터. 출처: AP [2005], Internet Retailer [2005], Gamasutra [2005], Seattle PI [2005], MSN Money [2005], Gap [2005], Gap [2006].

는데 트랜잭션당 $5.38의 비용을 지출한다고 가정하자. 이 서버들이 Gap.com의 온라인 트래픽을 지원하기 위한 비용은 얼마인가?

1.9 [10/10] <1.8> 기본적인 신뢰성 측정 기준은 MTTF이다. 설계 방안이 신뢰성에 어떤 영향을 주는지 여러 시스템들을 살펴보자. 그림 1.25에 있는 회사의 통계 자료를 참조하라.

a. [10] <1.8> FIT가 100인 하나의 프로세서를 갖고 있을 때 이 시스템의 MTTF는?

b. [10] <1.8> 시스템을 복구하는 데 하루가 걸린다면, 이 시스템의 가용성은?

1.10 [20] <1.8> 정부에서 경비를 줄이기 위해 특수 목적의 신뢰성 있는 시스템보다 연습문제 1.9의 값싼 프로세서 시스템을 사용하여 슈퍼컴퓨터를 개발하려고 한다고 가정하자. 1000개의 프로세서로 구성된 시스템의 MTTF는? 하나의 프로세서가 고장 나면 전체 시스템이 고장 난다고 가정하라.

1.11 [20/20] <1.2, 1.8> Amazon.com이나 Gap에서 사용하는 서버 팜에서 고장이 발생하더라도 전체 시스템을 중단시키지는 않는다. 대신에 한 순간에 서비스하는 요청들의 수를 줄이게 된다.

a. [20] <1.8> 만약 어느 회사가 10,000 대의 컴퓨터를 소유하고 있고 이 컴퓨터 중 1/3이 고장나는 경우 대재난이 발생한다고 한다면, 이 시스템의 MTTF는?

b. [20] <1.2, 1.8> MTTF를 두 배로 증가시키기 위해 컴퓨터당 $1000의 비용이 추가된다면 MTTF를 증가시키는 것이 경제적으로 옳은 결정인가? 계산 절차를 보여라.

사례 연구 4: 성능

이 사례 연구에 의해 설명된 개념

- 산술 평균
- 기하 평균
- 병렬성
- 암달의 법칙
- 가중 평균(Weighted Average)

이 연습문제 시리즈에서는 상용 프로세서들과 가상의 프로세서인 프로세서 X의 성능을 보여 주고 있는 그림 1.26을 이해하고자 한다. 이 성능 수치는 *www.tomshardware.com*에 의해 보고되었다. 각 시스템을 위해 두 벤치마크가 실행되었다. 한 벤치마크는 그 시스템의 메모리 속도를 표시하기 위해 메모리 계층의 성능을 측정하였다. Dhrystone

이라 불리는 다른 벤치마크는 메모리 시스템을 고려하지 않는 CPU 중심의 벤치마크이다. 다른 설계 방안들이 메모리와 CPU 성능에 미치는 효과를 추출하기 위해 두 벤치마크의 결과가 표시되었다.

1.12 [10/10/토론/10/20/토론] <1.7> 다른 측정값들이 결론에 어떤 영향을 주는지를 탐구하기 위하여 표의 데이터를 사용하여 다음을 계산하라. (스프레드시트 프로그램을 사용하면 연습문제를 쉽게 풀 수 있을 것이다.)

a. [10] <1.8> 각 벤치마크에 대한 결과 값을 Pentium D에 정규화한 형태로 그림 1.26과 유사한 표를 작성하라.

b. [10] <1.9> 각 프로세서 성능의 산술 평균을 계산하라. 원래의 평균과 (a)에서 계산된 정규화된 평균을 모두 사용하라.

c. [토론] <1.9> (b)의 결과로부터 여러 프로세서들의 상대적 성능에 대한 모순적인 결론을 이끌어낼 수 있는가?

d. [10] <1.9> Dhrystone 벤치마크에 대하여 듀얼 프로세서의 정규화된 성능의 기하 평균과 단일 프로세서의 정규화된 성능의 기하 평균을 계산하라.

e. [20] <1.9> x축은 Dhrystone을, y축은 메모리 벤치마크를 사용하여 2차원의 산발 그래프를 그려라.

f. [토론] <1.9> e에서 작성된 그래프로부터 듀얼 프로세서가 성능 면에서 유리한 영역은 어느 곳인가? 병렬 처리와 구조에 대한 지식을 바탕으로 왜 이와 같은 결과가 나왔는지를 설명하라.

1.13 [10/10/20] <1.9> 여러분의 회사가 단일 프로세서 시스템과 듀얼 프로세서 시스템 사이에서 결정하고자 한다고 가정하자. 그림 1.26은 메모리 벤치마크와 프로세서 벤치마크의 두 벤치마크 집합에 대한 성능을 보여 준다. 이 회사의 응용 프로그램은

칩	코어의 수	클록 속도(MHz)	메모리 성능	Dhrystone 성능
Atholn 64 X2 4800+	2	2,400	3,423	20,718
Pentium EE 840	2	2,200	3,228	18,893
Pentium D 820	2	3,000	3,000	15,220
Athlon 64 X2 3800+	2	3,200	2,941	17,129
Pentium 4	1	2,800	2,731	7,621
Atholn 64 3000+	1	1,800	2,953	7,628
Pentium 4 570	1	2,800	3,501	11,210
Processor X	1	3,000	7,000	5,000

그림 1.26 두 벤치마크에 대한 여러 프로세서들의 성능.

메모리 중심의 계산에 40%의 시간을, 프로세서 중심의 계산에 60%의 시간을 소비한다고 한다.

a. [10] <1.9> 각 벤치마크에 대하여 가중치를 고려한 실행 시간을 계산하라.

b. [10] <1.9> CPU 중심의 응용 프로그램 집합에 대하여 Pentium 4 570에서 Athlon 64 X2 4800+를 사용하는 시스템으로 바꾸는 경우 얻을 수 있는 스피드업은 얼마인가?

c. [20] <1.9> 메모리와 프로세서 계산 비율이 얼마가 될 때 Pentium 4 570의 성능이 Pentium D 820의 성능과 같아지겠는가?

1.14 [10/10/20/20] <1.10> 여러분의 회사가 신형 듀얼 Pentium 프로세서 시스템을 구입했고 당신이 이 프로세서의 소프트웨어를 최적화하는 작업을 맡았다고 가정하자. 여러분은 두 응용 프로그램을 실행하게 되는데 두 응용의 자원 요구사항은 같지 않다. 첫 번째 응용은 자원의 80%를 사용하고 다른 응용은 자원의 20%를 사용한다.

a. [10] <1.10> 첫 번째 응용의 40%가 병렬화될 수 있다면, 이 응용만 분리하여 실행하는 경우 얼마의 스피드업을 달성할 수 있는가?

b. [10] <1.10> 두 번째 응용의 99%가 병렬화될 수 있다면, 이 응용만 분리하여 실행하는 경우 얼마의 스피드업을 달성할 수 있는가?

c. [20] <1.10> 첫 번째 응용의 40%가 병렬화될 수 있다면, 이 응용을 병렬화하는 경우 전체 시스템의 스피드업은 얼마인가?

d. [20] <1.10> 두 번째 응용의 99%가 병렬화될 수 있다면, 이 응용을 병렬화하는 경우 전체 시스템의 스피드업은 얼마인가?

COMPUTER ARCHITECTURE

Chapter 02

명령어 수준 병렬성과 그 활용

Instruction-Level Parallelism and Its Exploitation

"누가 1등이야?"

"미국."

"누가 2등이야?"

"2등은 없는데."

후에 "아메리카 컵"으로 불리어지고 몇 년에 한 번씩 개최되는 보트 경기에서 두 관람객의 대화. 이로부터 영감을 받아 John Cocke는 IBM의 연구용 프로세서를 "America"로 불렀다. 이 프로세서는 RS/6000의 선구자로 최초의 슈퍼스칼라 마이크로프로세서이다.

2.1 명령어 수준 병렬성: 개념과 도전

1985년 이후 모든 프로세서는 명령어들의 실행을 중첩시켜 성능을 향상시키는 파이프라이닝을 사용하였다. 이렇게 명령어들 사이의 중첩을 가능하게 하는 것을 *명령어 수준 병렬성(ILP, instruction-level parallelism)*이라 부르는데 이는 명령어들을 병렬로 실행할 수 있게 하여 주기 때문이다. 본 장과 부록 G에서는 명령어들 사이의 활용 가능한 병렬성을 증가시킴으로써 기본적인 파이프라이닝의 개념을 확장시키는 다양한 기술들을 살펴본다.

2장의 내용은 부록 A에서 설명된 기본적인 파이프라이닝의 내용보다 훨씬 발전된 수준의 내용이다. 부록 A의 내용에 친숙하지 않다면 이 장을 공부하기 전에 먼저 부록 A를 복습하여야 한다.

이 장에서는 먼저 데이터 해저드(data hazard)와 제어 해저드(control hazard)에 의해 발생하는 제한사항들을 살펴보고 컴파일러와 프로세서의 능력을 향상시켜 병렬성을 활용하는 방법들에 대하여 논의한다. 2장은 3장의 기본이 되는 많은 개념들을 소개할 것이다. 처음 두 절에서 소개된 모든 아이디어들을 이해하지 않고도 2장의 좀 더 기본적인 내용들을 이해할 수 있지만, 뒤의 내용뿐만 아니라 3장의 내용을 이해하기 위해서는 이러한 기본적인 개념들을 잘 이해하는 것이 중요하다.

ILP를 이용하기 위해서는 크게 두 가지 방법을 사용한다. 동적으로 병렬성을 발견하고 활용하기 위해 하드웨어에 의존하는 방법과 컴파일 시간에 정적으로 병렬성을 찾는 소프트웨어 기술에 의존하는 방법의 두 가지 방안이 존재한다. 동적이고 하드웨어 기반의 방법을 사용하는 프로세서에는 Intel의 Pentium 시리즈가 있으며 시장을 주도하고 있다. 정적인 소프트웨어 기반의 방법을 사용하는 프로세서에는 Intel의 Itanium이 있으며 과학용이나 특정 응용 등 좀 더 제한적으로 사용된다.

과거 수년간 한 가지 방안을 위해 개발된 많은 기술들이 주로 다른 방안을 사용하는 설계에서도 이용되어 왔다. 2장에서는 두 방법의 기본적인 개념들을 소개하고 3장에서는 ILP를 활용하는데 발생하는 제한사항들을 살펴본다.

먼저 이 절에서는 명령어들 사이의 병렬성을 제한하는 프로그램과 프로세서의 특징들을 논의하고 프로그램 특성이 어떤 상황에서 실제로 성능을 제한시키는 지를 이해하기 위하여 프로그램 구조와 하드웨어 구조와의 연관성에 관하여 설명한다.

파이프라인된 프로세서의 CPI(cycles per instruction) 값은 기본 CPI에 스톨(stall)로 인해 추가로 발생하는 스톨 사이클 수를 합한 값이다.

파이프라인 CPI = 이상적 파이프라인 CPI + 구조적 스톨의 수 +
데이터 해저드 스톨의 수 + 제어 해저드 스톨의 수

*이상적 파이프라인 CPI (ideal pipeline CPI)*는 구현 시 달성 가능한 최대 성능을 표

기술	감소되는 CPI 식의 구성 요소	관련 절
포워딩과 바이패스	데이터 해저드 스톨	A.2
지연 분기와 분기 스케줄링	제어 해저드 스톨	A.2
기본적인 동적 스케줄링 (스코어보딩)	참 종속성에 의한 데이터 해저드 스톨	A.7
리네이밍을 통한 동적 스케줄링	데이터 해저드 스톨과 반종속성과 출력 종속성에 의한 스톨	2.4
분기 예측	제어 스톨	2.3
사이클 당 여러 명령어 이슈	이상적 CPI	2.7, 2.8
하드웨어 예측 실행	데이터 해저드와 제어 해저드 스톨	2.6
동적 메모리 주소 식별	메모리에서의 데이터 해저드 스톨	2.4, 2.6
루프 언롤링	제어 해저드 스톨	2.2
기본 컴파일러 파이프라인 스케줄링	데이터 해저드 스톨	A.2, 2.2
컴파일러 종속성 분석, 소프트웨어 파이프라이닝, 트레이스 스케줄링(tree scheduling)	이상적 CPI, 데이터 해저드 스톨	G.2, G.3
컴파일러 예측 실행을 위한 하드웨어 지원	이상적 CPI, 데이터 해저드 스톨, 제어 해저드 스톨	G.4, G.5

그림 2.1 부록 A, 2장, 부록 G에서 설명된 기술들과 이들에 의해 영향을 받는 CPI 식의 요소들을 보여 준다.

시한다. 우변의 각 항목을 감소시키면 전체 파이프라인 CPI 값을 최소화하거나 IPC (instruction per cycle)를 증가시킬 수 있다. 앞의 식은 특정 기술이 전체 CPI의 어떤 요소에 영향을 주는지를 표시하기 때문에 다양한 기술들의 특징을 표현할 수 있다. 그림 2.1은 2장과 부록 G에서 설명하는 기술들 뿐만 아니라 부록 A의 소개 글에서 설명하는 기술들을 보여 주고 있다. 이상적 파이프라인 CPI를 감소시키기 위하여 소개하는 기술들이 어떻게 해저드 관리의 중요성을 증가시키는지를 2장에서 살펴볼 수 있을 것이다.

명령어 수준 병렬성이란 무엇인가?

이 장에서 설명된 모든 기술들은 명령어들 사이의 병렬성을 이용한다. *기본 블록 (basic block)* 내에 존재하는 병렬성은 매우 작다. 여기서 기본 블록이란 블록 처음과 마지막을 제외한 곳에는 분기 명령을 갖고 있지 않은 연속적인 코드 블록을 이른다. 전형적인 MIPS 프로그램에서 실행기간 동안 수행되는 분기 명령의 빈도는 보통 15%에서 25% 사이로 이는 분기 명령어들 사이에 평균적으로 3개에서 6개 정도의 명령어를 실행하는 것을 의미한다. 이러한 명령어들은 서로 관련성이 존재하기 때문에 기본 블록 내에서 활용할 수 있는 중첩의 양은 평균 기본 블록의 크기보다 작다. 의미 있는 성능 향상을 위해서는 여러 기본 블록에 걸쳐서 ILP를 활용하여야 한다.

ILP를 증가시키는 가장 간단하고 일반적인 형태는 루프(loop)의 반복들(iterations) 사이의 ILP를 활용하는 것이다. 이러한 유형의 병렬성을 *루프 수준 병렬성 (loop-level parallelism)*이라 한다. 다음은 루프의 간단한 예로서 1000개의 원소를 가진 두 배열을 더하는 코드로 완전히 병렬적이다.

```
for (i=1; i<=1000; i=i+1)
        x[i] = x[i] + y[i];
```

비록 각 루프의 반복 내에서는 중첩될 수 있는 기회가 거의 없거나 전무하지만 루프의 모든 반복은 다른 반복과 중첩될 수 있다.

이러한 루프 수준 병렬성을 명령어 수준 병렬성으로 변환할 수 있는 여러 기술들이 존재하며 이에 대하여 논의하여 보자. 기본적으로 이러한 기술들은 (다음 절에서 설명하듯이) 컴파일러를 통해 정적으로 또는 (2.5절과 2.6절에서 설명하듯이) 하드웨어에 의해 동적으로 루프를 언롤링하는 방식으로 작동한다.

루프 수준 병렬성을 활용하는 또 다른 중요한 방법은 벡터 명령어(부록 F 참조)를 사용하는 것이다. 벡터 명령어는 데이터 항목들을 병렬로 처리하는 방식으로 데이터 수준 병렬성(data-level parallelism)을 활용한다. 예를 들어, 위의 코드는 일부 벡터 프로세서에서는 4개의 명령, 즉 벡터 x와 y를 메모리로부터 로드(load)하는 두 명령, 두 벡터를 더하는 명령, 그리고 결과 벡터를 메모리에 저장(store)하는 명령 등, 4개의 명령으로 실행할 수 있다. 물론 이러한 명령들은 파이프라인되어지며 상대적으로 긴 지연시간을 갖지만 이러한 지연시간은 중첩될 수 있다.

비록 이러한 벡터 기법이 ILP를 활용하는 많은 기술보다 먼저 개발되어졌지만 범용 프로세서 시장에서 ILP를 활용하는 프로세서들이 이러한 벡터 기반 프로세서들을 거의 완전히 대체하였다. 하지만 벡터 명령어 집합은 최소한 그래픽, 디지털 신호 처리, 멀티미디어 응용과 같은 응용에서는 전성기를 누려왔다.

데이터 종속성과 해저드

한 명령어가 다른 명령어에 종속적인지를 결정하는 것은 프로그램 내의 병렬성을 찾고 어떻게 그 병렬성을 활용할 수 있는지를 결정하는 데 중요하다. 특히 명령어 수준 병렬성을 활용하기 위해서는 어떤 명령들을 병렬로 실행할 수 있는지를 결정하여야 한다. 만약 두 명령어가 *병렬적*이고 파이프라인이 충분한 자원을 가지고 있다면(즉, 구조적 해저드가 존재하지 않는다면), 두 명령어는 스톨 없이 파이프라인에서 동시에 실행될 수 있다. 만약 두 명령어가 종속적이면, 비록 두 명령어를 부분적으로 중첩시킬 수는 있을지라도 두 명령어는 병렬적이 아니며 순차적으로 실행되어야 한다. 두 경우에서 중요한 것은 한 명령어가 다른 명령어에 종속적인가를 결정하는 것이다.

데이터 종속성

3 가지 유형의 종속성이 존재한다. *데이터 종속성*(또는 참 데이터 종속성(true data dependence)으로도 부름), *이름 종속성(name dependence)*, 그리고 *제어 종속성(control dependence)*이다. 다음 조건 중 하나를 만족하는 경우 명령어 *j*는 명령어 *i*에 *데이*

*터 종속적*이다.

- 명령어 i가 명령어 j가 사용할 결과를 생성하거나,
- 명령어 j가 명령어 k에 데이터 종속적이고 명령어 k가 명령어 i에 데이터 종속적일 때.

두 번째 조건은 두 명령어 사이에 첫 번째 유형의 종속성이 연쇄적으로 연결되어 있는 경우 이 두 명령어 사이에 종속성이 존재한다는 것을 기술한다. 이러한 종속성 연결은 전체 프로그램의 길이만큼 길어질 수 있다. 한 명령어 내의 종속성은 (예를 들어, ADDD R1, R1, R1) 종속성으로 간주되지 않는 사실에 주목하라.

예를 들어, 메모리에 있는 (0(R1)에서 시작하여 8(R2)에서 끝나는) 벡터 값에 레지스터 F2에 있는 스칼라 값을 더하는 다음의 MIPS 코드를 고려하여 보자. (문제를 간단히 하기 위해 본 장의 모든 예제들은 지연 분기(delayed branch)의 효과는 무시한다.)

```
Loop:   L.D      F0,0(R1)      ; F0 = 배열 원소
        ADD.D    F4,F0,F2      ; F2에 있는 스칼라 값을 더한다
        S.D      F4,0(R1)      ; 결과를 메모리에 저장한다
        DADDUI   R1,R1,#-8     ; 포인터를 8 바이트 감소시킨다
        BNE      R1,R2,LOOP    ; R1 != R2이면 분기
```

이 코드에서의 데이터 종속성들은 모두 부동 소수점 데이터와

```
Loop:   L.D      F0,0(R1)      ; F0 = 배열 원소
        ADD.D    F4,F0,F2      ; F2에 있는 스칼라 값을 더한다
        S.D      F4,0(R1)      ; 결과를 메모리에 저장한다
```

정수 데이터를 포함한다.

```
        DADDIU   R1,R1,-8      ; 포인터를 8 바이트 감소시킨다
                               ; (더블 워드)
        BNE      R1,R2,LOOP    ; R1 != R2이면 분기
```

화살표로 표시한 위의 모든 종속적인 시퀀스에서 각 명령어는 이전 명령어에 종속적이다. 이 예제와 다음 예제들에서 사용되는 화살표들은 올바른 실행을 위해 유지되어야 할 순서를 보여 준다. 화살표의 시작점이 가리키는 명령어는 화살표 끝이 가리키는 명령어보다 순서가 앞선다.

만약 두 명령어가 데이터 종속적이면, 이들은 동시에 실행되거나 완전히 중첩될 수 없다. 종속성은 두 명령어 사이에 하나 이상의 해저드가 연결되어 있는 것을 의미한다. (데이터 해저드에 대한 간단한 설명은 몇 페이지에 걸쳐서 이들을 정확히

정의한 부록 A를 참고하라.) 명령어들을 동시에 실행시키면 파이프라인 인터락(interlock) 기능을 갖춘 프로세서는 해저드를 감지하여 스톨시킴으로써 명령어 사이의 중첩을 감소시키거나 제거하게 된다. 인터락이 없이 컴파일러 스케줄링에 의존하는 프로세서에서는 프로그램의 오류를 막기 위해서 종속적인 명령어들은 완전히 중첩되도록 스케줄해서는 안 된다. 명령어 시퀀스에서 데이터 종속성이 존재한다는 것은 이 코드가 생성된 원래의 소스 코드에서 역시 데이터 종속성이 존재한다는 것을 의미한다. 즉 원래의 데이터 종속성의 효과가 유지되어야 하는 것이다.

종속성은 *프로그램*의 성질이다. 종속성이 실제 해저드가 될 것인지 또 그 해저드가 실제로 스톨을 야기할 것인지는 *파이프라인 구조*의 성질이다. 이 차이는 명령어 수준 병렬성을 활용하는 방법을 이해하는데 중요하다.

데이터 종속성은 3 가지 의미를 갖는다: (1) 해저드의 가능성, (2) 결과 값을 계산하는 순서, (3) 병렬성을 활용할 수 있는 최대 한계. 이와 같은 한계는 3장에서 논의한다.

데이터 종속성은 활용할 수 있는 명령어 수준 병렬성의 양을 제한하므로 2장의 초점은 이러한 한계를 극복하는 것이다. 종속성은 2 가지 방법으로 극복될 수 있는데 한 가지는 종속성을 유지하면서 해저드를 피하는 방법이고 다른 한 가지는 코드를 변환하여 종속성을 제거하는 것이다. 코드 스케줄링은 종속성을 변경하지 않고 해저드를 피하는 주요 방법으로 이와 같은 스케줄링은 하드웨어와 컴파일러 모두에 의해서 수행될 수 있다.

명령어들 사이의 데이터 값은 레지스터 또는 메모리를 통해서 전달된다. 데이터 플로우가 레지스터에서 발생하는 경우에는 명령어에 레지스터 번호가 명시되어 있으므로 종속성은 쉽게 발견할 수 있다. 하지만 분기 명령이 섞여있는 경우에는 정확한 실행을 위해서 컴파일러나 하드웨어는 보수적이 되어야 하므로 조금 복잡해지기도 한다.

메모리 장소를 통한 종속성은 두 주소가 전혀 다른 모습이지만 같은 장소를 가리킬 수 있기 때문에 훨씬 감지하기가 어렵다. 예를 들어, `100(R4)`와 `20(R6)`는 동일한 메모리 주소일 수 있다. 또한, 로드나 스토어 명령의 유효 주소가 명령어가 실행될 때마다 바뀔 수 있으므로 종속성의 감지는 더욱 어려워진다.

이 장에서는 메모리 장소를 포함한 데이터 종속성을 감지하는 하드웨어를 살펴보고 이 기술들이 갖는 제한점을 논의할 것이다. 부록 G에서 설명하듯이 이와 같은 종속성을 감지하는 컴파일러 기술들은 루프 수준 병렬성을 발견하는 데 중요하다.

이름 종속성

두 번째 유형의 종속성은 *이름 종속성(name dependence)*이다. 이름 종속성은 두 명령어가 *이름*이라 불리는 같은 레지스터나 메모리 장소를 사용하지만 이 이름과 관련된 명령어들 사이에는 데이터 전달이 없을 때 발생한다. 프로그램 순서에서 명령어 *i*가 명령어 *j*를 앞설 때 두 가지 유형의 이름 종속성이 존재한다.

1. 명령어 *i*가 읽어오는 레지스터나 메모리 장소에 명령어 *j*가 값을 쓰는 경우 명령어 *i*와 명령어 *j* 사이에는 *반종속성(antidependence)*이 발생한다. *i*가 올바른 값을 읽기 위해서는 원래의 순서는 유지되어야 한다. 앞의 예제에서 S.D와 DADDIU 명령 사이에 레지스터 R1에 대하여 반종속성이 존재한다.
2. 명령어 *i*와 명령어 *j*가 같은 레지스터나 메모리 장소에 쓰기를 수행하는 경우 *출력 종속성(output dependence)*이 발생한다. 마지막으로 쓴 값이 *j* 명령의 값이 되기 위해서는 명령어들 사이의 순서는 유지되어야 한다.

참 데이터 종속성(true data dependence)과는 달리 명령어들 사이에 값이 전달되지 않으므로 반종속성과 출력 종속성 모두 이름 종속성이다. 이름 종속성은 참 종속성이 아니므로 이름 종속성에 관련된 명령들은 명령어에 사용된 이름(레지스터 번호 또는 메모리 주소)을 변경하여 명령어 사이의 충돌을 없애면 동시에 실행되거나 순서가 바꾸어 실행될 수 있다.

이러한 이름 변경은 레지스터 오퍼랜드의 경우보다 쉽게 수행될 수 있으며 이를 *레지스터 리네이밍(register renaming)*이라 부른다. 레지스터 리네이밍은 컴파일러에 의해 정적으로 또는 하드웨어에 의해 동적으로 수행될 수 있다. 분기로부터 발생하는 종속성을 설명하기 전에 종속성과 파이프라인 데이터 해저드 사이의 관련성을 살펴보자.

데이터 해저드

명령들 사이에 종속성이 존재하고 이 명령들의 실행이 중첩되는 경우에 종속성과 관련된 오퍼랜드에 대한 액세스 순서가 바뀔 만큼 명령들이 가까이 위치하고 있다면 해저드가 발생한다. 종속성 때문에 *프로그램 순서*는 유지되어야 하는데 이 프로그램 순서란 원래의 소스 프로그램에 의해 결정되는 것으로 한 번에 하나의 명령씩 순차적으로 실행되는 순서를 말한다. 이 장에서 기술된 소프트웨어와 하드웨어 기술들의 목표는 *프로그램의 결과에 영향을 주는 경우만* 프로그램 순서를 유지하면서 병렬성을 활용하는 것이다. 해저드를 감지하고 피함으로써 필요한 프로그램 순서는 유지되도록 보장하는 것이다.

부록 A에서 간단히 설명된 데이터 해저드는 명령어들 사이의 읽기와 쓰기의 순서에 따라 세 가지 유형으로 분리된다. 일반적으로 해저드는 파이프라인에 의해 유지되어져야 하는 프로그램에서의 순서에 의해 명명된다. 프로그램 순서에서 *i*가 *j*를 앞서는 두 명령어 *i*와 *j*를 고려하여 보자. 가능한 데이터 해저드는 다음과 같다.

- RAW (read after write) – *i*가 쓰기 전에 *j*가 값을 읽게 되어 *j*가 과거 값을 갖게 된다. 이 해저드는 가장 자주 발생하는 유형으로 참 데이터 종속성에 해당한다. *j*가 *i*로 부터의 값을 받으려면 프로그램 순서는 유지되어야 한다.
- WAW (write after write) – *i*가 쓰기 전에 *j*가 오퍼랜드에 쓰려고 하는 경우로 쓰기의 순서가 잘못되어 *j*가 쓴 값이 아니라 *i*가 쓴 값이 최종적으로 남게 된다. 이 해저드는 출력 종속성에 해당한다. WAW 해저드는 쓰기가 하나의 파이프라인 단계 이상에서 허락되거나 이전 명령어가 스톨되더라도 다음 명령어의 진행을 허락하는 파이프라인에서만 발생한다.
- WAR (write after read) – *i*가 읽기 전에 *j*가 쓰기를 수행하여 *i*가 새로운 값을 잘못 읽게 된다. 이 해저드는 반종속성으로부터 발생한다. WAR 해저드는 대부분의 순차적 파이프라인에서는 발생하지 않는다. 이는 깊은 파이프라인이나 부동 소수점 파이프라인에서도 마찬가지이며 이 이유는 모든 읽기가 초기에 (ID 단계에서) 수행되며 쓰기는 나중에 (WB 단계에서) 수행되어지기 때문이다. (부록 A를 참고하라.) WAR 해저드는 일부 명령어가 명령어 파이프라인 초기에 결과 값을 쓰고 다른 명령어들이 파이프라인에서 늦게 소스를 읽는 경우 또는 명령어들의 순서가 바뀌는 경우에 발생한다.

RAR(read after read)는 해저드가 아님에 주목하라.

제어 종속성

마지막 유형의 종속성은 *제어 종속성(control dependence)*이다. 제어 종속성은 명령어 *i*가 올바른 프로그램 순서로 실행되어지고 또 실행되어져야 하는 경우에만 실행되도록 하기 위해 분기 명령에 대한 명령어 *i*의 순서를 결정한다. 프로그램의 첫 번째 기본 블록에 있는 명령들을 제외한 모든 명령들은 어떤 분기 명령들에 대하여 제어 종속성을 가지며 일반적으로 프로그램 순서를 유지하기 위해서는 이러한 종속성은 반드시 지켜져야 한다. 제어 종속성의 가장 간단한 예는 if 문장의 then 절에 속한 문장들이 if 문의 조건 분기에 종속적이어야 하는 것이다. 예를 들어 다음의 코드에서

```
if p1 {
      S1;
};
if p2 {
      S2;
}
```

S1은 p1에 제어 종속적이고, S2는 p2에 제어 종속적이지만 p1에는 종속적이 아니다.

일반적으로 다음과 같은 두 가지 제약 사항이 제어 종속성에 의해 주어진다.

1. 한 분기 명령에 제어 종속적인 명령은 그 분기 명령 *이전*으로 이동될 수 없다. 이는 이동되는 경우 그 명령의 실행은 분기 명령에 의해 *더 이상 제어될 수 없기* 때문이다. 예를 들어, if 문장의 then 절에 속한 문장들은 if 문장 이전으로 이동시킬 수 없다.

2. 한 분기 명령에 제어 종속적이지 않은 명령은 그 분기 명령 *이후*로 이동될 수 없다. 이는 이동되는 경우 그 명령의 실행은 분기 명령에 의해 *제어되기* 때문이다. 예를 들어, if 문장 전에 있는 문장을 then 절로 이동시킬 수 없다.

프로세서가 프로그램 순서를 엄격히 준수하면 제어 종속성 역시 유지된다. 만약 프로그램의 정확성에 영향을 주지 않는 다는 전제 하에서는, 제어 종속성을 위반하면서 실행돼서는 안 되는 명령들을 실행할 수도 있다. 이는 제어 종속성이 반드시 지켜야 하는 결정적인 특성은 아니기 때문이다. 대신 프로그램의 정확성에 결정적인 역할을 하는 두 가지 특성은 *예외 행동(exception behavior)*과 *데이터 플로우(data flow)*이다. 이는 일반적으로 데이터 종속성과 제어 종속성 모두를 준수함으로써 유지된다.

예외 행동을 준수하여야 한다는 것은 명령어 실행 순서를 바꾸는 것이 프로그램에서 예외가 발생되는 순서를 변경시켜서는 안 된다는 것을 의미한다. 이는 종종 명령어 실행 순서를 바꾸는 것이 새로운 예외 상황을 야기해서는 안 된다는 것을 뜻하는 것으로 완화되기도 한다. 다음의 간단한 예는 제어 및 데이터 종속성을 준수하는 것이 어떻게 이와 같은 상황을 방지할 수 있는지를 보여 준다. 다음의 코드를 살펴보자:

```
            DADDU     R2, R3, R4
            BEQZ      R2, L1
            LW        R1, 0(R2)
    L1:
```

이 경우, R2와 관련된 데이터 종속성을 준수하지 않으면 프로그램 결과 값이 바뀔 수 있다는 사실을 쉽게 알 수 있다. 하지만, 제어 종속성을 무시하고 로드 명령을 분기 명령 위로 이동시키면 로드 명령이 메모리 보호 예외 상황을 야기할 수 있다는 것은 쉽게 간파하기 어렵다. *어떠한 데이터 종속성도* BEQZ 명령과 LW 명령의 위치를 바꾸는 것을 금지하지 않는 것을 주목하라. 이는 오로지 제어 종속성 때문이다. 이 명령들의 순서를 바꾸려면 (그리고 데이터 종속성을 계속해서 유지하려면) 분기 명령의 조건이 만족되는 경우 이러한 예외 상황은 무시되어져야 한다. 2.6절에서 이러한 예외 상황 문제를 극복하기 위한 하드웨어 기법인 *예측 실행(speculation)*에 대하여 논의할 것이다. 부록 G는 예측 실행을 지원하는 소프트웨어 기법에 대하여 살펴본다.

데이터 종속성과 제어 종속성을 준수함으로써 유지되는 두 번째 특성은 데이터 플로우이다. *데이터 플로우*는 결과를 산출하는 명령과 소비하는 명령사이의 데이터 값의 실제 흐름을 지칭한다. 분기는 데이터 플로우를 동적으로 만드는데 이는 주어진 명령에 대한 데이터 소스가 여러 지점에서 가능하게 만들기 때문이다. 다시 말해서 한 명령은 하나 이상의 이전 명령들에 대해 데이터 종속적일 수 있기 때문에 데이터 종속성을 유지하는 것으로는 불충분하다는 것이다. 어떤 이전 명령이 실제로 이 명령에 데이터를 전달할 것인가는 프로그램 순서가 결정하며 이러한 프로그램 순서는 제어 종속성을 준수함으로써 유지되는 것이다.

예를 들어, 다음의 코드를 살펴보자:

```
        DADDU    R1, R2, R3
        BEQZ     R4,   , L
        DSUBU    R1, R5, R6
   L:   ...
        OR       R7, R1, R8
```

이 예제에서 OR 명령에 의해 사용되는 R1 값은 분기의 조건이 만족하느냐 아니냐에 달려 있다. 데이터 종속성만으로는 올바른 프로그램 결과를 보장할 수 없다. OR 명령은 DADDU와 DSUBU 명령 모두에 데이터 종속적이지만 이 데이터 종속성 순서를 유지하는 것만으로는 올바른 실행을 보장할 수 없다.

대신에 명령들이 실행될 때, 데이터 플로우가 유지되어져야 한다. 즉, 분기 명령의 조건이 만족되지 않으면, DSUBU에 의해 계산된 R1 값이 OR 명령에 의해 사용되어져야 하고 분기 명령의 조건이 만족되면 DADDU에 의해 계산된 R1 값이 OR 명령에 의해 사용되어져야 한다. 이 분기에 대한 OR 명령의 제어 종속성을 준수함으로써 불법적인 데이터 플로우를 방지할 수 있다. 이와 유사한 이유로 DSUBU 명령은 분기 명령 위로 옮겨질 수 없다. 예측 실행 기법은 예외 문제를 해결하는 데 도움을 줄 뿐만 아니라 데이터 플로우를 유지하면서 이러한 종속성의 영향을 줄일 수 있게 하여 준다. 이와 관련해서는 2.6절에서 살펴볼 것이다.

때로는 제어 종속성을 위반하여도 예외 행동이나 데이터 플로우에 영향을 주지 않는다. 다음의 코드를 살펴보자:

```
        DADDU    R1, R2, R3
        BEQZ     R12, skip
        DSUBU    R4, R5, R6
        DADDU    R5, R4, R9
skip:   OR       R7, R8, R9
```

DSUBU 명령의 결과를 저장하는 레지스터(R4)가 레이블 skip 이후의 명령에서 사용되지 않는다고 가정하자. (어떤 값이 뒤의 명령에 의해 사용되어질 것인가를 나타내는 특성을 *생명성(liveness)*이라 한다. 만약 R4가 사용되지 않는다면 분기 명령 이전에 R4의 값을 변경하는 것이 데이터 플로우에 영향을 주지 않는다. 이는 skip 이후의 코드 영역에서 R4는 살아 있기보다는 *죽어있기* 때문이다. 따라서 R4가 죽어 있고 DSUBU 명령이 예외 상황을 발생시키지 않으므로 DSUBU 명령은 분기 명령 이전으로 옮길 수 있다. 이는 이러한 변경이 데이터 플로우에 영향을 주지 않기 때문이다.

만약 분기 조건이 만족되어 분기가 발생한다면 DSUBU 명령은 실행될 것이고 쓸모없게 되지만 프로그램 결과에는 영향을 주지 않는다. 이러한 유형의 코드 스케줄링도 예측 실행 기법의 한 예로서 종종 소프트웨어 예측 실행(software speculation)이라 부른다. 이는 컴파일러가 분기 결과에 내기를 걸기 때문으로 이 예의 경우는 분기 조건이 만족되지 않을 것으로 예측 실행한 경우이다. 좀 더 적극적인 예측 실행 기법에 대해서는 부록 G에서 논의한다. 일반적으로 이 책에서 예측 실행에 대하여 언급하는 경우 그 기법이 하드웨어적인 방법인지 소프트웨어적인 방법인지는 명확할 것이다. 그렇지 않은 경우는 "하드웨어 예측 실행(hardware speculation)" 또는 "소프트웨어 예측 실행(softwane specculation)"으로 명시하는 것이 바람직하다.

제어 종속성은 제어 스톨을 발생시키는 제어 해저드 감지 장치를 구현하여 유지될 수 있다. 이러한 제어 스톨을 제거하거나 감소시키는 하드웨어와 소프트웨어적인 방법에 대해서는 2.3절에서 논의하기로 하자.

2.2 ILP를 노출시키는 기본적인 컴파일러 기법들

Computer Architecture

이 절에서는 프로세서가 ILP를 활용하는 능력을 향상시키는 간단한 컴파일러 기술들에 대하여 논의한다. 이와 같은 방법들은 정적 이슈나 정적 스케줄링을 사용하는 프로세서에서는 매우 중요하다. 이와 같은 컴파일러 기술을 공부한 후, 정적 이슈를 사용하는 프로세서의 설계와 성능을 논의하도록 하자. 부록 G는 프로세서가 더 많은 명령어 수준 병렬성을 활용할 수 있도록 설계된 좀 더 발전된 컴파일러 기술들과 관련된 이와 관련된 하드웨어 기법들에 대하여 설명한다.

기본 파이프라인 스케줄링과 루프 언롤링

파이프라인을 채우기 위해서는 파이프라인에서 중첩하여 실행할 수 있는 관련 없는 일련의 명령어들을 찾기 위해 명령어 사이의 병렬성을 활용하여야 한다. 파이프라인 스톨을 방지하기 위해서는 종속적인 명령은 데이터를 공급하는 명령어의 파이프라인 지연시간에 해당하는 클록 사이클 간격으로 소스가 되는 명령어와 떨어져 있어

결과를 출력하는 명령	결과를 사용하는 명령	지연시간 (클록 사이클)
FP ALU op	Another FP ALU op	3
FP ALU op	Store double	2
Load double	FP ALU op	1
Load double	Store double	0

그림 2.2 이 장에서 사용될 FP 연산의 지연시간. 맨 오른 쪽 칼럼의 숫자는 스톨을 방지하기 위한 클록 사이클 수를 표시한다. 이 숫자는 FP 장치에서의 평균 지연시간과 유사하다. FP 로드 명령으로부터 FP 스토어 명령으로의 지연시간은 0인데 이는 로드의 결과가 스토어를 스톨시키지 않고 바로 바이패스될 수 있기 때문이다. 전과 같이 정수 로드의 지연시간은 1이고 정수 ALU 연산의 지연시간은 0이다.

야 한다. 컴파일러의 스케줄링 능력은 프로그램에 존재하는 ILP의 양과 파이프라인 내 기능 장치의 지연시간에 의해 좌우된다. 그림 2.2는 특별히 다른 지연시간이 언급되지 않는 경우, 이 장에서 가정하고 있는 FP 장치의 지연시간을 보여 준다. 분기 명령이 1 사이클의 지연을 갖는 일반적인 5단계 정수 파이프라인을 가정하였다. 어떠한 유형의 연산도 매 사이클 이슈될 수 있도록 구조적 해저드를 방지하기 위하여 기능 장치들은 (파이프라인의 깊이만큼) 완전히 파이프라인되어 있거나 중복되어 있다고 가정하였다.

이 절에서는 루프를 변환하여 사용가능한 ILP의 양을 증가시킬 수 있는 컴파일러 기법에 대하여 논의한다. 이 예제는 중요한 컴파일러 기술을 소개하는 것은 물론 부록 G에서 소개될 고급 프로그램 변환 기법에 대한 동기를 제공할 것이다. 스칼라 값을 벡터에 더하는 다음의 코드를 살펴보자.

```
for (i=1000; i>0; i=i-1)
     x[i] = x[i] + s;
```

루프의 각 반복이 독립적이므로 이 루프가 병렬성을 가지고 있음을 알 수 있다. 루프 병렬성에 대한 보다 공식적인 논의는 부록 G에서 다루기로 하고 이곳에서는 컴파일 시간에 루프 반복이 독립적인지를 테스트하는 방법에 대하여 기술한다. 먼저, 이 루프의 병렬성을 살펴본 후 위에 언급한 지연시간을 갖는 MIPS 파이프라인에서 이 병렬성을 이용하여 성능을 향상시키는 방법에 대하여 논의하자.

첫 번째 단계는 위의 코드를 MIPS 어셈블리어로 번역하는 것이다. 다음의 코드에서 R1은 배열에서 가장 큰 주소 값을 가지는 원소의 주소를, F2는 스칼라 값 *s*를 초기에 가지고 있다. 레지스터 R2는 8(R2)가 마지막으로 계산될 원소의 주소를 갖도록 미리 계산되어졌다고 가정하자.

스케줄링되어 있지 않은 직관적인 MIPS 코드는 다음과 같다:

```
Loop:    L.D       F0, 0(R1)      ;F0=배열 원소
         ADD.D     F4, F0, F2     ;스칼라 값을 F2에 더한다
```

```
S.D        F4, 0(R1)       ;결과를 저장한다
DADDUI     R1, R1, #-8     ;포인터를 8 바이트 (더블 워드)
                           ;감소시킨다.
BNE        R1, R2, Loop    ;R1!=R2이면 분기
```

먼저 이 루프가 그림 2.2의 지연시간을 가진 간단한 MIPS 파이프라인에 스케줄되어 실행되는 상황을 살펴보자.

예제 스케줄한 경우와 스케줄하지 않는 경우 MIPS 파이프라인에서 위 루프의 실행 상황을 스톨 사이클과 유휴(idle) 사이클을 포함하여 보이시오. FP 연산의 지연을 고려하여 코드를 스케줄하고 지연 분기는 무시하라.

해답 스케줄링이 없는 경우 루프의 실행은 다음과 같이 9 사이클이 걸린다.

			이슈된 클록 사이클
Loop:	L.D	F0,0(R1)	1
	stall		2
	ADD.D	F4,F0,F2	3
	stall		4
	stall		5
	S.D	F4,0(R1)	6
	DADDUI	R1,R1,#-8	7
	stall		8
	BNE	R1,R2,Loop	9

위 루프는 2 사이클만 스톨하도록 스케줄될 수 있다. 이 경우 실행 시간은 아래와 같이 7 사이클이 걸린다.

```
Loop:   L.D       F0,0(R1)
        DADDUI    R1,R1,#-8
        ADD.D     F4,F0,F2
        stall
        stall
        S.D       F4,8(R1)
        BNE       R1,R2,Loop
```

ADD.D 후의 스톨은 S.D를 위해 필요하다.

이 예제에서 매 반복마다 배열 원소를 저장하는 데까지 7 사이클이 걸렸지만 이 7 사이클 중에서 실제로 배열 원소를 가지고 작업을 하는 시간은 단 3 사이클 (load, add, store)에 불과했다. 나머지 4 사이클은 루프 오버헤드(DADDUI와 BNE)와 두 번의 스톨로 구성된다. 이와 같은 4 클록 사이클을 제거하기 위해서는 오버헤드 명령의 수에 비하여 상대적으로 더 많은 연산을 처리할 필요가 있다.

분기 명령과 오버헤드 명령들에 비하여 실질적인 명령어의 수를 증가시키는 간단한 방법이 *루프 언롤링(loop unrolling)*이다. 언롤링은 단순히 루프의 몸체를 여러 번 중복시키고 루프 종료 코드를 조정한다.

루프 언롤링은 또한 스케줄링을 개선하는 데 사용될 수 있다. 분기 명령을 제거하기 때문에 다른 반복에 있는 명령들을 함께 스케줄할 수 있다. 이 경우 루프 몸체에서 추가적으로 독립적인 명령어들을 생성함으로써 데이터를 종속성에 따른 스톨을 제거해 줄 수 있다. 루프를 언롤 하면서 단순히 명령어들을 복제하는 경우, 같은 레지스터들을 사용하게 되어 루프를 효과적으로 스케줄할 수 없다. 따라서 매 반복마다 다른 레지스터를 사용하여야 하며 이 경우 요구되는 레지스터의 수는 많아지게 된다.

예제 루프를 언롤하여 루프 몸체를 4 번 복제한 코드를 보이시오. R1 - R2(즉, 배열의 크기)는 루프 반복의 수가 4의 배수가 되도록 초기에 32의 배수로 되어있음을 가정하라. 불필요한 중복적인 계산을 제거하고 레지스터는 재사용하지 마시오.

해답 다음은 언롤링 과정에서 불필요한 BNE 명령을 제거하고 DADDUI 명령을 합친 결과를 보여 준다. 32(R2)가 배열의 마지막 네 원소의 시작 주소가 되도록 R2가 조정되어져야 함을 주목하라.

```
Loop:   L.D      F0,0(R1)
        ADD.D    F4,F0,F2
        S.D      F4,0(R1)        ; DADDUI & BNE 제거
        L.D      F6,-8(R1)
        ADD.D    F8,F6,F2
        S.D      F8,-8(R1)       ; DADDUI & BNE 제거
        L.D      F10,-16(R1)
        ADD.D    F12,F10,F2
        S.D      F12,-16(R1)     ; DADDUI & BNE 제거
        L.D      F14,-24(R1)
        ADD.D    F16,F14,F2
        S.D      F16,-24(R1)
        DADDUI   R1,R1,#-32
        BNE      R1,R2,Loop
```

3개의 분기 명령과 세 번의 R1 감소 명령이 삭제되었음을 알 수 있다. load와 store 명령의 주소는 R1에 대한 DADDUI 명령들이 합쳐질 수 있도록 수정되었다. 이러한 최적화 기법이 비록 사소해 보이지만 실제는 그렇지 않다. 기호적 대치(symbolic substitution)와 간소화 과정이 요구된다. 기호적 대치와 간소화는 수식을 재배열함으로써 상수를 제거할 수 있게 하여 준다. 예를 들어, "$((i + 1) + 1)$"은 "$(i + (1 + 1)$"로 바뀌고 따라서 "$(i + 2)$"로 간소화된다. 부록 G에서는 이와 같이 연관된 계산을 제거하는 최적화 기법의 보다 일반적인 방법에 대하여 기술한다.

스케줄링 없이는 언롤된 루프의 모든 연산은 종속적인 연산이 뒤따르게 되고 스톨을

야기할 것이다. 이 루프는 실행에 27 클록 사이클이 걸린다. 즉, 각 LD는 1 사이클 스톨, 각 ADDD는 2 사이클 스톨, 각 DADDUI는 1 사이클 스톨, 그리고 14 명령어의 이슈 사이클을 포함한다. 다시 말해, 4 가지 각 요소마다 평균 6.75 사이클이 소요되지만 스케줄링을 통해 성능을 혁신적으로 개선할 수 있다. 루프 언롤링은 일반적으로 컴파일 과정의 초기에 수행되며 따라서 중복적인 계산을 쉽게 노출시킬 수 있어 이러한 최적화 기법을 통해 제거할 수 있다.

실제 프로그램에서 루프의 상한은 대개 모른다. 이 상한을 *n*이라 하고 루프 몸체를 *k* 번 복제하도록 언롤링을 수행한다고 가정하자. 하나의 언롤된 루프 대신에 한 쌍의 연속적인 루프를 생성한다. 첫 번째 루프는 (*n* mod *k*) 번 실행되고 원래의 루프와 같은 몸체를 갖는다. 두 번째 루프는 (*n*/*k*) 번 반복하는 외부 루프에 둘러싸인 언롤된 루프이다. 큰 *n* 값의 경우 실행 시간의 대부분은 언롤된 루프 몸체에서 소비될 것이다.

이전 예제에서 언롤링은 비록 코드 크기를 상당히 증가시켰지만 오버헤드 명령어들을 제거함으로써 루프의 성능을 향상시킨다. 이 언롤된 루프가 이전에 기술한 파이프라인에 스케줄되는 경우 어떠한 성능을 갖는지 살펴보자.

예제 그림 2.2에 나타낸 지연시간을 가진 파이프라인에서 앞 예제의 언롤된 루프가 스케줄되어 실행하는 과정을 보이시오.

해답

```
Loop:   L.D      F0,0(R1)
        L.D      F6,-8(R1)
        L.D      F10,-16(R1)
        L.D      F14,-24(R1)
        ADD.D    F4,F0,F2
        ADD.D    F8,F6,F2
        ADD.D    F12,F10,F2
        ADD.D    F16,F14,F2
        S.D      F4,0(R1)
        S.D      F8,-8(R1)
        DADDUI   R1,R1,#-32
        S.D      F12,16(R1)
        S.D      F16,8(R1)
        BNE      R1,R2,Loop
```

언롤된 루프의 실행 시간은 14 사이클로 줄었다. 즉, 각 요소마다 평균 3.5 클록 사이클이 소요되었다. 이에 비하여 언롤링을 하기 전에는 각 요소당 9 사이클이 소요되었고, 언롤되지 않았지만 스케줄된 경우는 각 요소당 7 사이클이 소요되었다.

언롤한 루프에서 스케줄링으로 인한 성능 향상이 원래의 루프에서 스케줄링에 의한 성능 향상보다 훨씬 큰 것에 주목하라. 이러한 성능 증대는 루프 언롤링이 스톨을 줄이기 위하여 스케줄 가능한 더 많은 계산을 노출시키기 때문이다. 위의 코드는 실제 스톨이 전혀 없다. 이러한 루프 스케줄링을 위해서는 로드와 스토어 명령이 독립적이고 상호 교환될 수 있는 상황을 필요로 한다.

루프 언롤링과 스케줄링의 요약

이 장과 부록 G를 통해 프로세서의 기능 장치를 최대한 활용할 수 있도록 하여 주는 다양한 하드웨어와 소프트웨어 기술들을 살펴볼 것이다. 이러한 기술들의 핵심은 언제, 어떻게 명령어의 순서를 변경하느냐 하는 것이다. 위 예제들은 그와 같은 변경을 보여 주었고 이러한 변경은 우리 인간에게는 매우 자연스러웠다. 실제로 이러한 과정은 컴파일러나 하드웨어에 의해서 기계적인 방법으로 수행되어져야 한다. 최종의 언롤된 루프를 생성하기 위해서는 다음의 결정과 변환들을 수행하여야 한다.

- 루프 관리 코드를 제외한 영역에서 루프의 반복들이 독립적인지를 분석하여 루프를 언롤링 하는 것이 유익한지를 결정한다.
- 루프 언롤링 후 다른 계산에 같은 레지스터를 사용함으로써 생기는 불필요한 제한을 제거하기 위해 각 계산마다 다른 레지스터들을 사용한다.
- 불필요한 테스트와 분기 명령들을 제거하고 루프의 종료와 반복 코드를 수정한다.
- 각기 다른 반복으로부터의 로드와 스토어가 독립적이라는 것을 관찰하여 언롤 된 루프에서 로드와 스토어가 교환될 수 있다는 것을 결정한다.
- 원래의 코드에서와 같은 결과를 산출하도록 모든 종속성을 유지하면서 코드를 스케줄한다.

이러한 모든 변환 기법의 핵심은 한 명령어가 다른 명령어에 종속적인지를 이해하고 주어진 종속성을 유지하면서 명령어를 수정 또는 재배열하는 것이다.

루프 언롤링에 의해 얻을 수 있는 성능 향상은 세 가지에 의해 제한된다. 즉, 각 언롤링에 의해 줄일 수 있는 오버헤드 양의 감소, 코드 크기의 제한, 마지막으로 컴파일러의 한계이다. 먼저 루프 오버헤드를 고려하여 보자. 루프를 4 번 언롤함으로써 스톨 사이클 없이 루프를 스케줄할 수 있는 충분한 명령어 사이의 병렬성이 확보되었다. 실제로, 14 클록 사이클 중에서 단 2 사이클, 즉 인덱스 값을 유지하는 DADDUI 명령과 루프를 종료하는 BNE 명령만이 루프 오버헤드이다. 만약 루프가 8 번 언롤되었다면 오버헤드는 원래의 루프 반복 당 1/2 사이클에서 1/4로 줄어들게 된다.

두 번째 언롤링의 한계는 언롤링 후 발생하는 코드 크기의 증가이다. 대형 루프의 경우에 코드 크기의 증가는 명령어 캐시 미스율이 증가하는 경우 특히 문제가 된다.

코드 크기의 증가보다 종종 더욱 중요한 한 가지 문제는 공격적인 언롤링과 스케줄링의 요구에 의해 발생하는 레지스터 부족 현상이다. 대형 코드에서 이러한 명령어 스케줄링으로 발생하는 부작용을 *레지스터 압력(register pressure)*이라 부른다. 이는 코드 스케줄링이 ILP를 증가시키는 반면 살아 있는 값의 수 역시 증가시키기 때문이다. 공격적인 명령어 스케줄링을 사용하면 모든 살아 있는 값들을 레지스터에 할당하는 것이 불가능해질 수 있다. 변환된 코드는 비록 이론적으로는 더 빠르지만 레지스터 부족현상을 발생시키기 때문에 그 장점의 일부 또는 전부를 잃을 수 있다. 언롤링을 사용하지 않는 경우 공격적인 스케줄링은 분기에 의해 제한되므로 이 경우 레지스터 압력이 문제가 되는 경우는 거의 없다. 하지만 언롤링과 공격적인 스케줄링이 합해지면 이러한 문제를 발생시킬 수 있다. 더 많은 독립적인 명령어들을 노출시킬 필요가 있는 다중 이슈 프로세서에서 이 문제는 더 큰 이슈가 된다. 일반적으로 고급 컴파일러 변환 기술들은 현대 컴파일러의 복잡성을 상당히 증가시키고 있으며 실제 구체적인 코드를 생성하기 전에는 가능한 성능 향상을 측정하기는 어렵다.

효과적인 스케줄링을 위해서는 분기 없는 연속적인 코드가 필요하며 루프 언롤링은 직선의 코드 크기를 증가시키는 간단하지만 매우 효과적인 방법이다. 이와 같은 변환 방법은 지금까지 우리가 논의했던 것과 같은 간단한 파이프라인으로부터 뒤에서 논의할 다중 이슈 슈퍼스칼라 또는 VLIW 프로세서에 이르기까지 다양한 프로세서에서 유용하게 사용된다.

2.3 분기 예측

Computer Architecture

분기는 해저드를 발생시키며 이 경우 프로세서는 스톨을 통해 제어 종속성을 유지하여야 하므로 분기는 파이프라인의 성능을 저하시킨다. 루프 언롤링은 분기 해저드의 발생을 줄일 수 있는 한 가지 방법이다. 또 다른 방법으로는 분기의 행동을 예측하여 성능 손실을 줄일 수 있다.

분기의 행동은 컴파일 시간에 정적으로 또 실행 시간에 동적으로 예측될 수 있다. 정적 분기 예측기(static branch predictors)는 분기 행동이 컴파일 시간에 정확히 예측될 수 있는 경우에 가끔 사용되며 또 동적 예측기(dynamic predictors)를 보조하기 위해서도 사용될 수 있다.

정적 분기 예측

부록 A에서는 정적 분기 예측을 지원할 수 있는 아키텍처 기능, 즉 지연 분기(delayed branch)를 다룬다. 컴파일 시간에 정확히 분기의 행동을 예측하는 것은 데이터 해저드를 위한 스케줄링에도 도움을 준다. 루프 언롤링은 코드 스케줄링을 향상시키는 기술로써 분기 예측에 의존하는 또 다른 예제이다.

성능을 높이기 위해 분기 명령 주위로 코드를 재배열하기 위해서는 프로그램 컴파일 시간에 분기를 예측할 필요가 있다. 분기 행동을 정적으로 예측하는 방법에는 여러 가지 방법이 있다. 가장 간단한 방법은 분기가 발생(taken)할 것으로 예측하는 것이다. 이 기법의 예측 실패 확률은 분기가 발생하지 않는(untaken) 빈도와 같으며 SPEC 프로그램에서 이 비율은 34%이다. 불행하게도 SPEC 프로그램에서 분기 실패 확률은 매우 부정확(59%)에서 매우 정확(9%)으로 다양하다.

좀 더 정확한 방법은 기 실행 정보로부터 수집한 프로파일(profile) 정보를 기반으로 분기를 예측하는 것이다. 이것이 가능한 주 이유는 분기의 행동이 종종 한 방향으로 치우쳐 있기 때문이다. 즉, 개개의 분기가 일반적으로 발생하거나(taken) 또는 발생하지 않는(untaken) 방향으로 종종 치우쳐 있기 때문이다. 그림 2.3은 이 방법을 사용한 분기 예측의 성공을 보여 준다. 프로파일에 사용된 입력과 같은 데이터가 실행에도 사용되었다. 연구에 따르면 다른 입력 데이터를 사용한 실행에서 얻어진 프로파일을 사용하는 경우에도 프로파일 기반의 예측 정확성에는 작은 차이만 있음이 입증되었다.

분기 예측 기법의 유효성은 기법의 정확성과 조건부 분기의 빈도에 좌우된다. SPEC에서 조건부 분기의 비율은 3%에서 24%를 차지한다. 정수 프로그램에서 분기 빈도가 더 높고 분기 실패 확률 역시 높다는 점이 정적 분기 예측의 가장 큰 제한점이다. 다음 절에서는 대부분의 최신 프로세서들이 사용하고 있는 동적 분기 예측기에 대하여 살펴본다.

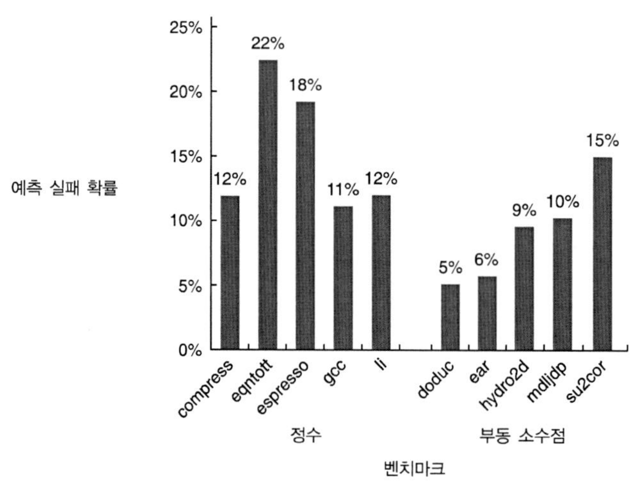

그림 2.3 SPEC92에서 프로파일 기반의 분기 예측 실패율은 다양하지만 일반적으로 FP 프로그램에서 평균 편차 4%, 평균 실패율 9%로, 평균 편차 5%, 평균 실패율 15%인 정수 프로그램에 비하여 우수하다. 실제 성능은 예측 정확성과 3%에서 24%의 분포를 갖는 분기 빈도 모두에 의해 좌우된다.

동적 분기 예측 및 분기 예측 버퍼

가장 간단한 형태의 동적 분기 예측 기법은 *분기 예측 버퍼(branch-prediction buffer)* 또는 *분기 기록 표(branch history table)*이다. 분기 예측 버퍼는 분기 명령 주소의 낮은 영역으로 인덱스되는 작은 메모리이다. 이 메모리는 각 분기 별로 분기가 최근에 발생하였는지 안하였는지를 나타내는 비트를 갖고 있다. 이 기법은 가장 간단한 유형의 버퍼로서 태그를 갖고 있지 않으며 분기 지연이 목적 주소(target PC) 값을 계산하는 시간보다 오래 걸리는 경우에 이 분기 지연을 줄여주는 장점이 있다.

이러한 버퍼를 사용해서는 실제로 이 예측이 정확한지를 알 수가 없다. 왜냐하면 주소의 낮은 영역 값이 같은 다른 분기에 의해 이 예측 비트가 저장될 수 있기 때문이다. 하지만 이는 별 문제가 되지 않는다. 예측은 옳을 것으로 가정된 힌트에 불과하며 명령어의 인출은 예측된 방향으로부터 시작한다. 만약 힌트가 틀렸다면 예측 비트는 수정되고 다시 저장되어 진다.

이 버퍼는 실제적으로는 항상 히트를 생성하는 캐시로서 다음에서 논의하듯이 버퍼의 성능은 얼마나 그 예측이 실제 분기의 것과 일치하는지 또 일치하는 경우 그 예측이 얼마나 정확한지에 달려 있다. 성능을 분석하기 전에, 분기 예측 기법의 정확성을 향상시켜줄 수 있는 아주 간단하지만 중요한 개선을 수행하자.

이 간단한 1 비트 예측 기법은 성능적 문제점을 갖고 있다. 어떤 분기가 거의 항상 발생하는 경우, 만약 1번 발생하지 않으면 분기 예측 실패가 발생하게 되고 예측 비트가 바뀌게 되어 실제로는 1번의 예측 실패가 아니라 2번의 예측 실패가 발생하게 된다.

이와 같은 단점을 수정하기 위해 2 비트의 예측 기법이 사용된다. 2 비트 기법에서 예측 비트는 변경되기 전에 두 번 예측 실패가 발생하여야 한다. 그림 2.4는 2 비트 예측 기법의 상태 전이 다이어그램을 보여 준다.

분기 예측 버퍼는 IF[7] 파이프 단계에서 명령어 주소로 액세스되는 작은 특수 캐시 유형으로 또는 명령어 캐시의 각 블록에 2 비트로 저장되어 명령어와 함께 인출되는 비트 쌍으로 구현될 수 있다. 만약 명령어가 분기로 해독되고 분기가 발생하는 것으로 예측되면 PC 값이 알려지자마자 목적 주소로부터 명령어 인출이 시작된다. 그렇지 않으면 분기는 발생하지 않은 것으로 예측되어 다음 주소로부터 연속적으로 명령어가 인출되어 실행된다. 그림 2.4에서 보여 주듯이 만약 예측이 잘못된 경우, 예측 비트는 변경된다.

실제 응용에서 이와 같은 2 비트의 분기 예측 버퍼를 사용하여 얼마만큼의 정확성을 얻을 수 있을까? 그림 2.5는 SPEC89 벤치마크에서 4096개의 엔트리를 갖은 분기 예측 버퍼가 82%에서 99%의 정확성을, 다시 말해 1%에서 18%의 *분기 예측*

7) IF(Instruction Fetch) 단계, 명령어를 메모리로부터 인출하는 파이프라인 단계

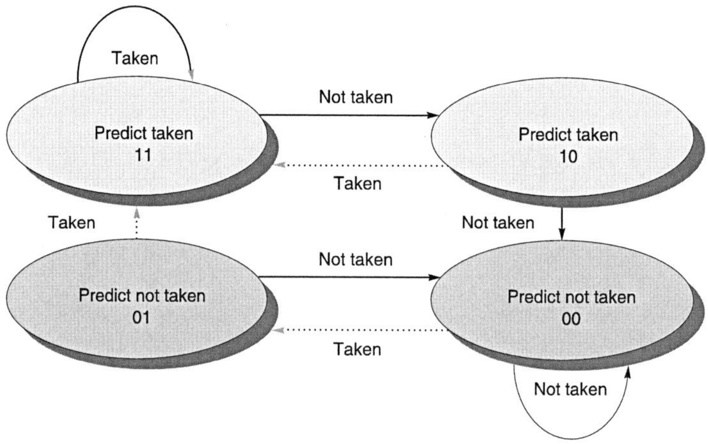

그림 2.4 비트 예측 기법의 상태 다이아그램. 1 비트 대신에 2 비트를 사용하여 일반적으로 발생 또는 비발생의 한 방향으로 치우쳐있는 분기들의 예측 실패를 1비트 방법에 비하여 줄일 수 있다. 2 비트는 네 가지 상태를 부호화하는데 사용된다. 이 2 비트 기법은 예측 버퍼의 각 엔트리 별로 n 비트의 포화형 카운터 (saturating counter)를 갖는 보다 일반적인 방법의 특수한 예이다. n 비트 카운터에서 카운터는 0부터 2^n-1의 값을 가질 수 있다. 카운터가 최대 (2^n-1)의 중간 값보다 크거나 같은 값을 가지면 분기는 발생하는 것으로 예측되고 그렇지 않으면 발생하지 않는 것으로 예측된다. n 비트 예측기 연구에 따르면 2 비트 예측기는 거의 n 비트 예측기와 대등한 성능을 보인다. 따라서 대부분의 시스템은 보다 일반적인 n 비트 예측기보다는 2 비트 예측기를 사용한다.

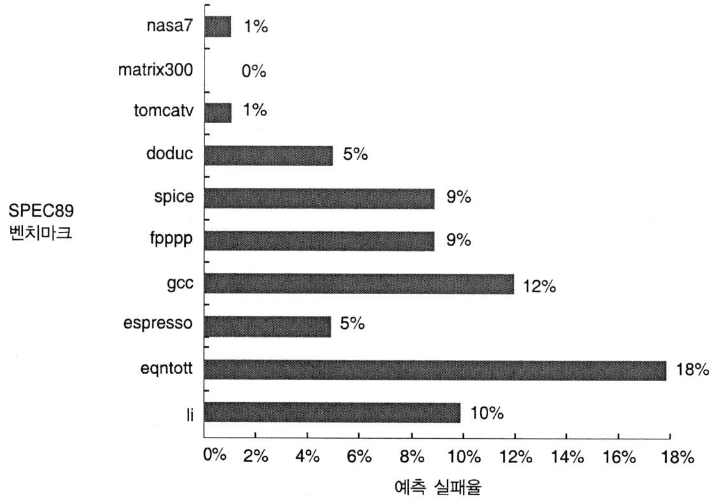

그림 2.5 SPEC89 벤치마크에서 4096개의 엔트리를 가진 2 비트 예측 버퍼의 예측 정확성. 정수 벤치마크 (gcc, espresso, eqntott, li)의 예측 실패율 (평균 11%)은 FP 프로그램 (평균 4%)에 비하여 훨씬 높다. FP 커널 (nasa7, matrix300, tomcatv)을 제외하더라도 FP 벤치마크가 정수 벤치마크에 비하여 정확도가 훨씬 높은 것을 볼 수 있다. 이 절의 나머지 데이터를 포함해서 이 데이터 값들은 IBM Power 아키텍처와 그 시스템에 최적화된 코드를 사용하여 얻어진 분기 예측 연구의 결과이다. Pan, So, Rameh의 연구 [1992]를 참조하라. 비록 이 데이터가 SPEC 벤치마크의 부분 집합의 과거 버전을 상용하였지만, 최신 벤치마크의 크기가 더 큰 것을 고려하면 예측 정확성은 약간 더 떨어질 것으로 예상되며, 특히 정수 벤치마크의 경우 더 그러하다.

*실패율(branch misprediction rate)*을 가짐을 보여 준다. 이 결과에서 사용된 4K 엔트리 버퍼는 2005년 기준으로 이미 상당히 적은 편이며 좀 더 큰 버퍼를 사용하면 더 좋은 결과를 산출할 수 있다.

더 많은 ILP를 활용할수록 분기 예측의 정확성은 중요해진다. 그림 2.5에서 보듯이 예측기의 정확성은 루프 기반의 과학용 프로그램에 비하여 일반적으로 분기 발생 빈도가 높은 정수 프로그램에서 낮다. 이 문제의 해결은 두 가지 방법으로 접근할 수 있는데 하나는 버퍼의 크기를 증가시키는 방법이고 다른 하나는 각 예측 기법의 정확성을 증가시키는 방법이다. 하지만 그림 2.6에서 보듯이 SPEC과 같은 벤치마크에서 4K 엔트리의 버퍼는 이미 무한 크기의 버퍼와 비슷한 성능을 보여 준다. 버퍼의 히트율이 문제가 되지 않음은 그림 2.6의 데이터에서 알 수 있다. 그림 2.4에서 언급하였듯이 예측기의 구조를 변경하지 않고 단순히 예측기 당 비트 수를 증가시키는 것 역시 별 효과가 없다. 대신, 각 예측기의 정확성을 어떻게 증가시킬 수 있는지를 살펴보자.

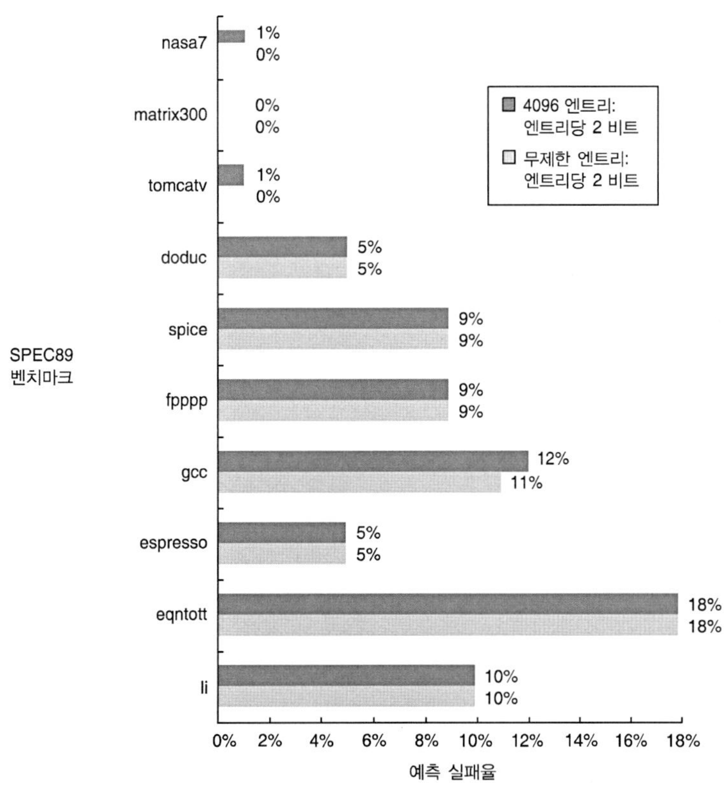

그림 2.6 SPEC89 벤치마크에서 4096개의 엔트리를 가진 버퍼와 무한 크기 버퍼에서의 2 비트 예측 버퍼의 정확성 비교. 비록 이 데이터가 SPEC 벤치마크의 부분 집합의 과거 버전을 상용하였지만, 최신 버전에도 결과는 비슷할 것으로 예상되며 약 8K 엔트리 정도면 무한 크기의 2 비트 예측기와 근사한 결과를 산출할 것으로 분석된다.

상호연관 분기 예측기

2 비트 예측 기법은 분기의 최근 행동을 사용하여 그 분기의 미래 행동을 예측한다. 예측하려고 하는 분기뿐만 아니라 *다른* 분기의 최근 행동 역시 관찰한다면 예측의 정확성을 향상시킬 수 있다. 초기 SPEC 벤치마크에 포함되어 있고 분기 예측이 쉽지 않은 eqntott 벤치마크의 다음 코드를 살펴보자.

```
if (aa==2)
      aa=0;
if (bb==2)
      bb=0;
if (aa!=bb) {
```

다음은 aa와 bb가 레지스터 R1과 R2에 저장되어 있다고 가정할 때 이 코드를 위해 생성된 MIPS 코드를 보여 준다.

```
      DADDIU   R3,R1,#-2
      BNEZ     R3,L1          ;branch b1    (aa!=2)
      DADD     R1,R0,R0       ;aa=0
L1:   DADDIU   R3,R2,#-2
      BNEZ     R3,L2          ;branch b2    (bb!=2)
      DADD     R2,R0,R0       ;bb=0
L2:   DSUBU    R3,R1,R2       ;R3=aa-bb
      BEQZ     R3,L3          ;branch b3    (aa==bb)
```

이 분기들을 b1, b2, b3로 명명하자. 분기 b3의 행동이 분기 b1과 b2의 행동과 연관되어 있음에 주목하라. 만약 b1과 b2가 모두 발생하지 않는다면 (즉, 두 조건이 모두 참으로 판명되고 aa와 bb에 0이 할당된다면), aa와 bb는 분명히 같지 않으므로 b3은 발생할 것이다. 분기 결과를 예측하기 위해 단일 분기의 행동만을 사용하는 예측기는 이와 같은 행동을 잡아낼 수는 없을 것이다.

예측을 수행하기 위해 다른 분기의 행동을 사용하는 분기 예측기들을 *상호연관 예측기(correlating predictors)* 또는 *2-단계 예측기(two-level predictors)*라 부른다. 상호연관 예측기는 주어진 분기를 예측하기 위해 가장 최근에 수행된 분기의 행동에 대한 정보를 관리한다. 예를 들어, (1,2) 예측기는 특정 분기의 예측을 위해 이전 분기의 행동을 사용하여 한 쌍의 2-비트 분기 예측기로부터 하나를 선택한다. 일반적으로 (m,n) 예측기는 지난 m개의 분기 행동을 사용하여 각각이 단일 분기에 대한 n-비트 예측기인 2^m개의 분기 예측기들로부터 하나를 선택한다. 이러한 상호 연관 분기 예측기의 장점은 2-비트 기법에 비하여 높은 예측 정확성을 가지며 약간의 추가적인 하드웨어로 구현가능하다는 것이다.

하드웨어가 단순한 것은 다음과 같은 간단한 관찰에 기인한다. 가장 최신의 m개의 분기에 대한 기록이 *m*-비트의 이동 레지스터(shift register)로 구현되어 질 수 있으며 이 레지스터의 각 비트는 분기가 발생하였는지 안하였는지를 기록하게 된다. 분기 예측 버퍼는 분기 주소의 낮은 영역 비트들과 *m*-비트 전역 기록(global history)을 연결한 값을 인덱스로 사용하여 액세스될 수 있다. 예를 들어, 총 64개 엔트리를 가진 (2,2) 버퍼에서 분기 주소의 낮은 영역 (워드 주소) 4 비트와 가장 최근 두 분기의 행동을 표시하는 2 전역 비트가 64개 카운터들을 인덱스하는 데 필요한 6 비트 인덱스를 형성할 수 있다.

이러한 상호연관 분기 예측기는 표준 2-비트 기법과 비교하여 얼마나 성능이 더 좋은가? 이들을 공정하게 비교하기 위해서는 같은 수의 상태 비트를 갖는 예측기를 비교하여야 한다. (*m*,*n*) 예측기의 비트 수는 다음과 같다.

$$2^m \times n \times \text{분기 주소에 의해 선택된 예측 엔트리들의 수}$$

전역 히스토리를 갖지 않은 2-비트 예측기는 단순히 (0,2) 예측기와 같다.

예제 4K 엔트리를 갖는 (0,2) 분기 예측기는 몇 비트를 갖는가? 같은 비트 수를 가진 (2,2) 예측기는 몇 개의 엔트리를 갖는가?

해답 4K 엔트리를 가진 예측기가 갖는 비트 수는 다음과 같다.

$$2^0 \times 2 \times 4\text{K} = 8\text{K 비트}$$

예측 버퍼에서 총 8K 비트를 가진 (2,2) 예측기는 몇 개의 엔트리를 갖는가? 아래의 등식이 성립하므로

$$2^2 \times 2 \times \text{분기에 의해 선택된 예측 엔트리의 수} = 8\text{K}$$

따라서 분기에 의해 선택되는 예측 엔트리들의 수 = 1K 이다.

그림 2.7은 4K 엔트리를 가진 초기 (0,2) 예측기와 1K 엔트리를 가진 (2,2) 예측기의 예측 실패율을 비교한다. 그림에서 알 수 있듯이 상호연관 예측기는 같은 수의 상태 비트를 가진 간단한 2-비트 예측기의 성능을 능가할 뿐만 아니라 무한히 많은 엔트리를 가진 2-비트 예측기의 성능 역시 종종 능가한다.

토너먼트 예측기: 지역과 광역 예측기의 적응적 통합

상호연관 예측기가 설계된 주요 동기는 지역 정보만 사용하는 표준의 2-비트 예측기로는 몇몇 주요 분기의 예측이 어려우며 이는 전역 정보를 추가하여 해결할 수 있다는 점에서 출발하였다. *토너먼트 예측기(tournament predictors)*는 전역 정보에 기반을 둔 예측기와 지역 정보에 기반을 둔 예측기를 선택기(selector)를 사용하여 통합

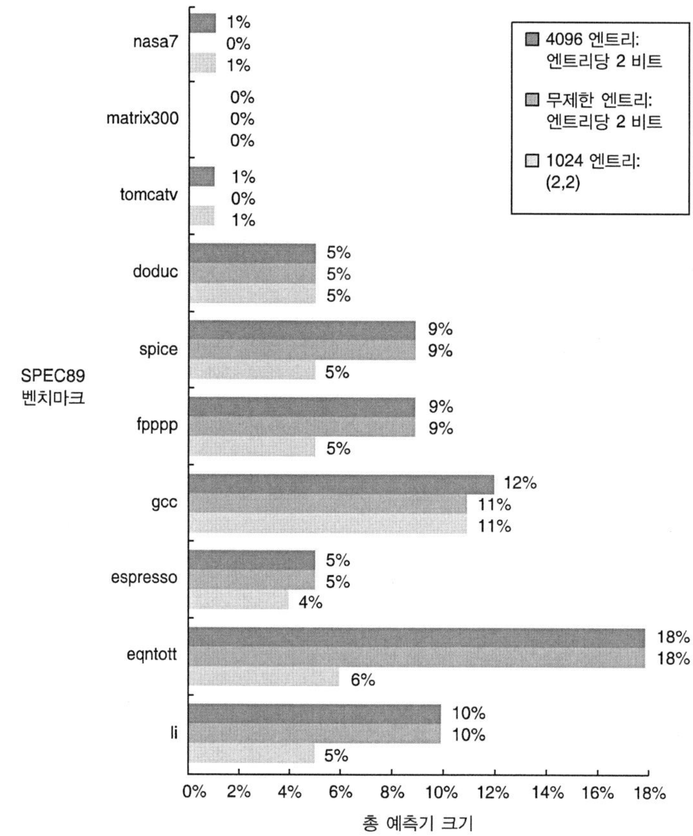

그림 2.7 2-비트 예측기의 비교. 4096개의 엔트리를 가진 비 상호연관 예측기, 무한한 수의 엔트리를 가진 비 상호연관 예측기, 2 비트의 전역 히스토리와 총 1024개의 엔트리를 가진 2-비트 예측기가 비교되었다. 비록 이 데이터는 SPEC의 구 버전을 사용하였지만 최신 SPEC 벤치마크에 대한 데이터 역시 비슷한 정확성을 보여 준다.

함으로써 여러 예측기를 사용하여 이러한 통찰력을 한 단계 발전시킨다. 토너먼트 예측기는 중간 크기(8K – 32K 비트)에서 더 높은 정확성을 제공하면서 또 대량의 예측 비트를 효율적으로 사용할 수 있게 하여 준다. 기존의 토너먼트 예측기는 분기당 2-비트의 포화형 카운터(saturating counter)를 사용하여 어떤 예측기(지역, 전역, 또는 혼합)가 최근 예측에서 더 유효하였는지를 기반으로 두 개의 다른 예측기 중에서 한 예측기를 선택한다. 2-비트 예측기에서와 같이 포화형 카운터는 선호하는 예측기를 변경하기 위해서는 두 번의 예측 실패를 필요로 한다.

토너먼트 예측기의 장점은 특정 분기에 맞는 예측기를 선택할 수 있다는 것이다. 이는 특히 정수 벤치마크에 중요하다. 일반적인 토너먼트 예측기는 SPEC 정수 벤치마크의 경우 약 40% 정도 전역 예측기를 선택하며 SPEC FP 벤치마크의 경우 이 비율은 15% 이내이다.

그림 2.8은 여러 다른 수의 상태 비트를 사용하는 경우 세 유형의 예측기 (지역

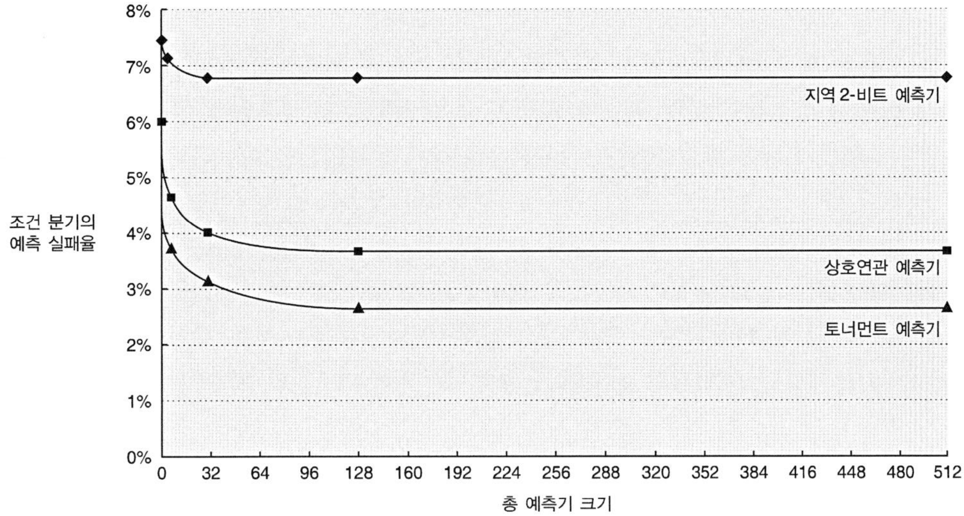

그림 2.8 SPEC89에서 총 비트 수 증가에 따른 세 가지 다른 예측기의 예측 실패율. 사용된 예측기는 먼저 지역 2-비트 예측기, 그래프의 각 점에서 전역과 지역 정보 중 최적의 정보를 사용한 구조의 상호연관 예측기, 마지막으로 토너먼트 예측기이다. 비록 이 데이터가 SPEC의 구 버전에 대한 데이터이지만 최신 SPEC 벤치마크에 대한 데이터 역시 비슷한 결과를 가질 것으로 예상되며 좀 더 큰 크기의 예측기에서 점근선에 수렴할 것으로 판단된다.

2-비트 예측기, 상호연관 예측기, 토너먼트 예측기)의 성능을 SPEC89를 벤치마크로 사용하여 보여 준다. 앞에서 보았듯이, 지역 예측기의 예측 성능은 특정 크기 이상으로는 더 이상 향상되지 않는다. 상호연관 예측기는 기본 2-비트 예측기에 비하여 월등한 성능 향상을 보여 주며 토너먼트 예측기는 추가적으로 약간의 더 나은 성능 향상을 보여 준다. 최신 SPEC 벤치마크에 대한 결과 역시 비슷할 것으로 예상되며 좀 더 큰 크기의 예측기에 도달해서 수렴하는 행동이 나타날 것으로 분석된다.

2005년에 Power5나 Pentium 4와 같은 프로세서에서 30K 비트를 사용하는 토너먼트 예측기들이 일반적으로 사용되었다. 비록 Pentium 4와 Power5 예측기가 유사하지만, 가장 첨단의 예측기는 Alpha 21264에 사용되었다. 21264의 예측기는 전역 예측기와 지역 예측기 중에서 선택하기 위해 지역 분기 주소에 의해 인덱스되는 4K 2-비트 카운터를 사용하였다. 전역 예측기 역시 4K개의 엔트리를 가지며 최근 12개의 분기 기록에 의해 인덱스되고 전역 예측기의 각 엔트리는 표준 2-비트 예측기이다.

지역 예측기는 2-단계 예측기로 구성된다. 상위 단계는 1024개의 10-비트 엔트리들로 구성된 지역 기록 표(local history table)이고 각 10-비트 엔트리는 가장 최근의 10개 분기 결과에 해당된다. 즉, 이 분기가 최근에 10번 이상 연속적으로 발생하였다면 지역 히스토리 테이블 엔트리의 값은 모두 1이 될 것이다. 만약 분기가 발생과 비 발생을 번갈아 수행하였다면 히스토리 엔트리는 0과 1로 교대로 채워지게 된다. 이러한 10-비트 기록은 최고 10개의 분기 결과를 저장하여 예측을 수행한다. 지역 기록 표로부터 선택된 엔트리가 3-비트의 포화형 카운터들로 구성된 1K 엔트리 테이블을 인덱스하게 되며 이 카운터가 지역 예측을 제공하게 된다. 이 조합은 총 29K 비트를 사용하며 분기 예측에 상당히 높은 정확성을 제공한다.

성능에 대한 효과를 알기 위해서는 예측의 정확성뿐만 아니라 분기 빈도를 알 필요가 있다. 이는 분기 빈도가 높을수록 정확한 예측의 중요성이 크기 때문이다. 예를 들어, SPEC의 정수 프로그램들은 상대적으로 예측이 쉬운 FP 프로그램에 비하여 더 높은 분기 빈도를 보여 준다. 21264의 예측기를 사용하면 SPECfp95 벤치마크는 1000개의 완료된 명령들 중 1 번 이하의 예측 실패율을 보여 주지만 SPECint95 벤치마크에서는 1000개의 완료된 명령들 중 평균 11.5개의 예측 실패를 발생시킨다. 이는 부동 소수점 프로그램의 경우 0.5% 이하의 예측 실패율과 정수 프로그램의 경우 약 14%의 예측 실패율에 해당한다.

SPEC의 최신 버전들은 더 큰 데이터 집합과 더 큰 코드 크기를 가지므로 실패율은 더 높을 것으로 예상된다. 따라서 분기 예측의 중요성은 더 증가하였다. 2.11 절에서는 SPEC2000에서 Pentium 4의 분기 예측기의 성능을 살펴본다. 비록 더 공격적인 분기 예측 기법이 사용되었지만 정수 프로그램의 예측 실패율이 여전히 높은 것을 알 수 있을 것이다.

2.4 동적 스케줄링을 통한 데이터 해저드의 극복

정적으로 스케줄되는 단순한 파이프라인에서 인출된 명령어는 파이프라인에 이미 존재하는 명령어와 사이에 바이패스(bypass)나 포워딩(forwarding)에 의해 해결하지 못하는 종속성이 존재하는 경우가 아니면 실행 장치에 이슈된다. (포워딩 회로는 데이터 종속성이 해저드를 야기하지 않도록 파이프라인의 실제 유효 지연시간을 단축시킨다.) 만약 이러한 종속성이 포워딩 회로에 의해 해결되지 않으면 해저드 감지 하드웨어는 데이터 결과를 사용하는 명령부터 시작해서 파이프라인을 멈추게 한다. 이 종속성이 해결되기 전까지는 새로운 명령어가 인출되거나 이슈되지 않는다.

이 절에서는 하드웨어가 이러한 명령어 실행을 재배열하여 이러한 멈춤 현상을 줄여 주면서 데이터의 흐름과 예외(exception) 처리를 수행하는 *동적 스케줄링*에 대하여 논의한다. 동적 스케줄링은 여러 장점들을 제공한다. 이 기법은 (예를 들어, 메모리 참조를 포함하는 경우 같이) 컴파일 시간에 종속성을 알 수 없는 경우에 유익하며 컴파일러의 작업을 단순하게 하여 준다. 아마 더 중요한 점은 이러한 기법이 프로세서로 하여금 캐시 미스와 같은 예측 불가능한 지연시간을 미스를 처리하는 동안 다른 코드를 수행하게 함으로써 견딜 수 있게 하여 준다는 점이다. 또 다른 중요한 장점은 동적 스케줄링이 한 파이프라인을 목표로 컴파일된 코드를 다른 파이프라인에서도 효율적으로 실행할 수 있게 하여 준다는 점이다. 2.6 절에서는 상당한 성능적인 장점을 가지면서 동적 스케줄링에 기반을 둔 하드웨어 예측 실행(hardware speculation) 기법에 대하여 논의할 것이다. 이러한 동적 스케줄링 기법들은 여러 장점을 가지고 있지만 하드웨어의 복잡성을 상당히 증가시키게 하는 것을 알 수 있다.

비록 동적 스케줄링 기반의 프로세서는 데이터 플로우를 변경할 수는 없지만 종속성이 존재하는 경우 파이프라인 멈춤 현상을 피하려고 노력한다. 반대로 컴파일러에 의해 스케줄되는 정적 파이프라인(2.2절 참조)은 종속적인 명령어들을 되도록 멀리 떨어뜨림으로써 이러한 스톨(stall) 현상을 최소화한다. 물론 컴파일러에 의한 파이프라인 스케줄링 역시 동적 파이프라인을 갖는 프로세서에 사용되어 질 수 있다.

동적 스케줄링: 개념

단순한 파이프라인 기법의 큰 문제점은 명령어들이 순차적으로 이슈되고 실행된다는 점이다. 명령어들은 프로그램 순서대로 이슈되고 한 명령어가 파이프라인에서 스톨되면 그 후의 명령어들은 더 이상 진행할 수 없다. 따라서 파이프라인에서 근접한 두 명령어 사이의 종속성은 해저드를 발생시켜 파이프라인을 스톨시키는 결과를 낳는다. 여러 개의 기능 장치가 존재하는 경우 이 장치들은 쉬고 있을 가능성이 있다. 명령 *j*가 현재 오랫동안 실행하고 있는 명령 *i*에 종속적인 경우, *j* 이후의 모든 명령들은 *i*가 끝나고 *j*가 실행할 수 있을 때까지 기다려야 한다. 예를 들어, 다음의 코드를 살펴보자:

```
DIV.D     F0, F2, F4
ADD.D     F10, F0, F8
SUB.D     F12, F8, F14
```

DIV.D 명령에 대한 ADD.D 명령의 종속성으로 인해 파이프라인은 스톨하고 SUB.D 명령은 실행될 수 없다. 하지만 SUB.D 명령은 파이프라인의 어떤 명령에도 종속적이지 않다. 이와 같은 해저드는 성능적인 문제점을 발생시키며 명령어들을 프로그램 순서에 따라 실행하도록 하는 요구사항을 제거함으로써 해결할 수 있다.

고전적인 5-단계 파이프라인에서 구조적 해저드와 데이터 해저드 모두 명령어 해독 (ID) 단계에서 검사할 수 있다. 명령어의 해저드가 모두 해결되고 실행할 수 있으면 ID 단계에서 이슈되어 진다.

위의 예에서 SUB.D 명령을 실행할 수 있도록 하기 위해서 이슈 과정은 구조적 해저드를 검사하는 단계와 데이터 해저드가 해결되기를 기다리는 단계의 두 단계로 분리된다. 따라서 여전히 명령어들은 프로그램 순서대로 이슈되지만 데이터 오퍼랜드가 사용가능 하자마자 명령어를 실행하고자 한다. 이와 같은 파이프라인을 *비순차적 실행(out-of-order execution)*이라 하며 이는 *비순차적 종료(out-of-order comple-*

*tion)*를 의미한다.

비순차적 실행은 5-단계의 정수 파이프라인과 이를 확장한 형태의 순차적 부동소수점 파이프라인에서는 존재하지 않는 WAR과 WAW 해저드의 가능성을 야기한다. 다음의 MIPS 부동소수점 코드를 살펴보자.

```
DIV.D     F0, F2, F4
ADD.D     F6, F0, F8
SUB.D     F8, F10, F14
MUL.D     F6, F10, F8
```

ADD.D 명령과 SUB.D 명령사이에는 반종속성(antidependence)이 존재하며 만약 파이프라인이 (DIV.D 결과를 기다리는) ADD.D 전에 SUB.D 명령을 실행한다면 이 반종속성을 위반하게 되어 WAR 해저드가 발생한다. 이와 마찬가지로 F6에 대한 MUL.D의 쓰기와 같은 출력 종속성의 위반을 피하려면 WAW 해저드 역시 해결하여야 한다. 뒤에서 설명하듯이 이와 같은 해저드는 레지스터 리네이밍(register renaming) 기법에 의해 해결된다.

비순차적 종료는 예외(exception) 처리를 복잡하게 만든다. 비순차적 종료를 갖고 있는 동적 스케줄링에서 예외 처리는 프로그램이 엄격히 순차적으로 실행되었을 때 발생하는 예외 상황만을 처리하도록 예외 상황의 행동 역시 준수하여야 한다. 동적 스케줄링을 사용하는 프로세서는 예외를 발생시킨 명령어가 실행될 것이라는 사실을 알 때까지 어떠한 명령어도 예외를 발생시키지 못하게 한다. 어떠한 방법으로 이러한 특성을 보장할 지를 곧 논의할 것이다.

비록 예외 행동이 준수되어지지만 동적 스케줄링을 사용하는 프로세서는 *부정확한 예외(imprecise exception)*를 발생시킬 수 있다. 만약 예외가 발생하였을 때 프로세서의 상태가 명령어들이 프로그램 순서대로 순차적으로 실행되었을 때와 일치하지 않는다면 예외는 *부정확(imprecise)*하다고 부른다. 부정확한 예외는 다음의 두 가지 가능성 때문에 발생한다.

1. 파이프라인은 예외를 발생시킨 명령보다 프로그램 순서가 늦은 명령들 중에서 이미 종료된 명령어들을 가질 수 있다.
2. 파이프라인은 예외를 발생시킨 명령보다 프로그램 순서가 빠른 명령들 중에서 아직 완료되지 않은 명령어들을 가질 수 있다.

부정확한 예외는 예외 발생 후 재실행을 어렵게 만든다. 이 문제에 대한 해결 방안은 예측 실행 기법을 설명하는 2.6절에서 논의할 것이다. 부동 소수점 예외의 경우, 다른 방법이 사용될 수 있으며 부록 J에서 논의한다.

명령어 인출 단계는 이슈 단계 앞에 있으며 명령어를 인출하여 명령어 레지스터 또는 대기 명령어 큐에 저장하고 이 후 명령어들은 이 레지스터나 큐에서 이슈되어진다. 기존의 5-단계 파이프라인에서와 같이 명령어는 이슈 후 오퍼랜드 읽기 단계, EX 단계를 차례로 지나가게 된다. 실행은 연산 종류에 따라 여러 사이클이 걸릴 수 있다.

명령어는 *실행 시작*과 *실행 종료*의 두 시점을 구분하며 두 시점 사이에 명령어는 *실행*된다. 파이프라인에서 다수의 명령어들이 동시에 실행될 수 있다. 이 기능 없이는 동적 스케줄링의 장점을 살리기는 어렵다. 여러 명령을 동시에 실행하기 위해서는 다수의 기능 장치나 파이프라인 형태의 기능 장치, 또는 두 가지 모두를 요구한다. 파이프라인된 기능 장치나 다수의 기능 장치는 파이프라인 제어 입장에서 실질적으로 동등하므로 프로세서가 다수의 기능 장치를 가진다고 가정하자.

동적 스케줄링을 사용하는 파이프라인에서 모든 명령어들은 이슈 단계까지는 프로그램 순서대로 (순차적 이슈) 지나가지만 오퍼랜드 읽기 단계에서는 스톨되거나 다른 명령어를 앞지를 수 있으며 따라서 비순차적으로 실행될 수 있다. *스코어보딩(scoreboarding)*은 충분한 자원이 존재하고 데이터 종속성이 없는 경우 명령어들이 비순차적으로 실행되도록 하는 기술로써 이 기술이 개발된 CDC6600의 스코어보드의 이름을 따라 명명되었고 이에 대해서는 부록 A에서 논의할 것이다. 이 절에서는 스코어보딩을 여러 측면에서 개선한 *토마줄로(Tomasulo) 알고리즘*이라 불리는 보다 수준 높은 기법에 대하여 논의한다.

토마줄로 알고리즘을 사용한 동적 스케줄링

IBM 360/91의 부동 소수점 장치는 비순차적 실행을 가능하게 하는 매우 발전된 기법을 사용하였다. Robert Tomasulo에 의해 발명된 이 방법은 RAW 해저드를 최소화하기 위해 오퍼랜드가 언제 사용가능한지 점검하고, WAW와 WAR 해저드를 최소화하기 위해 레지스터 리네이밍(register renaming) 기법을 도입하였다. 이 방법은 현재 다양한 형태로 변형되어 최신 프로세서에서 사용되어지고 있지만 다음과 같은 공통적인 두 가지 특성을 가지고 있다. 첫째로 오퍼랜드가 사용 가능하자마자 실행을 할 수 있게 하기 위해 명령어 종속성을 수시로 점검하고, 둘째로 WAR과 WAW 해저드를 피하기 위해 레지스터 리네이밍 기법을 사용한다.

IBM은 최상급 프로세서를 위한 특수 컴파일러보다는 전체 360 컴퓨터 시리즈를 위해 설계된 컴파일러와 명령어 집합으로부터 고성능의 부동 소수점 연산 성능을 달성하는 것을 목표로 하였다. 360 아키텍처는 단 4개의 부동 소수점 레지스터를 갖고 있었는데 이는 컴파일러의 스케줄링 효과를 상당히 제한하였으며 이는 토마줄로 기법의 또 다른 동기가 되었다. 또한, 토마줄로 알고리즘은 IBM 360/91의 긴 메모리 액세스 지연시간과 부동 소수점 연산 지연시간을 해결하도록 설계되었다. 또한 이 절의 마지막 부분에서 살펴보듯이 토마줄로 알고리즘은 루프의 여러 반복을 중첩하여 병렬로 실행하는 것을 지원한다.

이 절에서는 MIPS 명령어 집합을 사용하여 부동 소수점 장치와 로드-스토어 장치에 중점을 두어 토마줄로 알고리즘을 설명한다. 360과 MIPS의 차이점은 360 아키텍처에서는 레지스터-메모리 명령어들이 존재한다는 것이다. 토마줄로 알고리즘은 이미 로드 장치를 사용하므로 레지스터-메모리 주소지정 모드를 추가하기 위해 특별한 변경을 필요로 하지 않는다. 또한 360/91은 여러 개의 기능 장치 대신 파이프라인된 기능 장치를 사용하였지만 마치 여러 기능 장치를 사용한 것처럼 알고리즘을 설명할 것이다. 이러한 기능 장치들을 파이프라인하는 것은 개념적으로 단순한 확장에 불과하다.

뒤에서 살펴보듯이 RAW 해저드는 오퍼랜드가 사용 가능하자마자 명령어를 실행하는 방법으로 피할 수 있다. 반면에 WAR와 WAW 해저드는 이름 종속성에 의해 발생하며 레지스터 리네이밍 기법에 의해 제거된다. *레지스터 리네이밍* 기법은 비록 쓰기의 순서가 바뀌더라도 명령어의 실행 결과에 영향을 주지 않도록 하기 위해 모든 출력 레지스터의 이름을 바꿈으로써 이러한 해저드를 제거한다.

어떻게 레지스터 리네이밍이 WAR와 WAW 해저드를 제거하는 지를 이해하기 위해 WAR와 WAW 해저드를 모두 내포한 다음의 코드를 살펴보자.

```
DIV.D     F0, F2, F4
ADD.D     F6,F0,F8
S.D       F6,0(R1)
SUB.D     F8,F10,F14
MUL.D     F6,F10,F8
```

ADD.D와 SUB.D 사이에 반종속성이 존재하고 ADD.D와 MUL.D 사이에는 출력 종속성이 존재하므로 다음의 두 가지의 해저드가 발생할 수 있다. 즉, ADD.D에 의해 F8이 사용되는 경우 WAR 해저드가 발생하고 ADD.D가 MUL.D보다 늦게 종료되는 경우에 WAW 해저드가 발생할 수 있다. 또한 DIV.D와 ADD.D, SUB.D와 MUL.D, ADD.D와 S.D 사이에 세 개의 참 데이터 종속성이 존재한다.

위의 두 이름 종속성은 레지스터 리네이밍에 의해 모두 제거될 수 있다. 설명을 간단히 하기 위해 두 개의 임시 레지스터 S와 T를 가정하자. S와 T를 사용하면, 위의 코드는 종속성 없이 다음과 같은 코드로 재작성할 수 있다.

```
DIV.D     F0, F2, F4
ADD.D     S,F0,F8
S.D       S,0(R1)
SUB.D     T,F10,F14
MUL.D     F6,F10,T
```

추가적으로, 추후의 F8 사용은 모두 레지스터 T로 대체되어야 한다. 이 코드에서 리네이밍 과정은 컴파일러에 의해 정적으로 수행될 수 있다. 하지만 뒤따르는 코드에서 F8의 사용을 찾는 것은 위의 코드와 후의 F8 사용 중간에 분기 명령들이 존재할 수 있기 때문에 상당한 수준의 컴파일러나 하드웨어 지원을 요구할는지 모른다. 뒤에서 살펴보듯이 토마줄로 알고리즘은 분기가 존재하는 상황에서도 리네이밍을 처리할 수 있다.

토마줄로 기법에서 레지스터 리네이밍은 이슈를 기다리는 명령들의 오퍼랜드를 저장하는 버퍼인 *예약 스테이션(reservation station)*에 의해 제공된다. 예약 스테이션의 기본 아이디어는 오퍼랜드가 사용 가능하자마자 버퍼에 저장함으로써 후에 레지스터로부터 오퍼랜드를 읽어 들일 필요성을 제거하는 것이다. 추가적으로 대기 중인 명령어는 입력을 제공할 예약 스테이션을 명시하게 된다. 최종적으로 레지스터에 대한 쓰기가 연속적으로 중첩되는 경우 최후의 쓰기만이 실제로 레지스터를 갱신한다. 명령어가 이슈되면서 대기 중인 오퍼랜드에 해당하는 레지스터 번호는 레지스터 리네이밍 기능을 제공하는 예약 스테이션의 이름으로 변경된다.

실제 레지스터의 수보다 더 많은 예약 스테이션이 존재할 수 있기 때문에, 이 기술은 컴파일러에 의해 제거될 수 없는 이름 종속성에 의해 발생하는 해저드까지도 제거할 수 있다. 토마줄로 기법의 요소들을 살펴보면서 레지스터 리네이밍에 대하여 다시 토론할 것이며 이를 통해 어떻게 리네이밍이 발생하며 어떻게 WAR와 WAW 해저드를 제거하는 지를 살펴볼 것이다.

중앙 집중식의 레지스터 파일 대신에 예약 스테이션을 사용하는 것은 다음과 같은 두 가지 중요한 특성을 낳게 한다. 첫째로, 해저드 감지와 실행 제어가 분산된다. 각 기능 장치에 부착된 예약 스테이션의 정보가 명령이 그 장치에서 언제 실행을 시작할 수 있는지를 결정한다. 둘째로, 결과 값들은 레지스터를 통해 전달되는 대신에 결과 값들을 저장하고 있는 예약 스테이션에서 바로 기능 장치로 직접 전달되어진다. 이러한 바이패스는 공통 결과 버스를 통해서 이루어지는데 이 버스는 오퍼랜드를 대기하고 있는 모든 장치가 동시에 값을 로드할 수 있게 하여 준다. (360/91에서 이 버스는 *공통 데이터 버스*(*common data bus*, 또는 CDB)라 불린다.) 여러 개의 실행 장치와 클록당 여러 명령어를 이슈하는 파이프라인에서는 대게 하나 이상의 결과 버스를 사용한다.

그림 2.9는 부동 소수점 장치와 로드-스토어 장치를 갖고 있는 토마줄로 기법 기반의 프로세서의 기본 구조를 보여 준다. 각 예약 스테이션은 이슈된 후 기능 장치에서의 실행을 대기하고 있는 명령어와 이미 계산을 마친 오퍼랜드 값 또는 오퍼랜드 값을 제공할 예약 스테이션의 이름을 저장한다.

로드 버퍼와 스토어 버퍼는 메모리로 오가는 데이터와 주소를 저장하며 예약 스테이션과 동일한 기능을 수행하므로 필요한 경우를 제외하고는 예약 스테이션과 구별하지 않는다. 부동 소수점 레지스터는 한 쌍의 버스를 통해 기능 장치에 연결되며

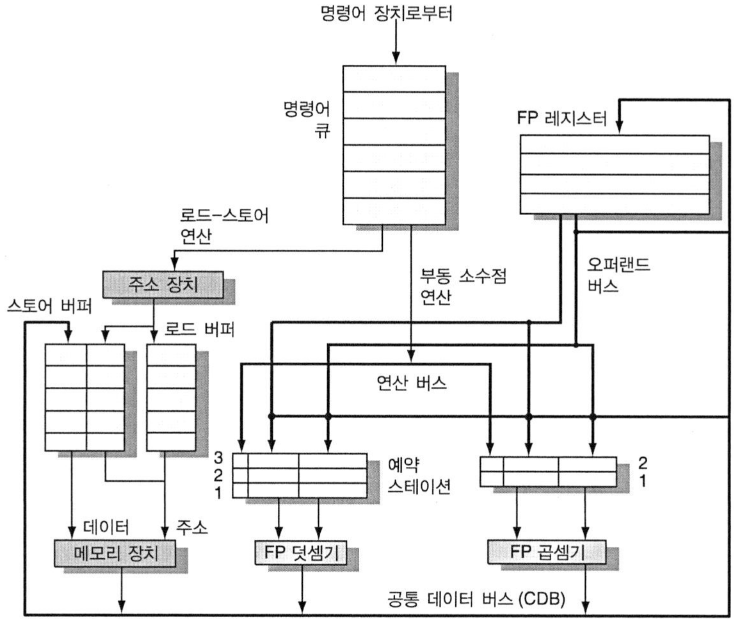

그림 2.9 토마줄로 알고리즘을 사용한 MIPS 부동 소수점 장치의 기본 구조. 명령어들은 명령어 장치로부터 명령어 큐로 보내지며 여기서 FIFO 순서로 이슈된다. 예약 스테이션에는 명령어와 실제 오퍼랜드뿐만 아니라 해저드 감지와 해결을 위한 정보가 포함된다. 로드 버퍼는 다음의 세 가지 기능을 갖고 있다. 계산이 끝날 때까지 유효주소의 구성 요소를 저장하고, 메모리에서 대기 중인 진행되고 있는 로드를 추적하며, CDB를 감시하며 대기하다가 완료된 로드 결과를 저장한다. 이와 유사하게, 스토어 버퍼는 다음의 세 가지 기능을 갖는다. 계산이 끝날 때까지 유효주소의 구성 요소를 저장하고, 저장할 데이터 값을 기다리며 현재 진행 중인 스토어의 메모리 주소를 관리하고, 메모리 장치가 사용가능할 때까지 주소와 저장할 값을 저장한다. FP 장치나 로드 장치로부터의 모든 결과는 CDB에 놓이게 되며 이로부터 FP 레지스터 파일 또는 예약 스테이션이나 스토어 버퍼에 보내진다. FP 가산기는 덧셈과 뺄셈을 구현하고 FP 곱셈기는 곱셈과 나눗셈을 수행한다.

단일 버스를 통해 스토어 버퍼에 연결된다. 기능 장치와 메모리로부터의 모든 결과는 공통 데이터 버스에 보내져서 이로부터 로드 버퍼를 제외한 모든 곳에 이동된다. 모든 예약 스테이션은 파이프라인 제어 장치가 관리하는 태그 정보를 갖고 있다.

예약 스테이션과 알고리즘을 자세히 설명하기 전에 명령어가 진행하는 과정을 살펴보자. 비록 각 단계의 진행에 임의의 사이클이 걸릴 수 있지만 이 과정은 세 단계로 구성된다.

1. 이슈(Issue) – 올바른 데이터 플로우를 보장하기 위해 FIFO 순서로 관리되는 명령어 큐로부터 맨 앞의 다음 명령어를 가져 온다. 만약 빈 예약 스테이션이 존재하면, 오퍼랜드가 레지스터에 현재 존재하는 경우 오퍼랜드 값을 읽어 명령어와 함께 그 스테이션으로 이슈한다. 빈 예약 스테이션이 존재하지 않는 경우에는 구조적 해저드가 발생하며 명령어는 예약 스테이션이나 버퍼가 사용가능할 때까지 스톨된다. 오퍼랜드가 레지스터에 존재하지 않는 경우, 오퍼랜드를 산출할 기능 장치를 추적한다. 이 단계는 레지스터 리네이밍을 수행하며 WAR와 WAW 해저드

를 제거한다. (이는 동적 스케줄된 프로세서에서 때로 *디스패치 단계(dispatch)*라 불리기도 한다.)

2. 실행(Execute) – 만약 하나 이상의 오퍼랜드가 아직 사용가능하지 않은 경우, 계산이 끝날 때까지 공통 데이터 버스를 감시한다. 한 오퍼랜드가 사용가능해지면 이 오퍼랜드를 기다리는 모든 예약 스테이션에 보내지며, 모든 오퍼랜드가 사용가능해지면 해당하는 기능 장치는 연산을 수행할 수 있다. 오퍼랜드가 사용 가능할 때까지 실행을 지연시킴으로써 RAW 해저드를 피할 수 있다. (동적 스케줄링을 사용하는 일부 프로세서는 이를 "이슈" 단계라 부르기도 하지만, 이 책에서는 최초의 동적 프로세서인 CDC6600에서 사용되었던 "실행"이란 이름을 사용한다.)

   같은 기능 장치에서 여러 명령어가 같은 클록 사이클에 동시에 실행할 준비가 될 수 있다는 사실을 주목하라. 비록 독립적인 기능 장치들은 다른 명령어에 대하여 같은 클록 사이클에서 실행을 시작할 수 있지만, 한 기능 장치는 여러 명령어가 준비가 된 경우 하나의 명령어를 선택하여야 한다. 부동 소수점 연산 장치의 경우 일반적으로 이러한 선택은 임의적이지만, 로드나 스토어와 같은 명령어는 좀 더 복잡한 과정을 요구한다.

   로드와 스토어는 두 단계의 실행 과정을 거친다. 첫 단계는 베이스 레지스터가 사용가능해지면 유효 주소를 계산하고 이 유효 주소가 로드나 스토어 버퍼에 저장된다. 로드 버퍼에 있는 로드는 메모리 장치가 사용가능해지면 바로 실행된다. 스토어 버퍼에 있는 스토어는 메모리 장치에 보내어지기 전에 저장할 값이 버퍼에 저장될 때까지 기다려야 한다. 로드와 스토어는 유효 주소 계산 과정을 통해 프로그램 순서로 유지되며 뒤에서 곧 논의하듯이 이 과정을 통해 메모리로부터 발생하는 해저드를 방지하게 된다.

   예외 상황 발생 시에 올바른 프로그램 결과를 유지하기 위해서 모든 명령어는 프로그램 순서상으로 그 이전에 오는 모든 분기 명령들이 완료할 때까지 실행을 시작해서는 안 된다. 이러한 제한 사항은 예외 상황을 야기하는 모든 명령어가 실제로 모두 실행되어져야 할 명령어임을 보장한다. (모든 동적 스케줄링을 사용하는 프로세서에서 사용하듯이) 분기 예측을 사용하는 프로세서에서 이는 프로세서가 명령어를 실행하기 전에 이전 분기 명령에 대한 예측이 정확했다는 것을 알고 있어야 함을 의미한다. 만약 프로세서가 예외 상황을 기록만 하고 실제로 발생시키지 않는다면 명령어는 결과 쓰기 단계(Write Result) 전까지는 스톨하지 않고 실행을 시작할 수 있다.

   뒤에서 살펴보듯이 예측 실행(speculation)을 통해 예외 상황을 보다 융통성 있고 완벽하게 처리할 수 있으므로 이러한 개선 방안에 대한 논의는 뒤에서 다시 논의하기로 하자.

3. 결과 쓰기(Write result) – 결과 값이 나오면 CDB에 먼저 쓰게 되며 이로부터 레지스터와 이 결과 값을 기다리는 (스토어 버퍼를 포함한) 예약 스테이션으로 복사되게 된다. 스토어는 저장될 값과 스토어 주소가 모두 계산될 때까지 스토어 버퍼에 버퍼링된 후 메모리 장치가 사용 가능해지면 결과 값을 메모리에 저장한다.

해저드를 감지하고 제거하는 데이터 구조들은 예약 스테이션과 레지스터 파일, 스토어 버퍼 등에 부착되어 있으며 각 객체에 따라 저장되는 정보는 약간의 차이가 있다. 이러한 태그들은 실제로는 리네이밍에 사용되는 가상 레지스터들에 대한 이름 역할을 수행한다. 이 예제에서 태그 정보는 4-비트로 표현되며 5개 예약 스테이션 또는 5개의 로드 버퍼 중 하나를 표시한다. 뒤에서 살펴보듯이, 이는 (360 아키텍처가 포함하는 4개의 2배 정밀도 레지스터와는 달리) 결과 레지스터로 표시될 수 있는 10개 레지스터와 동일한 결과를 생성한다. 더 많은 실제 레지스터를 갖는 프로세서의 경우, 리네이밍이 더 많은 수의 가상 레지스터를 제공하여야 할 것이다. 태그 정보는 어떤 예약 스테이션이 소스 오퍼랜드로 필요한 결과를 생성할 명령어를 포함하고 있는 가를 명시한다.

명령어가 이슈된 다음 소스 오퍼랜드를 기다리는 동안 이 오퍼랜드는 결과 값을 생성할 명령어가 할당된 예약 스테이션 번호에 의해 표시된다. 0과 같이 사용되지 않는 값들은 레지스터에 이미 결과 값이 이용 가능하다는 것을 표시한다. 실제의 레지스터 숫자보다 더 많은 수의 예약 스테이션이 존재하기 때문에 예약 스테이션 번호를 사용한 리네이밍에 의해 WAW와 WAR 해저드는 제거되어 진다. 비록 토마줄로 알고리즘에서 예약 스테이션이 확장된 가상 레지스터로 사용되어지지만, 다른 기법들은 추가적인 레지스터를 갖는 레지스터 집합을 사용하거나 2.6절에서 살펴보듯이 재정렬 버퍼(reorder buffer)와 같은 구조를 사용하기도 한다.

뒤에서 살펴볼 예측 실행 기법을 사용하는 여러 방법들과 마찬가지로 토마줄로 기법에서 결과 값들은 버스(CDB)에 브로드캐스트되며 이는 예약 스테이션에 의해 감시되어진다. 이와 같이 공통의 결과 버스와 예약 스테이션에 의한 버스로부터의 결과 검색은 정적 스케줄링을 사용하는 파이프라인의 포워딩과 바이패스 메커니즘을 구현한다. 하지만 동적 스케줄링을 사용하는 파이프라인에서는 결과 값과 소스와의 일치 여부 검사가 결과 쓰기(Write Result) 단계에서야 가능하기 때문에 소스와 결과 출력 사이에 한 사이클의 지연시간이 추가된다. 따라서 동적 스케줄된 파이프라인에서 결과 값을 생성하는 명령과 이를 소비하는 명령사이의 실질적인 지연시간은 결과 값을 생성하는 기능 장치의 지연시간보다 적어도 한 사이클 길다.

이 기법의 동작을 설명하면서 새로운 용어를 사용하는 것 대신 CDC 스코어보드 기법(부록 A)으로부터의 용어를 사용하였고 IBM 360/91의 용어를 역사적인 참고로 표시하였다. 토마줄로 기법에서 태그는 결과 값을 생성할 버퍼나 장치를 표시함을 기억하라. 명령어가 예약 스테이션에 이슈된 후, 레지스터 명은 더 이상 사용되지 않는다.

각 예약 스테이션은 다음의 7개의 항목을 갖고 있다.

- Op – 소스 오퍼랜드 S1과 S2에 수행될 연산
- Qj, Qk – 각각의 소스 오퍼랜드를 생성할 예약 스테이션; 0의 값은 소스 오퍼랜드가 Vj 또는 Vk에 이미 사용가능 하거나 불필요한 데이터임을 표시한다. (IBM 360/91에서 이들은 SINK 장치와 SOURCE 장치로 불린다.)
- Vj, Vk – 소스 오퍼랜드의 값들. 각 오퍼랜드에 대하여 V 항목과 Q 항목 중 단 한 값만 유효함을 주목하라. 로드의 경우 Vk 항목은 오프셋의 값을 저장하는 데 사용된다. (IBM 360/91에서 이 항목들은 SOURCE와 SINK로 불린다.)
- A – 로드나 스토어에 대한 메모리 주소 계산에 필요한 정보를 저장하는 데 사용된다. 초기에는 명령어의 Immediate 값이 저장되나 주소 계산 후에는 유효 주소가 저장된다.
- Busy – 이 예약 스테이션과 부속적인 기능 장치들이 사용 중임을 표시한다.

레지스터 파일은 항목 Qi를 갖는다.

- Qi – 이 레지스터에 결과 값이 저장되어져야 하는 연산을 갖고 있는 예약 스테이션의 번호. 만약 Qi의 값이 비어 있다면 (또는 0이라면), 현재 진행 중인 어떠한 명령도 이 레지스터에 결과를 산출할 목적으로 계산중에 있지 않다는 것을 의미한다. 즉, 레지스터의 내용이 바로 결과 값임을 의미한다.

로드와 스토어 버퍼는 각각 항목 A를 관리하며 이는 실행의 첫 단계가 끝난 후 유효주소를 갖고 있다.

다음 절에서는 이러한 동작 원리를 보여 주는 몇 가지 예를 먼저 살펴본 후, 상세한 알고리즘을 상세히 논의할 것이다.

2.5 동적 스케줄링: 예제와 알고리즘

토마줄로 알고리즘을 상세히 살펴보기 전에, 알고리즘의 동작 원리를 예시하는 몇 가지 예제를 먼저 살펴보자.

토마줄로 알고리즘은 기존의 단순한 기법들에 비하여 (1) 해저드 탐지 회로의 분산과 (2) WAW와 WAR 해저드에 따른 스톨 문제 해결이라는 두 가지 장점을 제공한다.

예제 아래 코드에서 첫 번째 명령이 완료되어 결과를 갱신한 후 정보 표의 상태를 보이시오.

```
1.    L.D       F6, 32(R2)
2.    L.D       F2, 44(R3)
3.    MUL.D     F0, F2, F4
4.    SUB.D     F8, F2, F6
5.    DIV.D     F10, F0, F6
6.    ADD.D     F6, F8, F2
```

해답 그림 2.10은 결과를 세 표로 보여 준다. add, mult, load 명령에 추가된 숫자들은 예약 스테이션의 태그를 뜻한다. 즉, Add1은 첫 번째 가산기로부터의 결과에 대한 태그이다. 명령어 상태 표는 알고리즘의 이해를 돕기 위해 포함된 표로서 실제 하드웨어의 일부분은 아니다. 대신, 예약 스테이션이 이슈된 각 연산의 상태를 기록한다.

첫 번째 장점은 분산된 예약 스테이션과 공통 데이터 버스(CDB, Common Data Bus)의 사용에 기인한다. 여러 명령들이 다른 오퍼랜드는 이미 보유하면서 하나의 결과를 함께 기다리는 경우, CDB에 이 결과를 브로드캐스트함으로써 명령어들이 동시에 해방될 수 있다. CDB 대신 중앙의 레지스터 파일을 사용한다면 장치들은 레지스터 버스가 사용가능할 때를 기다려서 레지스터로부터 결과를 읽어 들여야 했을 것이다.

두 번째 장점은 WAW와 WAR 해저드를 제거하는 것으로 예약 스테이션을 통해 레지스터의 이름을 변경하고 결과 값이 산출되자마자 예약 스테이션에 저장함으로써 달성한다.

예를 들어, 그림 2.10의 코드는 F6과 관련된 WAR 해저드가 있음에도 불구하고 DIV.D 명령과 ADD.D 명령을 이슈한다. 이 해저드는 다음의 두 가지 중 한 가지 방법으로 제거된다. 첫째, DIV.D 명령에 결과를 제공하는 명령이 완료된 경우, Vk는 결과를 저장하게 되고 이는 DIV.D 명령이 (예제에서와 같이) ADD.D 명령에 상관없이 실행할 수 있도록 해 준다. 반면에, LD.D 명령이 완료하지 않은 경우, Qk는 Load1 예약 스테이션을 가리킬 것이고 이 경우 역시 DIV.D 명령은 마찬가지로 ADD.D 명령과는 무관하게 된다. 따라서 두 경우 모두 ADD.D 명령은 이슈되어 실행될 수 있다. DIV.D의 결과를 사용하고자 하는 명령은 예약 스테이션을 가리키게 될 것이고 따라서 ADD.D 명령은 DIV.D 명령에 영향을 주지 않고 완료되어 결과 값을 레지스터에 저장할 수 있다.

WAW 해저드를 제거하는 예는 다음에 살펴보기로 하고 먼저 이 예제가 어떻게 실행되는지 살펴보자. 이 예제를 포함하여 이후의 예제에서 본 장은 다음의 지연시간을 가정한다. Load는 1 사이클, add는 2 사이클, multiply는 6 사이클, divide는 12 클록 사이클이 소요된다.

명령어		명령어 상태 이슈	실행	결과 쓰기
L.D	F6,32(R2)	√	√	√
L.D	F2,44(R3)	√	√	
MUL.D	F0,F2,F4	√		
SUB.D	F8,F2,F6	√		
DIV.D	F10,F0,F6	√		
ADD.D	F6,F8,F2	√		

예약 스테이션							
이름	Busy	Op	Vj	Vk	Qj	Qk	A
Load1	아니오						
Load2	예	Load					45 + Regs[R3]
Add1	예	SUB		Mem[34 + Regs[R2]]	Load2		
Add2	예	ADD			Add1	Load2	
Add3	아니오						
Mult1	예	MUL		Regs[F4]	Load2		
Mult2	예	DIV		Mem[34 + Regs[R2]]	Mult1		

레지스터 상태									
항목	F0	F2	F4	F6	F8	F10	F12	...	F30
Qi	Mult1	Load2		Add2	Add1	Mult2			

그림 2.10 명령들이 모두 이슈되고 첫 번째 load 명령만이 완료되어 결과를 CDB에 쓴 상태에서의 예약 스테이션과 레지스터의 태그 상태. 두 번째 로드 명령은 유효주소 계산을 완료하고 메모리 장치로부터의 결과를 대기하고 있다. 배열 Reg[]는 레지스터 파일을 Mem[]는 메모리를 지칭한다. 오퍼랜드는 Q 또는 V 항목에 의해 명시된다. WB 단계에서 WAR 해저드를 갖는 ADD.D 명령이 이슈되어 DIV.D 명령이 시작하기 전에 완료할 수 있는 것에 주목하라.

예제 이전 예제에서와 같은 코드를 사용하여 MUL.D 명령이 결과를 쓸 준비가 되어있을 때 상태 표를 보이시오.

해답 그림 2.11은 결과를 세 표로 보여 준다. DIV.D의 오퍼랜드를 복사함으로써 WAR 해저드를 해결하므로 ADD.D 명령은 완료될 수 있다. F6의 로드는 지연될지라도 WAW 해저드를 발생시키지 않고 F6로의 add가 실행될 수 있는 것에 주목하라.

토마줄로 알고리즘의 자세한 설명

그림 2.12는 각 명령이 거쳐야 할 점검 과정과 단계들을 보여 준다. 앞에서도 언급하였듯이 load와 store는 독립적인 load 또는 store 버퍼로 진행하기 전에 유효 주소 계산을 위한 장치를 거친다. load는 메모리를 액세스하는 두 번째 실행 단계를 거쳐

명령어		명령어 상태		
		이슈	실행	결과 쓰기
L.D	F6,32(R2)	√	√	√
L.D	F2,44(R3)	√	√	√
MUL.D	F0,F2,F4	√	√	
SUB.D	F8,F2,F6	√	√	√
DIV.D	F10,F0,F6	√		
ADD.D	F6,F8,F2	√	√	√

이름	예약 스테이션						
	Busy	Op	Vj	Vk	Qj	Qk	A
Load1	아니오						
Load2	아니오						
Add1	아니오						
Add2	아니오						
Add3	아니오						
Mult1	예	MUL	Men[45 + Regs[R3]]	Regs[F4]			
Mult2	예	DIV		Mem[34 + Regs[R2]]	Mult1		

항목	레지스터 상태							
	F0	F2	F4	F6	F8	F10	F12	...	F30
Qi	Mult1					Mult2			

그림 2.11 완료되지 않은 유일한 명령은 multiply와 divide이다.

서 메모리로부터의 결과를 레지스터 파일과 대기 중인 예약 스테이션에 보내는 Write Result의 단계로 진입한다. store는 Write Result 단계에서 결과를 메모리에 씀으로써 실행을 완료한다. 목적지가 레지스터이건 메모리이건 모든 쓰기는 Write Result 단계에서 발생한다. 이와 같은 제한사항은 토마줄로 알고리즘을 단순하게 하며 2.6절에서 논의할 예측 실행으로의 확장에도 중요한 역할을 수행한다.

Tomasulo 알고리즘: 루프 예제

실행 시간에 레지스터 개명을 통해 WAW와 WAR 해저드를 제거하는 것을 이해하려면 루프의 예를 살펴보아야 한다. 배열의 각 원소에 F2에 있는 스칼라 값을 곱하는 다음의 간단한 코드 예제를 살펴보자.

```
Loop:   L.D     F0,0(R1)
        MUL.D   F4,F0,F2
```

명령어 상태	대기조건	작업

Issue
FP 연산
	Station r이 비워 있을 때	if (RegisterStat[rs].Qi≠0)
		{RS[r].Qj ← RegisterStat[rs].Qi}
		else {RS[r].Vj ← Regs[rs]; RS[r].Qj ← 0};
		if (RegisterStat[rt].Qi≠0)
		{RS[r].Qk ← RegisterStat[rt].Qi
		else {RS[r].Vk ← Regs[rt]; RS[r].Qk ← 0};
		RS[r].Busy ← yes; RegisterStat[rd].Q ← r;

Load 또는 store	Buffer r이 비워 있을 때	if (RegisterStat[rs].Qi≠0) {RS[r].Qj ← RegisterStat[rs].Qi} else {RS[r].Vj ← Regs[rs]; RS[r].Qj ← 0}; RS[r].A ← imm; RS[r].Busy ← yes;
Load only		RegisterStat[rt].Qi ← r;
Store only		if (RegisterStat[rt].Qi≠0) {RS[r].Qk ← RegisterStat[rs].Qi} else {RS[r].Vk ← Regs[rt]; RS[r].Qk ← 0};
Execute FP 연산	(RS[r].Qj = 0) and (RS[r].Qk = 0)	결과 계산: 오퍼랜드 Vj와 Vk에 있다.
Load-store 1단계	RS[r].Qj = 0 W & r이 load-store 큐의 맨 앞에 있을 때	RS[r].A ← RS[r].Vj + RS{r}.A;
Load 2단계	Load 1단계가 완료될 때	Mem[RS[r].A]로부터 읽는다.
Write Result FP 연산 또는 load	실행이 r에서 완료될 때 CDB가 이용 가능할 때	∀x(if (RegisterStat[x].Qi=r) {Regs[x] ← result; RegisterStat[x].Qi ← 0}); ∀x(if (RS[x].Qj=r) {RS[x].Vj ← result;RS[x].Qj ← 0}); ∀x(if (RS[x].Qk=r) {RS[x].Vk ← result;RS[x].Qk ← 0}); RS[r].Busy ← no;
Store	실행이 r에서 완료될 때 & RS[r].Qk = 0	Mem[RS[r].A] ← RS[r].Vk; RS[r].Busy ← no;

그림 2.12 알고리즘의 각 단계 별 수행 작업. 이슈되는 명령에서 rd는 목적 레지스터 번호, rs와 rt는 소스 레지스터 번호, imm은 부호가 확장된 immediate 항목, r은 예약 스테이션이나 명령어가 할당된 버퍼를 지칭한다. RS는 예약 스테이션의 데이터 구조이다. FP 장치나 load 장치에 의해 전달되는 값은 result라 부른다. RegisterStat는 레지스터 상태(레지스터 파일과는 다르며 레지스터 파일은 Regs[]로 표시)를 나타내는 데이터 구조이다. 명령어가 이슈될 때, 출력 레지스터를 가리키는 Qi 항목은 명령어가 이슈된 버퍼나 예약 스테이션을 가리키도록 지정된다. 오퍼랜드가 레지스터로부터 읽어 들일 수 있는 경우에는 V 항목에 저장된다. 그 밖의 경우에 Q 항목은 입력 오퍼랜드를 제공할 예약 스테이션을 나타낸다. 명령은 Q 항목들이 0이 되는 상태, 즉, 두 오퍼랜드가 모두 사용가능한 상태가 될 때까지 예약 스테이션에서 대기한다. Q의 값은 이 명령이 이슈되거나 이 명령이 기다리고 있는 명령이 완료되어 결과를 저장할 때 0으로 바뀐다. 명령이 실행을 마치고 CDB가 사용가능할 때 명령은 결과를 저장할 수 있다. 완료된 명령의 결과를 기다리는 모든 버퍼와 레지스터, 예약 스테이션의 엔트리들은 CDB로부터 값을 갱신하고 Q 항목의 상태를 수정한다. 따라서 CDB는 결과 값을 여러 목적지에 한 사이클에 브로드캐스트할 수 있고 이 오퍼랜드를 기다리던 모든 명령은 다음 클록 사이클에 실행을 수행할 수 있다. load는 Execute 단계에서 두 단계로 실행되는 반면, store는 Write Result 단계에서 좀 다르게 수행되는데 값이 저장될 때까지 기다릴 수도 있다. 예외 상황에서 올바른 실행 결과를 갖기 위해서 명령들은 이전 분기 명령이 아직 완료되지 않은 경우에는 실행되어서는 안 된다. 왜냐하면 이슈 단계를 지나서는 프로그램 순서의 개념이 더 이상 만족되지 않기 때문이다. 이와 같은 제한 사항은 아직 처리되지 않은 분기 명령이 파이프라인에 남아 있는 한, 명령이 이슈 단계를 벗어나지 않도록 제한함으로써 구현된다. 2.6절에서는 예측 실행(speculation)을 통해 어떻게 이런 제한 사항을 해결할 수 있는지를 살펴볼 것이다.

```
S.D        F4,0(R1)
DADDIU     R1,R1,-8
BNE        R1,R2,Loop; R1≠R2이면 분기
```

분기가 발생할 것으로 예측하는 경우, 예약 스테이션을 사용하여 위 루프의 각 반복이 동시에 진행하도록 할 수 있다. 이러한 장점은 코드 변경 없이 가능하다. 실제로 이 루프는 하드웨어에 의해 예약 스테이션에서 레지스터 개명을 통해 추가적인 레지스터를 생성함으로써 동적으로 언롤되어 진다.

다음의 상황을 가정하여 보자. 루프의 두 연속적인 반복에 속한 모든 명령어를 이슈하였고 하지만 부동소수점 로드/스토어나 부동 소수점 연산은 아직 완료되지 않았다고 가정하자. 그림 2.13은 이 순간의 예약 스테이션과 레지스터 상태 표, 로드

명령어		명령어 상태			
		반복(iteration)	이슈	실행	결과 쓰기
L.D	F0,0(R1)	1	√	√	
MUL.D	F4,F0,F2	1	√		
S.D	F4,0(R1)	1	√		
L.D	F0,0(R1)	2	√	√	
MUL.D	F4,F0,F2	2	√		
S.D	F4,0(R1)	2	√		

이름	예약 스테이션						
	Busy	Op	Vj	Vk	Qj	Qk	A
Load1	예	Load					Regs[R1]+0
Load2	예	Load					Regs[R1]−8
Add1	아니오						
Add2	아니오						
Add3	아니오						
Mult1	예	MUL		Regs[F2]	Load1		
Mult2	예	MUL		Regs[F2]	Load2		
Store1	예	Store	Regs[R1]			Mult1	
Store2	예	Store	Regs[R1]−8			Mult2	

항목	레지스터 상태								
	F0	F2	F4	F6	F8	F10	F12	...	F30
Qi	Load2		Mult2						

그림 2.13 아직 하나의 명령도 완료되지 않고 루프의 두 반복이 실행 중인 상태. 곱셈기 예약 스테이션에 있는 엔트리들은 진행 중인 로드가 소스라는 것을 표시한다. 스토어 예약 스테이션은 multiply의 출력이 저장할 값의 소스임을 보여준다.

버퍼와 스토어 버퍼의 상태를 보여 준다. (정수 ALU 연산은 무시되었고 분기는 발생할 것으로 예측되었다고 가정하자.) 일단 시스템이 이 상태에 도달하고 곱셈 연산이 4 클록 사이클에 완료된다고 가정하면 루프의 두 반복은 1.0에 가까운 CPI를 달성할 수 있다. 6 클록 사이클의 지연시간을 가정하는 경우는, 이러한 안정된 상태에 도달하기까지 추가적인 반복의 처리가 필요할 것이다. 이는 실행중인 명령들을 저장할 더 많은 수의 예약 스테이션을 필요로 한다. 본 장의 뒷부분에서 논의하듯이 다중 명령어 이슈로 확장하는 경우, 토마줄로 기법은 클록 당 하나 이상의 명령을 처리할 수 있다.

로드와 스토어는 다른 주소를 액세스하는 경우, 비순차적으로 완전히 처리될 수 있다. 로드와 스토어가 같은 주소를 액세스 하는 경우,

- 로드가 스토어보다 프로그램 순서에서 이전인 경우, 순서를 바꾸게 되면 WAR 해저드가 발생한다. 또는,
- 스토어가 로드보다 프로그램 순서에서 이전인 경우, 순서를 바꾸게 되면 RAW 해저드가 발생한다.

이와 유사하게, 같은 주소에 대한 두 스토어의 순서를 바꾸는 경우 WAW 해저드가 발생한다.

따라서 주어진 시간에 로드가 실행될 수 있는 지를 결정하려면, 프로세서는 프로그램 순서에서 이 로드를 선행하면서 로드와 같은 주소를 액세스하는 아직 완료되지 않은 스토어가 있는지를 점검하여야 한다. 마찬가지로, 스토어는 같은 메모리 주소를 액세스하면서 프로그램 순서에서 이 스토어를 선행하는 아직 완료되지 않은 로드나 스토어가 있는 한 기다려야 한다. 2.9절에서는 이러한 제한 사항을 제거하는 방법에 대하여 다룰 것이다.

이러한 해저드를 검사하기 위해서는 프로세서가 이전 메모리 연산과 관련된 데이터 메모리 주소를 계산하여야 한다. 최적은 아니지만 한 가지 간단한 방법은 프로세서가 모든 유효 주소 계산을 프로그램 순서대로 수행하도록 보장하는 것이다. (실제로 스토어와 다른 메모리 참조 사이의 상대적인 순서만 유지할 필요가 있고 로드는 자유롭게 순서를 바꿀 수 있다.)

먼저 로드의 상황을 고려하여 보자. 유효주소 계산을 프로그램 순서대로 하는 경우, 로드가 유효주소 계산을 완료하였을 때, 모든 활성중인 스토어 버퍼의 A 항목을 검사함으로써 주소가 충돌하는 지를 검사할 수 있다. 만약 로드의 주소가 스토어 버퍼에 있는 유효한 엔트리의 주소와 일치한다면 로드 명령은 충돌을 발생시킨 스토어가 완료될 때까지 로드 버퍼로 보내져서는 안 된다. (일부 구현은 대기하고 있는 스토어로부터 로드로 직접 데이터 값을 바이패스함으로써 이러한 RAW 해저드로

인한 지연시간을 줄일 수 있다.)

스토어의 경우, 프로세서가 로드 버퍼와 스토어 버퍼 모두를 검사해야 하는 것을 제외하고는 로드와 같다. 이는 충돌을 일으킨 스토어는 로드나 스토어 모두에 대하여 순서를 바꿀 수 없기 때문이다.

우리가 지난 절에서 논의하였듯이 분기 예측이 정확히 수행된다면 동적으로 스케줄되는 파이프라인은 고성능을 달성할 수 있다. 이와 같은 접근 방법의 주요 단점은 상당한 하드웨어가 필요로 하다는 것이다. 특히, 각 예약 스테이션은 복잡한 논리회로를 필요로 할 뿐 아니라 고속으로 동작하며 주소 비교가 수행되는 버퍼를 포함하여야 한다. 또한, 단일 CDB에 의해 성능이 제한될 수 있다. 비록 CDB가 추가될 수 있지만 각각의 CDB가 예약 스테이션과의 상호 작용이 필요하고 각 스테이션에서 CDB 별로 태그 비교 하드웨어가 중복되어질 필요가 있다.

토마줄로 방법에서는 두 가지 기술이 결합되어 있다. 아키텍처 상에 정의된 레지스터를 더 많은 수의 레지스터로 개명하는 기술과 레지스터 파일로부터 소스 오퍼랜드를 버퍼링하는 기술이다. 소스 오퍼랜드를 버퍼링하는 것은 오퍼랜드가 레지스터로부터 이미 사용가능한 경우, WAR 해저드를 해결한다. 뒤에서 살펴보듯이 또한 가지 방법은 레지스터의 개명과 함께 그 레지스터에 대한 이전 참조가 남아 있을 때까지 결과 값을 버퍼링하는 것이다. 뒤에서 논의할 하드웨어 예측 실행에서는 이러한 접근 방법을 사용할 것이다.

토마줄로 기법은 360/91이후 수년간 사용되지 않다가 다음과 같은 이유로 1990년대 이후 여러 다중 이슈 프로세서에서 폭넓게 채택되었다.

1. 토마줄로 기법은 컴파일러가 목적 코드를 특정 파이프라인 구조에 최적화시킬 필요 없이 고성능을 달성하게 하여 준다. 이는 대량 판매 시장을 목표로 하는 소프트웨어에는 귀중한 특성이다.
2. 비록 토마줄로 기법이 캐시 이전에 설계되었지만, 기본적으로 예측이 불가능한 지연시간을 갖는 캐시의 출현은 동적 스케줄링의 가장 큰 동기가 되었다. 비순차적 실행은 캐시 미스의 완료를 기다리는 동안 프로세서가 다른 명령들의 실행을 계속할 수 있도록 하여줌으로써 캐시 미스로 인한 오버헤드의 전부 또는 일부분을 숨길 수 있게 하였다.
3. 프로세서가 보다 공격적으로 이슈를 수행하게 되고 설계자들이 (대부분의 비 산술적 코드에서와 같이) 스케줄하기 어려운 코드에 보다 많은 관심을 갖게 되면서, 레지스터 개명과 동적 스케줄링과 같은 기술의 중요성이 보다 중요하게 되었다.
4. 동적 스케줄링은 예측 실행의 핵심 요소이기 때문에 1990년대 중반부터 하드웨어 예측 실행과 함께 채택되기 시작하였다.

2.6 하드웨어 기반 예측 실행

보다 많은 명령어 수준 병렬성이 이용되면서, 제어 종속성을 유지하는 부담은 점차 증대되었다. 분기 예측이 분기로 인한 직접적인 스톨을 줄여줄 수 있지만, 클록 당 여러 명령을 이슈하는 프로세서의 경우, 정확한 분기 예측만으로는 원하는 수준의 명령어 수준 병렬성을 성취하기에는 불충분하였다. 고 이슈 프로세서에서는 최대 성능을 달성하기 위해서 매 클록 사이클마다 분기를 실행할 수도 있다. 따라서 보다 많은 병렬성을 얻기 위해서는 제어 종속성으로 인한 제한점을 극복하여야 한다.

제어 종속성은 분기의 결과를 예측해서 예측이 옳다는 가정 하에 프로그램을 실행함으로써 극복된다. 이 방법은 기존의 분기 예측과 동적 스케줄링을 사용하는 방법에 비하여 미묘하지만 중요한 확장을 제공한다. 특히, 동적 스케줄링의 경우 예측된 명령들을 인출하고 이슈할 수 있는 것에 비하여 예측 실행(speculation)은 분기 예측이 정확하다는 가정 하에 명령들을 인출하고 이슈할 뿐만 아니라 실행할 수 있게 하여 준다. 물론, 예측이 잘못된 경우의 상황을 처리하는 데 필요한 기법을 필요로 한다. 부록 G는 컴파일러를 통해 예측 실행을 지원하는 다양한 방법들을 논의한다. 이 절에서는 동적 스케줄링을 확장하는 하드웨어 예측 실행을 탐구하여 보자.

하드웨어 예측 실행은 세 가지 핵심 아이디어를 사용한다. 어떤 명령을 실행할 지를 결정하는 동적 분기 예측, 제어 종속성이 해결되기 전에 명령들을 실행할 수 있게 하여 주는 (잘못 예측된 코드 실행의 효과를 무효화하는 기능과 함께) 예측 실행, 기본 블록들로 구성된 여러 다른 조합을 스케줄하기 위한 동적 스케줄링. (이와 비교하여, 예측 실행이 포함되지 않은 동적 스케줄링은 뒤따르는 기본 블록의 명령들을 실제로 실행하기 전에 분기를 실행하여야 하기 때문에 기본 블록들을 부분적으로만 병렬로 수행할 수 있게 하여 준다.)

하드웨어 예측 실행은 명령들을 언제 실행할 지를 결정하기 위해 데이터 값의 예측 흐름을 따라 간다. 이와 같은 프로그램 실행 기법은 본질적으로 *데이터 플로우 실행 (data flow execution)*이다. 즉, 오퍼랜드가 사용 가능하자마자 연산은 실행된다.

예측 실행을 지원하기 위해 토마술로 알고리즘을 확장하기 위해서는 명령들을 예측 실행하기 위해 필요한 명령어들 사이의 바이패스 기능을 명령의 실제 완료와 분리시켜야 한다. 이러한 분리를 통해, 한 명령이 더 이상 예측 실행되지 않는 다는 것을 알 때까지 이 명령이 취소 불가능한 갱신을 수행하지 않고 그 명령을 실행하고 결과를 다른 명령에 전달할 수 있게 하여 준다.

바이패스된 값을 사용하는 것은 레지스터의 예측 읽기를 수행하는 것과 같다. 왜냐하면 소스 레지스터를 제공하는 명령이 예측 실행이 아니라고 판명되기까지는 이 명령이 소스 레지스터 값을 제공하는 지 알 수 없기 때문이다. 명령이 더 이상 예측 실행이 아니라고 판단될 때, 레지스터 파일이나 메모리를 갱신할 수 있으며 명령어 실행에 있어서 이와 같은 추가적인 단계를 *명령 완료(instruction commit)*라 부른다.

예측 실행의 핵심 아이디어는 명령들을 비순차적으로 실행하지만 이 명령들이 반드시 프로그램 순서에 의해 완료되도록 하는 것이다. 즉, 명령이 완료되기 전에 (상태의 변경이나 예외 상황 처리와 같은) 돌이킬 수 없는 활동을 방지하는 것이다. 따라서 예측 실행을 지원하는 프로세서에서 명령어의 실행을 마치는 것과 명령을 완료하는 것은 구별된다. 즉, 명령들은 완료할 준비가 되기 전에 실행을 끝마칠 수 있다. 명령어 실행 과정에서 이러한 완료 단계를 추가하는 것은 실행을 끝마쳤지만 아직 완료되지 않은 명령들의 결과를 저장하는 추가적인 하드웨어 버퍼를 필요로 한다. 이러한 하드웨어 버퍼를 *재정렬 버퍼(reorder buffer)*라 부르며 예측 실행중인 명령들 사이에 결과를 전달하는 데 사용된다.

재정렬 버퍼(ROB)는 토마줄로 알고리즘의 예약 스테이션과 마찬가지로 추가의 레지스터들을 제공하여 레지스터 파일을 확장한다. ROB는 명령의 실행을 마친 시간부터 명령이 완료될 때까지 명령의 결과를 저장한다. 따라서 ROB는 토마줄로 알고리즘에서 예약 스테이션이 오퍼랜드를 제공하듯이, 명령에 오퍼랜드의 소스를 제공한다. 주요 차이점은 토마줄로 알고리즘에서는 일단 명령이 결과를 출력하면 뒤따르는 명령은 그 결과를 레지스터 파일로부터 읽게 된다. 반면에 예측 실행 기법에서는 명령이 완료될 때까지 (그 명령이 반드시 실행될 것이라는 것을 알게 될 때까지) 레지스터 파일은 갱신되지 않는다. 따라서 ROB는 명령의 실행이 끝난 시간부터 명령이 완료되는 시간 동안에 오퍼랜드를 제공한다. 따라서 ROB는 기능적으로 토마줄로 알고리즘의 스토어 버퍼와 유사하다. 이 책에서는 설명을 간단히 하기 위해 스토어 버퍼의 기능을 ROB에 흡수하였다.

ROB의 각 엔트리는 명령어 유형 필드, 목적 필드, 값 필드, 준비 상태 필드 등 4개의 필드를 갖고 있다. 명령어 유형 필드는 이 명령이 분기 명령(목적 필드를 갖지 않음)인지, 스토어 명령(메모리 주소를 목적 필드로 가짐)인지, 레지스터 연산 명령(레지스터를 목적 필드로 갖는 ALU 연산 또는 로드 명령)인지를 표시한다. 목적 필드는 명령의 실행 결과를 저장할 레지스터 번호(로드나 ALU 연산의 경우)나 메모리 주소(스토어 연산의 경우)를 표시한다. 값 필드는 명령이 완료될 때까지 명령의 결과 값을 저장하는 데 사용된다. 곧 ROB 엔트리의 예제를 살펴볼 것이다. 마지막으로, 준비 상태 필드는 명령이 실행을 마치고 그 결과가 준비되어 있다는 것을 표시한다.

그림 2.14는 ROB를 포함하여 프로세서의 하드웨어 구조를 보여 준다. ROB는 스토어 버퍼를 포함하고 있다. 스토어는 두 단계로 실행되며 두 번째 단계는 명령 완료 단계에서 수행된다. 비록 예약 스테이션의 레지스터 개명 기능이 ROB에 의해

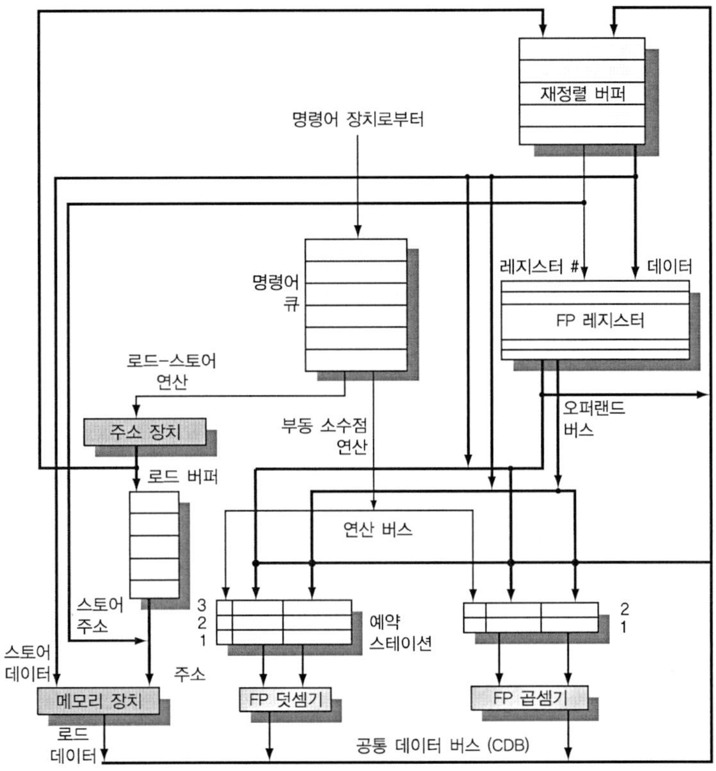

그림 2.14 토마줄로 알고리즘을 사용하고 예측 실행을 처리하기 위해 확장된 FP 장치의 기본 구조. 토마줄로 알고리즘을 구현한 그림 2.9와 비교하여 가장 큰 변화는 ROB를 추가하고 스토어 버퍼가 제거되어 ROB로 통합된 것이다. 이 방법은 클록 당 여러 명령이 완료될 수 있도록 CDB의 폭을 증가시킴으로써 다중 이슈를 지원하도록 확장될 수 있다.

대체되었지만 명령이 이슈된 순간부터 실행을 시작할 때까지 연산과 오퍼랜드를 임시 저장할 장소가 필요하다. 이 기능은 여전히 예약 스테이션에 의해 제공된다. 모든 명령이 완료 단계까지 ROB에 엔트리를 차지하기 때문에 결과 값은 예약 스테이션 번호 대신에 ROB 엔트리 번호를 사용하여 태그된다. 따라서 명령어에 할당된 ROB는 예약 스테이션에서 관리되어야 한다. 또 다른 구현 방법으로 레지스터 개명에는 추가의 레지스터를 사용하고 언제 명령어를 완료할 수 있는지를 결정하는 데만 ROB를 사용하는 방법에 대하여 이 절의 뒷부분에서 논의할 것이다.

다음은 명령어 실행과 관련된 4단계를 보여 준다.

1. 이슈 (Issue) – 명령어 큐로부터 명령어를 인출한다. 빈 예약 스테이션 엔트리가 있고 ROB에 빈 엔트리가 있으면 명령을 이슈하고 오퍼랜드가 레지스터나 ROB로부터 사용 가능한 경우, 이들을 읽어 예약 스테이션으로 보낸다. 제어 엔트리의 값을 갱신하여 버퍼가 사용 중임을 표시한다. 결과에 할당된 ROB 엔트리의 번호 역시 예약 스테이션으로 보내지며 이 번호는 결과 값이 CDB에 놓일 때 결과를 태그하는 데 사용된다.

2. 실행(Execute) – 하나 이상의 오퍼랜드가 아직 준비되지 않은 경우 대기 중인 레지스터의 값이 산출될 때까지 CDB를 감시한다. 이 단계는 RAW 해저드를 검사한다. 두 오퍼랜드 모두가 예약 스테이션에서 사용 가능한 경우, 연산을 실행한다. 이 단계에서 명령은 여러 클록 사이클이 걸릴 수 있으며 로드 역시 이 단계에서 두 과정으로 나뉘어 실행된다. 스토어의 실행은 이 시점에서 단지 유효 주소 계산만을 필요로 하기 때문에 이 단계에서 베이스 레지스터만 사용 가능하면 된다.

3. 결과 쓰기(Write result) – 결과가 산출되면 CDB에 (명령이 이슈될 때 기록된 ROB 태그와 함께) 출력되며 다시 CDB로부터 ROB와 이 결과를 기다리고 있는 예약 스테이션에 보내진다. 예약 스테이션은 사용 가능한 상태로 표시된다. 스토어 명령의 경우는 특별한 작업이 요구된다. 저장할 값이 산출되면 ROB 엔트리의 값 필드에 기록되어야 한다. 아직 값이 산출되지 않았다면 이 값이 브로드캐스트될 때까지 CDB를 감시하여야 하며 이 값이 산출되는 순간 스토어에 해당하는 ROB 엔트리의 값 필드 역시 갱신된다. 설명을 쉽게 하기 위해 일단 이러한 과정이 스토어의 결과 쓰기 단계에서 발생한다고 가정하자. 뒤에서 어떻게 이러한 제한 사항이 제거될 수 있는지 논의할 것이다.

4. 완료(Commit) – 이 단계는 명령어 처리를 완료하는 마지막 단계로 이 이후에는 오직 명령의 결과만이 남게 된다. (일부 프로세서에서는 이 완료 단계를 "완료(completion)" 또는 "졸업(graduation)" 단계라고도 한다.) 완료되는 명령이 예측이 빗나간 분기 명령인지, 스토어인지, 또는 다른 일반 명령 (정상 완료) 인지에 따라 완료 단계는 세 가지 다른 작업을 수행한다. 정상 완료는 명령이 ROB의 서두에 놓이게 되고 결과 값이 버퍼에 존재할 때 발생한다. 프로세서는 결과 값을 레지스터에 쓰고 명령을 ROB로부터 제거한다. 스토어 명령의 완료는 레지스터 대신에 메모리가 갱신되는 것을 제외하고는 유사하게 처리된다. 잘못된 예측으로 판명된 분기 명령이 ROB의 서두에 놓이게 되면 예측 실행이 잘못되었음을 나타낸다. ROB는 플러쉬되고 분기 명령 후의 올바른 다음 명령부터 실행은 재시작된다. 분기가 올바르게 예측된 경우 분기 명령의 처리는 완료된다.

일단 명령이 완료되면 레지스터 또는 메모리에 최종 결과가 써져서 ROB 엔트리의 필요성은 없어지므로 해당하는 ROB 엔트리는 반환된다. ROB가 꽉 찬 경우는 엔트리가 생길 때까지 명령어의 이슈는 중단된다. 이러한 방법이 토마술로 알고리즘에서 사용하였던 같은 예제에서 어떻게 동작하는지 살펴보자.

예제 부동 소수점 장치는 이전 예제와 같은 지연시간을 가정한다. Add는 2 클록 사이클, multiply는 6 클록 사이클, divide는 12 클록 사이클이 걸린다. 그림 2.11을 생성하는 데 사용하였던 아래의 코드를 사용하여 `MUL.D`가 완료할 준비가 되어 있을 때 상태 표들의

상태를 보이시오.

```
L.D.      F6,32(R2)
L.D.      F2,44(R3)
MUL.D     F0,F2,F4
SUB.D     F8,F6,F2
DIV.D     F10,F0,F6
ADD.D     F6,F8,F2
```

해답 그림 2.15는 결과를 세 표로 보여 준다. 비록 SUB.D 명령이 실행을 끝마쳤지만 MUL.D 명령이 완료될 때까지 완료되지 않은 것에 주목하라. 예약 스테이션과 레지스터 상태 필드는 토마줄로 알고리즘에서와 같이 (2.4절 마지막 부분에 이에 대한 설명을 참조하라) 기본적인 정보를 포함한다. 차이점은 Qi와 Qj 필드와 레지스터 상태 필드에서 예약 스테이션의 번호가 ROB 엔트리 번호로 대체되었다는 점과 예약 스테이션에 목적 필드를 추가하였다는 점이다. 목적 필드는 이 예약 스테이션에 의해 생성될 결과의 최종 목적지에 해당하는 ROB 엔트리를 표시한다.

위의 예제는 예측 실행 기능을 가진 프로세서와 동적 스케줄링을 사용하는 프로세서의 중요한 차이점을 예시한다. 그림 2.15의 내용을 같은 코드를 토마줄로 알고리즘을 지원하는 프로세서에서 실행한 결과를 보여 주는 그림 2.11과 비교하라. 예제에서의 주요 차이점은 아직 완료되지 않은 명령 (위에서 MUL.D) 이후의 어떠한 명령도 완료되도록 허락되지 않았다는 점이다. 반면에 그림 2.11에서는 SUB.D와 ADD.D 명령 역시 완료되었다.

이러한 차이점이 의미하는 것은 ROB를 갖는 프로세서에서는 정확한 인터럽트 모델을 지원하면서 동적 스케줄링을 지원한다는 점이다. 예를 들어, 만약 MUL.D 명령이 인터럽트를 야기하면, 이 명령이 ROB의 머리에 도달할 때까지 기다렸다가 인터럽트를 발생시키고 ROB에 남아 있는 다른 완료되지 않은 명령은 모두 취소시키면 된다. 명령들은 프로그램 순서대로 완료되어지기 때문에 이러한 방법은 정확한 예외 상황(precise exception) 처리를 지원한다.

반대로 토마줄로 알고리즘을 사용한 예제에서는 MUL.D 명령이 예외 상황을 발생시키지 전에 SUB.D와 ADD.D 명령 모두 완료될 수 있다. 결과적으로 (SUB.D와 ADD.D의 목적이 되는) 레지스터 F8과 F9가 갱신되어지고 인터럽트의 정확한 처리는 불가능하다.

일부 사용자와 설계자의 경우에 부동 소수점 예외 상황은 프로그램을 종료시킬 가능성이 크기 때문에 부정확한 예외 상황 처리를 허용하도록 결정하기도 한다. 이 주제와 관련하여 부록 G를 참조하시오. 하지만 페이지 폴트(page fault)와 같이 다른 유형의 예외 상황의 경우는 예외 상황을 처리한 후 프로그램은 아무런 일도 없었던

			재정렬 버퍼			
엔트리	Busy	명령어		상태	목적	값
1	아니오	L.D	F6,32(R2)	Commit	F6	Mem[34 + Regs[R2]]
2	아니오	L.D	F2,44(R3)	Commit	F2	Mem[45 + Regs[R3]]
3	예	MUL.D	F0,F2,F4	Write result	F0	#2 × Regs[F4]
4	예	SUB.D	F8,F2,F6	Write result	F8	#2 − #1
5	예	DIV.D	F10,F0,F6	Execute	F10	
6	예	ADD.D	F6,F8,F2	Write result	F6	#4 + #2

			예약 스테이션					
이름	Busy	Op	Vj	Vk	Qj	Qk	Dest	A
Load1	아니오							
Load2	아니오							
Add1	아니오							
Add2	아니오							
Add3	아니오							
Mult1	아니오	MUL.D	Men[45 + Regs[R3]]	Regs[F4]			#3	
Mult2	예	DIV.D		Mem[34 + Regs[R2]]	#3		#5	

	FP 레지스터 상태									
항목	F0	F1	F2	F3	F4	F5	F6	F7	F8	F10
Reorder #	3						6		4	5
Busy	예	아니오	아니오	아니오	아니오	아니오	예	...	예	예

그림 2.15 MUL.D 명령이 완료될 준비가 되어있을 때, 비록 다른 모든 명령들이 실행을 끝마쳤지만 단 두 L.D 명령만 완료를 수행하였다. MUL.D 명령은 ROB의 맨 앞에 위치하고 두 L.D 명령은 이해를 돕기 위하여 표시하였다. 비록 명령들의 결과가 출력되었고 다른 명령의 소스로 사용될 수 있지만 SUB.D와 ADD.D 명령들은 MUL.D 명령이 완료되기 전까지는 완료되지 않을 것이다. DIV.D 명령은 MUL.D 명령보다 실행 시간이 길기 때문에 아직 실행 중이다. 값 항목은 저장하고 있는 값을 표시한다. #X 형식은 ROB 엔트리 X의 값을 표시한다. 재정렬 버퍼 1과 2는 실제로 완료되었지만 이해를 돕기 위해 표시되었다. 로드-스토어 큐의 엔트리는 생략하였지만 이 엔트리들 역시 프로그램 순서대로 관리된다.

것처럼 실행을 재개하여야 하므로 이러한 방법을 사용하기는 쉽지 않다.

순차적 명령어의 완료와 관련된 ROB의 사용은 다음 예제에서 살펴보듯이 예측 실행을 지원할 뿐만 아니라 정확한 예외 상황의 처리 기능을 제공한다.

예제 그림 2.13에서 보여 준 토마줄로 알고리즘에서 사용된 코드 예제를 살펴보자:

```
LOOP:   L.D.     F0,0(R1)
        MUL.D    F4,F0,F2
        S.D      F4,0(R1)
        DADDIU   R1,R1,#-8
```

```
BNE        R1,R2,Loop     ;R1≠R2이면 분기
```

루프의 모든 명령들을 두 번씩 이슈하였고 첫 번째 반복에서 L.D와 MUL.D 명령은 완료되었고 나머지 명령들은 실행만 완료하였다고 가정하자. 정상적인 경우, 스토어는 ROB에서 유효주소 계산 오퍼랜드(이 예제에서 R1)와 값 (이 예제에서 F4)을 기다릴 것이다. 부동 소수점 파이프라인만 고려하고 있으므로 스토어에 대한 유효 주소는 이 명령이 이슈될 때 이미 계산되었다고 가정하자.

해답 그림 2.16은 결과를 두 표로 보여 준다.

명령이 완료될 때까지는 레지스터나 메모리의 값은 변경되지 않으므로 분기 명령의 예측이 실패로 돌아갈 경우 프로세서는 예측 실행의 결과를 쉽게 취소할 수 있다. 그림 2.16에서 분기 명령 BNE가 처음 실행 시 분기가 발생하지 않는다고 가정하자. 분기 이전의 명령들은 ROB의 맨 앞에 도달할 때 완료를 수행하면 된다. 분기가 버퍼의 맨 앞에 도달하면 버퍼의 엔트리들은 삭제되고 프로세서는 다른 경로로부터 명령들의 인출을 시작한다.

실제로 예측 실행을 지원하는 프로세서는 분기의 예측이 실패한 경우 가능한 한

					재정렬 버퍼	
엔트리	**Busy**	**명령어**		**상태**	**목적**	**값**
1	아니오	L.D	F0,0(R1)	Commit	F0	Mem[0 + Regs[R1]]
2	아니오	MUL.D	F4,F0,F2	Commit	F4	#1 × Regs[F2]
3	예	S.D	F4,0(R1)	Write result	0 + Regs[R1]	#2
4	예	DADDIU	R1,R1,#-8	Write result	R1	Regs[R1] – 8
5	예	BNE	R1,R2,Loop	Write result		
6	예	L.D	F0,0,F2	Write result	F0	Mem[#4]
7	예	MUL.D	F4,F0,F2	Write result	F4	#6 × Regs[F2]
8	예	S.D	F4,0(R1)	Write result	0 + #4	#7
9	예	DADDIU	R1,R1,#-8	Write result	R1	#4 – 8
10	예	BNE	R1,R2,Loop	Write result		

	FP 레지스터 상태								
항목	**F0**	**F1**	**F2**	**F3**	**F4**	**F5**	**F6**	**F7**	**F10**
Reorder #	6				7				
Busy	예	아니오	아니오	아니오	예	아니오	아니오	...	아니오

그림 2.16 모든 명령들이 실행을 완료하였지만 L.D와 MUL.D 명령만이 완료된다. 따라서 예약 스테이션은 사용되지 않으므로 그림에서 생략되었다. 나머지 명령들은 가능한 빨리 완료되어질 것이다. 처음 두 재정렬 버퍼는 비어있지만 이해를 돕기 위해 표시하였다.

빨리 복구를 시도한다. 이러한 복구는 예측이 실패한 분기 명령 이후의 모든 ROB 엔트리를 삭제함으로써 수행되며 이는 ROB에서 분기 이전의 명령들은 계속 진행하도록 허락하고 분기 명령 이후의 올바른 경로에 있는 명령들의 인출을 재시작한다. 예측 실행을 지원하는 프로세서에서 분기 예측의 실패 부담은 더 크므로 성능은 분기 예측에 더 민감하다. 따라서 분기 명령의 처리와 관련된 모든 요소들, 즉 예측의 정확성, 예측 실패를 감지하는 데 걸리는 지연시간, 예측 실패의 복구 시간의 중요성은 증가한다.

예외상황은 명령이 완료되기 전까지 예외 상황의 인지를 지연시킴으로써 처리된다. 만약 예측 실행중인 명령이 예외 상황을 발생시키는 경우, 예외 상황은 ROB에 기록된다. 만약 분기 실패가 발생하고 이 명령이 실행되어져서는 안 되는 상황이 되면 예외 상황은 명령과 함께 ROB에서 삭제된다. 만약 이 명령이 ROB의 맨 앞에 다다르면 더 이상 이 명령은 예측 실행되는 것이 아니므로 예외 상황은 발생시켜야 한다.

그림 2.17은 명령어 실행의 각 단계, 그 단계로 진입하기 위해 만족해야 될 조건과 단계에서 처리해야 할 작업을 보여 준다. 잘못 예측된 분기는 완료 단계 이전에 처리되지 않는다고 가정하였다. 비록 예측 실행이 동적 스케줄링을 간단히 확장한 것으로 보이지만, 그림 2.17을 대응하는 토마줄로 알고리즘의 그림 2.12와 비교하여 보면 예측 실행이 제어 로직을 상당히 복잡하게 만드는 것을 알 수 있다. 또한, 분기 예측 실패 역시 더 복잡해진 것을 기억하라.

예측 실행에서 스토어가 처리되는 과정은 토마줄로 알고리즘과 비교하여 중요한 차이점을 갖는다. 토마줄로 알고리즘에서는 스토어 명령이 Write Result 단계에 도달하고 (이는 유효 주소가 계산되었음을 보장한다.) 저장할 값이 사용 가능한 경우, 메모리를 갱신할 수 있다. 반면 예측 실행을 지원하는 프로세서에서 스토어는 ROB의 맨 앞에 도달한 경우에만 메모리를 갱신할 수 있다. 이러한 차이점은 명령이 더 이상 예측 실행되고 있지 않다는 것이 확인될 때까지는 메모리가 갱신되지 않는 다는 것을 보장한다.

그림 2.17에서 스토어는 실제로는 불필요할 한 가지 중요한 점을 단순화하였다. 그림 2.17에서 스토어는 저장될 소스 오퍼랜드의 값을 Write Result 단계에서 기다리다가 그 값이 사용 가능해지면 스토어 예약 스테이션의 Vk 필드에서 스토어의 ROB 엔트리의 값 필드로 이 값을 옮긴다. 하지만 실제로는 저장될 값은 스토어가 완료되기 바로 전까지는 도착할 필요가 없으며 소스 명령이 직접 스토어의 ROB 엔트리로 쓰면 된다. 이는 하드웨어가 스토어의 ROB 엔트리에 언제 저장될 소스 값이 이용 가능한지 점검하고 매번 명령이 완료할 적마다 ROB에서 종속적인 스토어를 탐색함으로써 구현된다.

이러한 확장은 복잡하지는 않지만 두 가지 효과를 갖고 있다. 먼저 ROB에 한 필

상태	대기조건	작업

Issue
모든
명령
 	
FP
연산과
stores
	
	계약 스테이션 (r)
	과
	ROB (b)가 모두
	사용 가능할 때
		if (RegisterStat[rs].Busy)/*in-flight instr. writes rs*/
		    {h ← RegisterStat[rs].Reorder;
		    if (ROB[h]Ready)/* Instr completed already */
		        {RS[r].Vj ← ROB[h]Value; RS[r].Qj ← 0;}
		    else {RS[r].Qj ← h;} /* wait for instruction */
		} else {RS[r].Vj ← Regs[rs]; RS[r].Qj ← 0;};
		RS[r].Busy ← yes; RS[r].Dest ← b;
		ROB[b].Instruction ← opcode; ROB[b].Dest ← rd;ROB[b].Ready ← no;

		if ((RegisterStat[rt].Busy) /* in-flight instr writes rt*/
		    {h ← RegisterStat[rt].Reorder;
		    if (ROB[h].Ready)/* Instr completed already */
		        [RS[r].Vk ← ROB[h].Value; RS[r].Qk ← 0;}
		    else {RS[r].Qk ← h;} /* wait for instruction */
		} else {RS[r].Vk ← Regs[rt]; RS[r].Qk ← 0;};

FP 연산		Register Stat[rd].Reorder ← b; RegisterStat[rd].Busy ← yes; ROB[b].Dest ← rd;
Loads		RS[r].A ← imm; RegisterStat[rt].Reorder ← b; RegisterStat[rt].Busy ← yes; ROB[b].Dest ← rt;
Stores		RS[r].A ← imm;
Execute FP 연산	(RS[r].Qj == 0) and (RS[r].Qk == 0)	결과 계산—오퍼랜드 Vj와 Vk에 있다.
Load 1 단계	(RS[r].Qj == 0) 이고 큐에 이전 stores가 없을 때	RS[r].A ← RS[r].Vj + RS[r].A;
Load 2 단계	Load 1 단계 완료되고 ROB의 모든 이전 STORE가 다른 주소를 가질 때	Mem[RS[r].A]로부터 읽는다.
Store	(RS[r].Qj == 0) 이고 store가 큐의 맨 앞에 있을 때	ROB[h].Address ← RS[r].Vj + RS[r].A;
Write result store를 제외한 모든 연산	실행이 *r*에서 완료되고 CDB가 사용 가능할 예	b ← RS[r].Dest; RS[r].Busy ← no; ∀x(if (RS[x].Qj == b) {RS[x].Vj ← result; RS[x].Qj ← 0}); ∀x(if (RS[x].Qk= b) {RS[x].Vk result; RS[x].Qk← 0}); ROB[b].Value ← result; ROB[b].Ready ← yes;
Store	실행이 *r*에서 완료되고 (RS[r].Qk == 0)	ROB[h].Value ← RS[r].Vk;

Commit	명령어가 ROB
	(엔트리 h)의 맨
	앞에 있고
	ROB[h].ready ==
	yes
		d ← ROB[h].Dest; /* register dest, if exists */
		if (ROB[h].Instruction==Branch)
		    {if (branch is mispredicted)
		      {clear ROB[h], RegisterStat; fetch branch dest;};}
		else if (ROB[h].Instruction==Store)
		        {Mem[ROB[h].Instruction] ← ROB[h].Value;}
		else /* put the result in the register destination */
		    Regs[d] ← ROB[h].Value;};
		ROB[h] ← Busy ← no; /* free up ROB entry */
		/* free up dest register if no one else writing it */
		if (RegisterStat[d].Reorder==h) {RegisterStat[d].Busy ← no;};

그림 2.17 예측 실행 파이프라인의 각 단계 별 작업. 이슈되는 명령의 경우, rd는 목적, rs는 소스, r은 할당된 예약 스테이션, b는 할당된 ROB 엔트리, h는 ROB의 맨 앞 엔트리를 표시한다. RS는 예약 스테이션의 데이터 구조이다. 예약 스테이션에 의해 전달되는 값은 result라 부른다. RegisterStat는 레지스터 데이터 구조를, Regs는 실제 레지스터를, ROB는 재정렬 버퍼 데이터 구조를 표시한다.

드를 추가하여야 하며 이미 작은 폰트를 사용하는 그림 2.17을 더욱 복잡하게 만들 것이다. 비록 그림 2.17에서는 이렇게 단순한 처리를 가정하였지만 앞으로의 예제에서 스토어는 Write Result 단계를 통과하여 완료 단계에서 저장할 값이 준비될 때까지 기다리는 것을 허락할 것이다.

토마술로 알고리즘에서와 같이 예측 실행에서도 메모리를 통해 발생하는 해저드는 피하여야 한다. 예측 실행을 지원하는 프로세서에서 실제 메모리의 갱신은 프로그램 순서대로 발생하기 때문에, 즉 스토어가 ROB의 맨 앞에 도달하면 이전의 로드나 스토어는 모두 처리되었기 때문에, 메모리를 통해 발생하는 WAW 해저드와 WAR 해저드는 제거될 수 있다. 메모리를 통한 RAW 해저드는 다음의 두 가지 방법을 통해 관리한다.

1. 로드의 경우, ROB 엔트리 중에 로드의 A 필드 값과 일치하는 목적 필드를 갖는 스토어가 있는 경우 스토어가 실행의 두 번째 단계를 시작하는 것을 방지한다.
2. 로드의 유효 주소 계산은 그 이전의 모든 스토어에 대하여 프로그램 순서를 유지한다.

이와 같은 두 가지 제한 사항은 어떠한 로드도 같은 주소를 목표로 하는 이전의 모든 스토어가 데이터를 저장하기 전까지는 실행을 제한하게 한다. 일부 예측 실행을 지원하는 프로세서에서에는 이와 같은 RAW 해저드가 발생하면 스토어는 직접 로드로 데이터를 전달하기도 한다. 또 다른 방법은 2.9절에서 논의할 값 예측 (value prediction) 기법을 사용하여 잠재적인 충돌을 예측하는 방법이다.

비록 이러한 예측 실행에 대한 설명이 부동 소수점 연산에 집중되었지만 이러한 기술은 "종합" 절에서 논의하듯이 정수 레지스터와 이와 관련된 기능 장치로 쉽게 확장될 수 있다. 실제로 예측 실행은 정수 프로그램에서 분기 행동의 예측이 더욱 어렵기 때문에 보다 효과적이다. 추가적으로 이러한 기술들은 클록마다 여러 명령을 이슈하고 완료하는 다중 이슈 프로세서에도 적용할 수 있다. 실제로 예측 실행을 이러한 다중 이슈 프로세서에 적용하는 것이 좀 더 기본적인 기술만 적용하여도 컴파일러의 도움을 받아 충분한 병렬성을 활용할 수 있기 때문에 더욱 흥미롭다.

2.7 다중 이슈와 정적 스케줄링을 이용한 ILP의 활용

이전 절에선 논의된 기술들을 사용하여 데이터와 제어 해저드에 의한 스톨을 제거하면 이상적인 1의 CPI를 달성할 수 있다. 그 이상으로 성능을 향상시키려면 CPI를 1 이하로 줄여야 한다. 하지만, 한 클록 사이클에 단 하나의 명령만 이슈한다면 CPI를 더 이상 줄이는 것은 불가능하다.

앞으로 논의할 *다중 이슈 프로세서(multiple-issue processors)*의 목표는 한 클록 사이클에 여러 개의 명령을 이슈하는 것이다. 다중 이슈 프로세서에는 다음의 3 가지 유형이 존재한다.

1. 정적으로 스케줄된 슈퍼스칼라 프로세서
2. VLIW(very long instruction word) 프로세서
3. 동적으로 스케줄된 슈퍼스칼라 프로세서

두 유형의 슈퍼스칼라 프로세서에서 매 클록 마다 이슈되는 명령의 수는 일정하지 않으며 정적으로 스케줄되는 경우는 순차적 실행을 사용하고 동적으로 스케줄되는 경우는 비순차적 실행을 사용한다.

반면에 VLIW 프로세서에서는 매 클록마다 일정한 수의 명령을 이슈하는데 이 명령들은 하나의 큰 명령에 속해 있거나 명령들 사이의 병렬성이 명령에 의해 구체적으로 명시된 고정된 명령어 패킷을 사용한다. VLIW 프로세서는 기본적으로 컴파일러에 의해 정적으로 스케줄된다. 부록에서 기술하였듯이 인텔과 HP가 IA-64 아키텍처를 창시하였을 때, 이와 같은 아키텍처를 위해 EPIC(explicitly parallel instruction coding)이라는 이름을 사용하였다.

비록 정적 스케줄링을 사용하는 슈퍼스칼라 프로세서는 클록마다 일정하지 않은 수의 명령들을 이슈하지만, 실제로는 VLIW에 더 가까우며 두 방식 모두 컴파일러에 의존하여 코드를 스케줄한다. 이슈 폭이 증가함에 따라 정적 스케줄된 슈퍼스칼라 프로세서의 장점은 감소하기 때문에 정적 스케줄링을 사용하는 프로세서는 이슈 폭이 작을 때, 일반적으로 두 명령을 한 클록에 이슈하는 경우에 주로 사용된다. 이슈 폭이 그보다 클 때 대부분의 프로세서는 VLIW나 동적 스케줄링을 사용하는 슈퍼스칼라 프로세서로 구현된다. 정적 스케줄링을 사용하는 프로세서와 VLIW 프로세서는 하드웨어와 요구되는 컴파일러 기술이 유사하기 때문에 이 절에서는 VLIW에 중점을 두어 설명한다. 하지만, 이 절에서 논의하는 대부분의 내용은 정적 스케줄링을 사용하는 슈퍼스칼라 프로세서에도 쉽게 적용될 수 있다.

그림 2.18은 다중 이슈 프로세서를 구현하는 여러 방법과 각각의 특성, 또 그 예가 되는 프로세서들을 보여 준다.

기본 VLIW 방식

VLIW는 여러 개의 독립적인 기능 장치를 사용한다. 여러 독립적인 명령들을 여러 장치로 이슈하는 방식 대신에 VLIW는 여러 연산을 하나의 긴 명령에 패키지하거나 이슈 패킷에 있는 명령들이 똑같은 제한 사항을 만족하도록 요구한다. 이 두 방식에 근본적인 차이점은 없기 때문에 원 VLIW 방식에서처럼 하나의 명령에 여러 연산이

일반적 이름	이슈 구조	해저드 감지	스케줄링	특성	예제
슈퍼스칼라 (정적)	동적	하드웨어	정적	순차적 실행	대개 MIPS, ARM과 같은 임베디드 시스템에서 사용
슈퍼스칼라 (동적)	동적	하드웨어	동적	일부 비순차적 실행, 예측 실행 없음	아직 존재하지 않음
슈퍼스칼라 (예측 실행)	동적	하드웨어	동적 예측 실행	비순차적 실행 예측 실행	Pentium 4, MIPS R12K, IBM Power5
VLIW/LIW	정적	주로 소프트웨어	정적	모든 해저드가 컴파일러에 의해 결정되고 표시된다.	TI C6x와 같이 대부분의 예제는 임베디드 시스템
EPIC	주로 정적	주로 소프트웨어	주로 정적	모든 해저드가 컴파일러에 의해 명시적으로 결정되고 표시된다.	Itanium

그림 2.18 다중 이슈 프로세서의 5 가지 유형과 주요 특성. 이 장에서는 하드웨어 기반 기술에 중점을 두어 논의한다. 이러한 하드웨어 기반 기술은 모두가 슈퍼스칼라의 한 유형이라 볼 수 있다. 부록 G에서는 컴파일러 기반 기술에 대하여 논의한다. IA-64 아키텍처로 구현된 EPIC 방식은 초기 VLIW 방식에서의 개념을 확장하여 정적 스케줄링과 동적 스케줄링을 모두 사용한다.

속해 있는 것을 가정한다.

VLIW의 장점은 최대 이슈 폭이 증가함에 따라 커지므로 이슈 폭이 큰 프로세서에 중점을 두어 논의하기로 하자. 간단한 2-이슈 프로세서에서 슈퍼스칼라 프로세서의 오버헤드는 크지 않다. 많은 설계자들이 4-이슈 프로세서의 오버헤드 역시 감당할 수준 정도라고 주장하기도 하지만, 다음 장에서 살펴보듯이 이러한 오버헤드의 증가가 이슈 폭을 증가시키는 데 가장 큰 제한 사항이 된다.

(분기 명령을 포함하여) 하나의 정수 연산, 두 부동 소수점 연산, 두 메모리 연산 등 5 연산을 포함하는 긴 명령을 가진 VLIW 프로세서를 고려하여 보자. 한 명령어는 각 기능 장치 별로 여러 필드를 필요로 하기 때문에 장치당 16–24 비트가 요구되고 따라서 명령어 전체의 길이는 80에서 120 비트가 될 것이다. 반면에 인텔의 Itanium 1과 2는 명령어 패킷당 6개의 연산을 포함한다.

기능 장치를 계속해서 동작하게 하기 위해서는 각 연산 슬롯을 채우기 위해 코드에 충분한 병렬성이 내재해 있어야 한다. 이러한 병렬성은 루프 언롤링을 통해 루프 몸체의 크기를 증가시켜서 코드 스케줄링을 수행함으로써 발견할 수 있다. 루프 언롤링이 일직선의 코드를 산출하는 경우 단일 기본 블록에서 동작하는 *지역 스케줄링(local scheduling)* 기술을 사용할 수 있다. 만약 병렬성을 탐색하기 위해 분기 명령을 포함하는 코드를 스케줄하기 위해서는 이보다 훨씬 복잡한 *전역 스케줄링(global scheduling)* 알고리즘을 사용하여야 한다. 전역 스케줄링 알고리즘은 구조적으로도 더 복잡할 뿐만 아니라 코드를 분기 명령을 넘어서 복사하는 작업은 매우 비경제적이기 때문에 최적화 과정에서 더욱 복잡한 이슈들을 검토하여 사용하여야 한다.

부록 G는 VLIW를 목적으로 개발된 전역 스케줄링 기술인 *트레이스 스케줄링 (trace scheduling)*에 대하여 논의한다. 또한 지역 스케줄링의 장점을 살리고 전역 스케줄링의 성능을 향상시킬 수 있는 방법으로 일부 조건부 분기 명령을 제거할 수 있는 특수 하드웨어 지원 방식에 대하여도 논의할 것이다.

당분간은 루프 언롤링을 사용하여 긴 일직선의 코드를 생성한다고 가정하자. 이렇게 함으로써 지역 스케줄링만을 사용하여 VLIW 명령들을 산출할 수 있고 VLIW 프로세서의 동작을 살펴보는 데 집중할 수 있을 것이다.

예제 매 클록 사이클마다 두 개의 메모리 참조, 두 개의 부동 소수점 연산, 하나의 정수 연산이나 분기 명령을 이슈할 수 있는 VLIW 프로세서를 가정하자. 이 프로세서에서 루프 `x[i] = x[i]` + S (2.2절의 MIPS 루프 코드 참조)가 언롤링 된 코드를 보이시오. 스톨을 제거하기 위해 최대한 여러 번 언롤링을 수행하라. 지연 분기는 무시하라.

해답 그림 2.19는 코드를 보여 준다. 루프의 몸체는 7 번 언롤되었으며 모든 스톨을 제거하여 실행에는 7 사이클이 소요된다. 이 코드는 9 사이클마다 7개의 결과를 산출하여 결과당 1.29 사이클이 소요되며 역시 루프 언롤링과 코드 스케줄링을 사용하는 2.2절에서 논의한 2-이슈 슈퍼스칼라 프로세서에 비하여 거의 두 배 성능을 달성한다.

메모리 참조 1	메모리 참조 2	FP 연산 1	FP 연산 2	정수 연산/분기
L.D F0,0(R1)	L.D F6,-8(R1)			
L.D F10,-16(R1)	L.D F14,-24(R1)			
L.D F18,-32(R1)	L.D F22,-40(R1)	ADD.D F4,F0,F2	ADD.D F8,F6,F2	
L.D F26,-48(R1)		ADD.D F12,F10,F2	ADD.D F16,F14,F2	
		ADD.D F20,F18,F2	ADD.D F24,F22,F2	
S.D F4,0(R1)	S.D F8,-8(R1)	ADD.D F28,F26,F2		
S.D F12,-16(R1)	S.D F16,-24(R1)			DADDUI R1,R1,#-56
S.D F20,24(R1)	S.D F24,16(R1)			
S.D F28,8(R1)				BNE R1,R2,Loop

그림 2.19 내부 루프에 해당되며 언롤링 된 코드를 대체하는 VLIW 명령들. 분기 지연을 고려하지 않는다는 가정 하에 이 코드는 실행에 9 사이클이 소요된다. 정상적으로는 분기 지연 역시 스케줄되어져야 한다. 이슈율은 9 사이클에 23개 연산으로 사이클당 2.5 연산이 된다. 효율, 즉 연산을 포함하는 슬롯의 비율은 약 60%이다. 이러한 이슈율을 달성하기 위해서는 MIPS가 일반적으로 이 루프를 위해 사용하는 것보다 많은 수의 레지스터를 사용하여야 한다. 같은 코드에 대하여 기본적인 MIPS 프로세서는 최소 두 개의 FP 레지스터를 사용하거나 언롤링과 스케줄링을 모두 사용하는 경우 최대 5개의 FP 레지스터를 사용하는 반면, 위의 VLIW 코드는 최소한 8개의 FP 레지스터를 사용한다.

원래의 VLIW 모델은 이 방식을 비효율적으로 만드는 기술적이고 논리적인 문제점이 존재하였다. 기술적인 문제점은 코드 크기 증가와 엄격한 연산 실행 제어로 인한 제한점이다. 이러한 두 가지 요소가 결합되어 VLIW 프로세서의 코드 크기는 상당히 증가하였다. 첫 번째, 충분한 연산을 가진 일직선상의 코드를 생성하기 위해서는 (이전 예제에서와 같이) 루프 언롤링을 상당히 공격적으로 사용하여야 하며 이로 인해 코드 크기는 증가하게 된다. 두 번째, 명령들이 다 채워지지 않을 때마다 사용되지 않은 기능 장치는 명령어 인코딩에서 비트들이 낭비되는 결과를 가져온다. 부록 G에서는 소프트웨어 파이프라이닝과 같이 소프트웨어 스케줄링 기법을 사용하여 과도한 코드 팽창 없이 언롤링의 장점을 취할 수 있는 방법에 대하여 논의할 것이다.

이러한 코드 크기 증가를 해결하기 위해 때로 영리한 인코딩을 사용하기도 한다. 예를 들어, 하나의 큰 immediate 필드를 여러 기능 장치가 공유할 수 있다. 또 다른 방법은 메인 메모리에서 명령어들을 압축한 후 캐시로 읽어 들일 때 압축을 푸는 방법이다. 부록 G에서는 이 문제를 해결하는 다른 방법들에 대해서도 논의하고 더불어 IA-64에서 발생하는 심각한 코드 팽창 문제에 대해서도 논의한다.

초기 VLIW 아키텍처는 엄격한 실행 제어를 사용하였으며 하드웨어는 해저드 감지에 전혀 사용되지 않았다. 이러한 구조는 모든 기능 장치가 동기화되어져야 하므로 특정 기능 장치 파이프라인에서의 스톨이 전체 프로세서를 스톨시키는 것을 요구한다. 비록 컴파일러를 사용하여 기능 장치의 스톨을 사전에 방지할 수는 있지만 언제 데이터 액세스가 캐시 스톨을 야기할 것인지 결정하고 이를 스케줄한다는 것은 매우 어려운 일이었다. 따라서 모든 기능 장치를 스톨하기 위해서 캐시는 블로킹되어져야 했다. 하지만 이슈 폭과 메모리 참조가 증가함에 따라 이러한 동기화 제한을 더 이상 받아들일 수는 없었다. 최근의 프로세서에서는 기능 장치는 좀 더 독립적으로 동작하고 이슈 시간의 스톨을 방지하기 위해 컴파일러가 사용되지만 일단 명령이 이슈된 후에는 비동기적 실행을 위해 하드웨어가 해저드를 검사한다.

VLIW의 또 다른 문제는 바이너리 코드 호환성이다. 엄격한 VLIW 방식에서의 코드 생성은 명령어 집합의 정의뿐만 아니라 기능 장치와 그 지연시간을 포함하는 상세한 파이프라인 구조를 필요로 한다. 따라서 기능 장치의 수나 지연시간이 바뀌면 다른 코드 버전이 사용되어져야 한다. 이러한 요구사항은 슈퍼스칼라 프로세서에 비하여 프로세서 세대나 이슈 폭의 변화를 더욱 어렵게 만든다. 물론, 새 슈퍼스칼라 프로세서의 경우에도 보다 나은 성능을 얻기 위해서는 컴파일을 다시 수행하여야 하지만 이전의 오래된 바이너리 코드를 실행할 수 있는 점은 슈퍼스칼라 방식의 실질적인 장점이다.

IA-64 아키텍처로 대표되는 EPIC 방식은 이러한 초기 VLIW 방식의 문제점들을 대부분 해결하였다. IA-64 아키텍처는 좀 더 적극적인 소프트웨어 방식의 예측 실행을 지원하며 바이너리 코드 호환성을 유지하면서 하드웨어에 대한 종속성 문제를 해결하기 위한 여러 기술들을 포함하고 있다.

모든 다중 이슈 프로세서들의 가장 큰 문제는 어떻게 하면 최대한 ILP를 활용할 수 있느냐 하는 문제이다. FP 프로그램에서 단순히 루프를 언롤링하여 병렬성을 찾는다면 이 루프는 벡터 프로세서(부록 F에서 설명)에서도 효율적으로 실행될 수 있을 것이다. 이러한 응용에서 다중 이슈 프로세서가 벡터 프로세서에 비하여 선호된다고 주장하기는 쉽지 않다. 왜냐하면 일반적으로 같은 구현 비용에서 벡터 프로세서가 슈퍼스칼라 이상의 성능을 제공하기 때문이다. 다중 이슈 프로세서의 가장 큰 잠재적인 장점은 덜 구조화된 코드에서 좀 더 많은 병렬성을 추출하는 것과 모든 데이터 유형들을 캐시할 수 있다는 점이다. 이러한 이유로 다중 이슈 방식은 명령어 수준 병렬성을 이용하는 가장 중요한 기술이 되었고 벡터 프로세서는 주로 이러한 프로세서를 확장하는 기술로서 인식되고 있다.

2.8 동적 스케줄링, 다중 이슈, 예측 실행을 통한 ILP 활용

지금까지는 동적 스케줄링, 다중 이슈, 예측 실행이 각각 어떻게 동작하는지 살펴보았다. 이 절에서는 이 세 가지 기술을 종합하여 현재의 마이크로프로세서에서 사용되는 것과 유사한 마이크로구조를 논의하여 보자. 설명을 단순화하기 위해 일단 클록당 두 개의 명령을 이슈한다고 가정한다. 하지만, 클록당 세 개 이상의 명령을 이슈하는 최신 프로세서에서도 기본적인 개념은 같다.

매 클록 사이클마다 연산을 시작시킬 수 있는 독립된 정수 연산 장치와 부동 소수점 연산 장치를 가진 2-이슈 슈퍼스칼라 프로세서를 지원할 수 있도록 토마줄로 알고리즘을 확장한다고 가정하자. 프로그램 의미(program semantics)를 위반할 수 있기 때문에 명령들은 비순차적으로 예약 스테이션에 이슈되지는 않는다. 동적 스케줄링의 장점을 최대한 활용하기 위해 스케줄링 하드웨어를 사용하여 정수와 부동 소수점 연산 장치에 연산을 할당함으로써 한 클록에 어떠한 두 개 명령어 조합도 이슈할 수 있다고 가정하자. 정수와 부동 소수점 명령 사이의 상호 작용이 중요하기 때문에 정수와 부동 소수점 연산 장치, 레지스터를 모두 사용할 수 있고 또 예측 실행을 지원할 수 있도록 토마줄로 알고리즘을 확장한다.

동적 스케줄링을 사용하는 프로세서에서 클록당 여러 명령을 이슈하는 방법에는 두 가지 방식이 있으며 두 방식 모두 예약 스테이션의 할당과 파이프라인 제어 테이블의 갱신이 핵심 아이디어이다. 첫 번째 방법은 이러한 과정을 반 클록 사이클에 실행하여 두 명령을 한 클록 사이클에 처리할 수 있도록 하는 것이다. 두 번째 방법은 명령어 사이의 종속성을 포함하여 두 명령을 한번에 처리하는 회로를 설계하는 것이다. 클록당 4개 이상의 명령을 이슈하는 최신의 슈퍼스칼라 프로세서는 이 두 방식을 모두 사용한다. 즉, 이슈 관련 회로를 파이프라인하면서 동시에 이슈 폭을 넓힌다.

동적 스케줄링과 예측 실행을 병행하는 것은 파이프라인 후단(back-end pipeline)에 또 다른 문제점을 야기한다. 즉, 매 클록마다 여러 개의 명령을 완료할 수 있어야 한다. 여러 명령을 이슈하는 어려움과 마찬가지로 개념은 간단하다. 하지만 레지스터 리네이밍, 이슈 과정과 마찬가지로 구현은 쉽지 않다. 다음 예제를 사용하여 이러한 개념들이 어떻게 동작하는지 살펴보자.

예제 정수 배열의 각 원소를 1 증가 시키는 다음의 루프가 2-이슈 프로세서에서 어떻게 실행되는지 예측 실행을 지원하는 경우와 예측 실행 없이 실행되는 경우를 살펴보자.

```
Loop:    LD        R2,0(R1)       ;R2=배열 원소
         DADDIU    R2,R2,#1       ;R2를 1 증가한다
         SD        R2,0(R1)       ;결과를 저장한다
         DADDIU    R1,R1,#8       ;포인터를 8바이트 증가시킨다
         BNE       R2,R3,LOOP     ;마지막 원소가 아니면 분기
```

유효 주소 계산과 ALU 연산, 또 분기 조건의 평가를 위해 각각 독립적인 정수 연산 장치가 있다고 가정하자. 각 프로세서의 경우에 이 루프의 처음 세 반복에 해당하는 테이블을 생성하라. 클록마다 최대 두 개의 명령이 완료될 수 있다고 가정하자.

해답 그림 2.20과 2.21은 예측 실행과 예측 실행이 없는 경우 동적 스케줄링을 사용하는 2-이슈 프로세서의 성능을 보여 준다. 이 경우 분기 명령이 성능을 제한하는 중요한 병목현상이 될 수 있으며 예측 실행이 성능 향상에 상당한 도움을 주는 것을 볼 수 있다. 예측 실행을 지원하는 프로세서에서 세 번째 분기는 13 번째 클록 사이클에서 실행되는 반면 예측 실행을 하지 않는 프로세서에서는 19 번째 클록 사이클에서 실행되는 것을 볼 수 있다. 예측 실행을 지원하지 않는 프로세서에서 완료율은 이슈율에 비하여 빠르게 감소하기 때문에 몇 개의 반복만 이슈되면 프로세서는 스톨하게 될 것이다. 이 프로세서의 성능은 로드 명령이 분기가 결정되기 전에 유효 주소 계산을 완료하도록 허락한다면 향상될 수 있다. 하지만 메모리 액세스 역시 예측 실행을 허락하지 않는다면 이러한 성능 향상은 반복마다 1 클록 사이클을 줄이는 것에 불과할 것이다.

이 예제는 데이터 종속적인 분기가 성능을 제한하는 경우 예측 실행이 어떻게 성능을 향상시켜줄 수 있는지를 분명하게 보여 준다. 하지만 이러한 장점 역시 분기 예측의 정확성에 달려 있다. 정확하지 않은 예측 실행은 성능을 향상시키지 못할 뿐만 아니라 오히려 성능 저하의 원인이 되기 때문이다.

반복 횟수	명령어		이슈되는 클록 사이클 번호	실행되는 클록 사이클 번호	메모리 액세스가 발생하는 클록 사이클 번호	CDB에 쓰는 클록 사이클 번호	설명
1	LD	R2,0(R1)	1	2	3	4	First issue
1	DADDIU	R2,R2,#1	1	5		6	Wait for LW
1	SD	R2,0(R1)	2	3	7		Wait for DADDIU
1	DADDIU	R1,R1,#8	2	3		4	Execute directly
1	BNE	R1,R3,LOOP	3	7			Wait for DADDIU
2	LD	R2,0(R1)	4	8	9	10	Wait for BNE
2	DADDIU	R2,R2,#1	4	11		12	Wait for LW
2	SD	R2,0(R1)	5	9	13		Wait for DADDIU
2	DADDIU	R1,R1,#8	5	8		9	Wait for BNE
2	BNE	R2,R3,LOOP	6	13			Wait for DADDIU
3	LD	R2,0(R1)	7	14	15	16	Wait for BNE
3	DADDIU	R2,R2,#1	7	17		18	Wait for LW
3	SD	R2,0(R1)	8	15	19		Wait for DADDIU
3	DADDIU	R1,R1,#8	8	14		15	Wait for BNE
3	BNE	R2,R3,LOOP	9	19			Wait for DADDIU

그림 2.20 예측 실행을 지원하지 않는 2-이슈 프로세서 버전에서의 이슈, 실행, 결과 쓰기 단계의 시간. BNE 다음의 LD는 분기 결과가 결정될 때까지 기다려야 하기 때문에 실행을 앞당길 수는 없다. 이와 같이 데이터 종속적인 분기를 가진 프로그램은 예측 실행의 장점을 보여 준다. 주소 계산, ALU 연산, 분기 조건 평가에 각각 독립적인 기능 장치를 가정하였기 때문에 같은 사이클에 여러 명령이 실행될 수 있다. 그림 2.21은 예측 실행을 지원하는 프로세서에서 같은 예제의 실행을 보여 준다.

2.9 명령어 전달과 예측 실행을 위한 첨단 기술

고성능 파이프라인, 특히 다중 이슈 프로세서에서 정확한 분기 예측만으로는 충분하지 않으며 실제로 고 대역폭으로 명령어 스트림을 전달할 수 있어야 한다. 이는 최신 다중 프로세서에서 매 클록마다 4~8개의 명령을 전달하는 것을 의미한다. 이 절에서는 먼저 명령어 전달 대역폭을 증가시키는 방법을 살펴본 후, 레지스터 리네이밍과 재정렬 버퍼, 적극적인 예측 실행, 값 예측이라 불리는 기술 등 ILP를 더욱 향상시킬 수 있는 고급 예측 실행 기술들을 구현하는 핵심 이슈들을 논의할 것이다.

명령어 인출 대역폭의 증대

다중 이슈 프로세서에서 매 사이클당 인출되는 명령어들의 평균 숫자는 최소한 매 사이클당 처리되는 명령어들의 평균 숫자보다는 커야 한다. 물론, 이러한 명령어

반복 횟수	명령어		이슈되는 클록 사이클 번호	실행되는 클록 사이클 번호	읽기 액세스가 발생하는 클록 사이클 번호	CDB에 쓰는 클록 사이클 번호	완료되는 클록 사이클 번호	설명
1	LD	R2,0(R1)	1	2	3	4	5	First issue
1	DADDIU	R2,R2,#1	1	5		6	7	Wait for LW
1	SD	R2,0(R1)	2	3			7	Wait for DADDIU
1	DADDIU	R1,R1,#8	2	3		4	8	Commit in order
1	BNE	R2,R3,LOOP	3	7			8	Wait for DADDIU
2	LD	R2,0(R1)	4	5	6	7	9	No exeute delay
2	DADDIU	R2,R2,#1	4	8		9	10	Wait for LW
2	SD	R2,0(R1)	5	6			10	Wait for DADDIU
2	DADDIU	R1,R1,#8	5	6		7	11	Commit in order
2	BNE	R2,R3,LOOP	6	10			11	Wait for DADDIU
3	LD	R2,0(R1)	7	8	9	10	12	Earliest possible
3	DADDIU	R2,R2,#1	7	11		12	13	Wait for LW
3	SD	R2,0(R1)	8	9			13	Wait for DADDIU
3	DADDIU	R1,R1,#8	8	9		10	14	Executes earlier
3	BNE	R2,R3,LOOP	9	13			14	Wait for DADDIU

그림 2.21 예측 실행을 지원하는 2-이슈 프로세서 버전에서의 이슈, 실행, 결과 쓰기 단계의 시간. 예측 실행으로 인하여 BNE 다음의 LD가 실행을 일찍 시작할 수 있음에 주목하라.

인출은 명령어 캐시로 가는 경로 폭이 충분히 넓어야 할 것을 요구하지만 가장 어려운 점은 분기를 어떻게 처리하느냐 하는 것이다. 이 절에서는 분기를 다루는 두 가지 방법을 살펴보고 최신 프로세서에서 분기 예측과 명령어 프리페치(prefetch) 기능을 어떻게 통합하는지 논의한다.

분기 목적 주소 버퍼

분기 예측 실패 부담을 줄이기 위해서는 아직 해독되지 않은 명령이 분기 명령인지 그 경우 다음 PC는 어떤 값이 될 지를 예측하여야 한다. 만약 이 명령이 분기 명령이고 다음 PC 값을 예측할 수 있다면 분기 예측 실패의 부담은 없다. 분기 다음 명령에 대한 예측 주소를 저장한 분기 예측 캐시를 *분기 목적 주소 버퍼(branch target buffer)* 또는 *분기 목적 주소 캐시(branch target cache)*라 부른다. 그림 2.22는 분기 목적 주소 버퍼를 보여 준다.

분기 목적 주소 버퍼가 명령어를 해독하기 *전에* 다음 명령의 주소를 예측하여야 하기 때문에 인출된 명령의 분기가 발생할 것인지 알 수 있어야 한다. 만약 인출된 명령의 PC가 예측 버퍼의 태그 값과 일치한다면 해당하는 버퍼 엔트리의 예측 PC 값이 다음 PC 값으로 사용된다. 이러한 분기 목적 주소 버퍼 하드웨어는 본질적으

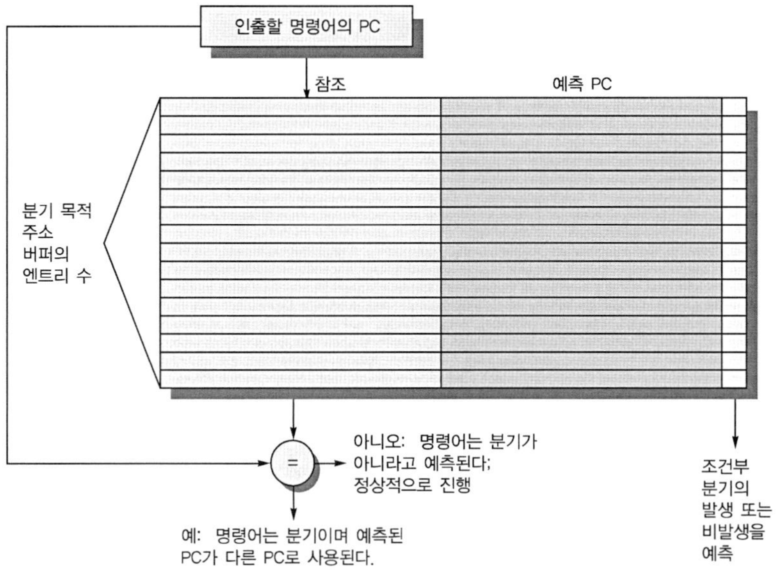

그림 2.22 분기 목적 주소 버퍼. 인출된 명령의 PC 값이 첫 번째 열에 저장된 명령어 주소들과 비교된다. 이 저장된 명령어 주소들은 알려진 분기 명령의 주소를 표현한다. 만약 PC 값이 버퍼 엔트리 중 하나와 일치한다면 이 명령은 분기가 발생한 명령으로 예측되고, 두 번째 필드인 예측 PC는 분기 다음의 PC에 대한 예측 값을 나타내며 다음 명령어 인출은 이 주소로부터 바로 시작된다. 세 번째 필드는 선택 사항이며 분기 조건 예측에 필요한 상태 비트들로 사용된다.

로 캐시 하드웨어와 동일하다.

만약 일치하는 엔트리가 분기 목적 주소 버퍼에서 발견되면 다음 명령어 인출은 예측된 PC로부터 바로 시작된다. 분기 예측 버퍼와는 달리 예측된 PC 값이 이 명령이 분기 명령인지를 확인하기 전에 산출되어야 하기 때문에 예측 엔트리의 태그는 이 명령의 주소와 일치하여야 한다. 만약 프로세서가 이러한 태그 비교 없이 예측 PC 값을 내보내는 경우 잘못된 PC 값이 분기가 아닌 명령으로 보내지게 되어 프로세서의 성능을 저하시킬 것이다. 분기가 발생하지 않은 분기 명령은 다른 명령들처럼 다음의 순차적 명령을 인출하기 때문에 이 분기 목적 주소 버퍼에는 분기가 발생할 것으로 예측되는 분기 명령만 저장하여야 한다.

그림 2.23은 단순한 5-단계 파이프라인에서 분기 목적 주소 버퍼를 사용할 경우의 단계별 상세 과정을 보여 준다. 이 그림으로부터 만약 분기 예측 엔트리가 버퍼로부터 발견되고 예측이 올바른 경우 분기로 인한 지연은 발생하지 않음을 알 수 있다. 그렇지 않은 경우는 최소한 2 클록 사이클의 지연이 발생한다. 분기 예측 실패와 미스는 명령어 인출을 중단시키고 버퍼 엔트리를 다시 입력하여야 하므로 상당한 문제를 야기하게 된다. 따라서 이 부담을 최소화하기 위해서는 가능한 이 과정을 빨리 처리하여야 한다.

분기 목적 주소 버퍼의 작동을 평가하려면 모든 가능한 경우에 발생하는 오버헤드를 결정하여야 한다. 그림 2.24는 단순한 5-단계 파이프라인에서의 경우를 보여 준다.

예제 그림 2.24에서 제시한 개별 분기 예측 실패 페널티를 가정한 경우 분기 목적 주소 버퍼의 전체 분기 실패 페널티를 계산하라. 예측 정확성과 히트율에 대하여 다음의 가정을 사용하라.

- (버퍼의 명령어들에 대한) 예측 정확성은 90%.
- (분기가 발생할 것으로 예측되는 분기 명령에 대한) 버퍼에서의 히트율은 90%.

해답 페널티는 다음의 두 사건의 확률로 판단할 수 있다: 분기가 발생할 것으로 예측되었으나 실제로는 발생하지 않는 경우와 분기가 발생하였지만 버퍼에 없을 경우. 이 두 경우 모두 페널티는 2 사이클이다.

(분기가 버퍼에는 있지만 실제로 발생하지 않은 경우) 확률 = 버퍼 히트율 × 예측 실패율
= 90% × 10% = 0.09
(분기가 버퍼에는 없지만 발생할 경우) 확률 = 10%
분기 페널티 = (0.09 + 0.10) × 2 = 0.38

이 페널티는 부록 A에서 계산된 지연 분기의 페널티인 분기당 0.5 클록 사이클과 비교된다. 하지만 동적 분기 예측으로 인한 성능 향상은 파이프라인의 길이가 길수록 분기 지연이 커질수록 증대되는 것에 주목하라. 또한 더 우수한 예측기를 사용하면 성능 향상의 장점은 더욱 커질 것이다.

분기 목적 주소 버퍼의 또 다른 버전은 예측된 *목적 주소(target address)*에 추가하여 혹은 그 대신에 하나 이상의 *목적 명령어(target instruction)*들을 직접 저장하는 것이다. 이러한 변형은 두 가지 장점을 가진다. 첫 번째, 이는 분기 목적 주소 버퍼로의 액세스가 연속적인 명령어 인출 시간보다 오래 걸리는 것을 허락하기 때문에 더 큰 분기 목적 주소 버퍼를 설계할 수 있다. 두 번째, 실제 목표 명령들을 버퍼링하는 것은 *분기 폴딩(branch folding)*이라 불리는 최적화 수행을 가능하게 한다. 분기 폴딩은 0-사이클의 무조건부 분기와 때로는 0-사이클의 조건부 분기의 구현을 가능하게 한다. 예측된 경로로부터의 명령들을 저장하고 무조건부 분기의 주소로 액세스되는 분기 목표 주소 버퍼를 고려하여 보자. 무조건부 분기의 유일한 기능은 PC를 변경하는 것이다. 따라서 분기 목적 주소 버퍼에서 히트가 발생하면 이 분기는 무조건부 분기임을 나타내게 되고 파이프라인은 캐시로부터 인출된 명령 (무조건부 분기에 해당) 대신에 분기 목표 주소 버퍼로부터 명령을 인출하면 된다. 프로세서가 다중 이슈 프로세서인 경우에는 최대 장점을 살리기 위해서 이 버퍼는 여러 개의 명령들을 제공하여야 한다. 또 조건 코드가 이미 정해진 일부 경우에는 조건부 분기의

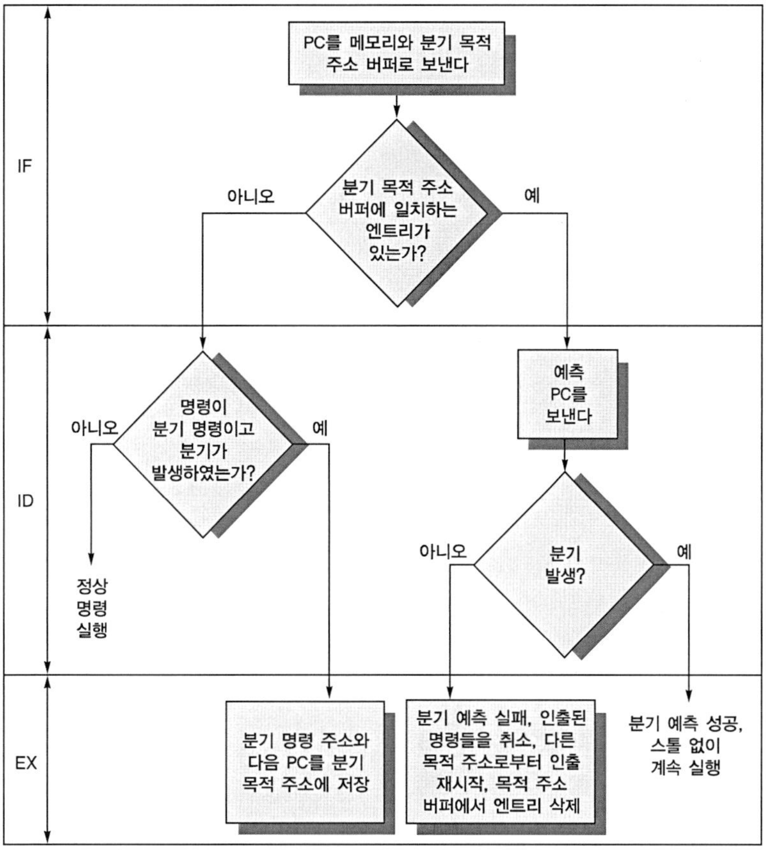

그림 2.23 분기 목적 주소 버퍼를 사용하여 명령어를 처리하는 과정.

버퍼에 명령이 존재	예측	실제 분기	페널티 사이클 수
예	taken	taken	0
예	taken	not taken	2
아니오		taken	2
아니오		not taken	0

그림 2.24 버퍼에 발생한 분기만 저장하는 경우에 분기가 버퍼에 있는지, 또 분기가 어떻게 실행되는지 모든 가능한 조합에 대한 페널티. 모든 것이 완벽하게 예측되고 분기가 목적 주소 버퍼로부터 발견되는 경우에 분기 페널티는 없다. 분기가 잘못 예측된 경우, 정확한 정보로 버퍼를 갱신하는 데 필요한 페널티가 1 클록 사이클(이 기간 동안 명령어 인출을 할 수 없음)이고 필요한 경우, 분기 이후의 정확한 주소로부터 다음 명령을 인출하는 데 필요한 페널티가 추가적으로 1 클록 사이클이다. 분기가 버퍼에 없지만 실제로 발생하는 경우는 2 사이클의 페널티가 요구되며 이 동안 버퍼는 갱신되어진다.

비용 역시 제거할 수 있다.

분기 목적 주소 버퍼의 또 다른 버전은 예측된 *목적 주소(target address)*에 추가하여 혹은 그 대신에 하나 이상의 *목적 명령어(target instruction)*들을 직접 저장하는 것이다. 이러한 변형은 두 가지 장점을 가진다. 첫 번째, 이는 분기 목적 주소 버퍼로의 액세스가 연속적인 명령어 인출 시간보다 오래 걸리는 것을 허락하기 때문에 더 큰 분기 목적 주소 버퍼를 설계할 수 있다. 두 번째, 실제 목표 명령들을 버퍼링하는 것은 *분기 폴딩(branch folding)*이라 불리는 최적화 수행을 가능하게 한다. 분기 폴딩은 0-사이클의 무조건부 분기와 때로는 0-사이클의 조건부 분기의 구현을 가능하게 한다. 예측된 경로로부터의 명령들을 저장하고 무조건부 분기의 주소로 액세스되는 분기 목표 주소 버퍼를 고려하여 보자. 무조건부 분기의 유일한 기능은 PC를 변경하는 것이다. 따라서 분기 목적 주소 버퍼에서 히트가 발생하면 이 분기는 무조건부 분기임을 나타내게 되고 파이프라인은 캐시로부터 인출된 명령 (무조건부 분기에 해당) 대신에 분기 목표 주소 버퍼로부터 명령을 인출하면 된다. 프로세서가 다중 이슈 프로세서인 경우에는 최대 장점을 살리기 위해서 이 버퍼는 여러 개의 명령들을 제공하여야 한다. 또 조건 코드가 이미 정해진 일부 경우에는 조건부 분기의 비용 역시 제거할 수 있다.

복귀 주소 예측기(Return Address Predictors)

예측 실행의 기회와 정확성을 증가시키려는 시도는 실행 시간에 목표 주소의 값이 변화하는 간접 점프의 예측이라는 이슈에 직면하게 된다. 고급 언어로 작성된 프로그램은 간접적인 프로시저 호출이나 SELECT 또는 CASE 문, FORTRAN의 Computed Goto 등의 사용으로 인하여 이와 같은 간접 분기를 발생시키기도 하지만 간접 점프의 대부분은 프로시저 복귀에 의해 발생한다. 예를 들어, SPEC95 벤치마크의 경우, 프로시저 복귀는 전체 분기의 15% 이상을 차지하며 평균적으로 간접 점프의 가장 큰 부분을 차지한다. C++, Java와 같은 객체 지향 언어의 경우 프로시저 복귀는 더 자주 발생한다. 따라서 프로시저 복귀에 중점을 두는 것은 적합한 것으로 판단된다.

비록 프로시저 복귀가 분기 목표 주소 버퍼로 예측될 수도 있지만 프로시저가 여러 곳에서 호출되고 한 곳으로부터의 호출이 시간적으로 집중되지 않는다면 이러한 예측 기술의 정확성은 높지 않을 것이다. 예를 들어, SPEC CPU95의 경우 아주 정교한 분기 예측기를 사용하더라도 복귀 주소에 대한 예측 정확도는 평균적으로 60% 이하이다. 이러한 문제를 해결하기 위해 설계자들은 스택 형태의 복귀 주소를 저장한 작은 버퍼를 사용한다. 이러한 구조는 프로시저 호출 시에는 복귀 주소를 스택에 저장하고 복귀할 때 팝(pop)을 수행하여 최근에 참조된 복귀 주소들을 캐시한다. 만약 이러한 캐시가 충분히 크다면 (최대 호출 깊이만큼 크다면) 복귀 주소는 완벽하게 예측될 수 있다. 그림 2.25는 SPEC CPU95 벤치마크의 경우에 0-16 엔트리를 사용한 복귀 주소 버퍼의 성능을 보여 준다. 3.2절에서 ILP를 논의할 때에도 유사한 복귀 주소 예측기를 사용할 것이다.

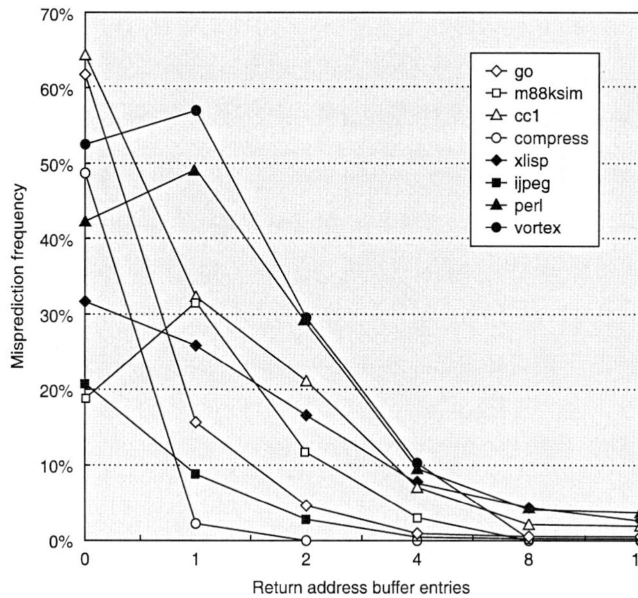

그림 2.25 SPEC CPU95 벤치마크에서 스택으로 동작하는 복귀 주소 버퍼의 예측 정확성. 정확성은 올바르게 예측된 복귀 주소의 비율이다. 0 엔트리 버퍼는 표준 분기 예측기가 사용되었음을 나타낸다. 몇몇 예외의 경우를 제외하고는 호출의 깊이는 일반적으로 크지 않기 때문에 크지 않은 버퍼를 사용하여도 정확성이 상당히 높은 것을 알 수 있다. 이 데이터는 Skadron등의 연구(1999)로부터 발췌한 것이며 캐시된 복귀 주소가 오염되는 것을 방지하기 위한 기술이 적용되었다.

통합된 명령어 인출 장치

다중 이슈 프로세서의 요구를 만족시키기 위해 최근의 설계들은 명령어들을 파이프라인의 다른 부분에 공급하는 독립적인 장치로서 통합된 명령어 인출 장치를 구현하고 있다. 본질적으로 이는 다중 이슈 파이프라인의 복잡성을 고려할 때, 명령어 인출을 하나의 단순한 파이프라인 단계로 인식할 수 없다는 점에 근거한다.

대신에 최신의 설계들은 다음의 여러 기능을 통합한 통합적인 명령어 인출 장치를 사용하였다.

1. 통합된 분기 예측 – 분기 예측기는 명령어 인출 장치의 일부분이 되었으며 인출 파이프라인을 가동시키기 위해 연속적으로 분기 예측을 수행한다.

2. 명령어 프리페치 (instruction prefetch) – 매 클록마다 여러 명령을 전달하기 위해서 명령어 인출 장치는 좀 더 앞서서 인출할 필요가 있다. 인출 장치는 자동적으로 명령어들의 프리페치를 관리하며 (5장에서 이 기술에 대하여 논의한다.) 이 기능은 분기 예측과 통합되어 있다.

3. 명령어 메모리 액세스와 버퍼링 – 매 사이클마다 여러 명령을 인출하려면 여러 가지 복잡성을 동반한다. 그 중 한 가지는 여러 캐시 라인을 동시에 액세스할 필요가

있다는 점이다. 명령어 인출 장치는 캐시 블록을 뛰어 넘어 여러 명령들을 액세스 하는 부담을 덜어주기 위해 프리페치를 사용하기도 한다. 또한 인출 장치는 명령어 요구에 따라 필요한 명령들을 이슈 단계에 제공하기 위해 버퍼링을 수행하기도 한다.

설계자들은 클록당 실행하는 명령어 수를 증가시키면서 명령어 인출은 점점 더 중요한 병목 현상이 되고 있으며 필요한 속도로 명령어를 전달하기 위해서는 더욱 정교하고 새로운 기술들이 요구된다. *트레이스 캐시(trace cache)*는 이러한 새로운 아이디어 중 하나로 Pentium 4에 사용되었으며 부록 C에서 설명한다.

예측 실행: 구현 이슈와 확장 기술

이 절에서는 예측 실행과 관련된 세 가지 이슈를 논의한다. 먼저, 재정렬 버퍼의 사용을 거의 완전히 대체한 레지스터 리네이밍 기술부터 살펴보자. 그 다음 제어 흐름에 대한 예측 실행을 확장시킬 수 있는 새로운 중요한 기술인 값 예측(value prediction)이란 방법에 대하여 논의할 것이다.

예측 실행 지원: 레지스터 리네이밍 대 재정렬 버퍼

재정렬 버퍼(ROB)에 대한 한 가지 대안은 레지스터 리네이밍과 함께 더 많은 수의 물리적 레지스터들을 사용하는 것이다. 이 방식은 토마줄로 알고리즘에서 사용된 레지스터 리네이밍 개념을 확장하였다. 토마줄로 알고리즘에서 *아키텍처 상에 보이는 레지스터들*(R0, ..., R31과 F0, ..., F31)의 값들은 실행 중에 항상 레지스터 파일과 예약 스테이션의 조합에 포함되어 있다. 예측 실행을 추가하면 레지스터 값들은 ROB에 잠시 머무를 수도 있다. 프로세서가 한 동안 새로운 명령들을 이슈하지 않는다면 모든 기존의 명령들은 완료되어 질 것이고 레지스터 값들은 레지스터 파일에 반영되며 이는 바로 아키텍처 상에 보이는 레지스터에 해당한다.

레지스터 리네이밍 방식에서는 확장된 물리적 레지스터 집합이 아키텍처 상에 보이는 레지스터들뿐만 아니라 임시 값들을 저장하는 데 사용된다. 따라서 이러한 확장된 레지스터들은 ROB와 예약 스테이션의 기능을 대체한다. 명령어 이슈 단계에서 리네이밍 과정은 아키텍처 레지스터의 이름을 확장된 레지스터 집합의 물리적 레지스터 번호로 사상시키며 명령의 결과를 저장할 레지스터에는 새로운 레지스터를 할당한다. WAR와 WAW 해저드는 이러한 목적 레지스터에 대한 리네이밍에 의해 해결되며 예측 실행에 대한 복구 역시 명령의 결과를 저장한 물리적 레지스터가 명령이 완료될 때까지는 아키텍처 레지스터가 되지 않으므로 해결할 수 있다. 리네이밍 표(renaming map)는 특정 아키텍처 레지스터에 해당하는 현재 물리적 레지스터 번호를 제공하는 간단한 데이터 구조이다. 이 구조는 토마줄로 알고리즘의 레지스터 상태 테이블과 기능과 구조면에서 유사하다. 명령이 완료되면 물리적 레지스터가 실제 아키텍처 레지스터가 되었음을 표시하도록 리네이밍 표가 영구히 갱신되고 이는 실질적으로 프로세서 상태의 갱신을 완료하게 된다.

ROB 방식에 비하여 리네이밍 방식의 장점은 명령의 완료가 간단해졌다는 점이다. 명령의 완료는 두 간단한 작업에 의해 실행되는데 먼저 아키텍처 레지스터 번호와 물리적 레지스터 번호 사이의 사상이 더 이상 예측 값이 아니라고 기록하는 것과 아키텍처 레지스터의 오래된 값을 저장하던 물리적 레지스터를 더 이상 사용 중이 아니라고 기록하는 것이다. 예약 스테이션을 사용한 설계에서는 예약 스테이션의 엔트리는 이 명령이 실행을 완료하면 반환되고 ROB 엔트리는 대응하는 명령이 완료될 때 반환된다.

레지스터 리네이밍을 사용할 때 레지스터의 반환 작업은 더욱 복잡해진다. 왜냐하면 물리적 레지스터를 반환하기 전에 이 레지스터가 더 이상 아키텍처 레지스터에 해당하지 않고 다른 어떤 명령도 이 레지스터를 더 이상 사용하지 않는 다는 것을 확인하여야 하기 때문이다. 물리적 레지스터는 아키텍처 레지스터가 갱신되기 전까지는 아키텍처 레지스터의 역할을 수행한다. 아키텍처 레지스터의 값이 갱신되면 리네이밍 표는 다른 레지스터를 가리키게 된다. 따라서 어떤 리네이밍 엔트리도 특정 물리적 레지스터를 가리키지 않는다면 이 물리적 레지스터는 더 이상 아키텍처 레지스터에 해당하지 않는다. 하지만 아직 완료되지 않은 다른 명령이 아직도 이 물리적 레지스터를 사용할 수 있다. 프로세서는 기능 장치 큐에 저장된 모든 명령의 소스 레지스터를 검사하여 이를 확인할 수 있다. 만약 주어진 물리적 레지스터가 소스로 사용되지 않았고 또한 아키텍처 레지스터로 표시되지 않는다면 이 레지스터는 반환되어 다시 사용될 수 있다.

또 다른 대안은 프로세서가 같은 아키텍처 레지스터에 쓰기를 수행하는 또 다른 명령이 완료될 때까지 기다리는 것이다. 이 시점에서는 다른 어떤 명령도 이전의 값을 사용하지는 않을 것이다. 비록 이 방법이 물리적 레지스터를 필요 이상으로 약간 오랫동안 점유하기는 하지만 구현이 쉽기 때문에 여러 최신 슈퍼스칼라 프로세서에서 사용되었다.

한 가지 의문점은 아키텍처 레지스터가 계속해서 변하는 상황에서 어떤 레지스터가 아키텍처 레지스터인지 어떻게 판단하느냐 하는 문제이다. 프로그램이 실행 중인 대부분의 시간에 이 이슈는 별로 중요하지 않다. 하지만, 운영 체제와 같은 다른 프로세스가 특정 아키텍처 레지스터의 내용을 정확히 판단하여야 하는 경우가 종종 있다. 이 기능이 어떻게 제공되는지 이해하기 위해 프로세서가 일정 시간동안 명령을 이슈하지 않는다고 가정하자. 궁극적으로 파이프라인의 모든 명령들이 완료되어질 것이며 아키텍처 레지스터와 물리적 레지스터 사이의 사상은 안정화될 것이다. 이 시점에서 물리적 레지스터들의 일부분은 아키텍처 레지스터를 포함하게 될 것이고 아키텍처 레지스터와 연관이 없는 물리적 레지스터들은 더 이상 필요하지 않게 될 것이다. 따라서 이 때 쉽게 아키텍처 레지스터에 속한 물리적 레지스터의 값들을 다른 프로세스에 전달할 수 있다.

과거 몇 년간 Pentium 시리즈와 MIPS R12000, Power와 PowerPC 프로세서를 포함해서 대부분의 고성능 마이크로프로세서들은 레지스터 리네이밍 기술을 사용하였고 이에 따라 20에서 80개의 여분의 레지스터를 추가하였다. 모든 명령어가 완료되기 전까지 결과 값에 새로운 가상의 레지스터를 할당받기 때문에 여분의 레지스터들은 ROB의 주요 기능을 대체하게 되었고 이 여분의 레지스터 숫자가 한 순간에 최대 실행할 수 있는 명령의 수를 결정한다.

얼마만큼 예측 실행을 할 것인지

예측 실행의 한 가지 주요 장점은 캐시 미스와 같이 파이프라인을 스톨시키는 사건을 조기에 발견하는 기능이다. 하지만 이러한 장점은 또 다른 중대한 단점을 동반한다. 예측 실행은 대가를 지불한다는 점이다. 예측 실행은 시간과 에너지를 소비하며 잘못된 예측으로 인한 복구는 성능을 저하한다는 점이다. 추가적으로 예측 실행의 장점을 살리기 위해 명령어 처리 속도를 증가시키면 프로세서는 실리콘 면적과 전력 소비를 증가시키는 추가적인 자원을 사용하여야 한다는 점이다. 마지막으로 예측 실행이 캐시나 TLB 미스와 같이 예외적인 상황을 야기하는 경우에는 성능 저하 문제가 더 심각해 질 수 있다. 왜냐하면 예측 실행을 하지 않은 경우 이러한 예외 상황은 발생하지 않기 때문이다.

단점은 최소화하면서 장점을 최대한 살리기 위해 예측 실행을 지원하는 대부분의 파이프라인은 예측 실행 모드에서는 (L1 캐시 미스와 같이) 적은 비용의 예외적인 사건의 처리만을 허락한다. L2 캐시 미스나 TLB 미스와 같이 보다 큰 비용의 예외적인 사건이 발생하면 프로세서는 이 사건을 처리하기 전에 이 사건을 야기한 명령이 더 이상 예측 실행이 아니라고 판단될 때까지 대기한다. 비록 이 방법이 일부 프로그램의 성능을 약간 저하시킬 수도 있지만 그 밖의 경우의 성능 저하를 피할 수 있다. 특히 분기 예측의 성공률이 낮고 이러한 사건이 자주 발생하는 경우에는 이 방법이 필수적이다.

1990년대에 예측 실행의 잠재적 단점은 분명하지 않았다. 프로세서가 진화함에 따라 예측 실행의 실제 비용은 더욱 명백하게 되었으며 이슈 폭의 증가와 예측 실행의 문제점은 더욱 분명해졌다. 이 이슈는 다음 장에서 또 살펴보기로 하자.

여러 분기를 넘어서 예측 실행하는 이슈

지금까지 이 장에서 살펴보았던 예제에서 실제로 한 분기를 해결하기 전에 또 다른 분기를 예측 실행하는 것이 가능하다. 동시에 여러 분기를 예측 실행하는 것은 다음의 세 가지 상황에서 도움이 된다. 분기의 발생 빈도가 아주 높은 경우, 분기가 상당히 밀집되어 있는 경우, 또 기능 장치의 지연시간이 긴 경우. 첫 번째와 두 경우, 고성능을 달성하기 위해서는 여러 분기에 대하여 예측 실행을 수행하여야 하며 때로는 매 클록마다 여러 분기에 대한 예측 실행을 수행하여야 한다. 데이터베이스 프로그램이나 그 밖의 덜 구조화된 정수 프로그램이 이러한 특성을 갖고 있으며 이 경우 여러 분기에 대한 예측 실행이 중요하다. 마찬가지로 기능 장치에서의 지연시간이 큰 경우 긴 파이프라인 지연으로부터의 스톨을 피하기 위해서는 여러 분기를 동시에 예측하는 것이 중요하다.

여러 분기에 대하여 예측 실행하는 것은 예측 실행의 복구를 조금 복잡하게 만들기는 하지만 그 밖에는 상당히 직관적이다. 좀 더 복잡한 기술은 한 사이클에 하나 이상의 분기를 예측하고 실행하는 것이다. IBM Power2는 매 사이클마다 두 개의 분기 명령을 처리할 수 있지만 다른 명령에 대해서는 더 이상 예측 실행을 수행하지는 않았다. 2005년까지 어떠한 프로세서도 사이클당 여러 분기 명령의 예측과 완벽한 예측 실행을 모두 사용하지는 않고 있다.

값 예측

프로그램에서 사용 가능한 ILP를 증가시키는 한 가지 방법은 값 예측 기술이다. *값 예측(value prediction)*은 명령의 결과 값을 예측하는 것이다. 대부분의 명령이 매번 실행할 때마다 다른 결과를 산출하므로 값 예측은 제한적인 성공만을 얻을 수 있을 것이다. 하지만 특정 명령의 경우 결과 값을 예측하기가 쉽다. 예를 들어, 일정 값의 집합에서 상수 값을 로드하는 명령이나 자주 변경되지 않는 값을 로드하는 명령의 경우가 그러하다. 또한, 어떤 명령이 몇 가지 잠재적인 결과 값들 중 하나를 산출하는 경우 실제 예와 결과 값을 관련지우지 않고도 결과 값을 예측할 수도 있다.

값 예측은 사용 가능한 ILP를 증가시킬 수 있는 경우 유익하다. 예측된 값이 종속적인 연속적인 계산 과정의 소스로 사용되어지는 경우 이 가능성이 가장 크다. 값 예측 기법은 예측 실행을 향상시키기 위해 사용되므로 부정확한 예측 실행은 심각한 성능 저하를 야기할 수 있기 때문에 예측의 정확성은 매우 중요하다.

값 예측의 대부분의 연구는 로드에 집중되었다. 로드 값 예측기의 최대 정확성은 이 로드의 최근 실행 결과와 로드가 전달하는 결과가 얼마나 일치하는지 조사함으로써 평가할 수 있다. 가장 간단한 경우는 로드가 리턴하는 값이 가장 최근에 실행된 로드 값과 일치하는 경우이다. SPEC CPU2000 벤치마크의 경우 이러한 중복성의 비율은 최소 5%이하에서 최대 거의 80%에 육박하기도 한다. 만약 로드가 가장 최근에 전달한 16개 값 중 어느 하나와도 일치하도록 확장하는 경우 일치할 확률은 증가하며 여러 벤치마크에서 80%의 일치율을 보여 준다. 물론 16개 중 하나와 일치한다는 것이 어떻게 값을 예측할 수 있는지 알려 주지는 않지만 추가적인 정보를 저장하더라도 예측 정확도가 80%를 초과할 수 없음을 보여 준다.

예측 실패의 비용이 크고 예측 실패 확률이 높기 때문에 (20%에서 50%) 지금까지의 연구는 좀 더 예측 가능한 로드와 이에 대한 평가에 집중되었다. 이 결과 예측 실패율은 낮아졌지만 예측을 통해 성능을 향상시킬 수 있는 후보들의 수는 감소되었다. 한 가지 극단적인 방법은 항상 같은 값을 리턴하는 로드만 예측하는 것이고 이 경우 10%에서 15%의 로드가 예측될 수 있다. 값 예측에 대한 연구는 계속되고 있지만 지금까지의 결과는 상용 프로세서에 이 기능을 적용하기에는 충분하지 않았다.

값 예측과 관련이 있으며 최근에 적용되기 시작한 한 가지 간단한 아이디어는 주소 에일리어스(alias)의 예측이다. *주소 에일리어스 예측(address aliasing prediction)*은 두 스토어나 로드와 스토어가 같은 메모리 주소를 참조하는지 예측하는 간단한 기술이다. 만약 두 메모리 액세스가 같은 주소를 참조하지 않는다면 이들의 순서를 안전하게 바꿀 수 있다. 그렇지 않은 경우에는 이 명령들에 의해 참조되는 주소가 알려질 때까지 기다려야 한다. 주소 값을 실제로 예측하기 보다는 이 값들이 충돌하는지만 예측하면 되므로 이 예측은 보다 쉽고 안정적으로 수행할 수 있다. 따라서 이와 같은 제한된 형태의 주소 값 예측이 일부 프로세서에 의해 사용되고 있다.

2.10 종합: 인텔 Pentium 4

Computer Architecture

Pentium 4는 다중 이슈와 예측 실행을 지원하는 고성능 파이프라인 구조의 프로세서이다. 이 절에서는 Pentium 4 마이크로구조의 주요 기술을 논의하고 SPEC CPU 벤치마크에서의 성능을 살펴본다. Pentium 4는 다음 장에서 논의할 멀티쓰레딩을 또한 지원한다.

Pentium 4는 다중 이슈와 빠른 클록 속도를 결합하여 명령어 처리 속도를 증가시키는 깊은 파이프라인 구조의 Netburst라 불리는 매우 고성능의 비순차적 예측 실행을 지원하는 마이크로구조를 사용한다. Pentium 3에서 사용된 마이크로구조와 같이 전단의 디코더는 각 IA-32 명령을 RISC와 유사한 마이크로 연산(uop) 시퀀스로 번역한다. 이후 이 uop들은 동적으로 스케줄되는 파이프라인에 의해 실행된다.

Pentium 4는 IA-32 명령들을 저장하는 일반적인 캐시가 아니라 uop 명령어 스트림을 저장하는 최신의 *실행 트레이스 캐시(execution trace cache)*를 사용한다. *트레이스 캐시*는 분기에 의해 분리된 인접하지 않은 명령어 시퀀스를 저장하는 명령어 캐시의 유형으로 일반적인 캐시에서 이용되는 공간적 지역성(spatial locality) 대신에 명령어 실행 시퀀스의 시간적 지역성(temporal locality)을 활용한다. 트레이스 캐시는 부록 C에서 상세히 설명한다.

Pentium 4의 트레이스 캐시는 디코딩 된 IA-32 명령어 스트림에 해당하는 uop들로 구성된 트레이스 캐시이다. 실행 트레이스 캐시로부터 파이프라인에 명령들을 제공함으로써 Pentium 4는 트레이스 캐시에서 히트하는 경우 IA-32 명령을 다시 디코딩할 필요가 없다. 트레이스 캐시에서 미스하는 경우에만 L2 캐시로부터 IA-32 명령이 인출되어 디코딩 된 후 실행 트레이스 캐시에 채워진다. 매 사이클마다 최대 3개의 IA-32 명령이 디코딩되고 번역되어 최대 6개의 uop이 생성된다. 하나의 IA-32 명령이 세 개 이상의 uop을 필요로 하는 경우에는 마이크로코드 ROM이 해당하는 uop 시퀀스를 생성한다.

실행 트레이스 캐시는 uop 분기의 결과를 예측하는 자신만의 분기 목표 주소 버퍼를 갖고 있다. 실행 트레이스 캐시에서의 높은 히트율(예를 들어, SPEC CPUINT 2000 벤치마크에서 트레이스 캐시 미스율이 0.15%보다 작은 경우)은 IA-32 명령의 인출과 디코딩이 거의 필요하지 않음을 의미한다.

실행 트레이스 캐시로부터 uop을 인출한 후 2.6절에서와 유사하게 uop들은 비순차적 예측 실행 파이프라인에 의해 실행되나 재정렬 버퍼 대신에 레지시트 리네이밍이 사용된다. 매 클록마다 최대 3개의 uop이 리네이밍된 후 기능 장치 큐로 디스패치(dispatch)되어 지고 매 클록 사이클마다 최대 3개의 uop이 완료된다. 4개의 디스패치 큐가 존재하여 매 클록 사이클마다 최대 6개의 uop이 기능 장치로 디스패치된다. 로드와 스토어 장치는 자체적인 각각 자신의 디스패치 포트를 가지고 있고 또 다른 포트는 ALU 연산을 담당하며 4 번째 포트는 FP와 정수 연산을 담당한다. 그림 2.26은 마이크로구조의 그림을 보여 준다.

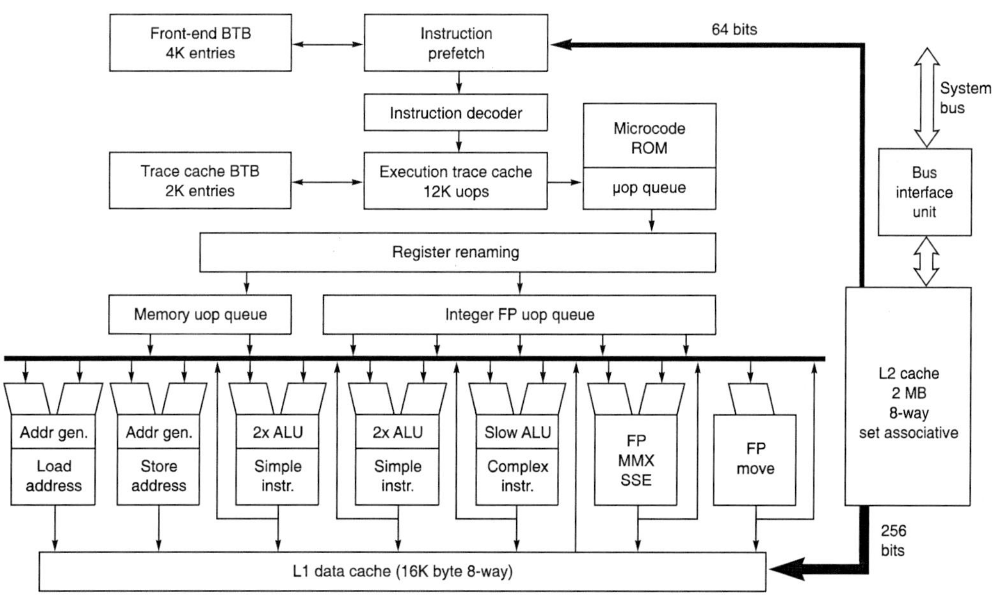

그림 2.26 Pentium 4 마이크로구조. 캐시 크기는 Pentium 4 640 시스템을 나타낸다. 명령들은 대개 트레이스 캐시로부터 공급되며 트레이스 캐시에서 미스하는 경우에만 파이프라인 전단의 명령어 프리페치 장치가 역할을 수행한다. 이 그림은 Boggs 등의 연구[2004]로부터 발췌되었다.

Pentium 4 마이크로구조는 동적 스케줄링을 사용하기 때문에 uop들은 실행되는 동안 단순하게 고정된 파이프라인 단계들을 거치지 않는다. 대신에 여러 실행 단계(instruction fetch, decode, uop issue, rename, schedule, execution, retire)를 거치는 동안 다양한 클록 사이클이 소요될 수 있다. Pentium III에서 명령어가 인출에서 은퇴할 때까지 걸리는 최소 시간은 11 클록 사이클이었다. 실행 단계에서 여러 클록 사이클이 걸리는 명령들은 더 오래 걸린다. 일반적인 동적 스케줄링을 사용하는 파이프라인에서와 같이 오퍼랜드를 기다려야 하는 경우 명령의 실행은 훨씬 더 오래 걸릴 수 있다. 이미 언급하였던 것처럼 Pentium 4는 더 빠른 클록 속도를 달성하기 위해 Pentium III의 파이프라인 단계를 분할하여 훨씬 깊은 파이프라인을 구현하였다. 2000년에 소개된 최초의 Pentium 4에서는 파이프라인을 통과하는 최소 사이클이 21로 증가하여 1.5GHz의 클록 속도를 달성하였다. 2004년 Intel은 3.2GHz 속도의 Pentium 4를 소개하였는데 이 속도를 달성하기 위해 더 많은 파이프라이닝 단계가 추가되어 제일 간단한 명령이 파이프라인을 통과하는 시간은 31 사이클로 늘어났다. 이러한 추가적인 파이프라이닝과 함께 트랜지스터 속도의 향상은 클록 속도를 처음 Pentium 4에 비하여 2배 이상 증가시킬 수 있었다.

이와 같이 깊은 파이프라인과 빠른 클록 속도로 인해 캐시 미스와 분기 예측 실패로 인한 부담은 매우 크다. DRAM 액세스의 빈도를 최소화하기 위해 2 단계 캐시가 사용되었다. 분기 예측 방법으로는 지역적 예측기와 전역적 예측기를 모두 사용하는 2-단계 예측기(two-level predictor)와 분기 목표 주소 버퍼가 사용되었다. 최신 Pentium 4에서는 분기 목표 주소 버퍼의 크기가 증대되었고 분기 예측 버퍼의 미스 시 사용되는 정적 예측기의 성능 역시 향상되었다. 그림 2.27은 마이크로구조의 주요 특징을 요약하고 있으며 아래 주석은 2000년 Pentium 4의 최초 버전 이후의 주요 변경 사항을 기술하고 있다.

Pentium 4의 성능 분석

Pentium 4의 깊은 파이프라인은 예측 실행을 사용하며 고성능을 달성하기 위해서는 분기 예측의 정확성이 중요하다. 또한 Pentium 4의 성능은 메모리 시스템에 의해 좌우된다. 비록 동적 스케줄링과 많은 수의 로드와 스토어를 동시 지원하여 캐시 미스로 인한 지연시간을 감당할 수 있지만 3.2GHz의 높은 클록 속도는 L2 캐시 미스가 미스 처리를 기다리면서 쉽게 큐가 채워질 수 있기 때문에 스톨하기 쉽다는 것을 의미한다.

분기 예측과 캐시 미스의 중요성을 고려하여 다음의 두 가지 분야에 관심을 집중하여 보자. 이 절의 성능 차트들은 5개의 정수 SPEC CPU2000 벤치마크와 5개의 FP 벤치마크를 사용하였고 데이터는 성능 감시를 위해 설계된 Pentium 4의 카운터로 측정되었다. 프로세서는 Pentium 4 640 시스템으로 800MHz 시스템 버스로 3.2GHz

기능	크기	설명
전단의 분기 목적 주소 버퍼	4K 엔트리	다음 인출될 IA-32 명령을 예측한다. 실행 트레이스 캐시가 미스하는 경우만 사용.
실행 트레이스 캐시	12K uops	uop을 위해 사용되는 트레이스 캐시
트레이스 캐시 분기 목표 주소 버퍼	2K 엔트리	다음 uop을 예측한다.
리네이밍용 레지스터	128개	128개의 uop이 실행될 수 있으며 최대 48개의 로드와 32개의 스토어를 지원한다.
기능 장치	총 7개. 2개의 간단한 ALU, 복잡합 ALU, 로드, 스토어 FP move, FP 연산	간단한 ALU 장치는 클록 속도의 2배로 동작하며 매 클록 사이클 마다 최대 2개의 간단한 ALU 연산을 처리한다. 이는 한 클록 사이클에 두 개의 종속적인 ALU 연산을 실행할 수 있게 하여 준다.
L1 데이터 캐시	16KB, 8-방향 집합 연관 캐시, 64바이트 블록 즉시 쓰기 (write through)	정수 로드는 4 사이클의 지연시간, FP 로드는 12 사이클의 지연시간. 최대 8개의 로드 미스 동시 지원
L2 캐시	2MB, 8-방향 집합 연관, 128 바이트 블록 나중 쓰기 (write back)	L1과의 연결 버스는 256 비트로 108GB/s 제공. 18 사이클의 액세스 시간, 메모리로의 연결 버스는 64 비트로 6.4GB/s 대역폭 제공. L2 미스가 자동으로 L1을 갱신하지 않는다.

그림 2.27 90nm 공정 기술로 구현된 최신 Pentium 4 640 시스템 (Prescott의 코드명으로 알려짐)의 주요 특징. 이 새로운 Pentium 4는 더 큰 캐시와 분기 예측 버퍼를 사용하여 더 많은 로드와 스토어를 진행시킬 수 있고 메모리 계층 사이에 더 높은 대역폭을 제공한다. 2배속 ALU를 사용한 것에 주목하라. 이는 한 클록 사이클에 연속적인 2개의 종속적인 ALU 연산을 수행할 수 있음을 의미하며 ALU의 개수를 두 배로 증가시키는 방법은 이와 같은 장점을 제공할 수 없음을 주목하라. 최초의 Pentium 4는 512개의 엔트리를 갖는 BTB와 트레이스 캐시, 8KB의 L1 캐시, 256KB의 L1 캐시를 사용하였다.

의 속도를 제공하고 메인 메모리로는 667MHz의 DDR2 DRAM을 사용하였다.

그림 2.28은 분기 예측 실패율을 1000 명령어당 분기 예측 실패 수로 보여 준다. 파이프라인 성능 관점에서 중요한 것은 명령어당 분기 예측의 수임을 기억하라. FP 벤치마크는 정수 벤치마크(1000 명령어당 186개의 분기)에 비하여 일반적으로 명령어당 적은 수의 분기(1000 명령어당 48개의 분기)를 가질 뿐만 아니라 예측 성공률(98% 대 94%)도 높다. 그림 2.28이 보여 주듯이, 그 결과 정수 벤치마크에서의 명령어당 분기 예측 실패율은 FP 벤치마크에 비하여 8배 이상 높다.

부정확한 예측 실행은 복구 시간을 필요로 하고 잘못된 경로에서 많은 에너지를 낭비하기 때문에 예측 실행 프로세서에서 분기 예측의 정확성은 중요하다. 그림 2.29는 실패한 예측 실행으로 인해 발생된 uop의 비율을 보여 준다. 의심한 바와 같이 실패한 예측 실행 비율은 분기 예측 실패율과 거의 동일하다.

어떻게 캐시 미스율이 성능 저하에 기여할 수 있을까? 의미있는 미스율(0.6%)을 보여 주는 한 벤치마크(186.craft)를 제외하고는 이 SPEC 벤치마크 집합에서 트레이스 캐시의 미스율은 거의 무시할 만하다. L1과 L2의 미스율은 좀 더 크다. 그림 2.30

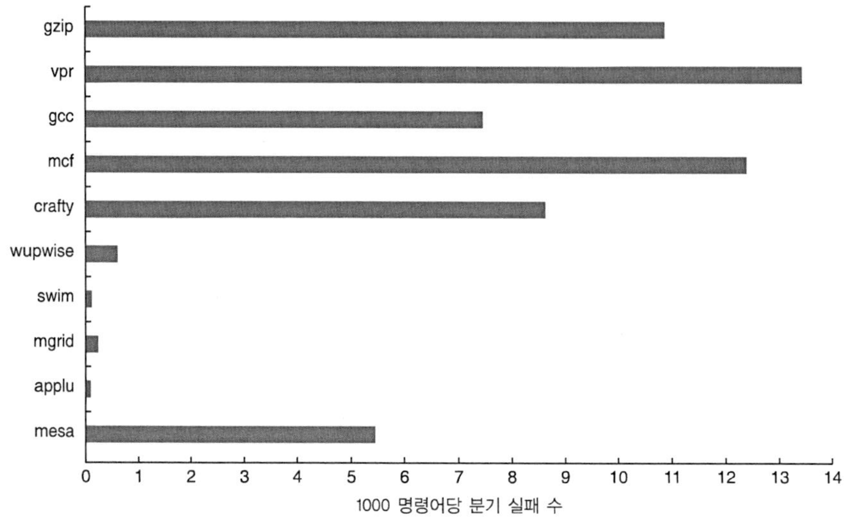

그림 2.28 SPEC CPU2000 벤치마크에서 5개의 정수 프로그램과 5개의 FP 프로그램에 대한 1000 명령어당 분기 예측 실패율. 이 데이터를 포함하여 이 절의 나머지 데이터들은 인텔의 John Holm과 Dileep Bhandarkar에 의해 수집되었다.

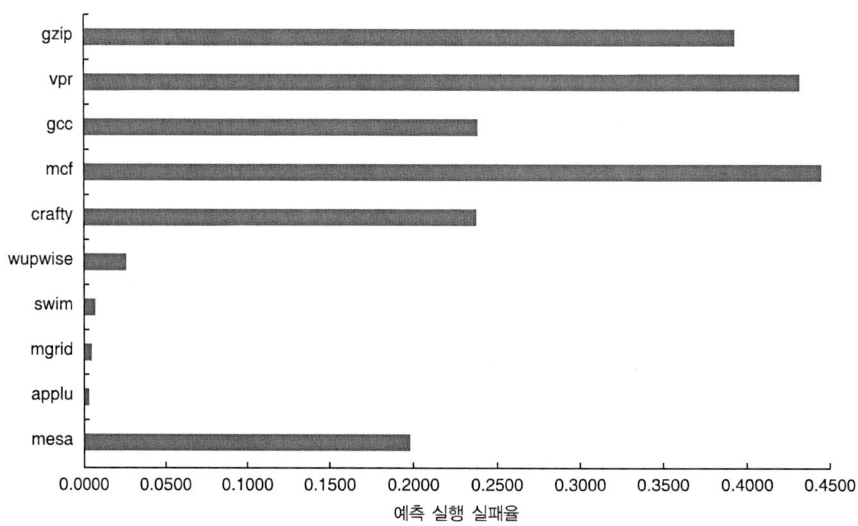

그림 2.29 예측 실행이 실패한 uop 명령의 비율.

은 이 10개 벤치마크에서의 L1과 L2의 미스율을 보여 준다. 비록 L1의 미스율이 L2에 비하여 14배 정도 높지만 L2의 미스 페널티가 비슷하게 더 높고 이와 같은 긴 미스 지연시간을 마이크로구조가 감당하기 어렵기 때문에 L2 미스는 L1 미스 이상의 성능 저하 문제를 야기한다. 특히 mcf와 swim 벤치마크의 경우는 더욱 그러하다.

이러한 예측 실행 실패와 캐시 미스의 효과가 어떻게 실제 성능에 영향을 주는가? 그림 2.31은 10개 SPEC CPU 2000 벤치마크에 대한 유효 CPI를 보여 준다. 이

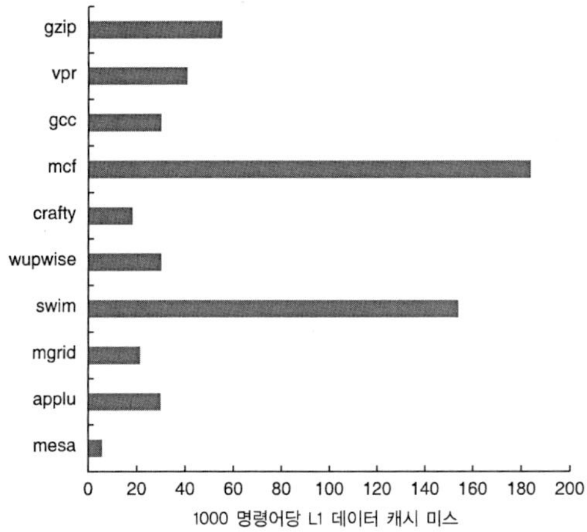

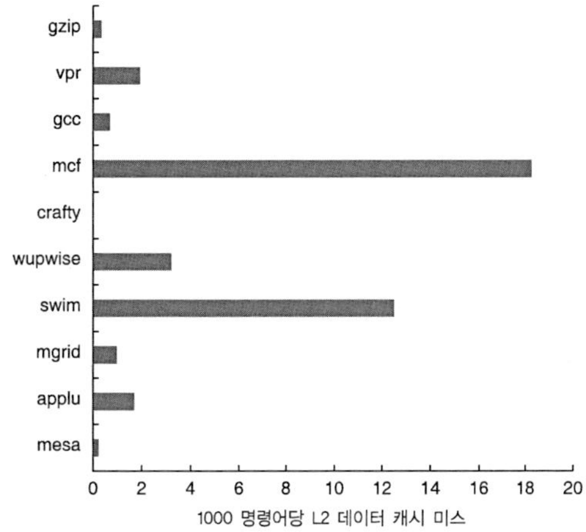

그림 2.30 10개의 SPEC CPU 2000 벤치마크에서 1000 명령어당 L1 데이터 캐시 미스와 L2 캐시 미스의 수. L1 미스 수를 표시한 x축의 숫자가 L2 미스의 경우보다 10배 정도 큰 것에 주목하라. L2 미스 페널티가 L1에 비하여 적어도 10배 이상 크기 때문에 각 막대의 상대적 크기는 각 캐시에서 미스의 상대적 성능 영향을 보여 준다. 긴 L2 미스는 실행을 중첩시키는 방법으로 감당하기에는 한계가 있기 때문에 L1 미스보다 L2 미스가 스톨 시간을 증가시킬 것이다.

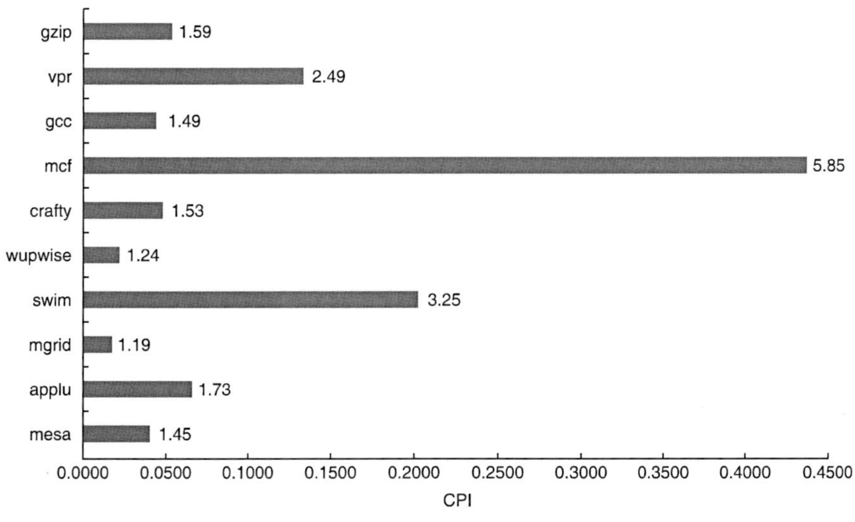

그림 2.31 10개의 SPEC CPU 2000 벤치마크에 대한 CPI. IA-32 명령이 uop으로 번역되었기 때문에 이 10개 벤치마크에서 CPI는 1.29배 정도 증가하였다. 이 벤치마크에서 하나의 IA-32 명령은 1.29 uop에 해당한다.

중 3개 벤치마크의 결과는 좀 더 자세히 논의할 필요가 있다.

1. mcf는 다른 4 정수 벤치마크에 비해 4배 정도 높은 CPI를 보여 준다. 이 벤치마크는 가장 높은 예측 실행 실패율을 보여 준다. 또한, 이 벤치마크는 SPEC의 다른 정수 및 FP 벤치마크와 비교하여 가장 나쁜 L1 미스율과 L2 미스율을 갖고 있다. 이러한 높은 캐시 미스율로 인하여 프로세서가 미스 지연시간을 효율적으로 감당하는 것은 불가능하다.

2. vpr은 (mcf를 제외하고) 다른 세 정수 벤치마크에 비하여 1.6배 정도 높은 CPI를 보여 준다. 이는 (비록 평균보다 나쁘진 않지만) 정수 벤치마크 중에서 최악의 분기 예측 실패율을 보여 주고 있고 정수 벤치마크 중에서 mcf 다음으로 L2 미스율이 높기 때문이다.

3. swim은 FP 벤치마크 중에서 최악의 성능을 보여 준다. 이 벤치마크에서의 CPI는 다른 4 FP 벤치마크의 평균치 보다 2배 이상 높다. swim의 문제는 mcf 다음으로 큰 L1과 L2 미스율 때문이다. swim이 매우 높은 예측 실행 결과를 갖고 있음에 주목하라. 하지만 이러한 성공이 높은 미스율(특히 L2의 경우에)을 감당하기에는 충분하지 않다. 반면에 상당히 낮은 L1 미스율과 L2 미스율을 갖는 다른 벤치마크(예를 들어 mgrid와 gzip의 경우)는 성능이 좋음을 볼 수 있다.

이 절을 마치기 전에 이 SPEC 벤치마크의 부분 집합에서 Pentium 4와 AMD Opteron의 상대적 성능을 살펴보자. AMD Opteron과 인텔의 Pentium 4는 여러 유사성을 갖고 있다.

- 두 프로세서 모두 매 클록마다 세 개의 IA-32 명령을 완료할 수 있으며 동적 스케줄링과 예측 실행을 지원하는 파이프라인을 사용한다.
- 비록 Pentium 4는 1 단계 캐시로 트레이스 캐시를 사용하고 최신 버전은 더 큰 L2 캐시를 구현하였지만 두 프로세서 모두 2 단계의 온 칩 캐시 구조를 사용한다.
- 두 프로세서의 트랜지스터 수, 다이 크기, 전력 소모는 거의 같다. 2005년 현재는 Pentium 4가 이 3 가지 측정치 모두에서 7%에서 10% 정도 크다.

가장 큰 차이점은 인텔의 Netburst 마이크로구조가 더 빠른 클록 속도를 달성하기 위해 매우 깊은 파이프라인을 사용한다는 점이다. 비록 두 아키텍처에 최적화된 컴파일러가 약간 다른 코드를 생성할 수 있지만 CPI를 비교하면 두 프로세서 성능의 주요 특성을 파악할 수 있다. 메모리 계층에서의 차이점과 파이프라인 구조의 차이점이 이 측정값에 영향을 줄 수 있음을 기억하라. 메모리 시스템의 성능 차이는 5장에서 분석한다. 그림 2.32는 SPEC CPU2000 벤치마크에서 3.2 GHz의 Pentium 4와 2.6 GHz의 AMD Opteron 프로세서의 CPI를 비교한다. 이 클록 스피드에서 Opteron 프로세서는 Pentium 4에 비하여 평균적으로 약 1.27배 정도 낮은 CPI를 가지는 것을 알 수 있다.

물론 Pentium 4가 더 깊은 파이프라인을 사용하기 때문에 AMD Opteron에 비하여 약간 높은 CPI를 가질 것으로 예측할 수 있다. 중요한 질문은 Netburst 구조의 깊은 파이프라인이 가져오는 클록 속도 증가가 이 높은 CPI로 인한 단점을 극복할 수 있느냐 하는 것이다. 이 문제에 대한 해답을 찾기 위해 2005년도 발표된 가장 빠른 속도의 두 프로세서(Opteron의 경우 2.8 GHz이고 Pentium 4의 경우 3.8 GHz)에서

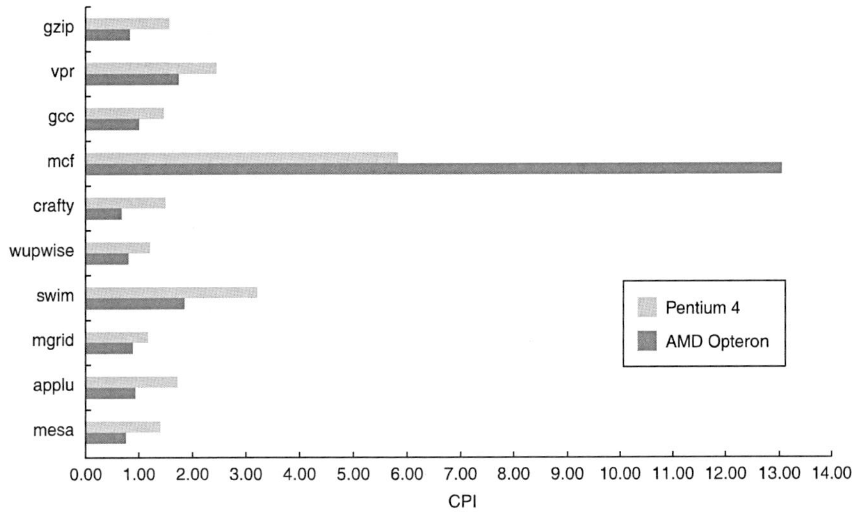

그림 2.32 2.6GHz AMD Opteron은 3.2GHz Pentium 4에 비하여 1.27배 정도 낮은 CPI를 갖고 있다.

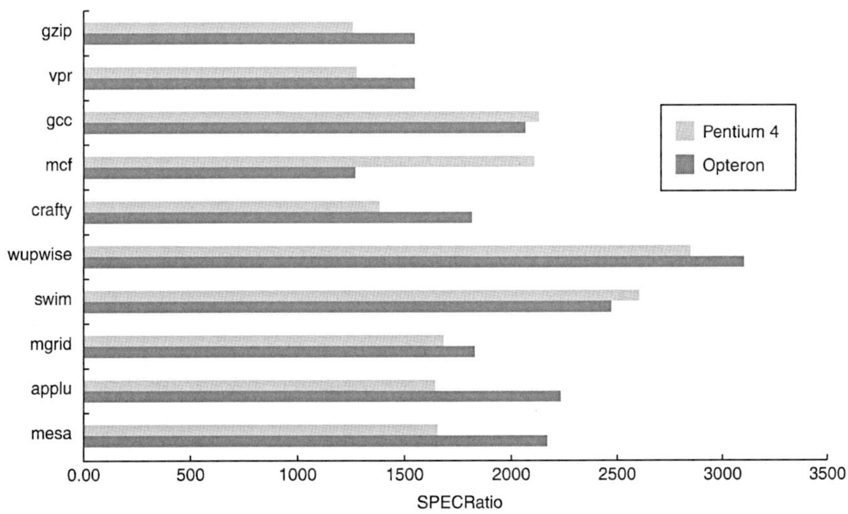

그림 2.33 2.8GHz의 AMD Opteron과 3.8GHz의 인텔 Pentium 4의 성능을 비교하면 Opteron이 약 1.08배 정도 성능이 우수함을 보여 준다.

SPEC CPU2000 벤치마크의 성능을 살펴보자. 이러한 높은 클록 속도는 캐시 미스의 비용을 증가시키기 때문에 그림 2.32에 비하여 실질적으로 CPI를 증가시킬 것이다. 그림 2.33은 그림 2.32에서와 같은 SPEC 벤치마크 집합에 대한 두 프로세서의 상대적 성능을 보여 준다. Opteron의 성능이 약간 높은 것을 알 수 있는데 이는 Pentium 4의 높은 클록 속도가 더 많이 생기는 스톨로부터 발생하는 높은 CPI를 극복하기에는 불충분한 것을 보여 준다.

따라서 비록 Pentium 4의 성능이 우수하기는 하지만, 동시에 깊은 파이프라인을 통해 높은 클록 속도를 달성하는 것과 다중 이슈를 통해 빠른 명령어 처리 속도를 달성하는 것을 추구하는 것이 설계자들이 생각했던 것만큼 성공적이지 못했음을 보여 준다. 이 주제에 대해서는 다음 장에서 좀 더 심도 있게 논의할 것이다.

2.11 오류와 함정

Computer Architecture

우리가 지적할 오류는 두 가지로 요약된다. 첫째, 단순한 법칙은 성립하지 않는다는 점과 둘째, 벤치마크의 선택이 매우 중요하다는 점이다.

오류 *낮은 CPI를 갖는 프로세서가 항상 빠르다.*

오류 *빠른 클록 속도를 갖는 프로세서가 항상 빠르다.*

비록 낮은 CPI가 물론 좋지만, 정교한 다중 이슈 파이프라인은 일반적으로 단순한 파이프라인에 비하여 클록 속도가 느리다. 제한된 ILP를 갖거나 병렬성이 하드웨어 자원에 의해 활용하기가 쉽지 않은 응용에서는 빠를 클록 속도가 더 효과적이다. 하지만, 상당한 ILP가 존재하는 응용에서는 많은 ILP를 이용하는 프로세서가 더 우수하다.

IBM Power5 프로세서는 고성능 정수와 FP 프로그램을 위해 설계되었다. 이 프로세서는 매 클록마다 2개의 FP 명령과 2개의 로드-스토어 명령을 포함하여 4개의 명령을 각각 처리할 수 있는 2개의 프로세서 코어를 갖고 있다. 2005년 Power5 프로세서의 가장 빠른 클록 속도는 1.9GHz이다. 반면에 Pentium 4는 (다음 장에서 논의될) 멀티쓰레딩을 지원하는 단일 프로세서 코어로 구성된다. 프로세서는 매우 깊은 파이프라인을 사용하며 클록 당 최대 3개의 명령을 처리하며 2005년도 발표된 최고의 클록 속도는 3.8GHz이다.

따라서 명령어 수와 CPI의 곱이 Pentium 4에 비하여 1/2 보다 작다면 Power5가 더 빠를 것이다. 그림 2.34에서 보여 주듯이 FP 프로그램에서 Power5의 CPI × 명령어 수 장점은 때때로 2배 이상 우수한 반면에, 정수 프로그램의 경우 Power5의 CPI × 명령어 수 장점이 Pentium 4의 클록 속도 장점을 능가하기에는 일반적으로 부족함을 알 수 있다. SPEC 숫자를 비교하여 보면 부동 소수점 프로그램에서 Power5의 명령어 수와 CPI의 곱은 Pentium 4에 비하여 3.1배인 반면에, 정수 프로그램에서 이 숫자는 1.5배에 불과하다. 2005년 Pentium 4의 최대 클록 속도가 Power5에 비하여 정확히 2배 이기 때문에 Power5는 SPECfp2000에서 Pentium 4에 비하여 1.5배 빠른 반면 Pentium 4는 SPECint2000에서 Power5에 비해 1.3배 빠른 것을 알 수 있다.

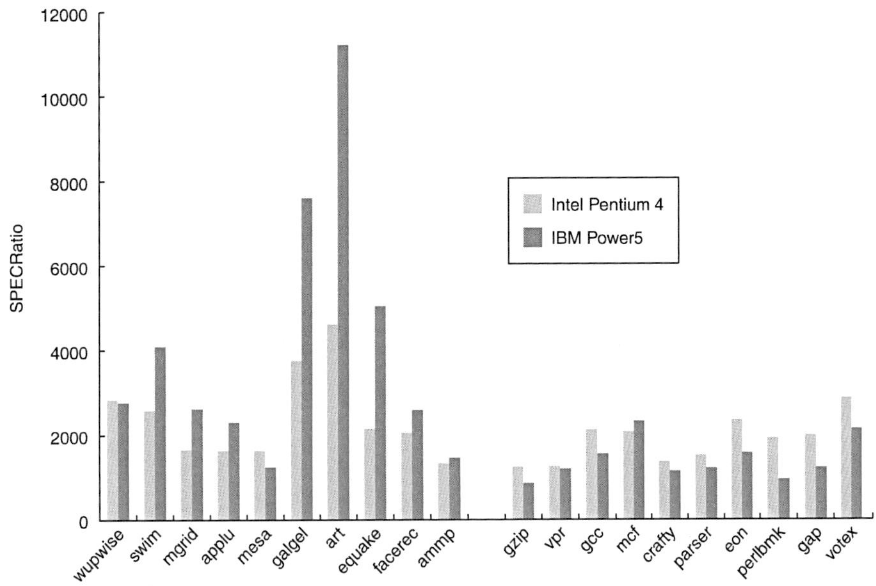

그림 2.34 1.9GHz 20개의 SPEC 벤치마크 (10개의 정수 벤치마크는 왼쪽에 10개의 부동 소수점 벤치마크는 오른쪽에 표시)에서 IBM Power 5 프로세서와 3.8GHz 인텔 Pentium 4 프로세서의 성능을 비교하면 빠른 클록 속도의 Pentium 4가 일반적으로 정수 프로그램에서, 낮은 CPI의 Power5가 부동 소수점 프로그램에서 더 빠른 것을 알 수 있다.

함정 *때때로 크고 단순한 것이 우수하다.*

고급 파이프라인은 CPI를 개선하기 위해 점점 더 복잡한 기술을 사용하였다. 디지털사의 21264 프로세서는 총 29K 비트 (2.3절 참조)를 필요로 하는 정교한 토너먼트 예측기를 사용한 반면, 이보다 이전의 21164는 총 4K 비트를 필요로 하는 2K 엔트리의 단순한 2-비트 예측기를 사용하였다. SPEC95 벤치마크에서 21264의 이 정교한 분기 예측기는 하나의 벤치마크를 제외하고는 다른 모든 벤치마크에서 단순한 2-비트 기법을 능가하였다. 평균적으로 SPECint95에서 21264는 1000개의 명령을 완료할 때마다 11.5개의 예측 실패를 산출하는 반면에, 21164는 약 16.5개의 예측 실패를 산출한다.

약간 놀라운 것은 이 단순한 2-비트 기법이 트랜잭션 처리 워크로드에서는 정교한 21264 방법보다 성능이 우수하다는 (1000개의 완료된 명령마다 17개 대 19개의 예측 실패) 것이다! 어떻게 1/7 정도의 비트 수에 더 단순한 방법이 더 우수할 수 있다는 것인가? 해답은 워크로드의 구조에 있었다. 트랜잭션 처리 워크로드는 코드 크기가 매우 크고 (SPEC95 벤치마크보다 10배 이상) 높은 분기 빈도를 갖고 있다. 21164 예측기가 21264에서 사용된 예측기에 비하여 약 2배의 분기 예측 엔트리(2K 대 1K)를 가지고 있다는 점이 약간의 장점으로 작용하였다.

이 함정은 다른 응용은 다른 행동을 보여 준다는 점을 상기시킨다. 프로세서가 점점 더 정교해지면서 특정 마이크로구조는 특정 프로그램의 행동을 목표로 하기 때문에 응용에 따라 성능은 매우 다른 결과를 가져올 수 있다.

2.12 결론

Computer Architecture

다중 이슈 구조에 대한 높은 관심은 단일 프로세서에서 프로그래밍 모델에 영향을 주지 않고 성능을 향상시킬 수 있다는 점에서 출발하였다. 비록 ILP를 이용하는 것이 개념적으로 간단하지만 실제 설계 문제는 놀라울 만큼 복잡해졌다. 단순한 1 단계 분석을 통해 성능을 예측하는 것은 거의 불가능하게 되었다.

전혀 새로운 마이크로구조를 시도하기 보다는 지난 10년간 대부분의 노력이 다중 이슈 프로세서의 속도를 증가시키고 최고 성능과 실제 성능 사이의 격차를 줄이는 데 집중하였다. 지난 5년간 발표된 동적 스케줄링의 다중 이슈 프로세서들(Pentium 4, IBM Power5, AMD Athlon과 Opteron)은 1995년 처음 발표된 동적 스케줄링의 다중 이슈 프로세서와 비교하여 기본적으로 같은 구조를 가지며 유사한 이슈율(매 클록당 3에서 4개의 명령)을 보여 준다! 하지만 클록 속도는 10-20배 빠르고, 캐시는 4-8배 크며, 리네이밍 레지스터의 수는 2-4배 많고 2배 정도의 로드-스토어 장치를 갖는다. 그 결과 성능은 8-16배 향상되었다.

다중 이슈를 통해 증가하는 클록 속도와 감소하는 CPI 사이의 절충은 정략적으로 분석하기는 매우 어렵다. 이 책의 1995년 판에서는 다음과 같이 진술하고 있다.

> 비록 빠른 클록 속도를 가진 고성능의 다중 이슈 프로세서를 구현하는 것이 가능할 것으로 예측하지만, 가장 높은 클록 속도의 프로세서와 가장 정교한 다중 이슈 프로세서 사이에는 항상 1.5에서 2배 정도의 클록 속도 차이가 존재하였다. 이러한 차이가 근본적인 구현 절충에서 비롯되었는지 또는 다중 이슈 프로세서의 복잡성이나 이러한 프로세서를 구현하는 데 있어서 경험 부족으로 발생하였는지 판단하기에는 아직 시기상조이다.

3.8 GHz의 Pentium 4의 출현으로 이러한 클록 속도의 제한은 이와 같은 프로세서를 구현하는 데 필요한 이해와 경험 부족이 주원인이라는 것이 밝혀졌다. 다음 장에서 살펴보듯이 매 클록마다 3~4 명령을 이슈하는 높은 클록 속도의 프로세서를 구현하는 것이 현재까지는 가능했지만, 이용할 수 있는 ILP의 부족, 또 그 ILP 이용 효율성의 저하, 전력 소모 문제 등의 문제로 인하여 앞으로도 계속 높은 클록 속도를 구현하게 하는 것을 가능하게 할 것인지는 분명하지 않다. 또한, Opteron과 Pentium 4의 비교에서 알 수 있듯이, 매우 깊은 파이프라인(20-30 단계)을 사용해서 얻을 수 있는 높은 클록 속도의 장점이 추가적인 파이프라인 스톨에 의해 대부분

잃게 되는 것을 알 수 있다. 이 이슈는 다음 장에서 더 논의하기로 하자.

또 한 가지 1995년도에도 분명하였지만 2005년에 이르러 더욱 분명해진 사실은 다중 이슈 프로세서에서 최고 속도와 실제 속도 사이의 격차가 이슈 폭이 넓어짐에 따라 점차 확대되고 있다는 점이다. Power5, Pentium 4, Pentium III(이들은 이슈 폭보다는 주로 파이프라인 깊이와 그에 따른 클록 속도 면에서 차이가 있다)를 비교하여 얻은 교훈은 클록 속도와 CPI 사이의 관계를 일반화하거나 파이프라인 깊이, 이슈 폭 등을 절충한다는 것이 어렵다는 것을 알게 하여 준다.

프로세서 설계 방식이 변화하고 있는 것은 분명하다. Pentium 4의 클록 속도를 더 높이려는 시도는 포기되었다. IBM은 Power4와 Power5 시리즈에서 두 프로세서를 단일 칩에 집적하는 방향으로 선회하였으며 인텔과 AMD 역시 2-프로세서 칩의 초기 버전을 발표하였다. 다음 장에서 이 주제를 다시 논의할 것이며 왜 20년 간 빠른 속도로 발전되어 온 ILP 연구가 그 종착역에 가까이 왔는지를 기술한다.

2.13 역사적 관점과 참고문헌

Computer Architecture

동반된 CD의 부록 K.4는 파이프라이닝과 명령어 수준 병렬성의 역사를 다루고 있으며 이 주제와 관련된 여러 참고문헌을 제공한다.

사례 연구와 연습문제 (Robert P. Colwell)

Computer Architecture

사례 연구 1: 마이크로구조 기술의 영향력 분석

이 사례 연구에 의해 설명된 개념

- 기본적인 명령어 스케줄링, 명령어 재배치, 디스패치
- 다중 이슈와 해저드
- 레지스터 리네이밍
- 비순차적 실행과 예측 실행
- 비순차적 실행에서의 자원 할당

여러분이 새로운 프로세서 마이크로구조를 설계하는 작업을 맡았다고 가정하고 하드웨어 자원을 어떻게 효율적으로 할당할 것인지 생각하여 보자. 2장에서 공부했던 하드웨어와 소프트웨어 기술 중 어떤 기술을 적용할 것인가? 여러분에게 메모리를

포함한 각 기능 장치의 지연시간과 대표적인 프로그램 역시 주어졌다고 가정하자. 여러분의 상사가 이 새로운 프로세서의 성능 요구에 대해서는 분명하게 언급하고 있지는 않지만 여러분은 이미 경험을 통해 다른 모든 조건이 같다면 빠를수록 좋다는 것을 알고 있을 것이다. 기본에서부터 출발하자. 그림 2.35는 명령어 시퀀스와 각 명령어의 지연시간 리스트를 보여 준다.

2.1 [10] <1.8, 2.1, 2.2> 만약 이전 명령의 실행이 완료되기 전까지 다음 명령의 실행이 시작할 수 없다면 그림 2.35의 코드 시퀀스에 대한 기본 성능 (루프 반복 당 사이클 수)은 얼마인가? 파이프라인 전단의 인출과 디코드는 무시하라. 실행할 다음 명령이 없는 경우에도 실행이 스톨하지 않는다고 가정하자. 하지만 한 사이클에 한 명령만 이슈할 수 있고 분기가 발생하는 경우 1 사이클의 분기 지연 슬롯이 발생한다고 가정하자.

2.2 [10] <1.8, 2.1, 2.2> 지연시간 숫자가 지니는 의미에 대하여 생각하여 보라. 이들은 각 연산이 결과를 산출할 때까지 걸리는 사이클 수를 표시하며 그 이상 그 이하도 아니다. 만약 전체 파이프라인이 각 기능 장치의 지연시간 사이클 수만큼 스톨한다면 적어도 어떤 연속적인 명령의 쌍("생산자(producer)" 다음에 "소비자(consumer)"가 뒤따르는 경우를 포함하여)도 정확하게 실행하는 것을 보장할 수 있다. 하지만 모든 명령어 쌍이 생산자/소비자 관계를 가지는 것은 아니다. 때로 두 인접한 명령이 서로 전혀 무관할 수 있다. 만약 파이프라인이 기능 장치가 바쁘다고 항상 무조건 스톨하는 것 대신에 참 데이터 종속성을 검사하여 이 경우에만 스톨한다고 가정한다면, 위 코드 시퀀스의 루프 바디를 실행하는 데 몇 사이클이 걸리는가? 지연시간을 표현하기 위해 필요에 따라 <스톨>을 코드에 추가시켜 보라. (*힌트:* 지연시간

```
Loop: LD     F2,0(Rx)
I0:   MULTD  F2,F0,F2
I1:   DIVD   F8,F2,F0
I2:   LD     F4,0(Ry)
I3:   ADDD   F4,F0,F4
I4:   ADDD   F10,F8,F2
I5:   SD     F4,0(Ry)
I6:   ADDI   Rx,Rx,#8
I7:   ADDI   Ry,Ry,#8
I8:   SUB    R20,R4,Rx
I9:   BNZ    R20,Loop
```

1 사이클 이상의 지연시간	
Memory LD	+3
Memory SD	+1
Integer ADD, SUB	+0
Branches	+1
ADDD	+2
MULTD	+4
DIVD	+10

그림 2.35 연습문제 2.1부터 2.6에 사용되는 코드와 지연시간.

"+2"를 가진 명령은 코드 시퀀스에 2개의 <스톨>을 추가시켜야 한다. 이는 다음과 같이 생각할 수 있다. 1 사이클 명령은 1 + 0의 지연시간을 갖으며 이는 추가적으로 0개의 대기 상태를 갖는다는 것을 뜻한다. 따라서 지연시간 1 + 1은 1개의 스톨 사이클을 지연시간 1 + N은 N개의 추가적인 스톨 사이클을 의미한다.)

2.3 [15] <2.6, 2.7> 다중 이슈 설계를 고려하여 보자. 사이클당 1개의 명령을 실행할 수 있는 2개의 실행 파이프라인을 갖고 있고 파이프라인 전단의 인출/디코드 대역폭이 충분해서 실행을 스톨시키지는 않는다고 가정하자. 실행 결과는 한 실행 장치에서 다른 실행 장치 또는 자기 자신에게 바로 포워딩할 수 있다고 가정하자. 또한, 실행 파이프라인이 스톨할 수 있는 오직 한 가지 이유는 참 데이터 종속성이 발생하는 경우라고 가정하자. 이 루프가 요구하는 사이클 수는?

2.4 [10] <2.6, 2.7> 연습문제 2.3의 다중 이슈 설계에서 몇 가지 미묘한 이슈가 발견되었다. 비록 두 파이프라인이 똑 같은 명령어 시퀀스를 가지고 있더라도 이들 사이에는 프로그램에서 주어진 명령어 순서를 반영하는 묵시적 순서가 존재하기 때문에 이 두 파이프라인이 동일하거나 상호 교환 가능하지는 않다. 만약 명령 N + 1이 파이프라인 1에서 명령 N이 파이프라인 0에서 시작한 시간과 같은 시간에 실행을 시작하고 N + 1이 N 보다 실행 지연시간이 더 짧다면 N + 1이 N 보다 먼저 완료될 수 있다(비록 프로그램 순서는 이와 다르지만). 이 점이 위험할 수 있고 마이크로구조 수준에서 특별히 고려되어야 하는 이유를 최소한 두 가지를 나열하라. 그림 2.35의 코드에서 이와 같은 해저드를 야기할 수 있는 두 개의 명령으로 구성된 예제를 보이시오.

2.5 [20] <2.7> 그림 2.35의 코드 성능을 향상시키기 위해 명령어의 순서를 바꾸시오. 연습문제 2.3의 두 파이프라인 시스템과 연습문제 2.4의 비순차적 완료 이슈가 성공적으로 해결되었다고 가정하라. 일단 참 데이터 종속성의 준수와 기능 장치의 지연시간만을 고려하라. 이 수정된 코드가 요구하는 사이클 수는?

2.6 [10/10] <2.1, 2.2> 파이프라인에서 새 연산을 시작할 수 없는 각 사이클은 하드웨어가 "최대의 잠재력"을 발휘하지 못했다는 의미에서 기회를 잃은 것이라 할 수 있다.

a. [10] <2.1, 2.2> 연습문제 2.5의 수정된 코드에서 두 파이프를 모두 고려할 때 전체 사이클 중 낭비된 (즉 새 연산을 시작하지 못한) 사이클의 비율은?

b. [10] <2.1, 2.2> 루프 언롤링은 잠재적 성능을 최대화하기 위해 코드로부터 더 많은 병렬성을 찾아내는 가장 대표적인 컴파일러 기술이다.

c. 연습문제 2.5의 수정된 코드로부터 루프의 반복 2개를 언롤하여 보라. 얻을 수 있는 스피드업은? (이 문제에서 N + 1 번째 반복에 속한 명령들은 N 번째 반복의

명령들과 구분하기 위해 녹색으로 표시하라. 이 루프를 실제로 언롤링하게 되면 반복 사이의 충돌을 피하기 위해 레지스터는 다시 할당하여야 한다.)

2.7 [15] <2.1> 컴퓨터는 대부분의 시간을 루프 실행에 소비하기 때문에 루프 반복들은 CPU 자원을 최대한 활용하기 위해 병렬성을 찾아야 할 좋은 장소이다. 하지만 이를 활용하는 것은 쉽지 않다. 컴파일러는 루프 코드를 하나만 생성하므로 비록 여러 반복이 다른 데이터를 처리하더라도 같은 레지스터를 사용하게 되기 때문이다. 여러 반복이 같은 레지스터를 사용하는 충돌을 방지하려면 레지스터 리네이밍이 필요하다. 그림 2.36은 리네이밍 하드웨어가 처리하는 코드 예제를 보여 준다.

컴파일러는 단순히 루프를 언롤하고 충돌을 피하기 위해 다른 레지스터들을 사용할 수 있다. 하지만 하드웨어가 루프를 언롤하는 경우에도 레지스터 리네이밍은 수행되어야 한다. 어떻게 가능한가? 하드웨어가 임시 레지스터 집합 (이들을 T 레지스터라 부르고 T0에서 T63까지 64개가 있다고 가정하자)을 갖고 있다고 가정하고 컴파일러가 사용한 레지스터들을 이 레지스터들이 대체한다고 가정하자. 이 리네이밍 하드웨어는 소스 레지스터에 의해 인덱스되고 테이블의 값은 이 레지스터를 목적으로 하는 최근 T 레지스터를 가리킨다. (이 테이블 값은 생산자, 소스 레지스터는 소비자로 생각하라. 소비자가 어딘지 알 수만 있다면 생산자가 결과를 어디에 출력하는지는 중요하지 않다.) 그림 2.36의 코드 시퀀스를 고려하자. T9에서 출발하여 코드에서 출력 레지스터를 볼 적마다 다음 사용가능한 T 레지스터로 대체하라. 그 후 해당하는 모든 소스 레지스터들을 갱신하면 참 데이터 종속성이 유지된다. 결과 코드를 보이시오. (*힌트*: 그림 2.37 참조)

```
Loop:  LD     F2,0(Rx)
I0:    MULTD  F5,F0,F2
I1:    DIVD   F8,F0,F2
I2:    LD     F4,0(Ry)
I3:    ADDD   F6,F0,F4
I4:    ADDD   F10,F8,F2
I5:    SD     F4,0(Ry)
```

그림 2.36 레지스터 리네이밍 실습을 위한 예제 코드.

```
I0:    LD     F9,0(Rx)
I1:    MULTD  F10,F0,F9
. . .
```

그림 2.37 레지스터 리네이밍의 예상 출력.

```
I0:    MULTD   F5,F0,F2
I1:    ADDD    F9,F5,F4
I2:    ADDD    F5,F5,F2
I3:    DIVD    F2,F9,F0
```

그림 2.38 슈퍼스칼라 레지스터 리네이밍의 예제 코드.

2.8 [20] <2.4> 연습문제 2.7에서는 간단한 레지스터 리네이밍을 공부하였다. 리네이밍 하드웨어는 소스 레지스터를 볼 적마다 이 소스 레지스터를 목적으로 하는 마지막 명령의 출력 T 레지스터로 이 소스 레지스터를 대체한다. 리네이밍 하드웨어는 또 출력 레지스터를 볼 적마다 사용가능한 새로운 T 레지스터로 대체한다. 하지만 슈퍼스칼라 설계는 레지스터 리네이밍을 포함하여 파이프라인의 각 단계에서 매 클록마다 여러 명령을 처리하여야 한다. 간단한 스칼라 프로세서는 매 사이클마다 각 명령의 소스 레지스터의 리네이밍을 위한 테이블 참조와 새 출력 레지스터를 위한 레지스터 할당을 동시에 진행할 수 있었다. 슈퍼스칼라 프로세서 역시 이를 지원하여야 하며 추가적으로 현재 동시에 진행되는 명령들 사이의 참 데이터 종속성 역시 올바르게 처리하는 것을 보장하여야 한다. 그림 2.38의 예제 코드를 살펴보자. 코드의 처음 두 명령을 동시에 리네이밍하고 싶다고 가정하고 사용될 다음 두 사용 가능한 T 레지스터의 이름을 알고 있다고 가정하자. 개념적으로 첫 번째 명령이 리네이밍 테이블을 참조한 다음 자신에게 새로 할당된 출력 T 레지스터와 관련된 정보를 이 테이블에 갱신하고 난 후 두 번째 명령이 같은 순서대로 리네이밍을 수행하면 이 둘 사이의 종속성은 정확히 처리될 수 있다. 하지만 이 리네이밍 과정이 일반적으로 1 사이클 내에 수행되어야 하기 때문에 이렇게 두 명령의 리네이밍을 순차적으로 같은 사이클에 처리하는 것은 실질적으로 불가능하다. 즉 두 명령이 동시에 리네이밍 되어야 하며 이는 레지스터 대체와 레지스터 리네이밍 테이블 갱신이 동시에 실시간에 이루어져야 함을 의미한다. 그림 2.39는 멀티플렉서와 비교기를 사용하여 이와 같은 동시 레지스터 리네이밍을 수행하는 하드웨어의 회로도를 보여 준다. 이 코드의 각 명령마다 사이클 단위로 리네이밍 테이블의 상태를 보여라. 테이블의 초기 상태에서 모든 엔트리는 인덱스 값과 같이(T0 = 0, T1 = 1, ...) 시작한다고 가정하자.

2.9 [5] <2.4> 레지스터 리네이밍에 대하여 아직 혼란스럽다면, 현재 실행하고 있는 어셈블리 코드로 돌아가서 올바른 결과를 산출하기 위해서는 어떤 일이 발생하여야 하는지 자신에게 물어보라. 예를 들어, 3-이슈 슈퍼스칼라 프로세서가 다음의 세 명령을 동시에 리네이밍한다고 가정하자.

```
ADDI     R1, R1, R1
ADDI     R1, R1, R1
```

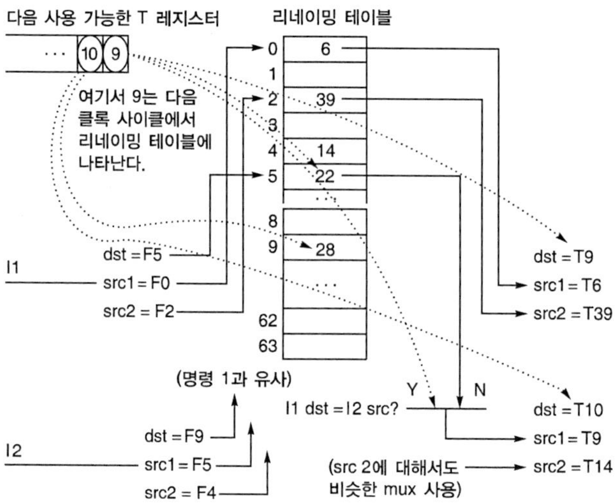

그림 2.39 슈퍼스칼라 프로세서에서의 레지스터 리네이밍 테이블과 동시 레지스터 치환 로직. ("src"는 소스를 "dst"는 목적 레지스터를 뜻한다.)

```
ADDI      R1, R1, R1
```

R1의 값이 5에서 시작한다면 이 코드 시퀀스가 실행을 완료하였을 때 R1의 값은 얼마인가?

2.10 [20] <2.4, 2.9> VLIW 설계자들은 레지스터 사용과 관련된 아키텍처 규칙에 대하여 단 몇 가지 기본적인 선택만 할 수 있다. VLIW 프로세서가 자체적으로 완료하는(self-draining) 실행 파이프라인으로 설계된다고 가정하자. 즉, 일단 한 연산이 시작하면, 그 결과는 늦어도 L 사이클 후에 목표 레지스터에 나타난다(여기서 L은 이 연산의 지연시간). 레지스터의 수는 항상 충분하지 않기 때문에 항상 레지스터를 최대한 사용하려하는 경향이 있다. 그림 2.40의 코드를 고려하여 보자. load가 1 + 2 사이클의 지연시간을 갖는 경우, 이 루프를 한 번 언롤하라. 다른 파이프라인 방해나 스톨이 없는 경우 VLIW 프로세서가 최소한의 레지스터를 사용하여 매 사이클마다

```
Loop:  LW       R1,0(R2) ;  LW      R3,8(R2)
       <stall>
       <stall>
       ADDI     R10,R1,#1;  ADDI    R11,R3,#1
       SW       R1,0(R2)    SW      R3,8(R2)
       ADDI     R2,R2,#8
       SUB      R4,R3,R2
       BNZ      R4,Loop
```

그림 2.40 2개의 add, 2개의 load, 2개의 stall을 가진 VLIW 코드 예제.

```
Loop:  LW     R1,0(R2)
       ADDI   R1,R1,#1
       SW     R1,0(R2)
       ADDI   R2,R2,#4
       SUB    R4,R3,R2
       BNZ    R4,Loop
```

그림 2.41 연습문제 2.11에 대한 루프 코드.

2개의 load, 2개의 add를 실행할 수 있음을 보이시오. 자체적으로 소멸되는 파이프라인에서 잘못된 결과를 산출하도록 이 파이프라인에 영향을 줄 수 있는 사건의 예를 들어라.

2.11 [10/10/10] <2.3> 5-단계 (fetch, decode, execute, memory, write back)의 간단한 단일 파이프라인 마이크로구조와 그림 2.41의 코드를 가정하자. LW와 SW은 1 + 2 사이클, 분기는 1 + 1 사이클이고 그 밖의 모든 연산은 1 사이클의 지연시간을 갖고 포워딩은 사용하지 않는다. 루프의 한 반복에 대하여 각 명령의 실행 단계를 매 클록마다 보이시오.

a. [10] <2.3> 분기 오버헤드로 인하여 각 루프 반복마다 몇 사이클이 낭비되는가?

b. [10] <2.3> 후 방향 분기를 디코드 단계에서 인식할 수 있는 정적 분기 예측기를 가정하자. 이 경우 분기 오버헤드로 인하여 낭비되는 사이클 수는?

c. [10] <2.3> 동적 분기 예측기를 가정하자. 예측이 정확한 경우 몇 사이클이 낭비되는가?

2.12 [20/20/20/10/20] <2.4, 2.7, 2.10> 동적 스케줄링의 효과를 살펴보자. 그림 2.42의 마이크로구조를 가정하자. ALU가 모든 산술 연산 (MULTD, DIVD, ADDD, ADDI, SUB)과 분기를 수행할 수 있고 예약 스테이션(RS)이 각 기능 장치에 최대 1개의 연산(각 ALU

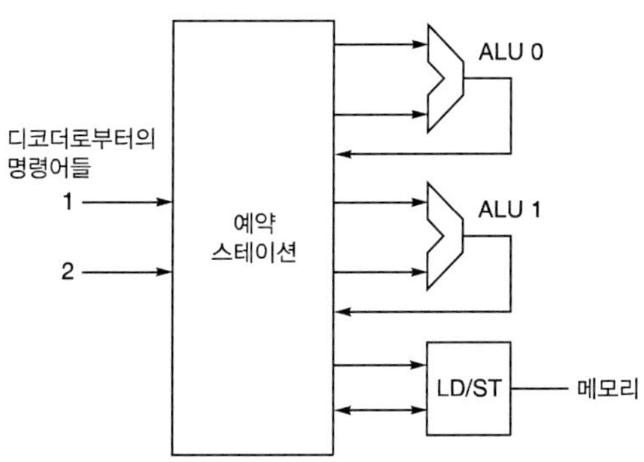

그림 2.42 비순차적 마이크로구조.

에 한 개의 연산과 LD/ST 장치에 하나의 메모리 연산)을 디스패치할 수 있다고 가정하자.

a. [15] <2.4> 그림 2.35의 코드에서 모든 명령들이 RS에 있고 아직 리네이밍은 수행되지 않았다고 가정하자. 코드에서 레지스터 리네이밍이 성능을 향상시키는 명령들을 표시하라. *힌트*: RAW와 WAW 해저드에 주목하라. 그림 2.35에서와 동일한 기능 장치 지연시간을 가정하자.

b. [20] <2.4> 문항 (a)의 레지스터 리네이밍된 코드가 클록 사이클 N에서 RS에 있다고 가정하자. 그림 2.35에서 주어진 지연시간을 가정한다. RS가 어떻게 이 명령들을 비순차적으로 디스패치하여 최적의 성능을 달성하는지 매 클록마다 동작을 보이시오. (문항 (a)에서와 같은 RS 제한 사항을 가정하라. 또한 결과는 사용되기 전에 먼저 RS에 쓰여 져야 한다고 가정하자. 즉, 바이패스는 없다.) 이 코드 시퀀스는 몇 사이클이 걸리는가?

c. [20] <2.4> 문항 (b)는 RS가 이 명령들을 최적으로 스케줄하도록 하여 준다. 하지만, 실제로 모든 명령어 시퀀스가 RS에 존재하는 경우는 거의 없다. 대신 여러 사건이 RS의 내용을 삭제하고 디코더로부터 새 코드 스트림이 입력되기 때문에 RS는 현재 가지고 있는 명령 중에서만 디스패치할 수 있다. RS가 비어있다고 가정하자. 사이클 0에서 이 코드의 레지스터 리네이밍된 처음 두 명령이 RS에 나타났다. 한 연산을 디스패치하는 데 1 클록 사이클이 걸리고 기능 장치의 지연시간은 연습문제 2.2와 같다고 가정하자. 또한, 파이프라인 전단(decode/register-rename)이 계속해서 매 사이클마다 2개의 새로운 명령을 공급한다고 가정하자. 매 사이클마다 RS의 디스패치 결과를 보이시오. 이 경우 이 코드 시퀀스는 몇 사이클 걸리는가?

d. [10] <2.10> 문항 (c)의 결과를 개선하려면, 다음 중 가장 도움이 되는 것은 무엇인가? (1) ALU의 추가, (2) LD/ST 장치의 추가, (3) ALU 결과를 다음의 모든 연산에 바이패스할 수 있게 하는 것, (4) 가장 긴 지연시간의 길이를 반으로 줄이는 것. 스피드업은 얼마인가?

e. [20] <2.7> 다음은 예측 실행, 즉 하나 이상의 조건부 분기를 지나서 명령을 인출하고 디코드하고 실행하는 방법에 대하여 살펴보자. 예측 실행의 동기는 다음의 두 가지이다. 문항 (c)에서 얻을 수 있는 디스패치 스케줄은 많은 nop을 갖고 있고 컴퓨터는 실행 시간의 대부분을 루프 실행에 소비한다(이는 루프의 시작 부분으로 분기를 매우 정확하게 예측할 수 있음을 의미한다). 루프는 처리할 작업을 찾을 수 있는 좋은 장소이다. 이렇게 디스패치 스케줄이 거의 비어 있다는 것은 미리 작업을 처리할 수 있는 기회가 있다는 것을 의미한다. 문항 (d)에서 여러분은 루프의 가장 중요한 경로를 발견하였다. 문항 (b)에서 얻은 스케줄에 이 경로

의 두 번째 복사본을 폴딩하는 것을 상상하여 보자. (모든 명령이 RS에 존재한다고 가정할 때) 이 두 루프를 처리하는 데 몇 사이클이 더 걸리는가? (모든 기능 장치는 완전히 파이프라인되어 있다고 가정하자.)

사례 연구 2: 분기 예측기의 모델링

이 사례 연구에 의해 설명된 개념

- 분기 예측기의 모델링

컴퓨터 구조를 정말 이해하려면 마이크로구조 기술을 공부하는 것도 중요하지만 컴퓨터를 프로그램할 수 있어야 한다. 프로그램을 통해 여러 마이크로구조 아이디어를 직접 모델링하는 것은 더욱 좋은 방법이다. 2,1 분기 예측기를 모델하는 C나 Java 프로그램을 작성하라. 이 프로그램은 history.txt(동반된 CD에서 구할 수 있다. 그림 2.43 참조)라 불리는 파일에서 여러 라인을 읽어 들여야 한다.

이 파일의 각 라인은 탭으로 구별되는 세 가지 데이터 항목을 갖고 있다. 첫 번째 데이터 항목은 분기 명령의 주소를 16진수로 표현한 것이고, 두 번째 데이터 항목은 분기 목적 주소의 16진수 표현이며, 세 번째 항목은 1 또는 0이다. 1은 분기 발생을 0은 분기가 발생하지 않은 것을 표시한다. 따라서 모델하여야 하는 전체 분기의 수는 파일의 라인 수와 같다. 직접 사상 구조의 BTB를 가정하고 명령어의 길이나 정렬은 걱정하지 마라(즉, BTB가 4 엔트리로 구성된다면 0x0, 0x1, 0x2, 0x3에 있는 분기 명령은 이 4 엔트리에 저장될 것이다. 하지만 0x4에 있는 분기 명령은 BTB[0]를 덮어 쓸 것이다). 입력 파일의 각 라인에 대하여 여러분의 모델은 한 쌍의 데이터 값을 읽어 들인 다음, 모델되는 분기 예측기의 각 테이블을 갱신하고 주요 성능 데이터를 수집하게 된다. 프로그램의 결과는 그림 2.44와 유사할 것이다.

BTB 엔트리의 수를 커맨드 라인 옵션으로 만들어라.

```
0x40074cdb  0x40074cdf  1
0x40074ce2  0x40078d12  0
0x4009a247  0x4009a2bb  0
0x4009a259  0x4009a2c8  0
0x4009a267  0x4009a2ac  1
0x4009a2b4  0x4009a2ac  1
...
```

분기 명령의 주소 | 분기 목적 주소 | 1: 발생 0: 비발생

그림 2.43 history.txt 입력 파일의 양식.

연습문제 2.13(a)

BTB 히트 수: 54390, 총 분기의 수: 55493, 히트율: 99.8%

연습문제 2.13(b)

잘못된 예측의 수: 55493 중에서 1562, 또는 2.8%

연습문제 2.13(c)

<간단한 unix 커맨드 라인 셸 스크립트가 가장 많이 발생한 분기를 보여 줄 것이다. 어떻게 이 결과를 산출하였는지 보이시오.>

전체 55493개의 분기 중에서 가장 자주 발생한 분기는 15418번 발생하였고 그 비율은 27.8%이다.

가장 자주 발생한 분기 = 0x80484ef, 예측 성공 = 19151 (36342개의 총 예측 성공 중에서) 또는 52.7%

연습문제 2.13(d)

각기 다른 분기의 총 수(분기마다 1개의 강제 미스): 121

총 미스의 수: 104

따라서 총 용량 미스 수 = 총 미스 수 − 강제 미스 수 = 17

연습문제 2.13(e)

BTB에서의 히트 수: 54390, 총 분기의 수: 55493, 히트율 = 99.8%

잘못된 예측의 수 : 55493 중에서 1103, 또는 2.0%

연습문제 2.13(f)

BTB 길이	예측 실제율
1	32.91%
2	6.42%
4	0.28%
8	0.23%
16	0.21%
32	0.20%
64	0.20%

그림 2.44 프로그램 출력 형식의 예제.

2.13 [20/10/10/10/10/10/10] <2.3> 64개의 엔트리를 가지는 간단한 4-상태 분기 목적 주소 버퍼의 모델을 작성하라.

a. [20] <2.3> BTB의 히트율 (BTB에서 분기 명령이 참조된 총 수 중에서 실제로 발견된 비율)은?

b. [10] <2.3> 모든 테이블이 처음에 비워있다고 가정했을 때 분기 예측 실패율은?

c. [10] <2.3> 가장 자주 발생하는 분기는? 올바르게 예측된 분기 중에서 이 분기가 차지하는 비율은? (*힌트*: history.txt 파일에서 이 분기가 발생하는 수를 카운트한 후 이 분기들이 BTB 모델에서 어떻게 동작하는지 조사하라.)

d. [10] <2.3> 여러분의 분기 예측기가 발생시키는 용량 미스(capacity miss)의 수는?

e. [10] <2.3> 콜드 스타트(cold start) 미스[8]와 웜 스타트(warm start) 미스[9]의 효과는? 이 해답을 구하기 위해서는 한 번은 같은 입력 데이터를 분기 기록표를 초기화하는 데 사용한 다음, 새로운 통계를 얻기 위해 다시 한 번 실행시키는데 사용하면 된다.

f. [10] <2.3> BTB 크기를 16, 32, 64로 변화시키면서 BTB를 4번 더 콜드 스타트 시키시오. 5개의 분기 예측 실패율 결과를 그래프로 그리시오. 또한 5개의 히트율을 그래프로 그리시오.

g. [10] 작성한 분기 목적 주소 버퍼 모델의 소스 코드를 제출하시오. 소스 코드에는 설명이 추가되어 있어야 한다.

8) 콜드 스타트 미스는 캐시가 빈 상태에서 출발할 때 발생하는 강제 미스(compulsory miss)를 뜻한다.
9) 웜 스타트 미스는 캐시가 채워진 상태에서 시작할 때 발생하는 미스를 뜻한다.

COMPUTER ARCHITECTURE

Chapter 03

명령어 수준 병렬성의 한계

Limits on Instruction-Level Parallelism

명령어 수준에서 매우 많은 연산을 병렬처리 할 수 있는 잠재력을 가진 프로세서들이 개발되고 있다…….훨씬 더 많은 명령어 수준 병렬성이 앞으로 가능할 것이다.

J. Fisher

"명령어 수준 병렬성"이란 용어를 처음 사용한 논문에서(1981)

IA-64에 대한 놀라움중의 하나는 EPIC 프로세서가 슈퍼스칼라 프로세서보다 덜 복잡함에도 불구하고 고속으로 동작한다는 주장을 들을 수 없다는 점이다. 이 이유에 대한 답을 알아내기는 어렵지만 아마도 IA-64와 같이 CPI를 증가시키는 데 초점을 둔 설계가 가지는 전체적 복잡성이 고속의 동작을 달성하기는 쉽지 않음을 예측할 수 있다.

M. Hopkins

단순한 아키텍처를 유지하면서 ILP의 활용을 혁신적으로 증가시기 위해 HP와 인텔이 공동으로 설계한 IA-64 아키텍처에 대한 논평에서 (2000)

3.1 서론

2장에서 설명하였듯이 ILP의 활용은 1980년대 중반부터 시작해서 거의 20년 동안 프로세서 설계의 가장 큰 핵심 이슈이었다. 처음 15년간은 다중 이슈 파이프라인, 동적 스케줄링, 예측 실행 등 연속해서 보다 정교한 기술들이 개발되었다. 2000년 이후로 설계자들은 이슈 폭을 증가시키지 않고 더 고속의 클록 속도를 달성하기 위해 설계를 최적화하는 데 중점을 두어 왔다. 2장의 마지막 부분에서 언급했듯이, 이러한 ILP 활용 시대가 종착역에 가까이 온 것처럼 보인다.

이 장에서는 이러한 ILP의 한계를 프로그램 구조 측면에서, 하드웨어 예산과 관련된 보다 현실적인 가정 측면에서, 또 분기 예측과 같은 예측 실행과 관련된 주요 기술의 정확성 측면에서 분석한다. 3.5절에서는 명령어 수준 병렬성의 대안으로 쓰레드 수준 병렬성을 사용하는 방안을 논의할 것이다. 3장의 마지막 부분에서는 최근의 프로세서들을 트랜지스터당 또는 와트(watt)당 성능과 효율성 측면에서 비교하는 것으로 결론을 맺는다.

3.2 ILP 한계에 대한 연구

Computer Architecture

성능을 증가시키기 위해 ILP를 활용하는 방법은 1960년대 최초의 파이프라인된 프로세서에서부터 시작하였다. 1980년대와 1990년대에서 이 기술은 빠른 성능 향상을 달성하는 핵심 기술이었다. 기본 집적회로 기술의 발전이 제공하는 것 이상으로 성능을 장기간 향상시키기 위해서는 얼마나 많은 ILP가 존재하는지 분석하는 것이 중요하였다. 단기적으로는 더 많은 ILP를 활용하기 위해서 무엇이 필요한지를 알아내는 것이 컴퓨터 설계자와 컴파일러 개발자들에게 중대한 이슈이었다. 3장의 데이터들은 메모리 주소 판별, 레지스터 리네이밍, 예측 실행 등 2장에서 소개하였던 다양한 아이디어들의 가치를 분석할 수 있는 방법을 제공한다.

이 절에서는 이러한 질문들에 대한 대답과 관련한 연구들 중 한 가지를 살펴본다. 부록 K의 역사적 관점 절은 이 절의 데이터와 관련된 소스(Wall의 1993년 연구)를 포함하여 여러 연구 사례를 기술한다. 사용가능한 병렬성에 관한 이 모든 연구는 일련의 가정 하에 얼마나 많은 병렬성이 존재하는지를 분석하는 방식으로 수행되었다. 이 책에서 분석한 데이터는 아마도 현실적으로는 불가능한 하드웨어를 낳게 하는 최소한의 가정에서 분석된 연구를 기반으로 한다. 하지만 이러한 모든 연구들은 비록 매우 공격적인 하드웨어 설계를 사용하였지만 일정 수준의 컴파일러 기술을 가정하였고 이러한 일부 가정은 결과에 영향을 줄 수 있다.

미래에 컴파일러 기술의 발달과 함께 혁신적인 하드웨어 기술이 결합되면 이러한 연구에서 가정된 일부 제한을 극복할 수 있을는지 모른다. 하지만 이러한 발전들이 가능하다고 해도 *현실적인 하드웨어* 환경에서 이러한 한계를 가까운 장래에 극복할 가능성은 거의 없다. 예를 들어, 2장에서 논의된 값 예측 기법이 종속성에 따른 한계를 제거해 줄 수 있다. 하지만 이러한 값 예측 기법이 성능에 중요한 영향력을 발휘하기 위해서는 예측기가 현재 보고된 것보다는 훨씬 더 높은 정확성을 달성할 필요가 있다. 3.6절에서 다루는 이유들로 인하여 아마도 효율적으로 활용할 수 있는 ILP는 한계에 다다른 것으로 예측할 수 있다. 이 절에서는 이와 같은 현상이 벌어지게 된 원인을 이해할 수 있는 기초를 살펴볼 것이다.

하드웨어 모델

ILP의 한계를 알기 위해서는 먼저 이상적인 프로세서를 정의할 필요가 있다. 이상적인 프로세서란 ILP의 모든 제한사항이 제거된 프로세서이다. 이와 같은 프로세서에서 ILP를 제한하는 것은 레지스터 또는 메모리를 통해 발생하는 실제 데이터 플로우에 의해 발생하는 데이터 종속성이 유일하다.

이상적인 또는 완벽한 프로세서를 위한 가정은 다음과 같다.

1. 레지스터 리네이밍 – 무한한 수의 가상 레지스터가 사용 가능하며 따라서 모든 WAW와 WAR 해저드는 제거되고 무한한 수의 명령들이 동시에 실행을 시작할 수 있다.
2. 분기 예측 – 완벽한 분기 예측을 가정한다. 모든 조건부 분기는 정확하게 예측된다.
3. 점프 예측 – (복귀와 계산된 점프(computed jump)에 사용된 점프 레지스터를 포함하여) 모든 점프는 완벽하게 예측된다. 완벽한 분기 예측과 결합되어 이는 완벽한 예측 실행과 무한한 크기의 버퍼를 갖는 프로세서와 동등하다.
4. 메모리 주소 판별 – 모든 메모리 주소를 정확하게 알 수 있다. 따라서 주소가 동일하지 않다면 로드는 스토어 이전으로 옮길 수 있다. 즉, 완벽한 주소 판별 능력을 갖는다.
5. 완벽한 캐시 – 모든 메모리 액세스는 1 사이클 걸린다. 실제로 슈퍼스칼라 프로세서는 캐시 미스로 인한 지연시간을 감추기 위해 일반적으로 상당한 ILP를 소비하기 때문에 이러한 가정은 너무 낙관적 결과를 낳을 수 있다.

가정 2와 3은 *모든* 제어 종속성을 제거한다. 또한 가정 1과 4는 *참 데이터 종속성을 제외한* 모든 데이터 종속성을 제거한다. 이 네 가지 가정은 프로그램의 *어떠한* 명령도 이 명령에 영향을 주는 이전 명령의 실행이 완료되면 바로 다음 사이클에 스케줄될 수 있다는 것을 의미한다. 이러한 가정 하에서는 프로그램의 마지막 명령이 첫 번째 사이클에 스케줄되는 것도 가능하다. 따라서 이러한 가정들은 제어 종속성과 주소를 모두 완벽하게 예측 실행할 수 있음을 가정한다.

미래의 계산 과정을 미리 조사하여 무한한 수의 명령을 한 번에 이슈할 수 있는 프로세서를 먼저 가정하여 보자. 이 절에서 논의되는 모든 프로세서 모델들은 한 사이클에 이슈할 수 있는 명령어 유형에는 아무런 제한이 없다고 가정한다. 무한 이슈 프로세서의 경우에는 종속적인 명령들이 연속해서 다음 사이클에 이슈될 수 있도록 한 클록 사이클에 무한한 수의 로드나 스토어를 이슈할 수 있음을 의미한다. 1 사이클 이상의 지연시간은 실행할 수 있는 명령어의 수를 제한하지는 않지만 사이클당 이슈할 수 있는 수는 감소시킬 것이다. (어느 순간에 실행중인 명령어들은 종종 *진행중(in flight)*으로 언급된다.)

물론 이러한 프로세서는 현실적으로 불가능에 가깝다. 예를 들어, IBM Power5는 지금까지 발표된 프로세서 중에서 가장 발전된 형태의 슈퍼스칼라 프로세서 중 하나이다. Power5는 클록당 최대 4개의 명령을 이슈할 수 있고 최대 6개(명령어 유형에는 상당한 제한이 따른다. 예를 들어, 최대 2개의 로드-스토어)까지 명령을 실행시킬 수 있으며 많은 수의 리네이밍 레지스터를 지원하고 (88개의 정수 레지스터와 88개의 부동 소수점 레지스터로 이는 최대 200개 이상의 명령이 파이프라인에서 동시에 진행할 수 있도록 허락하며 이 중 32개의 로드와 32개의 스토어를 지원할 수 있다) 상당히 큰 정교한 분기 예측기를 사용하며 동적으로 메모리 주소를 판별할 수 있다. 먼저 이상적인 프로세서에서 사용 가능한 병렬성을 살펴본 후에 프로세서의 여러 기능을 제한함으로써 생기는 영향을 분석할 것이다.

이용 가능한 병렬성을 측정하기 위해 여러 프로그램들을 컴파일하고 표준 MIPS 최적화 컴파일러를 사용하여 최적화하였다. 프로그램들은 명령과 데이터 트레이스를 생성하도록 조작되었다. 트레이스의 각 명령은 스케줄될 수 있는 가장 이른 시간에 스케줄되며 데이터 종속성에 의해서만 제한되어 진다. 트레이스가 사용되었기 때문에 완벽한 분기 예측과 메모리 주소 판별은 어렵지 않았다. 이와 같은 이유로 명령들은 여러 분기 명령을 포함해서 (왜냐하면 분기는 완벽히 예측되므로) 데이터 종속성을 갖지 않는 많은 명령들을 넘어서 아주 일찍 스케줄될 수 있다.

그림 3.1은 6개의 SPEC92 벤치마크에서 평균적으로 이용 가능한 병렬성을 보여준다. 이 절에서 병렬성은 평균 메모리 이슈율에 의해 측정한다. 모든 명령이 1-사이클의 지연시간을 갖고 있다는 것을 주목하라. 더 긴 지연시간은 클록당 이슈할 수 있는 명령 수를 줄일 수 있다. 이 벤치마크 중 셋(fpppp, doduc, tomcatv)은 부동 소수점 응용이고 나머지 셋은 정수 프로그램이다. 부동 소수점 프로그램 중 2개(fpppp와 tomcatv)는 벡터 컴퓨터나 멀티프로세서(fpppp의 구조는 너무 복잡해서 일부 코드를 수작업으로 변형하였다)를 활용할 수 있을 만큼 상당한 병렬성을 갖고 있다. doduc 프로그램 역시 많은 병렬성을 갖고 있지만 fpppp와 tomcatv의 경우와는 달리

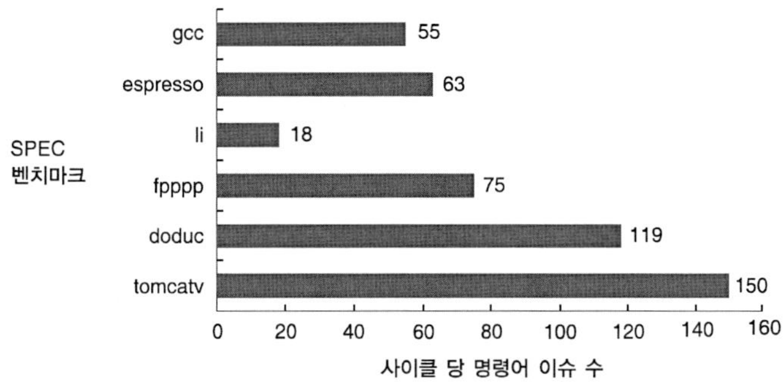

그림 3.1 SPEC92 벤치마크의 여섯 프로그램에서 완벽한 프로세서에서 이용 가능한 ILP. 처음 세 프로그램은 정수 프로그램이고 나머지 3 프로그램은 부동 소수점 프로그램이다. 부동 소수점 프로그램은 루프 중심이고 많은 양의 루프 수준 병렬성을 갖고 있다.

간단한 병렬 루프에서는 병렬성이 존재하지 않는다. li 프로그램은 LISP 인터프리터로 많은 짧은 종속성을 갖는다.

다음으로 고성능의 실현 가능한 프로세서를 살펴보기 전에 먼저 이 이상적인 프로세서의 여러 기능을 제한함으로써 여러 가정들이 미치는 효과를 살펴보기로 하자.

윈도우 크기와 최대 이슈 수에 대한 제한

정적인 컴파일 시간의 분석 방법은 완벽할 수 없기 때문에 완벽한 분기 예측과 메모리 주소 판별 능력을 갖춘 프로세서를 설계하려면 매우 공격적인 동적 분석을 요구한다. 물론 대부분의 현실적인 동적 기법들은 완벽하지 않지만 이러한 동적 방법은 컴파일 시간의 정적 분석이 분석할 수 없는 기능을 제공할 수 있다. 따라서 동적 프로세서가 우리의 이상적인 프로세서가 발견하는 병렬성에 더 가까운 결과를 산출할 수 있을 것이다.

어떻게 실제의 동적 스케줄링을 사용하는 예측 실행 프로세서가 이상적인 프로세서에 가까워 질 수 있을까? 이 질문에 대한 해답을 찾기 위해서 완벽한 프로세서가 해야 하는 작업을 살펴보자.

1. 프로그램에서 미래의 명령들을 미리 살펴 이슈할 명령어 집합을 찾고 또 모든 분기를 정확히 예측한다.
2. 레지스터 리네이밍을 사용하여 모든 WAR와 WAW 해저드를 제거한다.
3. 이슈 패킷에 속한 명령들 사이에 데이터 종속성이 있는지 결정하고 있다면 필요에 따라 리네이밍을 수행한다.
4. 이슈하는 명령들 사이에 메모리 종속성이 있는지 결정하고 이들을 적절히 처리한다.
5. 모든 준비가 된 명령들을 이슈할 수 있도록 기능 장치들을 충분히 복제한다.

당연히 이러한 분석은 매우 복잡하다. 예를 들어, 모든 명령이 레지스터-레지스터 명령이고 총 레지스터의 수가 무한히 많은 겨우, *n*개의 이슈되는 명령들 사이의 레지스터 종속성을 결정하려면 다음과 같은 숫자의 비교 연산이 필요하다.

$$2n-2+2n-4+\ldots+2 = 2\sum_{i=1}^{n-1} i = 2\frac{(n-1)n}{2} = n^2 - n$$

따라서 앞으로 다룰 여러 그림에서 기본 크기로 사용된 다음 2000개의 명령 사이의 종속성을 검사하려면 거의 *4백만* 번의 비교가 필요하다! 단 50개의 명령을 이슈하는 것 역시 2450번의 비교를 필요로 한다. 이와 같은 비용은 분명히 한 번에 이슈할 수 있는 명령들의 수를 제한할 것이다.

기존의 프로세서나 근 시일 내에 개발될 프로세서에서 실제 이 비용은 그다지 크지 않다. 왜냐하면 종속적인 명령어 쌍만 감지하면 되고 또 레지스터의 수가 제한되어 있어 다른 해결 방안을 찾을 수 있기 때문이다. 게다가, 실제 프로세서에서 이슈는 순서대로 발생하며 종속적인 명령들은 1 클록에 수행될 수 있는 리네이밍 과정에 의해 처리되기 때문이다. 일단 명령들이 이슈되면 종속성의 감지는 예약 스테이션 또는 스코어보드에 의해 분산 처리된다.

동시 실행을 위해 조사되는 명령들의 집합을 윈도우라 부른다. 윈도우 내의 각 명령은 프로세서 내에서 관리되며 매 클록마다 요구되는 비교 연산의 수는 클록당 최대 완료율 × 윈도우 크기 × 명령 당 소스 오퍼랜드의 수(오늘날 최고 6 × 200 × 2 = 2400)이다. 왜냐하면 모든 진행중인 명령은 두 오퍼랜드마다 완료되는 모든 명령을 조사하여야 하기 때문이다. 따라서 전체 윈도우 크기는 요구되는 저장 장소, 비교 연산의 수, 제한된 이슈율에 의해 제한되며 이는 더 큰 윈도우의 사용을 제한한다. 비록 수백 개의 명령을 동시에 진행시키는 기존 프로세서들이 존재하지만, 한 클록 사이클에 최대 몇 개 이상의 명령은 이슈하고 리네이밍할 수 없기 때문에 최대 처리속도는 이슈율에 의해 제한을 받을 수밖에 없다. 예를 들어, 명령어들이 모두 독립적이고 캐시를 히트하더라도 큰 윈도우를 채우기는 어렵다. 이슈율보다 큰 윈도우를 가지는 가치는 명령어 스트림에 종속성이 존재하거나 캐시 미스가 발생할 때 발휘된다.

윈도우 크기는 주어진 사이클에 실행을 시작할 수 있는 명령의 수를 직접적으로 제한한다. 실제로 상용 프로세서들은 더 제한된 수의 기능 장치 (예를 들어, 현존하는 어떠한 슈퍼스칼라 프로세서도 클록당 2개 이상의 메모리 참조를 수행할 수 없다)와 제한된 수의 버스와 레지스터 포트 수를 가지며 이 역시 클록당 시작할 수 있는 명령의 수를 제한한다. 이 각각의 제한이 ILP를 제한하는 역할을 수행한다. 다른 모든 제한 사항 역시 이용할 수 있는 병렬성의 양을 더욱 줄일 수 있다. 이 절에서는 이러한 효과들 각각을 이해하기 보다는 윈도우 크기의 제한에 중점을 두어 기술할 것이다.

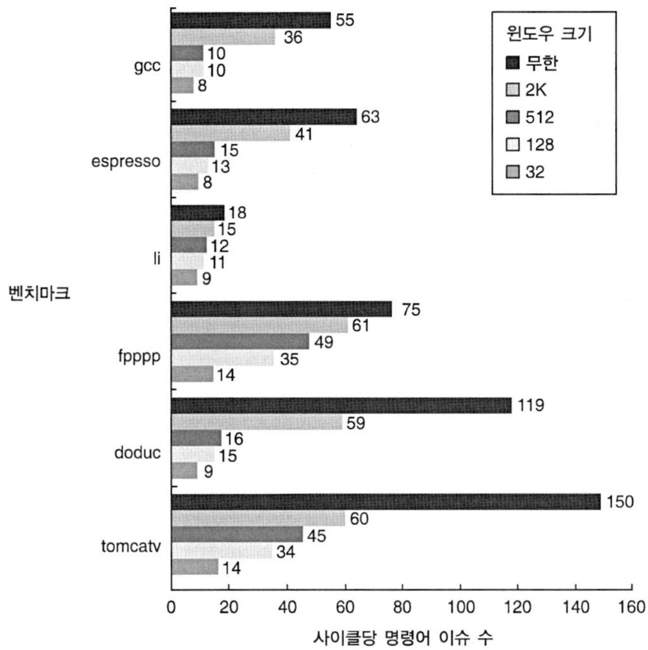

그림 3.2 각 응용 별 윈도우 크기의 효과. 클록 사이클당 평균 이슈 수로 표시.

그림 3.2는 윈도우 크기를 제한하는 효과를 보여 준다. 그림 3.2에서 알 수 있듯이 발견되는 병렬성의 양은 윈도우 크기가 작아짐에 따라 빠르게 감소한다. 2005년을 기준으로 가장 고성능의 프로세서들이 갖는 윈도우 크기는 64-200이다. 하지만, 다음의 2 가지 이유로 이 윈도우 크기를 그림 3.2의 윈도우 크기와 직접 비교하기는 어렵다. 첫째, 많은 기능 장치들은 여러 사이클의 지연시간을 갖고 있으므로 단일 사이클 지연시간을 갖는 경우와 비교하여 실질적으로 윈도우 크기를 감소시키는 효과가 있다. 둘째, 실제 프로세서에서 윈도우는 캐시 미스로 인해 대기하는 메모리 참조 명령 역시 저장하여야 하지만 이 모델에서는 완벽한 1-사이클 캐시 액세스를 가정하였기 때문에 고려되지 않았다.

그림 3.2에서 알 수 있듯이, 정수 프로그램은 부동 소수점 프로그램만큼 많은 병렬성을 가지지는 않는다. 이러한 결과는 예측 가능하다. 그림 3.2의 빠른 병렬성 감소에서 알 수 있듯이 부동 소수점의 병렬성은 루프 수준 병렬성에 기인한다. 작은 윈도우 크기에서는 부동 소수점 프로그램과 정수 프로그램 사이에 병렬성의 차이가 별로 크지 않다는 점은 루프 반복 내의 코드에서는 종속성이 존재하지만 tomcatv에서처럼 루프 반복 사이에는 종속성이 거의 존재하지 않는 구조임을 의미한다. 작은 윈도우에서 프로세서는 현재 반복의 명령들과 병렬로 이슈될 수 있는 다음 반복의 명령들을 찾을 수 없다. 컴파일러는 작은 윈도우에서도 (소프트웨어 파이프라이닝과 같은 기술을 사용하여) 효과적으로 루프 수준 병렬성을 찾을 수 있고 이를 이용할

수 있는 코드를 생성할 수 있으므로 이 경우는 더 훌륭한 컴파일러 기술(부록 G 참조)을 사용하여 더 많은 ILP를 발견할 수 있음을 보여 주는 좋은 예제이다.

매우 큰 크기의 윈도우는 비현실적이고 비효율적이다. 그림 3.2의 데이터는 현실적 구현에서는 명령어 처리 속도가 훨씬 감소할 수 있음을 보여 준다. 따라서 앞으로의 분석에서는 2005년 상용 프로세서에서 가장 큰 크기의 약 10배에 달하는 2K 엔트리의 기본 윈도우 크기와 역시 2005년 가장 이슈 폭이 큰 프로세서의 10배에 달하는 클록당 64개 명령을 이슈할 수 있는 프로세서를 가정한다. 다음 절에서 살펴 보듯이, 프로세서의 다른 부분이 완벽하지 않다면 이와 같은 2K 크기의 윈도우와 64-이슈의 제한은 프로세서가 활용할 수 있는 ILP를 제한하지는 않는다.

현실적인 분기와 점프 예측의 효과

이상적인 프로세서에서 분기는 완벽하게 예측될 수 있다고 가정하였다. 이 경우 프로그램내의 모든 분기의 결과는 첫 번째 명령이 실행되기도 전에 알 수 있다! 물론, 어떤 실제 프로세서도 이러한 분기 예측을 달성할 수는 없다. 그림 3.3은 좀 더 현실

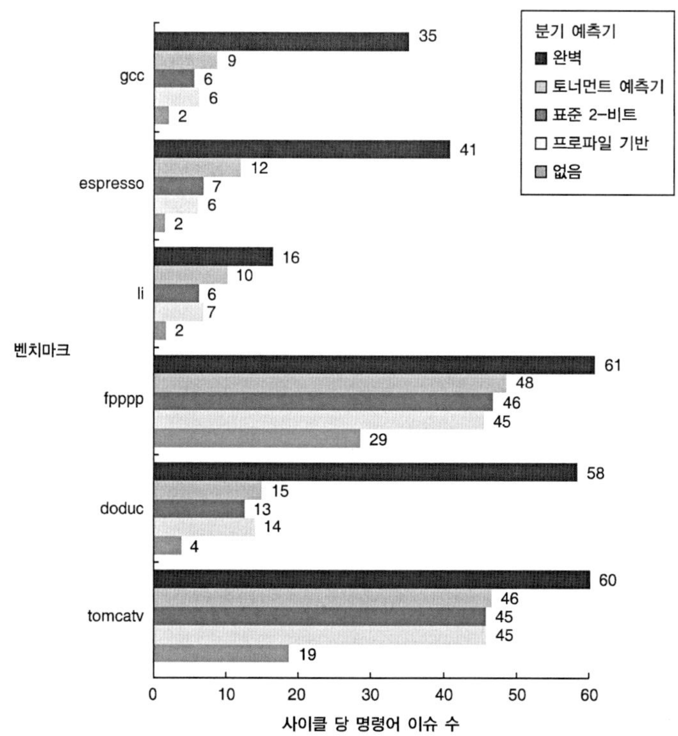

그림 3.3 응용 프로그램 별 분기 예측 기법의 효과. 이 그래프는 완벽한 분기 예측 모델(모든 분기가 미리 정확하게 예측)에서부터 여러 동적 분기 예측기(2-비트와 토너먼트 방식), 컴파일 시간의 프로파일 기반(profile-based) 예측기, 마지막으로 분기 예측기를 사용하지 않는 경우까지 다양한 경우의 효과를 보여 준다. 예측기들은 본문에서 설명하였다. 이 그래프는 상당한 루프 수준 병렬성을 보여 주는 프로그램들(tomcatv와 fpppp)과 이러한 루프 수준 병렬성이 없는 프로그램들(정수 프로그램들과 doduc)의 차이를 확연히 보여 준다.

적인 예측 기법의 효과를 두 형태로 보여 준다. 완벽한 예측에서부터 분기 예측을 사용하지 않는 경우까지 여러 다양한 분기 예측 결과를 보여 준다. 점프의 경우에는 독립적인 예측기를 사용한다고 가정하였다. 점프 예측기는 대부분의 정확한 분기 예측기에서 중요한데 이는 분기 빈도가 더 높고 분기 예측의 정확성이 더 중요하기 때문이다.

이 그림에서 보여 주는 다섯 단계의 분기 예측 기법은 아래와 같다.

1. 완벽한 예측기(Perfect) – 모든 분기와 점프가 실행을 시작하는 시간에 완벽히 예측된다.
2. 토너먼트 기반 분기 예측기(Tournament predictor) – 이 예측기는 상호연관된(correlated) 2-비트 예측기와 상호연관이 없는 (noncorrelating) 2-비트 예측기를 함께 사용하며 각 분기에 대하여 어떤 2-비트 예측기를 사용할 것인지를 결정하는 선택기(selector)를 이용하여 분기 예측을 수행한다. 예측 버퍼는 2^{13}(8K) 엔트리를 가지며 각 엔트리는 3개의 2-비트 예측기를 갖는데 이 중 둘은 예측기이고 나머지 하나는 선택기이다. 상호연관 예측기는 분기 주소와 전역 분기 기록(global branch history)에 Exclusive OR를 한 결과로 인덱스된다. 비 상호연관 예측기는 분기 주소로 인덱스되는 표준 2-비트 예측기이다. 선택기 테이블 역시 분기 주소에 의해 인덱스되며 상호연관 예측기와 비 상호연관 예측기 중 어떤 예측기를 사용할 것인지를 결정한다. 선택기 역시 표준 2-비트 예측기와 같은 방법으로 증가 또는 감소된다. 이 예측기는 총 48K 비트의 메모리를 사용하며 이 여섯 SPEC92 벤치마크에서 평균 3% 정도의 예측 실패율을 보여 주어 2005년 상용 프로세서에서 사용하는 것 중 제일 우수한 예측기와 거의 같은 크기와 성능을 보여 준다. 점프 예측기는 한 쌍의 2K-엔트리 예측기로 구현되는데 하나는 복귀 명령을 예측하는 데 사용되며 원형 버퍼(circular buffer)로 구성되고 다른 하나는 계산된 점프(CASE 문이나 computed GOTO 문 등)를 위해 사용되며 표준 예측기와 같은 구조로 되어 있다. 이 점프 예측기는 거의 완벽한 예측을 수행한다.
3. 512개의 엔트리를 가진 표준 2-비트 예측기(Standard 2-bit) – 추가적으로 복귀 명령을 예측하기 위해 16개 엔트리의 버퍼를 가정한다.
4. 프로파일 기반 예측기(Profile-based) – 프로그램의 프로파일 기록을 사용하는 정적 예측기로 프로파일의 결과에 따라 분기가 항상 발생할 지 또는 항상 발생하지 않을 지를 예측한다.
5. 분기 예측을 사용하지 않는 경우(None) – 비록 점프는 여전히 예측되지만 다른 어떠한 분기 예측도 사용하지 않는다. 병렬성은 기본 블록 이내로 제한된다.

예측이 실패한 분기가 사이클을 추가하지는 않으므로 분기 예측을 변화하여 생

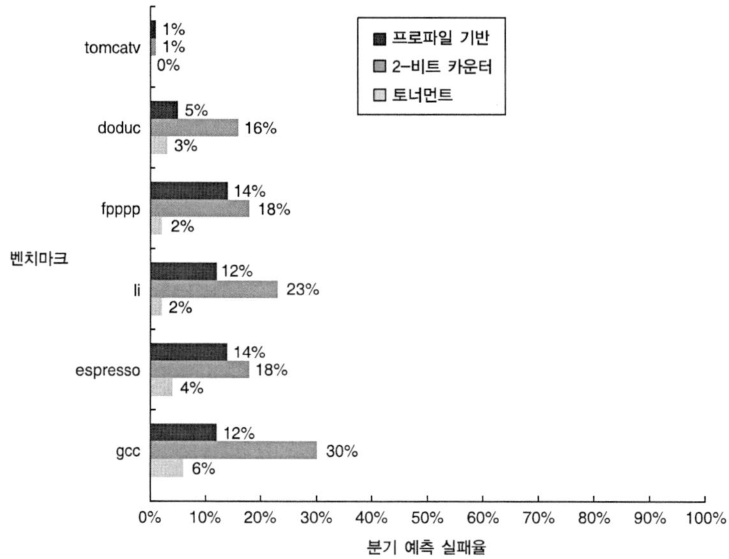

그림 3.4 SPEC92 일부 프로그램에서 조건부 분기의 예측 실패율.

기는 유일한 효과는 예측 실행에서 기본 블록을 넘어 활용할 수 있는 병렬성의 양을 변화시키는 것에 불과하다. 그림 3.4는 여기서 사용된 SPEC92 벤치마크의 부분 집합에서 조건부 분기에 대한 세 가지 현실적인 예측기의 정확성을 보여 준다.

그림 3.3은 두 부동 소수점 프로그램의 분기 행동이 다른 프로그램에 비하여 매우 단순함을 보여 주는데 이는 이 두 프로그램에서 분기의 수가 훨씬 적고 이 분기들의 예측이 더 쉽기 때문이다. 이러한 특성으로 인해 이 두 프로그램은 현실적인 분기 예측 기법을 통해서도 상당한 병렬성의 활용이 가능하다. 이와는 대조적으로 모든 정수 프로그램들과 가장 적은 루프 수준 병렬성을 가진 FP 벤치마크인 doduc의 경우, 완벽한 분기 예측과 공격적인 토너먼트 예측기 사이의 차이는 매우 크다. 윈도우 크기 결과와 같이, 정수 프로그램에서 상당한 병렬성을 얻기 위해서 프로세서는 많이 떨어져 있는 명령들을 선택하고 실행할 수 있어야 함을 보여 준다. 분기 예측이 매우 정확하지 않다면 잘못 예측된 분기들은 병렬성을 찾는데 큰 장벽이 될 것이다.

앞에서 살펴보았듯이 분기 예측은 중요하다. 특히 2K 크기의 윈도우와 64개의 이슈 제한을 가지는 경우는 매우 중요하다. 이 절의 나머지 부분에서는 윈도우와 이슈 제한에 추가하여 2단계의 예측과 총 8K 엔트리를 사용하는 좀 더 공격적인 토너먼트 예측기를 기본으로 가정한다. 150K 비트 이상의 저장 장소(지금까지 발표되었던 가장 큰 예측기의 약 4배 크기)를 필요로 하는 이 예측기는 위에서 설명한 선택 예측기의 성능을 약간 (0.15-1% 정도) 능가한다. 또한 앞에서 설명하였듯이 한 쌍의 2K 크기의 점프와 복귀 주소 예측기를 가정한다.

제한된 수의 레지스터에 의한 효과

우리의 이상적인 프로세서는 무한히 많은 가상 레지스터들을 사용하여 레지스터 참조 사이의 이름 종속성을 모두 제거한다. 지금까지 프로세서 중에서 IBM의 Power5가 기본 아키텍처가 제공하는 64개의 레지스터와 88개의 추가적인 FP 레지스터와 88개의 추가적인 정수 레지스터를 제공하여 가장 많은 수의 가상 레지스터를 사용하였다. 모두 240개의 레지스터들이 멀티쓰레딩 모드에서 두 쓰레드에 의해 공유되었고 (3.5절 참조) 단일 쓰레드 모드에서는 한 쓰레드가 모든 레지스터를 사용할 수 있다. 그림 3.5는 리네이밍에 사용되는 레지스터의 수를 제한하는 효과를 보여 준다. FP와 GP 레지스터 모두 그림의 범례에 표시된 수만큼 증가시켰다.

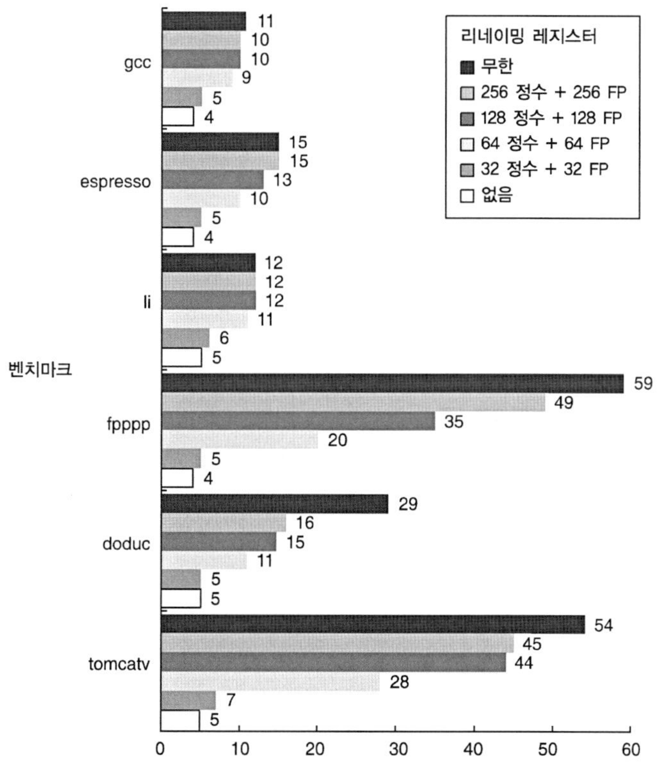

그림 3.5 무한한 수의 리네이밍 레지스터를 줄이자 활용 가능한 병렬성은 심각하게 감소한다. FP와 GP 레지스터 모두 그림의 x 축에 표시된 수만큼 증가시켰다. 따라서 "128 정수 + 128 FP"에 해당하는 엔트리는 모두 128 + 128 + 64 = 320개의 레지스터를 사용한다(128개의 정수 리네이밍 레지스터, 128개의 FP 리네이밍 레지스터, 그리고 MIPS 아키텍처에서 제공하는 64개의 정수와 FP 레지스터). 비록 32개의 추가적인 정수 레지스터와 32개의 추가적인 FP 레지스터를 사용하는 것이 모든 프로그램에 심각한 영향을 주지만 이 효과는 FP 프로그램의 경우 가장 심각하다. 정수 프로그램의 경우, 64개 이상의 추가적인 레지스터를 통한 효과는 거의 보이지 않는다. 64개 이상의 레지스터를 사용하려면 엄청난 병렬성을 찾아야 하나 이는 정수 프로그램의 경우 근본적으로 완벽한 분기 예측을 요구한다.

이 그림의 결과는 다소 놀라운 것이다. 이름 종속성은 사용 가능한 병렬성을 조금만 감소시킬 것으로 예측할 수 있다. 하지만 많은 양의 병렬성을 활용하는 것은 많은 가능한 실행 경로를 예측하여 평가하는 것을 필요로 한다. 따라서 이 쓰레드들로부터 살아있는 (live) 변수를 저장하기 위해서는 많은 레지스터가 필요하다. 그림 3.5는 충분한 병렬성이 존재하는 경우, 제한된 수의 레지스터를 갖는 것이 영향이 큰 것을 보여 준다. 비록 이 그래프는 부동 소수점 프로그램에서 큰 영향이 있는 것을 보여 주지만 정수 프로그램에서는 그 영향력은 작다. 이는 정수 프로그램에서 윈도우 크기와 분기 예측이 ILP의 활용을 상당히 제한하여 리네이밍의 효과를 감소시켰기 때문이다. 추가로 64개의 FP 레지스터와 64개의 정수 레지스터를 리네이밍에 사용하더라도 이용할 수 있는 병렬성이 상당히 감소되는 것에 주목하라. 이 정도의 추가적인 레지스터는 2005년 상용 프로세서에서 제공하는 수준과 비슷하다.

비록 레지스터 리네이밍이 성능에 매우 중요하지만 무한한 수의 레지스터를 사용하는 것은 비현실적이다. 따라서 다음 절에서는 256개의 FP 레지스터들과 256개의 정수 레지스터들이 리네이밍에 사용된다고 가정하였다. 이는 2005년에 발표 예정에 있는 프로세서가 가지는 숫자보다 훨씬 큰 숫자이다.

완벽하지 않은 에일리어스 분석의 효과

우리의 이상적인 모델은 모든 레지스터 이름 종속성을 제거할 수 있을 뿐만 아니라 모든 메모리 종속성을 완벽하게 분석할 수 있다. 물론 이러한 완벽한 에일리어스(alias) 분석이 실제로 가능한 것은 아니다. 완벽한 컴파일 시간의 분석은 불가능하며 실행 시간에서의 분석 역시 무한히 많은 수의 비교가 필요하다 (왜냐하면 동시에 수행할 수 있는 메모리 참조의 수에 제한이 없으므로). 그림 3.6은 완벽한 분석과 함께 세 가지 메모리 에일리어스 분석 모델의 효과를 보여 준다. 세 가지 모델은 다음과 같다.

1. 완벽한 전역/스택 분석 (global/stack perfect) – 이 모델은 전역 변수와 스택 변수의 참조에는 완벽한 예측을 수행하며 힙(heap) 참조에서는 충돌을 가정한다. 이 모델은 현재 시판중인 가장 우수한 컴파일러 기반 방식의 이상적인 모델을 나타낸다. 포인터에 대한 최근 또 앞으로의 에일리어스 분석 연구가 앞으로 힙으로의 포인터 처리를 개선할 것이다.
2. 조사 (inspection) – 이 모델은 컴파일 시간에 액세스들이 간섭을 일으키지 않는지 조사한다. 예를 들어, 어떤 액세스가 R10을 베이스 레지스터로, 20을 오프셋으로 사용하는 경우, R10을 베이스 레지스터로 사용하고 100을 오프셋으로 사용하는 또 다른 액세스는 R10이 변경되지 않았다면 서로 간섭할 수 없다. 또한 다른 할당 영역(예를 들어 전역 영역이나 스택 영역과 같이)을 가리키는 레지스터를 베

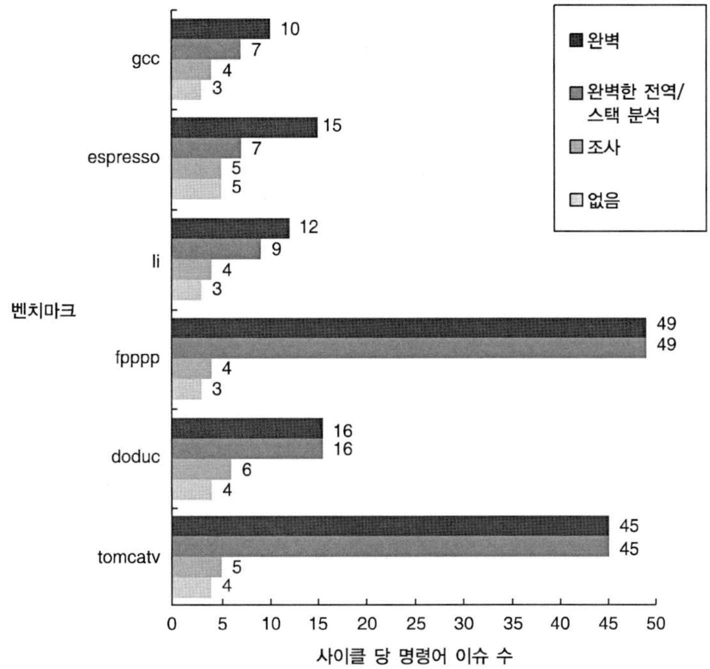

그림 3.6 각 프로그램 별 여러 수준의 에일리어스 분석에 의한 효과. 완벽한 분석 이하의 모든 분석은 정수 프로그램에서 병렬성에 큰 영향을 준다. FORTRAN 프로그램의 경우 완벽한 (실제로는 불가능한) 전역/스택 분석을 가정하였다.

이스 레지스터로 사용한 주소들은 결코 에일리어스가 될 수 없다. 이 분석은 기존의 많은 상용 컴파일러의 분석과 유사하다. 하지만 적어도 루프 기반 프로그램의 경우 최신 컴파일러들은 좀 더 우수한 분석을 수행한다.

3. 없음 – 모든 메모리 참조가 충돌한다고 가정한다.

여러분이 추측하듯이 FORTRAN 프로그램의 경우 완벽한 분석 방법과 완벽한 전역/스택 분석 사이에는 차이점이 없다. 왜냐하면 FORTRAN 프로그램의 경우 힙 참조가 없기 때문이다. 어떤 컴파일러도 모든 배열 종속성을 완벽히 분석할 수는 없으므로 완벽한 전역/스택 분석은 낙관적이다. 완벽한 전역/스택 분석이 조사 방법에 비해서 2배 정도 우수하다는 점은 많은 병렬성을 찾기 위해서는 정교한 컴파일러 분석이 필요하거나 실행 시간의 동적 분석이 요구된다는 것을 보여 준다. 실제로 동적 스케줄링을 사용하는 프로세서는 동적 메모리 주소 분석에 의존한다. 주어진 로드에 대하여 완벽한 동적 주소 분석을 구현하기 위해서는 아직 완료되지 않은 모든 이전 스토어의 메모리 주소를 알고 있어야 한다. 2장에서 언급하였듯이 이러한 제한 사항을 극복하기 위해 메모리 주소 예측 실행이 사용될 수 있다.

3.3 실현가능한 프로세서에서의 ILP 한계

이 절에서는 2006년 현재 또는 이 후 몇 년간 가능한 수준 또는 그 이상의 야심찬 하드웨어 지원을 가정할 때의 프로세서 성능을 살펴보기로 하자. 특히 다음의 특성을 가정한다.

1. 클록당 최대 64개의 명령어를 이슈하며 다른 이슈 제한은 *없다*. 이는 2005년까지 발표된 가장 이슈 폭이 넓은 프로세서의 약 10배에 해당한다. 뒤에서 논의하듯이 이슈 폭이 매우 큰 프로세서에서 ILP를 활용하는 데 있어서의 한계는 클록 속도, 회로의 복잡성, 전력 소모 이슈이다.
2. 1K 엔트리를 가진 토너먼트 예측기와 16 엔트리 복귀 주소 예측기. 이 예측기는 2005년도 가장 우수한 예측기의 성능과 거의 유사하다. 이 예측기가 주 장벽은 아니다.
3. 메모리 참조 주소의 완벽한 동적 분석 – 이는 매우 야심찬 방법이지만 윈도우 크기가 작은 경우 (따라서 이슈 폭이 작고 로드-스토어 버퍼의 수가 작은 경우) 또는 메모리 종속성 예측기를 사용하는 경우 실현 가능하다.
4. 64개의 추가적인 정수 레지스터와 64개의 추가적인 FP 레지스터를 사용한 레지스터 리네이밍. IBM Power5와 거의 유사하다.

그림 3.7은 윈도우 크기의 변화에 따른 이 하드웨어 구성의 결과를 보여 준다. 이 구성은 어떤 기존의 구현에 비하여 복잡하고 비용도 클 것이다. 특히 명령어 이슈 수 측면에서 2005년 사용가능한 어떤 프로세서의 이슈 폭보다도 10배 정도 큰 이슈 폭을 가정한다. 그럼에도 불구하고 이 결과는 미래 프로세서 구현이 달성할 수 있는 한계를 보여 준다. 이 그림의 데이터들은 또 다른 이유에서 매우 낙관적이다. 64개의 명령 사이에 이슈 제한이 없다는 점이다. 이들은 모두 메모리 참조 명령일 수 있다. 가까운 장래에 이러한 기능을 가진 프로세서는 나타나지 않을 것이다. 불행하게도 합리적인 이슈 제한을 가진 프로세서의 성능을 예측하기는 쉽지 않다. 가능성의 영역이 너무 커서가 아니라 이슈 제한이 있다는 것은 정확한 명령어 스케줄러에 의해 병렬성이 평가되어져야 함을 뜻하며 이는 큰 이슈 폭을 가진 프로세서의 연구를 매우 어렵게 만든다.

추가적으로 이러한 결과를 해석할 때 캐시 미스와 긴 지연시간을 가진 연산은 고려되지 않았다는 사실에 주목하라. 이 두 가지 효과는 상당한 영향을 미친다.

그림 3.7에서 가장 놀라운 점은 위에서 언급한 현실적인 프로세서 제한 사항을 고려하는 경우 정수 프로그램에서의 윈도우 크기의 효과가 FP 프로그램에 비하여

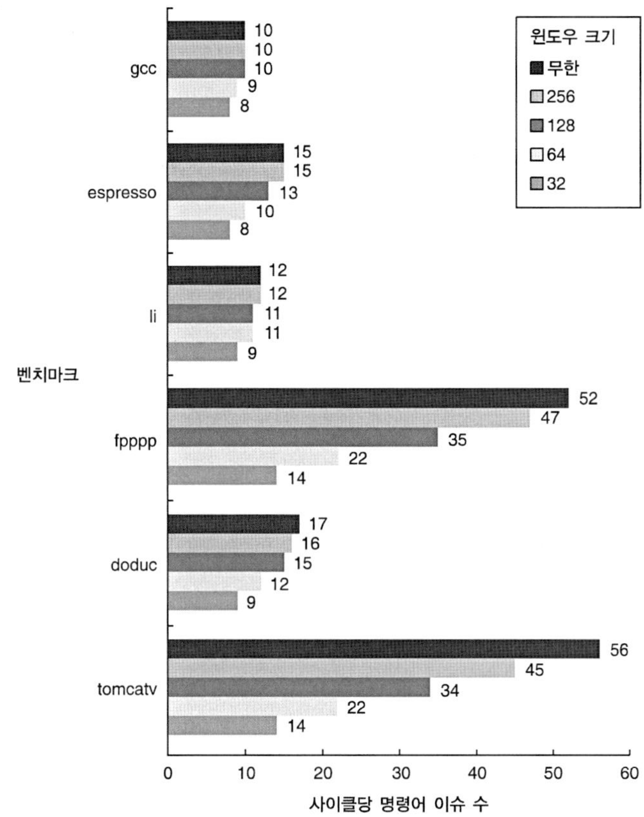

그림 3.7 클록당 최대 64개의 명령을 이슈하는 프로세서에서 여러 정수와 FP 프로그램에 대한 윈도우 크기 변화에 따른 이용 가능한 병렬성의 양. 비록 윈도우 크기보다 적은 수의 리네이밍 레지스터가 있지만 모든 연산의 지연시간이 0이고 리네이밍 레지스터의 수가 이슈 폭과 같기 때문에 프로세서는 전체 윈도우에서 병렬성을 찾을 수 있다. 실제 구현에서 윈도우 크기와 리네이밍 레지스터의 수는 이 두 인자 중 하나가 이슈율을 과도하게 제한하지 않도록 균형을 이루어야 한다.

크지 않다는 점이다. 이 결과는 두 유형의 프로그램 사이의 중요한 차이점을 보여 준다. 두 개의 FP 프로그램에서 루프 수준의 병렬성은 활용할 수 있는 ILP의 양이 많다는 것을 의미하지만 정수 프로그램의 경우는 분기 예측, 레지스터 리네이밍, 또 작은 양의 병렬성 모두가 중요한 제한 사항이라는 점이다. 과거 수년간 정수 프로그램의 중요성이 증가하는 것을 고려할 때 이러한 관측은 매우 의미 있는 결과를 시사한다. 지난 10년간 시장 성장의 대부분은 부동 소수점보다는 트랜잭션 처리, 웹 서버 등의 정수 프로그램 성능이 주도 하였다. 다음 절에서 살펴보듯이 2005년 실현 가능한 프로세서에서 실제의 성능 수준은 그림 3.7에 제시된 숫자보다 훨씬 작을 것이다.

현실적인 하드웨어 설계를 가정할 때 이슈율을 증가시키기 어려워짐에 따라 설계자들은 집적회로에 사용 가능한 제한된 자원을 어떻게 최대한 활용할 것인가 하는 이슈에 직면해 있다. 한 가지 흥미로운 절충 이슈는 큰 캐시와 고속의 클록 속도를 가진 더 단순한 프로세서를 설계할 것인가 아니면 작은 캐시와 더 느린 클록 속도를 가졌지만 ILP를 더 많이 강조할 것인가 하는 것이다. 다음 예제는 이러한 이슈를 예시한다.

예제 다음의 세 가지 가상이긴 하지만 전형적인 프로세서를 고려하여 보자. SPEC gcc 벤치마크를 실행한다고 가정하자.

1. 4 GHz의 클록 속도와 0.8의 파이프라인 CPI를 달성할 수 있는 간단한 2-이슈 정적 파이프라인 구조의 MIPS 프로세서.
2. 약간 작은 캐시와 5 GHz의 클록 속도를 가지는 더 깊게 파이프라인된 2-이슈 MIPS 프로세서 버전. 이 프로세서의 파이프라인 CPI는 1.0이고 작은 캐시는 명령어당 평균적으로 0.0055 미스를 더 발생시킨다고 가정하자.
3. 64 엔트리의 윈도우를 가진 예측 실행 프로세서. 이 프로세서는 이 윈도우 크기에서 측정된 이상적인 이슈율의 1/2을 달성한다. (그림 3.7의 데이터를 사용하라.) 이 프로세서는 가장 작은 캐시를 갖고 있어 명령어당 0.01개의 미스를 발생시키나 동적 스케줄링에 의해 미스 페널티의 25%를 숨길 수 있다. 이 프로세서의 클록 속도는 2.5GHz이다.

(미스 페널티를 결정하는) 메인 메모리 액세스 시간은 50 ns이다. 세 프로세서의 상대적인 성능을 비교하라.

해답 먼저, 미스 페널티와 미스율 정보를 사용하여 각 구성 별로 캐시 미스로 인한 CPI 효과를 계산하자. 다음의 식을 사용한다.

$$\text{캐시 CPI} = \text{명령어당 미스 수} \times \text{미스 페널티}$$

각 시스템에 대한 미스 페널티는 다음의 식을 사용한다.

$$\text{미스 페널티} = \frac{\text{메모리 액세스 시간}}{\text{클록 사이클}}$$

프로세서의 클록 사이클 시간은 각각 250 ps, 200 ps, 400 ps 이다. 따라서 미스 페널티는 다음과 같다.

$$\text{미스 페널티}_1 = \frac{50 \text{ ns}}{250 \text{ ps}} = 200 \text{ 사이클}$$

$$\text{미스 페널티}_2 = \frac{50 \text{ ns}}{200 \text{ ps}} = 250 \text{ 사이클}$$

$$\text{미스 페널티}_3 = \frac{0.75 \times 50 \text{ ns}}{400 \text{ ps}} = 94 \text{ 사이클}$$

이를 각 캐시에 적용하면 다음과 같은 CPI를 얻는다.

$$\text{캐시 CPI}_1 = 0.005 \times 200 = 1.0$$
$$\text{캐시 CPI}_2 = 0.0055 \times 250 = 1.4$$

$$\text{캐시 CPI}_3 = 0.01 \times 94 = 0.94$$

프로세서 3을 제외하고는 다른 프로세서의 파이프라인 CPI를 알고 있다. 프로세서 3에 대한 파이프라인 CPI는 다음과 같다.

$$\text{파이프라인 CPI}_3 = \frac{1}{\text{Issue rate}} = \frac{1}{9 \times 0.5} = \frac{1}{4.5} = 0.22$$

이제 파이프라인 CPI와 캐시 CPI를 추가하여 각 프로세서의 CPI를 계산할 수 있다.

$$CPI_1 = 0.8 + 1.0 = 1.8$$
$$CPI_2 = 1.0 + 1.4 = 2.4$$
$$CPI_3 = 0.22 + 0.94 = 1.16$$

같은 아키텍처이기 때문에 명령어 이슈율을 MIPS로 비교하면 상대적 성능을 결정할 수 있다.

$$\text{명령어 실행률} = \frac{CR}{CPI}$$

$$\text{명령어 실행률}_1 = \frac{4000\ \text{MHz}}{1.8} = 2222\ \text{MIPS}$$

$$\text{명령어 실행률}_2 = \frac{5000\ \text{MHz}}{2.4} = 2083\ \text{MIPS}$$

$$\text{명령어 실행률}_3 = \frac{2500\ \text{MHz}}{1.16} = 2155\ \text{MIPS}$$

이 예제에서는 간단한 2-이슈 정적 슈퍼스칼라 프로세서의 성능이 제일 우수하다. 실제 성능은 CPI와 클록 속도에 달려 있다.

이 연구의 한계를 넘어서

다른 연구와 마찬가지로 이 절에서 논의된 연구는 자체적인 한계점을 가진다. 이는 두 가지로 분류된다. 완벽한 예측 실행을 지원하는 프로세서에서 발생하는 제한사항들과 보다 현실적인 프로세서에서 발생하는 제한사항들이다. 물론 첫 번째 유형에서 발생하는 한계는 두 번째에도 해당된다. 이상적인 모델에서 조차 적용되는 가장 중요한 제한사항들은 다음과 같다.

1. 메모리를 통한 WAW와 WAR 해저드 – 이 연구는 레지스터사이의 WAW와 WAR 해저드는 레지스터 리네이밍을 통해 제거하였지만 메모리 사이의 해저드는 제거하지 못하였다. 비록 메모리 해저드는 (특히 WAW의 경우) 매우 드물게 발생하는 것처럼 보이지만 스택 프레임의 할당을 통해 발생한다. 호출된 프로시저는 스택에 남아 있는 전 프로시저의 메모리 장소를 재사용한다. 이는 불필요한 WAW와

WAR 해저드를 발생시킬 수 있다. Austin과 Sohi [1992]가 이러한 이슈를 조사하였다.

2. 불필요한 종속성 – 무한히 많은 레지스터를 사용하면 참 레지스터 데이터 종속성을 제외한 나머지 모든 종속성은 제거할 수 있다. 하지만 리커런스(recurrences)나 코드 생성 습관이 불필요한 참 데이터 종속성을 생성할 수 있다. 한 가지 예는 간단한 do 루프에서 제어 변수에 대한 종속성이다. 제어 변수는 매 루프 반복마다 증가되므로 루프는 최소한 하나의 종속성을 갖는다. 부록 G에서 설명하듯이 루프 언롤링과 공격적인 대수적 최적화 방안은 이러한 종속적인 계산을 제거할 수 있다. Wall의 연구는 이와 같은 최적화를 일부 포함하고 있지만 이들을 보다 공격적으로 사용하면 ILP의 양을 증가시킬 수 있다. 또한, 일부 코드 생성 습관은 불필요한 종속성을 발생시킨다. 특히 복귀 주소 레지스터의 사용과 스택 포인터 레지스터 (프로시저 호출/복귀마다 증가되고 감소된다)의 사용은 이러한 문제점을 야기한다. Wall은 복귀 주소 레지스터의 효과를 제거하였으나 프로시저 호출 시에 발생하는 스택 포인터의 사용은 불필요한 종속성을 야기할 수 있다. Postiff 등 [1999]은 이러한 제한 사항을 제거하는 장점을 연구하였다.

3. 데이터 플로우 한계의 극복 – 만약 값 예측이 높은 정확성을 갖는다면 데이터 플로우의 한계를 극복할 수 있다. 하지만 아직까지 이 주제에 대한 50개 이상의 연구 논문 결과 중 그 어떤 것도 현실적인 예측 기법을 사용하여 ILP를 상당히 향상시킨 결과를 달성하지는 못했다. 당연히 완벽한 데이터 값 예측이 사용되면 모든 명령의 모든 값이 사전에 예측될 수 있으므로 효과적으로 무한히 많은 병렬성을 달성할 수 있다.

완벽하지 않은 프로세서의 경우 더 많은 ILP를 노출시킬 수 있는 여러 아이디어들이 제안되었다. 한 가지 예는 여러 경로를 예측 실행하는 방법이다. 이 아이디어는 Lam과 Wilson [1992]에 의해 논의되었고 이 절에서 다룰 연구에서 조사되었다. 여러 경로를 예측 실행함으로써 잘못된 예측으로 인한 복구비용이 줄어들 수 있고 더 많은 병렬성을 노출시킬 수 있다. 이 방법의 의미 있는 평가를 위해서는 제한된 수의 분기만을 사용해야 한다. 왜냐하면 필요한 하드웨어 자원이 기하급수적으로 증가하기 때문이다. Wall [1993]은 최대 8개의 분기에 대하여 양 방향 모두 예측 실행하였을 때의 데이터를 제공하였다. 두 군데 중 한 곳은 폐기될 것이므로 양쪽 경로를 모두 추구하는 비용을 고려할 때, 모든 상용 프로세서는 이러한 방법 대신에 올바른 경로에서 보다 효과적인 예측 실행을 수행하는데 추가적인 하드웨어를 사용하였다.

이 절에서 논의하는 제한 사항들은 이들을 극복하기 위해 물리적 법칙의 변경을 필요로 하지 않는 다는 점에서 어떠한 것도 근본적이지는 않다는 사실을 이해하는 것이 중요하다. 대신 이들은 실질적인 제한 사항들로써 추가적인 ILP를 활용하기 위해서는 상당한 장벽이 존재하는 것을 의미한다. 이러한 제한 사항들은 – 윈도우 크기, 에일리어스 감지, 분기 예측 – 설계자와 연구자들이 극복해야 하는 도전 과제들을 나타낸다. 3.6절에서 논의하듯이 ILP 한계의 의미와 넓은 이슈 폭을 구현하는 비용은 ILP 활용을 효과적으로 제한하고 있다.

3.4 연관된 이슈: 하드웨어 대 소프트웨어 예측 실행

"연관된 이슈" 절은 다른 장에서 다룬 주제들이 관련되어 있는 이슈를 논의한다. 앞으로의 논의할 장들은 이러한 절을 포함한다.

2장에서 논의한 하드웨어 중심의 예측 실행 방안과 부록 G에서 다루는 소프트웨어 방식은 ILP를 활용하는 두 가지 다른 대안을 보여 준다. 이러한 방식에서의 절충 사항과 제한 사항들은 다음과 같다.

- 예측 실행을 공격적으로 수행하려면 메모리 참조 주소를 식별할 수 있어야 한다. 이 기능은 포인터를 사용하는 정수 프로그램에서 컴파일 시간에 수행하기는 쉽지 않다. 하드웨어 기반 방법에서는 토마줄로 알고리즘의 기술을 사용하여 실행 시간에 동적으로 메모리 주소를 식별한다. 이러한 방법은 실행 시간에 로드를 스토어 이전으로 옮기는 것을 허락해 준다. 메모리 참조를 예측 실행하는 것은 컴파일러의 보수성을 극복할 수 있도록 도와주지만 주의 깊게 사용하지 않으면 복구 오버헤드로 인해 그 장점은 퇴색될 것이다.
- 하드웨어 기반 예측 실행은 제어 흐름이 예측하기 어렵고 하드웨어 기반 분기 예측이 컴파일 시간에 수행되는 소프트웨어 기반 방식에 비하여 우수할 때 효과적이다. 이러한 특성은 많은 정수 프로그램에 해당한다. 예를 들어, 좋은 정적 예측기는 4개의 주요 정수 SPEC92 프로그램에서 약 16%의 예측 실패율을 갖고 있으며 하드웨어 예측기는 10% 미만의 예측 실패율을 갖는다. 예측이 정확하지 않은 경우 예측 실행되는 명령들은 계산을 더디게 할 수 있으므로 이러한 차이는 상당히 크다. 이와 같은 차이로 인해 정적으로 스케줄되는 프로세서들조차도 일반적으로 동적 분기 예측기를 포함한다.
- 하드웨어 기반 예측 실행은 예측 실행되는 명령어들에게도 완벽히 정확한 예외 상황(precise exception) 모델을 제공한다. 최근의 소프트웨어 기반 방식들 역시 이러한 모델을 제공하기 위한 지원들을 추가하고 있다.
- 하드웨어 기반 방법은 소프트웨어 기반 예측 실행이 요구하는 보상 코드(compensation code)를 필요로 하지 않는다.

- 동적 스케줄링을 사용하는 하드웨어 기반 예측 실행은 같은 아키텍처의 다른 구현에 대하여 좋은 성능을 달성하기 위해 다른 코드 시퀀스를 요구하지 않는다. 비록 이러한 장점은 정량화하기는 어렵지만 궁극적으로 이는 가장 중요한 이슈이다. 흥미롭게도 이는 IBM 360/91의 동기 중 하나이었다. 반면에 IA-64와 같은 최신의 명시적인 병렬 구조는 코드 시퀀스에서의 본질적인 하드웨어 종속성을 감소시켰다.

하드웨어를 통해 예측 실행을 지원하는 데 있어서 가장 큰 단점은 추가로 요구되는 하드웨어 자원과 그 복잡성이다. 이러한 하드웨어 비용은 소프트웨어 기반 방식에서의 컴파일러 복잡성과 이러한 컴파일러를 통해 얻을 수 있는 단순한 프로세서 설계가 갖는 유용성과 비교되어야 한다. 결론에서 다시 이 주제에 대하여 논의할 것이다.

일부 설계자들은 각 방식의 장점을 모두 취하기 위해 컴파일러 방식과 하드웨어 방식을 결합하려고 시도하였다. 이와 같은 결합은 흥미롭고 미묘한 상호 작용을 발생시킨다. 예를 들어, 조건부 move 명령이 레지스터 리네이밍과 결합되면 미묘한 부작용이 발생한다. 이미 제거된 move 명령도 명령어 파이프라인에서 리네이밍되어졌기 때문에 목표 레지스터로 값을 복사하여야 한다. 이와 같은 미묘한 상호작용은 설계와 검증 과정을 복잡하게 만들고 성능 역시 저하시킬 수 있다.

3.5 멀티쓰레딩: ILP 지원을 통한 쓰레드 수준 병렬성의 활용

비록 ILP를 사용하여 성능을 향상시키는 것이 지금까지 살펴보았듯이 프로그래머에게는 비교적 투명하다는 장점이 있지만 일부 응용 프로그램의 경우 ILP를 활용하는 것은 매우 제한적이거나 쉽지 않은 일이다. 또한, 일부 응용 프로그램의 경우에는 이 장에서 공부했던 방법으로는 활용하기가 쉽지 않지만 좀 더 위 단계에서 보다 자연스럽게 발생하는 상당한 병렬성이 존재한다. 예를 들어, 온라인 트랜잭션 시스템은 여러 질의어들과 갱신 메시지들 간에 자연스러운 병렬성을 갖고 있다. 질의어들과 갱신 메시지들 대부분은 독립적이기 때문에 병렬로 처리될 수 있다. 물론, 많은 과학 응용 역시 이들이 자연의 3차원 병렬 구조를 모델링하고 이 구조가 시뮬레이션에서 활용될 수 있기 때문에 자연스럽게 병렬성을 갖고 있다.

이러한 고 수준의 병렬성을 *쓰레드 수준 병렬성(TLP, thread-level parallelism)*이라 부른다. 이는 각각이 논리적으로 독립적으로 실행되는 쓰레드 구조를 갖고 있기 때문이다. *쓰레드(thread)*는 자신만의 코드와 데이터를 갖는 독립적인 프로세스이다. 쓰레드는 여러 프로세스들로 구성된 병렬 프로그램의 일부분이거나 자체적으로 독립적인 프로그램을 표현하기도 한다. 루프 또는 일직선의 코드 영역에서 묵시적인 병렬 연산들을 찾아내는 명령어 수준 병렬성과는 달리 쓰레드 수준 병렬성은 본질적으로 병렬성을 갖는 여러 쓰레드 실행을 사용함으로써 명시적으로 병렬성을 표현한다.

쓰레드 수준 병렬성은 명령어 수준 병렬성에 비하여 좀 더 효과적인 비용으로 활용할 수 있기 때문에 명령어 수준 병렬성의 중요한 대안으로 사용된다. 서버 응용에서와 같이 여러 중요한 응용 프로그램에서 쓰레드 수준 병렬성이 자연스럽게 발생한다. 일부 임베디드 응용에서와 같이 어떤 경우는 소프트웨어가 처음부터 본질적인 병렬성을 쉽게 표현하도록 작성되기도 한다. 하지만 병렬성을 고려하지 않고 작성된 대형 응용 프로그램의 경우 쓰레드 수준 병렬성을 활용하도록 재작성하는 것은 상당한 비용을 요구한다. 4장에서는 멀티프로세서와 쓰레드 수준 병렬성을 제공하기위한 이들의 지원에 대하여 살펴본다.

쓰레드 수준 병렬성과 명령어 수준 병렬성은 프로그램에서 두 가지 다른 유형의 병렬 구조를 활용한다. 한 가지 자연스러운 질문은 명령어 수준 병렬성을 목표로 설계된 프로세서가 쓰레드 수준 병렬성을 이용하는 것이 가능한 것인가 하는 것이다. 이와 같은 질문은 다음과 같은 관측에서 비롯된다. 상당한 ILP를 활용하도록 설계된 데이터 패스(data path)는 스톨 또는 코드에서의 종속성으로 인하여 기능 장치들이 종종 쉬고 있는 것을 발견할 것이다. 이 스톨 대신에 쓰레드 사이의 병렬성으로부터 독립적인 명령들을 찾아내어 프로세서가 계속 진행할 수 있도록 할 수 있을 것인가? 이 쓰레드 수준 병렬성이 충분하지 않은 ILP로 인해 쉬고 있는 기능 장치를 활용할 수 있게 해줄 것인가?

*멀티쓰레딩(multithreading)*은 여러 쓰레드가 한 프로세서의 기능 장치를 중첩하는 방식으로 공유할 수 있도록 허락한다. 이러한 공유를 가능하게 하기 위해서 프로세서는 각 쓰레드의 독립적인 상태를 복제하여야 한다. 예를 들어, 각 쓰레드는 독립적인 PC, 레지스터 파일, 페이지 테이블을 갖고 있다. 메모리는 이미 멀티프로그래밍을 지원하는 가상 메모리를 통해 공유될 수 있다. 추가적으로 하드웨어는 다른 쓰레드로의 교체를 상대적으로 빨리 수행할 수 있도록 지원하여야 한다. 특히, 쓰레드 교체는 보통 수백에서 수천 사이클이 요구되는 프로세스 교체에 비하여 훨씬 효율적이어야 한다.

멀티쓰레딩에는 두 가지 방안이 있다. *파인 그레인 멀티쓰레딩(Fine-grained multithreading)*은 각 명령어마다 쓰레드를 교체한다. 따라서 여러 쓰레드가 인터리빙 방식[10]으로 실행된다. 이 인터리빙은 종종 라운드 로빈(round-robin) 방식으로 실행되며, 어떤 순간에 스톨되어 있는 쓰레드는 건너뛰게 된다. 파인 그레인 멀티쓰레

10) 각 쓰레드가 명령어 단위로 번갈아 실행되는 방식

딩이 실용성을 가지려면 CPU는 매 클록 사이클마다 쓰레드를 교체할 수 있어야 한다. 파인 그레인 멀티쓰레딩의 주요 장점은 한 쓰레드가 스톨할 때 다른 쓰레드로부터의 명령을 실행할 수 있기 때문에 긴 스톨과 짧은 스톨에서 발생하는 처리량 감소를 해결할 수 있다는 점이다. 파인 그레인 멀티쓰레딩의 주요 단점은 스톨 없이 실행할 수 있는 쓰레드가 다른 쓰레드로부터의 명령어에 의해 실행이 지연될 수 있기 때문에 개별 쓰레드의 실행 시간이 늘어난다는 점이다.

*코스 그레인 멀티쓰레딩(Coarse-grained multithreading)*은 파인 그레인 멀티쓰레딩의 대안으로 제안되었다. 코드 그레인 멀티쓰레딩은 L2 캐시 미스와 같이 시간이 오래 걸리는 긴 스톨의 경우에만 쓰레드를 교체한다. 이와 같은 변화는 빠른 쓰레드 스위칭을 구현할 필요를 덜어 주고 각 쓰레드의 실행 시간 지연도 줄여줄 수 있다.

하지만 코스 그레인 멀티쓰레딩은 큰 단점을 갖고 있다. 짧은 스톨에서 처리속도 저하를 극복할 수 있는 능력을 제한한다는 점이다. 이러한 제한은 코스 그레인 멀티쓰레딩에서의 파이프라인 시작 오버헤드 때문이다. 코스 그레인 멀티쓰레딩을 지원하는 CPU는 한 쓰레드로부터 명령어를 이슈하므로 스톨이 발생한 경우, 파이프라인은 비워져야 한다. 또, 스톨 이후 새 쓰레드가 실행되면 파이프라인을 다시 채워야 하는 문제가 있다. 이러한 시작 오버헤드로 인하여 코스 그레인 멀티쓰레딩은 스톨 시간에 비하여 파이프라인을 채우는 오버헤드가 무시될 수 있는 긴 스톨의 경우에 보다 효과적이다.

다음 절에서는 파인 그레인 멀티쓰레딩의 한 변형을 통해 슈퍼스칼라 프로세서가 효율적이고 통합된 방법으로 ILP와 멀티쓰레딩을 모두 이용하게 하는 방법에 대하여 논의한다. 4장에서는 단일 칩에 여러 CPU를 집적하는 방법을 기술하면서 다시 이 멀티쓰레딩 이슈를 논의할 것이다.

동시 멀티쓰레딩: 쓰레드 수준 병렬성을 명령어 수준 병렬성으로 변환하는 기법

동시 멀티쓰레딩(SMT, Simultaneous multithreading)은 다중 이슈, 동적 스케줄링을 사용하는 프로세서가 ILP를 이용하는 것과 동시에 TLP를 이용할 수 있도록 하는 멀티쓰레딩의 한 변종이다. SMT의 주요 동기는 최신의 다중 이슈 프로세서들이 하나의 쓰레드가 효율적으로 사용할 수 있는 것보다 많은 기능 장치 병렬성을 가지고 있다는 점이다. 또한 동적 스케줄링과 레지스터 리네이밍으로 인하여 독립적인 쓰레드로부터의 명령들이 그 들 사이의 종속성을 고려하지 않고 이슈될 수 있다는 점이다. 이 명령들 사이의 종속성은 동적 스케줄링에 의해 처리될 수 있다.

그림 3.8은 다음의 4 가지 프로세서 구성에서 프로세서가 자원을 이용하는 차이점을 개념적으로 보여 준다.

- 멀티쓰레딩 지원이 없는 슈퍼스칼라

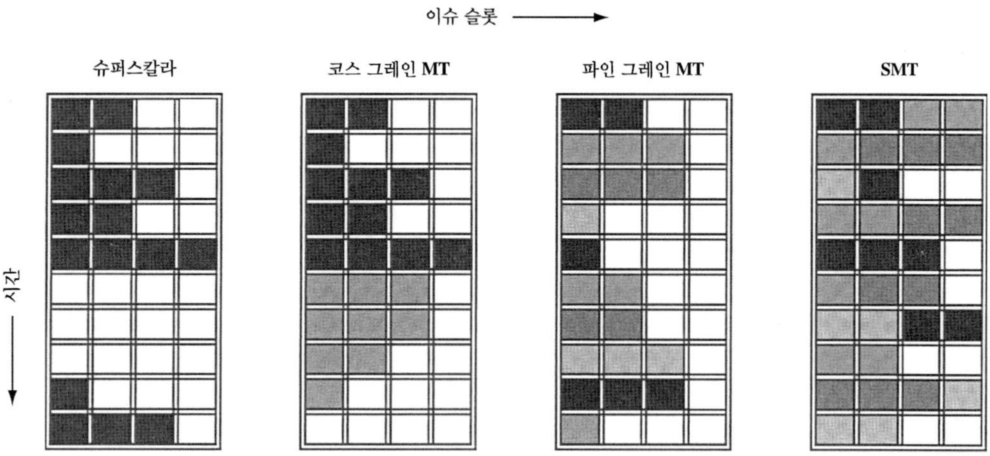

그림 3.8 슈퍼스칼라 프로세서의 이슈 슬롯을 사용하는 네 가지 방법. *x*축은 각 클록 사이클에서의 명령어 이슈 능력을 표현하며 *y*축은 클록 사이클 시퀀스를 표현한다. 흰 색 박스는 그 클록 사이클에서 대응하는 이슈 슬롯이 사용되지 않음을 표시한다. 회색과 검정 색 등 암영은 멀티쓰레딩 프로세서의 네 가지 다른 쓰레드를 표시한다. 검정은 멀티쓰레딩 지원이 없는 프로세서에서 사용된 이슈 슬롯을 나타낸다. 다음 장에서 논의될 (Niagara라고도 불리는) Sun T1은 파인 그레인 멀티쓰레딩 구조로 되어 있다.

- 코스 그레인 멀티쓰레딩을 지원하는 슈퍼스칼라
- 파인 그레인 멀티쓰레딩을 지원하는 슈퍼스칼라
- 동시 멀티쓰레딩을 지원하는 슈퍼스칼라

멀티쓰레딩 지원이 없는 슈퍼스칼라 프로세서에서는 지금까지 논의한 바와 같이 ILP의 한계로 인해 이슈 슬롯의 사용이 제한된다. 또한, 명령어 캐시 미스와 같은 중요한 스톨은 프로세서 전체를 멈추게 할 수 있다.

코스 그레인 멀티쓰레딩을 지원하는 슈퍼스칼라의 경우 긴 스톨은 다른 쓰레드로 교체함으로부터 부분적으로 감출 수 있다. 비록 이러한 방법이 유휴 사이클의 수를 줄이기는 하지만 ILP가 제한되어 있기 때문에 각 사이클 내의 모든 슬롯을 활용하지는 못한다. 또한, 쓰레드 스위칭이 스톨 시에만 발생하고 새 쓰레드마다 시작 오버헤드를 가지므로 여전히 유휴 사이클이 남아 있게 된다.

파인 그레인 멀티쓰레딩의 경우, 쓰레드 인터리빙으로 유휴 사이클은 완전히 제거된다. 하지만 한 클록 사이클에 하나의 쓰레드만 명령을 이슈하므로 각 클록 사이클 내에는 상당수의 유휴 슬롯이 남게 된다.

SMT의 경우, 한 클록 사이클에 여러 쓰레드가 이슈 슬롯을 사용할 수 있기 때문에 TLP와 ILP를 모두 활용할 수 있다. 이상적으로는 이슈 슬롯은 여러 쓰레드로부터의 자원 요구가 불규칙적이고 또 한정된 자원으로 인하여 제한된다. 하지만 실제로는 다른 요인들 – 몇 개의 쓰레드가 실행할 수 있는지, 버퍼 크기의 제한, 여러 쓰레드로부터 충분한 명령어들을 인출할 수 있는 능력, 한 쓰레드 또는 여러 쓰레드로부터 어떤 명령어 조합을 이슈할 수 있는지와 관련된 실제적인 제한 사항 등 여러 요소들이 얼마나 많은 슬롯을 사용할 수 있는지를 제한한다. 비록 그림 3.8은 프로세서의 실제 연산 과정을 상당히 단순화하였지만 멀티쓰레딩과 SMT의 성능 잠재력을 효과적으로 보여 준다.

앞에서 언급했듯이 동시 멀티쓰레딩은 동적으로 스케줄되는 프로세서가 멀티쓰레딩을 통해 TLP를 통합적으로 활용할 수 있는 많은 하드웨어 기능들을 이미 소유하고 있다는 점을 보여준다. 특히 동적 스케줄링의 프로세서는 (각 쓰레드 마다 독립적인 리네이밍 테이블을 가지고 있다고 가정하면) 독립적인 쓰레드들의 레지스터 파일을 저장하는데 사용될 수 있는 많은 가상 레지스터들을 갖고 있다. 레지스터 리네이밍은 유일한 레지스터 식별자를 제공하기 때문에 다른 쓰레드로부터의 명령들은 쓰레드 사이의 소스와 목표 사이의 혼동 없이 데이터 경로에서 혼합될 수 있다.

이러한 관측에 기인하여 비순차적 프로세서 위에 멀티쓰레딩을 구현할 수 있게 되었으며 이는 각 쓰레드 별로 리네이밍 테이블과 독립적인 PC를 추가하고 여러 쓰레드로부터 명령들이 완료될 수 있는 기능을 제공함으로써 가능하다.

하지만 각 쓰레드가 독립적으로 완료될 수 있어야 하기 때문에 명령어 완료 처리는 복잡해진다. 각 쓰레드로부터 명령들이 독립적으로 완료되기 위해서는 각 쓰레드 별로 논리적으로 독립적인 재정렬 버퍼를 제공하여야 한다.

SMT의 설계 이슈

동적 스케줄링의 프로세서는 깊은 파이프라인을 가질 가능성이 크기 때문에 SMT가 코스 그레인으로 설계된다면 성능 장점은 적을 것이다. SMT는 파인 그레인 구현에서만 효과적이기 때문에 파인 그레인 스케줄링으로 인한 단일 쓰레드에서의 성능 영향이 고려되어야 한다. 이러한 효과는 멀티쓰레딩의 성능 장점을 유지하면서 단일 쓰레드의 성능 영향을 줄일 수 있는 선호 쓰레드(preferred thread)를 사용하여 최소화할 수 있다.

얼듯 보기에는 선호 쓰레드 방식이 처리량이나 단일 쓰레드 성능 모두를 희생하지 않는 것처럼 보인다. 하지만, 선호 쓰레드를 사용하는 경우 이 쓰레드가 스톨되면 프로세서는 약간의 처리량 감소를 희생하게 된다. 이는 프로세서가 여러 쓰레드로부터 명령어에 혼합에 있어서 더 제약을 갖기 때문이며 이는 프로세서가 빈 슬롯을 갖거나 스톨할 가능성을 증가시킨다. 처리량은 충분한 수의 독립적인 쓰레드를 사용하여 모든 쓰레드 조합에서 발생하는 스톨을 감출 수 있을 때 최대화할 수 있다.

불행하게도 여러 쓰레드를 혼합하면 불가피하게 개별 쓰레드의 실행 시간은 늘어나게 된다. 또한 명령어 인출 시에도 유사한 문제가 발생한다. 단일 쓰레드의 성능을 최대화하려면 그 쓰레드에서 가능한 한 멀리서 미리 인출하여야 하며 분기 예측이 실패하고 프리페치 버퍼에서 미스가 발생하였을 때 인출 장치가 사용 가능한 상태에 있어야 한다. 하지만, 이는 다른 쓰레드들로부터 스케줄하는 명령의 수를 제한하게 되고 따라서 처리량은 감소한다. 모든 멀티쓰레딩을 지원하는 프로세서는 처리량과 단일 쓰레드 성능 사이에 절충과 균형이 필요하다.

실제로 자원을 공유하고 단일 쓰레드와 여러 쓰레드 성능의 균형을 이루는 이슈는 생각처럼 어렵지는 않으며 적어도 현재의 슈퍼스칼라 백 엔드(back end) 구조에서는 그렇다. 특히 현재와 같이 클록당 4개에서 8개의 명령을 이슈하는 경우 적은 수의 활동 쓰레드를 사용하면 충분하고 그보다 더 적은 수의 선호 쓰레드가 요구된다. 프로세서는 가능한 한 선호 쓰레드를 우선으로 처리한다. 이는 명령어의 프리페치로부터 시작된다. 선호 쓰레드의 프리페치 버퍼가 꽉 차있지 않다면 이 선호 쓰레드의 명령부터 인출된다. 선호 쓰레드의 버퍼가 꽉 찬 경우에만 다른 쓰레드로부터 명령어가 인출된다. 두 개의 선호 쓰레드를 가지고 있다는 것은 두 명령어 스트림으로부터 동시에 프리페치하는 것을 의미하며 이는 명령어 인출 장치와 명령어 캐시를 복잡하게 한다. 이와 유사하게 명령어 이슈 역시 선호 쓰레드로부터 명령어가 우선적으로 이슈되며 선호 쓰레드가 스톨하거나 이슈할 수 없는 경우에만 다른 쓰레드로부터 명령어들이 이슈된다.

SMT 프로세서는 여러 다양한 설계 이슈들을 갖고 있으며 그 중 일부는 다음과 같다.

- 여러 개의 문맥 (context)을 저장할 수 있는 큰 레지스터 파일
- 더 많은 후보 명령들을 고려할 필요가 있는 명령어 이슈 단계나 어떤 명령들을 완료해야 할지를 결정해야 하는 명령어 완료 단계와 같이 중요한 단계에서 클록 사이클 시간에 영향을 주지 않게 하는 것
- 동시에 여러 쓰레드를 실행시킴으로써 발생하는 캐시와 TLB 충돌이 심각한 성능 저하를 가져오지 않도록 보장하는 것

이 문제를 바라보는데 있어 다음의 두 가지 중요한 점을 고려하여야 한다. 첫째, 여러 경우에 멀티쓰레딩으로 인한 잠재적 성능 오버헤드는 작으며 단순한 방법도 충분히 잘 작동할 것이다. 둘째, 현재 슈퍼스칼라 프로세서의 효율이 충분히 낮기 때문에 약간의 오버헤드가 요구되더라도 상당한 성능 향상이 가능하다.

IBM Power5는 Power4와 같은 파이프라인을 가졌지만 SMT 지원을 추가하였다. SMT를 추가하면서 설계자들은 파인 그레인 방식에서 쓰레드 사이의 상호 작용으로 인한 부정적 성능 영향을 최소화하기 위해 많은 구조를 추가하였다. 이들은 다음과 같다.

- L1 명령어 캐시와 명령어 주소 변환 버퍼의 연관성(associativity) 증가
- 쓰레드 별로 로드와 스토어 큐 추가

- L2와 L3 캐시의 크기 증가
- 독립적인 명령어 프리페치와 버퍼링 추가
- 가상 레지스터 수를 152에서 240으로 증가
- 여러 이슈 큐의 크기 증가

SMT는 다중 이슈 슈퍼스칼라에서 쓰레드 수준 병렬성을 활용하기 때문에 서버 시장을 목표로 한 고성능 프로세서에 포함될 가능성이 제일 크다. 또한, 단일 쓰레드의 성능을 최대화하기 위해서는 멀티쓰레딩을 제한하는 실행 모드가 필요하다.

SMT로부터의 잠재적인 성능 장점

핵심 질문은 SMT를 구현하여 얼마나 많은 성능을 향상시킬 수 있는가 하는 것이다. 2000-2001년 이 질문에 대한 해답을 구하면서 학자들은 동적 슈퍼스칼라 프로세서가 다음 5년간 이슈 폭이 더 넓어질 것으로 가정하였다. 즉, 예측 실행과 함께 클록당 6개에서 8개의 명령을 이슈할 수 있고 많은 수의 로드와 스토어를 동시에 진행할 수 있으며 큰 캐시와 4에서 8개의 문맥을 갖고 여러 문맥으로부터 동시에 명령을 인출하는 것을 가정하였다. 하지만, 다음 절에서 논의될 여러 이슈로 인하여 이러한 기능을 가진 프로세서는 지금까지 구현되지 않았고 가까운 미래에 실현되지도 않을 것이다.

그 결과, 시뮬레이션 연구 결과가 보여 주는 두 배 이상의 멀티프로그래밍 워크로드에서 가져오는 성능 향상은 비현실적이다. 실제로 SMT를 구현한 프로세서들은 두 개의 문맥만 지원하며 하나의 쓰레드로부터의 인출만 가능하고 이슈 폭은 그 다지 높지 않았다. 그 결과 SMT로부터 얻는 성능 향상은 크지 않다.

예를 들어, HP-Compaq 서버에 구현된 Pentium 4 Extreme은 SMT를 사용하여 SPECintRate 벤치마크에서는 1.01의 성능 향상을 SPECfpRate 벤치마크에서는 약 1.07의 성능 향상을 보여 준다. 또 다른 연구에서 Tuck과 Tullsen [2003]은 26개의 SPEC 벤치마크 각각을 다른 SPEC 벤치마크와 쌍으로 실행하였을 때 (즉, 각 벤치마크가 자신과 같이 실행하는 것을 포함해서 26^2 번이 실행) 0.90에서 1.58의 스피드업과 평균 1.20의 스피드업을 보여 주었다. (이 측정 방법은 각 SPEC 벤치마크를 사업자가 선택한 수만큼 같은 벤치마크를 여러 개 실행하였을 때와 측정하는 SPECRate와는 다르다.) SPLASH 벤치마크의 경우 멀티쓰레딩으로 인한 스피드업은 1.02에서 1.67이고 그 평균은 약 1.22이었다.

IBM Power5는 2005년을 기준으로 SMT를 가장 공격적으로 구현한 프로세서이다. 전 절에서 설명하였듯이 Power5는 SMT를 지원하기 위해 다양한 하드웨어를 추가하였다. 단일 쓰레드 모드에서의 Power5와 비교하여 한 응용의 두 복사본을 실행하였을 때 SMT 모드에서의 Power의 성능은 벤치마크에 따라 0.89(성능 저하)에서

1.41 사이의 스피드업을 보여 준다. 하지만 대부분의 응용은 SMT를 통해 적어도 약간 성능이 향상되었고 부동 소수점을 많이 사용하는 응용 프로그램의 경우 캐시 충돌로 인한 영향을 가장 많이 받아서 SMT로 인한 성능 향상이 가장 작았다.

그림 3.9는 SPECRate2000 벤치마크에 대하여 SMT를 사용하였을 때와 사용하지 않았을 때 8-프로세서 Power5 멀티프로세서의 스피드업을 보여 준다. 평균적으로 SPECintRate은 1.23배 빠르고 SPECfpRate은 1.16배 빠르다. 일부 부동 소수점 벤치마크의 경우 SMT 모드에서 약간의 성능 저하가 발생하는 것에 주목하라. 성능 저하의 최대치는 0.93이다.

이러한 결과는 공격적인 예측 실행을 지원하는 프로세서에서 SMT를 적극적으로 지원하는 것이 장점이 있음을 보여 준다. 하지만 그 비용에 비하여 성능 향상이

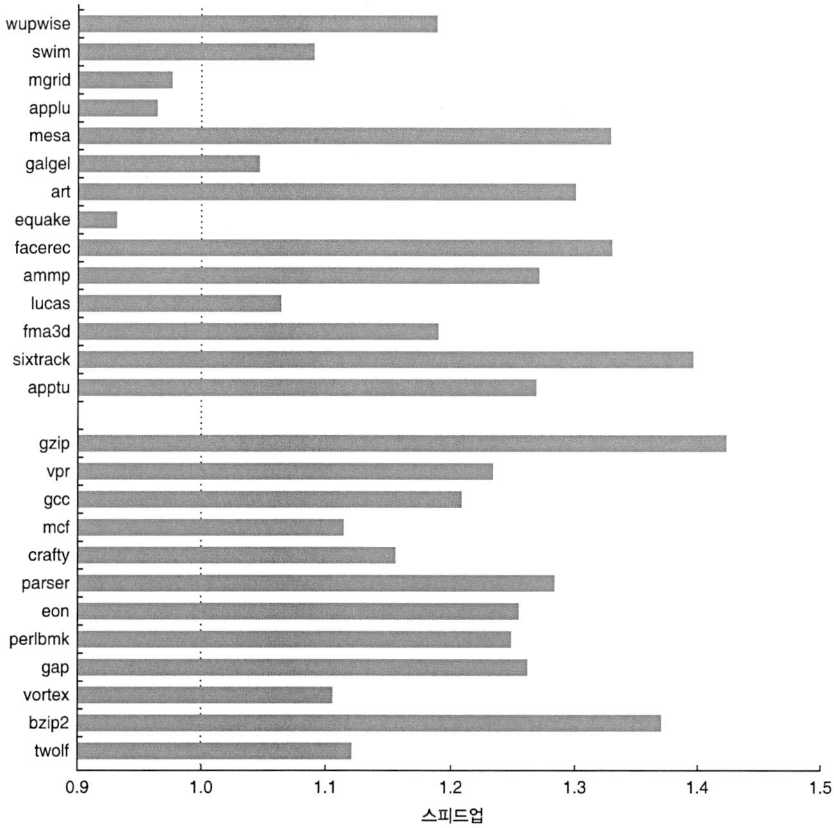

그림 3.9 8-프로세서 IBM eServer p5 575 시스템에서 SMT와 단일 쓰레드 (ST, single thread)의 성능 비교. *y*축이 0.9의 스피드업, 즉 성능 손실에서 시작하는 것에 주목하라. 각 Power5 코어는 하나의 프로세서만 실행하며 따라서 메모리 시스템에서의 간섭이 감소되어 SMT의 결과를 약간 향상시키게 된다. SMT 결과는 16개의 사용자 쓰레드를 생성하여 실행한 결과이고 ST 결과는 단 8개의 쓰레드, 즉 프로세서 당 한 개의 쓰레드를 사용하였고 Power5는 OS에 의해 단일 쓰레드 모드로 바뀐 상태에서 실행하였다. 이 결과들은 IBM의 John McCalpin이 수집하였다. 데이터에서 볼 수 있듯이 SPECfpRate 결과의 표준편차가 SPECintRate의 값보다 크다 (0.13 대 0.07). 이는 FP 프로그램의 경우 SMT로 인한 성능 향상 편차가 더 큰 것을 보여 준다.

크지 않으므로 많은 설계자들은 넓은 이슈 폭과 보다 공격적인 SMT를 구현한 슈퍼스칼라 대신에 다중 이슈와 멀티쓰레딩의 지원을 약간 줄인 멀티코어 칩의 구현을 선호한다. 다음 장에서 이 주제를 다시 논의하기로 하자.

3.6 종합: 고성능 다중 이슈 프로세서의 성능과 효율

Computer Architecture

이 절에서는 여러 최신 다중 이슈 프로세서들의 특징을 살펴보고 실리콘, 트랜지스터, 에너지 측면에서 이들의 성능과 효율을 조사한다. 다음으로 슈퍼스칼라 프로세서의 실질적 한계와 고성능 마이크로프로세서의 미래에 대하여 논의한다.

그림 3.10은 4 가지 최신 고성능 마이크로프로세서의 특징을 보여 준다. 이들은 구조, 이슈 폭, 기능 장치의 능력, 클록 속도, 다이 크기, 트랜지스터 수, 전력 소비 측면에서 다양하다. 그림 3.11과 3.12에서 보여 주듯이 모든 측면에서 종합적으로 최고의 성능을 보여 주는 프로세서는 없다. Itanium 2와 Power5는 SPECfp에서 유사한 성능을 보여 주며 이 벤치마크에서 Athlon과 Pentium 4를 압도한다. SPECint 성능에서는 AMD Athlon이 제일 우수하고 Pentium 4, Itanium 2와 Power5가 그 뒤를 따른다.

프로세서	마이크로구조	인출/이슈/실행	기능 장치	클록 속도 (GHz)	트랜지스터 수와 다이 크기	전력 소비
Intel Pentium 4 Extreme	동적 예측 실행의 스케줄링; 깊은 파이프라인; SMT	3/3/4	7 int. 1 FP	3.8	125M 122 mm^2	115 W
AMD Athlon 64 FX-57	동적 예측 실행의 스케줄링	3/3/4	6 int. 3 FP	2.8	114M 115 mm^2	104 W
IMB Power5 1 프로세서	동적 예측 실행의 스케줄링; SMT; 2 CPU 코어/칩	8/4/8	6 int. 2 FP	1.9	200M 300 mm^2 (추정)	80 W (추정)
Intel Itanium 2	EPIC 구조, 주로 정적 스케줄링	6/5/11	9 int. 2 FP	1.6	592M 423 mm^2	130 W

그림 3.10 4 가지 최신 다중 이슈 프로세서의 특징. 비록 이 장에서는 한 코어의 성능만 살펴보고 있지만 Power5는 2개의 CPU 코어를 포함한다. Power5의 트랜지스터 수, 면적, 전력 소비는 2-코어 버전의 측정치인 276M, 389mm^2, 125W로부터 각각 추정한 수치이다. Itanium 2의 큰 다이 크기와 트랜지스터 수는 9MB 온 칩 3단계 캐시 때문이다. AMD Opteron과 Athlon은 모두 같은 코어 마이크로구조를 공유한다. Athlon은 데스크탑용으로 멀티프로세싱을 지원하지 않는 반면, Opteron은 서버용으로 멀티프로세싱을 지원한다. 이는 인텔의 경우 Pentium과 Xeon의 차이와 유사하다.

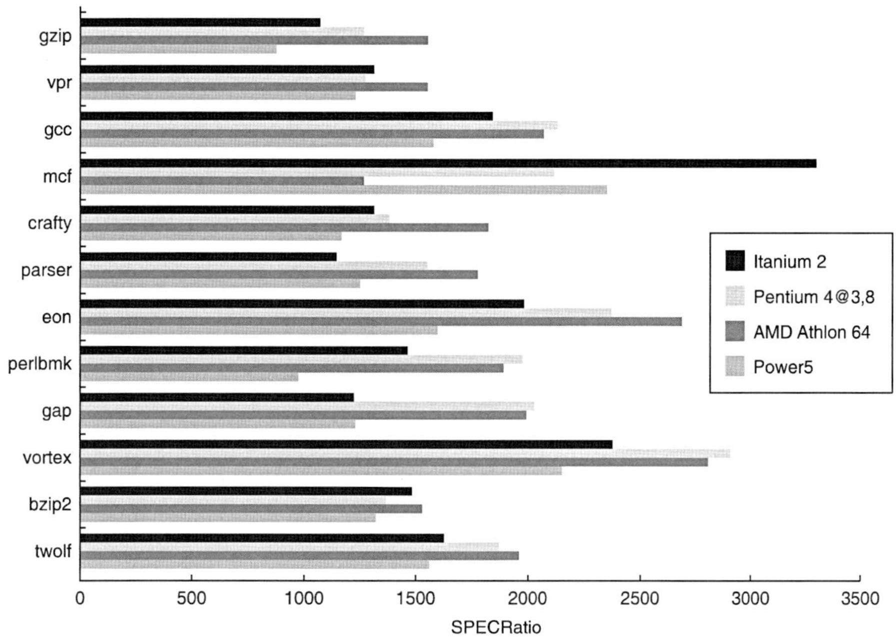

그림 3.11 SPECint2000 벤치마크에서 그림 3.10에서 보여 준 4 최신 고성능 다중 이슈 프로세서의 성능 비교.

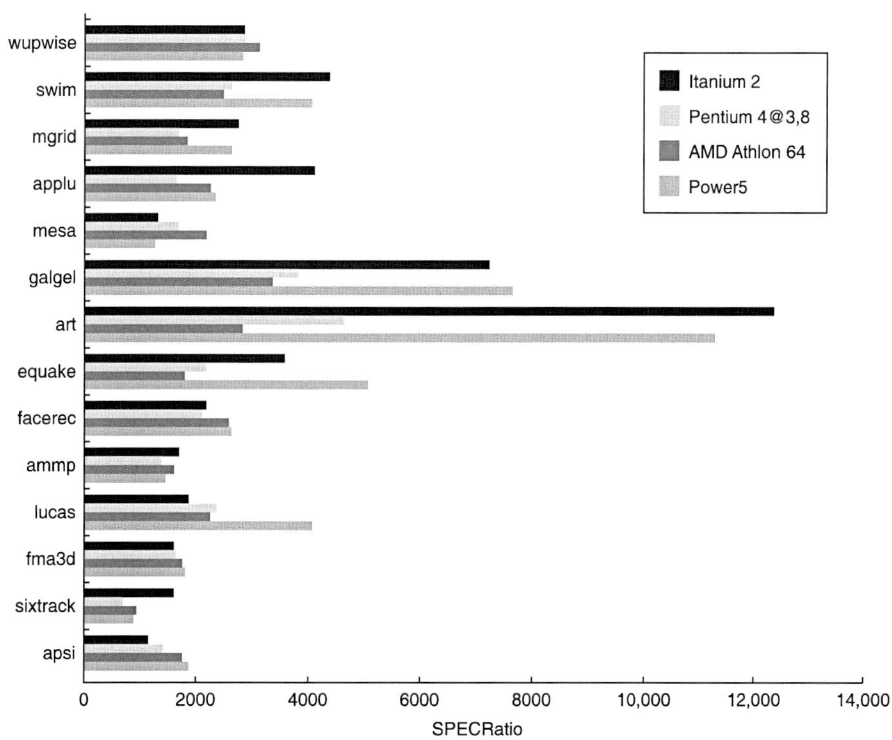

그림 3.12 SPECfp2000 벤치마크에서 그림 3.10에서 보여 준 4 최신 고성능 다중 이슈 프로세서의 성능 비교.

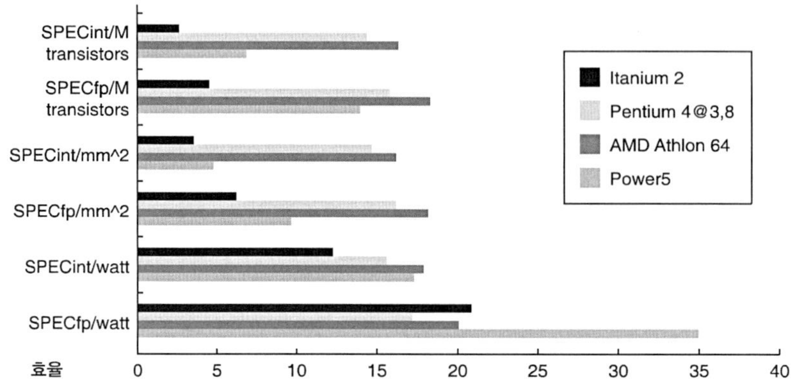

그림 3.13 4 다중 이슈 프로세서의 효율성 측정. Power5의 경우, 한 다이가 2개의 프로세서 코어를 포함하므로 단일 코어의 측정치는 전력소비 = 80W, 면적 = 290mm^2, 트랜지스터 수 = 200M으로 추정하였다..

전체 성능이 중요한 것만큼, 실리콘 면적과 전력 소비 측면에서의 효율성도 중요하다. 1장에서 논의하였듯이 전력 소비 문제는 현대 프로세서의 주요 이슈로 부각되었다. 그림 3.13은 SPECint와 SPECfp 성능을 트랜지스터 수, 실리콘 면적, 전력 소비면에서 차트로 보여 줌으로써 이 프로세서들을 효율성 측면에서 비교한다. Itanium 2는 한 가지 측정치(SPECfp/watt)를 제외하고는 부동 소수점과 정수 코드 모두에서 가장 비효율적인 프로세서이다. Athlon과 Pentium 4 모두 트랜지스터 수와 면적을 효율적으로 활용하는 반면, IBM Power5가 SPECfp에서 에너지 효율성이 가장 높고 SPECint에서도 최상급의 에너지 효율성을 보여 준다. 어떤 프로세서도 모든 면에서 압도적인 장점을 제공하지 못한다는 사실은 이러한 방법 모두가 현재 수준보다 훨씬 효율적이고 확장 가능한 ILP 활용 방법을 제시하지 못한다는 것을 보여 준다.

왜 그러한지 살펴보기로 하자.

무엇이 다중 이슈 프로세서를 제한하는가?

3.1절과 3.2절에서 살펴본 제한 사항들은 더 많은 ILP를 활용하는 데 심각한 장벽을 보여 주지만 이들이 유일한 장벽은 아니다. 예를 들어, 이슈 폭을 현재의 비율인 클록 당 3-6의 2배, 즉 6-12로 증가시키려면 프로세서는 사이클당 3 또는 4개의 데이터 메모리 액세스를 수행하여야 하고, 사이클당 2 또는 3개의 분기를 해결하여야 하며, 사이클당 20개 이상의 리네이밍과 레지스터 액세스가 요구되고 사이클당 12-24개의 명령어를 인출할 수 있어야 한다. 이러한 기능을 구현하는 데 필요한 복잡성으로 인해 최대 클록 속도는 감소할 수밖에 없다. 예를 들어, 그림 3.10에서 이슈 폭이 가장 큰 프로세서는 Itanium 2이지만 가장 느린 클록 속도와 가장 큰 전력 소비를 보여 준다.

현대의 마이크로프로세서들이 주로 전력 소비에 의해 제한을 받는 다는 것은 널리 알려진 사실이다. 전력 소비는 트랜지스터 수에 비례하는 (트랜지스터가 스위칭 하던 안하던 간에) 정적 전력 소비와 스위칭하는 트랜지스터 수와 스위칭 속도의 곱에 비례하는 동적 전력 소비의 함수이다. 비록 정적 전력 소비 역시 설계 이슈 이지만 대개 동적 전력 소비가 전체 에너지 소비를 주도한다. 낮은 CPI와 높은 클록 속도(CR)를 모두 달성하려는 프로세서는 더 많은 트랜지스터를 더 빠른 속도로 스위치하므로 이들의 곱인 전력 소비는 증가할 수밖에 없다.

물론 멀티코어와 멀티쓰레딩을 포함하여 성능을 향상시키는 대부분의 기술들은 전력 소비를 증가시킨다. 핵심 질문은 어떤 기술이 *에너지 효율적*인가 하는 것이다. 즉, 이 기술로 인한 성능 향상보다 에너지 소비가 더 빨리 증가하는가? 불행하게도 지금까지 논의한 다중 이슈 프로세서의 성능을 향상시키는 기술들은 모두 이와 같은 비효율성을 지니며 이는 다음의 두 가지 특성에 기인한다.

첫째, 여러 명령들을 이슈하는 것은 회로상의 오버헤드를 요구하는데 이 회로의 복잡성은 이슈 폭보다 빨리 증가한다. 종속성 검사, 레지스터 리네이밍 또 이와 유사한 기능을 포함하는 명령어 이슈 분석 등이 이에 해당된다. 그 결과 전력 소비를 줄이기 위한 전압 감소를 사용하지 않는다면 낮은 CPI는 오버헤드로 인하여 와트당 더 낮은 성능 향상 효과가 있을 것이다.

더 중요한 두 번째 이슈는 최대 이슈 폭과 달성 가능한 성능 사이의 격차가 벌어지고 있다는 사실이다. 스위칭하는 트랜지스터의 수는 최대 이슈 폭에 비례하고 성능은 달성 가능한 이슈 폭에 비례하므로 최대와 실제 성능 사이에 벌어지는 격차는 자연스럽게 단위 성능당 증가하는 에너지로 귀결된다. 불행하게도 이러한 격차는 상당히 근본적이며 3.2절과 3.3절에서 논의한 여러 이슈로 인하여 발생한다. 예를 들어, 클록당 4개의 명령어가 *지속가능하게 하려면* 더 많은 명령을 인출하고 더 많은 명령을 *이슈하고* 더 많은 명령의 *실행을 시작하여야 한다.* 전력 소비는 최대치에 비례하지만 성능은 지속가능한 비율에 달려있다. (여러 최신 프로세서에서는 프로세서의 비활동적인 부분으로의 클록 전원 공급을 차단하게 함으로써 전력 소비를 줄이는 기능이 포함되어 있다.) 이와 같은 기술들이 비록 유용하기는 하지만 장기적으로 전력 비효율성이 떨어지는 것을 방지할 수는 없다.

또한, 지난 10년간 ILP 활용을 증가시키는 가장 중요한 기술인 예측 실행은 본질적으로 비효율적이다. 왜냐하면 결코 완벽한 예측은 불가능하기 때문에 프로그램을 예측하여 실행하는 것은 본질적으로 낭비적인 것이다.

만약 예측 실행이 완벽하다면 이 예측 실행은 실행 시간을 줄일 수 있고 그에 따라 정적 전력 소비를 줄일 수 있기 때문에 비록 구현하는 데 추가적인 오버헤드가 있지만 전체적으로 전력 소비를 줄일 수 있다. 하지만 예측 실행이 완벽하지 못한 경우에는 부정확한 예측 실행으로 인한 추가적인 동적 전력 소비와 프로세서 상태를 리셋하는 데 필요한 전력 소비로 인하여 전체 전력 소비는 빠르게 증가하게 된다. 예측 실행을 구현하는 오버헤드로 인하여 – 레지스터 리네이밍, 재정렬 버퍼, 더 많은 레지스터 등 – 대부분의 현실적인 프로그램의 경우에 예측 실행을 지원하는 프로세서가 전력 소비를 줄일 수 있는 가능성은 적다.

클록 속도를 향상시키는 것은 어떠한가? 불행하게도 유사한 문제가 발생한다. 클록 속도의 증가는 스위칭 속도를 증가시켜 직접적으로 전력 소비를 증가시킨다. 더 빠른 클록 속도를 달성하려면 파이프라인의 깊이를 증가시켜야 한다. 하지만 깊은 파이프라인은 추가적인 파이프라인 오버헤드를 증가시킬 뿐만 아니라 스위칭 속도를 증가시킨다.

이러한 현상의 가장 좋은 예제는 Pentium III와 Pentium 4의 비교를 통해 발견할 수 있다. 간단히 말하면 Pentium 4는 Penitum III 아키텍처의 깊은 파이프라인 버전이다. 유사한 과정을 통해 Pentium 4는 클록 속도 차이만큼 많은 전력을 소비한다. 하지만 불행하게도 성능 향상은 오버헤드와 ILP 제한으로 인하여 클록 속도의 증가보다는 다소 작다.

지금까지 논의하였듯이 ILP를 이용하려는 측면에서 우리는 이미 비용에 비하여 그 장점이 감소하는 시점에 도달하였다. 이러한 한계는 지난 몇 년간 보여 준 느린 성능 향상 속도, 이슈 폭의 증가가 더 이상 발생하지 않는 점, 또 멀티 코어 설계의 출현 등으로부터 파악할 수 있다(1장 참조). 결론에서 이 이슈를 다시 논의하도록 하자.

3.7 오류와 함정

Computer Architecture

오류 *실리콘 면적의 상당한 투자나 설계의 복잡성 없이 간단한 방식으로 다중 이슈 프로세서의 고성능을 달성할 수 있는 방법이 있다.*

지난 절에서의 토의는 이 점을 분명하게 하였을 것으로 생각한다. 놀라운 사실은 많은 설계자들이 이와 같은 오류가 정확하다고 믿고 이러한 묘책을 찾기 위해 상당한 노력을 기울였다는 점이다. 비록 상대적으로 단순한 다중 이슈 프로세서를 구현할 수는 있지만 이슈 폭이 증가함에 따라 그 보상은 작아지고 와이드 이슈의 실리콘과 에너지 비용이 성능 장점을 압도하게 될 것이다.

하드웨어 복잡성에 추가하여, 상당한 양의 ILP를 지원하는 프로세서를 위해 컴파일하는 것 역시 극도로 복잡하다는 것이 밝혀졌다. 컴파일러가 다양하고 정교한 변환 기술을 지원해야 할 뿐 아니라 다양한 벤치마크 집합에서 우수한 성능을 달성하도록 컴파일러를 튜닝하는 것 역시 너무 어려운 작업이다.

좋은 성능을 달성하는 것은 또한 시스템 수준에서의 설계 결정에 영향을 받으며 전 절에서 살펴보았듯이 이러한 선택은 매우 복잡해질 수 있다.

함정 *다중 이슈 프로세서의 한 가지 측면만 향상시키고 전체 성능의 향상을 기대하는 것.*

이 함정은 단순히 암달의 법칙을 재 진술한 것이다. 설계자는 설계를 단순히 살펴보고 분기 예측 성공률이 낮은 것을 파악하여 이를 향상시킨 후 상당한 성능 향상을 기대할 수 있다. 어려운 점은 종종 여러 요인이 다중 이슈 프로세서의 성능을 제한한다는 점과 프로세서의 한 가지 측면을 개선하면 전에는 발견되지 않았던 다른 측면이 성능을 제한 할 수 있다는 점이다.

이와 같은 예제는 ILP 데이터에서 발견할 수 있다. 예를 들어, 그림 3.3의 분기 예측 효과를 살펴보자. 표준 2-비트 예측기를 토너먼트 예측기로 바꾸면 espresso의 병렬성을 (이슈율 7에서 이슈율 12로) 상당히 향상시킬 수 있는 것을 볼 수 있다. 하지만 프로세서가 리네이밍을 위해 단 32개의 레지스터만 제공하는 경우 두 가지 분기 예측 방법보다 더 좋은 방법을 사용하더라도 병렬성의 양은 클록 사이클당 5로 제한된다.

3.8 결론

Computer Architecture

ILP 활용에 있어서 소프트웨어 중심 접근 방식과 하드웨어 중심 접근 방식 사이의 상대적 장단점은 계속해서 논쟁의 이슈가 될 것이다. 초기에는 소프트웨어 방식과 하드웨어 방식 사이에 상당한 차이가 있었고 하드웨어 방식의 복잡성을 관리할 수 있을 지가 의문시 되었다. 높은 클록 주파수의 고성능 동적 예측 실행 프로세서들이 다수 개발됨에 따라 이러한 염려는 줄어들었다.

IA-64 아키텍처와 Itanium 설계의 복잡성을 통해 많은 설계자들은 소프트웨어 방식 역시 (특히 정수 코드의 경우) 훨씬 더 빠르거나, (트랜지스터 수나 다이 크기 면에서) 작고, 더 단순하여 전력 소비 면에서 더 효율적인 프로세서를 생성하지는 못할 것이라는 생각을 갖게 되었다. 과거 5년 간 분명해진 한 가지 사실은 IA-64 아키텍처가 ILP를 확장하는 데 있어서 중요한 혁신을 대표한다거나 고성능 프로세서의 복잡성과 전력 소비 문제를 피하지는 *못했다*는 점이다. 부록 H는 이러한 평가를 보다 상세히 논의한다.

와이드 이슈 구현의 복잡성과 장점의 감소는 동시 멀티쓰레딩 역시 제한적으로 사용될 가능성이 높음을 뜻한다. SMT를 공격적으로 구현하기 위해 이슈 폭을 상당히 증가시킨 프로세서를 구현한다는 것은 그럴만한 가치가 없다. 이러한 이유로 기존의 프로세서들은 다소 보수적인 두 개의 문맥을 지원하는 SMT나 간단한 멀티쓰레딩을 구현하였고 이는 단순한 1-이슈 또는 2-이슈 프로세서에 적절한 선택이다.

더 많은 ILP를 추구하는 대신 설계자들은 다음 장에서 설명하는 단일 칩 멀티프로세서로 구현되는 TLP에 더 집중하였다. 2000년 IBM은 최초의 상용 단일 칩 범용 멀티프로세서인 Power4를 발표하였고 이는 2개의 Power3 프로세서와 온 칩 L2 캐시를 포함하였다. 그 이후 Sun Microsystems, AMD, Intel이 더 공격적인 단일 프로세서 구현 대신에 단일 칩 멀티프로세서로 방향을 전환하였다.

ILP와 TLP 사이의 적절한 균형에 대한 질문은 2005년 여전히 유효하며 설계자들은 단순한 파이프라인으로 보다 많은 프로세서를 칩에 구현하는 방식부터 더 공격적인 ILP와 TLP를 사용하지만 적은 수의 프로세서를 집적하는 방식까지 다양한 옵션을 시도하고 있다. 서버 시장의 경우 TLP를 보다 많이 활용하는 것이 적절한 선택인 반면 데스크탑에서는 여전히 단일 쓰레드 성능이 중요할 수도 있다. 다음 장에서 이 주제에 대하여 다시 논의할 것이다.

3.9 역사적 관점과 참고문헌

동반된 CD의 부록 K.4는 파이프라이닝과 명령어 수준 병렬성의 역사를 다루고 있으며 이 주제와 관련된 여러 참고문헌을 제공한다.

사례 연구와 연습문제(Wen-mei W. Hwu와 John W. Sias)

이 사례 연구에 의해 설명된 개념

- 소프트웨어 종속성으로 인한 ILP 제한
- 제한된 하드웨어 자원으로 달성 가능한 ILP
- 소프트웨어와 하드웨어 상호작용으로 인한 ILP의 변화
- 컴파일 시간과 실행 시간 ILP 기술 사이의 절충

사례 연구: 종속성과 명령어 수준 병렬성

이 사례 연구의 목적은 명령어 수준 병렬성을 이용하는 데 있어서 하드웨어와 소프트웨어 사이의 상호 작용을 보여 주는 것이다. 이 사례 연구는 명령어 수준 병렬성의 여러 가지 제한점을 예시하는 간결한 코드 예제를 제시한다. 이 사례 연구를 통해 하드웨어와 소프트웨어 요소들이 어떻게 상호 작용을 하여 주어진 시스템에서

특정 코드의 실행 시간을 결정하는지 이해하게 될 것이다.

해시 테이블은 많은 수의 데이터 항목 집합을 관리하는 데 자주 사용되는 데이터 구조로서 이를 사용하여 "이 집합에 100의 값을 가진 항목이 존재하는가?"와 같은 질문에 대한 빠른 해답을 구할 수 있다. 이는 데이터 항목 값에 해시 함수를 적용하여 그 함수 값에 따라 다수의 버킷(bucket)으로 분할함으로써 수행된다. 각 버킷의 데이터 항목들은 일반적으로 주어진 순서에 따라 정렬된 연결 리스트로 구성된다. 해시 테이블 참조는 데이터 값에 대응하는 버킷을 결정하는 것으로 시작한다. 그 다음 연결 리스트를 탐색하면서 일치하는 값의 항목이 존재하는지를 점검한다. 각 버킷의 데이터 항목 수를 적게 유지한다면 탐색은 매우 빠르게 수행될 수 있다.

그림 3.14의 C 소스 코드는 해시 테이블에 많은 수(N_ELEMENTS)의 원소를 추가한다. 해시 테이블에는 1024개의 버킷이 존재하며 각 버킷은 원소의 값에 따라 오름차순으로 정렬된 연결 리스트이다. 배열 원소 element[]는 추가할 원소들을 갖고 있으며 힙(heap)에 할당되어 있다. 외부 (for) 루프의 각 반복은 6 번째 줄에서 시작하며 해시 테이블에 한 원소를 입력한다.

그림 3.14의 9 번째 줄은 element[i]에 저장된 데이터 값으로부터 해시 함수 값 hash_index를 계산한다. 사용된 해시 함수는 매우 간단하다. 해시 함수는 각 원소의 데이터 값의 낮은 자리(least significant) 10 비트를 사용한다. 이는 원소 데이터 값과 비트 마스크 11 1111 1111 (십진수 1023) 값의 논리적 AND를 계산하여 수행된다.

그림 3.15는 이 C 코드 예제에서 사용된 해시 테이블의 데이터 구조를 보여 준다. 그림 3.15의 왼쪽에 있는 bucket 배열이 해시 테이블이다. bucket 배열의 각 엔트리는 데이터 원소를 저장하는 연결 리스트로의 포인터를 갖고 있다. 버킷 i가 현재 비어 있다면 해당하는 bucket[i]는 NULL 포인터를 갖고 있다. 그림 3.15에서 처음 세 버킷은 각각 하나의 원소를 갖고 있고 다른 버킷들은 비어 있다.

변수 ptrCurr은 연결 리스트의 원소를 탐색하는 데 사용하는 포인터를 갖고 있다. 그림 3.14의 11 번째 줄에서 ptrCurr은 해시 테이블의 각 버킷에 저장된 연결 리스트의 첫 번째 원소를 가리키도록 지정된다. hash_index에 의해 선택된 버킷이 비어 있는 경우 해당 엔트리는 NULL 포인터를 갖는다.

while 루프는 12 번째 줄에서 시작한다. 12 번째 줄은 변수 ptrCurr의 내용을 검사하여 더 탐색할 데이터 원소가 있는지 검사한다. 버킷이 비워있거나 while 루프의 이전 반복에서 모든 데이터 원소가 조사된 경우, 더 이상 탐색할 원소가 없으면 13 번째 줄에서 16 번째 줄은 생략된다. 첫 번째 경우, 새 데이터 원소는 버킷의 첫 번째 원소로 추가된다. 두 번째 경우 새 원소는 연결 리스트의 마지막 원소로 삽입된다.

더 조사할 원소가 남아 있는 경우 13 번째 줄은 현재 연결 리스트의 원소가 해시 테이블에 삽입될 데이터 원소 값보다 작거나 같은 값을 포함하는 지를 검사한다. 만약 조건이 참이면 while 루프는 연결 리스트의 다음 원소로 계속해서 진행하여 15

```
1    typedef struct _Element {
2       int value;
3       struct _Element *next;
4    } Element;
5    Element element[N_ELEMENTS], *bucket[1024];
     /* The array element is initialized with the items to be inserted;
        the pointers in the array bucket are initialized to NULL. */

6    for (i = 0; i < N_ELEMENTS; i++)
      {
7       Element *ptrCurr, **ptrUpdate;
8       int hash_index;

        /* Find the location at which the new element is to be inserted. */
9       hash_index = element[i].value & 1023;
10      ptrUpdate = &bucket[hash_index];
11      ptrCurr = bucket[hash_index];
        /* Find the place in the chain to insert the new element. */
12      while (ptrCurr &&
13             ptrCurr->value <= element[i].value)
14       {
15    ptrUpdate = &ptrCurr->next;
16         ptrCurr = ptrCurr->next;
         }

        /* Update pointers to insert the new element into the chain. */
17      element[i].next = *ptrUpdate;
18      *ptrUpdate = &element[i];
     }
```

그림 3.14 해시 테이블 코드 예제.

번째와 16 번째 줄이 ptrCurr을 연결 리스트의 다음 원소로 옮김으로써 다음 데이터 원소로 이동한다. 조건이 참이 아니면 새로운 데이터 원소를 삽입할 위치를 발견한 것이 되어 while 루프는 중단되고 새 데이터 원소는 ptrCurr이 가리키는 원소 바로 앞에 삽입될 것이다.

ptrUpdate 변수는 새 데이터 원소를 삽입하기 위해 갱신되어야 하는 포인터를 식별한다. 이 변수는 10 번째 줄에서 버킷 엔트리를 가리키도록 지정된다. 만약 버킷이 비워 있다면 while 루프 전체가 생략되고 bucket[hash_index]의 포인터를 NULL에서 새 데이터 원소의 주소로 18 번째 줄에서 변경함으로써 새 데이터 원소가 삽입

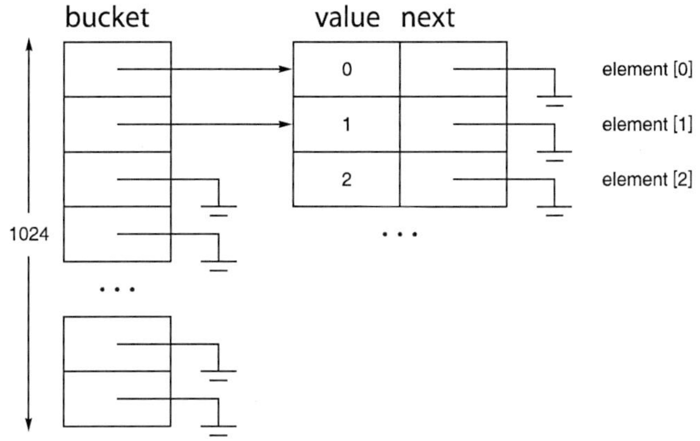

그림 3.15 해시 테이블의 데이터 구조.

된다. while 루프 후에 ptrUpdate는 새 데이터 원소가 해당하는 버킷에 삽입되도록 갱신되어져야 하는 포인터를 가리킨다.

while 루프에서 빠져 나온 후 17 번째 줄과 18 번째 줄이 새 데이터 원소를 연결 리스트에 삽입하는 작업을 끝마친다. 버킷이 비워있는 경우 ptrUpdate는 bucket [hash_ index]를 가리키게 될 것이며 이는 NULL 포인터를 갖게 된다. 17 번째 줄은 그 다음 NULL 포인터를 새 데이터 주소의 다음 포인터에게 할당한다. 18 번째 줄은 bucket [hash_table]이 새 데이터 원소를 가리키도록 변경한다. 새 데이터 원소가 연결 리스트의 모든 원소보다 작은 경우 역시 ptrUpdate는 bucket[hash_table]을 가리킬 것이며 이 값은 연결 리스트의 첫 번째 원소를 가리킨다. 이 경우 17 번째 줄은 연결 리스트의 첫 번째 원소의 포인터가 새 데이터 구조의 다음 포인터를 가리키도록 지정한다.

새 데이터 원소가 연결 리스트의 일부 원소보다 크지만 다른 원소보다 작은 경우, ptrUpdate는 새 데이터 원소가 삽입될 바로 이전 원소의 next 포인터를 가리킬 것이다. 이 경우 17 번째 줄은 새 데이터 원소가 삽입 위치 바로 이후의 원소를 가리키게 한다. 18 번째 줄은 삽입점 이전의 원래 데이터 원소가 새 데이터 원소를 가리키도록 만든다. 새 데이터 원소가 연결 리스트의 끝에 삽입될 때 이 코드가 올바르게 동작하는지 검증하여 보라.

자 이제 C 코드를 잘 이해하였으므로 이 코드에서 찾을 수 있는 명령어 수준 병렬성을 분석하여 보자.

3.1 [25/15/10/15/20/20/15] <2.1, 2.2, 3.2, 3.3, 부록 H> 이 문제는 가장 우호적인 실행 시나리오에서 (이상적인 경우에) *실행 시간 하드웨어 스케줄러*에서 사용가능한 명령어 수준 병렬성에 집중할 것이다. (뒤에서 덜 이상적인 시나리오에서의 실행 시간 하드웨어 스케줄러와 컴파일러 스케줄러에서 사용 가능한 병렬성을 논의할 것이다.)

이상적인 시나리오에서 해시 테이블이 초기에는 비워 있다고 가정하자. 0에서 1023까지 순차적으로 값을 가진 1024개의 새 데이터 원소를 가정하자. 각 원소는 자신의 버킷으로 할당된다. (이는 문제를 이미 알려진 배열 위치를 갱신하는 문제로 간소화시킨다!) 그림 3.15는 이 "이상적인 경우"에 따라 처음 세 원소를 삽입한 후의 해시 테이블 내용을 보여 준다. 이 이상적인 경우에 `element[i]`의 `value`는 단순히 `i`이므로 각 원소는 자신의 버킷으로 삽입된다.

이 사례 연구의 목적을 위해 그림 3.14의 코드 각 줄을 실행하는 데 한 사이클이 걸리고 (종속성 길이가 1) ILP 계산을 위해 각 줄을 실행하는 데 한 명령이 소요된다고 가정하자. 이와 같은 (비현실적인) 가정은 다음 문제들을 푸는 여러 잡다한 작업을 상당히 간소화할 것이다. `for`와 `while` 문은 해당 루프의 각 반복마다 실행되어 루프를 계속 진행할 지를 점검하는 것에 주목하라. 이와 같은 이상적인 경우에 코드 내의 대부분의 종속성은 완화되고 따라서 높은 ILP가 활용 가능하다. 뒤에서 코드에서의 실질적인 종속성이 사용 가능한 병렬성을 감소시키는 보다 일반적인 경우를 살펴볼 것이다.

추가적으로 위 코드가 무한한 이슈 폭과 무제한의 리네이밍, 메모리 주소의 완벽한 식별, 완벽한 분기 예측 등을 가진 이상적인 프로세서에서 실행된다고 가정하자. 따라서 명령의 실행은 데이터 종속성에 의해서만 제한될 것이다. 이러한 문맥에서 다음의 문제를 살펴보자.

a. [25] <2.1> 실행 시간 하드웨어 스케줄러에서 이 코드의 병렬성을 결정하는 데이터 종속성(참, 반, 출력 종속성)과 제어 종속성을 기술하라. 실제 종속성만 표시하라. (즉, 비록 컴파일러와 프로세서가 *현실적*으로 이를 결정할 수 없더라도 다른 주소를 액세스하는 스토어와 로드 사이의 종속성은 무시하라.) 이상적인 경우에 외부 루프를 6번 반복 실행하는 동안 (6개의 원소를 삽입하는 동안) 발생하는 *동적* 종속성 그래프를 그려라. 이 동적 종속성 그래프에서 명령어들의 동적 인스턴스(instance) 사이에 데이터 종속성을 식별하라. 루프 실행으로 인해 원래 프로그램에서의 각 정적 명령은 여러 개의 동적 인스턴스를 갖는다. *힌트*: 다음의 정의들은 각 명령과 관련된 종속성을 찾는데 도움을 줄 것이다.

- *데이터 참 종속성*: 이 명령은 어떤 이전 명령의 결과에 바로 의존하는가?
- *데이터 반 종속성*: 어떤 명령이 이 명령이 읽은 위치에 쓰기를 실행하는가?
- *데이터 출력 종속성*: 어떤 명령이 이 명령이 쓴 결과를 후에 다시 덮어쓰는가?
- *제어 종속성*: 이 특정 명령의 실행이 이전 어떤 결정에 영향을 받는가? (즉, 어떤 경우에 이 명령이 실행되는가?)

b. [15] <2.1> 설명된 이상적 경우를 가정하고 방금 구성한 동적 종속성 그래프를

사용한다면 몇 개의 명령이 실행되고 몇 사이클이 걸리는가?

c. [10] <3.2> for 루프의 실행 동안 사용 가능한 평균 ILP 수준은?

d. [15] <2.2, 부록 H> 문제 (c)에서는 위 코드를 사용하였을 때 실행 시간 하드웨어에 의해 최대로 달성 가능한 최대 병렬성을 고려하였다. 컴파일러가 이상적인 경우를 고려하는 것을 알고 있다고 가정하면 컴파일러가 병렬성을 얼마나 많이 증가시킬 수 있는가? *힌트*: 이상적인 경우 더 많은 반복을 한 번에 실행하는 것을 저해하는 주요 제한 사항을 생각하여 보라. 이러한 제한 사항을 완화시키기 위해 어떻게 루프를 재구성할 수 있는가?

e. [25] <3.2, 3.3> 문제를 간단히 하기 위해 변수 `i`, `hash_index`, `ptrCurr`, `ptrUpdate`만 레지스터를 사용한다고 가정하자. 일반적인 리네이밍을 가정할 때 문제 (b)의 최대 가능한 병렬성을 달성하기 위해 필요한 레지스터의 수는?

f. [25] <3.3> 문제 (b)의 해답에서 각 반복마다 7개의 명령이 존재한다고 가정하자. 매 클록 사이클마다 3개의 명령이 이슈되고 예제의 명령들이 안정된 상태에서 일관성 있게 실행되는 스케줄을 가정한다면 실행 시간에는 어떤 영향이 있는가?

g. [15] <3.3> 마지막으로, 최대 수준의 병렬성을 달성하는 데 필요한 최소한의 명령어 윈도우 크기를 계산하라.

3.2 [15/15/15/10/10/15/15/10/10/10/25] <2.1, 3.2, 3.3> 그림 3.14의 해시 테이블 코드에서 실행 시간 하드웨어 스케줄러를 가정할 때 명령어 수준 병렬성을 추출하기 어려운 덜 우호적인 상황을 고려하여 보자(일반적 경우). 각 버킷이 정확하게 하나의 항목만 가진다고 보장할 수 없다고 가정하자. 일부 중요한 종속성들이 추가되는 보다 현실적인 상황이 주어졌을 때 사용 가능한 병렬성을 다시 평가해 보자.

이상적인 경우 상대적으로 직렬적인 내부 루프는 작동하지 않고 외부 루프는 충분한 병렬성을 제공하였다는 것을 상기하라. 일반적으로 내부 루프는 작동하며 내부 while 루프는 한 번 이상 반복 실행된다. 내부 루프인 while 루프는 제한된 양의 명령어 수준 병렬성을 갖고 있음을 유념하라. 첫째, while 루프의 각 반복은 이전 반복의 결과에 의존한다. 둘째, 각 반복 내부에서 단 소수의 명령들만 실행된다.

반면 외부 루프는 상당히 병렬적이다. 외부 루프의 두 원소가 다른 버킷으로 해시되는 한 이들은 병렬로 입력될 수 있다. 이들이 같은 버킷으로 해시되더라도 어떤 특정 메모리 주소 식별방법이 각 원소를 위해 메모리 로드와 스토어의 정확성을 보장할 수 있다면 이들은 병렬로 입력될 수 있다.

실제 데이터 원소 값들은 무작위로 분포될 가능성이 크다. 비록 보다 현실적인 실행 시나리오를 제시하는 것이 목표이지만 체계적인 분석이 가능한 보다 규칙적이고 하지만 비 이상적인 데이터 값 패턴을 먼저 고려하여 보자. 이러한 값 패턴은 가장 일반적인 무작위 데이터 값을 가정한 상태에서의 명령어 수준 병렬성의 양을 이해하기 위한 중간 단계를 제공한다.

a. [15] <2.1> 입력하여야 할 1024개의 데이터 원소 값들이 0, 1, 1024, 1025, 2048, 2049, 3072, 3073, … 일 때 그림 3.14의 해시 테이블 코드에 대한 동적 종속성 그래프를 그려라. `while` 루프가 한 번 이상 반복되었을 때 `for` 루프 반복 사이의 새 종속성들을 기술하라. 내부 `while` 루프가 한 번 이상 반복될 수 있다는 사실에 특별히 주의하라. 따라서 외부 `for` 루프의 명령어 수는 반복에 따라 변할 것이다. 로드와 스토어 사이의 종속성을 결정하는데 있어서 주어진 동적 메모리 주소 식별 기법이 다른 베이스 포인터 레지스터를 사용하는 두 메모리 액세스 사이의 종속성을 해결할 수 없다고 가정하라. 예를 들어, 실행 시간 하드웨어는 `ptrUpdate`를 베이스로 한 스토어의 주소와 `ptrCurr`을 베이스로 한 로드의 주소를 구별할 수 없다.

b. [15] <2.1> (a)에서 유도한 동적 종속성 그래프를 가정할 때 몇 개의 명령어가 실행될 것인가?

c. [15] <2.1> (a)에서 유도한 동적 종속성 그래프와 무한한 하드웨어 자원을 가정할 때, (b)에서 계산된 모든 명령들을 실행하기 위해 몇 클록 사이클이 소요되는가?

d. [10] <2.1> (a)에서 유도한 동적 종속성 그래프에서 얼마만큼의 명령어 수준 병렬성이 존재하는가?

e. [10] <2.1, 3.2> (a)에서와 같은 실행 시간 메모리 주소 식별 방법을 가정할 때 이러한 새로운 종속성이 사용 가능한 명령어 수준 병렬성에 영향을 줄 수 있는 최악의 시나리오를 발생시키는 데이터 원소들의 시퀀스를 찾아라.

f. [15] <2.1, 3.2> (e)에서의 최악의 시퀀스를 가정할 때, 완벽한 (즉, 모든 진행 중인 스토어를 추적해서 충돌하지 않는 모든 로드의 진행을 허락하는) 실행 시간 메모리 주소 식별 기법의 잠재적 효과를 설명하라. 동적 종속성 그래프의 모든 명령들을 실행하는데 필요한 클록 사이클 수를 유도하라.

   지금까지 학습한 것에 기반을 두어 다음의 정성적 질문을 고려하라. 이전의 스토어 주소를 알기 전에 로드를 예측 실행하여 이슈하는 효과는 무엇인가? 이와 같은 예측 실행이 이 코드에서 메모리 지연시간의 중요성에 미치는 영향은?

g. [15] <2.1, 3.2> (f)에서의 가정을 계속 가정하라. 실행된 명령어의 수는?

h. [10] <2.1, 3.2> (f)에서의 가정을 계속 가정하라. 실행 시간 하드웨어에서 이용 가능한 명령어 수준 병렬성의 양을 계산하라.

i. [10] <2.1, 3.2> (h)에서 제한된 명령어 윈도우 크기가 갖는 명령어 수준 병렬성에 대한 효과는?

j. [10] <3.2, 3.3> (h)에 대한 답을 계속 고려할 때 분기 예측 실패의 원인과 각 분기 예측이 병렬성에 미치는 효과를 설명하라. 전력 소비와 효율성에서의 의미를 간략히 설명하라. 여러 예측되지 않은 경로를 예측 실행하는 (즉, 후에 분기 예측 실패 진단에 의해 취소될 명령들의 실행을 시작하는) 방법의 잠재적 장점과 비용은? *힌트*: 입력 위치 전에 원소의 수를 잘못 예측하는 것이 추후 삽입 실행에 미치는 효과를 생각하라.

k. [25] <3> 컴파일러 스케줄링과 최적화를 제한하는 목적으로 모든 최악의 종속성을 보여 주는 정적 종속성 그래프의 개념을 고려하려 보자. 그림 3.14의 해시 테이블 코드에 대한 정적 종속성 그래프를 그려라.

이 정적 종속성 그래프를 이전에 그린 여러 동적 종속성 그래프와 비교하라. 이 예제의 해시 테이블 코드에서 명령어 수준 병렬성의 동적 발견과 정적 발견을 비교하고 그 의미를 한 두 문단으로 설명하라. 특히 하드웨어 방법이 우연한 기회를 자유롭게 활용할 수 있는 반면에 일관성 있게 최악의 경우를 가정함으로써 컴파일러는 어떤 제한을 받는가? 이 코드를 더 잘 활용하기 위해서는 컴파일러에서 어떤 접근 방법을 사용할 수 있는가?

COMPUTER ARCHITECTURE

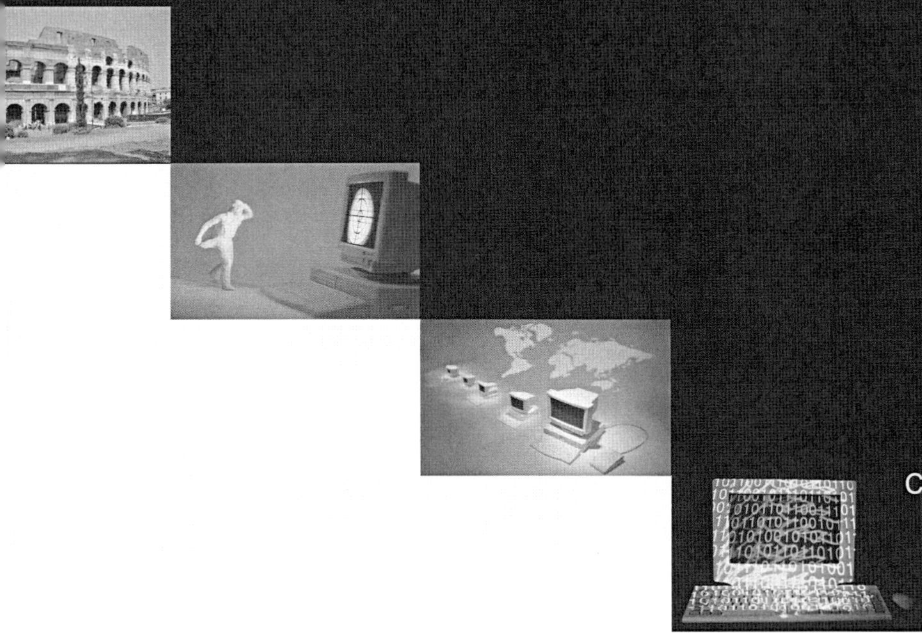

Chapter 04

멀티프로세서와 쓰레드 수준 병렬성

Multiprocessors and Thread-Level Parallelism

기존 컴퓨터 구조로부터의 변화는 1960년 중반에 시작되었다. 이 당시 컴퓨터의 동작 속도를 증가시키는 데 수익 감소의 법칙이 서서히 영향을 미치기 시작했다…….

전자 회로는 궁극적으로 빛의 속도에 의하여 그 동작 속도가 제한을 받는다……. 그리고 이미 회로의 많은 부분이 나노 초 범위에서 동작하고 있다.

W. Jack Bouknight 외 다수.

Illiac IV 시스템 (1972)

우리는 미래의 제품 개발을 멀티 코어 설계에 집중하기로 결정했습니다. 우리는 이것이 산업계의 주요 변환점이 될 것으로 믿습니다.

Intel 회장 Paul Otellini,

2005년 Intel Development Form에서 Intel의 미래 방향을 설명하면서 (2005)

4.1 서론

4장 도입 부분에서의 인용이 보여 주듯이 단일 프로세서 구조가 마지막에 다다랐다는 관점은 여러 학자들에 의하여 오랫동안 제기되어 왔다. 이러한 관점은 사실상 1986- 2002년 기간 동안은 시기상조였다. 이 시기는 최초의 트랜지스터 기반의 컴퓨터가 1950년대 말과 1960년대 초에 등장한 이래로 마이크로프로세서에 의해 단일 프로세서의 성능이 가장 빠른 속도로 성장한 시기이다.

그럼에도 불구하고 상용 마이크로프로세서의 엄청난 가격 대비 성능 장점을 활용하면서 단일 마이크로프로세서보다 높은 성능을 달성하기 위해 서버와 슈퍼컴퓨터를 개발하려는 설계자들의 노력이 계속되면서 멀티프로세서의 중요성은 1990년대를 통해 계속 성장하였다. ILP를 통한 성능 향상이 점차 감소하고 전력 소모에 대한 걱정이 대두되면서 멀티프로세서가 중요한 역할을 하는 새로운 컴퓨터 구조 시대가 도래 하고 있다. 두 번째 인용은 이와 같은 전환점을 분명히 하고 있다.

멀티프로세싱에 의존하는 경향은 다음의 다른 요소들에 의해서도 점차 강화되고 있다.

- 서버와 서버 성능에 대한 관심 증가
- 데이터 중심적 응용 프로그램의 성장
- 데스크탑의 성능 증가가 덜 중요하다는 통찰력(그래픽을 제외하고)
- 새로운 설계보다는 중복을 통해 얻어지는 설계 투자의 장점 – 모든 멀티프로세서는 이와 같은 장점을 이용한다.

하지만 두 가지 문제점을 안고 있다. 첫 째로, 멀티프로세서 구조는 크고 다양한 분야이며 아직 분야가 성숙되어 있지 않기 때문에 아이디어들이 생기고 사라지며 최근까지도 아키텍처의 성공보다는 실패가 많다는 것이다. 멀티프로세서 설계 공간과 절충 방안을 완전히 커버하는 것은 또 다른 책 한 권을 필요로 한다. (Culler, Singh, Gupta [1999]는 그들의 1000 페이지의 책에서 멀티프로세서 주제만을 논의한다!) 두 번째, 넓은 범위를 다루면 시간적으로 검증되지 않은 여러 방법들에 대한 논의가 포함될 것이다. 하지만 이러한 논의는 우리가 피하고자 하기 때문이다.

이러한 이유로, 이 책에서는 멀티프로세서의 주 분야인 소규모에서 중간 규모의 멀티프로세서 (4개에서 32개의 프로세서) 설계에 초점을 맞출 것이다. 이러한 설계들은 판매 수와 규모 면에서 시장을 주도한다. 반면에, 멀티프로세서의 보다 다양한 설계 측면을 포함하며 주 응용 시장인 병렬 과학용 응용과 관련된 행동 양식을 보여주는 대형 멀티프로세서 설계 공간에 대해서는 부록 H에서 간략히 다루도록 할 것이다. 대형 멀티프로세서에서는 연결망 회로가 설계에서 중요한 역할을 차지한다.

이 주제는 부록 E에서 다룬다.

병렬 구조의 분류

다양한 멀티프로세서 설계 방법과 지배적인 멀티프로세서 유형의 개발을 가져오게 한 문맥을 이해하기 위하여 먼저 멀티프로세서 구조의 분류로 이 장을 시작하고자 한다. 각 설계 방안과 그 이론적 근거를 간략히 기술한다. 여러 다른 모델에 대한 탄생(종종 사멸)에 대한 설명은 부록 K에서 찾아볼 수 있다.

멀티프로세서를 사용하여 성능과 가용성을 향상시키려는 아이디어는 초기의 전자식 컴퓨터 시대로 거슬러 올라간다. 약 40년 전 Flynn [1960]은 모든 컴퓨터를 분류하는 간단한 모델을 제안하였는데 이는 아직도 유용하다. 그는 명령어와 데이터 스트림에 있는 병렬성을 관찰하였고 모든 컴퓨터들을 다음의 4 가지 유형으로 분류하였다.

1. 단일 명령어 스트림, 단일 데이터 스트림 (SISD, single instruction stream, single data stream) – 이 유형은 단일 프로세서에 해당한다.
2. 단일 명령어 스트림, 다중 데이터 스트림 (SIMD, single instruction stream, multiple data streams) – 다른 데이터 스트림을 사용하여 같은 명령어가 여러 프로세서에 의해 실행된다. SIMD 컴퓨터는 여러 데이터 항목에 같은 연산을 병렬로 적용함으로써 *데이터 수준 병렬성*을 활용한다. 각 프로세서는 자신의 데이터 메모리를 (따라서 여러 개의 데이터를) 갖고 있으나 명령어 인출과 전송을 담당하는 하나의 명령어 메모리와 제어 프로세서만이 존재한다. 상당한 데이터 수준 병렬성을 나타내는 응용에 대해서는 SIMD 방법은 매우 효율적이다. 부록 B와 C에서 설명한 멀티미디어 명령어 확장은 SIMD 병렬성의 한 유형이다. 부록 F에서 논의된 벡터 아키텍처는 SIMD 구조의 가장 큰 유형이다. SIMD 방식은 최근 들어 게임 시장에서 그래픽 성능의 중요성이 증가함에 따라 새로운 관심을 불러일으키고 있다. SIMD 기법은 현실감 있는 3차원 실시간 가상 환경을 생성하기 위해 필요한 고성능을 달성하는 가장 인기 있는 방법이다.
3. 다중 명령어 스트림, 단일 데이터 스트림 (MISD, multiple instruction stream, single data stream) – 아직까지는 이 유형의 상용 멀티프로세서가 구현된 적이 없다.
4. 다중 명령어 스트림, 다중 데이터 스트림 (MIMD, multiple instruction stream, multiple data stream) – 각 프로세서가 자신의 명령어를 인출하고 자신의 데이터에 연산을 수행한다. MIMD 컴퓨터는 여러 개의 쓰레드가 병렬로 동작하므로 *쓰레드 수준 병렬성*을 활용한다. 일반적으로 쓰레드 수준 병렬성은 데이터 수준 병렬성에 비하여 보다 융통성이 많으며 보다 일반적으로 적용할 수 있다.

일부 멀티프로세서들은 이러한 유형을 혼합하기도 하므로 이 모델은 다소 개괄적인 모델이다. 그럼에도 불구하고 이 모델은 설계 공간의 기초를 쌓는 데 유용하다.

MIMD 모델이 쓰레드 수준의 병렬성을 이용할 수 있으므로 이 모델이 범용 멀티프로세서가 선호하는 아키텍처이며 이 장에서도 이 모델을 집중적으로 논의한다. MIMD 멀티프로세서의 성공에는 다음의 두 가지 다른 요인도 있다.

1. MIMD는 융통성을 제공한다. 올바른 하드웨어와 소프트웨어 지원이 있다면 MIMD는 하나의 응용 프로그램에 고성능을 집중하는 1인용 멀티프로세서, 여러 작업을 동시에 실행하는 멀티프로그래밍 멀티프로세서, 또는 이 두 기능을 모두를 조합한 형태로 기능을 수행할 수 있다.
2. MIMD는 상용 프로세서의 가격 대비 성능의 장점을 사용하여 구현될 수 있다. 사실상, 오늘날의 거의 모든 멀티프로세서는 워크스테이션과 단일 프로세서 서버에서 사용되는 것과 같은 마이크로프로세서를 사용한다. 또한 멀티코어 칩들은 단일 프로세서에서 사용된 설계를 다시 복제함으로써 재사용한다.

인기 있는 MIMD 컴퓨터의 한 유형은 *클러스터*로서 종종 표준 부품과 표준 네트워크 기술을 사용하는 방법으로 일반용 제품을 최대한 활용한다. 부록 H에서는 클러스터를 두 유형으로 분류한다. *일용품 클러스터(commodity cluster)*는 컴퓨터 부품회사의 프로세서와 연결망 기술에 전적으로 의존한다. *맞춤형 클러스터(custom cluster)*는 설계자가 각 노드 구조나 연결망 회로를 직접 설계한다.

일용품 클러스터에서 클러스터의 노드들은 블레이드 서버(blade server)나 랙 설치 형(rack-mounted) 서버들이다(소규모 멀티프로세서 서버 포함). 웹 서비스, 멀티프로그래밍, 트랜잭션 응용등과 같이 처리량이 중요하거나 쓰레드 사이의 통신이 거의 필요 없는 응용들은 저가격으로 클러스터를 통해 해결할 수 있다. 일용품 클러스터는 종종 제조사보다는 사용자나 컴퓨터 센터의 관리자에 의해 조립될 수 있다.

맞춤형 클러스터는 하나의 문제를 풀기 위해 많은 양의 병렬성을 이용하는 병렬 응용에 초점을 둔다. 이와 같은 응용은 계산 과정에서 상당한 통신을 필요로 하며 따라서 노드와 연결망 설계를 주문 설계하는 것이 일용품 클러스터에 비하여 효율적인 통신을 가능하게 한다. 부록 H에서 논의하는 IBM Blue 클러스터와 같이 현존하는 가장 빠른 대형 클러스터는 맞춤형 클러스터이다.

1990년대부터 칩의 용량 증가로 설계자는 여러 개의 프로세서를 하나의 다이에 집적할 수 있게 되었다. *온 칩 멀티프로세싱(on-chip multiprocessing)* 또는 *단일 칩 멀티프로세싱(single-chip multiprocessing)*이라 불리던 이 접근 방법은 *멀티코어(multi-core)*라는 이름으로 불리기 시작하였다. 이 이름은 하나의 다이에 여러 개의 프로세서 코어를 사용한 것에서부터 유래하였다. 이러한 설계 방식에서 여러 코어는 2단계 또는 3단계 캐시나 메모리, I/O 버스와 같은 자원들을 일반적으로 공유한다.

IBM Power5, Sun T1, Intel Pentium D, Xeon MP와 같은 최근의 프로세서들은 멀티코어이면서 멀티쓰레딩을 사용한다. 멀티프로세서에서 마이크로프로세서를 여러 개 중복시켜 설계 투자를 줄이는 것처럼 멀티코어 역시 하나의 와이드 이슈 슈퍼스칼라를 구현하는 대신에 중복을 통해 같은 설계를 활용한다.

MIMD에서 각 프로세서는 자신의 명령어 스트림을 실행한다. 많은 경우에 각 *프로세서*는 다른 프로세스를 실행한다. 프로세스는 독립적으로 실행될 수 있는 코드 영역이다. 프로세스의 상태는 한 프로세서에서 그 프로그램을 실행하는데 필요한 모든 정보를 포함한다. 각 프로세서가 독립적인 작업을 수행하는 멀티프로그래밍 환경에서 각 프로세스는 일반적으로 다른 프로세스들과 독립적이다.

여러 프로세서가 하나의 프로그램을 실행하고 또 코드와 메모리 공간의 대부분을 공유할 수 있는 것도 유용하다. 여러 프로세스가 이러한 방식으로 코드와 데이터를 공유할 때, 이들을 종종 *쓰레드(thread)*라 부른다. 오늘날 *쓰레드*란 용어는 비록 주소 공간을 공유하지 않더라도 다른 프로세서에서 실행되는 여러 *실행 지점*을 가리키는 말로 사용되기도 한다. 예를 들어, 멀티쓰레딩 아키텍처에서는 여러 개의 프로세스가 각기 독립적인 주소 공간을 가지고 동시에 실행되거나 같은 주소 공간을 공유하는 여러 쓰레드가 동시에 실행되는 것을 모두 허락한다.

n개의 프로세서를 가진 MIMD 멀티프로세서를 활용하기 위해서는 최소한 n개의 쓰레드나 프로세스가 필요하다. 한 프로세스 내의 독립적인 쓰레드들을 찾는 것은 일반적으로 프로그래머나 컴파일러에 의해 이루어진다. 쓰레드들은 운영 체제에 의해 스케줄되고 관리되는 대규모의 독립적인 프로세스 풀로부터 생겨날 수도 있다. 또 다른 극단적인 예로, 한 쓰레드가 루프 내의 데이터 병렬성을 이용하는 병렬 컴파일러에 의해 생성될 수 있으며 이 경우 루프의 반복들로 구성될 수도 있다. 비록 *그레인 크기*, 즉 쓰레드에 할당된 계산 량이, 쓰레드 수준의 병렬성을 효율적으로 활용하는 데 중요하지만, 명령어 수준 병렬성과의 주요 차이점은 쓰레드 수준 병렬성은 소프트웨어 시스템에 의해서 상위 단계에서 찾아지며 쓰레드가 병렬로 실행될 수 있는 수백에서 수백만 명령어 스트림을 포함한다는 것이다.

쓰레드는 데이터 수준의 병렬성도 활용할 수 있지만 이 경우 오버헤드는 SIMD 컴퓨터에서 보다 크기 쉽다. 이 오버헤드란 병렬성을 효율적으로 활용하기 위해서는 그레인 크기가 충분히 커야 한다는 것이다. 예를 들어, 벡터 프로세서(부록 F 참조)가 짧은 벡터에 대해서도 연산을 효율적으로 병렬화할 수 있지만 그 병렬성이 많은 쓰레드들에 나누어지는 경우 결과적인 그레인 크기는 너무 작아서 오버헤드로 인하여 병렬성의 활용은 불가능하게 될 것이다.

기존의 MIMD 멀티프로세서들은 프로세서 수에 따라 두 유형으로 분류된다. 또 이 프로세서 수는 메모리 구조와 연결망 방식을 결정한다. 이 책에서는 메모리 구조에 의해 멀티프로세서를 분류하는데 이는 프로세서의 수는 시간에 따라 변할 수 있기 때문이다.

첫 번째 유형은 *중앙 집중적 공유 메모리 구조(centralized shared-memory architectures)*라 부르며 2006년 현재 많아야 몇 십 개의 프로세서 칩(코어 수 100개미만)을 갖고 있다. 소규모의 멀티프로세서에서는 프로세서들이 하나의 중앙 메모리를 공유할 수 있다. 프로세서의 수가 작은 경우는 몇 개의 대형 캐시와 여러 뱅크로 구성된 하나의 메모리를 사용하여 이 프로세서들의 메모리 요구를 만족시킬 수 있다. 여러 개의 점 대 점(point-to-point) 연결과 스위치, 또 메모리 뱅크들을 추가하면 중앙 집중적 공유 메모리 구조는 몇 십 개의 프로세서들까지 확장할 수 있다. 비록 그 이상으로 크기를 증가시키는 것이 기술적으로 상상 가능하지만, 중앙 메모리를 공유하는 구조는 이 메모리를 공유하는 프로세서의 수가 증가함에 따라 점점 덜 매력적이 된다.

모든 프로세서들과 대칭적 관계를 갖는 하나의 메인 메모리가 존재하고 메모리 액세스 시간이 균일하기 때문에 이와 같은 멀티프로세서들은 종종 *대칭형(공유 메모리) 멀티프로세서(symmetric (shared-memory) multiprocessors*, SMP)라 부른다. 이 유형의 아키텍처는 비록 메모리가 여러 뱅크들로 구성되어 있더라도 모든 프로세서가 균일한 메모리 지연시간을 갖는 다는 사실에 기인하여 이 유형의 아키텍처를 종종 균등 *메모리 액세스(uniform memory access*, UMA)라 부른다. 이 유형의 대칭형 공유 메모리 아키텍처는 현재까지 가장 인기 있는 구조이다. 이 멀티프로세서의 구

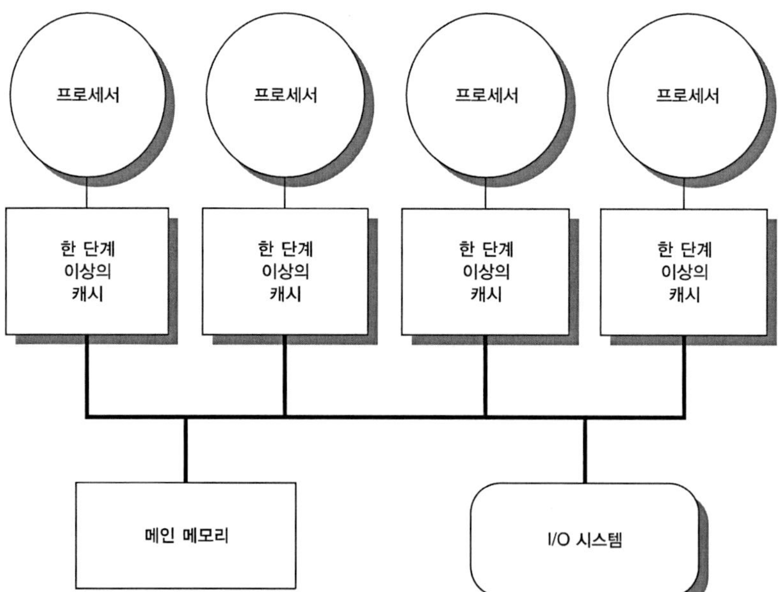

그림 4.1 중앙 집중적 공유 메모리 멀티프로세서의 기본 구조. 여러 개의 프로세서-캐시 서브시스템이 같은 물리적 메모리를 공유하며 이 메모리는 일반적으로 하나 이상의 버스 또는 스위치로 연결되어 있다. 이 아키텍처의 중요한 특성은 모든 프로세서가 모든 메모리에게 균일한 액세스 시간을 갖는다는 것이다.

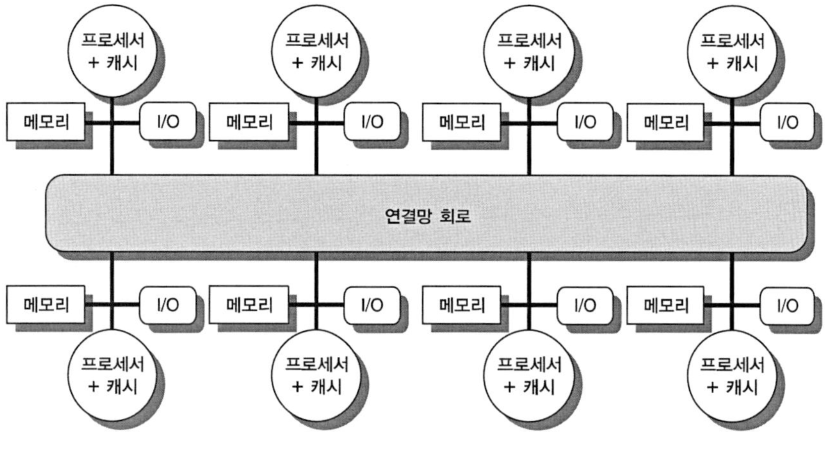

그림 4.2 분산 메모리 멀티프로세서의 기본 구조는 프로세서, 메모리, 일부 I/O, 또 모든 노드를 연결하여 주는 연결망 회로의 인터페이스를 가진 개별 노드들로 구성된다. 각 노드는 몇 개의 프로세서를 가질 수 있으며 이 프로세서들은 전체 연결망 회로보다는 확장성이 작은 다른 연결망 기술이나 작은 버스를 통해 연결된다.

조가 4.2절의 주제이다.

두 번째 그룹은 물리적으로 분산되어 있는 메모리를 가진 멀티프로세서들로 구성된다. 그림 4.2는 이 유형의 멀티프로세서의 모습을 보여 준다. 많은 수의 프로세서들을 지원하기 위해 메모리는 집중되기 보다는 분산되어져야 한다. 그렇지 않은 경우 메모리 시스템은 많은 수의 프로세서들로부터의 대역폭 요구를 만족시키기 어려우며 지나치게 긴 액세스 지연시간을 필요로 할 것이다. 프로세서 성능의 빠른 향상과 함께 프로세서의 메모리 대역폭 요구가 증가하면서 분산 메모리를 가진 멀티프로세서의 크기는 계속해서 작아지고 있다. 많은 수의 프로세서는 또한 큰 대역폭을 가진 연결망을 필요로 하게 된다. 이 주제는 부록 E에서 논의할 것이다. 직접 네트워크(스위치 등)와 간접 네트워크(일반적으로 다차원 메쉬 (mesh) 구조)가 모두 사용된다.

노드들에게 메모리를 분배하는 것은 두 가지 장점을 갖고 있다. 첫째로, 만약 대부분의 액세스가 각 노드 내의 지역 메모리를 액세스하는 경우 이는 메모리 대역폭을 확장시키는 가장 비용 효율적인 방법이다. 둘째로, 이 방법은 지역 메모리로의 액세스 지연시간을 줄여준다. 이와 같은 두 장점은 프로세서가 점점 빨라지고 따라서 좀 더 많은 메모리 대역폭과 더 짧은 메모리 지연시간을 요구함에 따라 분산 메모리를 프로세서 수가 적은 경우에도 매력적으로 만들어 준다. 분산 메모리 구조의 가장 큰 단점은 프로세서 사이의 통신이 더 복잡하고 이 분산 메모리에 의해 제공되는 증가된 메모리 대역폭을 이용하려면 소프트웨어에 보다 많은 노력을 기울여야 한다는 것이다. 곧 논의하겠지만 분산 메모리의 사용은 두 가지 다른 유형의 프로세서 통신을 유도한다.

통신과 메모리 구조 모델

앞에서 논의했듯이 대형 멀티프로세서는 프로세서와 물리적으로 분산된 여러 개의 메모리를 사용하여야 한다. 프로세서 사이의 통신 방법에 따라 두 가지 대안적인 아키텍처가 존재한다.

첫 번째 방법에서 통신은 대칭형 공유 메모리 아키텍처에서와 같이 공유 메모리 공간을 통해서 발생한다. 물리적으로 분산되어 있는 메모리는 하나의 논리적인 공유 메모리 공간으로 간주된다. 이는 어떠한 프로세서도 액세스 권한을 갖고 있는 경우 어떠한 메모리 위치도 액세스할 수 있다는 것을 의미한다. 이러한 멀티프로세서들을 *분산 공유 메모리*(DSM, *distributed shared-memory*) 구조라 부른다. *공유 메모리*라는 용어는 *주소 공간*이 공유되어 있음을 가리킨다. 즉, 두 프로세서가 같은 물리적 주소를 사용하면 메모리의 같은 위치를 가리킨다는 것을 뜻한다. 공유 메모리는 하나의 중앙 집중적 메모리를 갖고 있다는 것을 의미하지는 *않는다*. UMA로도 알려진 대칭형 공유 메모리 멀티프로세서와는 대조적으로 DSM 멀티프로세서는 NUMA(비균등 메모리 액세스)라고도 불리는데 이는 메모리에서의 데이터 위치에 따라 액세스 시간이 달라지기 때문이다.

두 번째 방법은 이와는 대조적으로 주소 공간이 논리적으로 분리된 여러 개의 개별 주소 공간들로 구성되며 이 경우 이 개별 주소 공간은 다른 프로세서에 의해서는 액세스될 수 없다. 이와 같은 멀티프로세서에서 두 각기 다른 프로세서에서의 같은 물리적 주소는 두 다른 메모리의 다른 주소를 가리키게 된다. 각 프로세서-메모리 모듈은 실질적으로 독립적인 컴퓨터이다. 초기에 이러한 컴퓨터들은 다른 유형의 프로세서 노드들과 이들을 연결하는 특수 연결망 회로로 구현되었다. 오늘날 대부분의 이와 같은 설계들은 실제로 클러스터로 구현된다. 클러스터는 부록 H에서 논의한다.

주소 공간과 관련된 각 구조에 따라 대응하는 통신 방법이 존재한다. 공유 주소 공간을 가진 멀티프로세서에서는 로드와 스토어 명령을 통해 주소 공간을 사용하여 암시적으로 데이터 통신이 이루어진다. 따라서 이와 같은 멀티프로세서에 *공유 메모리 (shared memory)*란 이름이 명명되었다. 여러 개의 주소 공간을 갖는 프로세서에서는 프로세서들 사이에 실제 메시지를 전송하여 데이터 통신이 이루어진다. 따라서 이러한 멀티프로세서를 종종 *메시지 전송 멀티프로세서(message-passing multiprocessors)*[11]라 부른다. 클러스터는 원래 메시지 전송을 사용한다.

11) 일반적으로 분산 메모리 멀티프로세서(distributed memory multiprocessor)라 부르며 때로 멀티컴퓨터(multi-computer)라 부르기도 한다.

병렬 처리의 과제

멀티프로세서 응용은 각 노드 사이에 거의 통신이 필요 없는 독립적인 작업부터 작업을 완수하기 위해 쓰레드들 사이에 상당한 통신을 수행하여야 하는 병렬 프로그램에 이르기까지 다양한 응용들이 존재한다. 암달의 법칙으로 설명 가능한 두 가지 장애물은 병렬 처리를 힘들게 한다. 이러한 장애물의 극복이 쉬울지 어려울지는 응용 프로그램과 아키텍처에 의해 결정된다.

첫 번째 장애물은 프로그램으로부터 이용 가능한 병렬성이 제한되어 있는 점이고, 두 번째 장애물은 통신의 비용이 상대적으로 높다는 것이다. 이용 가능한 병렬성의 제한은 아래 예제에서 보여 주듯이 모든 병렬 프로세서에서 좋은 스피드업을 성취하는 것을 어렵게 만든다.

예제 여러분이 100개의 프로세서를 사용하여 80의 스피드업을 달성하려 한다고 가정하자. 이를 위해 원래 계산 과정에서 순차적 영역이 차지하는 비율은?

해답 암달의 법칙은 다음과 같다.

$$\text{스피드업} = \frac{1}{\frac{\text{비율}_{\text{enhanced}}}{\text{스피드업}_{\text{enhanced}}} + (1 - \text{비율}_{\text{enhanced}})}$$

문제를 간단히 하기 위해 프로그램이 다음의 두 모드로만 동작한다고 가정하자. 하나는 모든 프로세서가 완전히 병렬적으로 사용되는 향상된 모드와 단 하나의 프로세서만 사용될 수 있는 직렬 모드이다. 이러한 가정에 따라 향상된 모드에서의 스피드업은 프로세서의 수와 같다. 반면에 향상된 모드의 비율은 병렬 모드에서 소비된 시간이다. 이들을 위의 식에 대입하면

$$80 = \frac{1}{\frac{\text{비율}_{\text{parallel}}}{100} + (1 - \text{비율}_{\text{parallel}})}$$

이 식을 간소화하면 다음을 얻는다.

$$0.8 \times \text{비율}_{\text{parallel}} + 80 \times (1 - \text{비율}_{\text{parallel}}) = 1$$

$$80 - 79.2 \times \text{비율}_{\text{parallel}} = 1$$

$$\text{비율}_{\text{parallel}} = \frac{80 - 1}{79.2}$$

$$\text{비율}_{\text{parallel}} = 0.9975$$

따라서 100개의 프로세서로 80의 스피드업을 얻기 위해서는 원래 계산 과정의 0.25%만이 순차적이어야 한다. 물론 이와 같은 선형의 스피드업 (n개의 프로세서로 n의 스피드업)을 성취하려면 프로그램 전체가 전혀 순차적인 부분 없이 병렬적이어야 한다. 하지만

실제로 프로그램들은 완전히 병렬적이나 직렬적 모드에서 동작하지 않으며 병렬 모드에서 실행할 적에도 프로세서의 모든 자원을 사용하는 적은 드물다.

병렬 처리에 있어서의 두 번째 장애물은 병렬 프로세서에서 원격 액세스에 소모되는 큰 지연시간이다. 기존의 공유 메모리 멀티프로세서에서 프로세서 사이의 데이터 통신은 통신 방법, 연결망 회로 유형, 멀티프로세서의 규모에 따라 50 클록 사이클 (멀티코어의 경우)에서 1000 클록 사이클 이상이 소요된다. 이러한 긴 통신 지연시간의 효과는 상당하다! 다음의 간단한 예제를 살펴보자.

예제 원격 메모리 액세스가 200 ns가 걸리는 32개 프로세서로 구성된 멀티프로세서에서 실행 중인 응용 프로그램을 가정하여 보자. 이 응용에서 통신과 관련되지 않은 모든 메모리 참조가 자신의 지역 메모리를 참조한다는 좀 낙관적인 가정을 하여보자. 프로세서는 원격 메모리 참조 시, 스톨하며 프로세서의 클록 속도는 2 GHz이다. 만약 기본 CPI (모든 메모리 참조가 캐시에서 히트가 발생한다고 가정)가 0.5일 때, 통신이 없다고 가정하면 얼마나 빨라질 수 있는가? 또 명령어 중 0.2%가 원격 통신 참조를 수행하는 경우와 비교하라.

해답 CPI 계산을 먼저 하는 것이 간단하다. 0.2%의 원격 참조를 갖고 있는 멀티프로세서의 유효 CPI는 다음과 같다.

$$\begin{aligned} \text{CPI} &= \text{기본 CPI} + \text{원격 요청 비율} \times \text{원격 요청 비용} \\ &= 0.5 + 0.2\% \times \text{원격 요청 비용} \end{aligned}$$

원격 요청 비용은 다음과 같다.

$$\frac{\text{원격 액세스 비용}}{\text{사이클 시간}} = \frac{200 \text{ ns}}{0.5 \text{ ns}} = 400 \text{ 사이클}$$

따라서 CPI는 다음과 같이 계산된다.

$$\text{CPI} = 0.5 + 0.8 = 1.3$$

모든 메모리 참조가 지역적인 경우의 멀티프로세서가 1.3/0.5 = 2.6배 빠르다. 실제로는 성능 분석은 훨씬 더 복잡하다. 그 이유는 비 통신 메모리 참조의 일부 역시 지역 메모리 계층을 미스할 수 있으며 원격 액세스 시간은 일반적으로 단일 상수 값을 가지고 있지 않기 때문이다. 예를 들어, 많은 참조가 연결망 회로에서 충돌하는 경우 지연시간이 증가하여 원격 메모리 참조 비용은 훨씬 악화될 수 있다.

이러한 문제점 – 즉, 불충분한 병렬성과 원격 통신의 긴 지연시간 – 은 멀티프로세서를 사용하는 데 있어서 성능을 저해하는 가장 큰 이슈이다. 응용 프로그램의 불충분한 병렬성은 병렬 성능을 향상시킬 수 있는 새로운 알고리즘을 사용하여 소프

트웨어적으로 주로 해결한다. 긴 원격 지연시간 문제는 아키텍처 또는 프로그래밍 방법에 의해 해결될 수 있다. 예를 들어, 원격 액세스의 빈도를 줄이기 위하여 공유 데이터를 캐시하는 하드웨어적 방법이나 데이터를 재구성하여 지역 메모리 참조 비율을 증가시키는 소프트웨어적 방법을 사용할 수 있다. 또 긴 지연시간을 멀티쓰레딩 (이 장의 끝과 3장에서 논의)을 사용하거나 프리페칭(prefetching)(5장에서 상세히 다루는 주제)을 사용하여 극복할 수 있다.

4장의 대부분은 긴 원격 통신 시간을 줄이기 위한 기술들을 집중적으로 다룬다. 예를 들어, 4.2절과 4.3절은 캐시를 사용하여 원격 액세스의 빈도를 줄이면서 동시에 일관성 있는 메모리를 유지하기 위한 방법을 논의한다. 4.5절은 또 하나의 장애물인 동기화(synchronization) 이슈를 논의하는데 이는 본질적으로 프로세서 사이의 통신과 관련되면서 동시에 병렬성을 제한할 수 있기 때문이다. 4.6절은 지연시간을 극복하는 기법들과 공유 메모리를 위한 메모리 일치성 모델(memory consistency models)에 대하여 기술한다. 부록 I에서는 주로 과학용으로 사용되는 대형 멀티프로세서를 집중적으로 논의한다. 이곳에서는 이러한 응용들의 본질을 논의하고 수십 개에서 수백 개의 프로세서를 가지고 스피드업을 달성하는 과제를 논의한다.

최신 공유 메모리 멀티프로세서를 이해하기 위해서는 캐시의 기본 개념을 잘 이해하여야 한다. 저자들의 학부 초급 교재인 *Computer Organization and Design: The Hardware/Software Interface*를 읽은 독자들은 이미 잘 준비되어 있을 것이다. 나중 쓰기 캐시나 다단계 캐시와 같은 주제가 익숙하지 않다면 부록 C의 내용을 복습하라.

4.2 대칭형 공유 메모리 구조

다단계 대형 캐시의 사용은 프로세서의 메모리 대역폭 요구를 상당히 줄일 수 있다. 개개 프로세서의 메인 메모리 대역폭 요구를 줄임으로써 여러 프로세서가 같은 메모리를 공유할 수 있다. 이러한 관측은 1980년대에서부터 마이크로프로세서의 시장 주도가 활발해지면서 설계자들로 하여금 여러 프로세서가 하나의 물리적 메모리를 공유하는 소규모 멀티프로세서를 구현하도록 자극하였다. 프로세서의 수가 작고 대형 캐시에 의해 요구되는 버스 대역폭의 요구가 상당히 감소하면서 이와 같은 대칭형 멀티프로세서는 충분한 메모리 대역폭을 제공되는 경우 상당히 비용 효율적인 구조가 되었다. 이 유형의 초기 설계들은 프로세서와 캐시 서브시스템을 보드에 구현하였고 보드는 백플레인(backplane) 버스에 연결되었다. 1990년대에 들어서 그 후의 설계들은 2개에서 4개의 프로세서를 보드에 설치하여 좀 더 높은 밀도를 구현할 수 있었고 더 빠른 프로세서를 지원하기 위하여 여러 버스와 메모리 인터리빙(interleaving)을 종종 사용하였다.

IBM은 2000년에 범용 컴퓨터 시장에 최초의 온 칩 멀티프로세서를 발표하였다. AMD와 Intel은 2005년에 2-프로세서 버전을 서버 시장에 발표하였고 Sun은 2006년에 8-프로세서 멀티코어인 T1을 소개하였다. T1은 4.8절에 소개되어 있다. 4.1절의 그림 4.1은 이와 같은 멀티프로세서의 간단한 다이어그램을 보여 준다. 기존의 일반적인 버스 구조는 더 이상 최근의 고성능 프로세서들의 메모리 요구를 만족하지 못하게 되었다. 그 결과 가장 최근의 설계들은 소규모 스위치나 제한된 형태의 점-대-점 네트워크를 사용한다.

대칭형 공유 메모리 기반의 멀티프로세서는 대개 *공유 데이터(Shared data)*와 *개별 데이터(private data)* 모두 캐시에 저장할 수 있다. 개별 데이터는 하나의 프로세서만 사용하는 반면 공유 데이터는 여러 프로세서에 의해 사용되며, 공유 데이터의 읽기와 쓰기를 통해 실질적으로 프로세서간의 통신 기능을 제공한다. 개별 데이터가 캐시되면 그 데이터는 캐시로 옮겨져서 평균 액세스 시간뿐만 아니라 요구되는 메모리 대역폭을 줄일 수 있다. 다른 프로세서는 그 데이터를 사용하지 않으므로 프로그램은 단일 프로세서의 경우와 똑 같이 동작한다. 공유 데이터가 캐시되면 공유 데이터는 여러 캐시에 중복되어지기도 한다. 이러한 중복은 액세스 시간과 요구되는 메모리 대역폭을 줄여줄 뿐 아니라 여러 프로세서에 의해 동시에 읽혀지는 공유 데이터 항목의 경우에는 경쟁을 줄이는 역할을 수행한다. 하지만 공유 데이터의 캐싱(caching)은 캐시 일관성(cache coherence)이라는 새로운 문제를 야기한다.

멀티프로세서 캐시 일관성이란 무엇인가?

불행히도 공유 데이터의 캐싱은 새로운 문제를 야기한다. 이 원인은 두 프로세서가 각자의 캐시를 통해 메모리를 바라보므로 미리 주의를 기울이지 않으면 두 개의 다른 값을 보게 될 수 있기 때문이다. 그림 4.3은 어떻게 두 개의 다른 프로세서가 같은 장소에 대하여 두 개의 다른 값을 가질 수 있는지를 보여줌으로써 이 문제의 예를 보여 준다. 이와 같은 문제점을 일반적으로 *캐시 일관성 문제(cache coherence problem)*라 부른다.

시간	사건	CPU A의 캐시 내용	CPU B의 캐시 내용	장소 X의 메모리 내용
0				1
1	CPU A가 X를 읽는다.	1		1
2	CPU B가 X를 읽는다.	1	1	1
3	CPU A가 X에 0을 저장한다.	0	1	0

그림 4.3 두 프로세서 (A와 B)가 읽기와 쓰기를 수행하는 메모리 장소 X에 대한 캐시 일관성 문제. 초기에 두 캐시 모두 변수 X를 갖고 있지 않으며 X의 값은 1이라 가정하자. 즉시 쓰기(write-through) 캐시를 가정한다. 나중 쓰기(write-back) 캐시는 유사하지만 좀 더 추가적인 복잡성을 가진다. 새 값이 A에 의해 X에 써진 다음, A의 캐시와 메모리 모두 새 값을 갖게 되지만 B의 캐시는 그렇지 못하다. 만약 B가 X의 값을 읽게 되면 1을 얻게 된다.

비공식적으로 데이터 항목을 읽는 경우 가장 최근에 써진 값이 읽혀지면 이 메모리 시스템은 일관성이 있다고 이야기한다. 비록 직관적으로는 설득력이 있지만 이러한 정의는 모호하고 너무 단순하다. 현실은 훨씬 복잡하다. 이러한 간단한 정의는 메모리 시스템 동작의 두 가지 다른 측면을 포함하며 이 두 특성 모두 올바른 공유 메모리 프로그램을 작성하는 데 매우 중요하다. *일관성(coherence)*이라 불리는 첫 번째 특성은 읽기에 의해 어떤 값이 읽혀지는 지를 결정한다. 두 번째 특성인 *일치성 (consistency)*은 써진 값이 언제 읽기에 의해 읽혀질 지를 결정한다. 일관성을 먼저 살펴보자.

메모리 시스템은 다음의 경우 일관성이 있다.

1. 프로세서 P가 X에 쓴 다음, 프로세서 P가 X를 읽을 때까지, 중간에 다른 프로세서가 X에 쓰지 않은 경우, 프로세서 P는 자신이 쓴 값을 읽게 된다.
2. 어떤 프로세서가 X에 쓴 다음, 다른 프로세서가 X를 읽을 때까지, 읽기와 쓰기가 충분히 시간적으로 떨어져 있고 두 액세스 사이에 아무도 X에 쓰기를 하지 않았다면, 나중에 X를 읽은 프로세서는 그 전 프로세서가 X에 쓴 값을 읽게 된다.
3. 같은 장소에 대한 쓰기는 *직렬화(serialized)* 된다. 즉, 두 프로세서가 같은 장소에 두 번 쓰기를 수행하였다면 모든 프로세서는 이 두 쓰기가 같은 순서로 실행된 것으로 본다. 예를 들어, 1이 먼저 써지고 2가 나중에 같은 장소에 써졌다면 어떤 프로세서도 그 장소로부터 2를 먼저 읽고 나중에 1을 읽을 수 없다.

첫 번째 특성은 단순히 프로그램 순서를 유지한다. 이 특성은 단일 프로세서에서도 해당된다. 두 번째 특성은 메모리가 일관성 있다는 의미를 정의한다. 만약 어떤 프로세서가 연속해서 오래된 값을 읽게 된다면 이 메모리는 일관성이 없다.

쓰기 직렬화의 필요성은 좀 더 미묘하지만 두 특성과 마찬가지로 똑같이 중요하다. 쓰기들이 직렬화 되어 있지 않고 프로세서 P1이 장소 X에 쓴 다음 P2가 X에 쓴 경우를 가정하자. 쓰기를 직렬화 하였다는 것은 모든 프로세서가 어느 시점에서 P2가 쓴 값을 보게 된다는 것을 보장한다. 만약 쓰기를 직렬화 하지 않았다면 어떤 프로세서가 P2가 쓴 값을 먼저 보고 나중에 P1이 쓴 값을 보게 되어 P1이 쓴 값을 계속해서 유지하게 된다. 이와 같은 문제점을 피하는 가장 간단한 방법은 같은 장소에 대한 모든 쓰기가 같은 순서로 보여지도록 보장하는 것이다. 이를 쓰기 *직렬화(write serialization)*라 부른다.

비록 이와 같은 세 가지 특성이 메모리를 일관성 있게 유지하는 데 충분하지만 새로 써진 값이 언제 읽혀지는 지 또한 중요하다. 그 이유를 살펴보기 위해 변수 X에 새로 써진 값이 다른 프로세서에 의해 즉시 읽혀지는 것을 요구할 수 없음을 주목하라. 예를 들어 X에 대한 한 프로세서의 쓰기가 X에 대한 또 다른 프로세서의 읽기를 아주 짧은 시간 앞섰다면 읽기 시점에 새로 써진 값은 프로세서를 떠나지도 못했기 때문에 이 값이 읽혀지는 것을 보장하는 것은 불가능하다. 4.6절에서 다룰 주제인 *메모리 일치성 모델(memory consistency model)*은 써진 값이 다른 프로세서에 의해 *언제* 읽혀질 지를 정의한다.

일관성과 일치성은 상호보완적이다. 일관성은 같은 메모리 장소에 대한 읽기와 쓰기의 행동을 정의하는 반면에 일치성은 읽기와 쓰기의 행동을 다른 메모리 장소에 대한 액세스들의 관점에서 정의한다. 우선 다음과 같은 가정을 하여보자. 첫째, 쓰기는 모든 프로세서가 쓴 값의 효과를 볼 때까지는 완료되지 않았다. (즉, 다른 쓰기가 수행될 수 없다.) 둘째, 그 쓰기를 수행한 프로세서는 쓰기의 순서를 다른 메모리 액세스 관점에서 변경하지 않는다. 이 두 조건은 만약 어떤 프로세서가 장소 A에 쓴 다음 B에 쓰는 경우, B의 새 값을 읽는 모든 프로세서는 A의 새 값을 먼저 읽어야 한다는 것이다. 이러한 제한 사항은 프로세서가 읽기의 순서를 재조정할 수 있지만 쓰기는 프로그램 순서로 완료하도록 하여 준다. 4.6절에서 이정의가 함축하고 있는 의미와 다른 대안 방안들을 살펴보기 전 까지는 이 가정에 충실하자.

일관성 유지를 위한 기본적 방안들

멀티프로세서와 I/O에 대한 일관성 문제는 비록 출발점은 유사하지만 해결 방안에 영향을 주는 다른 특성을 갖는다. I/O에서는 여러 개의 데이터 복사본을 갖는 경우가 드물다. 이와는 달리 여러 프로세서에서 실행되는 프로그램은 정상적으로 여러 캐시에 같은 데이터의 여러 복사본은 갖게 된다. 일관성 있는 멀티프로세서에서 캐시는 공유 데이터 항목의 *이동*과 *복제* 기능을 제공한다.

일관성 있는 캐시는 이동 기능을 제공하는데 이는 데이터 항목이 지역 캐시로 옮겨져서 데이터 위치에 상관없이 투명하게 사용되기 때문이다. 이러한 이동은 원격에 위치한 공유 데이터 항목에 대한 액세스 시간을 줄여 주고 또 이 공유 메모리에 대한 대역폭 요구를 줄여 준다.

일관성 있는 캐시는 또한 공유 데이터에 대하여 복제 기능을 제공하는데 이는 캐시들이 지역 캐시에 이 데이터 항목의 복사본을 만들어주기 때문이다. 복제는 액세스 시간과 공유 데이터 항목에 대한 경쟁을 줄여 준다. 이러한 이동과 복제를 지원하는 것이 공유 데이터 액세스의 성능에 중요하다. 따라서 이 문제를 소프트웨어적로 피함으로써 문제를 해결하는 대신에 소규모 멀티프로세서는 일관성 있는 캐시를 유지하기 위한 프로토콜을 도입하는 하드웨어 방안을 사용한다.

멀티프로세서에서 일관성을 유지하기 위한 프로토콜들은 *캐시 일관성 프로토콜(cache coherence protocols)*이라 부른다. 캐시 일관성 프로토콜을 구현하기 위한 핵심은 데이터 블록의 공유 상태를 추적하는 것이다. 공유 상태를 추적하는 데 사용되는 기술에 따라 다음의 두 가지 유형의 프로토콜이 존재한다.

- 디렉터리 기반 (directory based) – 물리적 메모리 블록의 공유 상태가 *디렉터리 (directory)*라 부르는 한 곳에 보관된다. 이 방법에 대해서는 확장 가능한 공유 메모리 구조를 설명하는 4.4절에서 기술한다. 디렉터리 기반 일관성 기법은 스누핑 (snooping)에 비하여 구현 부담이 약간 더 크지만 많은 수의 프로세서를 지원할 수 있다. 4.8절에서 설명하는 Sun T1 시스템은 디렉터리 기법을 사용한다.
- 스누핑 (snooping) – 물리적 메모리 블록의 복사본을 갖고 있는 모든 캐시가 그 블록 공유 상태의 복사본 역시 갖고 있다. 하지만 블록 상태를 저장하는 중앙 장소는 존재하지 않는다. 모든 캐시는 브로드캐스트 매체 (버스 또는 스위치)에 연결되어 있으며 모든 캐시 제어기가 이 매체를 *탐지(snoop)*하여 버스나 스위치에서 요청되는 블록의 복사본을 갖고 있는지를 결정한다. 이 절에서는 이 방법에 대하여 집중적으로 논의한다.

스누핑 프로토콜은 마이크로프로세서와 캐시가 하나의 공유 메모리에 연결되어 있는 멀티프로세서 시스템에서 인기가 있다. 왜냐하면 이러한 프로토콜은 캐시의 상태를 점검하기 위해 버스에서 메모리로 가는 기존의 물리적 연결을 사용할 수 있기 때문이다. 다음 절에서는 공유 버스로 구현되는 스누핑 기반 프로토콜에 대하여 설명한다. 버스 이외에도 캐시 미스를 모든 프로세서에 브로드캐스트하는 어떠한 통신 매체도 사용될 수 있다. 모든 캐시에게 브로드캐스트하는 것이 스누핑 프로토콜의 구현을 쉽게 만들지만 동시에 그 확장성을 제한하는 원인이 된다.

스누핑 프로토콜

전 절에서 설명한 일관성 요구사항을 만족시키는 데에는 두 가지 방법이 사용된다. 한 방법은 프로세서가 한 데이터 항목에 쓰기 전에 그 항목에 대한 배타적인 액세스를 가지도록 보장하는 것이다. 이 유형의 프로토콜은 *쓰기 무효화 프로토콜(write invalidation protocol)*이라 부르는데 그 이유는 쓰기 수행 시 다른 복사본들을 무효로 만들기 때문이다. 이는 스누핑 및 디렉터리 기반 프로토콜 모두에 가장 일반적으로 사용되는 방법이다. 배타적 액세스에 의해 쓰기 수행 시 다른 캐시에는 그 항목의 복사본이 읽혀지거나 써질 수 없다. 그 항목의 다른 모든 캐시 복사본은 제거된다.

그림 4.4는 나중 쓰기(write-back) 캐시와 스누핑 버스를 사용하는 경우의 무효화 프로토콜의 예를 보여 준다. 이 프로토콜이 어떻게 일관성을 유지하는 가를 살펴보기 위해 쓰기를 수행한 후 다른 프로세서가 읽기를 수행한다고 가정하자. 쓰기는 배타적 액세스를 요구하므로 읽기를 수행하는 프로세서가 갖고 있는 복사본은 무효화되어야 한다. 따라서 읽기는 캐시를 미스하고 데이터의 새 복사본을 메모리로부터 로드하여야 한다. 쓰기의 경우에, 쓰기를 수행하는 프로세서는 배타적 액세스를 가

프로세서 활동	버스 활동	CPU A의 캐시 내용	CPU B의 캐시 내용	메모리 장소 X의 내용
				0
CPU A가 X를 읽는다	X에 대한 캐시 미스	0		0
CPU B가 X를 읽는다	X에 대한 캐시 미스	0	0	0
CPU A가 X에 1을 쓴다	X에 대한 무효화	1		0
CPU B가 X를 읽는다	X에 대한 캐시 미스	1	1	1

그림 4.4 캐시 블록 X에 대한 스누핑 버스에서의 무효화 프로토콜의 예. 나중 쓰기 캐시를 가정하였다. 초기에 두 캐시 모두 X를 가지고 있지 않고 메모리에 있는 X의 값은 0이라 가정하자. CPU와 메모리 내용은 프로세서와 버스 활동을 모두 마친 후의 값을 보여 준다. 빈 칸은 활동이 없거나 복사본이 캐시되어 있지 않음을 표시한다. B에 의해 두 번째 캐시 미스가 발생할 때 메모리 대신에 CPU A는 자신이 갖고 있는 값을 응답하여 메모리의 X 값과 B의 캐시 내용을 갱신한다. 블록이 공유 상태가 될 때 발생하는 이와 같은 메모리 갱신은 프로토콜을 간소화하지만 이 대신에 소유권을 추적하여 캐시 블록이 대체될 때 메모리에 새 값을 쓰도록 하는 방법도 가능하다. 이는 "소유자(owner)"라 불리는 추가적인 상태를 요구하며 이는 블록이 공유되지만 이 블록을 소유한 프로세서가 그 블록을 변경하거나 교체할 때 다른 프로세서와 메모리 갱신을 책임지는 것을 표시한다.

지므로 다른 프로세서가 동시에 쓰는 것을 방지한다. 만약 두 프로세서가 동시에 같은 데이터에 쓰기를 시도하면, 한 프로세서만 성공하게 되고 (뒤에서 어떻게 승자를 결정하는 지를 설명한다.) 다른 프로세서의 복사본은 무효화되어진다. 다른 프로세서가 쓰기를 수행하기 위해서는 갱신된 값을 갖고 있는 새 복사본을 가져와야 한다. 따라서 이 프로토콜은 쓰기 직렬화를 보장한다.

무효화 프로토콜에 대한 대안 방법은 데이터에 대한 쓰기를 수행할 때 그 데이터의 모든 캐시 복사본들을 갱신하는 것이다. 이 유형의 프로토콜을 *쓰기 갱신(write update)* 또는 *쓰기 브로드캐스트(write broadcast)* 프로토콜이라 한다. 쓰기 브로드캐스트 프로토콜은 공유되는 데이터 블록들에 대한 모든 쓰기를 브로드캐스트하여야 하므로 훨씬 더 많은 대역폭을 요구한다. 이러한 이유로 최근의 모든 프로세서들은 쓰기 무효화 프로토콜을 구현하였으며 따라서 본 장의 나머지 부분에서는 무효화 프로토콜에 초점을 두어 설명한다.

기본적인 구현 기술들

소규모 멀티프로세서에서 무효화 프로토콜을 구현하는 핵심은 무효화를 수행하기 위해 브로드캐스트 매체인 버스를 사용하는 것이다. 무효화를 수행하려면 프로세서는 단순히 버스 액세스를 얻은 후 버스에 무효화할 주소를 브로드캐스트한다. 모든 프로세서들은 버스를 탐지하여 주소를 관찰한다. 프로세서들은 자신의 캐시에 버스 상의 주소와 일치하는 데이터가 캐시에 존재하는 지를 점검하여 만약 존재하면 대응되는 데이터를 무효화시킨다.

공유 블록에 대한 쓰기가 수행될 때, 쓰기를 수행하는 프로세서는 무효화를 브로드캐스트하기 위해 버스 액세스를 취득하여야 한다. 만약 두 프로세서가 동시에 공유 블록들에 대하여 쓰기를 시도하면 그들이 버스 중재를 시도할 때 무효화를 브로드캐스트하려는 시도들은 직렬화되어진다. 버스 액세스를 얻는 첫 번째 프로세서는 쓰고자하는 블록의 다른 복사본들을 무효화시킬 것이다. 만약 이 프로세서들이 같은 블록에 쓰기를 수행하면 버스에 의한 직렬화가 이 쓰기들을 직렬화 시킬 것이다. 이 방법이 암시하는 한 가지 사실은 공유 데이터 항목에 대한 쓰기는 사실상 버스 액세스를 얻을 때까지는 완료될 수 없다는 것이다. 모든 일관성 유지 기법은 통신 매체나 또 다른 공유 구조를 통해 액세스를 직렬화함으로써 같은 블록에 대한 액세스들을 직렬화하는 방법을 요구한다.

쓰기 수행 시 현존하는 복사본들의 무효화가 수행되어져야 하는 것에 추가하여 캐시 미스가 발생하는 경우 데이터 항목에 대한 위치를 추적할 필요가 있다. 즉시 쓰기 캐시에서는 데이터가 항상 메모리에 써지므로 메모리가 항상 최신 데이터 값을 가지고 있기 때문에 데이터 항목의 최근 값을 찾기가 쉽다. (쓰기 버퍼(write buffer)는 보다 복잡한 상황을 야기할 수 있는데 이는 다음 장에서 설명한다.) 프로세서로부터 쓰기 트래픽을 지원할 만큼 충분한 메모리 대역폭을 가진 설계에서는 즉시 쓰기 방법이 캐시 일관성 구현을 간소화 할 수 있다.

나중 쓰기 캐시의 경우, 가장 최신의 데이터를 찾는 것은 쉬운 문제가 아니다. 이는 데이터 항목의 최신 값이 메모리가 아니라 캐시에 존재할 수 있기 때문이다. 다행히도, 나중 쓰기 캐시 역시 캐시 미스와 쓰기 모두의 경우 같은 스누핑 방식을 사용할 수 있다. 각 프로세서는 버스 상의 주소와 일치하는 캐시 내의 모든 주소를 탐지한다. 만약 프로세서가 요청된 블록의 최신 값을 가지고 있으면 읽기 요청에 응답하여 그 캐시 블록을 제공하고 메모리 액세스는 취소한다. 캐시 블록을 프로세서 내의 캐시로부터 가져오는 경우 추가적인 복잡성이 발생하며 프로세서가 독립적인 칩으로 구현된 경우 이는 메모리 액세스보다 종종 오랜 시간이 걸린다. 나중 쓰기 캐시의 경우 메모리 대역폭을 덜 요구하므로 더 많은 수의 빠른 프로세서들을 지원할 수 있기 때문에 비록 일관성 유지를 위한 추가적인 복잡성이 동반되더라도 대부분의 멀티프로세서에는 이러한 나중 쓰기 방법이 사용된다. 따라서 나중 쓰기 캐시에서의 일관성 유지 구현에 대하여 살펴보기로 하자.

일반적인 캐시 태그가 스누핑 과정의 구현을 위해 사용되어질 수 있으며 무효화는 각 블록의 유효(valid) 비트를 사용하여 쉽게 구현할 수 있다. 무효화 또는 다른 상황에 의해 발생하는 읽기 미스 역시 스누핑 기능을 사용하여 쉽게 구현할 수 있다. 쓰기의 경우는 그 블록의 다른 복사본이 캐시되어 있는지를 알 필요가 있다. 이는 만약 다른 캐시 복사본이 없는 경우 나중 쓰기 캐시에서는 쓰기가 버스에 전달될 필요가 없기 때문이다. 쓰기를 전달하지 않는 것은 쓰기 시간을 줄여줄 뿐만 아니라 요구되는 대역폭을 줄일 수 있다.

캐시 블록이 공유되는 지를 추적하기 위해서는 유효 비트와 더티(dirty) 비트에 추가하여 블록이 공유된다는 사실을 표시하기 위해 각 캐시 블록에 추가적인 상태 비트를 가질 수 있다. 블록의 공유 상태를 표시함으로써 쓰기 수행 시 무효화가 수행되어야 할지를 결정할 수 있다. 공유 상태의 블록에 대하여 쓰기가 발생하면 캐시는 버스에 무효화 연산을 발생시키고 그 블록을 *배타적(exclusive)* 상태로 표기한다. 프로세서는 그 블록에 대하여 더 이상 추가적인 무효화를 발생시키지 않는다. 한 캐시 블록의 유일한 복사본을 가지고 있는 캐시를 일반적으로 그 캐시 블록의 소유자(owner)로 부른다.

무효화가 발송된 후, 소유자의 캐시 블록 상태는 공유 상태에서 비공유 (또는 배타적) 상태로 변경된다. 후에 다른 프로세서가 이 캐시 블록을 요청하면, 상태는 다시 공유 상태로 변경된다. 스누핑 캐시는 모든 미스를 버스에서 탐지할 수 있으므로 다른 프로세서가 배타적 캐시 블록을 요청하는지를 알 수 있고 이 경우 상태는 공유 상태로 변경되어져야 한다.

모든 버스 트랜잭션이 캐시의 주소 태그를 점검하기 때문에 이는 프로세서의 캐시 액세스와 충돌할 가능성이 있다. 이와 같은 간섭을 줄이는 한 가지 방법은 태그를 중복시키는 것이다. 이러한 간섭은 또 다 단계 캐시의 경우 줄어들 수 있는데 이는 스누핑 요청이 L2 캐시에 의해 만족될 수 있기 때문이다. 이러한 방식이 작동하려면 L1의 모든 내용이 L2 캐시에 존재하여야 하며 이와 같은 성질을 *포함성(inclusion property)*이라 부른다. 만약 스누핑이 L2에서 히트하는 경우, L1 캐시의 액세스 역시 요청하여야 하는데 이는 그 상태를 갱신하고 또 때로 L1에서 데이터를 가져오기 위해서다. 이는 대게 프로세서의 스톨을 요구한다. 프로세서와 스누핑 사이의 경쟁을 더 줄이기 위해서 때로는 L2 캐시의 태그를 중복시키기도 한다. 다음 장에서 포함성에 대하여 좀 더 상세히 논의하기로 하자.

프로토콜 예제

스누핑 프로토콜은 각 노드에 유한 상태 제어기(finite-state controller)를 추가하여 구현할 수 있다. 이 제어기는 프로세서와 버스(또는 다른 브로드캐스트 매체)로부터의 요청에 응답하고, 선택된 캐시 블록의 상태를 변경할 뿐만 아니라 데이터를 액세스하거나 무효화하기 위하여 버스를 사용한다. 논리적으로 각 블록에 독립적인 제어기가 연결되어 있다고 생각할 수 있다. 즉, 각 블록에 대한 스누핑이나 캐시 요청이 독립적으로 진행될 수 있다. 실제 구현에서는 단일 제어기를 통해 각기 다른 블록에 대한 여러 요청들을 인터리빙 방식으로 처리할 수 있다. (즉, 한 번에 하나의 캐시 액세스나 버스 액세스가 허락되지만 한 연산이 끝나기 전에 다른 연산이 시작되어진다.) 또한 아래의 설명에서는 버스가 사용되지만 모든 캐시 제어기로의 브로드캐스트를 지원하는 어떠한 연결망 회로도 스누핑을 구현하는 데 사용될 수 있다.

우리가 살펴볼 간단한 프로토콜은 무효(invalid), 공유(shared), 변경(modified)의

3 가지 상태를 사용한다. 공유 상태는 이 블록이 공유되는 지를 표시하며 변경 상태는 이 블록이 캐시에서 갱신되어졌다는 사실을 표시한다. 변경 상태는 그 블록이 배타적이라는 것을 *의미*하는 것에 주목하라. 그림 4.5는 노드에서 프로세서-캐시 모듈에 의해 발생하는 요청 (표의 위쪽) 뿐만 아니라 버스로부터 오는 요청들을 (표의 아래쪽) 모두 보여 준다. 이 프로토콜은 나중 쓰기 캐시용이지만 변경 상태를 배타적 상태로 해석하고 즉시 쓰기 캐시에서와 같이 쓰기를 수행하면 쉽게 즉시 쓰기 캐시에서 동작하도록 변경될 수 있다. 이 기본 프로토콜의 가장 일반적인 확장 방법은 변경되지 않았지만 단 하나의 캐시에만 존재하는 것을 표시하여 주는 배타적 상태를 추가하는 것이다. 그림 4.5의 설명은 이 상태를 추가시키는 것에 대하여 보다 상세히 설명한다.

무효화나 쓰기 미스가 버스에 보내지는 경우, 이 캐시 블록의 복사본을 갖고 있는 모든 프로세서는 그 블록을 무효화시켜야 한다. 즉시 쓰기 캐시의 경우는 미스가 발생한 데이터는 항상 메모리로부터 가져올 수 있다. 나중 쓰기 캐시의 경우 이 블록이 한 캐시에서 배타적 상태에 있으면 이 캐시가 메모리에 이 블록에 대한 나중 쓰기를 수행한다. 배타적 상태에 있지 않다면 데이터는 메모리로부터 읽을 수 있다.

그림 4.6은 쓰기 무효화 프로토콜과 나중 쓰기 캐시를 사용하는 경우에 캐시 블록에 대한 상태 전이 다이어그램을 보여 준다. 프로토콜의 세 가지 상태를 중복시켜 버스 요청에 따른 전이(오른쪽 상태 다이어그램, 그림 4.5의 아래쪽에 해당)와 대조하여 프로세서 요청에 따른 전이(왼쪽 상태 다이어그램, 그림 4.5의 위쪽에 해당)를 표현하였다. 상태 전이의 조건과는 달리 버스 활동을 구별하기 위하여 굵은 글씨가 사용되었다. 각 노드의 상태는 프로세서나 버스 요청에 의해 명시된 캐시 블록의 상태를 표현한다.

이 캐시 프로토콜의 모든 상태는 단일 프로세서에서도 필요하며 이 들은 각각 무효, 유효, 더티 상태에 해당한다. 그림 4.6 왼쪽 상태 전이도의 화살표에 의해 표시된 대부분의 상태 변화는 공유 블록에 쓰기 히트 시의 무효화 연산을 제외하면 단일 프로세서의 나중 쓰기 캐시에도 필요하다. 그림 4.6의 오른쪽에 화살표로 표현된 모든 상태 변화는 일관성 유지를 위해 사용되며 단일 프로세서 캐시 제어기에는 발생하지 않는다.

이전에도 언급했듯이 캐시마다 단 하나의 유한 상태 기계(finite-state machine)가 존재하며 자극은 프로세서나 버스로부터 발생한다. 그림 4.7은 그림 4.6의 오른쪽과 왼쪽의 상태 전이를 합한 하나의 상태 전이 다이어그램을 보여 준다.

유효한 캐시 블록은 하나 이상의 캐시에 공유 상태로 존재하거나 단 하나의 캐시에 배타적 상태로 존재함을 주목하라. (프로세서가 블록에 쓰기 위해 요구되는 상태인) 배타적 상태로부터의 모든 전이는 무효화 또는 쓰기 미스를 버스에 발생시켜서 모든 캐시가 그 블록을 무효 상태로 만들게 한다. 또, 다른 캐시가 그 블록을 배타적

요청	소스	명시된 주소의 캐시 블록 상태	캐시 활동 유형	기능과 설명
Read hit	processor	shared or modified	normal hit	캐시의 데이터를 읽는다.
Read miss	processor	invalid	normal miss	읽기 미스를 버스에 발생시킨다.
Read miss	processor	shared	replacement	충돌 미스에 해당: 읽기 미스를 버스에 발생시킨다.
Read miss	processor	modified	replacement	충돌 미스에 해당: 블록을 나중 쓰기하고 읽기 미스를 버스에 발생시킨다.
Write hit	processor	modified	normal hit	데이터를 캐시에 쓴다.
Write hit	processor	shared	coherence	무효화 연산이 버스에 발생한다. 이 연산은 데이터를 가져오지 않고 상태만 변경시키기 때문에 종종 업그레이드 또는 *소유권(ownership)* 미스라 불린다.
Write miss	processor	invalid	normal miss	쓰기 미스를 버스에 발생시킨다.
Write miss	processor	shared	replacement	충돌 미스에 해당: 블록을 나중 쓰기하고 쓰기 미스를 버스에 발생시킨다.
Write miss	processor	modified	replacement	충돌 미스에 해당: 블록을 나중 쓰기하고 쓰기 미스를 버스에 발생시킨다.
Read miss	bus	shared	no action	메모리가 읽기 미스를 처리한다.
Read miss	bus	modified	coherence	데이터 공유를 시도한다: 캐시 블록을 버스에 놓고 상태를 공유 상태로 변경한다.
Invalidate	bus	shared	coherence	공유 블록에 대한 쓰기를 시도한다: 블록을 무효화한다.
Write miss	bus	shared	coherence	공유 블록에 대한 쓰기를 시도한다: 캐시 블록을 무효화한다.
Write miss	bus	modified	coherence	다른 곳에서 배타적 상태에 있는 블록에 대하여 쓰기를 시도한다: 블록을 나중 쓰기하고 상태를 무효 상태로 변경한다.

그림 4.5 캐시 일관성 기법은 프로세서와 버스로부터 요청을 받아 이 요청의 유형, 즉 캐시에서의 히트 또는 미스와 그 요청에 명시된 캐시 블록의 상태에 따라, 응답한다. 4 번째 칸은 캐시 활동의 유형, 즉 정상 히트 또는 미스 (단일 프로세서와 같음), 교체 (단일 프로세서에서의 교체 미스), 일관성 (캐시 일관성 유지에 필요)을 표시한다. 정상 또는 교체 활동은 다른 캐시에서 그 블록의 상태에 따라 일관성 활동을 야기할 수 있다. 버스로 부터의 읽기 미스, 쓰기 미스, 무효화의 경우, 주소가 캐시내의 블록과 일치하고 그 블록이 유효한 경우에만 활동이 요구된다. 일부 프로토콜은 한 블록이 하나의 캐시에 배타적 상태에 있지만 아직 변경되지 않은 경우를 표시하기 위해 상태를 추가하기도 한다. 이 상태는 쓰기 액세스가 두 부분으로 나눠지는 경우, 즉 블록을 자신의 캐시에 배타적으로 가져온 후, 그 후에 갱신하는 경우에 발생한다. 이러한 프로토콜에서 이러한 "배타적 비변경 (exclusive unmodified) 상태"는 일시적이며 쓰기가 완료되자마자 종료된다. 다른 프로토콜들은 변경되지 않은 블록에 대해서는 배타적 상태를 사용한다. 스누핑 프로토콜에서는 프로세서가 다른 프로세서에 없는 블록을 읽는 경우에 이 상태에 진입할 수 있다. 추후 모든 액세스가 탐지되므로 이 상태의 정확성을 유지할 수 있다. 특히, 다른 프로세서가 읽기 미스를 발생시키면, 이 상태는 배타적 상태에서 공유 상태로 변경된다. 이 상태를 추가하는 장점은 추후에 같은 프로세서가 배타적 상태에 있는 블록에 대하여 쓰기를 시도할 때 버스 액세스나 무효화 연산을 발생시킬 필요가 없다는 점이다. 왜냐하면 이 블록이 자신의 캐시에 배타적으로 존재하기 때문에 프로세서는 단순하게 상태를 변경 상태로 변경하면 된다. 이 상태는 더티 비트를 사용하여 변경 상태를 표시하고 배타적 상태를 표시하는 비트를 추가하여 쉽게 표현될 수 있다. 인기 있는 MESI 프로토콜은 이러한 구조를 사용하여 네 가지 상태, 즉 변경 (modified), 배타적 (exclusive), 공유 (shared), 무효 (invalid) 상태를 표현하기 때문에 MESI 프로토콜로 명명되었다. MOESI 프로토콜은 그림 4.4의 캡션에서 설명된 "소유자 (owner)" 상태를 추가한 것이다.

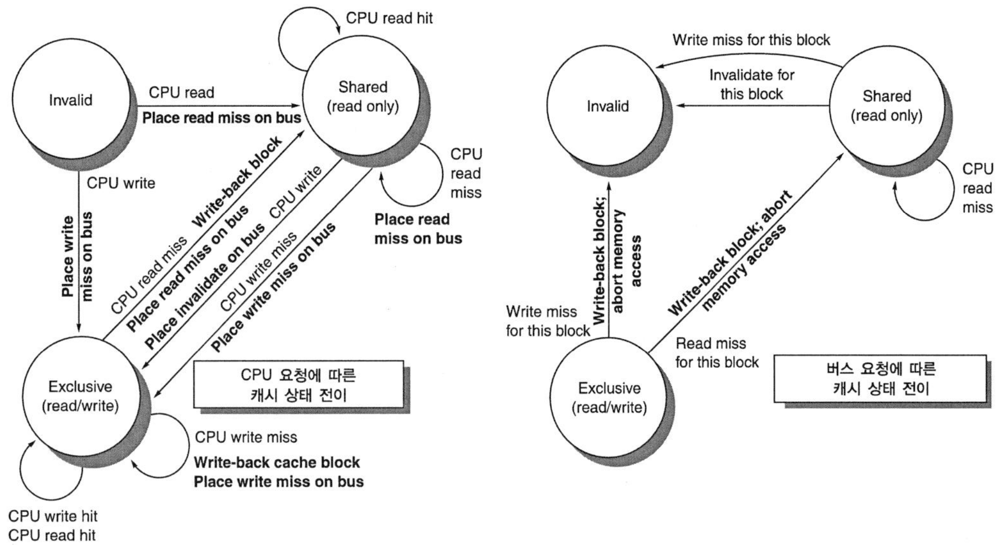

그림 4.6 나중 쓰기 캐시에 대한 쓰기 무효화 캐시 일관성 프로토콜. 캐시의 각 블록에 대한 상태와 상태 전이를 보여 준다. 캐시 상태를 원 내부에 표시하였고 상태 전이 없이 허용되는 프로세서의 액세스를 상태 밑의 괄호 안에 표시하였다. 상태 전이를 야기하는 자극은 전이 화살표에 정상 글씨로 표현되어 있으며 이 상태 전이로 인하여 발생하는 버스 활동은 화살표에 굵은 글씨로 표시하였다. 이러한 자극 활동은 캐시내의 한 블록에 적용되는 것이지 캐시의 특정 주소에 적용되는 것은 아니다. 따라서 공유 상태의 블록에 대한 읽기 미스는 그 캐시 블록에 대한 미스이지만 다른 주소에 대한 미스이다. 왼쪽 그림은 이 캐시와 관련된 프로세서 활동에 따른 상태 전이를 보여 주며 오른쪽 그림은 버스 활동에 따른 상태 전이를 보여 준다. 배타적 또는 공유 상태의 블록에 대한 읽기 미스와 배타적 상태의 블록에 대한 쓰기 미스는 프로세서가 요청한 주소가 캐시 블록의 주소와 일치하지 않는 경우 발생한다. 이러한 미스는 일반적인 캐시 교체 미스이다. 공유 상태의 블록에 대한 쓰기 시도는 무효화 연산을 발생시킨다. 버스 트랜잭션이 발생할 때, 버스 트랜잭션에 명시된 캐시 블록을 갖고 있는 모든 캐시는 오른쪽 그림에 표시된 활동을 시작한다. 프로토콜은 블록이 모든 캐시에서 깨끗한 경우 읽기 미스 시에 메모리가 블록을 제공하는 것을 가정한다. 실제 구현에서는 이 두 상태 다이어그램이 합해진다. 실제로는 미스 시에 프로세서가 데이터를 제공할 것인지 또는 메모리가 데이터를 제공할 것인지와 관련하여 배타적 비변경 (exclusive unmodified) 상태를 추가하는 것을 포함하여 쓰기 무효화 프로토콜의 여러 변형이 존재한다.

상태로 소유하는 경우, 캐시는 메모리 쓰기를 발생시켜 요구되는 주소를 포함하는 블록을 제공한다. 마지막으로, 배타적 상태에 있는 블록에 대한 읽기 미스가 버스에 발생하면 배타적 복사본을 갖고 있는 캐시는 그 상태를 공유 상태로 변경한다.

그림 4.7에서 회색으로 표시된 활동들은 버스에서의 읽기와 쓰기 미스를 처리하며 실질적으로 프로토콜의 스누핑 과정에 해당한다. 이 프로토콜은 물론 대부분의 프로토콜에서 유지되는 또 다른 성질은 공유 상태의 메모리 블록은 항상 메모리에 최신 상태를 유지한다는 것이며 이는 구현을 간소화시킨다.

비록 이 간단한 프로토콜이 올바르게 동작하지만, 이 프로토콜은 구현을 힘들게 하는 여러 복잡성을 고려하지 않았다. 이들 중 가장 중요한 점은 이 프로토콜이 연산의 원자성, 즉 한 연산이 중간에 끼어드는 연산 없이 완료된다는 것을 가정한다는 것이다. 예를 들어, 지금까지 설명한 프로토콜은 쓰기 미스의 감지, 버스 사용권을 얻는 것, 응답을 받는 것 등을 원자성 연산으로 가정하였다. 실제로는 이것은 사실

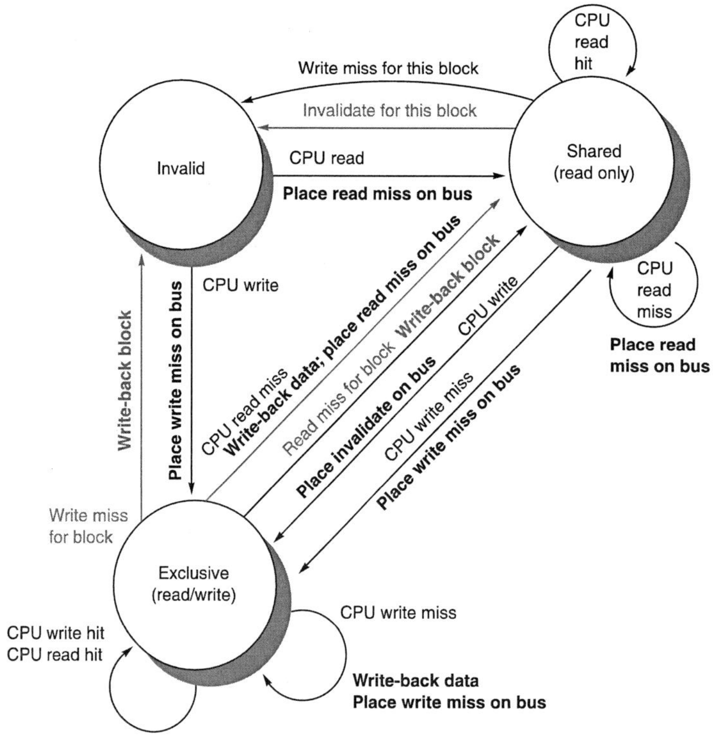

그림 4.7 프로세서의 활동으로 야기된 상태 전이는 검정 글씨로, 버스 활동으로 야기된 상태 전이는 회색 글씨로 표현한 캐시 일관성 상태 다이어그램. 그림 4.6과 같이 상태 전이 시의 활동들은 굵은 글씨로 표시하였다.

이 아니다. 이와 유사하게 최근의 멀티프로세서에서와 같이 스위치를 사용하는 경우 읽기 미스조차도 원자성을 제공하지 못한다.

비원자성 연산은 더 이상 진전할 수 없는 상태를 뜻하는 데드락 [12](deadlock)을 발생시킬 수 있다. 버스 없이 이러한 프로토콜을 구현하는 기법에 대하여 곧 설명할 것이다.

소규모 (2개에서 4개 프로세서) 멀티프로세서의 구현은 매우 쉬워졌다. 예를 들어, Intel의 Pentium 4 Xeon과 AMD Opteron 프로세서는 캐시 일관성을 지원하는 멀티프로세서를 위해 설계되었으며 스누핑을 지원하는 외부 인터페이스를 갖고 있고 2개에서 4개의 프로세서까지 바로 연결할 수 있다. 이들은 또한 버스 이용률을 줄이기 위하여 대형의 온 칩 캐시를 각고 있다. Opteron 프로세서의 경우 여러 개의 프로세서를 연결하기 위한 부분과 메모리 인터페이스가 프로세서 칩 안에 집적되어 있다. Intel의 설계에서는 두 프로세서 시스템이 몇 개의 추가적인 외부 칩을 사용하여 메모리와 I/O에 연결하여 구현될 수 있다. 비록 이러한 디자인들은 다수의 프로세서 수로 확장하는 것은 쉽지 않지만, 2개에서 4개의 프로세서 시스템의 경우 상당

12) 교착 상태라고도 불린다. 이 책에서는 데드락이라는 용어를 사용한다.

히 가격 경쟁력 있는 솔루션을 제공한다.

다음 절에서는 병렬과 멀티프로그래밍 워크로드에서 이 프로토콜들의 성능을 살펴본다. 기본 프로토콜에 대한 이러한 확장 기법들의 가치는 성능을 살펴볼 때 더욱 명확해질 것이다. 하지만 그 전에 먼저 대칭형 멀티프로세서와 스누핑 일관성 기법의 제한 사항들을 간단히 살펴보자.

대칭형 공유 메모리 멀티프로세서와 스누핑 프로토콜의 한계

멀티프로세서에서 프로세서의 수가 증가함에 따라 또는 각 프로세서의 메모리 요구가 증가함에 따라 시스템의 중앙 자원이 병목 현상을 일으킬 수 있다. 간단한 버스 기반의 멀티프로세서의 경우 버스는 캐시로부터의 정상적 메모리 트래픽뿐만 아니라 일관성 트래픽 역시 지원하여야 한다. 마찬가지로, 만약 메모리 장치가 하나만 존재한다면 이 메모리는 모든 프로세서의 요청을 수용하여야 한다. 지난 몇 년간 프로세서의 속도가 증가하면서 단일 버스나 하나의 물리적 메모리 장치로 지원할 수 있는 프로세서들의 수는 줄어들었다.

설계자는 어떤 방법으로 메모리 대역폭을 증가시켜 더 많은 또는 더 빠른 프로세서들을 지원할 수 있을까? 프로세서와 메모리 사이의 통신 대역폭을 증가시키기 위해 설계자들은 여러 개의 버스 또는 크로스바나 점 대 점(point-to-point) 방식의 네트워크와 같은 연결망 회로를 사용하여 왔다. 이와 같은 설계에서 메모리 시스템은 메모리로의 균일한 액세스 시간을 유지하면서 메모리 대역폭을 효과적으로 증대시키기 위하여 여러 개의 물리적 뱅크들로 구성할 수 있다. 그림 4.8은 이와 같은 방법을 보여 준다. 이는 4장의 시작 부분에서 논의하였던 두 가지 접근 방법, 즉 중앙 집중적 공유 메모리와 분산 공유 메모리의 중간적 방식을 나타낸다.

AMD Opteron은 스누핑 방식과 디렉터리 방식 사이의 또 다른 중간적 설계 방식을 보여 준다. 메모리는 각 듀얼 코어 프로세서 칩에 직접 연결되며 최대 4개의 프로세서 칩, 즉 8개의 코어가 연결될 수 있다. Opteron은 다른 세 칩에 브로드캐스트를 수행하기 위하여 점 대 점 링크를 사용하여 일관성 프로토콜을 구현한다. 프로세서 사이의 링크가 공유되지 않으므로 프로세서가 무효 동작이 완료하였는지를 알 수 있는 유일한 방법은 승인 메시지를 명시적으로 사용하는 방법뿐이다. 따라서 일관성 프로토콜은 스누핑 프로토콜과 마찬가지로 공유 상태의 복사본을 찾기 위하여 브로드캐스트를 사용하지만 디렉터리 프로토콜처럼 승인 메시지를 사용한다. 흥미롭게도 원격 메모리 지연시간과 지역 메모리 지연시간의 차이가 크지 않아서 운영체제는 Opteron 멀티프로세서를 균일한 메모리 액세스를 지원하는 시스템으로 취급할 수 있다.

스누핑 캐시 일관성 프로토콜은 중앙의 버스 없이 사용할 수 있으나 공유 캐시 블록에 미스가 발생할 때 개개 캐시들을 탐지할 수 있는 브로드캐스트 기능을 요구

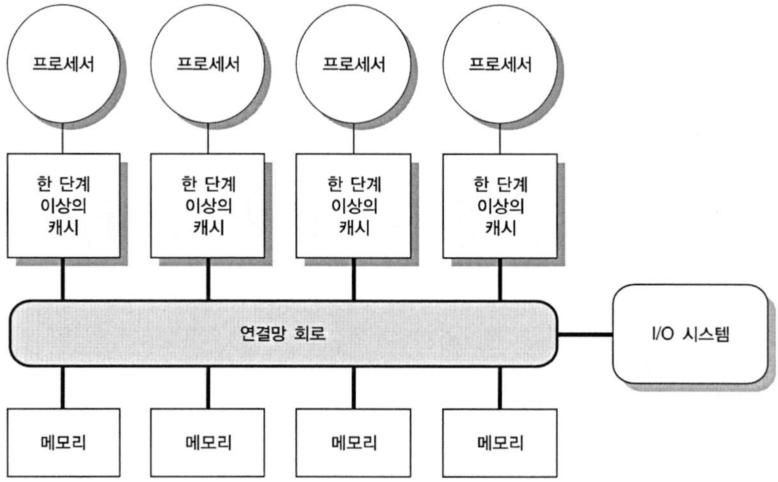

그림 4.8 버스 대신에 연결망 회로를 사용하여 균등한 메모리 액세스 시간을 제공하는 멀티프로세서.

한다. 이러한 캐시 일관성 트래픽은 프로세서 수와 속도를 제한시키는 또 다른 요인이 된다. 일관성 트래픽은 대형 캐시에 의해 영향을 받지 않기 때문에 더 빠른 프로세서는 네트워크를 압도하게 되며 모든 다른 캐시들로부터의 스누핑 요청에 응답하는 각 캐시의 능력을 제한한다. 4.4절에서는 이러한 브로드캐스트를 사용하지 않는 디렉터리 기반 프로토콜을 살펴본다. 프로세서의 속도가 증가하고 프로세서 칩당 코어의 수가 증가함에 따라 설계자들이 스누핑 프로토콜의 브로드캐스트 문제를 피할 수 있는 프로토콜을 선택할 가능성이 증가할 것이다.

스누핑 캐시 일관성 프로토콜의 구현

악마는 아주 작은 것에 존재한다.

클래식 격언

1990년 이 책의 초판을 저술할 때, 우리의 마지막 "종합" 절은 스누핑 기반의 일관성 프로토콜을 사용하는 30개의 프로세서로 구성된 단일 버스의 멀티프로세서이었다. 버스의 용량은 50MB/s를 겨우 넘었는데 이는 2006년의 Pentium 4 프로세서 하나를 지원하기에도 충분하지 못하다. 1995년 두 번째 판을 저술할 당시는 하나 이상의 버스를 가진 첫 번째 캐시 일관성 멀티프로세서가 소개되었고 우리는 여러 버스를 가진 시스템에서 스누핑을 구현하는 방법을 부록에 추가하였다. 2006년에는 둘 이상의 프로세서를 가진 *모든* 멀티프로세서가 단일 버스가 아닌 연결방법을 사용하고 있으며 따라서 설계자들은 버스를 통해 이벤트들을 직렬화하는 기존의 간단한 방법을 사용하지 않고 스누핑을 구현해야 하는 도전에 직면하였다.

앞에서도 언급했듯이 스누핑 일관성 프로토콜을 실제로 구현하는 데 가장 어려운 점은 최근의 멀티프로세서에서 쓰기와 업그레이드 미스들은 원자성이 없다는 것이다. 쓰기나 업그레이드 미스를 감지하고, 다른 프로세서와 메모리와 통신하여, 쓰기 미스에 대한 가장 최신의 값을 찾고, 또 무효화가 완료되는 것을 보장하고, 캐시를 갱신하는 단계들은 한 사이클에 실행되는 것처럼 수행될 수는 없는 것이다.

간단한 단일 버스 시스템에서는 이러한 과정들이 버스 중재를 요청하고 (캐시 상태를 변경하기 전에) 모든 동작이 완료될 때까지 버스를 놓아 주지 않음으로써 효과적으로 안전성을 제공할 수 있다. 프로세서가 모든 무효화 연산이 완료된 시점을 어떻게 알 수 있는가? 대부분의 버스 기반 멀티프로세서는 모든 무효화 요청이 수신되었고 처리될 것이라는 것을 알리는 하나의 신호 라인이 사용된다. 이 신호 후에, 미스를 발생한 프로세서는 요구한 모든 활동들이 다음 미스와 관련된 활동을 하기 이전에 완료된다는 것을 확인함에 따라 버스를 놓아 주게 된다. 이러한 과정 중에 버스를 배타적으로 점유함으로써 프로세서는 각 과정에 효과적으로 원자성을 제공할 수 있다.

버스를 갖고 있지 않은 시스템에서는 미스의 각 단계에 원자성을 제공하기 위해 다른 방법을 사용하여야 한다. 특히, 두 프로세서가 같은 블록에 동시에 쓰고자 하는 레이스(race)라 불리는 상황에서 두 쓰기는 엄격하게 정렬되어야 한다. 한 쓰기가 다음 쓰기 이전에 진행되고 처리되어져야 한다. 두 쓰기 중에 어떤 것이 레이스에서 승리하는 지는 중요하지 않다. 하지만 자신의 일관성 활동들을 먼저 완료하는 하나의 승리자만 존재하여야 한다. 스누핑 시스템에서는 브로드캐스트 기능뿐만 아니라 연결망 회로의 특정 성질을 사용하여 레이스에서 단 하나의 승자를 보장할 수 있다. 이러한 특성들과 레이스에서의 패자의 미스 처리를 다시 시작하게 하는 기능이 버스 없이 스누핑 캐시 일관성을 구현하는 핵심이다. 자세한 내용은 부록 H에서 설명한다.

4.3 대칭형 공유 메모리 멀티프로세서의 성능

스누핑 일관성 프로토콜을 사용하는 멀티프로세서에서 성능은 여러 가지 현상들에 의해 결정된다. 특히 전반적인 캐시의 성능은 단일 프로세서에서의 캐시 미스 트래픽과 무효화를 통해 추가적인 미스를 발생시키는 통신 트래픽에 의해 결정된다. 프로세서의 숫자, 캐시 크기, 블록 크기 등의 변경은 캐시 성능의 이 두 가지 요소에 여러 방법으로 영향을 주어 전체 시스템의 행동을 변화시킨다.

부록 C는 단일 프로세서의 미스율을 세 가지(용량(capacity), 강제(compulsory), 충돌(conflict))로 분류하여 캐시 설계에 있어서 응용 프로그램의 행동과 잠재적 성능 향상에 대한 통찰력을 제공한다. 이와 유사하게, 종종 *일관성 미스(coherent misses)*

라고도 불리는 프로세서 사이의 통신에 의해 유발되는 미스는 다음의 두 가지 원인으로 분류할 수 있다.

첫 번째 원인은 캐시 일관성 기법을 통해 데이터 통신으로부터 발생하는 소위 *참 공유 미스(true sharing misses)*이다. 무효화 기반의 프로토콜에서 프로세서가 공유 캐시 블록에 처음 쓰기를 실행하면 그 블록의 소유권을 얻기 위해 무효화 연산을 발생시킨다. 후에 다른 프로세서가 그 캐시 블록으로부터 변경된 워드에 대하여 읽기를 시도하면 미스가 발생하고 해당 블록이 전송된다. 이러한 미스는 프로세서 사이의 데이터 공유로부터 직접 발생하므로 참 공유 미스로 분류된다.

두 번째 원인은 *거짓 공유 미스(false sharing misses)*라 불리며 캐시 블록당 한 개의 유효 비트를 사용하는 무효화 기반 일관성 알고리즘에서 발생한다. 거짓 공유는 읽으려 하는 워드가 아닌 그 블록의 다른 워드에 쓰기가 실행되어 블록이 무효화되는 경우 (그 후의 참조는 미스를 야기한다) 발생한다. 만약 변경된 워드가 무효화 메시지를 받은 프로세서에 의해 실제 사용된다면 이는 참 공유에 의한 참조가 되므로 블록 크기에 상관없이 미스가 발생하였을 것이다. 하지만 변경된 워드와 읽으려 하는 워드가 다르다면 이러한 무효화가 새 값이 전달되도록 하지 않으며 불필요한 미스를 야기하게 되는데 이를 거짓 공유 미스라 한다. 거짓 공유 미스에서 블록은 공유되지만 실제 워드는 공유되는 것이 아니므로 블록의 크기가 한 워드인 경우 이러한 미스는 발생하지 않았을 것이다. 공유 유형을 좀 더 분명하게 하기 위해 다음 예제를 살펴보자.

예제 워드 x1과 x2가 같은 블록에 있고 이 블록은 P1과 P2의 캐시에 공유 상태로 있다고 가정하자. 다음의 사건들이 연속해서 발생하는 경우 각 미스를 참 공유 미스, 거짓 공유 미스, 또는 히트로 분류하라. 블록 크기가 1 워드일 때 발생하는 미스는 참 공유 미스로 표시하라.

시간	P1	P2
1	Write x1	
2		Read x2
3	Write x1	
4		Write x2
5	Read x2	

해답 시간 단계 별로 다음과 같이 분류된다.

1. 이 사건은 참 공유 미스로 분류된다. 왜냐하면 x1이 P2에 의해 읽혀 진 다음 P2에 의해 무효화되어야 하기 때문이다.
2. 이 사건은 거짓 공유 미스로 분류된다. 왜냐하면 x2가 P1이 x1에 쓰기를 수행하여 무효화되어졌지만 x1의 값이 P2에 의해 사용되지 않았기 때문이다.

3. 이 사건은 거짓 공유 미스로 분류된다. 왜냐하면 x1을 포함한 블록이 P2의 읽기로 공유 상태가 됐지만 P2가 x1을 읽지 않았기 때문이다. P2가 읽기를 수행한 후 x1을 포함한 블록은 공유 상태에 있게 되고 이 블록에 대한 배타적 액세스를 얻기 위해서는 쓰기 미스가 요구된다. 일부 프로토콜에서 이는 *업그레이드 요청*으로 처리되는데 이는 버스에 무효화 연산을 발생시키지만 캐시 블록이 전송되지는 않기 때문이다.
4. 이 사건은 3과 마찬가지 이유로 거짓 공유 미스로 분류된다.
5. 이 사건은 P2가 쓴 값을 읽기 때문에 참 공유 미스로 분류된다.

비록 일반 상용 워크로드에서도 참 공유와 거짓 공유 미스의 효과를 모두 볼 수 있지만 이러한 일관성 미스는 사용자 데이터의 상당량을 공유하는 밀접히 연관된 응용 프로그램들의 경우에 더욱 중요하다. 이에 대해서는 병렬 과학 워크로드의 성능을 살펴보는 부록 H에서 상세히 살펴볼 것이다.

상용 워크로드

이 절에서는 4개의 프로세서로 구성된 공유 메모리 멀티프로세서의 메모리 시스템 행동을 살펴본다. 이 결과들은 AlphaServer 4100 또는 이 서버를 모델링하는 시뮬레이터를 사용하여 측정하였다. AlphaServer 4100의 각 프로세서는 Alpha 21164로서 300MHz에서 동작하고 최대 4개의 명령어를 이슈할 수 있다. 이 시스템에서 사용되는 Alpha 프로세서의 클록 속도가 최근 시스템의 프로세서에 비하여 상당히 느리지만 시스템의 기본 구조, 즉 4-이슈 프로세서와 3단계 캐시 계층은 최근의 여러 시스템과 유사하다. 각 프로세서는 다음과 같이 3단계 캐시 계층을 갖는다.

- L1은 명령어와 데이터를 각각 저장하는 한 쌍의 8KB 직접 사상(direct-mapped) 온 칩 캐시로 구성된다. 블록 크기는 32 바이트이고 데이터 캐시는 쓰기 버퍼(write buffer)와 즉시 쓰기(write-through) 방식을 사용한다.
- L2는 32 바이트의 블록 크기와 나중 쓰기(write back)를 사용하는 96KB의 온 칩 통합 3-way 세트 연관 사상(set-associative) 캐시이다.
- L3은 칩 외부에 있는 통합된 직접 사상 2MB 캐시로 64 바이트 블록과 나중 쓰기 (write back) 방식을 사용한다.

액세스 지연시간은 L2가 7 사이클, L3은 21 사이클, 메인 메모리는 80 사이클(경쟁이 없는 경우)이 걸린다. 다른 캐시가 배타적으로 소유한 블록에 대한 미스가 발생하는 경우 캐시에서 캐시로의 전송은 125 클록 사이클이 걸린다. 비록 이러한 미스 페널티는 오늘날의 고속 시스템에 비해서는 작지만 캐시가 더 작기 때문에 전체 시스템에서 성능에 미치는 영향은 유사할 것으로 추정된다. 왜냐하면 최근의 시스템은 미스 페널티는 크지만 미스율은 작기 때문이다.

여기서 사용된 워크로드는 3 가지 응용 프로그램으로 구성된다.

1. Oracle 7.3.2를 기본 데이터베이스로 사용하여 TPC-B(최근에 나온 그 사촌인 TPC-C와 유사한 메모리 행동을 갖는다)를 모델링한 온라인 트랜잭션 처리 워크로드(OLTP). 이 워크로드는 요청을 발생시키는 클라이언트 프로세스들과 이 요청을 처리하는 서버 프로세서 집합으로 구성된다. 서버 프로세스가 사용자 시간의 85%를 차지하며 나머지는 클라이언트가 소비한다. 비록 I/O 지연시간을 주의 깊은 튜닝과 CPU를 바쁘게 하기 충분한 수의 요청들을 발생시켜 감출 수 있지만 서버 프로세스는 일반적으로 25,000 명령어를 처리할 때마다 I/O로 인하여 멈추게 된다.
2. Oracle 7.3.2를 기본 데이터베이스로 사용하고 TPC-D를 기반으로 한 의사결정 지원 시스템(DSS) 워크로드. 이 워크로드는 TPC-D가 갖고 있는 17개의 읽기 질의어 중에서 6개만 포함하고 있다. 하지만 이 6개만 벤치마크 전체에서 다양한 활동을 갖고 있기는 하다. I/O 지연시간을 숨기기 위해 질의어 내의 병렬성과 질의어 사이의 병렬성 모두가 활용된다. 질의어 내부의 병렬성은 질의어 형성 과정에서 감지된다. 블로킹 호출은 OLTP에 비해서는 훨씬 적다. 질의어는 평균적으로 150만 명령어를 처리할 때마다 멈추게 된다.
3. 메모리에 적재된 AltaVista 데이터베이스(200 GB)의 탐색을 기반으로 한 웹 인덱스 탐색(AltaVist) 벤치마크. 내부 루프는 최대한 최적화되어 있다. 탐색구조가 정적이라 쓰레드간의 동기는 거의 없다.

그림 4.9는 사용자 모드, 커널 모드, 유휴 상태에서의 소비 시간 비율을 보여 준다. I/O 빈도가 높을수록 커널 시간과 유휴 시간은 증가한다. (I/O의 비율이 가장 높은 OLTP 데이터를 참조하라.) 전체 탐색 데이터베이스를 메모리에 사상시킨 AltaVista는 상당한 튜닝이 수행되었고 커널 시간과 유휴 시간의 비율이 가장 낮다.

벤치마크	사용자 모드 %	커널 시간 %	CPU 유휴 시간 %
OLTP	71	18	11
DSS (질의어 평균)	87	4	9
AltaVista	> 98	< 1	< 1

그림 4.9 상용 워크로드에서의 실행 시간 분포. OLTP 벤치마크가 세 벤치마크 중에서 OS 시간과 CPU 유휴 시간 (I/O 대기 시간) 비율이 가장 크다. DSS 벤치마크는 I/O가 적기 때문에 OS 시간의 비율이 훨씬 낮지만 CPU 유휴 시간의 비율은 여전히 9%를 넘는다. 이 측정 결과로부터 AltaVista 탐색 엔진에 엄청난 튜닝이 수행되었음을 명백히 알 수 있다. 이 워크로드 데이터는 Barroso 외 다수 [1998]에 의해 4-프로세서 AlpahServer 4100에서 수집되었다.

상용 워크로드의 성능 측정

먼저 4-프로세서 시스템에서 이들 벤치마크의 전반적인 CPU 실행을 살펴보자. 이 벤치마크들은 CPU 시간 측정에서는 고려되지 않은 상당한 I/O 시간을 포함한다. 6개의 DSS 질의어들은 하나의 벤치마크로 묶어서 평균적인 행동을 보고하였다. 이 벤치마크들의 유효 CPI는 AltaVista Web 탐색의 경우 1.3 CPI, DSS 워크로드의 경우 평균 1.6 CPI, OLTP 워크로드의 경우 7.0 CPI 등 벤치마크에 따라 상당히 다르다. 그림 4.10은 이 실행 시간을 명령어 실행, 캐시 및 메모리 참조 시간, 그 밖의 다른 스톨 시간(TLB와 분기 예측 실패에 따른 스톨을 포함한 주로 파이프라인 자원에 의한 스톨)으로 분류하였다. 비록 DSS와 AltaVista 워크로드의 성능은 나쁘지 않았지만 OLTP 워크로드의 성능은 저조한 메모리 계층 성능으로 인하여 아주 저조하였다.

OLTP 워크로드가 다수의 L3 미스를 발생시켜 메모리 시스템에 가장 큰 부담을 주기 때문에 OLTP 벤치마크에 대해서는 L3 캐시 크기, 프로세서 수, 블록 크기에

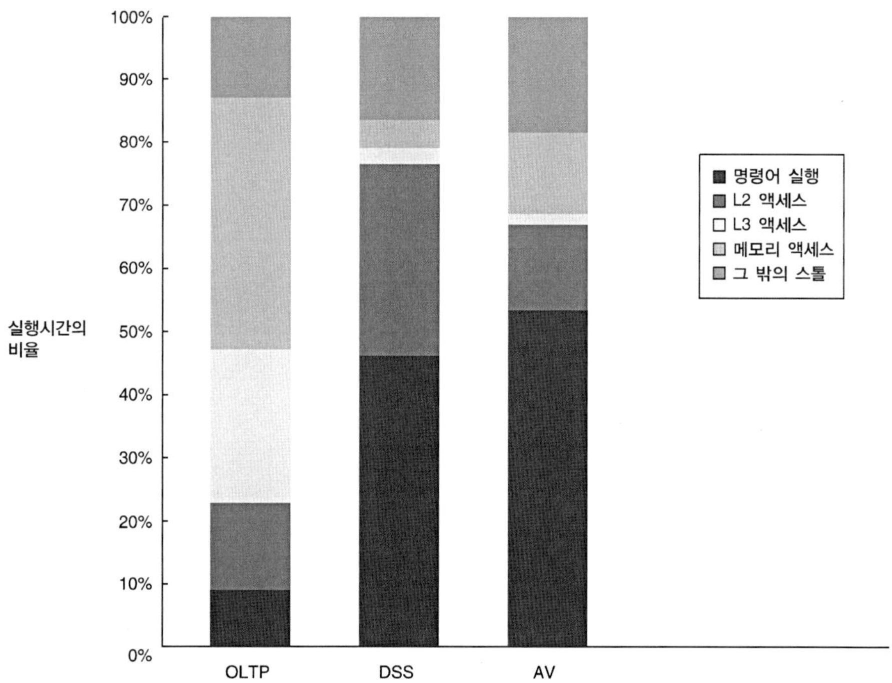

그림 4.10 상용 워크로드에서 3 프로그램(OLTP, DSS, AltaVista)에 대한 실행 시간 비율. DSS 수치는 여섯 질의어의 평균값이다. CPI는 AltaVista의 1.3, DSS 질의어의 경운 1.61, OLTP는 7.0으로 다양하다. (DSS 각 질의어의 CPI는 1.3에서 1.9의 범위이다.) 그 밖의 스톨에는 자원 스톨 (21164에서는 리플레이 트랩(replay traps)으로 구현되었다.), 분기 예측 실패, 메모리 장벽, TLB 미스 등이 있다. 이들 벤치마크의 경우 자원에 의한 파이프라인 스톨의 비중이 가장 크다. 이 데이터는 사용자와 커널의 행동을 합친 결과이다. OLTP 벤치마크만 커널 액세스 비중이 크지만 커널 액세스는 사용자 액세스에 비하여 좋은 행동 양식을 보여 주는 경향이 있다! 이 절의 모든 측정 결과는 Barroso, Gharachorloo, Bugnion [1988]에 의해 수집되었다.

의한 영향을 집중적으로 살펴본다. 그림 4.11은 충돌 미스를 감소시키기 위해 2-방향 세트 연관 사상 캐시를 사용하여 캐시 크기 증가에 따른 효과를 관찰한다. L3 캐시가 커짐에 따라 L3 미스가 감소하여 실행 시간은 개선된다. 놀랍게도 대부분의 성능 향상은 캐시 크기를 1MB에서 2MB로 증가시킬 때 발생하고 그 이상으로 증가시켰을 때는 성능 개선이 미미했다. 하지만 2MB와 4MB 캐시에서도 캐시 미스가 상당한 성능 손실을 가져온 것을 알 수 있다. 그 이유는 무엇일까?

이 질문에 대한 답변을 잘 이해하려면 L3 미스에 영향을 주는 인자들을 결정하고 L3 캐시 크기가 증가함에 따라 이들이 어떻게 변화하는지를 알 필요가 있다. 그림 4.12는 이 데이터를 보여 준다. 이 그림은 한 명령어당 발생하는 메모리 액세스 사이클 수를 다섯 가지 원인으로 분류하여 보여 준다. 1MB L3 캐시에서 메모리 액세스 사이클 수를 증가시키는 가장 큰 두 가지 원인은 명령어 미스와 용량/충돌 미스이다. 더 큰 L3 캐시를 가짐으로써 이 두 가지 원인에 의한 영향은 작아진다. 하지만, 불행하게도 강제, 거짓 공유, 참 공유 미스는 큰 L3에 의해 영향을 받지 않는다. 따라서 4MB와 8MB에서 참 공유 미스가 미스의 가장 큰 비중을 차지하게 되고 L3 캐시 크기를 2MB 이상으로 증가시켜도 참 공유 미스에는 변화가 없기 때문에

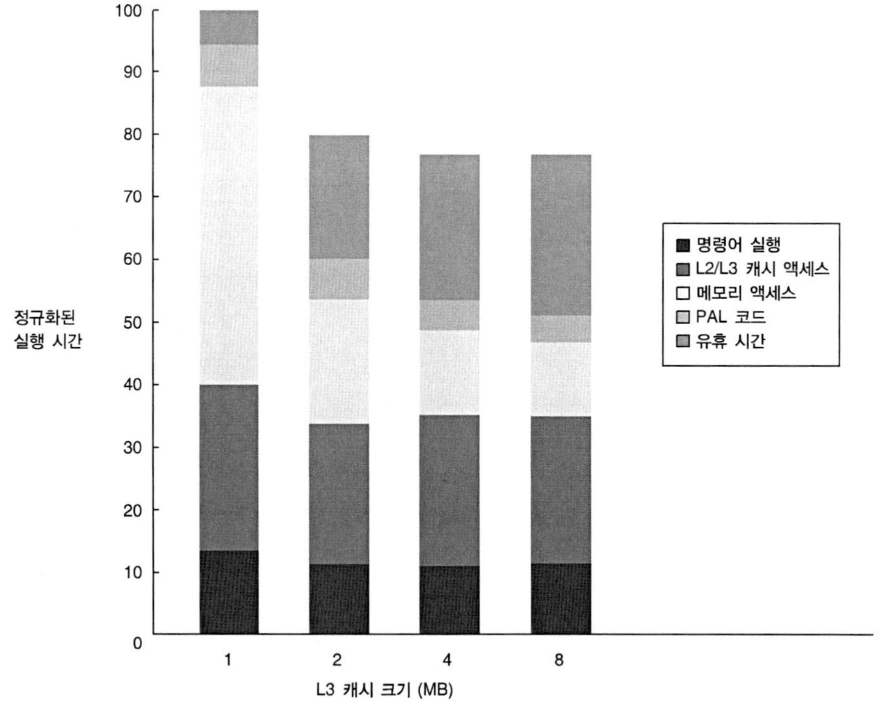

그림 4.11 2-방향 세트 연관 사상 L3 캐시의 크기가 1MB에서 8MB로 증가함에 따른 OLTP 워크로드의 상대적 성능. 캐시 크기가 증가함에 따라 유휴 시간의 비율은 증가한다. 이는 메모리 스톨 시간이 줄어들면서 I/O 지연시간을 커버하기 위해 더 많은 서버 프로세스가 필요로 하기 때문이다. 이 워크로드를 다시 튜닝하면 계산/통신 비율을 증가시켜 유휴 시간의 비율을 유지시킬 수 있다.

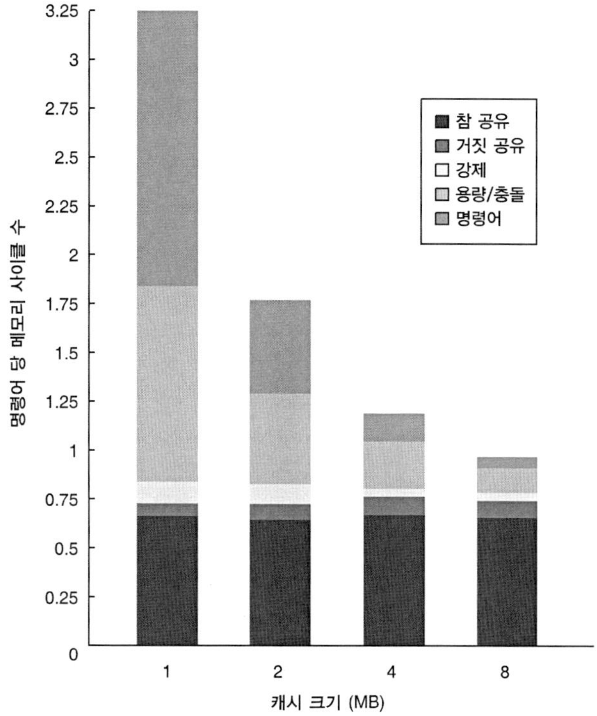

그림 4.12 캐시 크기 증가에 따라 메모리 액세스 사이클에 기여하는 원인의 변화. L3 캐시는 2-방향 세트 연관 사상으로 시뮬레이션 되었다.

전체 미스율의 감소는 제한되어진다.

캐시 크기가 증가하면 대부분의 단일 프로세서 미스는 제거되지만 멀티프로세서 미스는 영향을 받지 않는다. 프로세서 수를 증가시키는 것이 각기 다른 미스 유형에 어떠한 영향을 미치는가? 그림 4.13은 2MB의 2-방향 세트 연관 사상 캐시를 기본 구조로 가정할 때의 데이터를 보여 준다. 예측했던 대로 참 공유 미스율의 비중 증가가 단일 프로세서 미스율의 감소로 보상되지 않기 때문에 명령어당 메모리 액세스 사이클 수는 전체적으로 증가하게 된다.

마지막 질문은 과연 블록 크기의 증가가 이 워크로드에 도움이 되는가 하는 것이다. 블록 크기의 증가는 명령어 미스율과, 강제 미스율, 또 용량/충돌 미스율 역시 감소시키며 아마 참 공유 미스율 역시 감소시킬 수 있다. 그림 4.14는 블록 크기가 32에서 256으로 증가함에 따른 1000 명령어당 미스의 수를 보여 준다. 블록 크기를 32에서 256으로 증가시키는 것은 다음과 같이 미스율의 4 가지 구성요소에 영향을 준다.

- 참 공유 미스율은 1/2 이상 감소한다. 이는 참 공유 유형에 지역성(locality)이 존재함을 표시한다.

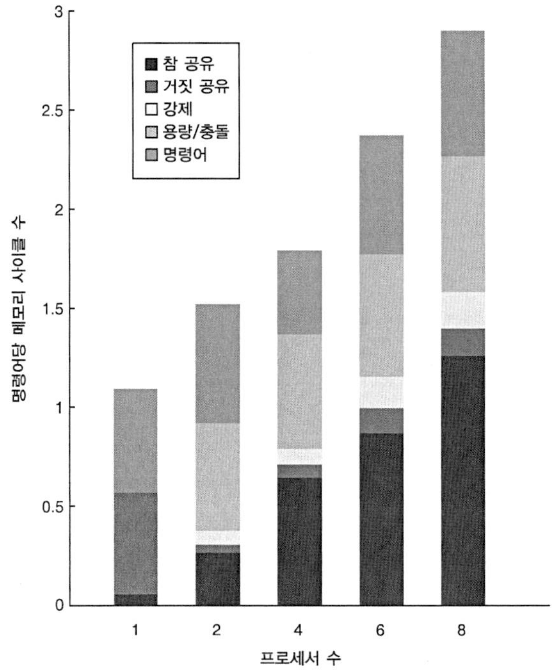

그림 4.13 프로세서 수가 증가함에 따라 메모리 액세스 사이클 수는 증가한다. 이는 참 공유 증가에 기인한다. 강제 미스는 약간 증가하는 데 이는 각 프로세서가 좀 더 많은 강제 미스를 처리하여야 하기 때문이다.

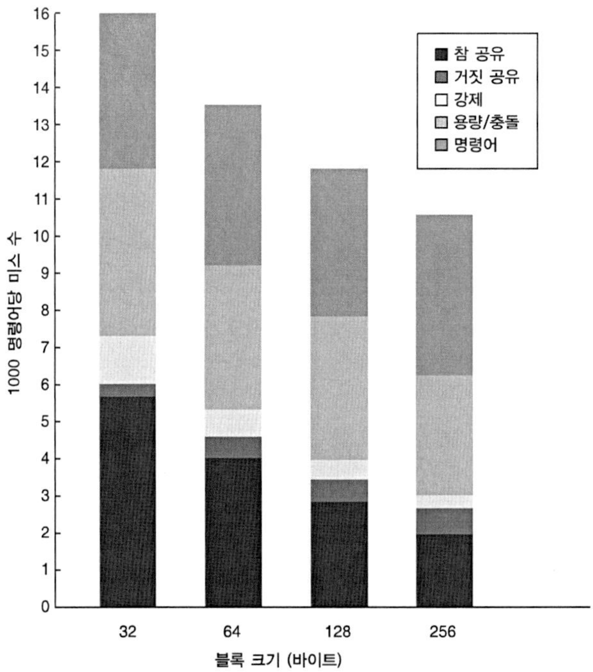

그림 4.14 명령어 1000개당 미스의 수는 L3 캐시의 블록 크기가 증가함에 따라 꾸준히 감소한다. 따라서 최소 128 바이트 이상의 크기를 가진 L3 블록이 좋은 것을 알 수 있다. L3 캐시는 2MB의 2-방향 세트 연관 캐시이다.

- 강제 미스율은 예측했듯이 상당히 감소한다.
- 충돌/용량 미스는 약간의 감소(블록 크기가 8배 증가한 반면에 미스율 감소 비율은 1.26)만을 보여 준다. 이는 2 MB보다 큰 L3 캐시를 사용하는 경우 단일 프로세서에서의 공간적 지역성은 크지 않음을 보여 준다.
- 거짓 공유 미스율의 비중은 절대치의 변화는 작지만 거의 두 배로 증가한다.

놀랍게도 명령어 미스율의 변화는 크지 않다. 만약 명령어만 저장하는 캐시에서 이와 같은 결과가 나왔다면 공간적 지역성이 매우 작은 것으로 결론지을 수 있다. 통합된 L2 캐시의 경우, 명령어와 데이터 사이의 충돌이 큰 블록에서 명령어 미스율을 증가시키는 데 기여할 수 있다. 다른 연구에서는 대형 데이터베이스와 OLTP 워크로드가 짧은 기본 블록들을 많이 가지고 있고 특수 코드로 인하여 명령어 스트림의 공간적 지역성이 매우 낮다고 보고하였다. 그럼에도 불구하고 L3 캐시의 블록 크기를 128 또는 256으로 증가시키는 것이 성능 개선에 도움을 주는 것을 알 수 있다.

멀티프로그래밍과 OS 워크로드

다음 연구 과제는 사용자 활동과 OS 활동을 모두 포함하는 멀티프로그래밍 워크로드이다. 사용된 워크로드는 소프트웨어 개발 환경을 모방한 Andrew 벤치마크의 컴파일 단계의 두 독립적인 복사본이다. 컴파일 단계는 8개의 프로세서를 사용한 병렬 make로 구성된다. 이 워크로드는 8 프로세서에서 5.24초 실행되며 203개의 프로세스를 생성하고 3개의 다른 파일 시스템에 787개의 디스크 요청을 수행한다. 워크로드는 128MB의 메모리로 실행하였고 페이징 활동은 발생하지 않았다.

워크로드는 상당한 계산 과정을 필요로 하는 벤치마크의 컴파일, 라이브러리에서의 목적 파일 설치, 목적 파일 제거의 3단계로 구성된다. 마지막 단계는 완전히 I/O에 의해 주도되며 단 두 개의 (각 실행마다 하나 씩) 프로세스만 활동한다. 중간 단계 역시 I/O가 주 역할을 수행하며 프로세서는 거의 유휴상태에 놓여 있다. 전체 워크로드가 고도로 최적화 된 상용 워크로드에 비하여 시스템과 I/O 활동이 훨씬 많다.

이 워크로드의 측정 결과는 다음과 같은 메모리와 I/O 시스템을 가정한다.

- 1단계 명령어 캐시 – 32KB, 2-방향 세트 연관 캐시로 64 바이트 블록과 1 클록 사이클의 히트 시간을 갖는다.
- 1단계 데이터 캐시 – 32 KB, 2-방향 세트 연관 캐시로 32 바이트 블록과 1 클록 사이클의 히트 시간을 갖는다. L1 데이터 크기의 변화에 따른 캐시 영향을 살펴본다.
- 2단계 캐시 – 1 MB의 통합된 2-방향 세트 연관 캐시로 128 바이트 블록과 10 클록 사이클의 히트 시간을 갖는다.

	사용자 실행	커널 실행	동기화 대기	CPU 유휴(I/O 대기)
실행된 명령어 %	27	3	1	69
실행 시간 %	27	7	2	64

그림 4.15 멀티프로그래밍 된 병렬 make 워크로드에서의 실행 시간 분포. 유휴 시간의 비중이 높은 이유는 8개 중 1개의 프로세서가 활동할 때 생기는 디스크 지연시간 때문이다. 이 데이터와 같은 워크로드에 대한 이후의 측정 결과들은 SimOS 시스템에서 수집되었다 [Rosenblum et al. 1995]. 실제 실행과 데이터 수집은 스탠포드 대학의 M. Rosenblum, S. Herrod, E. Bugnion에 의해 수행되었다.

- 메인 메모리 – 100 클록 사이클의 액세스 시간을 갖는 버스 상의 단일 메모리
- 디스크 시스템 – 3 *ms*의 동일한 지연시간 (유휴 시간을 줄이기 위해 정상의 경우보다 작다.)

그림 4.15는 위의 매개변수를 사용하여 8 프로세서 시스템의 실행 시간 비율을 보여 준다. 실행 시간은 다음의 4 가지 구성 요소로 구성된다.

1. 유휴 – 커널 모드의 유휴 루프에서의 실행
2. 사용자 – 사용자 코드 실행
3. 동기화 – 동기화 변수를 기다림
4. 커널 – 유휴 상태나 동기화 액세스가 아닌 OS의 실행

이 멀티프로그래밍 워크로드는 적어도 OS의 경우에 명령어 캐시에서 상당한 성능 손실을 보여 준다. 64 바이트 블록과 2-방향 세트 연관 사상 캐시를 사용할 때 OS에서의 명령어 캐시 미스율은 32 KB의 경우 1.7%에서 256 KB의 경우 0.2%까지 다양하다. 사용자 코드에서의 명령어 캐시 미스는 OS의 약 1/6에 불과하며 캐시 크기에 따라 다르다. 이는 사용자 코드가 커널에 비해 9배 정도 많은 명령어를 실행하지만 실행시간은 적은 수의 명령을 실행하는 커널에 비해 단 4배 정도만 걸리는 사실을 보여 준다.

멀티프로그래밍과 OS 워크로드의 성능

이 절에서는 캐시 크기와 블록 크기가의 변화에 따른 멀티프로그래밍 워크로드의 캐시 성능을 살펴본다. 커널과 사용자 프로세스의 차이 때문에 두 구성 요소를 따로 살펴본다. 하지만 사용자 프로세스가 8배 이상 많은 명령을 실행하는 것을 기억하라. 따라서 총 미스율은 주로 사용자 미스율에 의해 결정되지만 사용자 미스율은 종종 커널 미스율의 1/5 정도에 불과하다.

비록 사용자 코드가 더 많은 명령을 실행하지만 운영 체제의 행동은 다음의 두 가지 이유로 사용자 프로세스에 비하여 더 많은 캐시 미스를 발생시킬 수 있다. 첫

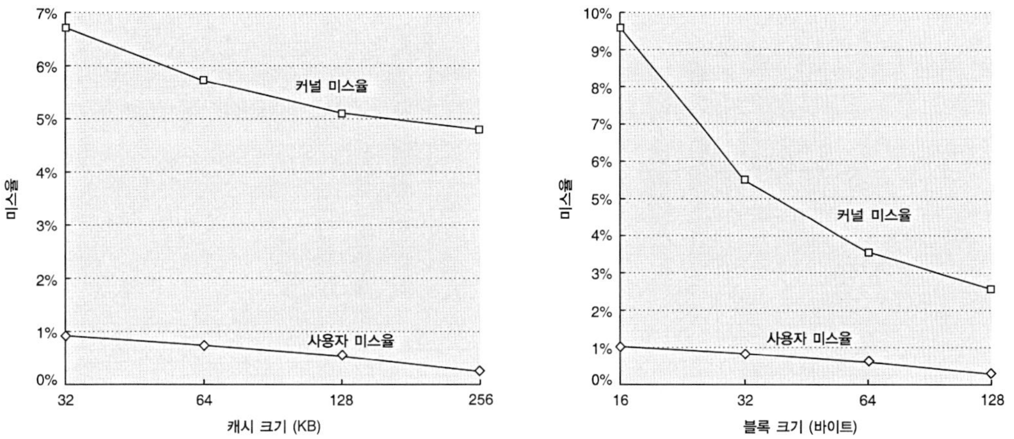

그림 4.16 사용자 모드와 커널 모드에서의 데이터 미스율은 L1 데이터 캐시 크기의 변화 (왼쪽)와 L1 데이터 캐시 블록 크기의 변화 (오른쪽)에 따라 행동이 다르다. L1 데이터 크기를 32KB에서 256KB (32 바이트 블록 사용)로 변화시키면 사용자 미스율이 커널 미스율에 비하여 빨리 감소한다. 사용자 미스율은 3배 정도 감소하는 반면 커널 미스율은 1.3배 정도 감소한다. 사용자와 커널 미스율 모두 (L1 캐시의 크기는 32KB로 고정한 상태에서) L1 블록 크기가 증가함에 따라 꾸준히 감소한다. 캐시 크기를 증가시키는 것에 비하여 블록 크기를 증가시키는 것이 커널의 미스율을 훨씬 더 감소시킨다(16 바이트에서 128 바이트로 블록 크기를 증가시킬 때 커널 참조의 경우는 약 4배, 사용자 참조의 경우는 약 3배).

째, 커널은 사용자에게 페이지를 할당하기 전에 모든 페이지들을 초기화하며 이는 커널의 강제 미스를 상당히 증가시킨다. 둘째, 커널은 실제로 데이터를 공유하므로 작지 않은 일관성 미스율을 갖는다. 이에 비하여 사용자 프로세스는 이 프로세스가 다른 프로세서에 스케줄될 때만 일관성 미스를 야기하므로 미스율에서 이 구성요소의 비중은 작다.

그림 4.16은 커널과 사용자 모드에서 데이터 캐시 크기와 블록 크기 변화에 따른 데이터 미스율을 보여 준다. 데이터 캐시 크기의 증가는 커널 미스율보다 사용자 미스율에 더 많은 영향을 준다. 블록 크기의 증가는 두 미스율 모두에게 도움을 주는데 이는 미스의 상당 부분이 강제적 미스와 용량 미스로 인하여 발생하고 이 모두가 큰 블록을 사용하여 개선될 수 있기 때문이다. 일관성 미스는 상대적으로 드물기 때문에 블록 크기를 증가시키는 데 따른 단점은 작다. 커널과 사용자 프로세스의 행동이 다른 이유를 이해하기 위해 커널 미스가 어떻게 행동하는지 살펴보자.

그림 4.17은 캐시 크기와 블록 크기 증가에 따른 커널 미스의 변화를 보여 준다. 미스는 강제 미스, 일관성 미스(참 공유와 거짓 공유 모두로부터 발생), 용량/충돌 미스(OS와 사용자 프로세스 사이의 간섭, 또 여러 사용자 프로세스 사이의 간섭에 의한 미스들을 포함한다)의 세 가지로 분류한다. 그림 4.17로부터 커널의 경우 캐시 크기의 증가가 단일 프로세서의 용량/충돌 미스만 감소시키는 것을 확인할 수 있다. 이와는 대조적으로 블록 크기의 증가는 강제 미스율의 감소를 야기한다. 블록 크기가 증가함에 따라 일관성 미스율이 크게 증가하지 않은 것은 비록 거짓 공유에 의한 미스가 참 공유 미스의 감소로부터 얻어지는 효과를 상쇄시키기는 하지만 거짓 공

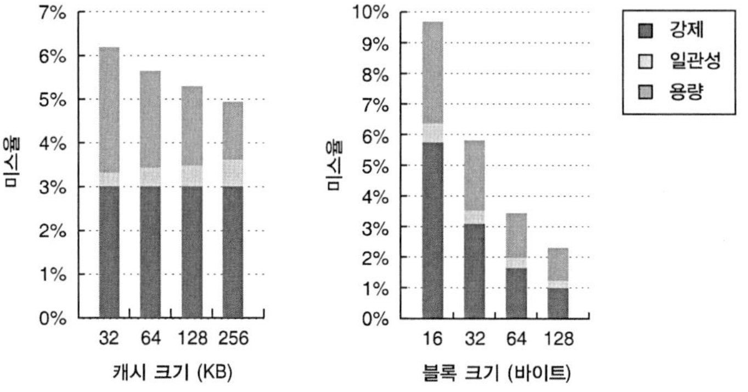

그림 4.17 멀티프로그래밍 워크로드를 8 프로세서에서 실행한 경우, L1 데이터 캐시 크기를 32KB에서 256KB로 증가시켰을 때 커널 데이터 미스율 각 구성요소의 변화. 강제 미스율은 캐시 크기에 영향을 받지 않으므로 변화지 않고 일정하다. 용량 미스율은 2배 이상 감소하지만 일관성 미스율은 거의 두 배가 된다. 캐시 크기가 증가함에 따라 용량 제한에 의한 미스는 감소하고 무효화에 의한 미스 확률이 증가하므로 일관성 미스는 증가하게 된다. 기대한 대로 L1 데이터 캐시의 블록 크기를 증가시키면 커널 참조에서 강제 미스율을 상당히 감소시킬 수 있다. 이는 또한 용량 미스율에 상당한 영향을 주어 블록 크기가 증가함에 따라 이 미스율을 2.4배 정도 감소시킨다. 블록 크기의 증가는 일관성 트래픽을 약간 감소시키고 이는 64 바이트에서 안정되어 128 바이트 블록에서 일관성 미스율의 변화는 거의 없다. 블록 크기 증가에 따른 일관성 미스율의 감소는 크지 않기 때문에 일관성 유지에 따른 미스율의 비중은 7%에서 15%로 증가한다.

유 효과가 미미하다는 것을 의미한다.

그림 4.18에서 보듯이 데이터 참조당 필요한 바이트의 수를 조사하면 커널의 트래픽 양이 더 많고, 블록 크기가 증가함에 따라 더 빨리 증가하는 것을 알 수 있다. 이 이유는 쉽게 알 수 있다. 블록의 크기기 16 바이트에서 128 바이트로 증가할 때 미스율은 3.7배 감소하는 반면 미스당 전송되는 바이트 수는 8배 증가한다. 따라서 총 미스 트래픽은 약 2배 이상 증가한다. 사용자 프로그램의 경우도 블록 크기가 16에서 128로 증가함에 따라 두 배 이상 증가하지만 그 시작 수준은 훨씬 적다.

멀티프로그래밍 워크로드에서 OS는 메모리 시스템에 대한 요구가 훨씬 크다. 만약 더 많은 OS나 OS와 유사한 활동이 워크로드에 포함된다면 그 행동은 이 워크로드의 경우와 유사할 것이다. 이와 같은 메모리 요구를 적절히 처리할 수 있는 메모리 시스템을 구현하는 것은 매우 어려울 것이다. 성능 개선의 한 가지 방법은 프로그래밍 환경을 개선하거나 프로그래머의 도움을 통해 OS가 캐시를 더 잘 다룰 수 있도록 만드는 것이다. 예를 들어, OS는 다른 시스템 호출로부터 요청된 메모리를 재사용할 수 있다. 비록 재사용된 메모리를 완전히 덮어 쓰게 되지만 하드웨어는 이러한 사실을 인식하지 못하고 캐시 블록의 일부가 읽혀질 가능성에 대비하여 일관성을 유지하려고 시도할 것이다. 이 행동은 프로시저 호출 시 스택 공간을 재사용하는 것과 유사하다. IBM Power 시리즈는 컴파일러로 하여금 프로시저 호출 시 이러한 행동 유형을 표시할 수 있게 지원한다. 이와 같은 행동을 OS가 감지하는 것은 더 어려우며 아마도 프로그래머의 도움을 요구하지만 그 보상은 훨씬 클 것이다.

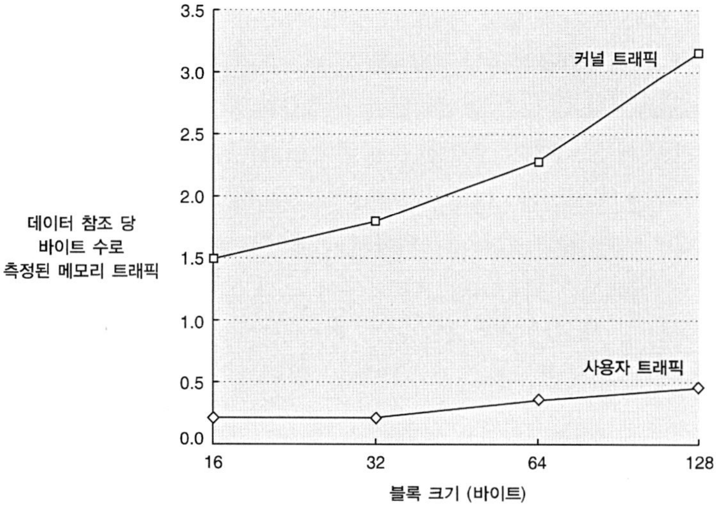

그림 4.18 커널과 사용자 경우 모두 블록 크기가 증가함에 따라 데이터 참조당 요구되는 바이트 수는 증가한다. 이 결과를 부록 H의 과학용 프로그램 결과에 비교하는 것은 흥미로운 일이다.

4.4 분산 공유 메모리와 디렉터리 기반 일관성

4.2절에서 살펴보았듯이 스누핑 프로토콜은 공유 데이터에 대한 쓰기나 캐시 미스가 발생할 때마다 모든 캐시들 사이에 통신을 필요로 한다. 캐시 상태를 추적하는 중앙 데이터 구조가 없는 것은 스누핑 기반 기법의 근본적인 장점이지만 확장성 측면에서는 약점이 된다.

예를 들어, 16개 프로세서 시스템에서 64 바이트 블록과 512KB의 데이터 캐시를 사용하는 경우 부록 H의 과학/기술용 워크로드에서 4 프로그램에 대한 총 버스 대역폭 요구(스톨 사이클은 무시한다)는 4 GB/s에서 170 GB/s의 범위이다. 이 결과는 프로세서가 클록당 하나의 데이터 참조를 발생시킨다고 가정한 경우인데, 이는 4 GHz 클록의 경우 ns당 4개의 데이터 참조에 해당하는 것으로 논블로킹(nonblocking) 캐시를 가진 2006년 슈퍼스칼라 프로세서가 발생시키는 메모리 요구와 유사하다. 이에 비하여 2006년 최고 성능의 중앙집중식 16-프로세서 공유 메모리 멀티프로세서의 메모리 대역폭은 프로세서당 2.4 GB/s이었다. 같은 해 분산 메모리 모델의 멀티프로세서는 프로세서마다 인접 메모리에 12 GB/s 이상의 대역폭을 제공하였다.

그림 4.2에서 볼 수 있듯이 메모리를 분산시킴으로써 메모리 대역폭과 연결망 대역폭을 증가시킬 수 있다. 이러한 방법은 지역 메모리 트래픽을 원격 메모리 트래픽과 분리시켜 메모리 시스템과 연결망 회로의 대역폭 요구를 줄일 수 있다. 일관성 프로토콜이 매 캐시 미스마다 브로드캐스트할 필요를 제거하지 않는다면 메모리 분

산의 효과는 거의 없을 것이다.

앞에서도 언급했듯이, 스누핑 기반 프로토콜에 대한 대안은 *디렉터리 프로토콜(directory protocol)*이다. 디렉터리는 캐시되는 모든 블록의 상태를 기록한다. 디렉터리 내의 정보는 어떤 캐시들이 이 블록의 복사본을 가지고 있고 이 블록이 변경되었는지 등을 기록한다. 디렉터리 프로토콜은 Sun T1 설계(4.8절 참조)에서와 같이 중앙 집중식 공유 메모리 시스템에서의 대역폭 요구를 줄이기 위해서도 사용될 수 있다. 이 절에서는 디렉터리 프로토콜이 분산 메모리로 구현되었다는 가정 하에 설명할 것이다. 하지만 뱅크로 구성된 중앙 집중식 메모리에도 같은 설계가 적용될 수 있다.

가장 간단한 디렉터리 구현은 각 메모리 블록마다 하나의 디렉터리 엔트리를 갖게 하는 것이다. 이와 같은 설계에서 정보의 양은 메모리 블록의 수(메모리 블록은 2단계 또는 3단계 캐시 블록과 같은 크기이다)와 프로세서의 수를 곱한 것에 비례한다. 이 오버헤드는 블록 크기가 적절한 경우 프로세서의 수가 약 200개 이하일 때는 문제가 되지 않는다. 더 큰 대규모 멀티프로세서에서는 디렉터리 구조가 좀 더 효율적으로 확장될 수 있는 방법이 필요하다. 여기에 사용되는 방법은 더 적은 수의 블록들에 대해서만 정보를 유지하거나 (예를 들어, 모든 메모리 블록 대신에 캐시에 있는 블록에 대해서만) 또는 각 비트를 프로세서 집합을 뜻하게 함으로써 엔트리당 적은 비트를 사용하는 방법이 있다.

디렉터리가 병목 현상을 야기하지 않으려면 디렉터리는 메모리와 함께 분산되어져서 (SMP의 경우 인터리브된 메모리 뱅크들과 함께) 마치 메모리 요청이 각기 다른 메모리로 분산되듯이 다른 디렉터리 요청을 다른 디렉터리로 향하도록 하여야 한다. 분산 디렉터리 역시 블록의 공유 상태는 항상 한 곳에 저장된다. 이러한 성질은 일관성 프로토콜이 브로드캐스트하여야 할 필요성을 없애 준다. 그림 4.19는 분산 메모리 멀티프로세서의 각 노드에 디렉터리가 추가된 구조를 보여 준다.

디렉터리 기반 캐시 일관성 프로토콜: 기본 개념

스누핑 프로토콜과 마찬가지로 디렉터리 프로토콜은 두 주요 연산을 구현하여야 한다. 하나는 읽기 미스이고 다른 하나는 공유 상태의 깨끗한 캐시 블록에 대한 쓰기를 처리하는 것이다. (현재 공유되는 블록에 대한 쓰기 미스는 이 두 가지 연산의 간단한 조합이다.) 이 연산들을 구현하기 위해 디렉터리는 각 캐시 블록의 상태를 기록한다. 간단한 프로토콜은 다음과 같은 상태들을 관리한다.

- 공유(Shared) – 하나 이상의 프로세서가 이 블록을 캐시한다. (모든 캐시와) 메모리는 최신 값을 가지고 있다.
- 캐시 안 됨(Uncached) – 어떤 프로세서도 이 캐시 블록의 복사본을 갖고 있지

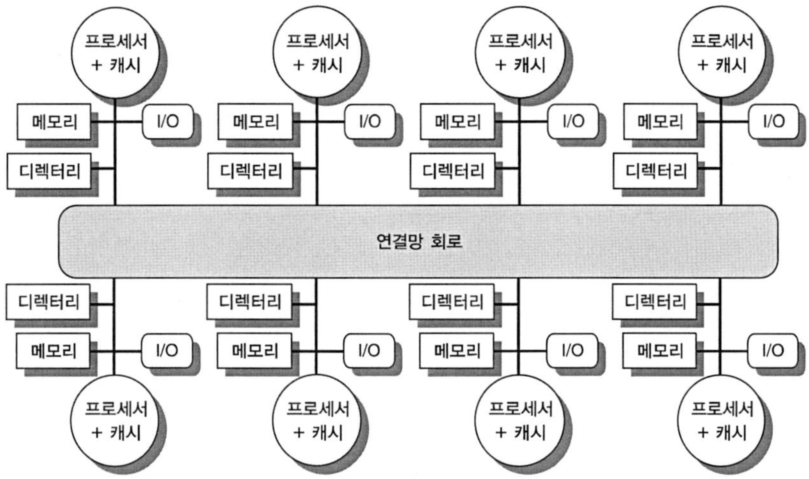

그림 4.19 분산 메모리 멀티프로세서에서 캐시 일관성을 구현하기 위해 각 노드에 디렉터리가 추가되었다. 각 디렉터리는 전체 메모리 중에서 각 노드에 해당하는 주소 영역에 대한 정보를 기록한다. 디렉터리는 그림에 나타낸 것과 같이 공통 버스를 통해 프로세서 또는 메모리와 통신을 수행하거나, 또는 메모리로의 독립적인 포트를 가지거나, 또는 노드 내부의 통신과 노드 사이의 통신을 모두 제어하는 중앙 노드 제어기의 일부일 수도 있다.

않다.

- 변경(Modified) – 단 하나의 프로세서만 이 캐시 블록의 복사본을 갖고 있으며 이 프로세서가 블록에 쓰기를 수행하였다. 따라서 메모리에 있는 사본은 오래된 값을 갖고 있다. 이 프로세서를 블록의 *소유자*라 부른다.

공유되는 메모리 블록의 상태와 함께 어떤 프로세서가 이 블록의 사본을 가지고 있는지 역시 추적하여야 한다. 이는 이 블록에 대한 쓰기가 수행될 때 이 사본들이 무효화되어져야 하기 때문이다. 가장 간단한 방법은 각 메모리 블록마다 비트 벡터를 사용하는 것이다. 블록이 공유될 때, 벡터의 각 비트는 대응하는 프로세서가 이 블록의 사본을 갖고 있는지를 표시한다. 또한 블록이 배타적 상태에 있을 때, 이 비트 벡터를 사용하여 블록의 소유자를 기록할 수 있다. 효율을 위해 각 캐시 블록의 상태는 개별 캐시에 기록한다.

각 캐시에서의 상태와 상태 전이는 비록 상태 전이 시 활동에는 약간의 차이가 있지만 스누핑 캐시의 경우와 동일하다. 데이터 항목의 배타적 사본을 찾고 무효화하는 과정은 요청하는 노드와 디렉터리, 또 디렉터리와 원격 노드 사이의 통신을 필요로 하기 때문에 스누핑 프로토콜의 경우와 다르다. 스누핑 프로토콜에서는 이 두 과정이 모든 노드로의 브로드캐스트를 사용하여 하나의 과정으로 구현되었다.

프로토콜의 상태 다이어그램을 살펴보기 전에 미스 처리와 일관성 유지를 위해 프로세서와 디렉터리 사이에 전달되는 메시지 유형을 살펴보는 것이 유익하다. 그림

메시지 유형	소스	목적지	메시지 내용	메시지의 기능
읽기 미스	지역 캐시	홈 디렉터리	P, A	프로세서 P가 주소 A에서 읽기 미스를 발생시킨다; 데이터를 요청하고 P를 읽기 공유자로 만든다.
쓰기 미스	지역 캐시	홈 디렉터리	P, A	프로세서 P가 주소 A에서 쓰기 미스를 발생시킨다; 데이터를 요청하고 P를 배타적 소유자로 만든다.
무효화	지역 캐시	홈 디렉터리	A	주소 A의 블록을 캐시한 모든 원격 캐시에 무효화를 요청한다.
무효화	홈 디렉터리	원격 캐시	A	주소 A의 공유 데이터 사본을 무효화한다.
인출(Fetch)	홈 디렉터리	원격 캐시	A	주소 A의 블록을 인출하여 홈 디렉터리로 보낸다; 원격 캐시에서 A의 상태를 공유로 변경한다.
인출/무효화	홈 디렉터리	원격 캐시	A	주소 A의 블록을 인출하여 홈 디렉터리로 보낸다; 캐시의 블록을 무효화한다.
데이터 값 응답	홈 디렉터리	지역 캐시	D	홈 메모리로부터 데이터 값을 인출한다.
데이터 메모리 나중 쓰기	원격 캐시	홈 디렉터리	A, D	주소 A의 데이터를 메모리에 나중 쓰기 한다.

그림 4.20 일관성 유지를 위해 노드 사이에 전송되는 메시지 유형. 소스와 목적지, 메시지 내용 (P = 요청하는 프로세서 번호, A = 요청 주소, D = 데이터 내용), 메시지 기능을 보여 준다. 처음 세 메시지는 지역 캐시가 홈에 보내는 요청이다. 4 번째에서 6 번째까지의 메시지들은 홈이 읽기나 쓰기 미스 요청을 처리하기 위해 데이터를 필요로 할 때 원격 캐시에 보내는 메시지들이다. 데이터 값 응답은 홈 노드가 요청 노드로 데이터 값을 보낼 때 사용된다. 데이터 값 메모리 쓰기는 다음의 두 이유로 발생한다. 첫 째는 블록이 캐시에서 교체되어 홈 메모리에 써져야 할 때고 두 번째는 홈으로부터 인출이나 인출/무효화 메시지에 대하여 응답할 때 이다. 블록이 공유 상태로 바뀔 때마다 데이터 값을 메모리에 쓰는 것은 프로토콜의 상태 수를 줄여 준다. 왜냐하면 변경된 블록은 배타적 상태에 있어야 하며 공유 블록은 홈 메모리에서 항상 존재하기 때문이다.

4.20은 노드 사이에 보내지는 메시지 유형을 보여 준다. *지역 노드(local node)*는 요청을 발생시킨 노드이다. *홈 노드(home node)*는 메모리 장소와 그 주소의 디렉터리 엔트리가 존재하는 노드이다. 물리적 주소 공간은 정적으로 분산되어 있어서 물리적 주소가 주어지면 그 주소에 대한 메모리와 디렉터리를 갖고 있는 노드를 알 수 있다. 예를 들어, 주소의 상위 비트는 노드 숫자를 하위 비트는 그 노드 내의 메모리에서의 상대적 위치를 제공한다. 지역 노드가 홈 노드가 될 수도 있다. 이 경우 역시 디렉터리는 반드시 액세스되어져야 하는데 그 이유는 사본이 *원격 노드(remote node)*라 불리는 제 3의 노드에 존재할 수 있기 때문이다.

원격 노드는 배타적 상태(이것이 유일한 사본인 경우)나 공유 상태의 캐시 블록 사본을 갖고 있는 노드이다. 원격 노드는 지역 노드 또는 홈 노드와 같을 수 있다. 이러한 경우, 기본 프로토콜은 변하지 않으나 프로세서 사이의 메시지는 프로세서 내부의 메시지로 대체될 수 있다.

이 절에서는 간단한 메모리 일치성 모델(memory consistency model)을 가정한다.

메시지 유형과 프로토콜의 복잡성을 줄이기 위해 메시지들은 보낸 순서와 동일하게 수신되고 처리된다고 가정한다. 이 가정은 실제와는 다르며 실제 상황에서는 추가적인 복잡성이 동반될 수 있다. 이 이슈는 메모리 일치성 모델을 다루는 4.6절에서 논의할 것이다. 이 절에서는 스누핑 프로토콜을 구현할 때 가정하였던 것과 같이 프로세서가 보낸 무효화 메시지들이 새 메시지가 전송되기 전에 처리되는 것을 보장하기 위해 이와 같은 가정을 사용하였다. 스누핑의 경우와 마찬가지로 일관성 프로토콜을 구현하기 위해 필요한 일부 복잡한 이슈는 생략하였다. 특히, 쓰기 직렬화나 쓰기에 필요한 무효화 연산이 완료되었다는 것을 판단하는 것은 브로드캐스트 기반의 스누핑 기법처럼 간단하지는 않다. 대신에 쓰기 미스와 무효화 요청에 응답하는 직접적인 승인이 요구된다. 이 이슈는 부록 H에서 상세히 논의한다.

디렉터리 프로토콜의 예제

디렉터리 기반 프로토콜에서 캐시 블록의 기본 상태는 스누핑 프로토콜의 경우와 동일하고 디렉터리의 상태는 이 전에 설명한 것과 유사하다. 따라서 각각의 캐시 블록에 대한 상태 전이를 보여 주는 간단한 상태 다이어그램을 살펴보고 메모리 각 블록에 대한 디렉터리 엔트리의 상태 다이어그램을 논의하기로 하자. 스누핑의 경우와 같이 이 상태 전이 다이어그램들은 일관성 프로토콜의 모든 구체적인 내용을 표현하지는 않는다. 하지만 실제 제어기는 멀티프로세서 시스템의 여러 구체적 특징(메시지 전달 특성, 버퍼 구조 등)에 크게 좌우된다. 이 절에서는 기본적인 프로토콜의 상태 다이어그램을 설명한다. 이와 같은 상태 전이 다이어그램을 구현하는 것과 관련한 복잡한 이슈들은 부록 H에서 논의한다.

그림 4.21은 프로토콜 활동과 각 캐시의 응답을 보여 준다. 전 절에서와 같은 표기법을 사용하여 노드 밖으로 나가는 요청은 회색으로, 활동은 굵은 글씨로 표시하였다. 각 캐시의 상태 전이는 읽기 미스, 쓰기 미스, 무효화, 데이터 요청에 의해 야기되며 이들 연산은 그림 4.21에 모두 나타내었다. 각 캐시는 또한 읽기 미스, 쓰기 미스, 무효화 메시지를 생성하며 이들은 홈 디렉터리로 보내진다. 읽기와 쓰기 미스는 데이터 값의 응답을 요구하며 상태를 변경하기 전에 응답을 기다린다. 무효화가 완료되었다는 것을 판단하는 것은 별 개의 문제로 독립적으로 처리된다.

그림 4.21에서 보여 준 캐시 블록에 대한 상태 전이 다이어그램의 동작은 스누핑의 경우와 근본적으로 동일하다. 상태들은 모두 같으며 자극 역시 동일하다. 스누핑 기법에서 버스 (또는 다른 네트워크) 상의 브로드캐스트로 처리되는 쓰기 미스는 디렉터리 제어기에 의해 선택적으로 보내지는 데이터 가져오기와 무효화 연산으로 대체되었다. 스누핑 프로토콜과 마찬가지로 캐시 블록은 쓰기를 수행할 때 배타적 상태에 있어야 하며 공유 블록은 메모리에서 최신 값을 유지하여야 한다.

디렉터리 프로토콜에서 디렉터리는 일관성 프로토콜의 나머지 반을 구현한다.

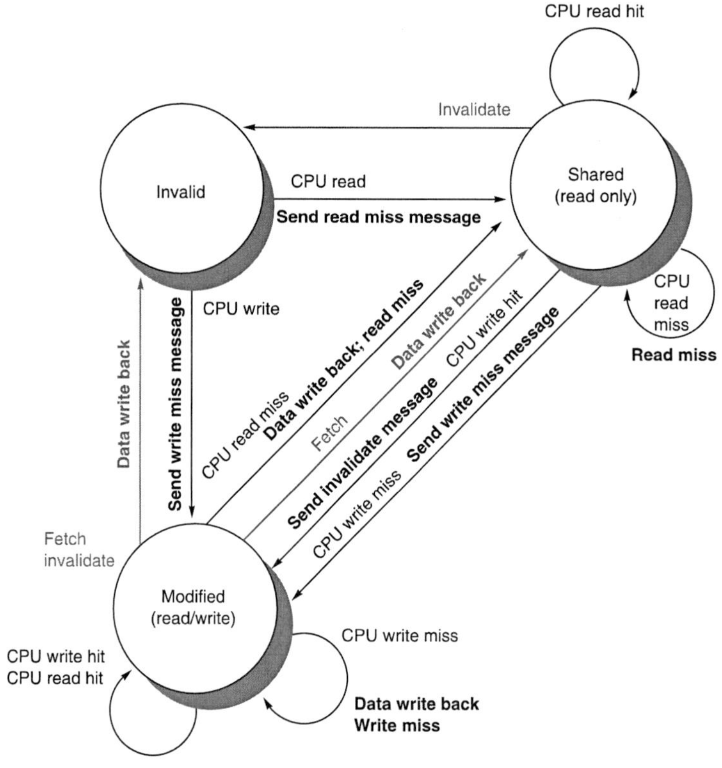

그림 4.21 디렉터리 기반 시스템에서 각 캐시 블록의 상태 전이 다이어그램. 지역 프로세서에 의한 요청은 검정 글씨로, 홈 디렉터리에 의한 요청은 회색으로 표시하였다. 상태들은 스누핑 기법의 경우와 동일하며 트랜잭션은 버스에 브로드캐스트되었던 쓰기 미스가 직접적인 무효화와 나중 쓰기 요청으로 대체되었다. 스누핑 제어기와 마찬가지로 공유 캐시 블록에 대한 쓰기 시도는 미스로 간주되었다. 실제로 이와 같은 트랜잭션은 소유권 요청이나 업그레이드 요청으로 처리되며 캐시 블록의 전달을 요구하지 않고 소유권을 전달할 수 있다.

디렉터리로 보내진 메시지는 디렉터리 상태의 변경과 요청을 만족하기 위한 추가 메시지의 전송이라는 두 가지 유형의 활동을 야기한다. 디렉터리의 상태는 블록의 세 가지 표준 상태를 표시한다. 하지만 스누핑 기법과는 달리 디렉터리의 상태는 한 캐시 블록의 상태가 아니라 메모리 블록의 모든 캐시 사본들의 상태를 표시한다.

메모리 블록은 캐시되어 있지 않거나, 여러 노드에 의해 캐시되어 읽기 가능하거나 (공유), 배타적으로 캐시되어 오직 한 노드에서만 써질 수 있다. 각 블록의 상태에 추가하여 디렉터리는 블록의 사본을 가지고 있는 프로세서들의 집합을 기록한다. 이 기능을 수행하기 위해 *공유자(Sharers)*라 불리는 집합을 사용한다. 64개 이내의 노드를 가진 멀티프로세서에서 (각 노드는 2개에서 4개의 프로세서들을 가질 수 있다) 이 집합은 일반적으로 비트 벡터로 관리된다. 이보다 규모가 큰 멀티프로세서는 다른 기술이 필요하다. 디렉터리 요청은 공유자 집합을 갱신하고 무효화를 수행하기 위해 이 집합을 읽기도 한다.

그림 4.22는 수신된 메시지에 대하여 디렉터리가 취하여야 할 활동을 보여 준다.

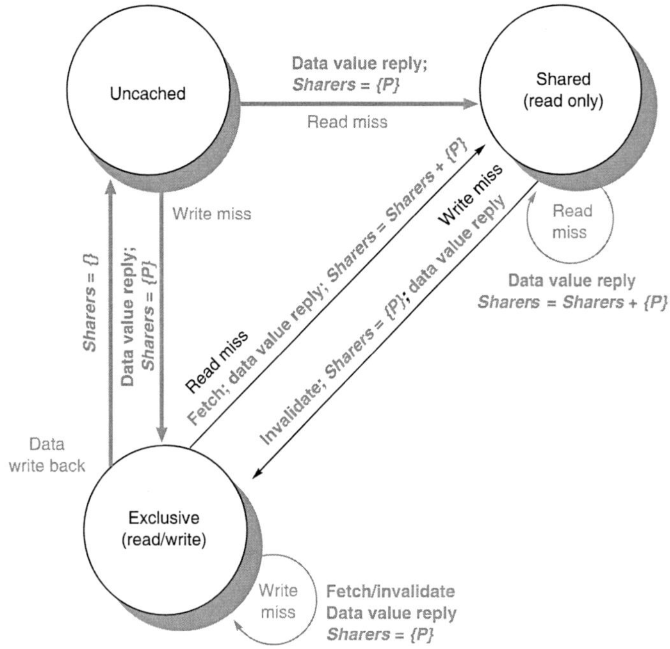

그림 4.22 디렉터리의 상태 전이 다이어그램은 각 캐시의 상태 전이 다이어그램과 같은 상태와 구조를 갖는다. 모든 활동은 외부에서 야기되었기 때문에 회색으로 표시하였다. 굵은 글씨는 디렉터리에 의해 요청에 대한 응답으로 취해진 활동을 표시한다.

디렉터리는 읽기 미스, 쓰기 미스, 데이터 나중 쓰기의 세 가지 다른 요청을 수신한다. 디렉터리에 의한 응답 메시지는 굵은 글씨로, 공유자 집합의 갱신은 굵은 이태리체로 표시하였다. 모든 자극 메시지는 외부에서 오기 때문에 모든 활동은 회색으로 표시하였다. 이 간단한 프로토콜은 값을 요청하고 다른 노드에 전송하는 것과 같은 일부 활동들은 원자성을 갖는 것으로 가정하였다. 하지만 실제 구현은 이러한 가정을 사용할 수 없다.

디렉터리 연산을 이해하기 위해 상태별로 수신된 요청과 취해진 활동을 조사하여 보자. 한 블록이 캐시 안 된 상태에서 메모리의 복사본이 현재 값을 가지고 있고 따라서 이 블록에 대하여 가능한 요청들은 다음과 같다.

- 읽기 미스 (read miss) – 메모리가 요청한 프로세서에게 데이터를 보내고 요청한 프로세서는 유일한 공유 노드가 된다. 이 블록은 공유 상태가 된다.
- 쓰기 미스 (write miss) – 요청한 프로세서에게 데이터 값이 보내지고 이 프로세서는 공유 노드가 된다. 블록의 상태는 배타적 상태가 되어 캐시된 블록이 유일하게 유효한 복사본임을 표시한다. 공유자들은 소유자의 이름을 표시한다.

블록이 공유 상태에 있을 때, 메모리 값은 최신 값을 갖게 되고 따라서 전과 동일한 두 가지 요청이 발생할 수 있다.

- 읽기 미스(read miss) – 메모리가 요청한 프로세서에게 데이터를 보내고 요청한 프로세서가 공유 집합에 추가된다.
- 쓰기 미스(write miss) – 요청한 프로세서에게 데이터 값이 보내지고 공유자 집합에 있는 모든 프로세서들에게 무효화 메시지가 전달되며 공유자 집합은 요청한 프로세서의 이름만 갖게 된다. 블록의 상태는 배타적이 된다.

블록이 배타적 상태에 있을 때, 블록의 최신 값은 공유자 집합(소유자)에 명시된 프로세서의 캐시에 존재한다. 따라서 세 가지 디렉터리 요청이 발생할 수 있다.

- 읽기 미스(read miss) – 소유자 프로세서에는 데이터 인출 메시지가 보내지며 이는 소유자 캐시에 있는 블록의 상태를 공유 모드로 바뀌게 하고 소유자는 데이터를 디렉터리로 보낸다. 디렉터리에서 데이터는 메모리에 써진 후 데이터를 요청한 프로세서에 보내진다. 요청한 프로세서의 이름이 공유자 집합에 추가되며 이 집합은 소유자이었던 프로세서의 이름을 여전히 간직한다. (왜냐하면 읽기 가능한 복사본을 여전히 소유하고 있기 때문이다.)
- 데이터 나중 쓰기(data write back) – 소유자 프로세서는 블록을 교체하여야 하므로 나중 쓰기를 수행하여야 한다. 나중 쓰기는 메모리 복사본을 최신 상태로 만들어주며 (홈 디렉터리가 실제 소유자가 된다), 블록은 캐시 안 한 상태가 되며 공유자 집합은 비게 된다.
- 쓰기 미스(write miss) – 블록은 새 소유자를 갖는다. 메시지가 구 소유자에게 보내져서 캐시내의 블록을 무효화시키고 데이터 값은 디렉터리에 먼저 보내진 후 다시 요청한 프로세서에 보내진다. 요청한 프로세서는 새 소유자가 되며 공유자 집합은 새 소유자의 이름을 갖게 되고 블록의 상태는 배타적이 된다.

그림 4.22의 상태 전이 다이어그램은 스누핑 캐시의 경우와 마찬가지로 간소화하여 표현되었다. 버스가 아닌 네트워크로 구현된 스누핑 기법과 마찬가지로 디렉터리의 경우 제시된 프로토콜은 비원자적 메모리 트랜잭션을 다룰 필요가 있다. 이와 관련된 자세한 이슈는 부록 H에서 논의한다.

실제 멀티프로세서에서 사용되는 디렉터리 프로토콜은 추가적인 최적화 기법을 사용한다. 이 프로토콜에서 배타적 블록에 대하여 읽기 또는 쓰기 미스가 발생하는 경우 블록은 먼저 홈 노드의 디렉터리에 보내지고 여기서 홈 메모리에 저장된 후 원래 요청한 프로세서에 보내지게 된다. 하지만 실제 상용 멀티프로세서에서 사용되는 프로토콜은 (홈에 나중 쓰기를 수행하는 것과 함께) 소유자 노드로부터 요청한 노드로 직접 데이터를 전달한다. 이와 같은 최적화 방법은 데드락의 가능성을 증가시키고 다루어야 할 메시지 유형을 증가시키게 되어 종종 복잡성을 동반하게 된다.

디렉터리 기법의 구현은 스누핑 프로토콜에서 논의되었던 여러 같은 문제점 해결을 요구한다. 하지만 이 외에도 새로운 추가적인 문제점들이 동반되며 이에 대한 논의는 부록 H에서 다루기로 하자.

4.5 동기화: 기초

Computer Architecture

동기화 메커니즘은 일반적으로 하드웨어가 제공하는 동기화 명령을 사용하는 사용자 수준의 소프트웨어 루틴으로 구현된다. 소형 멀티프로세서나 트래픽이 적은 환경에서 사용되는 핵심 하드웨어 기능은 원자적으로 값을 검색하고 변경할 수 있는 인터럽트가 불가능한 명령어나 명령어 시퀀스를 사용하는 방법이다. 소프트웨어 동기화 기법은 이러한 기능을 사용하여 구현된다. 이 절에서는 락(lock)과 언락(unlock) 동기화 연산에 대하여 집중적으로 논의한다. 락과 언락을 사용하여 손쉽게 상호 배제(mutual exclusion)를 구현할 수 있으며 보다 복잡한 동기화 메커니즘을 구현하는 것 역시 가능하다.

대형 멀티프로세서나 보다 트래픽이 많은 환경에서는 지연시간이 잠재적으로 더 크고 경쟁으로 인하여 추가적인 지연이 발생하므로 동기화가 성능에 병목 현상을 일으킬 수 있다. 부록 H에서는 이 절에서 소개한 기본적인 동기화 메커니즘이 대형 멀티프로세서에서 어떻게 확장될 수 있는지를 기술한다.

기본 하드웨어 기능

멀티프로세서에서 동기를 구현하기 위한 핵심 기능은 메모리 공간의 값을 원자적으로 읽고 변경할 수 있는 하드웨어 기능이다. 이와 같은 기능 없이 기본적인 동기화 기능을 구현하는 것은 비용이 너무 크고 또 프로세서 수가 많아지면 그 비용이 증가하는 문제점을 갖고 있다. 메모리 데이터를 원자적으로 읽고 변경하는 기능과 이러한 연산이 성공적으로 수행되었는지 알려 주는 여러 가지 기본적인 하드웨어 기법들이 존재한다. 이러한 하드웨어 기법들은 락과 배리어(barriers)와 같은 다양한 사용자 수준의 동기화 연산을 구축하는 데 사용된다. 일반적으로 설계자들은 사용자가 기본적인 하드웨어 기능을 직접 사용하는 것을 기대하지 않는다. 대신에 시스템 프로그래머들이 이러한 하드웨어 기능을 사용하여 동기화 라이브러리를 구축하는 것을 기대한다. 이러한 과정은 종종 상당히 복잡하고 까다롭다. 이러한 하드웨어 기능을 먼저 소개하고 이 기능을 사용하여 어떻게 기본적인 동기화 연산을 구현할 수 있는지를 논의하여 보자.

동기화 연산을 구현하는 전형적인 연산은 레지스터 값과 메모리 값을 교환하는

원자적 교환(atomic exchange) 연산이다. 이를 사용하여 어떻게 기본적인 동기화 연산을 구현하는지를 보기 위해 0은 자유로운 상태를, 1은 잠겨 있는 상태를 표시하는 간단한 락을 구현한다고 가정하자. 프로세서는 락을 1 상태로 바꾸기 위해 레지스터에 있는 1의 값을 그 락에 대응하는 메모리 주소의 값과 교환한다. 이러한 교환 명령으로부터 리턴된 값은 만약 다른 프로세서가 이미 액세스를 하여 그 락을 소유하고 있다면 1이고 그렇지 않으면 0이다. 후자의 경우, 값은 1로 변경되어 다른 경쟁관계에 있는 교환이 0의 값을 갖게 하는 것을 방지한다.

예를 들어, 동시에 교환 명령을 시도하는 두 프로세서를 고려하여 보자: 이 경쟁을 통해 정확히 하나의 프로세서만 교환에 성공하여 0의 값을 액세스하게 되고 두 번째 프로세서는 교환 시 1의 값을 갖게 된다. 동기화를 구현하기 위해 교환(exchange) 또는 교체(swap) 연산을 사용하는 데 중요한 점은 이 연산이 원자적이라는 것이다. 이 교환 연산은 나누어질 수 없으며(indivisible) 동시에 발생하는 두 교환은 쓰기 직렬화 (write serialization) 메커니즘에 의하여 순서가 정해진다. 두 프로세서가 이러한 방식으로 동기화 변수를 액세스하므로 동시에 같은 변수에 락을 성공하는 것은 불가능하다.

동기화는 다른 다양한 원자적 기능을 사용하여 구현할 수 있다. 이들은 메모리 값을 원자적으로 읽고 변경하며 이 연산이 원자적으로 수행되었는지를 알려 주는 공통된 특징을 갖고 있다. 구식 멀티프로세서에서 사용되었던 한 가지 연산은 값을 테스트한 후 테스트를 통과하면 값을 1로 변경하는 *test-and-set* 연산이다. 예를 들어, 0의 값을 갖는지 테스트한 후 값을 1로 변경하는 연산을 정의할 수 있으며 이 연산은 원자적 교환 연산과 같은 방식으로 사용될 수 있다. 또 다른 원자적 동기화 연산은 메모리 값을 읽고 값을 원자적으로 1 증가시키는 *fetch-and-increment* 연산이다. 동기화 변수가 사용되지 않은 상태를 표시하는 데 0을 사용하면 교환 명령과 마찬가지로 fetch-and-increment를 사용할 수 있다. 뒤에서 곧 기술하듯이 fetch-and-increment와 같은 연산들은 또 다른 용도가 있다.

원자적 메모리 연산을 구현하는 것은 메모리 읽기와 쓰기를 인터럽트 없이 하나의 명령에 구현하여야 하기 때문에 쉬운 일은 아니다. 이러한 요구 사항은 하드웨어가 읽기와 쓰기 사이에 다른 연산을 허락하지 않아야 하며 또 데드락도 피하여야 하기 때문에 캐시 일관성 구현을 복잡하게 만든다.

또 다른 대안은 한 쌍의 명령어를 사용하여 실행한 후 두 명령이 원자적으로 수행되었는지 두 번째 명령의 리턴 값을 사용하여 추론하는 방법이다. 한 쌍의 명령은 만약 모든 다른 명령들이 그 쌍 이전 또는 이후에 실행된 것처럼 수행되었다면 실질적으로 원자적으로 수행된 것이다. 따라서 이 명령 쌍은 원자적이며 다른 프로세서는 이 명령어 쌍 사이에서 값을 변경시킬 수 없다.

이 명령어 쌍에는 *load linked* 또는 *load locked (LL)*라 불리는 특별한 로드 명령과 *store conditional (SC)*이라 불리는 특별한 스토어 명령이 포함되며 이 명령들은 연속적으로 사용된다. 만약 load linked에 명시된 메모리 주소의 값이 store conditional 이전에 변경되어졌다면 store conditional은 실패하게 된다. 또한 만약 프로세서가 두 명령어 사이에 문맥 교환(context switch)을 수행하였다면 이 store conditional은 실패하게 된다. 이 store conditional 명령은 성공 시는 1을 리턴하고 그렇지 못하면 0을 리턴한다. load linked 명령은 초기 값을 리턴하고 store conditional 명령은 성공 시에만 1을 리턴하므로 다음의 명령어 코드는 R1 값에 명시된 메모리 주소에 원자적 교환을 구현한다.

```
try:  MOV     R3, R4      ;mov가 값을 이동한다.
      LL      R2, 0(R1)   ;load linked
      SC      R3, 0(R1)   ;store conditional
      BEQZ    R3, try     ;스토어가 실패하면 분기한다.
      MOV     R4, R2      ;로드 값을 R4에 저장한다.
```

이 코드 후에는 R4의 내용과 R1에 의해 명시된 메모리 주소는 원자적으로 값을 교환하게 (지연된 분기에 의한 효과는 무시하고) 된다. 프로세서가 LL과 SC 명령 사이에 끼어들어 메모리 값을 변경한다면 SC는 R3에 0을 리턴하게 되고 코드는 재시도를 하게 된다.

load linked/store conditional 기법의 장점은 이 기법이 다른 동기화 방법을 구현하는 데 사용될 수 있다는 것이다. 예를 들어, 다음의 원자적 fetch-and-increment를 살펴보자.

```
try:  LL      R2, 0(R1)   ;load linked
      DADDUI  R3, R2, #1  ;increment
      SC      R3, 0(R1)   ;store conditional
      BEQZ    R3, try     ;스토어가 실패한 경우 try로 분기
```

이러한 명령들은 일반적으로 LL 명령에 의해 명시된 주소를 *링크 레지스터(link register)*라 불리는 레지스터에 저장, 관리함으로써 구현된다. 인터럽트가 발생하거나 캐시 블록이 링크 레지스터에 있는 주소 값과 일치하여 삭제되었다면(예를 들어, 다른 SC 명령에 의해), 링크 레지스터의 값은 지워지게 된다. SC 명령은 단순히 그 주소가 링크 레지스터의 값과 일치하는지 검사한다. 만약 일치한다면 SC는 성공하며 그렇지 않으면 실패가 된다. load link된 주소에 대한 또 다른 스토어 명령이나 다른 예외 상황이 발생하면 store conditional 명령은 실패하게 되므로 두 명령어 사이에 어떤 명령을 삽입할 지를 선택할 때 주의하여야 한다. 특히 레지스터-레지스터 명령들의 경우는 안전하게 사용될 수 있다. 그렇지 않으면 프로세서가 SC 명령을 끝마칠 수 없는 데드락 상황이 발생할 수 있기 때문이다. 또한 store conditional 명령이 관

련 없는 사건이나 경쟁중인 프로세서로 인하여 자주 실패하게 되는 가능성을 최소화하기 위해서는 load linked 명령과 store conditional 명령 사이의 명령어의 수는 적어야 한다.

일관성을 이용한 락의 구현

원자적 연산이 제공되면 멀티프로세서의 캐시 일관성 기법을 사용하여 *스핀 락(spin lock)* – 프로세서가 성공할 때까지 루프를 돌면서 계속해서 락을 얻으려고 시도하는 락 – 을 구현할 수 있다. 스핀 락은 프로그래머가 아주 짧은 시간 동안 락이 유지되기를 기대하거나 아주 짧은 시간에 락이 성공하기를 원할 때 사용된다. 스핀 락은 프로세서가 락이 자유로워 질 때까지 루프를 돌면서 락을 기다리도록 하기 때문에 일부 환경에서는 사용하기가 부적합하다.

캐시 일관성 기법이 없는 경우 사용할 수 있는 가장 간단한 구현 방법은 메모리에 락 변수를 보관하는 것이다. 프로세서는 교환 명령과 같은 원자적 연산을 사용하여 락을 계속해서 시도한 후 락이 사용 가능한 지를 검증할 수 있다. 락을 내놓기 위해서는 프로세서는 단순히 락에 0 값을 저장하면 된다. 다음의 코드는 원자적 교환 명령을 사용하여 R1에 저장된 주소에 대하여 스핀 락을 시도한다.

```
        DADDUI  R2, R0, #1
lockit: EXCH    R2, 0(R1)     ;원자적 교환
        BNEZ    R2, lockit    ;이미 락 되었는가?
```

캐시 일관성이 지원되는 멀티프로세서에서는 일관성 기법을 사용하여 락 값의 일관성을 유지하기 위해 락을 캐시할 수 있다. 락을 캐시하는 방법은 두 가지 장점을 가진다. 첫 번째, 스핀 락(짧은 루프에서 계속해서 락을 테스트하여 락을 얻으려는 것)을 시도하는 프로세스가 매번 락을 얻으려 할 때 전역 메모리를 액세스하는 대신에 캐시된 지역 복사본에 스핀 락을 시도하도록 구현될 수 있다. 두 번째 장점은 락 액세스에도 종종 지역성이 존재한다는 사실에 근거한다. 즉, 최근에 락을 사용한 프로세서가 곧 락을 다시 액세스한다는 것이다. 이러한 경우, 락 값은 프로세서 내부의 캐시에 존재하게 되어 락을 얻는 시간을 상당히 줄여주게 된다.

첫 번째 장점을 얻기 위해서는 – 즉, 락을 얻기 위해 매번 메모리 요청을 하는 대신에 지역 캐시 복사본에 스핀 락을 수행할 수 있는 것 – 스핀 락 프로시저를 변경할 필요가 있다. 위의 루프에서 교환을 하려는 각 시도는 쓰기 동작을 요구한다. 만약 여러 프로세서가 락을 얻으려고 하는 경우, 각각이 쓰기를 시도하게 된다. 각 프로세서가 락 변수를 배타적 상태에서 얻으려고 하기 때문에 대부분의 이러한 쓰기는 쓰기 미스를 발생시킨다.

따라서 락이 사용가능할 때까지 락의 지역 복사본에 대한 읽기를 통해 스핀을

수행하도록 스핀 락 프로시저를 변경하여야 한다. 그런 후 교체 연산을 통해 락을 얻으려고 시도한다. 프로세서는 먼저 락 변수를 읽어서 그 상태를 테스트한다. 프로세서는 읽은 값이 락이 풀리어 있다고 알려줄 때까지 계속해서 읽고 테스트한다. 이 프로세서는 스핀 대기(spin waiting)를 시도하는 모든 프로세서들과 먼저 락을 하기 위해 경쟁을 한다. 모든 프로세스는 과거 값을 읽고 락 변수에 1을 저장하는 교체 명령을 사용한다. 오직 하나의 승리자가 0 값을 보게 되고 나머지 실패자들은 승리자가 쓴 1의 값을 보게 된다. (실패자들이 계속해서 변수를 락된 값으로 수정하려 하지만 문제가 되지 않는다.) 승리한 프로세서는 락 후에 코드를 실행하고 이를 마친 후 락을 풀기 위해 락 변수에 0을 저장하면 다시 락을 쟁취하기 위한 경쟁이 시작된다. 다음은 이러한 스핀 락을 수행하는 코드이다. (0은 잠김이 풀린 상태, 1은 잠긴 상태를 표시하는 것을 기억하라.)

```
lockit:   LD       R2, 0(R1)      ;락을 로드한다.
          BNEZ     R2, lockit     ;락이 사용가능하지 않으면 다시 스핀
          DADDUI   R2, R0, #1     ;락 값을 로드한다.
          EXCH     R2, 0(R1)      ;교체
          BNEZ     R2, lockit     ;락 값이 0이 아니면 분기
```

이 스핀 락 기법이 어떻게 캐시 일관성 기법을 이용하는지 살펴보자. 그림 4.23은 여러 프로세스들이 원자적 교체 연산을 사용하여 변수를 락하기 위한 프로세서와 버스, 디렉터리 연산을 보여 준다. 락을 가진 프로세서가 락에 0을 저장하면 모든 다른 캐시들은 자신의 복사본을 제거하게 되고 락의 복사본을 갱신하기 위해 새 값을 인출하여야 한다. 이 때 한 캐시만 풀려진 락 값(0)을 처음 읽게 되고 교체를 수행한다. 다른 프로세서들의 캐시 미스가 처리되면 변수가 이미 락 되어 있음을 발견하게 되어 다시 테스트와 스핀 과정으로 돌아가게 된다.

이 예제는 load linked/store conditional 연산의 또 다른 장점을 보여 준다. 읽기와 쓰기 연산은 분명히 분리되어 있다. load linked 연산은 버스 트래픽을 발생시킬 필요가 없다. 이러한 사실에 근거하여 다음의 간단한 코드가 가능한데 이 코드는 교환을 사용한 최적화된 버전과 같은 특성을 가진다(R1은 락의 주소를, LL은 LD를 대체하고 SC는 EXCH를 대체한다).

```
lockit:  LL       R2, 0(R1)      ;load linked
         BNEZ     R2, lockit     ;락이 사용가능하지 않으면 다시 스핀
         DADDUI   R2, R0, #1     ;락 값을 로드
         SC       R2, 0(R1)      ;스토어
         BEQZ     R2, lockit     ;락 값이 0이 아니면 분기
```

첫 번째 분기가 스핀 루프를 형성하고 두 번째 분기는 두 프로세서가 동시에 락이

단계	프로세서 P0	프로세서 P1	프로세서 P2	락의 일관성 상태	버스/디렉터리 활동
1	락을 가짐	락 = 0을 테스트하고 스핀한다	락 = 0을 테스트하고 스핀한다	공유	없음
2	락 값을 0으로 변경	(무효화 요청 수신)	(무효화 요청 수신)	배타적 (P0)	P0이 락 변수를 쓰기 무효화
3		캐시 미스	캐시 미스	공유	버스/디렉터리는 P2 캐시 미스를 서비스; P0로부터 나중 쓰기
4		(버스/디렉터리가 바쁜 동안 대기)	락 = 0	공유	P2 캐시 미스 처리
5		락 = 0	교체 수행; 캐시 미스 발생	공유	P1의 캐시 미스 처리
6		교체 수행; 캐시 미스 발생	교체 완료; 0이 리턴되고 lock = 1로 변경	배타적 (P2)	버스/디렉터리는 P2 캐시 미스를 서비스; 무효화 발생
7		교체 완료; 1이 리턴되고 lock = 1로 변경	임계 영역 진입	배타적 (P1)	버스/디렉터리는 P1 캐시 미스를 서비스; 나중 쓰기발생
8		스핀하며 lock = 0을 테스트			없음

그림 4.23 세 프로세서 P0, P1, P2에 대한 캐시 일관성 단계와 버스 트래픽. 이 그림은 쓰기 무효화 일관성 기법을 가정한다. P0은 락을 갖고 있다(단계 1). P0이 빠져 나오고 락을 푼다(단계 2). P1과 P2가 교체를 통해 풀려진 락을 읽으려 경쟁한다(단계 3–5). P2가 승리하고 임계 영역에 진입한다(단계 6과 7). 반면 P1의 시도는 실패하고 다시 스핀 대기를 시작한다(단계 7과 8). 실제 시스템에서 버스를 얻는 것과 미스에 대한 응답 처리 시간이 오래 걸리기 때문에 이러한 사건들은 8 사이클 이상 걸릴 것이다.

사용가능하다는 것을 발견할 때 경쟁을 해결한다.

비록 이 스핀 락 기법이 간단하고 설득력 있지만 락이 풀릴 때 발생하는 통신 트래픽 때문에 많은 수의 프로세서들을 감당하기는 쉽지 않다. 부록 H에서는 이 이슈를 포함에서 대형 멀티프로세서에서의 이슈들을 논의한다.

4.6 메모리 일치성 모델: 소개

Computer Architecture

캐시 일관성은 다수의 프로세서가 메모리를 일관성 있게 볼 수 있게 하여 준다. 하지만 메모리가 *어떻게* 일치성 있게 보이어야 하는지에 관해서는 언급하지 않는다. "어떻게 일치성이 있어야 하는지"란 프로세서가 다른 프로세서가 갱신한 값을 언제 보아야만 하는지를 의미한다. 프로세서들은 (데이터 값과 동기에 사용되는) 공유 변수를 통해 통신하므로 이 질문은 결국 다음과 같은 질문으로 귀결된다. 어떤 순서로 프로세서는 다른 프로세서가 쓴 값을 관측하여야 하는가? "다른 프로세서가 쓴 값을 관측하는" 유일한 방법은 읽기를 통해서만 가능하므로 질문은 또 다음과 같이 표현될 수 있다. 다른 프로세서들에 의한 다른 메모리 장소에 대한 읽기와 쓰기 사이에는 어떤 성질이 유지되어야 하는가?

메모리가 어떻게 일치성 있게 보이어야 하는지의 질문은 비록 간단하게 보이지만 다음 예제에서 살펴볼 수 있듯이 상당히 복잡한 질문이다. 다음은 프로세스 P1과 P2로부터의 두 코드를 나란히 보여 준다.

```
P1:     A = 0;              P2:     B = 0;
        .....                       .....
        A = 1;                      B = 1;
L1:     if (B == 0) ...     L2:     if (A == 0)...
```

두 프로세스가 각기 다른 프로세서에서 실행되고 있고 A와 B 모두 두 프로세서에 의해 초기 값 0으로 캐시되어 있다고 가정하자. 만약 쓰기가 즉시 효과가 있고 새로 써진 값이 다른 프로세서에 의해 바로 보인다면 *두* if 문장 (L1과 L2) 모두가 그들의 조건을 참으로 평가한다는 것은 불가능하다. 왜냐하면 if 문에 도착하였을 때에는 A 또는 B 중 한 값에 1의 값이 할당되었을 것이기 때문이다. 하지만 쓰기 무효화가 지연되었고 프로세서가 이 지연시간동안 진행하도록 허락되었다면 값들을 읽기 *전에* P1과 P2 모두 각각 B와 A에 대한 무효화를 보지 못했을 가능성이 있다. 질문은 이러한 행동이 허락되어야 하느냐 이고 만약 그렇다면, 어떤 조건에서 허락되어야 하는가 이다.

가장 직관적인 메모리 일치성 모델은 *순차적 일치성(sequential consistency)*이라 불린다. 순차적 일치성은 실행의 결과가 각 프로세서에 의한 메모리 액세스가 순서대로 유지되고 다른 프로세서들 사이의 액세스가 임의로 인터리빙 되었을 때와 결과가 같을 것을 요구한다. 위의 예제에서 순차적 일치성은 if문이 시작하기 전에 assignment문이 종료되어야 하기 때문에 위의 예에서와 같은 불명확한 실행 가능성을 제거하여 준다.

순차적 일치성을 구현하는 가장 간단한 방법은 프로세서가 한 메모리 액세스에 의해 시작된 모든 무효화가 완료될 때까지 이 메모리 액세스의 종료를 지연시키는 것이다. 물론 이는 다음 메모리 액세스를 이전 액세스가 종료할 때까지 지연시키는 것과 같은 효과가 있다. 메모리 일치성은 다른 변수들 사이의 메모리 액세스와 연관됨에 주목하라. 정렬되어져야 하는 두 액세스는 실제로 다른 메모리 장소로 향한 것들이다. 위 예제에서 A 또는 B의 읽기(A == 0 또는 B == 0)를 이전의 쓰기가 완료될 때까지(B = 1 또는 A = 1) 지연시켜야 한다. 순차적 일관성에서는 예를 들어, 쓰기를 쓰기 버퍼에 두고 읽기를 계속할 수는 없다.

비록 순차적 일치성이 간단한 프로그래밍 모델을 제공하기는 하지만 잠재적 성능을 저하시키며 특히 다음 예제에서 보듯이 프로세서의 수가 많거나 연결망에서의 긴 지연시간이 예상되는 멀티프로세서의 경우에 심각한 성능 저하를 야기할 수 있다.

예제 쓰기 미스가 소유권을 갖는 데 50 사이클, 소유권을 가진 이후에 하나의 무효화를 이슈하는 데 10 사이클, 또 그 무효화가 완료되고 응답을 받는 데까지 80 사이클이 걸리는 프로세서를 가정하여 보자. 4개의 다른 프로세서가 한 캐시 블록을 공유한다고 가정하면, 프로세서가 순차적 일관성을 갖는 경우 쓰기 미스가 쓰기를 수행한 프로세서를 얼마동안 스톨시키는가? 무효화 응답을 받은 후에 일관성 제어기가 무효화의 완료를 판단한다고 가정하자. 만약 무효화를 기다리지 않고 쓰기 미스에 대한 소유권만 얻은 후에 계속 진행가능 하다면 쓰기는 얼마나 걸리는가?

해답 무효화를 기다린다면 각 쓰기는 소유권 확립 시간 더하기 무효화를 완료하는 시간의 합만큼 걸린다. 무효화는 중첩될 수 있으므로 마지막 무효화만 걱정하면 되며 이는 소유권이 확립된 다음 10 + 10 + 10 + 10 = 40 사이클 후에 시작된다. 따라서 쓰기에 걸리는 총 시간은 50 + 40 + 80 = 170 사이클이 된다. 반면에 무효화를 기다리지 않는 경우, 소유권을 얻는 데 걸리는 시간은 단 50 사이클이 된다. 만약 쓰기 버퍼가 구현되어 있다면 소유권을 얻기 전에도 계속 진행이 가능하다.

성능을 증가시키기 위해 컴퓨터 설계자와 연구자들은 두 가지 방안을 연구하였다. 첫 번째는 순차적 일치성은 유지하지만 지연시간 은닉 기법을 사용하여 메모리 액세스 시간을 줄이는 공격적인 메모리 시스템 구현 방안으로 4.7절에서 자세히 논의할 것이다. 두 번째는 더 빠른 하드웨어 구현이 가능하도록 덜 제한적인 메모리 일치성 모델을 개발하는 것이다. 이와 같은 모델은 프로그래머가 멀티프로세서를 보는 관점에 영향을 주게 된다. 따라서 이 모델들을 논의하기 전에 먼저 프로그래머가 무엇을 기대하는 지를 살펴보자.

프로그래머의 관점

비록 순차적 일치성이 성능적 문제점을 갖고 있지만 프로그래머 입장에서는 단순하다는 장점을 갖고 있다. 따라서 이해하기 쉬우면서도 고성능 구현을 가능하게 하는 프로그래밍 모델을 개발하는 것이 관건이다.

더 효율적인 구현을 가능하게 하는 한 가지 프로그래밍 모델은 프로그램이 *동기화* 되어 있다고 가정하는 것이다. 프로그램은 공유 데이터에 대한 모든 액세스가 동기화 연산에 의해 정렬될 때 동기화 되어 있다. 모든 가능한 실행의 경우에 한 변수에 대한 프로세서의 쓰기와 그 변수에 대한 다른 프로세서에 의한 액세스(읽기 또는 쓰기)가 한 쌍의 동기화 연산, 즉 쓰기를 수행하는 프로세서에 의한 쓰기 이후의 동기화 연산과 두 번째 프로세서에 의한 액세스 이전에 실행되는 동기화 연산에 의해 분리된다면 데이터 참조는 동기화 연산에 의해 정렬된다. 동기화에 의한 정렬 없이 변수에 대한 갱신이 가능한 경우를 *데이터 레이스(data races)*라 부르는데 이는 실행 결과가 프로세서의 상대적 속도에 따라 달라지기 때문이다. 이 경우 실행 결과는 예측 불가능하다. 반면에 동기화된 프로그램은 *데이터 레이스 프리(data-race- free)*로 부른다.

간단한 예제로 두 프로세서에 의해 읽고 쓰여지는 한 변수를 고려하여 보자. 각 프로세서는 갱신에 대한 상호 배제를 보장하고 읽기가 일치성 있게 수행되는 것을 보장하기 위해 읽기와 쓰기를 락과 언락으로 둘러싼다. 이 경우 모든 쓰기는 (쓰기 이후의) 언락과 (읽기 이전의) 락으로 구성된 한 쌍의 동기화 연산에 의해 다른 프로세서의 읽기로부터 분명히 분리된다. 물론 만약 두 프로세서가 중간에 읽기 없이 같은 변수에 대한 쓰기를 수행한다면 이 쓰기들은 동기화 연산에 의해 분리되어져야 한다.

대부분의 프로그램들은 동기화되어졌다고 보면 된다. 이 관점이 틀리지 않은 가장 큰 이유는 만약 모든 액세스가 동기화되어 있지 않다면 실행 속도가 어떤 프로세서가 데이터 레이스에서 승리하는 지를 결정하게 되고 이는 프로그램이 결과에 영향을 주므로 프로그램의 행동이 예측 불가능하게 되기 때문이다. 비록 순차적 일치성이 유지되더라도 이와 같은 프로그램의 실행 결과를 예측하는 것은 매우 어렵다.

프로그래머는 그들 자신만의 동기화 기법을 통해 순서를 보장할 수는 있지만 이는 매우 어려운 작업이며 프로그램 버그가 발생하기도 쉽고 차세대 멀티프로세서에서는 작동하지 않을 수 있기 때문에 아키텍처에서 지원되지 않을 가능성이 있다. 대신에 대부분의 모든 프로그래머는 멀티프로세서와 그 동기화 유형에 최적화되어 있고 항상 올바른 결과 값을 보장하는 동기화 라이브러리를 사용한다.

마지막으로 표준 동기화 연산을 사용함으로써 비록 아키텍처가 순차적 일치성에 비하여 좀 더 완화된 일치성 모델을 구현하더라도 동기화된 프로그램은 하드웨어가 순차적 일치성을 구현한 것처럼 행동하게 된다.

완화된 일치성 모델(Relaxed Consistency Models): 기본

완화된 일치성 모델에서의 핵심 아이디어는 읽기와 쓰기가 순서와 관계없이 완료되도록 허락하지만 동기화 연산을 사용하여 순서를 유지함으로써 동기화된 프로그램이 프로세서가 순차적 일치성을 갖는 것처럼 행동하게 하는 것이다. 다양한 완화 모델들이 존재하며 이들은 어떤 읽기와 쓰기 순서를 완화할 것인 가에 따라 분류된다. 여기서 순서는 연산 Y가 수행되기 전에 연산 X가 완료되어야 함을 뜻하는 X→Y 형태의 규칙들의 집합으로 명시한다. 순차적 일치성은 R→W, R→R, W→R, W→W의 4 가지 모든 가능한 순서를 유지하는 것을 요구한다. 완화된 모델들은 이 4 가지 순서 중에서 어떤 순서의 완화를 허락하는 가에 따라 다음과 같이 정의되어진다.

1. W→R 순서를 완화시키는 모델은 *토탈 스토어 오더링(total store ordering)* 또는 *프로세서 일치성 모델(processor consistency model)*이라 부른다. 이 모델은 쓰기 사이의 순서를 유지하기 때문에 많은 프로그램은 추가적인 동기화 없이 순차적 일치성만 유지하여도 이 모델을 준수할 수 있다.
2. W→W 순서를 완화시키는 모델을 부분적 스토어 오더 (partial store order) 모델이라 부른다.
3. R→W와 R→R 순서를 완화시키는 모델들은 동기화 연산이 순서를 유지하는 방법과 또 순서 유지의 제한성과 같은 구체적 방안에 따라 *위크 오더링(weak ordering)*, PowerPC 일치성 모델, *릴리즈 일치성 모델(release consistency model)* 등 다양한 모델들로 구분된다.

이렇게 순서를 완화시킴으로써 프로세서는 상당한 성능 향상을 얻을 수 있다. 하지만 이렇게 완화된 일치성 모델을 설명하는 것은 매우 복잡하다. 다른 순서를 완화시키는 방법에 따른 장점과 복잡성, 쓰기가 완료된 것을 정확하게 정의하는 방법, 프로세서가 쓰기를 수행한 후 자신이 언제 그 값을 볼 수 있는 지를 정의하는 것 등 여러 복잡한 이슈가 관련되어 있다. 완화된 모델의 복잡성, 구현 이슈, 성능적 잠재성에 대한 보다 상세한 정보는 Adve와 Gharachorloo [1996]의 훌륭한 참고문헌을 참조할 것을 추천한다.

일치성 모델에 대한 최후 논평

현재 대부분의 많은 멀티프로세서는 프로세서 일치성에서부터 릴리즈 일치성에 이르는 다양한 완화된 일치성 모델 중 한 가지를 지원하도록 설계되어 있다. 동기화가 멀티프로세서에 따라 다르고 오류가 발생하기 쉽기 때문에 대부분의 프로그래머는 표준 동기화 라이브러리를 사용하여 동기화된 프로그램을 작성할 것으로 판단되며 따라서 프로그래머 입장에서는 어떤 종류의 완화된 일치성 모델을 선택할 것인가 하는 문제는 보지 못하게 될 것이고 그럼에도 불구하고 시스템은 고성능을 얻을 수 있을 것이다.

다음 절에서 논의될 또 다른 관점은 예측 실행 기법을 통해 완화된 일치성 모델이 갖는 성능적 장점의 대부분은 순차적 또는 프로세서 일치성 모델을 통해 달성될 수 있을 것이라는 점이다.

완화된 일치성을 지지하는 한 가지 중요 이슈는 공유 변수에 대한 메모리 액세스를 최적화할 수 있는 컴파일러의 역할과 능력이다. 이 주제 역시 다음 절에서 논의하도록 하겠다.

4.7 연관된 이슈

멀티프로세서는 (성능 평가, 메모리 지연시간, 시스템 확장성과 같은) 여러 시스템 특성을 재정의 하기 때문에 하드웨어와 소프트웨어 모두에게 영향을 미치는 여러 주제에 걸친 흥미로운 설계 문제점들을 야기한다. 이 절에서는 메모리 일치성과 관련된 몇 가지 예를 살펴보기로 하자.

컴파일러 최적화와 일치성 모델

메모리 일치성 모델을 정의하는 또 다른 이유는 공유 데이터에 합법적으로 수행되어질 수 있는 컴파일러 최적화 기법의 범위를 명시하기 위해서다. 병렬 프로그램에서 프로그램이 동기화되어 있지 않거나 동기화 시점이 명확히 정의되어 있지 않으면 컴파일러는 두 다른 공유 데이터에 대한 읽기와 쓰기의 순서를 바꿀 수 없다. 왜냐하면 이와 같은 변환이 프로그램의 의미에 영향을 줄 수 있기 때문이다. 이러한 점은 공유 데이터에 대한 레지스터 할당과 같은 상대적으로 아주 간단한 최적화 기법도 허락하지 않게 만든다. 왜냐하면 이와 같은 과정이 일반적으로 읽기와 쓰기의 순서를 바꿀 수 있기 때문이다. High Performance Fotran (HPF)로 작성된 암시적 병렬 프로그램에서 프로그램은 반드시 동기화되어 있어야 하고 동기화 시점 역시 분명하여야 하기 때문에 이 이슈는 발생하지 않는다.

엄격한 일치성 모델에서 예측 실행 기법을 통한 지연시간 은닉 기법

2장에서 살펴보았듯이 예측 실행 기법은 메모리 지연시간을 은닉하는 데 사용될 수 있다. 예측 실행 기법은 또한 엄격한 일치성 모델에서 발생하는 지연시간 역시 숨길 수 있어서 완화된 메모리 모델이 갖는 장점의 대부분을 제공할 수 있다. 핵심 아이디어는 프로세서가 동적 스케줄링을 통해 메모리 참조를 재배열하여 순서와 관계없이 실행할 수 있게 하여 준다는 점이다. 메모리 참조를 순서대로 실행하지 않는 것은 순차적 일치성을 위반하게 되어 프로그램의 실행에 영향을 미칠 수 있다. 이 가능성은 예측 실행을 수행하는 프로세서의 지연 완료 기능을 사용하여 회피할 수 있다. 일관성 프로토콜이 무효화에 기반을 두고 있다고 가정하자. 만약 프로세서가 메모리 참조가 완료되기 전에 그 메모리 참조에 대한 무효화 요청을 받았다면 프로세서는 예측 실행 회복 기법을 통해 계산 결과를 백지화할 수 있고 무효화된 주소에 대한 메모리 참조를 재시작한다.

만약 프로세서에 의한 메모리 요청들의 재배열이 순차적 일치성 모델에서 볼 수 있었던 결과와는 다른 값을 산출한다면 프로세서는 재실행을 수행할 것이다. 이 방법의 핵심 아이디어는 프로세서는 모든 액세스가 순서대로 완료한 것과 같은 결과 값만 보장해 주면 된다는 점이며 이는 이 결과 값이 다르다는 것을 감지할 수만 있다면 가능하다는 것이다. 이 방법은 실제로 예측 실행에 의한 재실행의 가능성이 매우 적기 때문에 매력적인 방법이다. 이러한 재실행은 실제로 레이스를 발생시키는 비동기적 액세스가 발생할 경우에만 유발된다 [Charachorloo, Gupta, and Hennessy 1992].

Hill [1998]은 예측 실행과 순차적 또는 프로세서 일치성을 조합한 일치성 모델이 바람직하다고 주장하였다. 그의 주장은 3 가지이다. 첫째로, 순차적 일치성이나 프로세서 일치성을 공격적으로 구현함으로써 좀 더 완화된 일치성 모델이 갖는 대부분의 장점을 얻을 수 있다. 둘째로, 이러한 구현 방법은 예측 실행 기법을 사용하는 프로세서의 구현 비용에 추가적인 비용이 거의 없이 구현 가능하다. 셋째로, 이 방법은 순차적 또는 프로세서 일치성과 같은 보다 단순한 프로그래밍 모델을 사용할 수 있게 하여 준다.

MIPS R10000 설계는 1990년대 중반 이러한 관점에 기초하여 R10000의 비순차적 기능을 사용하여 순차적 일치성의 공격적인 구현 기법을 구현하였다. Hill의 주장은 다른 시스템 역시 이와 같은 방안을 사용하도록 자극할 것으로 판단된다.

한 가지 아직 해결되지 않은 문제는 컴파일러가 공유 변수에 대한 메모리 참조를 최적화하는 데 얼마나 성공적이냐 하는 가이다. 현재의 최적화 기술과 공유 데이터가 종종 포인터나 배열 인덱스를 통해 액세스되는 사실을 고려하여 볼 때 이러한 최적화 기술의 사용은 매우 제한적일 것으로 판단된다. 만약 이러한 기술이 사용가능하고 상당한 성능 향상이 가능하다면 컴파일러 설계자는 좀 더 완화된 프로그래밍 모델의 장점을 이용하려 할 것이다.

다 단계 캐시의 포함성과 그 구현

모든 멀티프로세서들은 전체 연결망으로의 트래픽을 줄이고 캐시 미스 지연시간을 감소시키기 위해 다 단계 캐시 구조를 사용한다. 캐시가 *다단계 포함성*을 갖는 다면 – 즉 캐시 계층의 각 단계는 다음 단계 캐시의 부분 집합이라면 – 스누핑과 프로세서가 캐시 액세스로 경쟁을 하여야만 할 때, 다 단계 캐시를 사용하여 일관성 트래픽과 프로세서 트래픽 사이의 경쟁을 줄일 수 있다. 비록 작은 L1 캐시로 인하여 블록 크기가 다른 최근의 멀티프로세서들이 포함성을 구현하지 않을 때도 있지만 다 단계 캐시를 가진 많은 멀티프로세서들은 이와 같은 포함성을 구현하고 있다. 이러한 성질을 *부분 집합 특성*이라고도 부르는데 이는 각 캐시가 캐시 계층의 아래 단계 캐시의 부분 집합이기 때문이다.

얼듯 보기에는 다 단계 포함성의 구현이 쉬울 것으로 생각할 수 있다. 하지만, 다음의 두 단계 캐시의 예제를 살펴보자. L1 미스는 L2에서 히트하거나 L2 미스를 발생시킬 것이고 그 결과 데이터는 L1과 L2에 로드된다. 마찬가지로, L2에서 히트한 무효화 연산은 반드시 L1에 보내져서 만약 L1에 존재하는 경우 블록은 지워져야 한다.

문제는 L1과 L2의 블록 크기가 다른 경우이다. L2가 훨씬 크고 미스로 인한 지연시간이 훨씬 크기 때문에 따라서 더 큰 블록을 원하게 되므로 다른 크기의 블록을 사용하는 것은 상당히 합리적이다. 블록 크기가 다른 경우 자동적으로 포함성을 유지하려면 어떻게 될 것인가? 하나의 L2 블록은 여러 개의 L1 블록에 해당되므로 L2 미스 시 발생하는 블록 교체는 해당하는 여러 L1 블록의 교체를 의미한다. 예를 들어, L2의 블록 크기가 L1의 4배라면 L2 미스는 4개의 L1 블록을 교체하게 된다. 다음에 보다 구체적인 예제를 살펴보자.

예제 L2의 블록 크기가 L1 블록 크기의 4배라고 가정하자. L1과 L2 블록의 교체를 발생시키는 어떤 캐시 미스가 어떻게 포함성을 위반할 수 있게 하는지 보이시오.

해답 L1과 L2 모두 직접 사상 캐시이며 L1의 블록 크기는 b 바이트, L2의 블록 크기는 $4b$ 바이트라고 가정하자. L1이 주소 x와 $x+b$로 시작하는 두 개의 블록을 가지고 있고 $x \bmod 4b = 0$, 즉 x가 L2 블록이 시작 주소이라고 가정하자. 이 경우 L2의 한 블록은 L1의 블록 x, $x+b$, $x+2b$, $x+3b$를 갖고 있다. 프로세서가 블록 y로의 참조를 수행하고 이 액세스가 두 캐시에서 x를 포함하는 블록에 사상되어 미스가 발생하였다고 가정하자. L2 미스는 $4b$ 바이트를 메모리로부터 읽어 들여, x, $x+b$, $x+2b$, $x+3b$를 포함하고 있는 블록을 대체하게 되면 동시에 L1은 b 바이트를 읽어 들여 x를 갖고 있는 블록을 대체한다. L1이 여전히 $x+b$를 포함하지만 L2는 갖고 있지 않으므로 포함성은 더 이상 유지되지 않는다.

여러 크기의 블록을 사용할 때 포함성을 유지하려면, 하위 단계에서 교체가 이루어질 때 상위 단계의 캐시를 참조하여 하위 단계에서 교체되는 워드들이 상위 단계 캐시에서 삭제되도록 하여야 한다. 연관 사상 캐시에서 연관성이 다른 경우도 비슷한 문제가 발생한다. 2006년 현재 설계자들은 포함성을 구현하는데 있어 의견이 양분되어 있다. Baer와 Wang [1988]은 포함성의 득과 실을 상세히 기술하고 있다.

4.8 종합: Sun T1 멀티프로세서

Computer Architecture

T1은 2005년 Sun사에 의해 서버 프로세서로 소개된 멀티코어 멀티프로세서이다. T1을 특별하게 만든 것은 T1이 명령어 수준 병렬성(ILP)보다는 쓰레드 수준 병렬성(TLP)을 활용하는 데 초점을 두었다는 점이다. T1은 최근 5년간 유일한 단일 이슈의 데스크탑과 서버 용 마이크로프로세서이다. ILP에 집중하는 대신에 T1은 TLP에 집중하여 멀티코어와 멀티쓰레딩을 모두 사용함으로써 처리량을 향상시켰다.

각각의 T1 프로세서는 8개의 프로세서 코어를 포함하며 각 코어는 4개의 쓰레드를 지원한다. 각 프로세서 코어는 단순한 6-단계, 단일 이슈 파이프라인(부록 A에서와 같은 5-단계 표준 RISC 파이프라인에 쓰레드 스위칭을 위한 한 단계 추가)으로 구성되어 있다. T1은 매 클록 사이클마다 새 쓰레드를 실행시키는 파인 그레인 멀티쓰레딩을 사용하며 파이프라인 지연이나 캐시 미스로 인해 대기 중인 쓰레드는 스케줄링 과정에서 순서가 뒤로 밀리게 된다. 4 쓰레드 모두가 대기하거나 멈추어 있을 때 프로세서는 유휴 상태가 된다. 로드와 분기 모두 3 사이클의 지연을 발생시키며 이는 다른 쓰레드에 의해서만 숨겨질 수 있다. 부동 소수점 성능이 T1의 초점은 아니기 때문에 부동 소수점 연산 장치 한 세트가 8개 코어 모두에 의해 공유된다.

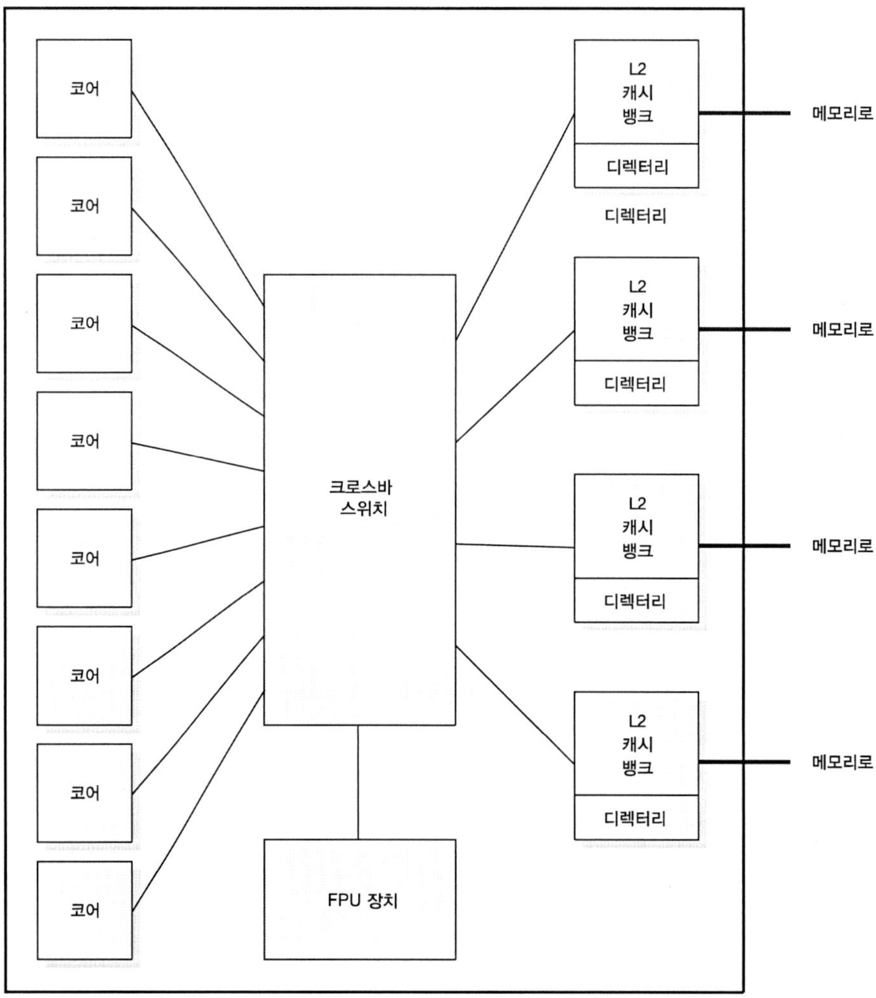

그림 4.24 프로세서. 각 코어는 1단계 캐시 (16KB 명령어 캐시와 8KB 데이터 캐시)를 갖고 있으며 4개의 쓰레드를 지원한다. 2단계 캐시는 총 3MB이고 12-방향 세트 연관 사상 캐시이다. 캐시는 64 바이크 캐시 라인을 사용하여 인터리빙되어 있다.

그림 4.24는 T1 프로세서의 구조를 보여 준다. 코어들은 크로스바 스위치를 통해 4개의 2단계 캐시와 공유되는 부동 소수점 장치를 액세스한다. L1 캐시 사이의 일관성은 각 L2 캐시 블록에 부착된 디렉터리에 의해 유지된다. 디렉터리는 4.4절에서 논의된 것과 유사한 방식으로 동작되며 어떤 L1 캐시가 L2 블록의 복사본을 갖고 있는지 관리한다. 각 L2 캐시를 특정 메모리 뱅크와 연관시키고 부분집합 특성을 유지함으로써 T1은 디렉터리를 메모리 대신에 L2에 위치시킬 수 있어서 디렉터리의 오버헤드를 줄일 수 있다. L1 데이터 캐시가 즉시 쓰기 방식이기 때문에 무효화 메시지만 필요하고 데이터는 항상 L2 캐시로부터 검색된다.

그림 4.25는 T1 프로세서를 요약한다.

T1의 성능

서버 벤치마크인 TPC-C, SPECJBB(SPEC Java Business Benchmark), SPECWeb99을 사용하여 T1의 성능을 살펴보자. SPECWeb99 벤치마크는 8개 프로세서의 32 쓰레드를 모두 사용하도록 확장될 수 없기 때문에 4개의 코어를 사용한 T1 버전에서 실행되었고 다른 두 벤치마크는 8개의 코어에서 실행되어 각 코어당 4개의 쓰레드를 실행, 전체적으로 32개의 쓰레드가 사용되었다.

단일 쓰레드와 멀티쓰레드 모드에서의 실행을 비교하여 멀티쓰레딩이 메모리 시스템에 미치는 영향을 살펴보자. 그림 4.26은 TPC-C 벤치마크에서 코어당 1 쓰레드와 4 쓰레드를 실행할 때를 비교하여 미스율과 관측된 미스 지연시간의 상대적 증가를 보여 준다. 미스율과 미스 지연시간 모두 메모리 시스템에서의 증가된 경쟁으로 인해 증가하는 것을 볼 수 있다. 미스 지연시간의 증가가 상대적으로 작은 것

특성	Sun T1
멀티프로세서와 멀티쓰레딩 지원	칩당 8개의 코어; 코어당 4개의 쓰레드. 파인 그레인 쓰레드 스케줄링. 8개의 코어가 하나의 부동 소수점 장치를 공유. 온칩 멀티프로세싱만을 지원한다.
파이프라인 구조	단순한 순차적, 6 단계 파이프라인. 로드와 분기는 3 사이클 지연시간을 갖는다.
L1 캐시	16KB 명령어 캐시; 8KB 데이터 캐시. 64 바이트 블록. 트래픽이 없는 경우, L1 캐시 미스로 인한 L2 캐시 액세스는 23 사이클이 걸린다.
L2 캐시	각각이 메모리 뱅크와 연관된 4개의 독립적인 750KB L2 캐시. 64 바이트 블록. L2 미스로 인한 메모리 액세스는 트래픽이 없는 경우, 110 사이클이 걸린다.
초기 구현	90nm 공정. 최대 1.2GHz 클록 속도. 79W 전력 소모. 300M 트랜지스터, 379mm^2 다이 크기.

그림 4.25 T1 프로세서의 요약.

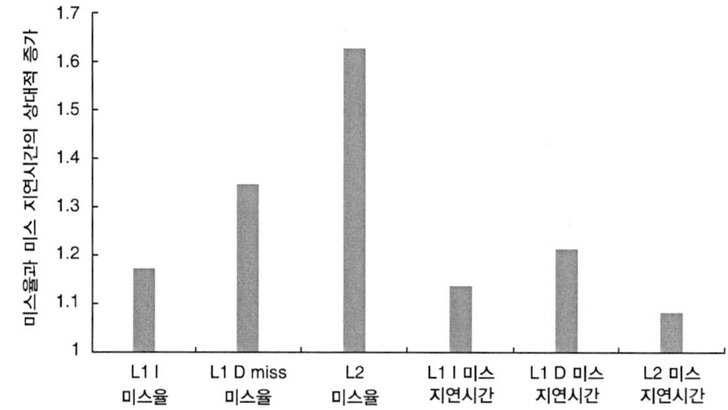

그림 4.26 TPC-C 벤치마크에서 코어당 1개의 쓰레드를 실행하였을 때와 4개의 쓰레드를 실행하였을 때, 미스율과 미스 지연시간의 상대적 변화. 지연시간은 미스 후 요청된 데이터가 도착하는 데 걸리는 실제 시간이다. 4 쓰레드의 경우, 다른 쓰레드들의 실행은 이 지연시간의 대부분을 잠재적으로 숨길 수 있다.

은 메모리 시스템의 용량이 아직 다 사용되지 않고 있음을 보여 준다.

이전 절에서 살펴보았듯이, 멀티프로세서의 성능은 메모리 시스템의 성능과 메모리 시스템과 응용 프로그램의 상호작용에 의해 밀접하게 영향을 받는다. T1의 경우 L2의 캐시 크기와 블록 크기가 중요 변수이다. 그림 4.27은 L2 캐시의 크기를 두 배씩 변화하였을 때와 블록의 크기를 32B로 변화시켰을 때 미스율의 변화를 보여 준다. 데이터는 1.5MB에 비하여 3MB L2 캐시의 상대적 장점을 명확히 보여 주며 6MB를 사용하면 성능이 더 개선됨을 볼 수 있다. 64 바이트 블록을 사용하는 경우, 미스율이 감소하지만 2배에는 상당히 못 미침을 알 수 있다. 더 큰 블록을 사용하는 경우, 메모리로 더 많은 트래픽이 발생하므로 이 점이 성능에 미치는 영향은 메모리 시스템의 특성에 따라 다르다.

앞에서 논의하였듯이, 메모리 시스템에서 여러 쓰레드 사이에 경쟁이 발생한다.

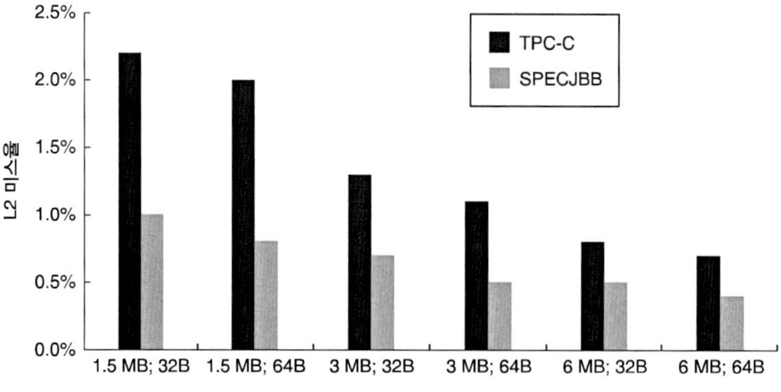

그림 4.27 캐시 크기와 블록 크기의 변화에 따른 L2 미스율의 변화. TPC-C와 SPECJBB 모두 코어 당 4 쓰레드를 사용하여 8 코어 시스템에서 실행되었다. T1은 64 바이트 라인을 가진 3MB L2 캐시를 갖고 있다.

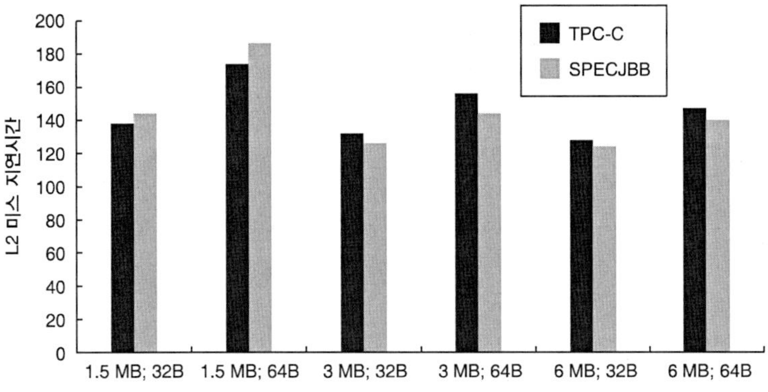

그림 4.28 캐시 크기와 블록 크기의 변화에 따른 L2 미스 지연시간의 변화. 비록 TPC-C의 미스율이 훨씬 높지만, 미스 지연시간의 차이는 적다. 이는 SPECJBB가 더러운 블록의 미스율이 높아서 L2 캐시 블록이 메모리에 써지는 빈도가 훨씬 크기 때문이다. T1은 64 바이트 라인을 가진 3MB L2 캐시를 갖고 있다.

캐시 크기와 블록 크기가 메모리 시스템 경쟁에 어떠한 영향을 미치는가? 그림 4.28은 그림 4.27에서와 같은 상황에서 L2 캐시 미스 지연시간의 영향을 보여 준다. 그림에서 알 수 있듯이, 3MB와 4MB 캐시를 사용하는 경우 모두, 큰 캐시 블록을 사용하는 경우 L2 캐시의 미스 지연시간이 줄어듦을 볼 수 있다. 미스율의 변화가 2배에 훨씬 못 미치는데 어떻게 이러한 일이 발생하는가? 다음 장에서 자세히 살펴보듯이, 최신 DRAM들은 한 블록의 데이터를 제공하는데 한 워드만 제공하는 것에 비하여 단지 약간의 추가적인 시간이 요구된다. 따라서 32 바이트 블록에 대한 미스 지연시간은 64 바이트 블록에 비하여 약간 작을 뿐이다.

전체 성능

그림 4.29는 쓰레드당 CPI와 코어당 CPI, 그리고 전체 8 프로세서 칩에서의 실질적 IPC를 보여 준다. T1은 코어당 4개의 쓰레드를 사용하는 파인 그레인 멀티쓰레딩을 지원하는 프로세서이므로 충분한 병렬성이 존재하는 경우 쓰레드당 CPI는 4가 된다. 이는 각 쓰레드가 4개 중 하나의 사이클을 소비함을 의미한다. 따라서 코어 당 이상적인 CPI는 1이 되며 T1의 IPC는 8을 코어당 CPI로 나눈 값이 된다.

데이터를 살펴보면, 이 세 벤치마크에서 T1의 실질적인 처리속도는 이상적인 값의 56%에서 71%를 차지하므로 별로 효율적이지 않다고 판단할 수 있다. 하지만 와

벤치마크	쓰레드 당 CPI	코어 당 CPI	8개 코어의 CPI	8개 코어의 IPC
TPC-C	7.2	1.8	0.225	4.4
SPECJBB	5.6	1.40	0.175	5.7
SPECWeb99	6.6	1.65	0.206	4.8

그림 4.29 8 코어 T1 프로세서에서의 쓰레드당 CPI, 코어당 CPI, 8개 코어의 유효 CPI와 유효 IPC (CPI의 역).

이드 이슈의 슈퍼스칼라 프로세서와 비교하여 보자. Itanium 2(더 많은 트랜지스터 수, 높은 전력 소모, 비슷한 실리콘 면적)와 같은 프로세서들은 4.5–5.7의 IPC를 달성하기 위해서는 엄청난 명령어 처리 속도를 달성할 필요가 있으며 이는 실제로 발표된 IPC보다도 두 배 이상 높은 수치이다. 따라서 적어도 쓰레드 수준의 병렬성을 갖고 있는 정수 중심의 서버 응용의 경우는 멀티코어 방식이 단일의 와이드 이슈 프로세서에 비하여 우수한 대안임이 분명하다. 다음 절에서는 멀티코어 프로세서들의 성능을 비교한다.

하나의 평균적인 쓰레드의 행동을 살펴봄으로써 멀티쓰레딩과 병렬 처리 사이의 상호 작용을 이해할 수 있다. 그림 4.30은 쓰레드의 상태에 따른 전체 실행 시간의 비율을 실행중인 경우, 실행 중이지는 않지만 준비된 경우, 또 준비되지 않은 경우로 나누어 보여 준다. 준비되지 않았다는 것이 그 쓰레드를 포함한 코어가 멈추어 있다는 것을 의미하는 것은 아니다. 4 쓰레드 모두가 준비되지 않은 경우만 코어가 멈춘다는 것을 기억하라.

쓰레드는 캐시 미스와 (분기, 로드, 부동 소수점 연산, 정수 곱셈/나눗셈과 같은 긴 지연시간을 갖는 명령어들로부터 발생하는) 파이프라인 지연, 그 밖에 다양한 작은 영향에 의해 준비되지 않은 상태에 놓일 수 있다. 그림 4.31은 이러한 원인들의 상대적 분포를 보여 준다. 캐시로 인한 영향이 쓰레드의 준비 상태를 막는 전체 시간의 50%에서 70%를 차지하며 L1 명령어 미스, L1 데이터 미스, L2 미스가 거의 같은

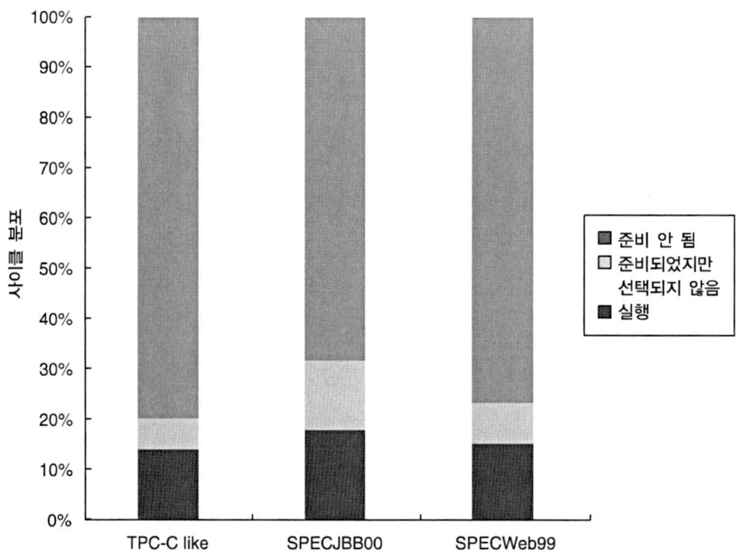

그림 4.30 평균 쓰레드의 상태 분포. 실행은 쓰레드가 해당 사이클에 명령어를 이슈하였다는 것을 표시한다. 준비 상태에 있지만 선택되지 않았다는 것은 쓰레드가 이슈할 수 있지만 다른 쓰레드가 선택되었다는 것을 뜻하며 준비 안 된 상태는 쓰레드가 사건의 종료 (예를 들어 파이프라인 지연이나 캐시 미스)를 기다리고 있음을 표시한다.

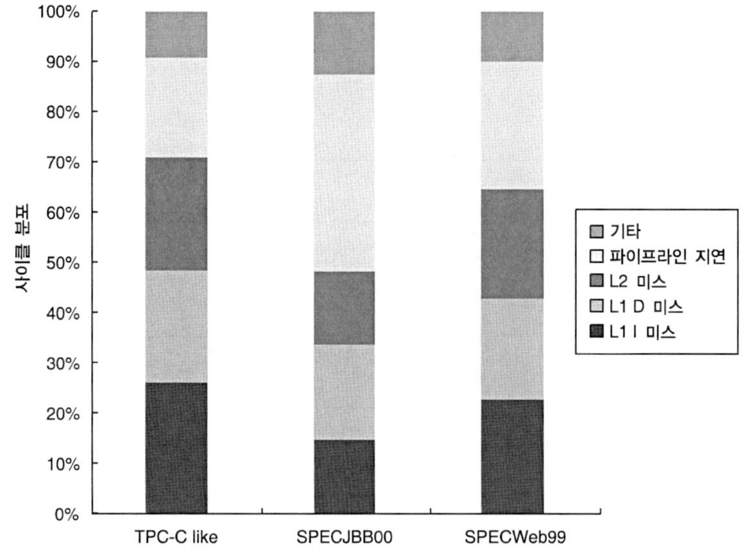

그림 4.31 준비되지 않은 쓰레드들의 원인 분포. 기타에 해당하는 사유는 다양하다. TPC-C에서는 스토어 버퍼가 꽉 찬 것이 가장 큰 이유이고 SPEC-JBB에서는 원자적 명령의 영향이 가장 크고 SPECWeb99에서는 두 원인이 모두 영향을 미친다.

영향을 미친다. (파이프라인 지연이라 불리는) 잠재적 지연시간의 영향은 SPECJBB에서 가장 심각한데 그 이유는 이 응용의 높은 분기 빈도 때문이다.

SPEC 벤치마크에서의 멀티코어 프로세서의 성능

최신 프로세서들 중에서 T1은 명령어 수준 병렬성 대신에 쓰레드 수준 병렬성에 초점을 맞춘 독특한 프로세서이다. T1은 단순한 RISC 파이프라인으로부터 성능을 높이기 위해 멀티쓰레딩을 사용하였으며 다이당 8개의 코어를 사용한 멀티프로세싱을 통해 서버 응용에서의 높은 처리 속도를 달성하였다. 이와는 대조적으로 듀얼 코어의 Power5, Opteron, Pentium D 등은 멀티 이슈와 멀티코어를 사용하였다. 물론 ILP를 최대화하려면 더 큰 프로세서가 요구되고 따라서 T1에 비해서 칩당 집적할 수 있는 코어의 수는 더 적게 된다. 그림 4.32는 이러한 멀티 코어 칩들의 특징을 요약한다.

ILP 대 TLP의 차이점 이외에도 다른 여러 근본적 설계 차이점들이 존재한다. 가장 중요한 차이점들은 다음과 같다.

- 부동 소수점 연산의 지원과 성능에 상당한 차이가 있다. Power5는 부동 소수점 성능을 매우 강조하였고 Opteron과 Pentium 역시 상당한 자원을 할당하였지만 T1의 경우는 거의 무시하였다. 그 결과, Sun 사는 부동 소수점 응용에 대한 벤치마크 결과를 제공할 가능성은 거의 없다. 단지 정수 프로그램만을 비교하는 것은

특성	SUN T1	AMD Opteron	Intel Pentium D	IBM Power5
코어	8	2	2	2
코어당 명령어 이슈/클록	1	3	3	4
멀티쓰레딩	파인 그레인	없음	SMT	SMT
캐시 코어당 L1 I/D (KB) 코어당 L2/공유 L3 (칩 외부)	16/8 3MB 공유	64/64 1MB/코어	12K uops/16 1MB/코어	64/32 L2: 1.9MB 공유 L3: 36MB
최대 메모리 대역폭 (DDR2 DRAMs)	34.4GB/sec	8.6GB/sec	4.3GB/sec	17.2GB/sec
최대 MIPS FLOPS	9600 1200	7200 4800 (SSE 포함)	9600 6400 (SSE 포함)	7600 7600
클록 속도 (GHz)	1.2	2.4	3.2	1.9
트랜지스터 수 (M)	300	233	230	276
다이 크기 (mm^2)	379	199	206	389
전력 (W)	79	110	130	125

그림 4.32 네 멀티 코어 프로세서의 특성 비교.

상당한 부동 소수점 하드웨어 (그와 연관된 실리콘과 전력비용)를 갖고 있는 세 프로세서에게는 불공정하다. 반면, 부동 소수점 응용만을 사용한 비교는 T1에 불공정할 것이다.

- 이 시스템들의 멀티프로세서 확장성은 다양하며 이 점은 메모리 시스템 설계와 외부 인터페이스 사용에 영향을 미친다. Power5의 확장성이 가장 크고 Pentium과 Opteron 설계는 제한적인 멀티프로세서 기능을 제공하는 반면, T1은 대형 시스템으로 확장하는 것이 불가능하다.
- 구현 기술에도 상당한 차이가 있어 다이 크기와 전력 소모를 비교하는 것은 쉽지 않다.
- 메모리 시스템과 메모리 대역폭에 대한 가정에 상당한 차이가 있다. TPC-C와 같이 높은 캐시 미스율을 갖는 벤치마크에서는 더 큰 메모리 대역폭을 갖는 프로세서가 상당한 장점을 가진다.

이와 같은 차이점에도 불구하고 ILP 중심 설계와 TLP 중심 설계 사이의 여러 장단점을 고려할 때, 이 두 방식의 효율과 성능 차이를 정량화하는 것은 유용하다. 그림 4.33은 SPECRate CPU 벤치마크, SPECJBB2005 Java 벤치마크, SPECWeb05 웹 서버 벤치마크, TPC-C 벤치마크를 사용하여 4 멀티코어 프로세서의 성능을 비교한다.

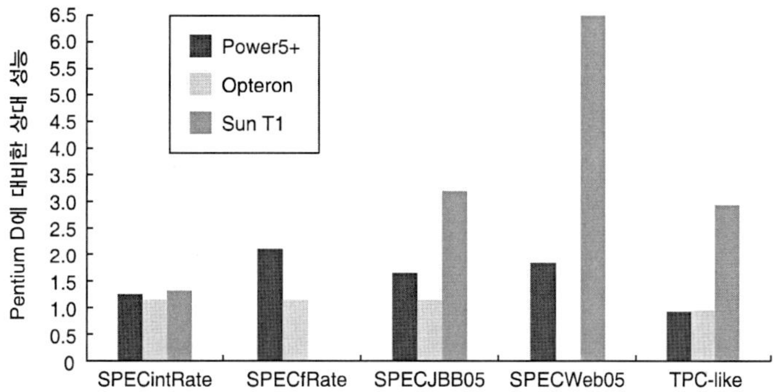

그림 4.33 다양한 SPEC 벤치마크와 TPC-C 벤치마크에서의 4 듀얼 코어 프로세서의 성능 비교. 모든 수치는 Pentium D에 대비한 상대 수치이다. 따라서 모든 벤치마크에서 Pentium D의 수치는 모두 1이다. 일부 결과는 더 큰 시스템 (즉, 두 코어와 한 프로세서 대신에 네 코어와 두 프로세서)에서 구한 추정치로 Opteron SPECJBB2005 결과, Power5 SPECWeb05 결과, Power5, Opteron, Pentium D에 대한 TPC-C 결과가 이에 포함된다. 현재 Sun사는 SPEC 정수와 부동 소수점 벤치마크에 대한 SPECRate 결과를 발표하지 않고 있다.

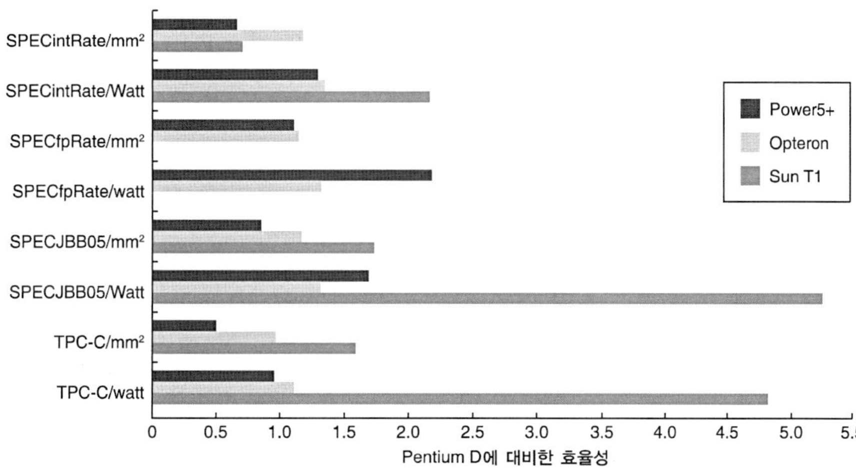

그림 4.34 Pentium D를 1로 기준하였을 때 네 듀얼 코어 프로세서의 SPECRate 성능 효율성.

그림 4.34는 네 듀얼 코어 프로세서의 다이 면적당 성능과 와트당 성능 면에서 효율성을 비교한다. 가장 분명한 차이점은 TPC-C와 SEPCJBB05 벤치마크에서 Sun T1 프로세서가 와트당 성능 측면에서 월등하다는 점이다. 이와 같은 결과는 멀티쓰레딩 응용의 경우 TLP 방식이 ILP 방식에 비하여 전력 소비 면에서 훨씬 효과적이라는 것을 보여 준다. 즉, TLP 방식이 전력 소비의 증대를 최소화하면서 성능을 증대시킬 수 있는 방안이라는 것을 강하게 입증하는 결과이다.

TLP 방식이 승리할 것이라고 결론짓기는 아직 이르다. 하지만, 일반적인 서버 응용이 T1을 바쁘게 할 수 있는 충분한 수의 쓰레드를 갖고 있고 쓰레드 성능이 충분하다면 T1 방식을 능가하는 것은 쉽지 않을 것이다. 서버와 데스크탑 환경에서 단일 쓰레드 성능이 여전히 중요하다면, 미래에는 처리량 중심의 환경과 단일 쓰레드 중심의 환경으로 프로세서 시장이 이분되는 것을 볼 수 있을 것이다.

4.9 오류와 함정

Computer Architecture

병렬 컴퓨팅에 대한 이해가 아직 부족한 상황에서 사려 깊은 설계자에 의해 또는 부주의한 설계자들에 의해 여러 숨겨진 함정들이 노출될 것이다. 특히, 고성능 시스템의 경우, 멀티프로세서에 대한 상당한 환상을 고려할 때 공통적인 오류 역시 상당수 존재한다. 이 중 일부를 논의하기로 하자.

함정 *실행 시간 측면에서의 선형적인 스피드업에 의한 멀티프로세서의 성능 측정.*

"Mortar shot" 그래프 – 프로세서 수 대비 성능을 선형적인 스피드업 구간, 수평적 구간, 성능 감소 형태로 보여 주는 그래프 – 는 오랫동안 병렬 프로세서의 성능을 판단하는 데 사용되어 왔다. 비록 스피드업이 병렬 프로그램의 한 측면이지만, 성능의 직접적인 측정치는 아니다. 첫 번째 질문은 확장되어지는 프로세서의 성능이다. 100개의 Intel 486에서 선형 스피드업을 보여 주는 프로그램이 Pentium 4에서는 직렬 버전보다 더 느릴 수 있다. 부동 소수점이 많은 프로그램을 특별히 주의하라. 이러한 프로그램은 부동 소수점 하드웨어가 없는 프로세서에서 성능이 완벽히 향상될 수 있지만, 종합적인 성능은 초라할 수 있다.

실행 시간의 비교는 각 컴퓨터에서 최선의 알고리즘을 비교할 때만 공정하다. 두 컴퓨터에서 동일한 코드를 비교하는 것이 공정하다고 판단할 수 있지만 실제는 그렇지 못하다. 병렬 프로그램이 단일 프로세서에서 직렬 프로그램보다 더 느릴 수 있다. 병렬 프로그램의 개발은 종종 알고리즘을 개선하기 때문에 이전에 가장 알려진 직렬 프로그램을 병렬 코드와 비교하는 것은 공정하게 보일지 모르지만, 동등한 알고리즘을 비교하는 것은 아니다. 이와 같은 이슈를 반영하기 위해 같은 프로그램을 비교하는 *상대 스피드업(relative speedup)*과 최고의 프로그램을 비교하는 *참 스피드업(true speedup)*이 종종 사용된다.

선형 이상의 성능을 보여 주는 결과들, 즉, 어떤 프로그램이 단일 프로세서의 성능에 비하여 n개의 동일한 프로세서에서 n배 이상의 성능을 제공하는 경우, 비록 실제로 선형 이상의 스피드업(최선의 프로그램을 사용하여)을 달성하는 경우가 때로 존재하더라도, 이러한 결과들은 성능 비교가 불공평하다는 것을 암시할 가능성이 크다. 예를 들어, 일부 과학 응용은 프로세서 수의 증가가 작은 경우 (2 또는 4에서 8 또는 16) 선형 이상의 스피드업을 종종 달성한다. 이와 같은 결과가 발생하는 원인은 응용에서 사용하는 중요한 데이터 구조들이 2개 또는 4개의 프로세서를 가진 멀티프로세서 시스템의 캐시에는 다 들어가지 않지만 8개 또는 16개의 프로세서를 가진 시스템에서는 캐시되는 경우 대개 발생한다.

요약하면, 스피드업의 비교를 통한 성능 비교는 매우 까다롭고 경우에 따라서는 오해를 불러일으키는 결과를 산출할 수 있다. 두 다른 멀티프로세서의 스피드업 비교가 두 시스템의 상대적 성능과 관련이 있다고 단정하기는 어렵다. 또한, 같은 멀티프로세서에서 두 다른 알고리즘을 비교하는 것조차 쉬운 일이 아니다. 왜냐하면 실제로 유효한 비교를 위해서는 상대 스피드업이 아닌 참 스피드업을 사용하여야 하기 때문이다.

함정 *암달의 법칙은 병렬 컴퓨터에는 적용되지 않는다.*

1987년 한 연구소장은 암달의 법칙(1.9절 참조)이 MIMD 컴퓨터에 의해 깨졌다고 주장하였다. 하지만, 이와 같은 발언이 암달의 법칙이 병렬 컴퓨터에서는 적용되지 않는 다는 것을 의미하는 것은 결코 아니다. 사용된 프로그램에서 무시되었던 일부가 여전히 성능을 제한할 것이다. 이러한 보도를 제대로 이해하기 위해서, 암달[1967]이 처음에 언급한 내용을 살펴볼 필요가 있다.

> 이 시점에서 내릴 수 있는 분명한 한 가지 결론은 병렬 처리 효율을 높이는 데 소비되는 노력이 직렬 처리 효율을 같은 비율로 증가시키지 않고서는 소용이 없다는 점이다. [483 페이지]

이 법칙을 해석하면, 모든 프로그램이 부분적으로는 직렬적인 부분을 갖고 있으므로 경제적으로 사용가능한 프로세서의 수에는, 예를 들어 100과 같이, 제한이 있다는 것이다. 1000개의 프로세서로 선형의 스피드업을 달성하여 이러한 법칙이 잘못되었음을 논박한 것이다.

암달의 법칙을 극복하였다는 발언의 근간은 *비례적 스피드업(scaled speedup)*을 사용하였기 때문이다. 연구원들은 벤치마크의 데이터 집합의 크기를 1000배로 확장하여 단일 프로세서와 확장된 벤치마크의 병렬 실행 시간을 비교하였던 것이다. 이 특정 알고리즘의 경우 프로그램의 직렬 부분은 입력의 크기와 상관없이 일정하였고 나머지 부분은 완전히 병렬적이었기 때문에 1000개의 프로세서로 선형의 스피드업을 달성할 수 있었다. 실행 시간은 선형 이상으로 증가하였기 때문에 프로그램은 확장된 후 실제는 1000개의 프로세서에서 더 오랫동안 실행되었다.

입력 데이터의 크기 증가를 가정한 스피드업은 참 스피드업과는 다르며 참 스피드업이라 보고하는 것은 어폐가 있다. 병렬 벤치마크는 종종 다른 크기의 멀티프로세서에서 실행되므로 어떤 유형의 응용 확장이 허락되고 어떻게 확장할 것인가를 명시하는 것이 중요하다. 비록 단순히 프로세서 수에 맞추어 데이터 크기를 확장하는 것이 적합하지는 않지만 더 많은 수의 프로세서를 사용하는 시스템에서 같은 크기의 문제를 사용하는 것 역시 적합하지 않다. 왜냐하면 대형 멀티프로세서 시스템의 사용자들은 더 큰 크기의 응용을 실행하려 하기 때문이다. 부록 H에서는 대형 멀티프로세서에서 응용을 확장시키는 여러 방법들을 논의할 것이다. 또, 프로세서의 수에 관계없이 실행 시간을 일정하게 유지하도록 응용 데이터의 크기를 확장시키는 *시간 제한적 스케일링(time-constrained scheduling)*이라 부르는 모델을 소개할 것이다.

함정 *멀티프로세서가 비용 효율적이려면 선형의 스피드업이 필요하다.*

가장 널리 알려진 병렬 컴퓨팅의 가장 큰 장점 중 하나는 가장 빠른 단일 프로세서에 비하여 "빠른 문제 해답"을 제공하는 것이다. 하지만 많은 사람들은 병렬 프로세서가 선형의 스피드업을 달성할 수 없다면 단일 프로세서만큼 비용 효율적이지는 못하다고 생각한다. 이러한 주장은 멀티프로세서의 비용이 프로세서 수의 선형 함수이기 때문에 선형 스피드업 이하는 성능/비용을 감소시켜 병렬 프로세서를 단일 프로세서보다 덜 비용 효율적으로 만든다는 것이다.

이와 같은 주장의 문제점은 비용이 단순히 프로세서 수의 함수가 아니라 메모리, I/O와 시스템의 다른 부대비용(박스, 전원, 상호 연결망 등)에 달려 있다는 점이다.

시스템 비용에 메모리를 포함시키는 효과는 Wood와 Hill[1995]에 의해 지적되었다. 이 책에서는 TPC-C와 SPECRate 벤치마크를 사용한 최신 데이터에 근거한 예제를 사용하였지만 병렬 과학 응용을 사용한다면 이러한 주장을 더 확고하게 뒷받침해 줄 것이다.

그림 4.35는 IBM eserver p5 멀티프로세서를 4개에서 64개 프로세서로 구성한

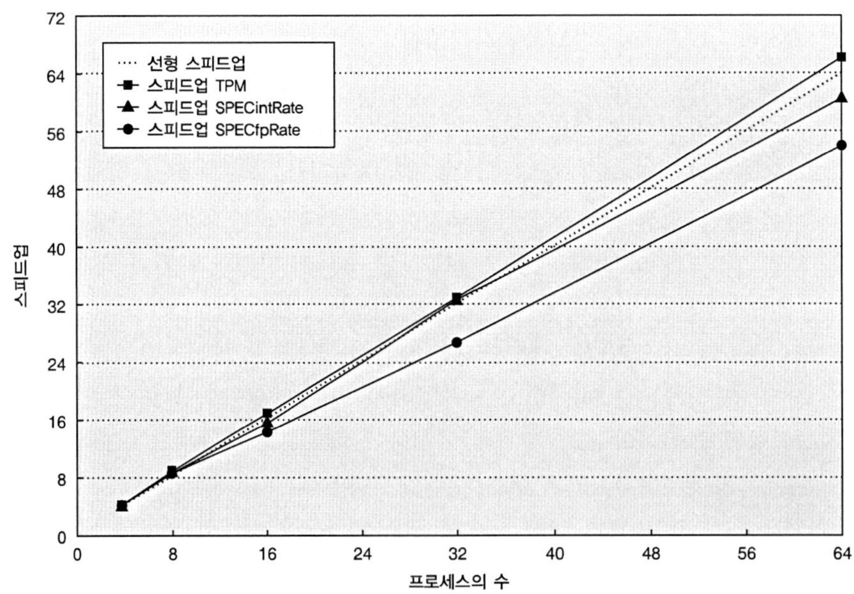

그림 4.35 4, 8, 16, 32, 64 프로세서로 구성된 IBM eserver p5 멀티프로세서에서의 세 벤치마크의 스피드업 비교. 점선은 선형 스피드업을 보여 준다.

경우 TPC-C, SPECintRate와 SPECfpRate의 스피드업을 보여 준다. 그림에서는 단지 TPC-C만이 선형 이상의 스피드업을 달성한다. SPECintRate와 SPECfpRate의 스피드업은 선형 이하이지만 비용 역시 선형 이하로 증가된다는 점에 주목하라. 왜냐하면 TPC-C와는 달리 요구되는 메인 메모리와 디스크 모두 선형 이하로 증가하기 때문이다.

그림 4.36이 보여 주듯이 많은 수의 프로세서가 4개 프로세서 구성보다 더 비용 효율적일 수도 있다. 앞으로 여러 프로세서를 사용하는 비용이 멀티프로세서를 지원하는 인프라(캐비닛, 전원, 팬 등)에 비하여 감소하게 될 것이고 이에 따라 대형 멀티프로세서의 성능/비용 비율은 더욱 향상될 것이다.

두 컴퓨터의 비용-성능을 비교하려면 시스템의 전체 비용과 어떤 성능이 달성될 수 있는지 정확한 평가가 필요하다. 더 많은 메모리를 요구하는 많은 응용 프로그램의 경우에 이러한 비교는 멀티프로세서의 장점을 상당히 감소시킬 수 있다.

함정 *확장에는 비용이 거의 들지 않는다.*

1980년대 중반부터 1990년대 후반까지 고급 대형 멀티프로세서의 연구와 개발은 확

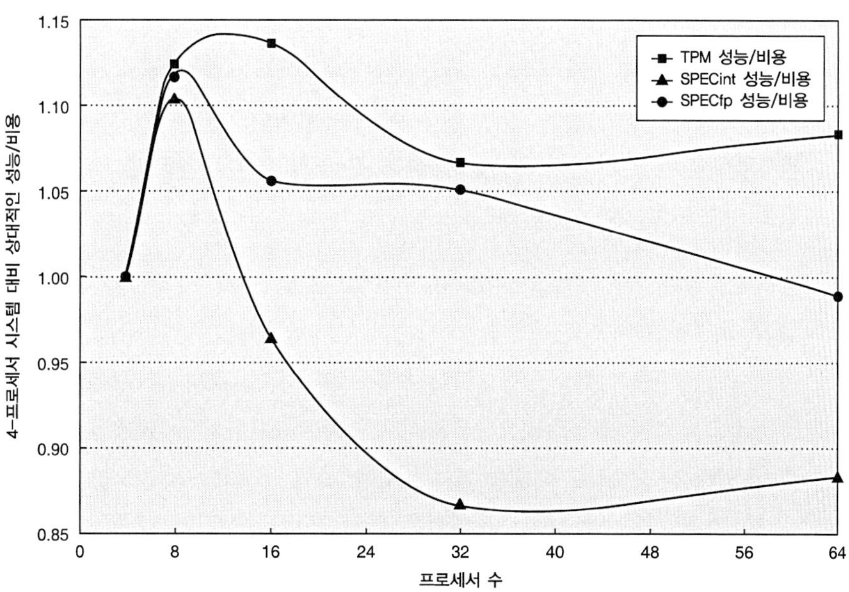

그림 4.36 4개 프로세서 시스템과 비교하여 4개에서 64개의 프로세서를 갖는 IBM eserver p5 멀티프로세서에서 세 벤치마크를 실행하였을 때의 성능/비용 비교는 더 많은 수의 프로세서를 사용하는 것이 때로는 4 프로세서 구성에 비하여 비용 효율적일 수 있다는 점을 보여 준다. TPC-C의 경우 시스템 구성은 공식적인 실행에 사용되었던 것과 같다. 즉, 디스크와 메모리가 프로세서 수에 거의 선형으로 증가하고 64-프로세서 시스템이 32-프로세서 시스템보다 약 2배의 비용이 요구된다. 반면에 SPECrate의 경우는 디스크와 메모리는 좀 더 느린 속도로 (비록 64-프로세서에서 최고의 SPECRate를 성취하기 위해서 필요 이상으로 빨랐지만) 확장되었다. 특히, 디스크 구성의 경우, 4-프로세서 버전에서 하나의 드라이브에서 64-프로세서 버전에서는 4개의 드라이브 (140GB)가 사용되었다. 메모리의 경우는 4-프로세서 시스템에서는 8GB가 64-프로세서 시스템에서는 20GB로 확장되었다.

장 가능한 병렬 컴퓨팅이란 목적에 초점을 맞추었다. 이 기간의 전반부에는 멀티프로세서에 확장성을 부여하여 소형에서 대형의 멀티프로세서를 비용 효율성을 희생시키지 않고 제공하는 것이 어렵지 않다고 믿어졌다. 이러한 관점의 문제점은 멀티프로세서를 많은 수의 프로세서로 확장하는 것이 프로세서 간의 상호 통신 네트워크는 물론 운영체제 지원, 신뢰성 및 재구성 기능 등 여러 측면에서 투자비용(설계시간과 자금)의 상당한 증가를 요구한다는 점이다.

예를 들어, 2048개의 프로세서까지 확장성을 제공하는 3D 토러스(Torus)를 상호연결망으로 사용하는 Cray T3E를 살펴보자. 128개의 프로세서에서 이 시스템은 38.4 GB/s의 최고 양단 대역폭(bisection bandwidth), 즉 프로세서당 300 MB/s를 제공한다. 하지만 소형 시스템의 경우, 동시대의 Compaq AlphaServer E40의 경우 4개 프로세서로 최대 5.6 GB/s의 대역폭을 제공하여, 결과적으로 프로세서당 대역폭을 거의 4배 증가시킨다. 더군다나 Cray T3E에서의 프로세서당 평균 비용은 ES40에 비하여 몇 배 더 크다.

확장성은 소프트웨어 측면에서도 비용이 요구된다. 확장성 있는 응용 소프트웨어를 설계하려면 부하의 균형, 공유 자원에 대한 경쟁, 프로그램의 직렬 부분(또는 부분적으로 병렬 처리 가능한 부분)에 대하여 더 많은 주의를 요구한다. 프로세서 수가 5대 이상인 경우에 아주 작은 프로그램이나 작은 커널이 아닌 실제 응용에 대하여 확장성을 제공하는 것은 매우 어려운 일이다. 미래에 새로운 프로그래밍 기법과 더 발전된 컴파일러 기술, 또 성능 분석 도구가 가능하게 되면 30년 동안 별로 발전이 없었던 이러한 문제점을 극복하는 데 도움을 줄 수 있게 될 것이다.

함정 *멀티프로세서 구조의 장점을 이용하거나 멀티프로세서에 최적화된 소프트웨어를 개발하려고 하지 않는다.*

지금까지는 대형 병렬 프로세서에서 하드웨어에 비하여 소프트웨어의 발전이 늦었다. 이는 소프트웨어 문제가 더 어렵기 때문은 아니다. 이 이슈의 미묘한 점을 보여주기 위하여 한 가지 예제를 들어보도록 하자. 하지만 이 밖에도 예는 많다.

한 가지 자주 발생하는 문제점은 단일 프로세서에 맞추어 설계된 소프트웨어가 멀티프로세서 환경에 사용된다는 것이다. 예를 들어, SGI 운영체제는 페이지 할당이 매우 간헐적으로 일어난다는 가정 하에 처음에는 페이지 테이블과 관련된 데이터 구조를 단일 락을 사용하여 보호하였다. 멀티프로세서에서 이는 일부 프로그램의 경우 상당한 성능 저하를 가져올 수 있다. UNIX처럼 컴퓨터 부팅 시간에 컴파일 시간에 할당된 여러 페이지들에 대하여 초기화를 수행하는 프로그램을 고려하여 보자. 프로그램은 병렬화되어 여러 프로세스가 페이지들을 할당했다고 가정하자. 페이지 할당은 사용할 때마다 락이 요구되는 페이지 테이블 데이터 구조를 사용하기 때문에 만약 모든 프로세스가 동시에 페이지를 할당한다면 (실제로 초기화 시간에 발생할 것으로 예측된다!) 다중 쓰레드를 지원하는 OS 커널조차도 직렬화되어져야 한다.

이러한 페이지 초기화는 초기 시행 시간의 병렬성을 제거하여 전체 병렬 성능에 중대한 영향을 준다. 멀티프로그래밍을 사용하더라도 이와 같은 성능 병목 현상은 계속될 것이다. 예를 들어, 프로세스 사이의 공유를 제거하기 위해 병렬 프로그램을 독립적인 프로세스로 나누고 프로세서마다 하나의 프로세스를 실행한다고 가정하자. (실제로 한 사용자는 응용 프로그램에서 원하지 않는 공유 또는 간섭이 성능 문제를 일으켰다고 생각하여 이 방법을 사용하였다.) 불행히도, 락은 모든 프로세스들을 직렬화하였고 멀티프로그래밍의 성능 역시 저하되었다. 이러한 함정이 의미하는 것은 이와 같이 미묘하지만 중대한 성능 버그가 멀티프로세서 시스템에서 실행되는 소프트웨어에 언제든지 발생할 수 있다는 점이다. 다른 중요한 소프트웨어 구성요소들과 함께, OS 알고리즘과 데이터 구조 역시 멀티프로세서 환경에 최적화된 설계가 요구된다. 페이지 테이블의 일부 작은 부분에 대하여 락을 수행하여 이 문제를 효과적으로 해결할 수 있다. 이와 유사한 문제가 다른 메모리 구조에도 발생할 수 있으며 이 경우 실제로 공유는 발생하지 않지만 일관성 트래픽을 증가시킬 수 있다.

4.10 결론

Computer Architecture

30년이 넘게 컴퓨터 학자들과 설계자들은 단일 프로세서 시대의 종말과 멀티프로세서의 시장 지배를 예견하였다. 이 기간 마이크로프로세서의 등장과 이들의 급격한 성능 향상으로 멀티프로세싱의 역할은 제한된 시장으로 한정되었다. 2006년은 분명히 변곡점에 위치하여 있고 멀티프로세서와 쓰레드 수준 병렬성이 컴퓨터 시장 전체에서 더욱 중요한 역할을 수행할 것으로 관측된다. 이와 같은 변화는 다음과 같은 여러 현상들에 의해 주도되고 있다.

1. 일부 분야에 있어서 병렬 처리를 사용하는 것에 대한 이해가 훨씬 증대되었다. 이러한 분야 중에서도 첫 번째 분야는 과학과 공학 계산 분야이다. 이 응용 분야는 타 분야에 비하여 빠른 계산 성능을 끝없이 요구하며 이 분야 많은 응용들은 본질적으로 상당한 병렬성을 내포하고 있다. 그럼에도 불구하고 병렬 처리는 쉽지 않았다. 부록 H에서 자세히 살펴 보듯이 이러한 응용을 위해 병렬 프로세서를 프로그래밍하는 것에는 많은 어려움이 있다.
2. 트랜잭션 처리와 웹 서비스 분야뿐만 아니라 멀티프로그래밍 환경에서의 서버 응용 시장이 급격히 성장하였다. 이 분야의 응용들은 본질적으로 쓰레드 수준의 보다 활용하기 쉬운 병렬성을 갖고 있다.
3. 적어도 우리가 알고 있기에는 거의 20년 동안 거침없는 성능 향상을 가져왔던

ILP의 활용이 점차적으로 더 작은 보답을 가져오는 시기에 들어 왔다. 전력 소비와 복잡성, 증가하는 비효율성들이 설계자로 하여금 다른 대안을 찾도록 요구하였다. 쓰레드 수준의 병렬성을 활용하는 것은 자연스러운 다음 단계의 선택이 되었다.

4. 마찬가지로 과거 50년 동안 클록 속도의 향상은 향상된 트랜지스터 속도에 기인하였다. 이러한 향상 속도가 기술적 또 전력 소비적 측면에서 감소되기 시작하면서 멀티프로세서의 병렬성을 활용하는 것이 점차 매력적이 되었다.

1995년 이 책에서 우리는 이 장을 그 당시 다음의 두 가지 논쟁적인 이슈로 결론을 맺었다.

1. 어떠한 아키텍처가 마이크로프로세서 기반의 대형 멀티프로세서의 구조에 적합한가?
2. 미래 마이크로프로세서 아키텍처에서 멀티프로세싱의 역할은 무엇인가?

그 이후의 세월이 이 두 문제에 대한 해답을 가져왔다.

초대형 멀티프로세서 시장이 주요 시장으로 부각되지 못했기 때문에 이러한 대형 멀티프로세서를 설계하는 유일한 비용 효율적인 방법은 클러스터를 사용하여 설계하는 것이다. 클러스터의 각 노드는 단일 마이크로프로세서이거나 중소형의 공유 메모리 멀티프로세서이다. 부록 E와 H에서 클러스터의 설계와 그들 간의 연결망에 대하여 논의한다.

두 번째 질문에 대한 대답은 최근에 들어와서 분명해졌지만 놀라울 정도로 확고해졌다. 미래 마이크로프로세서의 성능 향상은 ILP보다는 멀티코어 프로세서를 통한 쓰레드 수준의 병렬성을 활용하는 데 중점을 둘 것이다. 실제로 설계자들이 앞으로 설계되는 프로세서에서 ILP 활용을 줄이고 대신에 더 많은 쓰레드 수준의 병렬성을 이용하는 데 하드웨어 자원과 관심을 기울이고 있다. Sun사의 T1은 이 방향으로의 첫 발걸음이며 2006년 3월 인텔은 다음 세대의 멀티코어 프로세서는 Pentium 4의 Netburst 코어 아키텍처에 비하여 ILP 이용률을 줄인 코어에 기반할 것으로 발표하였다. ILP와 TLP 사이의 가장 좋은 균형을 찾는 것은 응용 프로그램을 포함하여 다른 여러 요소에 달려 있을 것이다.

1980년대와 1990년대 ILP의 탄생과 발전과 함께 컴퓨터 시스템 성공의 핵심 요소는 ILP를 이용할 수 있는 최적화 컴파일러 형태의 소프트웨어이었다. 이와 유사하게, 쓰레드 수준의 병렬성을 성공적으로 이용하기 위해서는 컴퓨터 설계자들의 공헌뿐만 아니라 적합한 소프트웨어 시스템의 개발에 달려 있다. 지난 30년 이상의 기간 동안 병렬 소프트웨어의 느린 발전 속도를 고려할 때, 쓰레드 수준의 병렬성을 이용하는 것 역시 상당히 어려운 도전일 것으로 예측된다.

4.11 역사적 관점과 참고문헌

동반된 CD의 K.5절은 멀티프로세서와 병렬 처리의 역사를 다루고 있다. 이 절은 시대와 아키텍처로 구분하면서 초기의 실험적인 멀티프로세서와 병렬 처리에서의 주요 논쟁들을 논의하며 또한 최근의 발전 역시 다루고 있다. 추가적인 자료는 참고문헌을 참조하라.

사례 연구와 연습문제(David A. Wood)

사례 연구 1: 단순한 버스 기반의 멀티프로세서

이 사례 연구에 의해 설명된 개념

- 스누핑 일관성 프로토콜의 상태 전이
- 일관성 프로토콜의 성능
- 일관성 프로토콜의 최적화
- 동기화

그림 4.37에서 예시한 단순한 버스 기반 멀티프로세서는 대표적인 대칭형 공유 메모리 아키텍처를 보여 준다. 각 프로세서는 자신의 캐시를 갖고 있으며 그림 4.7의 스누핑 프로토콜을 사용하여 일관성을 유지한다. 각 캐시는 직접 사상을 사용하며 각각 두 개의 워드를 갖는 4개의 블록을 가지고 있다. 이해를 돕기 위해 캐시 태그는 전체 주소를 갖고 있고 각 워드는 단 두 개의 16진수 문자만 보여 주고 있으며 작은 자리에 해당하는 워드를 오른쪽에 표현하였다. 일관성 상태는 M(변경), S(공유), I(무효)로 표시하였다.

4.1 [10/10/10/10/10/10/10] <4.2> 아래 각 문제에서 캐시와 메모리의 초기 상태는 그림 4.37과 같다고 가정하자. 각 문제는 다음의 형태로 표현된 하나 이상의 CPU 연산을 보여준다.

```
P#: <op> <address> [ <-- <value} ]
```

여기서 P#는 CPU를 (예를 들어 P0), <op>는 CPU 연산을(예를 들어 읽기 또는 쓰기), <address>는 메모리 주소를, <value>는 쓰기 연산에 할당된 새 워드를 표시한다. 다음의 각 연산이 그림 4.37에 표시된 초기 상태에 독립적으로 적용된다고 가정하

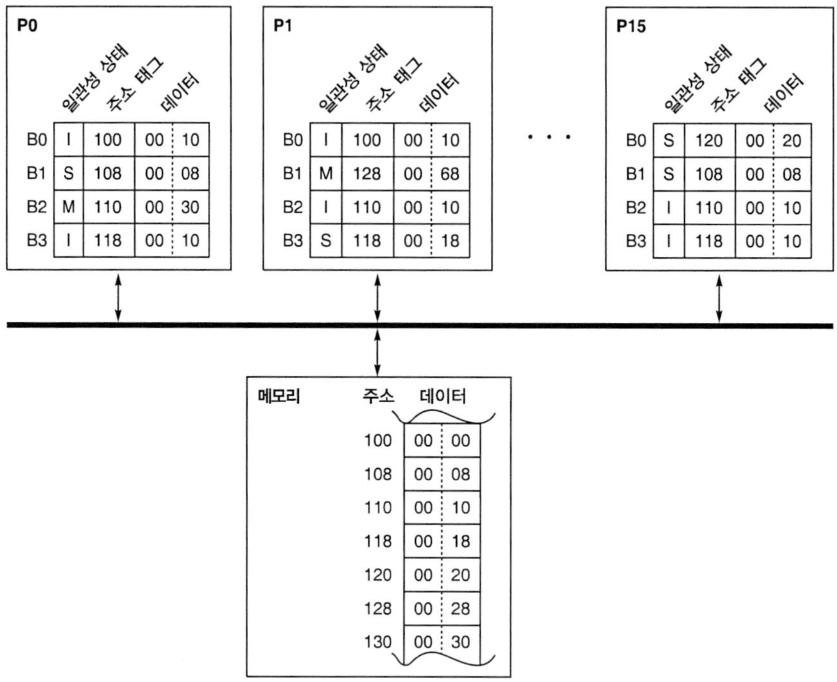

그림 4.37 버스 기반의 스누핑 멀티프로세서.

자. 각 연산 후 캐시와 메모리 상태(즉 일관성 상태, 태그, 데이터)를 보이시오. 변화가 생긴 블록만을 보이시오. 예를 들어, `P0.B0: (I, 120, 00 01)`은 CPU P0의 블록 B0이 최종 상태는 I, 태그는 120, 데이터 워드는 00과 01을 갖고 있음을 표시한다. 또 각 읽기 연산에 의해 어떤 값이 읽혀지는지 밝히시오.

a. [10] <4.2> `P0: read 120`

b. [10] <4.2> `P0: write 120 <-- 80`

c. [10] <4.2> `P15: write 120 <-- 80`

d. [10] <4.2> `P1: read 110`

e. [10] <4.2> `P0: write 108 <-- 48`

f. [10] <4.2> `P0: write 130 <-- 78`

g. [10] <4.2> `P15: write 130 <-- 78`

4.2 [20/20/20/20] <4.3> 스누핑 기반 멀티프로세서의 성능은 캐시가 배타적 (E) 상태 또는 변경 (M) 상태에 있는 블록에 속한 데이터에 얼마나 빨리 응답하느냐를 결정하는 여러 구체적인 구현 이슈들에 달려 있다. 일부 구현에서 다른 프로세서의 캐시에 배타적 상태 있는 블록에 대한 CPU의 읽기 미스는 메모리에 있는 블록에 대한 미스에 비하여 처리가 빠르다. 왜냐하면 캐시는 메모리에 비하여 작고 더 빠르기 때문이

다. 반대로 다른 구현에서는 메모리에 의해 응답되는 미스가 캐시에 의해 처리되는 경우보다 더 빠르기도 하다. 왜냐하면 캐시는 일반적으로 스누핑 액세스와 같은 "뒤쪽(back side)" 액세스보다는 "앞쪽(front side)" 액세스, 즉 CPU 참조에 최적화되어 있기 때문이다.

그림 4.37에 예시된 멀티프로세서에서 아래의 각 경우와 같이 한 CPU가 연속적인 연산을 실행하는 경우를 고려하여 보자.

- CPU의 읽기와 쓰기가 연속적으로 캐시를 히트하면서 스톨 사이클을 생성하지 않는 경우
- CPU의 읽기와 쓰기가 캐시 미스를 발생시키면서 각각 메모리와 캐시에 의해 만족되는 N_{memory}와 N_{cache} 수만큼의 스톨 사이클을 생성하는 경우
- CPU 쓰기 히트가 무효화를 발생시켜 $N_{invalidate}$ 만큼의 스톨 사이클을 생성하는 경우
- 충돌 미스나 배타적 블록에 대한 다른 프로세서의 요청에 의해 블록에 대한 나중 쓰기가 발생하면서 추가적으로 $N_{writeback}$ 스톨 사이클을 발생시키는 경우

그림 4.38에 요약된 것과 같이 다른 성능 특성을 갖는 2 가지 구현 방안을 고려하여 보자.

그림 4.37의 초기 캐시 상태를 가정한 상황에서 다음의 연속적인 연산을 고려하여 보자. 설명을 단순화하기 위해 (비록 다른 프로세서 실행되더라도) 첫 번째 연산이 완료된 후에 두 번째 연산이 시작된다고 가정하자.

```
P1: read 110
P15: read 110
```

구현 1에서 첫 번째 읽기는 P0의 캐시에 의해 만족되기 때문에 80개의 스톨 사이클을 생성한다. P1은 블록을 대기하는 70 사이클 동안 스톨하고 P0은 P1의 요청에 따라 블록에 대한 나중 쓰기를 하는 과정에서 10 사이클 동안 스톨한다. 따라서 미스가 메모리에 의해 처리되는 P15의 두 번째 읽기는 100개의 스톨 사이클을 생성한다. 따라서 이 코드는 총 180개의 스톨 사이클을 생성한다.

변수	구현 1	구현 2
N_{memory}	100	100
N_{cache}	70	130
$N_{invalidate}$	15	15
$N_{writeback}$	10	10

그림 4.38 스누핑 일관성 연산의 지연시간.

다음의 각 코드가 각 구현 별로 몇 개의 스톨 사이클을 생성하는가?

a. [20] <4.3>

```
P0: read 120
P0: read 128
P0: read 130
```

b. [20] <4.3>

```
P0: read 100
P0: write 108 <-- 48
P0: write 130 <-- 78
```

c. [20] <4.3>

```
P1: read 120
P1: read 128
P1: read 130
```

d. [20] <4.3>

```
P1: read 100
P1: write 108 <-- 48
P1: write 130 <-- 78
```

4.3 [20] <4.2> 많은 스누핑 프로토콜들은 캐시 일관성 오버헤드를 줄이기 위해 추가적인 상태 비트나, 상태 전이, 또는 버스 트랜잭션들을 갖고 있다. 연습문제 4.2의 구현 1에서 미스가 메모리 대신에 캐시에 의해 처리된다면 스톨 사이클을 줄일 수 있다. 일부 일관성 프로토콜의 경우 이렇게 처리하는 빈도를 증가시켜 성능을 향상시키고 있다.

대표적인 프로토콜 최적화 방안은 소유(Owned) 상태를 추가하는 것이다. 소유 상태의 블록은 읽기만 가능하다는 측면에서 공유 상태와 유사하다. 하지만, 다른 노드들이 소유 상태의 블록에 대해 읽기 또는 쓰기 미스를 발생시키는 경우 소유 상태의 블록을 소유한 노드가 데이터를 제공한다는 측면에서 변경 상태와 유사하다. 변경 상태나 소유 상태에 있는 블록에 대하여 읽기 미스가 발생하면 이 블록은 요청한 노드에 데이터를 제공하고 상태를 소유 상태로 변경한다. 변경 상태나 소유 상태에 있는 블록에 대하여 쓰기 미스가 발생하면 이 블록은 요청한 노드에 데이터를 제공하고 상태를 무효 상태로 변경한다. 이 최적화된 MOSI 프로토콜은 변경 또는 소유 상태에 있는 블록이 교체될 때만 메모리 갱신을 수행한다.

추가적인 상태와 상태전이를 포함하여 위의 프로토콜에 대한 새로운 프로토콜 다이어그램을 그리시오.

4.4 [20/20/20/20] <4.2> 그림 4.38에 주어진 두 구현 방안에 대한 변수와 다음 코드를 사용하여 기본 MSI 프로토콜과 연습문제 4.3에서 제시한 최적화된 MOSI 프로토콜에 대하여 전체 스톨 사이클 수를 계산하라. 버스 트랜잭션을 요구하지 않는 상태

전이는 추가적인 스톨 사이클을 발생시키지 않는다고 가정하라.

a. [20] <4.2>
```
P1: read 110
P15: read 110
P0: read 110
```

b. [20] <4.2>
```
P1: read 120
P15: read 120
P0: read 120
```

c. [20] <4.2>
```
P0: write 120 <-- 80
P15: read 120
P0: read 120
```

d. [20] <4.2>
```
P0: write 108 <-- 88
P15: read 108
P0: write 108 <-- 98
```

4.5 [20] <4.2> 일부 응용 프로그램들은 먼저 큰 데이터 집합을 읽어 들인 후 그 대부분 또는 전부를 갱신한다. 기본 MSI 프로토콜은 먼저 모든 캐시 블록을 공유 상태로 인출한 후 갱신 상태로 업그레이드하기 위해 무효화 연산을 수행하여야 한다. 이에 필요한 추가적인 지연시간은 일부 프로그램에서 성능에 상당한 영향을 미친다.

또 하나의 추가적인 최적화 방안은 한 프로세서가 블록을 읽고 뒤에 쓰는 경우 업그레이드할 필요를 제거하여 준다. 이 최적화 방안은 다른 프로세서는 이 블록의 복사본을 갖고 있지 않지만 이 블록이 갱신된 적이 없다는 것을 표시하는 배타적(Exclusive) 상태를 추가한다. 읽기 미스가 메모리에 의해 만족되고 다른 어떤 노드도 이 블록을 갖고 있지 않다면 이 블록은 배타적 상태에 놓이게 된다. CPU는 추가적인 버스 트래픽 없이 이 블록에 대하여 읽기와 쓰기를 수행할 수 있지만 쓰기는 일관성 상태를 변경 상태로 전이시킨다. 배타적 상태는 변경 상태와는 다르다. 왜냐하면 노드가 (변경 상태의 블록은 메모리에 나중 쓰기를 수행하여야 하지만) 배타적 상태의 블록은 조용히 교체할 수 있기 때문이다. 또한 배타적 상태의 블록에 대한 미스는 이 블록을 공유 상태로 전이시키지만 (메모리가 최신 상태의 복사본을 갖고 있기 때문에) 이 노드가 데이터를 제공할 필요는 없다.

배타적 상태를 추가하고 기본 MSI 프로토콜의 변경, 공유, 무효로의 상태 전이를 포함하는 MESI 프로토콜에 대한 새로운 프로토콜 다이어그램을 그리시오.

4.6 [20/20/20/20/20] <4.2> 그림 4.37의 캐시 상태와 그림 4.38에 주어진 구현 1과 관련된 변수를 가정하라. 다음의 코드에 대하여 기본 프로토콜과 연습문제 4.5에서 제시

된 MESI 프로토콜에 대하여 전체 스톨 사이클을 계산하시오. 버스 트랜잭션을 요구하지 않은 상태 전이는 추가적인 스톨 사이클을 발생시키지 않는다고 가정하라.

a. [20] <4.2>
```
P0: read 100
P0: write 100 <-- 40
```

b. [20] <4.2>
```
P0: read 120
P0: write 120 <-- 60
```

c. [20] <4.2>
```
P0: read 100
P0: read 120
```

d. [20] <4.2>
```
P0: read 100
P1: write 100 <-- 60
```

e. [20] <4.2>
```
P0: read 100
P0: write 100 <-- 60
P1: write 100 <-- 40
```

4.7 [20/20/20/20] <4.5> Test-and-set 스핀 락은 대부분의 상용 공유 메모리 아키텍처에서 사용되는 가장 간단한 동기화 기법이다. 이 스핀 락은 과거 값을 원자적으로 로드하고 새 값을 저장하는 교환 연산을 사용한다. 락 루틴은 락이 언락(즉, 0의 값을 리턴)할 때까지 교환 연산을 반복적으로 수행한다.

```
tas:       DADDUI    R2, R0, #1
lockit:    EXCH      R2,0(R1)
           BNEZ      R2, lockit
```

스핀 락을 언락하는 것은 단순히 0의 값을 저장하는 것을 필요로 한다.

```
unlock:    SW        R0, 0(R1)
```

4.7절에서 논의하였듯이 좀 더 최적화된 test-and-test-and-set 락은 락을 검사하기 위해 로드를 사용하여 공유 변수를 캐시에 갖고 있는 상태에서 스핀을 수행할 수 있다.

```
tatas:     LD        R0, 0(R1)
           BNEZ      R2, tatas
           DADDUI    R2,R0,#1
           EXCH      R2,0(R1)
           BNEZ      R2, tatas
```

프로세서 P0, P1, P5가 모두 주소 0x100에 대하여 락을 얻으려 한다고 가정하자. 즉, 레지스터 R1이 0x100의 값을 갖고 있다. 그림 4.37의 캐시 상태와 그림 4.38에서 주어진 구현 1의 시간 변수를 가정하라. 문제를 간단히 하기 위해 임계 영역(critical section)이 1000 사이클 걸린다고 가정하자.

a. [20] <4.5> test-and-set 스핀 락을 사용하는 경우 각 프로세서가 락을 얻기 전에 *대략적으로* 얼마만큼의 메모리 스톨 사이클을 필요로 하는지 결정하라.

b. [20] <4.5> test-and-test-and-set 스핀 락을 사용하는 경우 각 프로세서가 락을 얻기 전에 *대략적으로* 얼마만큼의 메모리 스톨 사이클을 필요로 하는지 결정하라.

c. [20] <4.5> test-and-set 스핀 락을 사용하는 경우 *대략적인* 버스 트랜잭션의 수는?

d. [20] <4.5> test-and-test-and-set 스핀 락을 사용하는 경우 *대략적인* 버스 트랜잭션의 수는?

사례 연구 2: 스위치 네트워크에서의 스누핑 프로토콜

이 사례 연구에 의해 설명된 개념

- 스누핑 일관성 프로토콜의 구현
- 일관성 프로토콜의 성능
- 일관성 프로토콜의 최적화
- 메모리 일치성 모델

사례 연구 1에서 논의된 스누핑 기반의 일관성 프로토콜은 추상적인 수준에서의 일관성을 기술하지만 여러 본질적이고 구체적인 이슈들을 생략하고 있으며 연산을 정확히 처리하기 위해 묵시적으로 공유 버스로의 액세스가 원자적으로 수행된다고 가정한다. 고성능 스누핑 시스템들은 하나 이상의 파이프라인된 스위치 네트워크를 사용한다. 이 네트워크는 대역폭을 상당히 향상시킬 수 있지만 상태 전이와 비원자적 트랜잭션으로 인하여 상당한 복잡성을 추가한다. 이 사례 연구는 Sun E6800 시스템을 대략적으로 모델링한 고성능 스누핑 시스템을 살펴본다. 이 시스템은 여러 프로세서가 독립적인 스위치 주소와 데이터 네트워크로 연결되어 있다.

그림 4.39는 이 시스템의 구조(중간)를 보여 준다. 단일 프로세서 노드(왼쪽)와 메모리 모듈(오른쪽)은 좀 더 확대하여 표시하였다. 대부분의 고성능 공유 메모리 시스템과 마찬가지로 이 시스템 역시 메모리 대역폭을 증가시키기 위해 여러 개의 메모리 모듈을 제공한다. 프로세서 노드는 CPU와 캐시, 또 일관성 프로토콜을 구현한 캐시 제어기를 포함한다. CPU는 REQUEST 버스를 통해서 캐시 제어기로 읽기와 쓰기 요청을 이슈한다. 캐시 제어기는 이 요청을 (예를 들어 캐시 히트의 경우) 지역적으로 처리하고 또 미스 시에는 일관성 요청을 (즉, 읽기 전용 (read-only) 복사본에 대한 GetShared 요청이나 배타적 복사본에 대한 GetModified 요청의 경우) ADDR_OUT 큐를 통해 주소 네트워크로 보낸다. 주소 네트워크는 브로드캐스트 트리를 사용하여 모든 노드가 일관성 요청을 순서대로 수신하도록 보장한다. 요청하는

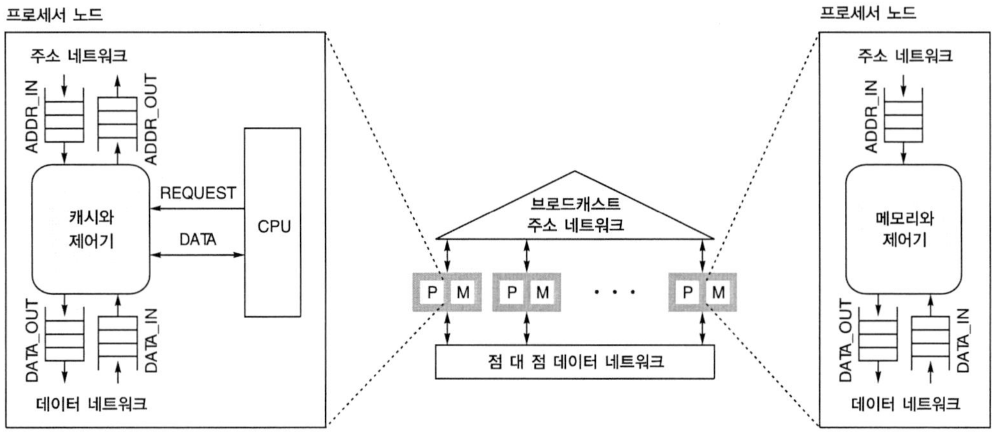

그림 4.39 스위치 네트워크를 가진 스누핑 시스템.

노드를 포함하여 모든 노드는 ADDR_IN 큐를 통해 이 요청을 같은 순서로 (비록 같은 사이클은 아닐지라도) 수신한다. 이러한 순서 제어는 모든 캐시 제어기가 협력하여 일관성을 유지하기 위해서 반드시 필요하다.

이 프로토콜은 데이터 메시지를 순서가 보장되지 않는 독립적인 점 대 점 네트워크를 통해 보냄으로써 기껏해야 하나의 노드가 응답하도록 보장한다.

그림 4.40은 이 시스템에 대한 간소화된 일관성 프로토콜을 테이블 형태로 제시한다. 상태가 많은 경우 상태 다이어그램이 너무 커질 수 있기 때문에 일관성 프로토콜을 명시하는데 테이블이 주로 사용된다. 각 행은 블록의 일관성 상태를 표시하고, 각 열은 블록에 영향을 주는 사건(예를 들어, 메시지의 도착이나 프로세서 연산)을, 각 테이블 엔트리는 작업과 새로운 다음 상태(필요한 경우)를 표시한다. 두 가지 유형의 일관성 상태가 존재하는 것에 주목하라. 안정된 상태는 친근한 변경, 공유, 무효 상태이며 캐시에 저장된다. 안정된 상태 사이에 비원자적인 상태 전이로 인하여 일시적(transient) 상태가 발생한다. 이와 같은 비원자성의 주요 원인은 파이프라인된 주소 네트워크 내부에서 또 주소 네트워크와 데이터 네트워크 사이에 발생하는 레이스 때문이다. 예를 들어, 두 캐시 제어기가 같은 블록에 대하여 같은 사이클에 요청 메시지를 보낼 수 있으나 몇 사이클 뒤에야 누가 경쟁에서 이겼는지 확인할 수 있다(이는 요청이 어떤 순서로 오는지 ADDR_IN 큐를 검사하여 확인한다). 캐시 제어기가 미래에 발생할 다른 활동을 대기하는 동안 이러한 일시적 상태를 사용하여 과거에 어떤 일이 발생하였는 지를 기억한다. 일시적 상태는 캐시 자체보다는 MSHR과 같은 보조 구조에 일반적으로 저장된다. 이 프로토콜에서 일시적 상태의 이름들은 초기 상태와 다음 상태, 또 아직 진행 중인 메시지를 표시하는 위 첨자를 사용하여 표시한다. 예를 들어, IS^A 상태는 블록이 과거 I 상태에 있었고 S 상태로 전이 중이며 이 전이를 수행하기 전에 자신의 요청 메시지(예를 들어, GetShared)가

상태	Read	Write	Replace–ment	OwmReq	Other GetS	Other GetM	Other Inv	Other PutM	Data
I	send GetS/IS^{AD}	send GetM/IM^{AD}	error	error	—	—	—	—	error
S	do Read	send Inv/SM^{A}	I	error	—	I	I	—	error
M	do Read	do Write	send PutM/MI^{A}	error	send Data/S	send data/I	—	—	error
IS^{AD}	z	z	z	IS^{D}	—	—	—	—	save Data/IS^{A}
IM^{AD}	z	z	z	IM^{D}	—	—	—	—	save Data/IM^{A}
IS^{A}	z	z	z	do Read/S	—	—	—	—	error
IM^{A}	z	z	z	do Write/M	—	—	—	—	error
SM^{A}	z	z	z	M		II^{A}	II^{A}	—	error
MI^{A}	z	z	z	send Data/I	send Data/II^{A}	send Data/II^{A}	—	—	error
II^{A}	z	z	z	I	—	—	—	—	error
IS^{D}	z	z	z	error	—	z	z	—	save Data, do Read/s
IM^{D}	z	z	z	error	z	—	—	—	save Data, do Write/M

그림 4.40 브로드캐스트 기반 스누핑 캐시 제어기의 상태 전이.

ADDR_IN 큐에 도착하기를 기다리고 있음을 표시한다.

캐시 제어기의 사건들은 CPU 요청, 수신된 요청, 데이터 메시지에 의해 결정된다. OwnReq 사건은 CPU 자신의 요청이 ADDR_IN 큐에 도착했음을 의미한다. Replacement 사건은 CPU read나 write가 캐시 블록 교체를 야기하였을 때 발생하는 pseudo-CPU 사건이다. 캐시 제어기의 행동은 그림 4.40에 *<활동/다음 상태>* 튜플로 상세히 표시하였다. 블록의 현재 상태가 엔트리의 행에 해당하고 엔트리의 열에 해당하는 다음 사건이 발생하면 명시된 작업이 수행되고 블록의 상태는 명시된 다음 상태로 전이된다. 다음 상태만 표시된 경우 작업은 불필요하다. 만약 다음 상태가 명시되어 있지 않다면 상태는 변화되지 않는다. 불가능한 경우는 "error"로 표시하였으며 오류 조건을 표시한다. "z"은 요청한 사건이 현재 처리될 수 없음을 표시하고 "—"은 아무런 작업이나 상태 전이가 필요하지 않음을 표시한다.

다음 예제는 이 프로토콜의 기본 동작을 예시한다. P0이 모든 캐시에서 I 상태에 있는 블록에 대하여 읽기를 시도한다고 가정하자. 캐시 제어기의 작업은 상태 I와 사건 읽기에 대응하는 테이블 엔트리에 의해 결정되며 이는 "send GetS/IS^{AD}"이다. 이는 캐시 제어기가 주소 네트워크로 GetS(GetShared) 요청을 이슈하여야 하고 주소와 데이터 메시지를 기다리면서 상태는 일시적 상태인 IS^{AD}로 전이됨을 뜻한다. 경쟁이 없는 상태에서 정상적으로 P0의 캐시 제어기가 가장 먼저 GetS 메시지를 수신할 것이고 (OwnReq 열에 표시) 상태는 IS^D 상태로 전이된다. 다른 캐시 제어기는 이 요청을 I 상태에서 "Other GetS"로 처리한다. 메모리 제어기가 이 요청을 ADDR_IN 큐에서 확인하면 메모리로부터 블록을 읽어 P0로 데이터 메시지를 보낸다. 데이터 메시지가 P0의 DATA_IN 큐에 도착하면 (데이터 열에 표시) 캐시 제어기는 이 블록을 캐시에 저장하고 읽기를 수행한 후 상태를 S(공유)로 갱신한다.

노드 P1이 블록을 M 상태로 소유하는 경우 복잡한 상황이 발생한다. 이 경우 "Other GetS"에 대한 P1의 작업은 데이터를 P0과 메모리 모두에게 전달하게 하고 상태를 S로 전이하는 것이다. P0은 전과 똑같이 행동하지만 메모리는 (1) P0의 요청에 응답하지 않기 위해 (왜냐하면 P1이 응답할 것이기 때문에) (2) P1로부터 데이터를 수신할 때까지 이 블록에 대한 미래 요청에 응답하도록 대기하기 위해 충분한 로직이나 상태를 관리하여야 한다. 이는 메모리 제어기가 자신의 일시적 상태를 구현하도록 요구한다 (테이블에서는 표시되지 않음). 연습문제 4.11은 이 기능을 구현하는 다른 대안을 논의한다.

다른 요청이 중간에 끼어들거나 주소와 데이터 메시지의 순서를 바꾸는 경우 더 복잡한 상태 전이가 발생한다. 예를 들어, P0 노드의 캐시 제어기가 M 상태의 블록에 대한 나중 쓰기를 시작한다고 가정하자. 그림 4.40이 보여 주듯이 제어기는 ADDR_OUT 큐에 PutModified 일관성 요청을 이슈함으로써 이를 수행한다. 주소 네트워크의 파이프라인 구조 때문에 P0은 ADDR_IN에 자신의 요청을 확인하여 자신의 순서를 결정하기 전까지는 데이터를 전송할 수 없다. 이는 "*취약성 윈도우 (window of vulnerability)*"란 구간을 발생시키는데 이 구간에 다른 노드의 요청이 캐시 제어기의 작업을 변경시킬 수 있다. 예를 들어, P0의 PutModified 요청을 위해 P0의 취약성 윈도우 구간에 도착한 같은 블록에 대하여 노드 P1이 GetModified 요청 (즉 배타적 복사본을 요청)을 이슈하였다고 가정하자. 이 경우 P1의 GetModified 요청은 논리적으로 P0의 PutModified 요청에 비하여 우선하고 따라서 P0이 나중 쓰기를 완료하려는 시도를 옳지 않게 만든다. P0의 캐시 제어기는 블록을 P1에 보내고 자신의 복사본을 무효화함으로써 P1의 GetModified 요청에 응답하여야 한다. 하지만 P0의 PutModified 요청이 주소 네트워크에서 계류 중이기 때문에 P0과 P1 모두 이 요청이 도착하더라도 무시하여야 한다 (P0은 자신의 복사본이 이미 무효화되었기 때문에 요청을 무시하고 P1은 다른 노드가 PutModified 요청을 보냈기 때문에 이 요청을 무시한다).

4.8 [10/10/10/10/10/10/10] <4.2> 위에서 기술한 스위치 네트워크 기반의 스누핑 프로토콜과 그림 4.37의 캐시 상태를 가정하자. 다음의 각 경우에 영향을 받은 캐시 블록들이 영향을 받은 각 캐시에서 이동하면서 야기한 일시적 상태들의 리스트를 열거하시오. 주소 네트워크에서의 지연시간이 데이터 네트워크 지연시간에 비하여 훨씬 작다고 가정하라.

a. [10] <4.2> P0: read 120

b. [10] <4.2> P0: write 120 <-- 80

c. [10] <4.2> P15: write 120 <-- 80

d. [10] <4.2> P1: read 110

e. [10] <4.2> P0: write 108 <-- 48

f. [10] <4.2> P0: write 130 <-- 78

g. [10] <4.2> P15: write 130 <-- 78

4.9 [15/15/15/15/15/15/15] <4.2> 위에서 기술한 스위치 네트워크 기반의 스누핑 프로토콜과 그림 4.37의 캐시 상태를 가정하자. 다음의 각 경우에 영향을 받은 캐시 블록들이 이동하면서 야기한 일시적 상태들의 리스트를 열거하시오. 모든 경우에 프로세서는 이 요청을 같은 사이클에 이슈하지만 주소 네트워크가 이 요청들을 top-down 순서로 정렬한다고 가정하라. 또한, 첫 번째 데이터 응답이 모든 주소 메시지가 모든 노드에 의해 수신된 다음 도착하도록 데이터 네트워크가 주소 네트워크보다 훨씬 느리다고 가정하라.

a. [15] <4.2> P0: read 120
P1: read 120

b. [15] <4.2> P0: read 120
P1: write 120 <-- 80

c. [15] <4.2> P0: write 120 <-- 80
P1: read 120

d. [15] <4.2> P0: write 120 <-- 80
P1: write 120 <-- 90

e. [15] <4.2> P0: replace 110
P1: read 110

f. [15] <4.2> P1: write 110 <-- 80
P0: replace 110

g. [15] <4.2> P1: read 110
P0: replace 110

4.10 [20/20/20/20/20/20/20] <4.2, 4.3> 스위치 네트워크는 여러 요청이 중첩되는 것을 허락함으로써 스누핑 기반 멀티프로세서의 성능을 향상시킨다. 제어기와 네트워크가 파이프라인되어 있기 때문에 연산의 지연시간(연산을 완료하는 데 걸리는 사이클 수)과 오버헤드 (다음 연산이 시작할 때까지의 사이클 수) 사이에 차이가 있다.

그림 4.39에 예시한 멀티프로세서에 대하여 다음의 지연시간과 오버헤드를 가정하자.

- CPU 읽기와 쓰기 히트는 스톨 사이클을 생성하지 않는다.
- 블록 교체를 발생시키는 CPU 읽기와 쓰기는 PutModified 메시지를 이슈하기 전에 대응하는 GetShared 또는 GetModified 메시지를 이슈한다(예를 들어, 나중 쓰기 버퍼를 사용하여).
- 요청 메시지(예를 들어, GetShared)를 전송하는 캐시 제어기 사건은 L_{send_req} 사이클의 지연시간을 가지며 O_{send_req} 사이클 동안 제어기가 다른 사건들을 처리하는 것을 방지한다.
- 캐시를 읽고 데이터 메시지를 전송하는 캐시 제어기 사건은 L_{send_data} 사이클의 지연시간과 O_{send_data} 사이클의 오버헤드를 가진다.
- 데이터 메시지를 수신하고 캐시를 갱신하는 캐시 제어기 사건은 L_{rcv_data} 사이클의 지연시간과 O_{rcv_data} 사이클의 오버헤드를 가진다.
- 메모리 제어기가 메모리를 읽고 데이터 메시지를 전송하기 위해 L_{read_memory} 사이클의 지연시간과 O_{read_memory} 사이클의 오버헤드를 가진다.
- 메모리 제어기가 메모리에 데이터 메시지를 쓰기 위해 L_{write_memory} 사이클의 지연시간과 O_{write_memory} 사이클의 오버헤드를 가진다.
- 경쟁이 없는 경우 요청 메시지는 L_{req_msg} 사이클의 네트워크 지연시간과 O_{req_msg} 사이클의 오버헤드를 가진다.
- 경쟁이 없는 경우 데이터 메시지는 L_{data_msg} 사이클의 네트워크 지연시간과 O_{data_msg} 사이클의 오버헤드를 가진다.

그림 4.41에 요약된 성능 특성을 가진 구현을 고려하여 보자.

다음의 각 연산 코드에 대하여 그림 4.37의 캐시 상태와 그림 4.41에 주어진 구현

활동	구현 1	
	지연시간	오버헤드
send_req	4	1
send_data	20	4
rcv_data	15	4
read_memory	100	20
write_memory	100	20
req_msg	8	1
data_msg	30	5

그림 4.41 스위치 기반 스누핑 시스템의 지연시간과 오버헤드.

변수를 가정한 경우 각 프로세서는 각 메모리 요청에 얼마만큼의 메모리 스톨 사이클을 발생시키는가? 이와 유사하게 각 제어기는 몇 사이클을 점유하는가? 문제를 간소화하기 위해 (1) 각 프로세서는 한 순간 단 하나의 메모리 연산만 진행할 수 있고, (2) 두 노드가 같은 사이클에 요청하고 명시된 노드가 승리하는 경우 다른 노드는 요청 메시지 오버헤드 기간 동안 스톨하여야 하고, (3) 모든 요청이 같은 메모리 제어기로 보내진다고 가정하자.

a. [20] <4.2, 4.3> `P0: read 120`

b. [20] <4.2, 4.3> `P0: write 120 <-- 80`

c. [20] <4.2, 4.3> `P15: write 120 <-- 80`

d. [20] <4.2, 4.3> `P1: read 110`

e. [20] <4.2, 4.3> `P0: read 120`
`P15: read 128`

f. [20] <4.2, 4.3> `P0: read 100`
`P1: write 110 <-- 78`

g. [20] <4.2, 4.3> `P0: write 110 <-- 28`
`P1: write 100 <-- 48`

4.11 [25/25] <4.2, 4.4> 그림 4.40의 스위치 기반 스누핑 프로토콜은 프로세서 노드가 변경 상태에 있고 따라서 데이터를 응답할 수 있다는 것을 알고 있다고 가정한다. 실제 시스템은 이를 다음의 두 가지 방법 중 하나를 사용하여 구현한다. 첫 번째 방법은 공유되는 "소유(Owned)" 신호를 사용하는 것이다. 프로세서는 "Other GetS"나 "Other GetM" 사건이 블록을 M 상태에서 발견하면 소유 신호를 발생시킨다. 특수한 네트워크가 개개 소유 신호를 OR하여 어떤 프로세서가 소유 신호를 발생시킨 경우 이 요청을 무시한다. 파이프라인되어 있지 않은 네트워크에서 이러한 기능은 쉽게 구현될 수 있음에 (예를 들어, OR 게이트) 주목하라.

하지만 고성능 파이프라인 구조의 네트워크에서 이러한 기능을 구현하는 것은 훨씬 어렵다. 두 번째 방법은 메모리 제어기에 (1 비트에서 2 비트 정도의) 간단한 디렉터리를 추가하여 메모리 제어기가 데이터 응답을 하여야 하는지 프로세서 노드가 응답하여야 하는지를 관리하는 방법이다.

a. [25] <4.2, 4.4> 두 번째 방법을 구현하는 데 필요한 메모리 제어기 프로토콜을 테이블을 사용하여 기술하라. 이 문제에서 캐시 블록 교체 시 보내어지는 PUTM 메시지는 무시하라.

b. [25] <4.2, 4.4> 그림 4.37의 초기 캐시 상태를 가정하자. 다음의 연산 코드를 지원하기 위해 메모리 제어기가 어떤 작업을 수행하여야 하는지 설명하라.

```
P1: read 110
P15: read 110
```

4.12 [30] <4.2> 연습문제 4.3은 단순한 MSI 프로토콜에 소유 상태를 추가하도록 요청하였다. 위의 스위치 기반 스누핑 프로토콜에 대하여 같은 문제에 대해 답하라.

4.13 [30] <4.3> 연습문제 4.3은 단순한 MSI 프로토콜에 배타적 상태를 추가하도록 요청하였다. 왜 이 이슈가 스위치 기반 스누핑 프로토콜에서 더 어려운지 논의하라. 발생할 수 있는 이슈의 예를 들으시오.

4.14 [20/20/20/20] <4.6> 순차적 일치성(SC)은 모든 읽기와 쓰기가 순서대로 실행되는 것을 요구한다. 이는 프로세서가 특정한 경우에서 읽기나 쓰기 명령을 완료하기 전에 스톨하여야 할 것을 요구한다. 다음의 코드를 고려하여 보자.

```
write A
read B
```

여기서 write A는 캐시 미스를 발생시키고 read B는 캐시 히트를 발생시킨다고 가정하자. SC하에서 프로세서는 write A의 수행을 마칠 때까지 read B를 스톨시켜야 한다. SC의 간단한 구현은 캐시가 데이터를 받은 다음 write를 수행할 수 있을 때까지 프로세서를 스톨시킬 것이다.

좀 더 완화된 일치성 모델들은 이러한 읽기와 쓰기 순서를 완화시켜서 프로세서가 스톨하는 경우를 줄여준다. TSO(Total Store Order) 일치성 모델은 모든 쓰기는 순서대로 발생하여야 하지만 프로세서의 읽기가 자신의 쓰기를 앞서는 것을 허락한다. 이는 프로세서가 다른 프로세서의 쓰기와 비교하여 순서가 정해지지 않은 완료된 쓰기들을 저장하는 쓰기 버퍼를 구현하는 것을 허락하여 준다. (SC 모델에서는 불가능하였지만) TSO 모델에서 읽기는 쓰기 버퍼에 저장된 쓰기들의 순서를 앞지르는 것이 허락된다.

한 사이클에 하나의 메모리 연산이 수행될 수 있고 이 연산이 캐시나 쓰기 버퍼에 히트하는 경우 스톨 사이클을 생성하지 않는다고 가정하자. 미스를 발생시키는 연산의 지연시간은 그림 4.41에 나타내었다. 그림 4.37의 캐시 상태와 연습문제 4.8에서 제시한 기본적인 스위치 기반 프로토콜을 가정하자. SC와 TSO 모델에서 각 연산 *이전에* 발생하는 스톨 사이클의 수는 얼마인가?

a. [20] <4.6>
```
P0: write 110 <-- 80
P0: read 108
```

b. [20] <4.6>
```
P0: write 100 <-- 80
P0: read 108
```

c. [20] <4.6>
```
P0: write 110 <-- 80
```

`P0: write 100 <-- 90`

d. [20] <4.6> `P0: write 100 <-- 80`
`P0: write 110 <-- 90`

4.15 [20/20] <4.6> 위에서 설명한 스위치 기반 스누핑 프로토콜은 다른 노드가 쓸 블록이 있는 경우 읽기나 쓰기를 수행하지 못하게 함으로써 부분적으로 순차적 일치성을 지원한다. 좀 더 적극적인 프로토콜은 자신의 GetModified 요청을 수신하지마자 데이터 메시지가 도착할 때 새로 써지는 워드를 블록의 나머지 부분과 합하여 쓰기 연산을 수행하게 하는 것이다. 이는 다른 노드가 같은 블록에 동시에 쓰기를 수행할 수 있기 때문에 불법적으로 보일 수 있다. 하지만, 순차적 일치성이 요구하는 전체 순서는 주소 네트워크에서의 일관성 요청 순서에 의해 결정되므로 다른 노드의 쓰기는 요청한 노드의 쓰기 이전에 순서가 정해질 것이다. 이와 같은 최적화 방안이 메모리 일치성 모델에는 영향을 주지 *않음*을 주목하라.

그림 4.41의 변수를 가정하자.

a. [20] <4.6> 이러한 최적화 방안이 순차적 파이프라인을 사용하는 코어에 얼마나 중요한 영향을 미치는가?

b. [20] <4.6> 이러한 최적화 방안이 비순차적 파이프라인을 사용하는 코어에 얼마나 중요한 영향을 미치는가?

사례 연구 3: 간단한 디렉터리 프로토콜

이 사례 연구에 의해 설명된 개념

- 디렉터리 프로토콜의 상태 전이
- 일관성 프로토콜의 성능
- 일관성 프로토콜의 최적화

그림 4.42에 예시된 분산된 공유 메모리 시스템을 고려하여 보자. 각 프로세서는 각각 두 개의 워드를 저장할 수 있는 4개의 블록을 가진 단일 직접 사상 캐시를 갖고 있다. 이해를 돕기 위해 캐시 태그는 전체 주소를 갖고 있고 각 워드는 단 두 개의 16진수 문자만 보여 주고 있으며 작은 자리에 해당하는 워드를 오른쪽에 표현하였다. 캐시 상태는 M(변경), S(공유), I(무효)로 표시하였다. 디렉터리 상태는 DM(디렉터리 변경), DS(디렉터리 공유), DI(디렉터리 무효)로 표시하였다. 간단한 디렉터리 프로토콜이 그림 4.21과 4.22에 기술되었다.

4.16 [10/10/10/10/15/15/15/15] 이 문제의 각 문항에 대하여 그림 4.42에 주어진 초기 캐

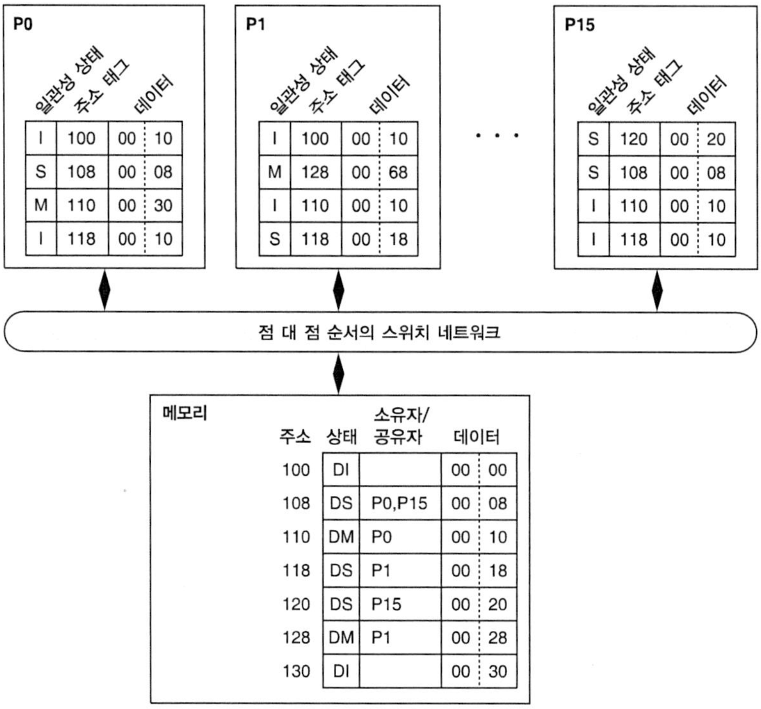

그림 4.42 디렉터리 기반 캐시 일관성 프로토콜을 가진 멀티프로세서.

시와 메모리 상태를 가정하라. 각 문항은 다음의 형태로 하나 이상의 CPU 연산 시퀀스를 표시한다.

```
P#: <op> <address> [ <-- <value> ]
```

여기서 P#는 CPU를 (예를 들어 P0), <op>는 CPU 연산을 (예를 들어 읽기 또는 쓰기), <address>는 메모리 주소를, <value>는 쓰기 연산에 할당된 새 워드를 표시한다.

각 연산 후의 캐시와 메모리 상태 (즉 일관성 상태, 태그, 데이터)를 보이시오. 또 각 읽기 연산에 의해 어떤 값이 읽혀지는가?

a. [10] <4.4> `P0: read 100`

b. [10] <4.4> `P0: read 128`

c. [10] <4.4> `P0: write 128 <-- 78`

d. [10] <4.4> `P0: read 120`

e. [15] <4.4> `P0: read 120`
`P1: read 120`

f. [15] <4.4> `P0: read 120`
`P1: write 120 <-- 80`

g. [15] <4.4> `P0: write 120 <-- 80`
`P1: read 120`

f. [15] <4.4> `P0: write 120 <-- 80`
`P1: write 120 <-- 90`

4.17 [10/10/10/10] <4.4> 디렉터리 프로토콜은 블록의 복사본을 가진 노드에게 명시적으로 일관성 요청과 무효화 메시지를 보내는 반면, 스누핑 프로토콜은 이러한 요청 메시지와 무효화 메시지를 전체 노드에 브로드캐스트하기 때문에 디렉터리 프로토콜은 스누핑 프로토콜에 비하여 확장성이 높다. 그림 4.42에 예시된 16-프로세서 시스템을 살펴보자. 예시되지 않은 모든 캐시는 무효 상태의 블록을 소유한다고 가정하자. 다음 각 연산 시퀀스에 대하여 어떤 노드들이 이 요청과 무효화 메시지를 수신하는가?

a. [10] <4.4> `P0: write 100 <-- 80`

b. [10] <4.4> `P0: write 108 <-- 88`

c. [10] <4.4> `P0: write 118 <-- 90`

d. [10] <4.4> `P1: write 128 <-- 98`

4.18 [25] <4.4> 연습문제 4.3은 단순한 MSI 스누핑 프로토콜에 소유 상태를 추가하도록 요청하였다. 위의 단순한 디렉터리 프로토콜에 대하여 같은 질문에 답하라.

4.19 [25] <4.4> 연습문제 4.5는 단순한 MSI 스누핑 프로토콜에 배타적 상태를 추가하였다. 왜 이 이슈가 단순한 디렉터리 프로토콜에서는 훨씬 어려운지 논의하라. 발생할 수 있는 이슈의 예를 들으시오.

사례 연구 4: 고급 디렉터리 프로토콜

이 사례 연구에 의해 설명된 개념

- 디렉터리 기반 일관성 프로토콜의 구현
- 일관성 프로토콜의 성능
- 일관성 프로토콜의 최적화

사례 연구 3에서 논의된 디렉터리 프로토콜은 추상적인 수준에서의 일관성을 기술하지만 단순한 스누핑 시스템에서와 같이 원자적 상태 전이를 가정한다. 고성능 디렉터리 시스템은 파이프라인된 스위치 연결망을 사용하여 대역폭을 상당히 향상시킬 수 있지만 일시적 상태와 비원자적 트랜잭션을 추가한다. 디렉터리 프로토콜은 다음의 두 가지 이유에서 스누핑 프로토콜에 비하여 높은 확장성을 제공한다. 첫째,

스누핑 프로토콜은 일관성 요청 메시지를 전체 노드에 브로드캐스트하기 때문에 확장성이 제한된다. 반면, 디렉터리 프로토콜은 해당하는 블록을 가진 노드들에게만 요청 메시지가 보내지도록 하기 위해 디렉터리로 먼저 메시지를 보내는 한 단계를 추가한다. 둘째, 스누핑 시스템의 주소 네트워크는 메시지가 전달되는 전체 순서를 유지하여야 하는 반면 디렉터리 프로토콜은 이 제한을 완화시킬 수 있다. 일부 디렉터리 프로토콜은 네트워크에서의 순서를 제한하지 않기도 하는데 이는 네트워크 대역폭을 향상시킬 수 있는 어댑티브 라우팅(adaptive routing) 기법의 사용을 가능하게 한다. 다른 프로토콜들은 점 대 점 순서(즉, 노드 P0로부터 노드 P1로의 메시지들이 순서대로 도착하는 것)만을 요구한다. 이러한 순서 제한 완화에도 불구하고 디렉터리 프로토콜은 스누핑 프로토콜에 비하여 일반적으로 더 많은 일시적 상태들을 필요로 한다. 그림 4.43은 점 대 점 순서를 사용하는 단순한 디렉터리 프로토콜에 대한 캐시 제어기의 상태 전이를 나타낸다. 그림 4.44는 디렉터리 제어기의 상태 전이를 나타낸다. 각 블록에 대하여 디렉터리는 상태와 현재 소유자 필드 또는 현재 공유자 리스트를 관리한다.

상태	Read	Write	Replace-ment	INV	Forwarded_GetS	Forwarded_GetM	PutM_Ack	Data	Last ACK
I	send GetS/IS^{D}	send GetM/IM^{AD}	error	send Ack/I	error	error	error	error	error
S	do Read	send GetM/IM^{AD}	I	send Ack/I	error	error	error	error	error
M	do Read	do Write	send PutM/MI^{A}	error	send Data, send PutMS/MS^{A}	send Data/I	error	error	error
IS^{D}	z	z	z	send Ack/ISI^{D}	error	error	error	save Data, do Read/S	error
ISI^{D}	z	z	z	send Ack	error	error	error	save Data, do Read/I	error
IM^{AD}	z	z	z	send Ack	error	error	error	save Data/IM^{A}	error
IM^{A}	z	z	z	error	IMS^{A}	IMI^{A}	error	error	do Write/M
IMI^{A}	z	z	z	error	error	error	error	error	do Write, send Data/I
IMS^{A}	z	z	z	send Ack/IMI^{A}	z	z	error	error	do Write, send Data/S
MS^{A}	do Read	z	z	error	send Data	send Data MI^{A}	/S	error	error
MI^{A}	z	z	z	error	send Data	send Data/I	/I	error	error

그림 4.43 단순한 디렉터리 프로토콜에서 캐시 제어기의 상태 전이.

상태	GetS	GetM	PutM (owner)	PutMS (nonowner)	PutM (Owner)	PutMS (nonowner)
DI	send Data, add ot sharers/DS	send Data, clear sharers, set owner/DM	error	send PutM_Ack	error	send PutM_Ack
DS	send Data, add to sharers/DS	send INVs to sharers, clear sharers, set owner, send Data/DM	error	send PutM_Ack	error	send PutM_Ack
DM	forward GetS, add to sharers/DMS^D	forward GetM, send INVs to sharers, clear sharers, set owner	save Data, send PutM_Ack/DI	send PutM_Ack	save Data, add to sharers, send PutM_Ack/DS	send PutM_Ack
DMS^D	forward GetS, add to sharers	forward GetM, send INVs to sharers, clear sharers, set owner/DM	save Data, send PutM_Ack/DS	send PutM_Ack	save Data, add to sharers, send PutM_Ack/DS	send PutM_Ack

그림 4.44 디렉터리 제어기의 상태 전이.

전에 기술한 고성능 스누핑 프로토콜에서와 같이 각 행은 현재 상태로, 열은 사건으로 인덱스하면 <*활동/다음 상태*> 튜플을 결정할 수 있다. 만약 다음 상태만 표시되어 있다면 다른 작업은 불필요하다. 불가능한 경우는 "error"로 표시하여 오류 조건을 표시하였고 "z"은 요청된 사건이 현재 처리될 수 없음을 의미한다.

다음 예제는 이 프로토콜의 기본 동작을 보여 준다. 프로세서가 I(무효) 상태에 있는 블록에 쓰기를 수행하려 한다고 가정하자. 해당하는 튜플은 "send GetM/IM^{AD}"이며 이는 캐시 제어기가 디렉터리에 GetM(GetModified) 메시지를 보내야 하며 IM^{AD}로 상태를 변경하여야 함을 표시한다. 가장 간단한 경우, 디렉터리에 도착한 요청 메시지는 DI(디렉터리 무효) 상태에 있음을 발견하는데 이는 다른 캐시들이 복사본을 가지고 있지 않음을 표시한다. 디렉터리는 기대하는 ACK 수(이 경우 0)를 포함하는 데이터 메시지로 응답한다.
이 간소화된 프로토콜에서 캐시 제어기는 이러한 간단한 메시지를 두 개의 메시지, 즉 데이터 메시지와 뒤따르는 Last Ack 사건으로 처리한다. 데이터 메시지가 먼저 처리되어 데이터가 저장되고 IM^A 상태로 전이된다. 다음 Last Ack 사건이 처리되고 M 상태로 바뀐다. 마지막으로 쓰기가 M 상태에서 수행될 수 있다.

만약 GetM이 디렉터리를 DS(디렉터리 공유) 상태에서 발견한다면 디렉터리는 공유 리스트에 있는 모든 노드에게 무효화(INV) 메시지를 보내고, 데이터를 공유자의 수와 함께 요청한 노드에게 보낸 후, M 상태로 전이한다. INV 메시지가 공유자들에 도달하면 블록의 상태는 S 또는 I 상태(만약 블록을 조용히 무효화하였다면)에 있을 것이다. 두 경우 모두, 공유자는 ACK를 요청한 노드에게 직접 보낼 것이다. 요청한 노드는 수신한 ACK의 숫자를 센 후, 데이터 메시지와 함께 보내진 숫자와 비교한다. 만약 모든 ACK가 도착하였다면, Last Ack 사건이 발생하게 되어 캐시가 M 상태로 바뀌게 하고 쓰기의 진행을 허락한다. 데이터 메시지가 도착하기 전에 모든 ACK가 도착할 수도 있지만 Last Ack 사건을 발생시키면 안 된다. 왜냐하면 데이터 메시지가 ACK의 숫자를 가지고 있기 때문이다. 따라서 프로토콜은 Last Ack 사건이 처리되기 전에 데이터 메시지가 처리되는 것을 가정한다.

4.20 [10/10/10/10/10/10] <4.4> 위에 설명한 고급 디렉터리 프로토콜과 그림 4.20의 캐시 상태를 가정하여 보자. 다음의 각 경우에 영향을 받은 캐시 블록들이 이동하면서 발생시키는 일시적 상태들을 나열하라.

a. [10] <4.4> `P0: read 100`

b. [10] <4.4> `P0: read 120`

c. [10] <4.4> `P0: write 120 <-- 80`

d. [10] <4.4> `P15: write 120 <-- 80`

e. [10] <4.4> `P1: read 110`

f. [10] <4.4> `P0: write 108 <-- 48`

4.21 [15/15/15/15/15/15/15] <4.4> 위에 설명한 고급 디렉터리 프로토콜과 그림 4.42의 캐시 상태를 가정하여 보자. 다음의 각 경우에 영향을 받은 캐시 블록들이 이동하면서 발생시키는 일시적 상태들을 나열하라. 아래 각 경우에 프로세서들이 같은 사이클에 요청들을 이슈하지만 디렉터리가 전체 순서를 top-down 순서로 정렬한다고 가정하자. 제어기의 작업은 모두 원자적(즉, 디렉터리 제어기가 같은 블록에 대한 다른 요청을 처리하기 전에 DS --> DM 전이에 필요한 모든 작업을 수행할 것이다)임을 가정하라.

a. [15] <4.4>
```
P0: read 120
P1: read 120
```

b. [15] <4.4>
```
P0: read 120
P1: write 120 <-- 80
```

c. [15] <4.4>
```
P0: write 120
P1: read 120
```

d. [15] <4.4>
```
P0: write 120 <-- 80
P1: write 120 <-- 90
```

e. [15] <4.4> `P0: replace 110`

```
                P1: read 110
```

f. [15] <4.4>
```
P1: write 110 <-- 80
P0: replace 110
```

g. [15] <4.4>
```
P1: read 110
P0: replace 110
```

4.22 [20/20/20/20/20] <4.4> 그림 4.43과 4.44에 기술된 프로토콜을 구현한 그림 4.42에 예시한 멀티프로세서에 대하여 다음의 지연시간을 가정하자.

- CPU 읽기와 쓰기 히트는 스톨 사이클을 생성하지 않는다.
- 미스를 완료하는 (즉, 읽기를 수행하고 쓰기를 수행하는) 것은 Lask Ack 사건에 대한 응답으로 수행되는 경우에만 (그렇지 않으면 데이터가 캐시로 복사되면서 완료될 수 있다) L_{ack} 사이클이 걸린다.
- 블록 교체를 발생시키는 CPU 읽기와 쓰기는 (나중 쓰기 버퍼를 사용하여) PutModified 메시지를 이슈하기 전에 대응하는 GetShared 또는 GetModified 메시지를 이슈한다.
- 요청 메시지나 ACK 메시지(예를 들어, GetShared)를 전송하는 캐시 제어기 사건은 L_{send_msg} 사이클의 지연시간을 가진다.
- 캐시를 읽고 데이터 메시지를 전송하는 캐시 제어기 사건은 L_{send_data} 사이클의 지연시간을 가진다.
- 데이터 메시지를 수신하고 캐시를 갱신하는 캐시 제어기 사건은 L_{rcv_data} 사이클의 지연시간을 가진다.
- 메모리 제어기가 요청 메시지를 전달할 때 메모리 제어기는 L_{send_msg} 사이클의 지연시간을 가진다.
- 메모리 제어기는 반드시 전송해야 하는 각 무효화 메시지에 대하여 추가적으로 L_{inv} 사이클의 지연시간을 가진다.
- 캐시 제어기는 수신하는 각 무효화 메시지에 대하여 (Ack 메시지를 보낼 때까지) L_{send_msg} 사이클의 지연시간을 가진다.
- 메모리 제어기가 메모리를 읽고 데이터 메시지를 전송하기 위해 L_{read_memory} 사이클의 지연시간을 가진다.
- 메모리 제어기가 메모리에 데이터 메시지를 쓰기 위해 (Ack 메시지를 보낼 때까지) L_{write_memory} 사이클의 지연시간을 가진다.
- 비 데이터 메시지 (즉, 요청, 무효화, ACK)는 L_{req_msg} 사이클의 네트워크 지연시간을 가진다.
- 데이터 메시지는 L_{data_msg} 사이클의 네트워크 지연시간을 가진다.

활동	구현 1
	지연시간
send_msg	6
send_data	20
rcv_data	15
read_memory	100
write_memory	20
inv	1
ack	4
req_msg	15
data_msg	30

그림 4.45 디렉터리 일관성 프로토콜의 지연시간.

그림 4.45에 요약된 성능 특성을 가진 구현을 고려하여 보자.

다음의 각 연산 시퀀스에 대하여 그림 4.42의 캐시 상태와 위의 디렉터리 프로토콜을 가정할 때, 각 프로세서 노드에 의하여 관측된 지연시간은 얼마인가?

a. [20] <4.4> `P0: read 100`

b. [20] <4.4> `P0: read 128`

c. [20] <4.4> `P0: write 128 <-- 68`

d. [20] <4.4> `P0: write 120 <-- 50`

e. [20] <4.4> `P0: write 108 <-- 80`

4.23 [20] <4.4> 캐시 미스의 경우, 앞에서 기술한 스위치 기반 스누핑 프로토콜과 이 사례 연구에서 설명한 디렉터리 프로토콜 모두 가능한 빨리 읽기 또는 쓰기 연산을 수행한다. 특히, 두 프로토콜은 이 연산을 안정된 상태로 전이한 다음 단순히 연산을 재시도하는 대신에 안정된 상태로 전이하는 과정의 일부분으로 이 연산을 수행한다. 이 방법은 최적화 방안이 *아니다*. 계속적인 진행을 보장하려면 프로토콜 구현은 블록을 반환하기 전에 적어도 하나의 CPU 연산을 수행하도록 보장하여야 한다.

일관성 프로토콜이 이렇게 구현되어 있지 않다고 가정하자. 이 같은 문제점이 어떻게 라이브락(livelock)을 발생시킬 수 있는지 설명하라. 이와 같은 행동을 촉발시킬 수 있는 간단한 코드 예제를 들어라.

4.24 [20/30] <4.4> 스누핑 프로토콜에서 논의된 최적화 방안과 유사하게 일부 디렉터리 프로토콜은 소유(O) 상태를 추가한다. 소유 상태는 노드들이 소유 상태의 블록을 읽을 수만 있다는 점에서 공유 상태와 유사하다. 하지만, 다른 노드가 소유 블록에 대하여 Get 요청을 보내면 노드는 데이터를 제공하여야 한다는 점에서 변경 상태와도

유사하다. 소유 상태는 변경 상태에 있는 블록에 대한 GetShared 요청이 노드가 데이터를 요청한 프로세서와 메모리로 모두 보내는 경우를 제거한다. MOSI 디렉터리 프로토콜에서 변경이나 소유 상태에 있는 블록에 대한 GetShared 요청은 데이터를 요청한 노드에게 제공하게 하고 상태를 소유 상태로 전이시킨다. 소유 상태에서 GetModified 요청은 변경 상태에서의 요청과 유사하게 처리된다. 이러한 최적화된 MOSI 프로토콜은 노드가 변경이나 소유 상태에 있는 블록을 교체할 때만 메모리를 갱신한다.

a. [20] <4.4> 이 프로토콜에서 MS^A 상태는 근본적으로 "일시적" 소유 상태임을 설명하라.

b. [30] <4.4> 안정된 소유 상태를 지원하도록 캐시와 디렉터리 프로토콜 테이블을 수정하라.

4.25 [25/25] <4.4> 위에서 기술한 고급 디렉터리 프로토콜은 정확한 동작을 보장하기 위해 점 대 점 연결망을 사용한다. 그림 4.42의 캐시 초기 상태와 다음의 연산 시퀀스를 가정할 때, 만약 연결망이 점 대 점 순서를 만족시킬 수 없다면 어떠한 문제가 발생할 수 있는지 설명하라. 프로세서들이 동시에 요청들을 수행하고 이들은 디렉터리에 의해 표시된 순서로 처리된다고 가정하자.

a. [25] <4.4>
```
P1: read 110
P15: write 110 <-- 90
```

b. [25] <4.4>
```
P1: read 110
P0: replace 110
```

COMPUTER ARCHITECTURE

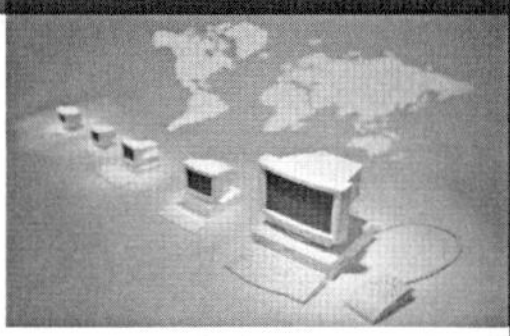

Chapter **05**

메모리 계층의 설계

Memory Hierarchy Design

이상적으로는 우리는 어떠한……. 워드도 순간적으로 액세스할 수 있는 무한히 큰 메모리를 원한다……. 우리는 각 계층이 이전 단계보다 더 큰 용량을 가지고 있지만 더 느린 액세스를 가진 형태로 메모리 계층을 구성하는 가능성을 인식하게 되었다.

A. W. Burks, H. H. Goldstine,
and J. von Neumann

전자식 컴퓨팅 장치의 논리적
설계에 대한 패널 토의에서(1946)

5.1 서론

컴퓨터 선구자들은 프로그래머가 무한한 용량의 빠른 메모리를 원할 것이라는 것을 이미 정확하게 예측하였다. 이러한 목적을 달성할 수 있는 경제적인 해결 방안은 지역성과 메모리 기술의 비용 대비 성능을 이용한 *메모리 계층(memory hierarchy)*이다. 지역성은 시간(*시간적 지역성, temporal locality*)과 공간(*공간적 지역성, spatial locality*)에서 발생한다. 이 지역성 원칙과 작은 하드웨어는 더 빠르게 만들 수 있다는 지침이 결합되어 다른 속도와 크기를 갖는 메모리들을 기반으로 계층을 만들게 되었다. 그림 5.1은 메모리 계층의 전형적인 크기와 액세스 속도를 보여 준다.

빠른 메모리는 비용이 많이 들기 때문에 메모리 계층은 여러 단계로 구성되며 각 계층은 아래 계층에 비하여 더 작고, 더 빠르고, 바이트당 가격이 더 비싼 특징을 갖고 있다. 메모리 계층의 목적은 바이트당 비용은 가장 낮은 단계의 메모리만큼 값싸고 가장 높은 단계의 메모리만큼 빠르게 메모리 시스템을 만드는 것이다.

계층의 각 단계는 더 느리고 큰 메모리로부터 더 작고 빠른 메모리로 주소를 변환하는 사실에 주목하라. 이 주소 변환 과정의 일부분으로 메모리 계층은 주소를 검사해야할 의무가 있으며 이에 따라 주소를 조사하여 메모리를 보호하는 기능 역시 메모리 계층의 일부분이 되었다.

메모리 계층의 중요성은 프로세서 성능의 발전과 함께 증가하였다. 그림 5.2는 시간 축에서 프로세서의 성능 변화 추세를 메인 메모리를 액세스하는데 걸리는 시간과 비교한다.

성능 격차가 더 커지고 중요해지면서 메모리 계층에 대한 기본 지식은 학부 교육에서 컴퓨터 구조는 물론 운영체제와 컴파일러 과목에 이르기까지 보편화되었다. 이 장에서는 캐시에 대한 간단한 설명으로 시작한다. 하지만 5장의 대부분은 프로세서와 메모리 성능 격차 문제를 해결하는 좀 더 발전된 혁신 기술들에 대하여 설명한다.

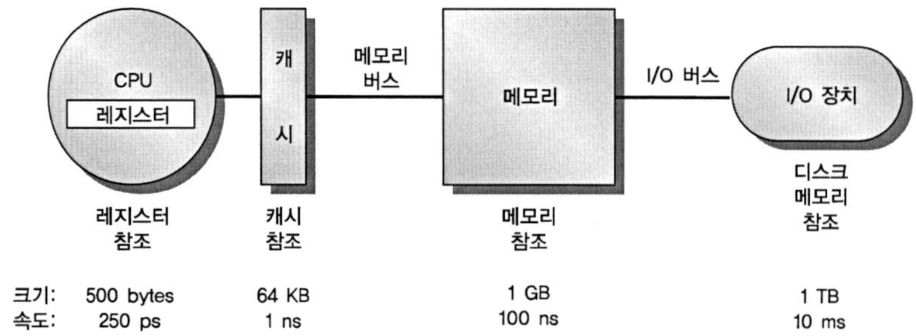

그림 5.1 임베디드 시스템, 데스크탑, 서버 컴퓨터에서의 전형적인 메모리 계층의 각 단계. 프로세서로부터 멀어질수록 각 계층의 메모리는 더 느리고 더 커진다. 시간적인 변화는 10단위로 picosecond부터 millisecond로 변화하고 크기 단위는 1000단위로 바이트에서 테라바이트 (terabyte)로 변화한다.

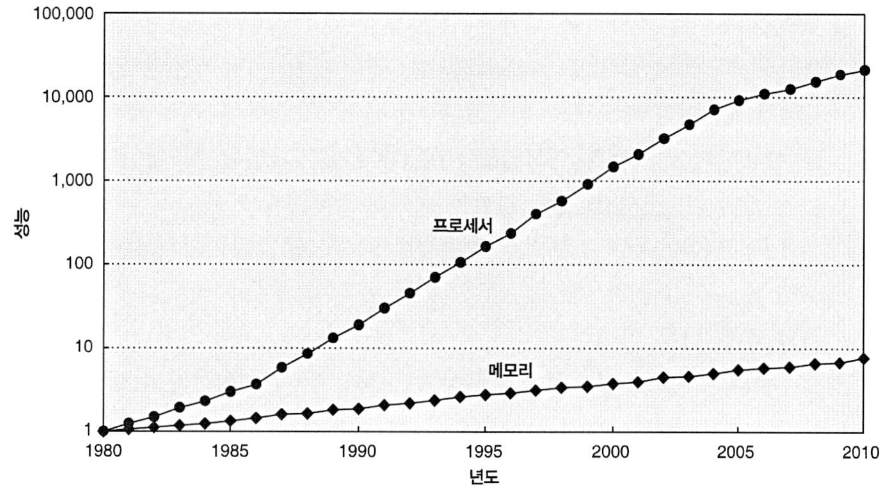

그림 5.2 1980년의 성능을 기준으로 메모리와 프로세서의 성능 격차가 시간 축으로 표시되었다. 프로세서와 DRAM의 성능 격차 크기를 한 그래프에 보여 주기 위해 *y* 축은 로그 스케일(logarithmic scale)로 나타낸 것에 주목하라. 1980년에 사용된 기준 메모리는 64KB DRAM이고 이 DRAM의 액세스 성능은 매년 1.07의 비율로 향상되었다(그림 5.13 참조). 프로세서의 성능은 1986년까지 매년 1.25의 비율로 향상되었으며 2004년까지는 1.52의 비율로, 그 이후는 1.20의 비율로 향상되었다. 1장의 그림 1.1 참조.

캐시에서 워드가 발견되지 않으면 계속 진행하기 전에 일단 워드는 메모리로부터 인출되어 캐시에 저장된다. 효율성의 이유로 *블록(block)* 또는 *라인(line)*이라 불리는 여러 개의 연속적인 워드들이 함께 이동된다. 각 캐시 블록은 이 블록의 메모리 주소인 *태그(tag)*를 갖고 있다.

핵심 설계 이슈는 블록을 캐시의 어느 *블록(라인)*에 저장할 것인가 하는 것이다. 가장 많이 사용되는 방법은 *집합 연관(set associative)* 방식으로 각 *집합(set)*은 블록들의 그룹이다. 블록은 먼저 집합으로 사상된 후 집합 내의 어느 곳에도 저장될 수 있다. 블록을 찾는 과정은 먼저 블록 주소를 집합으로 사상한 후 그 집합에서 – 대개 병렬로 – 블록을 탐색하는 것이다. 집합은 데이터의 주소에 의해 결정된다.

(블록 주소) MOD *(캐시 내 집합들의 수)*

집합에 *n*개의 블록이 있는 경우, 이러한 캐시 배치 방법은 *n-방향 집합 연관(n-way set associative)* 방식이라 부른다. 집합 연관 방식의 극단적인 두 방법은 각기 다른 이름을 갖는다. *직접 사상(direct-mapped)* 캐시는 한 집합에 하나의 블록만을 갖는 방식이고 (따라서 블록은 항상 같은 위치에 저장) *완전 연관(fully associative)* 캐시는 하나의 집합만을 갖고 있다(따라서 블록은 어느 곳에도 저장될 수 있다).

읽기만 가능한 데이터를 캐시하는 것은 쉽다. 왜냐하면 캐시와 메모리의 내용이 동일하기 때문이다. 쓰기의 경우는 더 어렵다. 캐시와 메모리 복사본 사이의 일관성을 어떻게 유지할 것인가? 두 가지 방법이 존재한다. *즉시 쓰기(write through)* 캐시[13])는 캐시의 데이터를 갱신한 후 바로 메인 메모리의 데이터에 대하여 쓰기를 수행한다. *나중 쓰기(write back)* 캐시는 캐시에 있는 복사본만 갱신한다. 이 블록이 교체될 때, 메인 메모리로 복사된다. 두 가지 쓰기 방식 모두 *쓰기 버퍼(write buffer)*를 사용하여 데이터가 메모리로 써질 때까지 기다리는 것 대신에 버퍼에만 데이터를 저장한 후 캐시가 계속 진행을 하도록 허락한다.

여러 다른 캐시 구조의 장점을 평가하는 한 가지 기준은 미스율이다. *미스율(miss rate)*은 단순히 미스를 발생시키는 캐시 액세스의 비율로 미스의 수를 총 액세스의 수로 나눈 값이다.

높은 미스율의 원인을 분석하여 더 나은 캐시 설계를 찾기 위해 모든 미스 형태를 세 가지 유형으로 분류하는 세 가지 미스 모델이 개발되었다.

- 강제 (compulsory) 미스 – 블록에 대한 처음 액세스는 캐시에서 발견될 수 없다. 왜냐하면 블록이 먼저 캐시로 인출되어야 하기 때문이다. 강제 미스는 무한히 큰 캐시에서도 발생한다.
- 용량 (capacity) 미스 – 만약 캐시가 프로그램의 실행 시간 동안 모든 블록을 갖고 있을 수 없다면 (강제 미스에 추가하여) 용량 미스가 발생한다. 왜냐하면 한 번 인출된 블록이 교체된 후 다시 인출되어야 하기 때문이다.
- 충돌 (conflict) 미스 – 블록 배치 방식이 완전 연관 방식이 아닌 경우, (강제 미스와 용량 미스에 추가하여) 충돌 미스가 발생한다. 왜냐하면 충돌하는 블록이 같은 집합에 사상되면 이 블록은 교체된 후에 나중에 다시 인출되기 때문이다.

부록 C의 그림 C.8과 C.9는 캐시 미스의 상대적 발생 빈도를 세 가지 미스 유형으로 분류한다. (4장은 네 번째 유형의 미스인 *일관성(coherence)* 미스를 추가하는데 이는 멀티프로세서에서 여러 캐시의 내용에 대한 일관성을 유지하기 위해 캐시 플러쉬(flush)에 의해 발생하는 미스로서 이 장에서는 고려하지 않는다.)

하지만, 미스율은 여러 이유로 올바르지 않은 정보를 제공할 수 있다. 따라서 일부 설계자의 경우 *메모리 참조당 미스 수(미스율, misses per memory reference)* 대신에 *명령어당 미스 수(misses per instruction)*를 측정치로 선호한다. 이 둘은 다음과 같은 관계를 갖는다.

$$\frac{\text{미스 수}}{\text{명령}} = \frac{\text{미스율} \times \text{메모리 액세스 수}}{\text{명령어 수}} = \text{미스율} \times \frac{\text{메모리 액세스 수}}{\text{명령}}$$

(소수점 이하의 숫자를 사용하는 대신에 정수를 사용하기 위해 1000개의 명령어당 미스 수로 보고되기도 한다.) 예측 실행을 수행하는 프로세서에서는 완료되는 명령

13) 즉시 쓰기 캐시를 동기식 캐시, 나중 쓰기 캐시를 비동기식 캐시라고도 부른다.

어들만 포함된다.

두 측정치 모두의 단점은 미스 페널티가 포함되지 않았다는 것이다. 더 좋은 측정치는 *평균 메모리 액세스 시간(average memory access time)*이다.

$$\text{평균 메모리 액세스 시간} = \text{히트 시간} + \text{미스율} \times \text{미스 페널티}$$

여기서 *히트 시간*은 캐시에 히트하는 데 걸리는 시간이며 *미스 페널티*는 메모리로부터 블록을 인출하는 데 걸리는 시간(즉, 미스 비용)이다. 평균 메모리 액세스 시간 역시 성능의 간접 지표로서 비록 미스율보다는 측정치로 적합하지만 실행 시간을 대체할 수는 없다. 예를 들어, 2장에서 논의한 예측 실행을 지원하는 프로세서는 미스를 처리하는 동안 다른 명령들을 실행할 수 있기 때문에 실질적인 미스 페널티를 줄일 수 있다.

만약 이 장에서 다루는 내용이 새롭거나 진도가 너무 빠르다고 생각되면 부록 C를 참조하라. 부록 C는 같은 주제를 좀 더 자세히 다루고 있으며 또 실제 컴퓨터로부터의 캐시 예제와 이들의 효과에 대한 정량적 평가를 포함한다.

부록 C의 C.3절은 6개의 기본적인 캐시 최적화 방안에 대하여 기술하는데 이곳에서도 간단히 리뷰하여 보자. 부록은 이 최적화 방안들에 대한 정량적 예제도 다루고 있다.

1. 미스율을 감소시키기 위해 더 큰 블록을 사용 – 미스율을 감소시키는 가장 간단한 방법은 공간 지역성을 이용하기 위해 블록 크기를 증가시키는 것이다. 큰 블록이 강제 미스 수를 감소시키지만 반면에 미스 페널티를 증가시키는 것에 주목하라.
2. 미스율을 감소시키기 위해 더 큰 캐시를 사용 – 용량 미스를 줄이는 가장 직관적인 방법은 캐시 크기를 증가시키는 것이다. 단점은 큰 캐시 메모리로 인하여 히트 시간이 늘어나는 것과 비용과 전력 소모가 커진다는 점이다.
3. 미스율을 줄이기 위해 연관성을 증가시키는 것 – 연관성을 증가시키면 분명히 충돌 미스를 줄일 수 있다. 하지만 연관성 증가는 히트 시간 역시 증가시킨다.
4. 미스 페널티를 줄이기 위해 다단계 캐시를 사용 – 한 가지 결정하기 어려운 문제는 증가하는 프로세서 속도와 보조를 맞추기 위해 캐시 크기를 줄여 히트 시간을 줄일 것이냐 프로세서와 메모리의 속도 격차를 극복하기 위해 더 큰 캐시를 사용하느냐 하는 것이다. 이는 캐시와 메모리 사이에 한 단계의 캐시를 추가함으로써 해결할 수 있다 (그림 5.3 참조). 1단계 캐시는 빠른 클록 사이클 시간을 맞추기 위해 충분히 작게 설계하는 반면, 2단계 캐시는 메인 메모리로 가는 많은 액세스들을 소화하기 위해 충분히 크게 만들 수 있다. 2단계 캐시에서 미스를 줄이기 위해서는 더 큰 블록, 더 큰 용량, 더 큰 연관성을 사용한다. L1과 L2가 각각 1단

계 캐시와 2단계 캐시를 나타내면 평균 메모리 액세스 시간은 다음과 같이 재정의 될 수 있다.

$$히트\ 시간_{L1} + 미스율_{L1} \times (히트\ 시간_{L2} + 미스율_{L2} \times 미스\ 페널티_{L2})$$

5. 미스 페널티를 줄이기 위해 쓰기보다 읽기 미스에 우선순위를 주는 방법 – 이러한 최적화 방안을 구현하는 좋은 방법은 쓰기 버퍼를 사용하는 것이다. 쓰기 버퍼는 읽기 미스 시 갱신된 값을 저장하고 있을 수 있기 때문에 해저드, 즉 메모리를 통한 RAW 해저드를 발생시킨다. 해결 방법은 읽기 미스 시 쓰기 버퍼의 내용을 검사하는 것이다. 만약 충돌이 없고 메모리 시스템이 사용 가능하다면 쓰기가 수행되기 전에 읽기를 먼저 메모리 시스템에 보내서 미스 페널티를 줄일 수 있다. 대부분의 프로세서에서 읽기는 쓰기에 비하여 우선권을 갖는다.

6. 히트 시간을 줄이기 위해 캐시를 인덱스하는 동안 주소 변환을 피하는 방법 – 캐시와 메모리를 액세스하기 전에 가상 주소는 물리적 주소로 변환되어야 한다. (가상 메모리는 5.4절과 C.4절에서 다루고 있다.) 그림 5.3은 캐시, 주소 변환 버퍼(TLB, translation lookaside buffer), 가상 메모리 사이의 전형적인 관계를 보여 준다. 대표적인 방법은 가상 주소와 물리적 주소에서 동일한 부분인 페이지 오프셋을 캐시의 인덱스로 사용하는 것이다. 이 인덱스를 사용하여 캐시를 액세스하는 동안 가상 주소의 나머지 부분을 변환할 수 있기 때문에 태그 비교는 물리적 주소를 사용할 수 있다. 이 방법은 주소 변환 없이 바로 캐시를 액세스하는 것을 가능하게 하면서 태그 비교는 여전히 물리적 주소를 사용할 수 있다. 이 방법은 *가상 주소 인덱스, 물리 주소 태그(virtually-indexed, physically tagged)* 기법으로 부르는 최적화 방안으로 한 가지 문제점은 페이지의 크기가 캐시의 크기를 제한한다는 점이다. 예를 들어, 직접 사상 캐시는 페이지 크기보다 클 수 없다. 집합 연관 사상 캐시를 사용하여 여전히 가상 주소의 일부분을 인덱스로 사용하면서 페이지보다 큰 캐시를 지원할 수 있다. 예를 들어, 연관성을 2배로 증가시키고 캐시 크기 역시 2배로 증가시키면 인덱스 크기를 유지할 수 있다. 이들은 다음과 같은 관계식을 갖는다.

$$2^{인덱스} = \frac{캐시\ 크기}{블록\ 크기 \times 세트\ 연관성}$$

또 다른 대안은 가상 주소를 직접 사용하여 캐시를 액세스하는 것이지만 이는 운영체제의 추가 부담을 증가시키는 단점이 있다.

위의 여섯 가지 최적화 방법은 잠재적으로 평균 메모리 액세스 시간을 증가시킬 수도 있다는 점에 주목하라.

이 장의 나머지 부분은 여러분이 그림 5.3을 포함하여 위에서 설명한 내용에 친

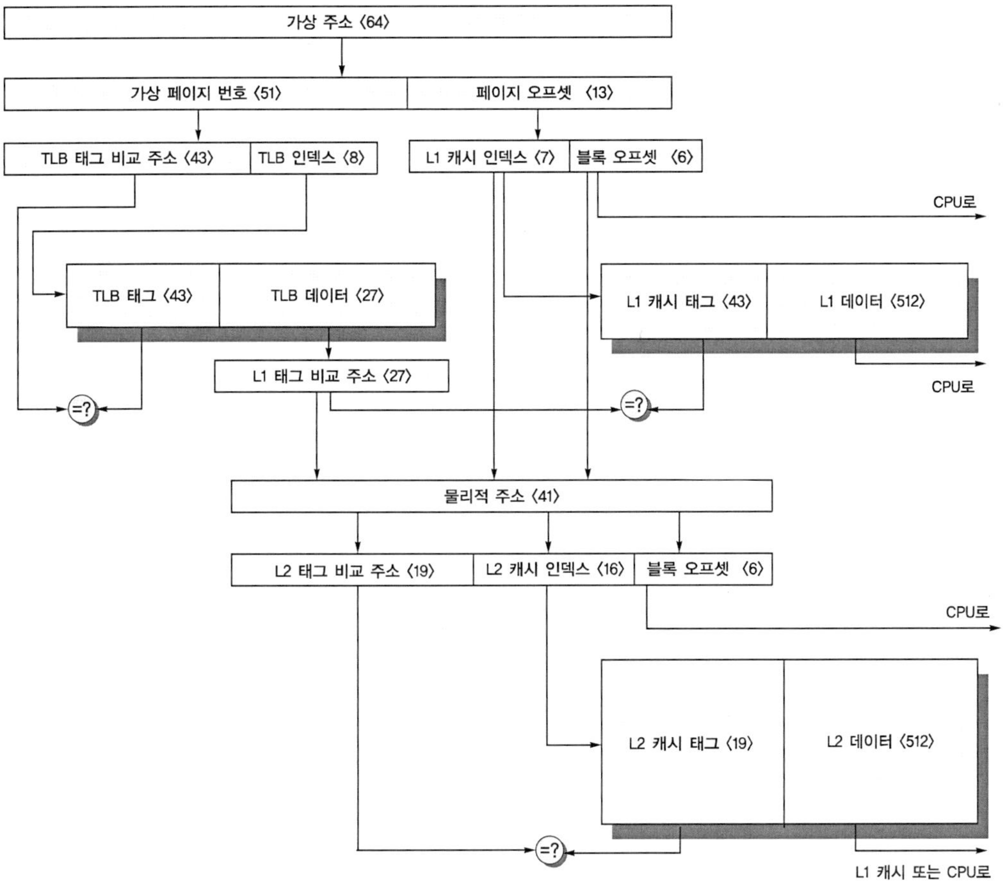

그림 5.3 가상 주소에서 L2 캐시까지의 액세스 절차를 보여 주는 가상적인 메모리 계층의 구성도. 페이지 크기는 8KB이다. TLB는 256 엔트리를 가지고 있으며 직접 사상 구조를 사용한다. L1은 직접 사상 구조로 8KB이고 L2 역시 직접 사상 구조로 4MB이다. 두 캐시 모두 64 바이트 블록을 사용한다. 가상 주소는 64비트이고 물리적 주소는 40비트이다. 이 그림과 그림 5.18의 실제 메모리 계층 사이의 주요 차이점은 캐시와 TLB에 높은 연관성을 사용하는 점과 64비트보다 작은 가상 주소를 사용한 점이다.

숙하다고 가정한다. 이 장에서는 좀 더 현실적인 설명을 위해 AMD Opteron 프로세서의 메모리 계층을 예를 들어 설명한다. 5장의 후반부에서는 SPEC2000 벤치마크 프로그램에 대하여 메모리 계층의 성능을 평가한다.

Opteron은 데스크탑과 서버용으로 설계된 마이크로프로세서이다. 이 두 유형의 컴퓨터는 각각 다른 메모리 계층 특성을 요구한다. 데스크탑 컴퓨터는 단일 사용자용으로 운영 체제위에 주로 한 응용 프로그램을 실행하는 반면 서버 컴퓨터는 수백 명이 동시에 사용할 수 있으며 수십 개의 응용 프로그램이 동시에 실행된다. 이러한 특성은 문맥 교환을 증가시켜 실질적으로 미스율을 증가시키게 된다. 따라서 데스크탑 컴퓨터는 메모리 계층으로의 평균 지연시간에 초점을 두는 반면 서버 컴퓨터는 메모리 대역폭에 중점을 둔다.

5.2 캐시 성능을 향상시키는 11 가지의 고급 최적화 기술

앞에서 언급한 평균 메모리 액세스 시간 공식은 캐시 최적화를 위해 히트 시간, 미스율, 미스 페널티의 세 측정치를 사용한다. 슈퍼스칼라 프로세서의 인기를 반영하여 이 리스트에 캐시 대역폭을 추가시켜 보자. 따라서 이 장에서 다룰 11 가지 고성능 방안들은 다음과 같이 분류될 수 있다.

- 히트 시간을 줄이는 방법: 작고 단순한 캐시, 방향 예측, 트레이스 캐시
- 캐시 대역폭을 증가시키는 방법: 파이프라인된 캐시, 멀티뱅크 캐시, 논블로킹 캐시
- 미스 페널티를 감소시키는 방법: 중요 워드 우선(critical word first) 방법과 통합 쓰기 버퍼(merging write buffer)
- 병렬성을 통해 미스 페널티를 줄이거나 미스율을 줄이는 방법: 하드웨어 프리페칭과 컴파일러 프리페칭

5장의 마지막 부분에서는 제시한 11 가지 기술의 구현 복잡성과 성능 효과에 대하여 요약하는 것으로 마무리하고자 한다(그림 5.11 참조).

첫 번째 최적화 방안: 히트 시간을 줄이기 위한 작고 단순한 캐시

캐시 히트 시간에서 가장 시간이 걸리는 작업은 주소의 인덱스 부분을 이용하여 태그 메모리를 읽고 태그를 주소와 비교하는 것이다. 작은 하드웨어가 빠르기 때문에 작은 캐시를 사용하여 히트 시간을 줄일 수 있다. 칩 바깥으로 메모리를 액세스하는 페널티를 줄이기 위해서는 L2 캐시 또한 프로세서와 같은 칩에 집적할 수 있도록 작게 설계하는 것이 중요하다.

두 번째 방법은 직접 사상 캐시처럼 간단한 캐시를 사용하는 것이다. 직접 사상 캐시의 한 가지 장점은 태그 검사와 데이터 전달을 병렬로 진행할 수 있다는 점이다. 따라서 히트 시간을 효과적으로 줄일 수 있다.

빠른 클록 사이클에 대한 압력으로 인해 1단계 캐시는 작고 간단하게 설계하는 것이 일반적이다. 2단계 캐시의 경우 일부 설계자들은 태그는 칩 내부에 데이터는 칩 외부에 유지하여 빠른 태그 비교를 가능하게 하면서 독립적인 메모리칩을 사용하여 더 큰 용량을 제공하기도 한다.

비록 온 칩 캐시의 크기가 마이크로프로세서 세대가 바뀜에 따라 증가하였지만 최근 L1 캐시의 크기는 세대가 바뀌어도 별로 증가하지 않았다. 예를 들어, AMD의 K6, Athlon, Opteron 등 3 가지 프로세서 세대는 같은 캐시 크기의 L1을 사용한다.

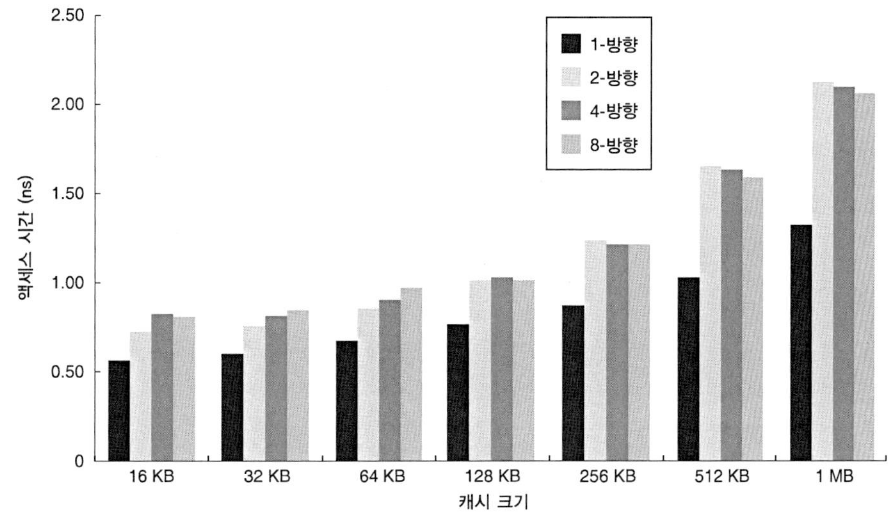

그림 5.4 CMOS 캐시에서 크기와 연관성 변화에 따른 액세스 시간의 변화. 이 데이터들은 Tarjan, Thoziyoor, Jouppi [2006]에 의해 CACTI 모델 4 4.0 버전을 사용하여 측정되었다. 90 nm 공정과 단일 뱅크, 64 바이트 블록을 사용하였다. 직접 사상 캐시에 대한 상대적인 비율은 2-방향, 4-방향, 8-방향 집합 연관 캐시의 경우 각각 1.32, 1.39, 1.43이다.

설계의 초점은 빠른 클록 속도를 사용하여 동적 실행을 통해 L1 미스를 감당하면서 L2 캐시를 사용하여 메모리로 가는 빈도를 줄이는 것이다.

칩 제조 전에 히트 시간으로 인한 성능 효과를 결정하는 방법은 CAD 툴을 사용하는 것이다. CACTI는 더 정교한 CAD 툴에 비교하여 10% 이내의 정확성을 제공하면서 CMOS 공정의 마이크로프로세서에서 캐시 구조의 변화로 인한 액세스 시간을 분석하는 프로그램이다. 주어진 공정 기술을 가정한 상태에서 이 툴은 캐시 크기, 연관성, 읽기/쓰기 포트의 수를 변화시키면서 캐시의 히트 시간을 예측한다. 그림 5.4는 캐시 크기와 연관성 변화에 따른 히트 시간을 보여 준다. 이 모델에 따르면 캐시 크기에 따라 다르지만 히트 시간에 있어서 직접 사상 캐시는 2-방향 집합 연관 캐시에 비하여 1.2−1.5배 빠르고, 2-방향 캐시는 4-방향 캐시에 비하여 1.02−1.11배 빠르며, 4-방향 캐시는 완전 연관 사상 캐시에 비하여 1.0−1.08배 빠르다.

예제 2-방향 집합 연관 캐시의 히트 시간이 같은 크기의 4-방향 캐시에 비하여 1.1배 빠르다고 가정하자. 부록 C의 그림 C.8에 따르면 8KB 데이터 캐시의 경우 미스율은 0.049에서 0.044로 감소한다. 히트 시간은 1 사이클이고 캐시가 클록 시간의 결정에 가장 중요한 역할을 한다고 가정하자. L2로의 미스 페널티는 10 클록 사이클이고 L2 캐시는 2-방향 세트 연관 캐시이고 미스가 없다고 가정하자. 어떤 구조의 평균 메모리 액세스 시간이 더 빠른가?

해답 2-방향 캐시의 경우,

$$\text{평균 메모리 액세스 시간}_{2\text{-방향}} = \text{히트 시간} + \text{미스율} \times \text{미스 페널티}$$
$$= 1 + 0.049 \times 10 = 1.49$$

4-방향 캐시의 경우, 클록 시간은 1.1배 길다. 미스 페널티는 프로세서 클록 속도에 영향을 받지 않으므로 같은 시간이 걸리며 따라서 9개의 더 긴 클록 사이클이 걸린다고 가정하자.

$$\text{평균 메모리 액세스 시간}_{4\text{-방향}} = \text{히트 시간} \times 1.1 + \text{미스율} \times \text{미스 페널티}$$
$$= 1.1 + 0.044 \times 9 = 1.50$$

만약 4-방향 캐시가 클록 사이클 시간을 1.1배 증가시킨다면 평균 메모리 액세스 시간이 보여 주는 것보다 성능 저하는 더 클 것이다. 왜냐하면 프로세서가 캐시를 액세스하지 않는 동안 클록이 더 느린 속도로 동작하기 때문이다.

이러한 단점에도 불구하고, 많은 프로세서가 캐시를 액세스하는 데 적어도 2 사이클이 걸리므로 오늘날의 L1 캐시는 종종 2-방향 연관 캐시로 설계된다.

두 번째 최적화 방안: 히트 시간을 줄이기 위한 방향 예측

또 한 가지 방법은 충돌 미스를 줄이면서 직접 사상 캐시의 빠른 히트 속도를 유지한다. *방향 예측(way prediction)*이라 불리는 이 방법은 캐시에 추가의 비트들을 저장하여 *다음* 캐시 액세스가 발생할 방향, 즉 집합 내에서의 블록의 위치를 예측한다. 이러한 예측을 통해 멀티플렉서는 요청한 블록을 선택하도록 일찍 지정될 수 있고 캐시 데이터를 읽는 것과 동시에 같은 클록 사이클에 하나의 태그 비교만 수행할 수 있다.

각 블록에 추가된 것은 블록 예측 비트들이다. 이 비트들은 *다음* 캐시 액세스에서 어떤 블록을 시도할 지를 결정한다. 예측이 맞은 경우, 캐시 히트는 빠르게 수행될 수 있다. 그렇지 않은 경우, 다른 블록을 시도하여야 하고 방향 예측기를 갱신하여야 하므로 추가로 1 사이클이 더 소요된다. 시뮬레이션 결과 방향 예측의 정확성은 2-방향 집합의 경우 85% 이상이고 따라서 방향 예측은 85% 이상 파이프라인 단계를 줄여 주는 역할을 수행한다. 방향 예측은 예측 실행 프로세서에서 효과적인데 그 이유는 예측 실행 프로세서는 예측이 실패한 경우 작업을 이미 취소해야만 하기 때문이다. 이러한 예측 실행은 Pentium 4에서 사용된다.

세 번째 최적화 방안: 히트 시간을 줄이기 위한 트레이스 캐시

상당한 양의 명령어 수준 병렬성을 효과적으로 찾는데 걸림돌이 되는 것은 매 사이클마다 충분한 수의 독립적인 명령들을 찾는 것이다. 이 문제점을 해결하기 위해 *트레이스 캐시(trace cache)*의 블록들은 메모리 레이아웃에 의해 결정되는 정적인 명령어 시퀀스를 저장하는 대신에 동적으로 실행된 명령어 시퀀스를 저장한다. 따라서 분기 예측 기능이 캐시에 통합되어 있어야 하고 유효한 인출을 위해서는 분기 예측이 맞는지 검증되어져야 한다.

캐시 내에서 주소가 더 이상 워드 크기의 2의 승수로 정렬되어 있지 않기 때문에 트레이스 캐시는 훨씬 복잡한 액세스 과정을 요구한다. 하지만 트레이스 캐시는 명령어 캐시에서 큰 블록을 더 잘 이용할 수 있다. 전통적인 캐시에서 큰 블록 내에 분기가 발생하는 경우, 분기 발생 이후의 블록들은 사용되지 않으므로 메모리를 효율적으로 사용하지 못한다. 트레이스 캐시의 단점은 조건부 분기 결과에 따라 같은 명령들이 다른 트레이스의 일부분이 될 수 있고 이는 메모리 저장 효율을 감소시킬 수 있다는 점이다.

Pentium 4의 트레이스 캐시는 디코드된 마이크로 연산들을 저장하므로 디코딩 시간을 줄여 주는 추가적인 장점을 갖고 있다.

많은 최적화 방안들이 이해하기 쉽고 보편적으로 사용되는 반면 트레이스 캐시는 간단하지도 않고 보편적으로 사용되지도 않는다. 트레이스 캐시는 그 장점에 비하여 면적, 전력 소비, 복잡성 측면에서 상대적으로 높은 비용을 요구하기 때문에 아마도 일시적인 혁신에 지나지 않을 것으로 예측한다. 하지만 인기 있는 Pentium 4에 사용되었기 때문에 여기서 설명하였다.

네 번째 최적화 방안: 캐시 대역폭을 증가시키기 위한 파이프라인 캐시 액세스

이 방법은 캐시 액세스를 파이프라인하여 1단계 캐시 액세스 시간이 여러 클록 사이클이 걸릴 수 있도록 하는 것으로 빠른 클록 사이클 시간을 제공하고 높은 대역폭을 제공하지만 히트 시간은 더 오래 걸린다. 예를 들어, Pentium의 경우는 명령어 캐시를 액세스하는 데 1 사이클, Pentium Pro부터 Pentium III까지는 2 사이클, Pentium 4의 경우는 4 사이클이 걸린다. 이는 파이프라인 단계를 증가시켜 분기 예측의 실패로 인한 페널티를 증가시키고 로드와 그 데이터를 사용하는 명령 사이에 더 많은 클록 사이클이 추가되게 한다(2장 참조).

다섯 번째 최적화 방안: 캐시 대역폭을 증가시키기 위한 논블로킹 캐시

비순차적인 완료를 허락하는 파이프라인 컴퓨터(2장 참조)에서 프로세서는 데이터 캐시 미스가 발생할 때 스톨하지 않는다. 예를 들어, 미스 데이터가 메모리로부터 도착할 때까지 프로세서는 명령어 캐시로부터 명령을 계속해서 인출할 수 있다. *논블로킹(nonblocking) 캐시* 또는 *락업프리(lockup-free) 캐시*는 이러한 장점을 더욱 발전시켜 미스를 처리하는 동안 데이터 캐시가 연속적으로 캐시 히트를 제공하게 하여 준다. 이와 같은 "히트 언더 미스(hit under miss)" 최적화는 미스 중에 프로세서

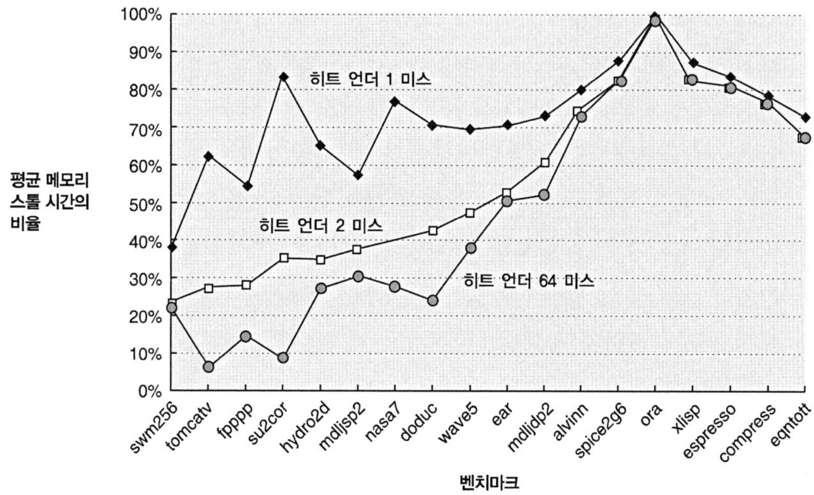

그림 5.5 18개의 SPEC92 프로그램에서 진행 중인 미스 수의 변화에 따른 블로킹 캐시와 히트 언더 미스 방식 사이의 평균 메모리 스톨 시간의 비율. 히트 언더 64-미스는 프로세서의 모든 레지스터에 대하여 하나의 미스를 허락한다. 처음 14 프로그램은 부동 소수점 프로그램이다. 히트 언더 1-미스의 평균은 76%, 2 미스의 경우는 51%, 64 미스의 경우는 39%이다. 마지막 4 프로그램은 정수 프로그램이고 이들의 평균은 각각 81%, 78%, 78%이다. 이 데이터는 32 바이트 블록과 16 클록 사이클의 미스 페널티(L2 캐시로의 액세스를 가정)를 가진 8KB 직접 사상 캐시를 가정하여 수집되었다. 이 데이터는 로드와 그 데이터를 사용하는 명령과의 거리를 멀리 떨어뜨려 스케줄하는 VLIW Multiflow 컴파일러를 사용하여 생성하였다[Farkas and Jouppi 1994]. 비록 L2 캐시로의 L1 미스에 대해서는 좋은 모델을 제공하지만, 이 실험을 SPEC2006 벤치마크와 미스 페널티에 대한 현대적인 가정을 기반으로 다시 수행하여 보는 것은 흥미로울 것이다.

의 요청을 처리함으로써 실질적인 미스 페널티를 줄여 준다. 한 가지 미묘하고 복잡한 옵션은 캐시가 여러 미스를 동시에 처리할 수 있도록, 즉 "히트 언더 멀티플 미스(hit under multiple miss)", 또는 "미스 언더 미스(miss under miss)" 최적화를 수행할 수 있도록 하여 실질적인 미스 페널티를 더 줄이는 것이다. 이 두 번째 옵션은 메모리 시스템이 여러 미스를 처리할 수 있는 경우에만 도움을 준다.

그림 5.5는 8KB 데이터 캐시에서 진행 중인 미스 수의 변화에 따른 캐시 미스의 평균 시간을 클록 사이클 수로 보여 준다. 부동 소수점 프로그램은 복잡성이 증가함에 따라 성능이 증가하지만 정수 프로그램의 경우는 히트 언더 1-미스 방식에 비하여 큰 차이가 없음을 알 수 있다. 3장에서 언급하였듯이 동시에 진행할 수 있는 미스의 수는 프로그램의 명령어 수준 병렬성을 이용하는 데 제한을 줄 수 있다.

예제 부동 소수점 프로그램에서 2-방향 집합 연관 캐시와 히트 언더 미스 중 어떤 방법이 더 효과적인가? 정수 프로그램의 경우는 어떠한가? 8KB의 데이터 캐시에서 다음과 같은 평균 미스율을 가정하여 보자. 부동 소수점 프로그램에서 직접 사상 캐시는 11.4%, 2-방향 집합 연관 캐시는 10.7%를 가정하고 정수 프로그램에서 직접 사상 캐시는 7.4%, 2-방향 집합 연관 캐시는 6.0%를 가정한다. 평균 메모리 스톨 시간은 미스율과 미스 페널

티의 곱이며 그림 5.5에 기술된 캐시는 L2 캐시를 가정한다고 가정하자.

해답 그림 5.5의 숫자들은 L2 캐시를 가정한 상태에서 16 사이클의 미스 페널티를 기반으로 수집되었다. 비록 프로그램들이 오래되었고 미스 페널티가 너무 작기는 하지만 일단 계속 사용하기로 하자. (최신 프로그램과 현실적인 미스 페널티에 대한 데이터를 얻기 위해서는 이 실험을 다시 수행하여야 한다.) 부동 소수점 프로그램의 경우, 평균 메모리 스톨 시간은 다음과 같다.

$$\text{미스율}_{DM} \times \text{미스 페널티} = 11.4\% \times 16 = 1.84$$

$$\text{미스율}_{2\text{-방향}} \times \text{미스 페널티} = 10.7\% \times 16 = 1.71$$

2-방향 캐시의 메모리 스톨은 직접 사상 캐시의 1.71/1.84 또는 93%이다. 그림 5.5에 따르면 히트 언더 미스가 평균 메모리 스톨 시간을 블로킹 캐시의 76%로 줄여 준다고 기술한다. 따라서 부동 소수점 프로그램의 경우 히트 언더 미스를 지원하는 직접 사상 캐시는 미스 발생 시 기다려야하는 2-방향 집합 연관 캐시에 비하여 우수한 성능을 제공한다.

정수 프로그램의 경우, 계산은 다음과 같다.

$$\text{미스율}_{DM} \times \text{미스 페널티} = 7.4\% \times 16 = 1.18$$

$$\text{미스율}_{2\text{-방향}} \times \text{미스 페널티} = 6.0\% \times 16 = 0.96$$

2-방향 캐시의 메모리 스톨은 따라서 직접 사상 캐시의 0.96/1.18 또는 81%이다. 그림 5.5에 따르면 히트 언더 미스가 평균 메모리 스톨 시간을 블로킹 캐시의 81%로 줄여 준다. 따라서 두 옵션은 정수 프로그램의 경우 거의 같은 성능을 제공한다.

논블로킹 캐시의 성능 평가와 관련된 실질적인 어려움은 캐시 미스가 반드시 프로세서를 스톨하지는 않는다는 것이다. 이 경우 어떤 미스의 영향도 평가하기는 어려우며 따라서 평균 메모리 액세스 시간을 계산하기는 쉽지 않다. 실질적인 미스 페널티는 미스들의 합이 아니라 프로세서가 스톨된 시간이다. 논블로킹 캐시의 영향은 여러 미스가 동시에 발생할 때의 미스 페널티, 메모리 참조 패턴, 미스가 진행 중일 때 프로세서가 실행할 수 있는 명령의 수에 따라 변화하기 때문에 논블로킹 캐시의 장점을 판단하는 것은 상당히 복잡하다.

일반적으로 비순차적 프로세서는 L2 캐시에서 히트하는 L1 데이터 캐시 미스의 페널티를 숨길 수는 있지만 L2 캐시 미스의 상당 부분은 숨기기 어렵다.

여섯 번째 최적화 방안: 캐시 대역폭을 증가시키기 위한 멀티뱅크 캐시

캐시를 단일 블록으로 설계하는 것 대신 동시 액세스를 지원하도록 여러 독립적인 뱅크들로 나눌 수 있다. 뱅크는 원래 메인 메모리의 성능을 향상시키기 위해 사용되었고 현재는 최신 DRAM 칩 내부는 물론 캐시에서도 사용된다. AMD Opteron의

그림 5.6 블록 주소를 사용한 4-방향 인터리빙의 멀티 뱅크 캐시. 64 바이트 블록을 가정하면 각 주소를 바이트 주소로 바꾸려면 64를 곱해야 한다.

L2 캐시는 두 개의 뱅크를, Sun Niagara의 L2 캐시는 4개의 뱅크를 가지고 있다.

뱅킹은 메모리 참조가 자연스럽게 뱅크들을 바꿔가면서 액세스할 때 가장 효과적이다. 이는 주소를 뱅크에 할당하는 것이 메모리 시스템의 성능에 영향을 줄 수 있기 때문이다. 효과적이며 간단한 방법 중 하나는 블록의 주소를 각 뱅크에 차례대로 할당하는 *순차적 인터리빙(sequential interleaving)*이다. 예를 들어, 4개의 뱅크가 있으면 뱅크 0은 주소 modulo 4의 값이 0인 모든 블록을, 뱅크 1은 주소 modulo 4의 값이 1인 블록을 저장하는 방법이다. 그림 5.6의 이 방법의 예를 보여 준다.

일곱 번째 최적화 방안: 미스 페널티를 줄이기 위한 중요 워드 우선 기법과 초기 재시작 기법

이 기술은 프로세서는 일반적으로 한 번에 한 워드만 블록으로부터 필요하다는 점에 착안한다. 이 전략의 특징은 참을성이 없다는 것이다. 전체 블록이 도착할 때까지 기다린 후에 요청된 워드를 보내서 프로세서를 재시작하지 말라는 것이다. 두 가지 구체적인 전략은 다음과 같다.

- 중요 워드 우선(critical word first) – 메모리에 미스가 발생한 워드부터 먼저 요청하고 도착하자마자 프로세서에게 보낸다. 블록의 나머지 워드가 도착하는 동안 프로세서는 진행을 계속한다.
- 초기 재시작(early restart) – 블록의 인출은 정상적으로 하지만 요청한 워드가 도착하자마자 프로세서로 보내서 프로세서가 재시작하도록 하는 것이다.

일반적으로 이 기술은 큰 블록에서 효과적이다. 왜냐하면 작은 블록에서는 장점이 작기 때문이다. 블록의 나머지 부분이 채워지는 동안 캐시는 다른 블록에 대한 액세스를 처리할 수 있다는 점에 주목하라.

하지만 지역 공간성을 고려할 때, 다음 번 참조는 블록의 나머지 부분에서 발생할 가능성이 크다. 논블로킹 캐시와 마찬가지로 미스 페널티를 계산하기는 간단하지 않다. 중요 워드 우선 방법에서 2 번째 요청이 있는 경우, 실질적인 미스 페널티는 두 번째 해당 워드가 도착할 때까지 이 참조로부터 발생한 지연시간이다.

예제 64바이트의 캐시 블록을 사용하고 요청한 처음 8 바이트를 액세스하는데 7 클록 사이클, 다음 8 바이트마다 1 클록 사이클, 블록의 나머지 부분을 인출하는 데 추가로 1 사이클이 걸리는 L2 캐시를 가진 컴퓨터를 가정하자. (이러한 가정은 AMD Opteron과 유사하다.) 중요 워드를 먼저 처리하지 않는다면, 처음 8 바이트는 8 클록 사이클, 블록의 나머지 부분에 대해서는 8 바이트당 1 클록이 걸린다. 블록이 완전히 인출되기 전까지는 블록의 나머지 부분에 대해서는 액세스가 없다고 가정할 때, 중요 워드 우선 기법의 평균 미스 페널티를 계산하라. 또 다음 명령들이 블록의 나머지 부분에 대해 한 번에 8 바이트씩 읽는다고 가정할 때 평균 미스 페널티를 계산하라. 이 두 경우를 중요 워드 우선 기법을 사용할 때와 사용하지 않을 때 비교하여 보라.

해답 중요 워드를 우선 처리하는 경우 평균 미스 페널티는 7 클록 사이클이다. 중요 워드를 먼저 처리하지 않는 경우 프로세서가 전체 캐시 블록을 읽는 데 걸리는 시간은 8 + (8 − 1) × 1 또는 15 클록 사이클이다. 따라서 1 워드의 경우, 해답은 15 대 7 클록 사이클이다. Opteron은 클록 사이클마다 2개의 로드를 이슈한다. 따라서 로드들을 이슈하는 데 8/2 또는 4 사이클이 걸린다. 중요 워드 우선 기법을 사용하지 않는 경우 전체 블록을 로드한 후 읽기를 수행하는 데 19 클록 사이클이 걸린다. 중요 워드 우선 기법을 사용하는 경우 전체 블록을 읽는 시간은 7 + 7 × 1 + 1 또는 15 클록 사이클이다. 왜냐하면 중요 워드를 우선 처리하는 경우 로드들이 중첩될 수 있기 때문이다. 전체 블록의 경우 해답은 19 대 15 클록 사이클이다.

이 예제가 보여 주듯이, 중요 워드 우선과 초기 재시작 방법의 장점은 블록의 크기와 인출되지 않은 블록의 나머지 부분에 대하여 다른 액세스가 발생할 확률에 달려 있다.

여덟 번째 최적화 방안: 미스 페널티를 줄이기 위한 통합된 쓰기 버퍼

즉시 쓰기 캐시는 쓰기 버퍼에 의존한다. 왜냐하면 모든 스토어들이 계층의 다음 단계 메모리에 보내져야 하기 때문이다. 나중 쓰기 버퍼 역시 블록이 교체될 때 간단한 버퍼를 사용한다. 쓰기 버퍼가 비어있는 경우, 프로세서는 데이터와 전체 주소를 버퍼에 쓰는 것으로 작업을 완료하고 쓰기 버퍼가 메모리에 워드를 쓸 준비를 하는 동안 프로세서는 다른 작업을 진행한다. 만약 버퍼가 다른 변경된 블록을 갖고 있으면 새로 써지는 데이터의 주소가 쓰기 버퍼 내의 엔트리의 주소와 일치하는지 비교되어야 한다. 일치하는 경우, 이 새 데이터는 그 엔트리에 있는 내용과 합쳐진다. 이 최적화 방안을 *쓰기 통합(write merging)*이라 부른다. Sun Niagara 프로세서가 이러한 기법을 사용한다.

버퍼가 꽉 차있고 일치하는 주소가 없다면 캐시와 프로세서는 버퍼가 빈 엔트리를 가질 때까지 기다려야 한다. 이 방법은 멀티워드 쓰기가 한 워드씩 쓰는 것보다

쓰기 주소	V		V		V		V	
100	1	Mem[100]	0		0		0	
108	1	Mem[108]	0		0		0	
116	1	Mem[116]	0		0		0	
124	1	Mem[124]	0		0		0	

쓰기 주소	V		V		V		V	
100	1	Mem[100]	1	Mem[108]	1	Mem[116]	1	Mem[124]
	0		0		0		0	
	0		0		0		0	
	0		0		0		0	

그림 5.7 통합 쓰기의 예. 위 쓰기 버퍼는 통합 쓰기를 사용하지 않는 반면 아래 버퍼는 통합 쓰기를 사용한다. 통합 쓰기를 사용하면 4개의 쓰기는 하나의 버퍼 엔트리에 합쳐지지만 그렇지 않은 경우 비록 각 엔트리의 3/4이 낭비되지만 버퍼가 꽉 차게 된다. 버퍼는 4개의 엔트리를 갖고 있고 각 엔트리는 4개의 64 비트 워드를 저장한다. 각 엔트리의 주소는 왼쪽에 있고 유효 비트(V)가 다음 연속적인 8 바이트가 사용 중임을 표시한다. (통합 쓰기를 쓰지 않으면 위 쓰기 버퍼의 오른쪽 워드들은 여러 워드를 동시에 쓰는 명령에만 사용될 수 있다.)

일반적으로 빠르기 때문에 메모리를 더 효율적으로 사용할 수 있다. Skadron과 Clark [1997]은 4-엔트리 쓰기 버퍼에서의 스톨로 인하여 5%에서 10% 정도의 성능이 저하되는 것을 발견하였다.

이 방법은 또 쓰기 버퍼가 꽉 찬 경우 스톨 시간을 줄여 준다. 그림 5.7은 쓰기 통합을 사용할 때와 사용하지 않을 때의 쓰기 버퍼를 보여 준다. 쓰기 버퍼에 4개의 엔트리가 있고 각 엔트리가 4개의 64비트 워드를 저장한다고 가정하자. 이 최적화 방안을 쓰지 않으면 네 개의 스토어가 연속적인 주소에 실행되면 이 4 워드는 쓰기 버퍼의 한 엔트리에 통합될 수 있음에도 불구하고 한 엔트리에 한 워드 씩 버퍼를 꽉 채우게 된다.

I/O 장치 레지스터들은 종종 물리적 주소 공간에 사상되는 것에 주목하라. 각 I/O 레지스터는 메모리상의 배열과는 다르기 때문에 이 I/O 주소들에 대한 통합 쓰기는 허락되지 않는다. 예를 들어, 이들은 하나의 주소를 사용한 멀티워드 쓰기 대신에 각 레지스터마다 하나의 주소와 데이터 워드를 요구한다.

나중 쓰기 캐시에서 교체되는 블록은 때로 "*희생(victim)*" 블록이라 부른다. 따라서 AMD Opteron은 이 쓰기 버퍼를 "*희생 버퍼(victim buffer)*"라 부른다. 쓰기 버퍼나 희생 버퍼는 미스로 인해 캐시에서 교체되는 변경된 블록을 저장한다. 따라서 뒤 따르는 메모리 참조는 미스하는 경우 스톨하고 다음 단계의 메모리를 액세스하는 것 대신에 이 버퍼가 원하는 데이터를 가지고 있는지 검사하여야 한다. 이는 또 다른 최적화 방안인 "*희생 캐시(victim cache)*"와 비슷하지만 희생 캐시는 변경 상태와 상관없이 미스 시 캐시로부터 버려진 모든 블록을 저장할 수 있다 [Jouppi 1990].

쓰기 버퍼의 목적이 변경된 블록이 메모리에 써질 때까지 기다리지 않고 캐시가 계속 진행할 수 있도록 하는데 있지만 희생 캐시의 목적은 충돌 미스의 영향을 줄이는 데 있다. 쓰기 버퍼는 비록 "희생"이라는 이름을 사용하여 혼동을 가져오기도 하지만 희생 캐시에 비해 훨씬 자주 사용되는 최적화 방안이다.

아홉 번째 최적화 방안: 미스율을 줄이기 위한 컴파일 시간 최적화

지금까지 논의된 기술들은 하드웨어 변경을 요구하였다. 다음 기술은 하드웨어 변화 없이 미스율을 감소시킬 수 있다.

이러한 마법적인 미스율 감소는 하드웨어 설계자들이 가장 선호하는 최적화된 소프트웨어를 통한 방법이다. 프로세서와 메인 메모리 사이의 증가하는 성능 격차에 따라 컴파일러 개발자들은 컴파일 시간 최적화가 성능을 향상시킬 수 있는지 메모리 계층을 면밀히 분석하기 시작하였다. 다른 방법에서와 같이 연구는 명령어 미스율의 감소와 데이터 미스율의 감소로 양분되었다. 아래서 논의하는 최적화 방안들은 여러 최신 컴파일러에서 사용되고 있다.

코드와 데이터 재배열

코드는 정확성에 영향을 주지 않고 쉽게 재배열될 수 있다. 예를 들어 프로그램 프로시저 순서를 바꿈으로써 충돌 미스를 줄이고 명령어 미스율을 감소시킬 수 있다 [McFarling 1989]. 또 다른 코드 최적화 방안은 큰 캐시 블록을 사용하여 효율을 높이는 것이다. 기본 블록의 순서를 조정하여 블록의 시작 부분에 분기가 점프하도록 한다면 캐시 미스의 가능성을 줄일 수 있다. 컴파일 시간에 분기가 발생할 가능성이 크다면 분기 목적 주소에 있는 기본 블록을 분기 다음에 뒤따르는 기본 블록과 교체하여 공간적 지역성을 향상시킬 수 있다. 이 최적화 방안은 *분기 정리(branch straightening)*라 부른다.

데이터는 코드에 비하여 위치에 대한 제한이 적다. 데이터 재배열의 목적은 데이터의 시간적 공간적 지역성을 향상시키는 것이다. 예를 들어, 과학 응용에서 대부분의 미스를 차지하는 배열 계산의 경우에 프로그래머가 원래 작성한 대로 배열을 액세스하기 보다는 한 캐시 블록의 모든 데이터가 집중적으로 액세스되도록 변형될 수 있다.

이러한 최적화 방안의 감을 주기 위해 다음의 두 예제를 살펴보자. 각 예제는 캐시 미스를 줄이기 위해 C 코드를 수작업으로 변형하였다.

루프 교환(Loop Interchange)

일부 프로그램은 메모리의 데이터를 비순차적으로 액세스하는 중첩된 루프를 갖고 있다. 간단히 루프의 중첩 순서를 바꿈으로써 코드가 데이터를 저장된 순서로 액세스하도록 할 수 있다. 배열이 캐시 안에 다 들어갈 수 없다면 이 기술은 캐시 블록의 데이터가 교체되기 전에 사용을 최대화하여 지역 공간성을 향상시켜 미스를 줄일 수 있다.

```
/* Before */
for (j = 0; j < 100; j = j+1)
      for (i = 0; i < 5000; i = i+1)
            x[i][j] = 2 * x[i][j];
/* After */
for (i = 0; i < 5000; i = i+1)
      for (j = 0; j < 100; j = j+1)
            x[i][j] = 2 * x[i][j];
```

원 코드는 100워드 단위로 메모리 주소를 건너뛰면서 액세스하지만 수정된 코드는 다음 블록을 액세스하기 전에 한 블록 내의 모든 워드를 액세스한다. 이 최적화 방안은 실행되는 명령의 수를 변화시키지 않고 캐시 성능을 향상시킨다.

블로킹(Blocking)

이 최적화 방안은 미스 수를 줄이기 위해 시간 지역성을 향상시킨다. 여러 배열을 액세스하는 경우를 살펴보자. 일부 배열은 행으로 일부 배열은 열로 액세스된다. 배열을 *행 우선 순서(row major order)*로 저장하거나 *열 우선 순서(column major order)*로 저장하는 것은 매 루프 반복마다 행과 열이 모두 사용되기 때문에 문제를 해결하지 못한다. 이와 같이 행과 열을 동시에 액세스하는 것은 루프 교환과 같은 변환이 아직도 개선될 여지를 남기고 있다는 것을 보여 준다.

배열의 전체 행이나 열을 다루는 대신에 블로킹을 사용하는 알고리즘은 *블록* 또는 부행렬(submatrix)을 사용한다. 목적은 데이터가 교체되기 전에 캐시로 인출된 데이터의 액세스를 최대화하는 것이다. 행렬 곱셈을 수행하는 아래 예제를 살펴보자.

```
/* Before */
for (i = 0; i < N; i = i+1)
      for (j = 0; j < N; j = j+1)
            {r = 0;
             for (k = 0; k < N; k = k + 1)
                  r = r + y[i][k]*z[k][j]
             x[i][j] = r;
            };
```

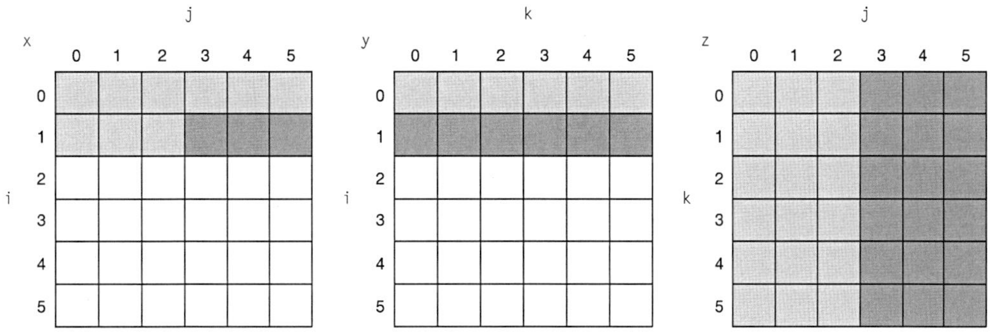

그림 5.8 N = 6이고 i = 1일 때 세 배열 x, y, z의 상태. 배열 원소에 대한 액세스 시기는 음영으로 표시하였다. 흰 색은 아직 액세스되지 않은 부분을, 밝은 색은 오래된 액세스를, 어두운 색은 새 액세스를 표시한다. 그림 5.9와 비교하여 y와 z의 원소들은 x의 새 원소 값을 계산하기 위해 반복적으로 읽혀진다. 변수 i, j, k는 배열을 액세스하는데 사용된 행과 열에 표시되었다.

두 내부 루프는 z의 모든 N × N 원소를 읽어 들이고 y의 한 행의 N 원소를 읽은 다음, x의 한 행의 N 원소를 갱신한다. 그림 5.8은 이 세 배열을 액세스하고 있는 한 상태를 보여 준다. 짙게 색칠된 부분은 최근의 액세스를, 엷게 색칠된 부분은 그 이전의 액세스를 보여 주며, 반면 하얀 부분은 아직 액세스되지 않은 부분을 보여 준다.

용량 미스의 수는 N의 크기와 캐시 크기에 달려 있다. 만약 캐시가 세 N × N 행렬 모두를 저장할 수 있다면 캐시 충돌이 없는 이상 모든 것은 순조롭다. 만약 캐시가 하나의 N × N 행렬과 하나의 행 (길이 N)을 가질 수 있다면 적어도 y의 i 번째 행과 배열 z는 캐시 내에 머무를 수 있다. 하지만 x와 z에 대해서는 미스가 발생할 수 있다. 최악의 경우, N^3 연산마다 $2N^3 + N^2$의 메모리 워드가 액세스될 것이다.

액세스되는 원소들이 캐시 내에 포함되기 위해서는 원 코드는 B × B 크기의 부분 행렬에 대해 계산이 이루어지도록 변환되어야 한다. 두 내부 루프는 x와 z의 전체 길이보다는 크기 B 단위로 계산한다. 이 B를 *블로킹 인자(blocking factor)*라 부른다. (x가 0으로 초기화되어 있다고 가정하자.)

```
/* After */
for (jj = 0; jj < N; jj = jj+B)
for (kk = 0; kk < N; kk = kk+B)
for (i = 0; i < N; i = i+1)
      for (j = jj; j < min(jj+B,N); j = j+1)
          {r = 0;
          for (k = kk; k < min(kk+B,N); k = k + 1)
               r = r + y[i][k]*z[k][j];
          x[i][j] = x[i][j] + r;
          };
```

그림 5.9는 블로킹을 사용했을 때 세 배열에 대한 액세스를 보여 준다. 용량 미

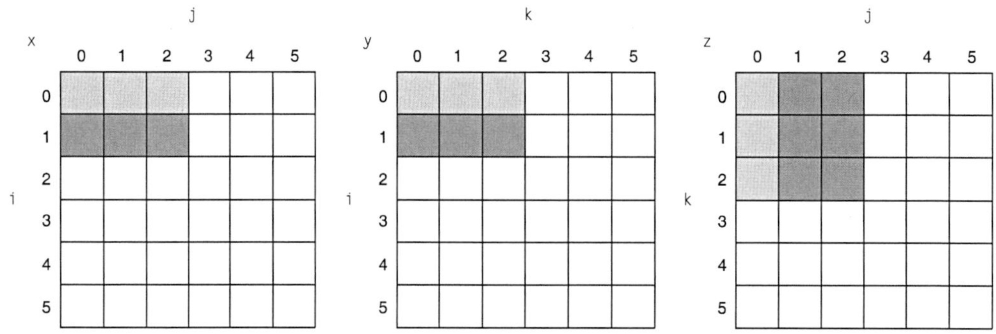

그림 5.9 B = 3일 때 배열 x, y, z로의 액세스와 그 시기. 그림 5.8과 비교하여 더 적은 수의 원소가 액세스된 것에 주목하라.

스만을 고려할 때, 총 액세스되는 메모리 워드의 수는 $2N^3/B + N^2$이다. 이 숫자는 B배 정도 개선된 숫자이다. y는 공간적 지역성을, z는 시간적 지역성을 활용하므로 블로킹이 시간과 공간 지역성 모두를 활용하는 것을 알 수 있다.

비록 캐시 미스의 감소가 목표였지만 블로킹은 레지스터 할당을 돕는 데도 사용될 수 있다. 블록이 레지스터에 저장될 수 있도록 작은 블록을 사용하여 프로그램의 로드와 스토어 수를 줄일 수 있다.

열 번째 최적화 방안: 미스율 또는 미스 페널티를 줄이기 위해 명령어와 데이터의 하드웨어 프리페칭

논블로킹 캐시는 메모리 액세스와 실행을 중첩시킴으로써 실질적으로 미스 페널티를 줄여 준다. 또 한 가지 방법은 프로세서가 이 들을 요청하기 전에 미리 프리페치하는 것이다. 명령어와 데이터 모두 캐시 또는 메인 메모리보다 빠르게 액세스될 수 있는 외부 버퍼로 프리페치할 수 있다.

명령어 프리페치는 종종 캐시 외부의 하드웨어로 수행된다. 일반적으로 미스 시 프로세서는 두 블록을 인출하여 요청한 블록은 명령어 캐시에 저장하고 그 다음 블록은 명령어 스트림 버퍼(instruction stream buffer)에 저장한다. 만약 요청한 블록이 명령어 스트림 버퍼에 있는 경우 요청은 취소되고 블록은 스트림 버퍼에서 읽혀지며 다음 프리페치 요청이 이슈된다.

유사한 방법이 데이터 액세스에도 적용될 수 있다[Jouppi 1990]. Palacharla와 Kessler [1994]는 과학 프로그램들을 분석하여 명령어 또는 데이터를 저장할 수 있는 여러 스트림 버퍼를 고려하였다. 이들의 연구에 따르면 명령어 캐시와 데이터 캐시로 각각 64 KB의 4-방향 집합 연관 캐시를 갖고 있는 프로세서의 경우 8개의 스트림 버퍼를 사용하여 50%에서 70%의 미스를 제거할 수 있음을 보여 주었다.

인텔의 Pentium 4는 8개의 다른 4 KB 데이터 페이지로부터 최대 8개의 스트림

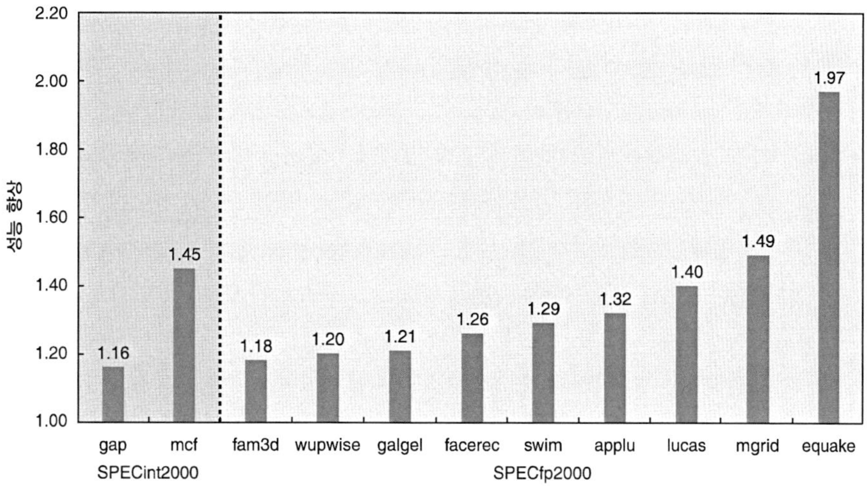

그림 5.10 인텔 Pentium 4에서 하드웨어 프리페칭으로 인한 스피드업. 12개의 SPECint2000 벤치마크 중 2개, 14개의 SPECfp2000 벤치마크 중 9개에 대하여 하드웨어 프리페칭을 사용하였다. 프리페칭으로 인해 성능 개선이 큰 프로그램들만 보여 준다. 여기서 빠져있는 15개의 SPEC 벤치마크는 15% 이하의 성능 향상을 보여 준다[Singhal 2004].

을 2단계 캐시로 프리페치할 수 있다. 한 페이지에 대하여 연속적으로 2번의 L2 캐시 미스가 발생하고 이 두 캐시 블록 사이의 거리가 256 바이트보다 작으면 프리페칭이 시작된다. (일부 Pentium 4 모델에서 이 간격의 최대 한계는 512 바이트이다.) 하지만 4 KB 페이지 경계를 넘어서는 프리페치하지 않는다.

그림 5.10은 하드웨어 프리페칭을 사용할 때 SPEC2000 프로그램의 일부에 대한 전체적인 성능 향상을 보여 준다. 이 그림은 대부분의 SPEC 부동 소수점 프로그램을 포함하지만 정수 프로그램은 12개 중에서 2개만 포함하고 있음을 주목하라.

프리페칭은 사용되지 않는 메모리 대역폭을 활용하는 데 있지만 다른 미스와 충돌을 발생시켜 성능을 저하시킬 수도 있다. 컴파일러의 도움으로 불필요한 프리페칭을 줄일 수 있다.

열한 번째 최적화 방안: 미스율 또는 미스 페널티를 줄이기 위한 컴파일러 프리페칭

하드웨어 프리페칭의 대안으로 컴파일러를 사용하여 프로세서가 데이터를 필요로 하기 전에 미리 요청하는 프리페치 명령을 추가할 수 있다. 두 가지 방식이 사용된다.

- *레지스터 프리페치*는 레지스터로 데이터를 로드한다.
- *캐시 프리페치*는 레지스터가 아니라 캐시 안으로 데이터를 로드한다.

이 두 명령 모두 가상 주소 폴트(fault)나 보호 위반(protection violation) 폴트 등의 예외 상황을 발생시키는 *폴팅(faulting)* 명령과 발생시키지 않는 *논폴팅(nonfaulting)*

명령이 있다. 이러한 용어를 사용하면 정상적인 로드 명령은 "폴팅 레지스터 프리페치 명령"으로 볼 수 있다. 논폴팅 프리페치는 정상적으로 예외 상황을 발생시켜야 하는 경우 no-op으로 바뀐다.

가장 효과적인 프리페치는 프로그램에 "의미상으로 보이지 않아야" 한다. 즉, 레지스터와 캐시 내용을 변화시켜서는 안 되고 또한 가상 메모리 폴트를 발생시켜서도 안 된다. 오늘날의 대부분의 프로세서는 논폴팅 캐시 프리페치를 제공한다. 이 절에서는 *논바인딩 프리페치(nonbinding prefetch)*라고도 불리는 논폴팅 캐시 프리페치를 가정한다.

프리페칭은 데이터의 프리페치 동안 프로세서가 계속 진행할 수 있을 때만 의미가 있다. 즉, 캐시는 프리페치하는 데이터가 돌아올 때까지 스톨하지 않고 명령과 데이터를 계속해서 제공하여야 한다. 즉 이러한 컴퓨터의 데이터 캐시는 보통 논블로킹 캐시이다.

하드웨어 프리페칭과 같이 목표는 데이터 프리페칭과 실행을 중첩시키는 것이다. 루프는 프리페치하기에 적합하기 때문에 주요 목표가 된다. 미스 페널티가 작다면 컴파일러는 루프를 한 번 또는 두 번 언롤하고 프리페치를 스케줄하면 된다. 만약 미스 페널티가 크다면 먼 미래 반복의 데이터를 프리페치하기 위해 소프트웨어 파이프라이닝(부록 G 참조)이나 언롤링을 사용한다.

그렇지만 프리페치 명령을 이슈하는 것은 명령어 오버헤드를 증가시키므로 이와 같은 오버헤드가 이득을 초과하지 않도록 컴파일러 설계자는 주의하여야 한다. 캐시 미스를 발생시킬 가능성이 높은 메모리 참조에 집중함으로써 프로그램은 평균 메모리 액세스 시간을 향상시키면서 동시에 불필요한 프리페치를 피할 수 있다.

예제 아래 코드에서 어떤 액세스들이 데이터 캐시 미스를 발생시키는지 결정하라. 다음 미스를 줄이기 위해 프리페치 명령들을 추가하라. 마지막으로 실행된 프리페치 명령의 수와 프리페칭에 의해 감소된 미스 수를 계산하라. 16 바이트 블록을 사용하는 쓰기 할당(write allocate) 방식의 나중 쓰기 캐시인 8K 바이트 직접 사상 캐시를 가정하자. a와 b의 각 원소는 더블 부동 소수점 배열이므로 8 바이트이다. 배열 a는 3개의 행과 100개의 열을 갖고 있고 배열 b는 101개의 행과 3개의 열을 갖는다. 프로그램 시작 시 두 배열 모두 캐시에 없다고 가정하자.

```
for (i = 0; i < 3; i = i+1)
          for (j = 0; j < 100;; j = j+1)
               a[i][j] = b[j][0] * b[j+1][0];
```

해답 컴파일러는 먼저 어떤 액세스가 캐시 미스를 발생시키는 지 결정하여야 한다. 그렇지 않다면 히트가 발생하는 데이터에 대하여 불필요한 프리페치 명령을 이슈함으로써 시간을 낭비하기 때문이다. a의 원소들은 메모리에 저장된 순서로 쓰여지므로 a는 공간 지

역성을 잘 활용한다. j의 짝수 값들은 미스하고 홀수 값들은 히트할 것이다. a는 3개의 행과 100개의 열을 가지므로 a의 액세스는 3 × ⌈100/2⌉ 또는 150개의 미스를 발생시킬 것이다.

배열 b는 액세스가 저장된 순서로 발생하지 않기 때문에 지역 공간성을 활용하지 못한다. 하지만, 배열 b는 시간 지역성을 두 번 활용한다. i의 각 반복에서 같은 원소가 액세스되고 j의 각 반복이 지난 반복의 같은 b 값을 사용한다. 잠재적인 충돌 미스를 무시한다면 b로 인한 미스의 수는 i = 0일 때 b[j+1][0] 액세스가 될 것이며 j = 0일 때 b[j][0]으로 가는 처음 액세스가 될 것이다. i = 0일 때, j는 0에서 99로 변화되므로 b로의 액세스는 100 + 1 또는 101번의 미스를 발생시킨다.

따라서 이 루프는 a에 대해서 약 150번의 데이터 캐시 미스를 발생시킬 것이고 b에 대해서는 101번, 합해서 251번의 미스를 발생시킬 것이다.

문제를 단순화하기 위해 루프에서의 첫 번째 액세스에 대한 프리페치는 고려하지 않기로 하자. 이들이 이미 캐시에 있거나 a와 b의 처음 몇 원소들에 대해서는 미스 페널티가 발생한다고 하자. 또한 루프의 마지막에서 a나 b의 끝 부분(a[i][100] ... a[i][106]과 b[101][0] ... b[107][0])을 넘어서는 프리페치하지 않는다고 가정하자. 만약 이들이 폴팅 프리페치라면 이러한 것을 고려할 필요가 없다. 미스 페널티가 상당히 커서 적어도 7 반복 이상 먼저 프리페치를 시작해야 한다고 가정하자. (다시 말하면, 8 반복 이후는 프리페칭해서 얻는 장점이 없다고 가정한다.) 프리페치 명령을 추가하기 위해 위 코드를 변경한 부분은 밑줄을 그어 표시하였다.

```
for (j = 0; j < 100; j = j +1) {
        prefetch(b[j+7][0]);
        /* b(j,0) for 7 iterations later */
        prefetch(a[0][j+7];
        /* a(0,j) for 7 iterations later */
        a[0][j] = b[j][0] * b[j+1][0];};
for (i =1; i < 3; i = i+1)
        for (j = 0; j < 100; j = j+1) {
                prefetch(a[i][j+7]);
                /* a(i,j) for +7 iterations */
                a[i][j] = b[j][0] * b[j+1][0];}
```

이 수정된 코드는 a[i][7]부터 a[i][99]까지 b[7][0]에서 b[100][0]까기 프리페치를 발생시켜 미스의 수를 다음과 같이 줄인다.

- 처음 루프에서 7개의 원소 b[0][0], b[1][0], ..., b[6][0]에 대한 7개의 미스
- 처음 루프에서 원소 a[0][0], a[0][1], ..., a[0][6]에 대한 4개([7/2])의 미스
- 두 번째 루프에서 원소 a[1][0], a[1][1], ..., a[1][6]에 대한 4개([7/2])의 미스
- 두 번째 루프에서 원소 a[2][0], a[2][1], ..., a[2][6]에 대한 4개([7/2])의 미스

총 19개의 미스를 발생시킨다. 232개의 캐시 미스를 피하는 대신 400개의 프리페치 명령을 실행하므로 결과는 나쁘지 않다.

예제 위의 예제에서 절감된 시간을 계산하여 보자. 명령어 캐시 미스는 무시하고 데이터 캐시에서 용량 미스나 충돌 미스는 없다고 가정하자. 프리페치는 서로 중첩될 수 있고 다른 캐시 미스와도 중첩될 수 있어서 최대 메모리 대역폭에서 전송된다고 가정하자. 캐시 미스를 무시한 상태에서 주요 루프의 실행 시간은 다음과 같다. 원 루프는 매 반복의 실행에 7 사이클이 소요되고 첫 번째 프리페치 루프는 반복당 9 클록 사이클, 두 번째 프리페치 루프는 반복당 8 클록 사이클(외부 루프의 오버헤드를 포함하여)이 걸린다. 미스에는 100 클록 사이클이 소요된다.

해답 원래의 이중 중첩 루프는 3 × 100, 즉 300번 실행된다. 루프 각 반복이 7 클록 사이클이 걸리므로 총 실행 사이클 수는 300 × 7 또는 2100 클록 사이클 더하기 캐시 미스에 걸리는 시간이다. 캐시 미스에는 251 × 100 또는 25,100 클록 사이클이 추가되므로 총 27,200 사이클이 소요된다. 첫 번째 프리페치 루프는 100번 실행되며 각 반복이 9 클록 사이클이 걸리므로 총 900 클록 사이클 더하기 캐시 미스에 걸리는 사이클 수가 소요된다. 캐시 미스에는 11 × 100, 또는 1100 사이클이 소요되므로 전체 사이클 수는 2000이다. 두 번째 루프는 2 × 100, 또는 200번 실행되고 각 반복마다 8 클록 사이클이 걸리므로 1600 클록 사이클 더하기 캐시 미스에 필요한 8 × 100, 800 클록 사이클이 걸린다. 따라서 총 2400 클록 사이클이 소요된다. 전 예제로부터 이 코드가 두 루프를 실행하는 2000 + 2400, 즉 4400 클록 사이클 동안 400개의 프리페치 명령을 실행하는 것을 알 수 있다. 만약 프리페치가 실행의 나머지 부분과 완전히 중첩된다고 가정하면 프리페치 코드는 27200/44, 또는 6.2배 빠르다.

배열을 최적화하는 것이 이해하기는 쉽지만 최신 프로그램들은 포인터를 더 사용한다. Luk와 Mowry [1990]는 컴파일러 기반 프리페칭이 포인터에도 확장될 수 있다고 입증하였다. 재귀적 데이터 구조를 가진 19개의 프로그램에서 노드가 참조될 때마다 모든 포인터를 프리페치하면 프로그램 중 절반의 경우 성능을 4%에서 31% 정도 향상 시킬 수 있다. 반면에 나머지 프로그램의 경우는 원래의 성능을 2% 이내로 향상시키는 데 그쳤다. 성능에 영향을 미치는 중요한 이슈는 프리페치가 캐시 내에 이미 존재하는 데이터에 대한 것인지 데이터가 필요한 시각 이전에 도착할 수 있는지 하는 것이다.

캐시 최적화 요약

히트 시간, 대역폭, 미스 페널티, 미스율을 개선하는 방법들은 평균 메모리 액세스

기술	히트 시간	대역폭	미스 페널티	미스율	하드웨어 복잡성	설명
작고 간단한 캐시	+			–	0	간단; 많이 사용
방향 예측 캐시	+				1	Pentium 4에서 사용
트레이스 캐시	+				3	Pentium 4에서 사용
파이프라인 캐시	–	+			1	많이 사용
논블로킹 캐시		+	+		3	많이 사용
멀티뱅크 캐시		+			1	Opteron과 Niagara의 L2에 사용
중요 워드 우선과 초기 재시작			+		2	많이 사용
통합 쓰기 버퍼			+		1	즉시 쓰기 버퍼에 많이 사용
캐시 미스 감소를 위한 컴파일러 기술				+	0	소프트웨어는 쉽지 않음. 일부 컴퓨터는 컴파일러 옵션 제공
하드웨어 프리페칭			+	+	2(명령) 3(데이터)	명령어 프리페치는 많이 사용, Opteron과 Pentium 4는 데이터 프리페치 사용
컴파일러 프리페칭			+	+	3	논블로킹 캐시 필요, 명령어 오버헤드, 많이 사용

그림 5.11 캐시 성능과 설계 복잡성 측면에서 11개 캐시 최적화 기술의 분석. 비록 한 기술이 한 가지 인자에만 도움을 주지만 프리페칭은 충분히 일찍 수행되면 미스를 줄일 수 있고 그렇지 못한 경우는 미스 페널티를 줄일 수 있다. +는 인자에 긍정적인 기술을, –는 인자에 부정적인 기술, 빈칸은 영향이 없음을 보여 준다. 설계 복잡성 측정은 주관적이며 0은 쉽고 3은 매우 어려움을 보여 준다.

식의 다른 인자들뿐만 아니라 메모리 계층의 복잡성에도 일반적으로 영향을 준다. 그림 5.11은 이 기술들과 이들의 복잡성을 인자에 긍정적인 영향을 주는 것은 +로, 인자에 부정적인 영향을 주는 것은 –로, 영향이 없는 것은 빈 칸으로 요약하였다. 일반적으로 하나 이상의 영역에 도움을 주는 기술은 거의 없다.

5.3 메모리 기술과 최적화

Computer Architecture

컴퓨터 기술을 가능하게 한 개발을 하나 든다면 그 것은 코어 메모리라 불리는 신뢰성 있는 형태의 메모리를 발명한 것이다. 비용은 합리적이고 또 신뢰성이 보장되었기 때문에 큰 메모리의 개발이 가능하였다. [209 페이지]

Maurice Wilkes

Memoirs of a Computer Pioneer(1985)에서

메모리 계층의 다음 단계는 메인 메모리이다. 메인 메모리는 캐시의 요구를 만족시키고 또한 출력의 소스와 입력의 목적지로 사용되기 때문에 I/O 인터페이스의 역할도 수행한다. 메인 메모리의 성능 기준은 지연시간과 대역폭을 모두 사용한다. 일반적으로 메인 메모리 지연시간(캐시 미스 페널티에 영향을 줌)은 캐시의 주요 관심 대상인 반면 메인 메모리 대역폭은 멀티프로세서와 I/O의 주요 관심 대상이다. 4장은 메인 메모리와 멀티프로세서와의 관계를 6장은 메인 메모리와 I/O의 관계를 논의한다.

비록 작은 지연시간을 갖는 메모리가 캐시에게 도움을 주지만, 새로운 메모리 구조를 개발하는 데 있어서 일반적으로 지연시간을 줄이는 것보다는 메모리 대역폭을 향상시키는 것이 쉽다. 2단계 캐시와 큰 캐시 블록의 사용으로 메인 메모리의 대역폭은 캐시에게도 중요하다. 사실 캐시 설계자들은 고 대역폭의 메모리를 이용하기 위해 블록 크기를 증가시켜 왔다.

5.2절에서는 캐시 구조를 변화시켜 프로세서와 DRAM 사이의 성능 격차를 줄이는 방법에 대하여 논의하였다. 하지만 캐시를 더 크게 만들고 캐시 단계를 추가한다고 이 격차를 완전히 제거할 수는 없다. 메인 메모리에서의 혁신 역시 중요하다.

과거의 혁신 방법은 여러 개의 메모리 뱅크를 사용하는 것과 같이 메인 메모리를 구성하는 많은 DRAM 칩들을 재구성하는 것이 사용되었다. 메모리 뱅크를 사용하거나 메모리와 그 버스의 폭을 넓혀서 고 대역폭을 제공할 수 있다.

하지만 메모리칩의 용량이 증가함에 따라 같은 크기의 메모리 시스템에 더 적은 수의 칩들이 사용되었고 따라서 혁신의 기회는 줄어들었다. 예를 들어, 2 GB의 메인 메모리는 256개의 64M 비트(16M × 4 비트) 칩을 사용하여 쉽게 16개의 메모리 칩들로 구성된 16개의 64 비트 폭의 메모리 뱅크들을 구성할 수 있었다. 하지만 256M × 4 비트 메모리칩을 사용하면 뱅크 하나면 된다. 컴퓨터는 대게 작은 표준 메모리 용량으로 성능 분석이 이루어지고 판매도 되기 때문에 제조자들이 대역폭을 높이기 위해 매우 큰 메모리를 가정하지는 않는다. 이러한 표준 구성에서의 감소되는 메모리 칩 수로 인하여 보드 수준에서 혁신의 중요성은 감소되고 있다.

따라서 최근의 메모리 혁신은 주로 DRAM 칩 내부에서 발생한다. 이 절은 메모리 칩 내부의 기술과 그들의 혁신적인 내부 구조에 대하여 설명한다. 기술들과 옵션들을 설명하기 전에 먼저 성능 기준들을 살펴보자.

메모리 지연시간은 일반적으로 액세스 시간과 사이클 시간이라는 두 개의 성능 기준을 사용한다. *액세스 시간*은 읽기가 요청된 시간부터 요청한 데이터가 도착할 때까지의 시간이며 *사이클 시간*은 메모리로의 연속적인 요청 사이의 최소 시간이다. 사이클 시간이 액세스 시간보다 큰 한 가지 이유는 메모리가 계속해서 액세스하기 전에 주소 라인들이 안정될 때까지 기다려야 한다는 점이다.

1975년 이후 거의 모든 데스크탑과 서버 컴퓨터는 메인 메모리로는 DRAM을 캐시로는 SRAM을 사용하였다.

SRAM 기술

SRAM의 첫 번째 문자는 *정적(static)*임을 뜻한다. DRAM 회로의 동적 특징은 데이터가 읽힌 후에 다시 써지는 것을 요구한다. 따라서 액세스 시간과 사이클 시간의 차이뿐만 아니라 리프레시(refresh)의 필요성이 생기는 것이다. SRAM은 리프레시할 필요가 없고 따라서 액세스 시간과 사이클 시간이 거의 같다. SRAM은 읽혀질 때 정보가 변경되는 것을 방지하기 위해 일반적으로 비트당 6개의 트랜지스터를 사용한다. SRAM은 스탠바이(standby) 모드에서 전하를 유지하기 위해 최소한의 전력을 소모할 필요가 있다.

SRAM 설계는 속도와 용량에 초점을 두지만 DRAM 설계는 비트당 비용과 용량에 중점을 둔다. 대등한 공정 기술을 가정할 때 DRAM의 용량은 SRAM에 비하여 약 4–8배 크다. 또한 SRAM의 사이클 시간은 DRAM에 비하여 8–16배 빠르지만 또한 8–16배 더 비싸다.

DRAM 기술

초기 DRAM의 용량이 증가하면서 주소 라인에 필요한 패키지 비용이 이슈가 되었다. 해결 방법은 주소 라인들을 멀티플렉싱하여 주소 핀 수를 반으로 줄이는 것이었다. 그림 5.12는 기본 DRAM의 구조를 보여 준다. 주소의 절반이 먼저 보내지며 이를 *로우 액세스 스트롭(RAS, row address strobe)*이라 부른다. 나머지 주소의 반은 다음에 오는 *컬럼 액세스 스트롭(CAS, column access strobe)* 동안 보내진다. 이 이름들은 메모리가 행과 열로 구성된 정방형 행렬로 구성되기 때문에 이 메모리칩의 내부 구조에 따라 명명되었다.

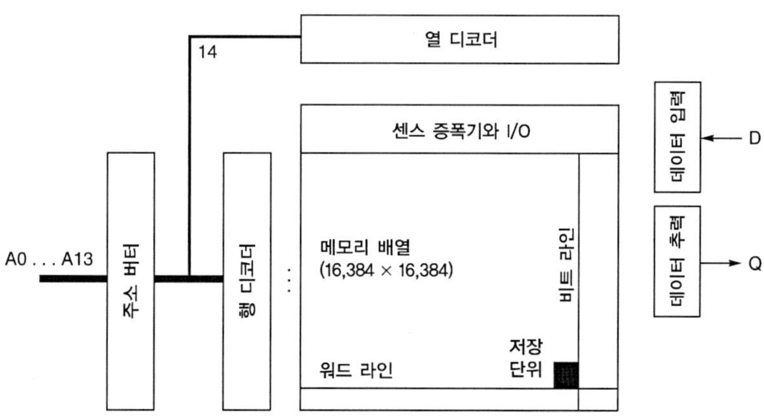

그림 5.12 64M 비트 DRAM 칩의 내부 구조. DRAM은 종종 내부적으로 메모리 배열의 뱅크를 사용하고 액세스 시 이들 중 하나를 선택할 수 있다. 예를 들어, 하나의 16384 × 16384 메모리 대신에 DRAM은 256개의 1024 × 1024 배열, 또는 16개의 2048 × 2048 배열을 사용한다.

DRAM의 또 한 가지 요구사항은 *동적(dynamic)*을 뜻하는 첫 번째 문자 D에서 유래되었다. 칩의 용량을 늘이기 위해 DRAM 칩은 비트당 1개의 트랜지스터를 사용한다. 비트를 읽게 되면 정보가 파괴되기 때문에 복구되어야 한다. 이것이 DRAM 사이클 시간이 액세스 시간보다 훨씬 큰 이유이다. 또한, 비트를 읽거나 쓰지 않는 경우 정보 손실을 막기 위해 비트는 주기적으로 "리프레시(refresh)"되어져야 한다. 다행히 한 행의 모든 비트들은 그 행을 읽어서 동시에 리프레시될 수 있다. 따라서 메모리 시스템의 모든 DRAM은 8 ms와 같이 일정 주기로 모든 행이 액세스되어져야 한다. 메모리 제어기는 DRAM을 주기적으로 리프레시하는 하드웨어 회로를 갖고 있다.

이러한 요구사항은 모든 칩에 리프레시하는 신호를 보내야 하기 때문에 메모리 시스템을 때때로 사용할 수 없음을 뜻한다. 리프레시에 걸리는 시간은 일반적으로 DRAM의 한 행을 액세스하는 데 걸리는 전체 시간(RAS와 CAS)과 같다. DRAM에서의 메모리 행렬이 정사각형이므로 리프레시 시간은 DRAM 용량의 제곱근에 비례한다. DRAM 설계자들은 리프레시에 걸리는 시간을 전체 시간의 5% 이내로 설계한다.

지금까지는 메모리 시스템을 일정에 따라 상품을 규칙적으로 실어 나르는 스위스 기차처럼 설명하였다. 리프레시로 인해 일부 액세스가 더 오래 걸릴 수 있기 때문에 이 가정과는 약간 다르다. 따라서 리프레시가 메모리 지연시간의 변화와 캐시 미스 페널티에 영향을 줄 수 있는 변수가 된다.

암달은 균형 잡힌 시스템을 설계하려면 메모리 용량이 프로세서의 속도와 함께 선형으로 증가하여야 한다는 규칙을 제안하였다. 따라서 1000 MIPS의 프로세서는 1000 MB의 메모리를 가져야 한다. 프로세서 설계자들은 DRAM을 사용하여 이 요구를 만족시켜 왔다. 지금까지 DRAM의 용량은 3년마다 4배씩, 또는 일 년에 55%씩 증대되었다. 하지만 DRAM의 성능은 훨씬 느린 속도로 개선되었다. 그림 5.13은 지연시간과 밀접한 영향이 있는 로우 액세스 시간이 일 년에 약 5% 씩 향상되는 것을 보여 준다. 대역폭과 관계가 있는 CAS, 또는 데이터 전송 시간은 이 비율의 약 2배 속도 이상으로 향상되어 온 것을 볼 수 있다.

비록 개별 칩에 대하여 설명하고 있지만 DRAM은 일반적으로 DIMM(dual inline memory module)이라 불리는 작은 보드로 많이 판매된다. DIMM은 일반적으로 4개에서 16개의 DRAM을 포함하며 데스크탑 시스템은 8 바이트 (+ ECC) 폭으로 구성된다.

DIMM 패키징과 다음 절에서 논의하는 데이터 전송 속도를 개선하는 새로운 인터페이스 외에도 DRAM에 있어서 가장 큰 변화는 용량의 증가 속도가 감소하고 있다는 점이다. 20년간 DRAM은 무어의 법칙에 따라 3년마다 용량이 4배씩 증가하였다. DRAM에 대한 요구가 줄어들면서 1998년 이후 새로운 칩들은 2년마다 용량이 두 배씩 증가하고 있으며 2006년에는 이 속도가 더 느려지는 징후가 보이기 시작하고 있다.

DRAM 칩 내부에서 메모리 성능을 향상시키는 방법

무어의 법칙이 계속해서 더 많은 트랜지스터를 제공하고 프로세서와 메모리간의 성능 격차가 메모리 성능에 대한 압력을 증가시키면서 이 전 절에서 설명된 아이디어들이 DRAM 칩 내부에서 적용되기 시작하였다. 일반적으로 이러한 혁신은 대역폭을 향상시켰지만 이는 때로 지연시간을 증가시켰다. 이 절에서는 DRAM의 자연스런 특성을 활용하는 기술에 대하여 설명한다.

앞에서 설명했듯이 DRAM 액세스는 로우 액세스와 컬럼 액세스로 나눠진다. DRAM은 컬럼 액세스를 위해서 DRAM 내부에서 한 행을 버퍼링하여야 한다. 이 행은 대개 DRAM 크기의 제곱근에 해당한다. 즉 256M 비트의 경우는 16K 비트, 1G 비트의 경우는 64K 비트 등이다.

비록 DRAM이 메모리 비트들의 단일 배열로 설명되었지만 DRAM은 내부적으로 여러 메모리 모듈로 구성된다. 여러 제조상의 이유로 이 모듈의 크기는 보통 1–4 M 비트이다. 따라서 1G 비트 DRAM을 현미경으로 관찰한다면 칩에서 2M 비트 모듈 512개를 발견할 수 있을 것이다. 이 많은 수의 배열은 칩 외부에 훨씬 큰 대역폭을 제공할 수 있는 기회를 제공한다.

대역폭을 향상시키기 위해 여러 다양한 혁신 기술들이 개발되어 왔다. 첫 번째는 *빠른 페이지 모드(fast page mode)*라 불리는 방법으로 다른 로우 액세스를 하지 않

		RAS(Row access strobe)			
발표년도	칩 크기	가장 느린 DRAM (ns)	가장 빠른 DRAM (ns)	CAS(column access strobe)/데이터 전송 시간 (ns)	사이클 시간 (ns)
1980	64K bit	180	150	75	250
1983	256K bit	150	120	50	220
1986	1M bit	120	100	25	190
1989	4M bit	100	80	20	165
1992	16M bit	80	60	15	120
1996	64M bit	70	50	12	110
1998	128M bit	70	50	10	100
2000	256M bit	65	45	7	90
2002	512M bit	60	40	5	80
2004	1G bit	55	35	5	70
2006	2G bit	50	30	2.5	60

그림 5.13 각 세대 별 빠른 DRAM과 느린 DRAM의 액세스 시간. 로우 액세스 시간의 성능은 일 년에 약 5%로 향상되었다. 1986년 NMOS DRAM에서 CMOS DRAM으로 기술이 바뀌면서 컬럼 액세스 시간은 2배의 비율로 향상되기 시작했다.

고 로우 버퍼로부터 반복적으로 액세스를 가능하게 하는 타이밍 신호 방법이다. 매번 DRAM이 액세스될 때마다 자연적으로 각 배열이 1024-2048 비트를 버퍼링하기 때문에 이와 같은 버퍼는 자연스럽게 생기게 되었다.

기존의 DRAM은 메모리 제어기로 비동기적인 인터페이스를 제공하여 제어기와의 동기를 위해서는 오버헤드가 있었다. 두 번째 큰 변화는 DRAM 인터페이스에 클록 신호를 추가하여 전송이 반복적으로 발생할 때 오버헤드를 없애는 방법이다. 이 최적화 방안을 동기적 *DRAM(SDRAM, synchronous DRAM)*이라 부른다. SDRAM은 요청한 바이트 수를 저장하는 프로그램 가능한 레지스터를 갖고 있다. 따라서 한 번 요청에 여러 바이트를 수 사이클에 걸쳐서 전송할 수 있다.

대역폭을 증가시키는 세 번째 DRAM 혁신은 DRAM 클록 신호의 상승 에지(rising edge)와 하강 에지(falling edge)에 데이터를 모두 전송하여 대역폭을 증가시키는 것으로 최대 전송 속도를 2배로 향상시킨다. 이 최적화는 *더블 데이터 레이트(DDR, double data rate)*이라 부른다. 데이터를 이렇게 고속으로 전송하기 위해 DDR SDRAM은 내부적으로 여러 개의 뱅크를 사용한다.

이 DRAM들의 버스 속도는 133-200 MHz이지만 혼란스럽게 이 DDR DRAM들은 최대 DIMM 대역폭으로 명명되었다. 따라서 DIMM 이름 PC2100은 133 MHz × 2 × 8 바이트 또는 2100 MB/sec에서 나온 것이다. 이와 마찬가지로 칩 이름 역시 클록 속도보다는 *초당 비트 수*로 명명된다. 따라서 133 MHz DDR 칩은 DDR266으로 불린다. 그림 5.14는 클록 속도, 칩당 초당 전송 수, 칩 이름, DIMM 대역폭, DIMM 이름 사이의 관계를 보여 준다.

표준	클록 속도(MHz)	M 전송/초	DRAM 이름	MB/초/DIMM	DIMM 이름
DDR	133	266	DDR266	2128	PC2100
DDR	150	300	DDR300	2400	PC2400
DDR	200	400	DDR400	3200	PC3200
DDR2	266	533	DDR2-533	4264	PC4300
DDR2	333	667	DDR2-667	5336	PC5300
DDR2	400	800	DDR2-800	6400	PC6400
DDR3	533	1066	DDR3-1066	8528	PC8500
DDR3	666	1333	DDR3-1333	10,664	PC10700
DDR3	800	1600	DDR3-1600	12,800	PC12800

그림 5.14 2006년 DDR DRAM과 DIMM의 유형과 클록 속도, 대역폭. 각 열 사이의 수치적 관계를 주목하라. 세 번째 열은 두 번째 열의 두 배이고 네 번째 열은 세 번째 열의 숫자를 DRAM 칩 이름으로 사용하였다. 다섯 번째 열은 세 번째 열의 8배로 반올림된 숫자가 DIMM의 이름으로 사용되었다. 이 그림에서 표시하지는 않았지만 DDR은 또한 지연시간을 클록 사이클로 표시한다. DDR400 CL3은 다음 요청된 데이터를 전송하기 전에 5 ns 클록(200 MHz 클록 사용) 3 사이클의 메모리 지연시간이 필요하다는 것을 의미한다. 연습문제에서 보다 상세히 논의할 것이다.

예제 새로운 DDR3 DIMM이 16000 MB/sec의 전송 속도로 측정되었다고 가정하자. 이 DIMM의 이름을 예측하라. DIMM의 클록 속도는 얼마인가? 이 DIMM에 사용된 DRAM 칩의 이름을 예측하라.

해답 DRAM 제조사들은 가장 큰 숫자를 이름으로 사용하였을 것이다. 따라서 DIMM 이름은 PC16000일 것이다. 이 DIMM의 클록 속도는 다음과 같이 1000 MHz이고

$$\text{클록 속도} \times 2 \times 8 = 16000$$
$$\text{클록 속도} = 16000/16$$
$$\text{클록 속도} = 1000$$

초당 2000 M 전송을 수행할 수 있다. 따라서 DRAM의 이름은 DDR3-2000일 것이다.

DDR은 현재 여러 표준이 있다. DDR2는 전압을 2.5 볼트에서 1.8 볼트로 낮추어 전력 소비를 감소하였고 266 MHz, 333 MHz, 400 MHz의 더 높은 클록 속도를 제공한다. DDR3은 전압을 1.5 볼트로 낮추었고 최대 800 MHz의 클록 속도를 제공한다.

이 세 가지 각 경우에 이와 같은 최적화 방안의 장점은 아주 작은 회로를 추가하여 DRAM 내부의 높은 대역폭 잠재력을 활용하고 따라서 시스템에 거의 비용을 추가시키지 않고 대역폭에서 상당한 향상을 달성할 수 있다는 점이다.

5.4 보호: 가상 메모리와 가상 기계

Computer Architecture

가상 기계는 실제 기계를 효율적이고 독립적인 형태로 복제한 것이다. 이러한 용어들을 가상 기계 모니터(VMM)란 개념을 통해 설명하여 보자…. VMM은 세 가지 본질적인 특성을 갖는다. 첫 째, VMM은 원래의 기계와 본질적으로 동일한 프로그램 환경을 제공한다. 둘째, 이 환경에서 실행된 프로그램은 최악의 경우에도 약간의 성능 저하만을 보여 준다. 마지막으로 VMM은 시스템 자원을 완벽히 제어하여야 한다.

Gerald Popek and Robert Goldberg
"가상화 가능한 3 세대 아키텍처의 공식적 요구 사항,"
Communications of the ACM (1974년 7월)

보안과 사생활 보호는 2006년 정보 기술에서 가장 논란이 되는 2 가지 이슈이다. 신용 카드 번호 리스트와 관련된 전자적 절도가 주기적으로 보고되고 있으며 많은 수는 보고되지 않고 있다고 예측된다. 따라서 컴퓨터 전문가들과 학자들은 컴퓨터 시스템의 보안을 강화시키는 여러 새로운 방법을 찾고 있다. 비록 정보 보호가 하드웨어에만 제한된 것은 아니지만 보안과 사생활 보호는 시스템 소프트웨어뿐만 아니라

컴퓨터 구조에서의 혁신을 필요로 할 것이다.

이 절에서는 가상 메모리를 통해 프로세스들을 보호하기 위한 아키텍처 방법에 대해서 먼저 살펴보기로 하자. 다음으로 가상 기계로부터 제공되는 추가적인 보호 기능과 가상 기계의 아키텍처 요구사항, 또 가상 기계의 성능에 대하여 논의한다.

가상 메모리를 통한 보호

페이지 테이블 엔트리를 캐시하는 TLB를 포함해서 페이지 기반의 가상 메모리는 프로세스를 보호하는 가장 기본적인 방법이다. 부록 C의 C.4절과 C.5절은 80x86에서 세그멘테이션과 페이징을 통한 보호에 대하여 상세히 기술한다. 본 절은 간단한 리뷰를 제공한다. 만약 너무 빠르다면 관련 절들을 참조하라

여러 프로그램이 동시에 실행되며 컴퓨터를 공유하는 멀티프로그래밍은 프로그램 사이의 공유와 보호, 또 *프로세스*의 개념을 필요로 하게 한다. 은유적으로 말하면 프로세스란 프로그램이 숨 쉬고 사는 공간이다. 즉 실행하는 프로그램과 실행을 계속하는 데 필요한 상태를 포함한다. 어느 순간에도 한 프로세스에서 다른 프로세스로 교환하는 것이 가능하여야 한다. 이러한 과정을 *프로세스 교환(process switch)* 또는 *문맥 교환(context switch)*이라 부른다.

운영체제와 아키텍처가 협력하여 프로세스가 하드웨어를 공유하도록 하지만 서로 간섭받지 않도록 한다. 이를 위해 아키텍처는 사용자 프로세스를 실행할 때 프로세스가 액세스할 수 있는 것을 제한하여야 하지만 동시에 운영체제 프로세스는 더 액세스 할 수 있도록 허락하여야 한다. 아키텍처는 최소한 다음을 수행하여야 한다.

1. 최소한 두 가지 모드를 제공하여 현재 실행중인 프로세스가 사용자 프로세스인지 운영체제 프로세스인지를 표시한다. 운영체제 프로세스를 때로는 *커널(kernel)* 프로세스 또는 *슈퍼바이저(supervisor)* 프로세스라 부른다.
2. 프로세서 상태의 일부분은 사용자 프로세스가 읽을 수는 있지만 갱신할 수는 없어야 한다. 이러한 상태에는 사용자/슈퍼바이저 모드 비트, 예외 상황 enable/disable 비트, 메모리 보호 정보 등이 포함된다. 이 상태들은 사용자 프로세스가 갱신하지 못하도록 하여야 하는데 이는 만약 사용자들이 자신에게 슈퍼바이저 권한을 제공하거나, 예외 상황의 발생을 막거나, 메모리 보호 정책을 변경시키도록 허락하면 운영체제가 사용자 프로세스를 통제할 수 없기 때문이다.
3. 프로세스가 사용자 모드에서 슈퍼바이저 모드로 또는 그 반대로 전환할 수 있는 기능을 제공한다. 슈퍼바이저 모드로의 전환은 일반적으로 *시스템 호출*을 통해 이루어지는데 이는 슈퍼바이저 코드의 특정 위치로 제어를 바꾸는 특수 명령에 의해 구현된다. 시스템 호출 시점의 PC는 저장되고 프로세서는 슈퍼바이저 모드

로 바뀌게 된다. 사용자 모드로의 복귀는 이전의 사용자/슈퍼바이저 모드를 복구하는 서브루틴 복귀와 유사하다.

4. 문맥 교환 시 프로세스를 디스크로 교체시키지 않고 프로세스의 메모리 상태를 보호할 수 있도록 메모리 액세스를 제한하는 기능을 제공한다.

부록 C에서는 여러 가지 메모리 보호 방법을 설명한다. 하지만 가장 일반적인 방법은 가상 메모리의 각 페이지에 보호 제한 관련 정보를 추가하는 것이다. 일반적으로 4 KB 또는 8 KB 크기를 사용하는 고정 크기의 페이지들은 페이지 테이블을 통해 가상 주소 공간에서 물리적 주소 공간으로 사상된다. 보호 제한 정보는 각 페이지 테이블 엔트리에 저장된다. 보호 제한 정보는 사용자 프로세스가 이 페이지를 읽을 수 있는지, 또 이 페이지에 쓸 수 있는지, 또 이 페이지의 내용을 코드로 실행할 수 있는지를 결정한다. 추가로 페이지가 페이지 테이블에 없다면 프로세스는 읽거나 쓸 수 없다. OS만이 페이지 테이블을 갱신할 수 있으므로 페이징 기법은 전체적인 액세스 보호 기능을 제공한다.

페이징을 사용한 가상 메모리에서 각 메모리 액세스는 논리적으로 2배 이상 걸린다. 한 번의 액세스는 물리적 주소를 얻기 위해, 두 번째 액세스는 데이터를 얻기 위해 필요하다. 하지만 이는 감당하기에는 너무 큰 비용이다. 해결 방안은 지역성의 원리를 이용하는 것이다. 액세스에 지역성이 존재한다면 액세스에 대한 *주소 변환(address translation)* 역시 지역성을 갖고 있기 때문이다. 이러한 주소 변환을 특수한 캐시에 저장하면 메모리 액세스는 주소 변환에 필요한 액세스가 거의 불필요하다. 이러한 특별한 주소 변환용 캐시를 *주소 변환 버퍼(TLB, translation lookaside buffer)*라 부른다.

TLB 엔트리는 태그에 가상 주소의 일부분을 저장하고 데이터에는 물리적 주소와 보호 필드, 유효(valid) 비트, 사용(use) 비트, 더티(dirty) 비트 등을 저장한 캐시 엔트리이다. 운영체제는 페이지 테이블의 값을 변경하고 해당하는 TLB 엔트리는 삭제함으로써 이 비트들을 변경한다. 엔트리가 페이지 테이블로부터 재인출되면 TLB는 정확한 비트 상태를 갖는다.

컴퓨터가 충실히 페이지에 대한 제한을 준수하고 가상 주소를 물리적 주소로 변환하면 문제는 해결된 것처럼 보인다. 하지만 아직 이슈가 남아 있다.

그 이유는 하드웨어와 운영체제의 정확성에 의존하기 때문이다. 오늘날의 운영체제는 수백 만 라인의 코드로 작성되어 있다. 버그들은 1000 라인당 숫자로 측정되므로 상용 운영 체제에는 수천 개의 버그가 존재한다. OS의 이러한 결함으로 인해 취약성들이 자주 악용되기도 한다.

이 버그 문제와 더불어 메모리 보호 이슈가 과거에 비해 훨씬 더 경제적으로 중요해지면서 가상 기계처럼 전체 OS보다 훨씬 작은 코드를 가진 보호 모델을 찾기 시작하였다.

가상 기계를 통한 보호

가상 메모리만큼 오래되고 유사한 개념이 *가상 기계(VM, virtual machine)*이다. 가상 기계는 1960년대 말 처음으로 소개되었고 지금까지 메인프레임 컴퓨터의 중요한 부분으로 남아 있다. 비록 1980년대와 1990년대 개인용 컴퓨터에서는 대체로 무시되었지만 최근 다음과 같은 이유로 인기를 얻기 시작하였다.

- 최근의 시스템에서 독립성과 보안의 중요성이 증가함
- 표준 운영체제에서 보안과 신뢰성의 상실
- 여러 관련 없는 사용자들 사이의 개인용 컴퓨터 공유
- VM의 오버헤드를 줄여 준 프로세서 속도의 눈부신 발전

가장 넓은 의미의 VM 정의는 Java VM과 같이 표준 소프트웨어 인터페이스를 제공하는 모든 기본적인 에뮬레이션 방법들을 모두 포함한다. 이 절에서는 명령어 집합 아키텍처(ISA) 수준에서 완벽한 시스템 환경을 제공하는 VM에 중점을 두어 기술한다. 비록 일부 VM들은 하나의 하드웨어로 여러 다른 ISA를 지원하기도 하지만 이 절에서 ISA는 하드웨어와 일치한다고 가정한다. 이러한 VM들을 *시스템 가상 기계(System Virtual Machine)*라 부른다. 그 예제로는 IBM VM/370, VMware ESX Server, Xen 등이 있다. 이들은 VM의 사용자가 운영 체제를 포함해서 전체 컴퓨터를 자신만이 소유하고 있다는 환상을 제공한다. 하나의 컴퓨터가 여러 VM을 실행하며 많은 수의 운영체제(OS)를 지원할 수 있다. 기존의 플랫폼에서는 하나의 OS가 모든 하드웨어 자원들을 "소유"하였지만 VM에서는 여러 OS가 하드웨어 자원을 공유한다.

VM을 지원하는 소프트웨어를 *가상 기계 모니터(VMM, virtual machine monitor)* 또는 *하이퍼바이저(hypervisor)*라 부른다. VMM은 가상 기계 기술의 핵심이다. 아래의 하드웨어 플랫폼을 호스트라 부르고 하드웨어 자원은 *게스트* VM 사이에 공유된다. VMM이 가상 자원을 어떻게 물리적 자원으로 매핑할 지를 결정한다. 물리적 자원은 시간적으로 공유되거나, 분할되거나, 또는 소프트웨어적으로 에뮬레이션될 수 있다. VMM은 기존의 OS보다 훨씬 작으며 VMM의 독립성 지원 모듈은 단 10,000 라인의 코드로 구현되기도 한다.

일반적으로 프로세서 가상화의 비용은 워크로드에 따라 다르다. SPEC CPU2006과 같은 사용자 수준의 프로세서 바운드(process-bound) 프로그램들은 모든 것이 본래의 하드웨어 속도에서 동작하고 OS가 호출되는 경우는 매우 드물기 때문에 가상화 오버헤드가 없다. I/O 바운드(IO-bound) 워크로드는 OS 사용이 많아서 시스템

호출과 특권 명령(privileged instruction)을 자주 사용하기 때문에 가상화 오버헤드가 매우 크다. 오버헤드는 VMM에 의해 에뮬레이션되어야 하는 명령어의 수와 이들이 얼마나 느리게 에뮬레이션되는지에 의해 결정된다. 따라서 게스트 VM이 호스트와 같은 ISA를 실행할 때는 거의 모든 명령들을 본래의 하드웨어에서 직접 실행하는 것이 아키텍처와 VMM의 목표이다. 반면에 I/O 바운드 워크로드의 경우에는 I/O 대기 상황이 자주 발생하기 때문에 프로세서 이용률이 떨어지게 되고 따라서 프로세서의 가상화 비용은 이 낮은 프로세서 이용률에 의해 완벽히 숨겨질 수 있다(그림 5.15와 그림 5.16 참조).

비록 우리의 관심은 VM을 사용하여 보호 기능을 향상시키는 것이지만 VM은 상업적으로 의미가 있는 다음과 같은 두 가지 장점을 제공한다.

1. 소프트웨어 관리. VM은 완전한 소프트웨어 스택을 실행할 수 있는 추상화 개념을 제공하며 DOS와 같은 구식 운영체제마저 포함하기도 한다. 전형적인 설치 형태는 여러 개의 VM이 전통적인 (legacy) OS들을 실행하는 것으로 다수는 현재의 안정된 OS 버전을 실행하고 일부는 OS의 새 버전을 테스트하는 것이다.
2. 하드웨어 관리. 여러 개의 서버를 필요로 하는 한 가지 이유는 각 응용 프로그램을 독립적인 컴퓨터에서 호환 가능한 OS 버전과 함께 실행하도록 하여 의존성(dependability)을 향상시킬 수 있기 때문이다. VM은 각 소프트웨어 스택이 독립적으로 실행되도록 허락하지만 하드웨어를 공유하게 함으로써 서버들을 통합시킨다. 또 다른 예로서 일부 VMM은 부하 균형 또는 하드웨어 고장 문제를 해결하기 위해 실행 중인 VM을 다른 컴퓨터로 이주시키는 것을 지원한다.

가상 기계 모니터의 요구 사항

VM 모니터는 어떤 작업을 수행하는가? VMM은 게스트 소프트웨어에게 소프트웨어 인터페이스를 제공하고, 게스트의 상태를 다른 게스트로부터 고립시키며, (게스트 OS를 포함해서) 자기 자신 역시 게스트 소프트웨어로부터 보호하여야 한다. 정성적 요구 사항은 다음과 같다.

- 게스트 소프트웨어는 성능적인 면 또는 여러 VM의 공유로 인한 제한된 자원 문제를 제외하고는 원래의 하드웨어에서 실행되는 것과 똑같이 VM에서 동작하여야 한다.
- 게스트 소프트웨어가 실제 시스템 자원의 할당을 직접 변경할 수 있어서는 안 된다.

비록 게스트 VM과 현재 실행 중인 OS가 일시적으로 이러한 기능을 사용하기는 하지만 프로세서를 "가상화"하기 위해 VMM은 특권을 가진 상태로의 접근, 주소 변환, I/O, 예외 상황, 인터럽트 등 거의 모든 것을 제어할 수 있어야 한다.

예를 들어, 타이머 인터럽트의 경우, VMM은 현재 실행중인 게스트 VM을 중단시키고, 상태를 저장하고, 인터럽트를 처리한 후, 다음에 실행할 게스트 VM을 결정하고 그 상태를 로드하여야 한다. 타이머 인터럽트를 사용하는 게스트 VM은 가상 타이머와 에뮬레이션되는 타이머 인터럽트를 제공하여야 한다.

통제권을 갖기 위해서 VMM은 일반적으로 사용자 모드에서 실행하는 게스트 VM보다는 높은 권한을 갖고 있어야 한다. 이를 통해 특권 명령들의 실행이 VMM에 의해 처리되는 것을 보장한다. 시스템 가상 기계의 기본 요구 사항은 위에서 설명한 페이징을 사용하는 가상 메모리의 요구 사항과 거의 동일하다.

- 사용자 모드와 시스템 모드 등 최소한 2 가지의 프로세서 모드
- 시스템 모드에서만 사용 가능한 특권 명령들의 집합. 이 명령들은 사용자 모드에서 실행되면 트랩을 발생시킨다. 모든 시스템 자원은 이 명령들을 통해서만 제어할 수 있어야 한다.

가상 기계를 위한 ISA 지원(의 부족)

만약 ISA 설계 시에 VM이 계획되었다면 VMM에 의해 실행되어야 하는 명령들의 수와 이 명령들을 에뮬레이션하는 시간을 줄이는 것 모두 상대적으로 쉽다. VM이 직접 하드웨어에서 실행할 수 있도록 허락하는 아키텍처는 *가상화가능(virtualizable)*이란 명칭을 갖는데 IBM 370이 그 대표적 예제이다.

하지만 VM이 데스크탑과 PC 기반 서버 응용 프로그램들에서도 관심을 갖게 된 것은 최근이기 때문에 대부분의 명령어 집합들은 가상화를 고려하여 설계되지 않았다. 이 범주에 속하는 것이 80x86과 대부분의 RISC 아키텍처들이다.

VMM은 게스트 시스템이 가상 자원만 관리하도록 보장하여야 하기 때문에 기존의 게스트 OS는 VMM위에서 사용자 모드 프로그램으로 실행되어야 한다. 만약 게스트 OS가 특권 명령을 통해 하드웨어 자원과 관련된 정보를 액세스하거나 갱신하려 한다면 – 예를 들어, 페이지 테이블 포인터를 읽거나 갱신하는 경우 – VMM으로의 트랩이 발생하게 된다. VMM은 대응하는 실제 자원에 적절한 갱신을 수행하여 이 작업을 마칠 수 있다.

따라서 만약 어떤 명령이 사용자 모드에서 실행되면서 이와 같이 민감한 정보를 읽거나 갱신을 하려 한다면 VMM이 중간에 개입하여 게스트 OS가 요청한 작업을 가상 기계에서 지원할 수 있다.

이러한 지원이 없는 경우는 다른 조치가 필요하다. VMM은 문제를 발생시킬 수 있는 모든 명령들을 주의 깊게 파악하여 이들이 게스트 OS에서 실행되었을 때와 동일하게 작동하도록 보장하여야 하는데 이는 VMM의 복잡성을 증가시키고 성능을

감소시키게 된다.

5.5절과 5.7절은 80x86 아키텍처에서 문제가 될 수 있는 명령들을 자세히 예시한다.

가상 메모리와 I/O에 대한 가상 기계의 영향

또 한 가지 이슈는 가상 메모리의 가상화이다. 각 게스트 OS는 자신만의 페이지 테이블 집합을 관리한다. 이를 위해 VMM은 *실제 메모리(real memory)*와 *물리적 메모리(physical memory)*의 개념을 분리하여 (이 두 용어는 종종 동의어로 사용되기도 한다) 실제 메모리를 가상 메모리와 물리적 메모리 사이의 중간 단계에 있는 독립적인 메모리로 취급한다. (일부에서는 이 세 단계의 메모리를 *가상 메모리*, *물리적 메모리*, *기계 메모리*로 부르기도 한다.) 게스트 OS는 페이지 테이블을 통해 가상 메모리를 실제 메모리로 사상하며 VMM 페이지 테이블은 게스트의 실제 메모리를 물리적 메모리로 사상한다. 가상 메모리 아키텍처는 IBM VM/370과 80x86의 경우와 같이 페이지 테이블에 의해 명시되거나 여러 RISC 아키텍처의 경우와 같이 TLB 구조를 통해 명시된다.

각 메모리 액세스마다 간접 단계를 추가하는 것 대신에 VMM은 게스트 가상 주소 공간에서 하드웨어의 물리적 주소 공간으로 직접 사상하는 *쉐도우 페이지 테이블(shadow page table)*을 관리한다. 게스트 페이지 테이블로의 모든 변경을 감지하여 VMM은 하드웨어가 사용하는 쉐도우 페이지 테이블 엔트리들이 (게스트 테이블에서 실제 페이지들을 대체하는 물리적 페이지들을 제외하면) 게스트 OS 환경에서 사용되는 페이지들에 대응되도록 하는 것을 보장할 수 있다. 따라서 VMM은 게스트 OS가 페이지 테이블을 변경하거나 페이지 테이블 포인터를 액세스하는 시도를 트랩시킬 수 있다. 이는 일반적으로 게스트 페이지 테이블에 대한 쓰기 제한을 통해서 또는 게스트 OS가 페이지 테이블 포인터를 액세스하는 것을 트랩시킴으로써 구현된다. 후자의 경우는 페이지 테이블 포인터의 액세스를 특권 연산으로 정의하면 자연스럽게 구현된다.

IBM 370은 1970년대 이러한 페이지 테이블 문제를 VMM이 관리하는 추가의 간접 단계를 두어 해결하였다. 게스트 OS는 전과 같이 페이지 테이블을 관리하고 쉐도우 페이지 테이블은 사용할 필요가 없다. AMD는 80x86에 대한 Pacifica 수정 버전에서 유사한 방법을 제안하였다.

여러 RISC 컴퓨터에서는 TLB 아키텍처의 가상화를 위해 VMM이 실제 TLB를 관리하고 각 게스트 VM 별로 TLB 내용의 복사본을 갖고 있다. TLB를 액세스하는 모든 명령은 트랩되어야 한다. TLB는 프로세스 ID 태그를 갖고 있어서 여러 다른 VM과 VMM의 혼합된 엔트리들을 지원할 수 있으며 따라서 VM 스위치 시에 TLB 플러쉬는 필요 없다. 또한 VMM은 VM의 가상 프로세스 ID와 실제 프로세스 ID 사이의 사상을 지원한다.

가상화에 필요한 아키텍처의 마지막 부분은 I/O이다. 이는 컴퓨터에 부착된 I/O 장치의 수를 증가시키고 I/O 장치 유형을 증가시키기 때문에 시스템 가상화에서 가장 어려운 부분이다. 또 다른 어려움은 실제 장치를 여러 VM이 공유하는 것이고 또한 가지는 필요한 무수히 많은 수의 디바이스 드라이버들을 지원하는 것으로 특히 같은 VM 시스템에서 여러 다른 게스트 OS가 지원되어야 하는 경우 어렵다. 각 VM에게는 각 I/O 디바이스 드라이버의 일반적인 버전을 제공하고 실제 I/O의 처리는 VMM이 처리하도록 하여 VM의 환상을 제공할 수 있다.

가상 I/O 디바이스를 물리적 I/O 디바이스로 사상하는 방법은 디바이스 유형에 따라 다르다. 예를 들어, 물리적 디스크는 일반적으로 VMM이 분할하여 게스트 VM을 위한 가상 디스크를 생성한다. 네트워크 인터페이스는 매우 작은 타임 슬라이스로 나뉘어 VM 사이에 공유되며 VMM의 역할은 게스트 VM이 자신에게 온 메시지만을 받도록 가상 네트워크 주소에 대한 메시지를 관리하는 것이다.

VMM 예제: Xen 가상 기계

VM의 개발 초기에는 여러 비효율성이 나타났다. 예를 들어, 게스트 OS가 가상 페이지에서 실제 페이지로의 사상을 관리하나 VM은 이 사상을 무시하고 물리적 페이지로의 실제 사상을 수행하였다. 다시 말해서 게스트 OS를 단순히 행복하게 하기위해 상당한 노력이 낭비 되었다. 이와 같은 비효율성을 줄이기 위해 VMM 개발자들은 게스트 OS로 하여금 이들이 VM 상에서 실행하는 것을 알 수 있도록 허락할 필요가 있다고 결정하게 되었다. 예를 들어, 게스트 OS는 실제 메모리가 가상 메모리만큼 크다고 가정하여 더 이상 게스트 OS가 메모리를 관리할 필요가 없도록 할 수 있다.

가상화를 쉽게 하기 위해 게스트 OS를 약간 수정하도록 허락하는 것을 *유사가상화(paravirtualization)*라 부른다. 공개 소스의 Xen VMM은 좋은 예이다. Xen VMM은 게스트 OS에게 물리적 하드웨어와 유사한 가상 기계 추상화를 제공하지만 여러 문제가 되는 기능들은 제거한다. 예를 들어, TLB를 플러쉬하는 것을 피하기 위해 Xen은 자신을 각 VM의 주소 공간의 상위 64MB에 사상한다. 따라서 보호 제한을 위반하지 않도록 검사만 하면 게스트 OS는 페이지 할당을 수행할 수 있다. VM에서 게스트 OS를 사용자 프로그램으로부터 보호하기 위해 Xen은 80x86의 4 가지 보호 단계를 사용한다. Xen VMM은 권한이 가장 높은 단계(0)에서 실행되며, 게스트 OS는 다음 단계(1), 응용 프로그램은 가장 낮은 단계(3)에서 실행된다. 80x86에서 대부분의 OS는 보호 단계 0 또는 3만을 사용한다.

유사가상화를 위해 Xen에서 게스트 OS는 아키텍처의 문제가 되는 부분은 사용하지 않도록 수정된다. 예를 들어, Linux를 Xen에 포팅하려면 3000 라인, 또는

80x86 코드의 약 1% 정도를 변경하여야 한다. 하지만 게스트 OS의 응용-바이너리 인터페이스에는 영향을 주지 않는다.

VM의 I/O 문제를 쉽게 풀기위해 Xen은 최근 각 하드웨어 I/O 장치에 특권 가상 기계(privileged virtual machine)를 할당하였다. 이와 같은 특별한 VM을 *드라이버 도메인(driver domain)*이라 부른다. (Xen에서 VM은 "도메인"으로 부른다.) 비록 인터럽트는 적절한 드라이버 도메인으로 보내지기 전에 여전히 VMM에 의해 처리되지만 드라이버 도메인은 물리적 디바이스 드라이버를 실행한다. *게스트 도메인(guest domain)*이라 불리는 정상적 VM은 드라이버 도메인에서 물리적 I/O 하드웨어를 액세스하는 채널을 통해 물리적 디바이스 드라이버와 통신을 하여야 하는 간단한 가상 디바이스 드라이버를 실행한다. 게스트와 드라이버 도메인 사이에는 페이지 재사상(page remapping)을 통해 데이터가 교환된다.

그림 5.15는 6개의 벤치마크에 대해 Xen의 상대적 성능을 비교한다. 이 실험에 따르면 Xen은 Linux의 원래 성능에 거의 근접한 수준의 성능을 보여 준다. 이와 같은 성능 결과와 Xen의 인기로 인하여 Linux 커널의 최근 버전들은 Xen의 유사가상화 기능을 포함시키기 시작하였다.

이후 한 연구는 그림 5.15의 실험이 하나의 이더넷(Ethernet) 네트워크 인터페이스 카드(NIC)를 사용하였으며 이 단일 NIC가 성능을 제한하였다는 사실에 주목했다. 그 결과 Xen의 높은 프로세서 이용률이 성능에 영향을 주지 못했다. 그림 5.16은 Linux와 아래에 기술된 Xen의 두 가지 다른 구성에서 NIC의 개수를 1에서 4로 변화시킬 때 TCP 수신 성능을 비교한다.

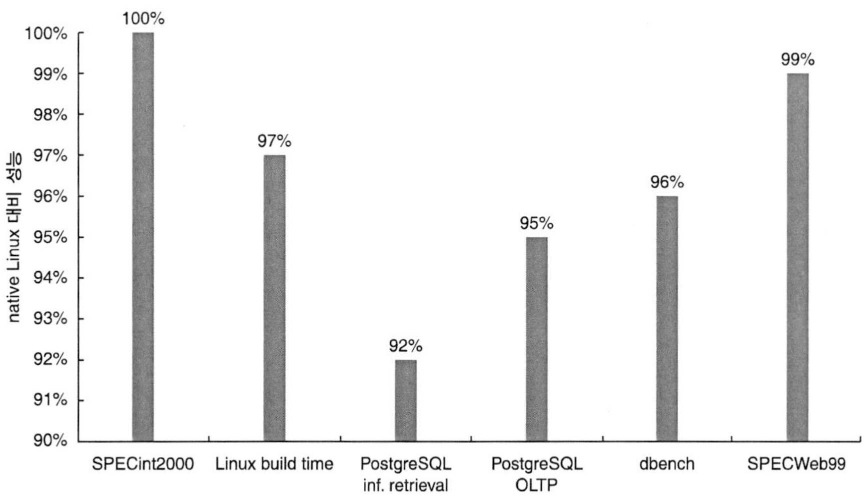

그림 5.15 Xen과 Linux의 상대적 성능. 이 실험은 2개의 2.4 GHz Xeon 프로세서와 2 GB RAM, 하나의 Broadcom Tigon 3 기가비트 이더넷 NIC, 하나의 Hitachi DK32EJ 146 GB 10K RPM SCSI 디스크를 가진 Dell 2650 서버에서 Linux 버전 2.4.21을 실행하여 수행되었다[Barham et al. 2003; Clark et al. 2004].

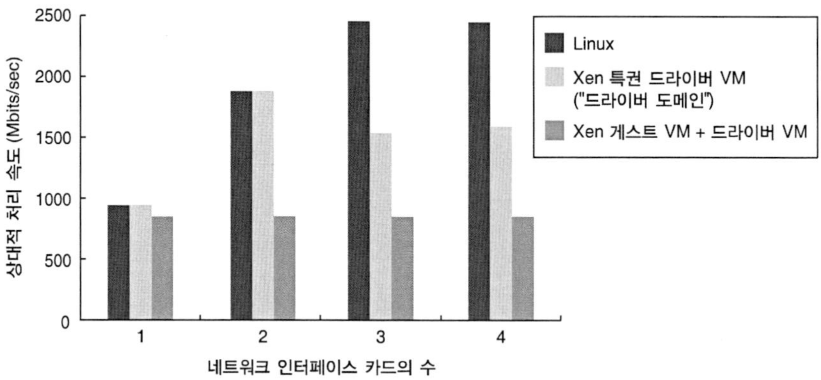

그림 5.16 Linux와 두 Xen 구성 사이의 TCP 수신 성능 비교 (Mbits/sec). 게스트 VM + 드라이버 VM이 일반적인 구성 방법이다[Menon et al. 2005]. 이 실험은 2.4 GHz의 Xeon 프로세서, 1 GB RAM과 4개의 Intel Pro-1000 Gigabit 이더넷 NIC를 가진 Dell PowerEdge 1600SC 서버에서 Linux 버전 2.6.10과 Xen 버전 2.0.3을 실행하여 수행되었다.

1. Xen 특권 VM 만 사용 (드라이버 도메인). 드라이버 VM 없이 Xen의 오버헤드를 측정하기 위해 전체 응용 프로그램이 하나의 특권 드라이버 도메인에서 실행된다.
2. Xen 게스트 OS + 특권 VM. 좀 더 자연스러운 구성으로 응용과 가상 디바이스 드라이버는 게스트 VM에서 실행되고(게스트 도메인), 물리적 디바이스 드라이버는 특권 드라이버 VM(드라이버 도메인)에서 실행된다.

분명히 하나의 NIC는 병목현상을 초래하였다. Xen 드라이버 VM은 2 NIC에서 1.9 Gb/s의 최대 성능을 보여 준 반면 Linux는 3 NIC에서 2.5 Gb/s에서 최대 성능을 보여 준다. 게스트 VM의 경우 최대 수신율은 0.9 Gb/s로 떨어진다.

NIC 병목현상을 제거하자, 또 다른 웹 서버 워크로드에서 드라이버 VM Xen의 처리속도는 Linux의 80%에 약간 못 미치는 성능을 보여 주었다. 반면, 게스트 VM과 드라이버 VM의 결합은 34% 정도로 떨어졌다.

그림 5.17은 Linux와 두 Xen 구성 사이에 실행된 명령어 수, L2 캐시 미스, 명령어 및 데이터 TLB 미스의 상대적 변화를 보여 줌으로써 성능이 저하된 원인을 설명하고 있다. Linux에 비해 Xen에서 명령어당 데이터 TLB 미스가 12-24배 많은데 이 점이 특권 드라이버 VM 구성에서 성능이 저하된 원인이다. TLB 미스 수가 더 많은 것은 Linux가 Xen에서는 없는 2 가지 최적화 방안, 즉 슈퍼페이지(superpages)와 페이지 테이블 엔트리를 글로벌로 마크하는 기능을 사용하기 때문이다. Linux는 커널 공간의 일부에 대해 슈퍼페이지를 사용한다. 1024개의 4KB 페이지를 사용하는 것 대신에 4MB 페이지를 사용하는 것은 분명히 TLB 미스를 줄여줄 것이다. 글로벌 PTE는 문맥 교환 시 플러쉬되지 않으며 Linux는 이를 커널 공간에 사용한다.

높은 D-TLB 미스에 추가하여 더 자연스러운 게스트 VM + 드라이버 VM 구성

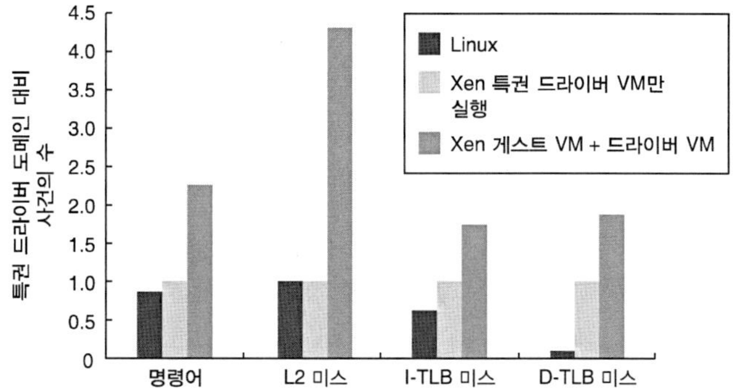

그림 5.17 웹 서버 워크로드에서 Linux와 두 Xen 구성 사이의 실행된 명령어 수, L2 캐시 미스, I-TLB 미스와 D-TLB 미스의 상대적 변화. Xen에서는 슈퍼페이지, 글로벌 PTE(페이지 테이블 엔트리), gather DMA 등이 지원되지 않아 더 많은 L2와 TLB 미스를 보여 준다[Menon 2006].

은 두 배나 더 많은 명령어를 실행한다. 이와 같은 증가는 페이지 재사상, 드라이버와 게스트 VM 사이의 페이지 전송, 두 VM 사이에 채널을 통한 통신에 기인한다. 이는 또 그림 5.16에서 게스트 VM의 낮은 수신 성능의 이유가 된다. 추가적으로 게스트 VM 구성은 4배 이상의 L2 캐시 미스를 발생시킨다. 이는 Linux의 경우 NIC가 메모리의 여러 장소로부터 DMA를 수행하는 기능을 이용하여 zero-copy 네트워크 인터페이스를 구현하였기 때문이다. Xen의 경우는 가상 네트워크 인터페이스에서 "gather DMA"를 지원할 수 없기 때문에 게스트 VM에서 진정한 zero-copy를 구현할 수 없고 따라서 L2 미스는 증가한다.

비록 미래 Xen의 버전들이 슈퍼 페이지, 글로벌 PTE, gather DMA 등의 기능을 갖게 되더라도 게스트 VM과 드라이버 VM 사이의 명령어 오버헤드 차이는 계속될 것으로 예측된다.

5.5 연관된 이슈: 메모리 계층의 설계

이 절에서는 메모리 계층과 관련하여 앞 장에서 기술된 3 가지 주제에 대하여 논의한다.

보호와 명령어 집합 아키텍처

보호는 아키텍처와 운영 체제의 결합된 노력의 결과이다. 가상 메모리가 인기를 끌자 아키텍처 설계자들은 기존의 명령어 집합 아키텍처의 미묘하고 조잡한 부분을 수정하여야 했다. 예를 들어, IBM 370에서 가상 메모리를 지원하기 위해 이미 6년 전에 발표하여 성공을 거둔 IBM 360의 명령어 집합 구조를 변경하여야만 했다. 오늘날에도 가상 기계의 개념을 도입하기 위해 비슷한 수정이 필요하다.

예를 들어, 80x86의 명령어 POPF는 메모리의 스택 탑(top)을 플래그 레지스터로 로드한다. 이 플래그 중 하나는 Interrupt Enable (IE) 플래그이다. 만약 사용자 모드에서 POPF 명령을 실행하면, 트랩 대신에 이 명령은 IE를 제외한 모든 플래그를 변경한다. 시스템 모드에서는 IE 플래그도 변경한다. 하지만 게스트 OS가 VM 내부에서 사용자 모드에서 실행되므로 이는 문제가 된다. 왜냐하면 IE가 변경되어야 하기 때문이다.

역사적으로 IBM 메인프레임 하드웨어와 VMM은 가상 기계의 성능을 향상시키기 위해 다음의 3 가지 과정을 수행하였다.

1. 프로세서 가상화의 비용을 줄인다.
2. 가상화로 인한 인터럽트 오버헤드의 비용을 줄인다.
3. VMM을 호출하지 않고 인터럽트를 적절한 VM에 보냄으로써 인터럽트 비용을 줄이다.

IBM은 여전히 가상 기계 기술의 대표적 표준을 보여 준다. 예를 들어, IBM 메인프레임이 2000년 수천 개의 Linux VM을 실행하였던 반면 Xen은 2004년 25개의 VM을 실행하였다 [Clark et al. 2004].

2006년 AMD와 인텔의 새로운 제안들은 프로세서 가상화(5.7절 참조)의 비용을 줄이기 위한 첫 번째 과정을 밟고 있다. 이 세 가지 과정 모두를 밟기 위해서는 몇 세대에 걸친 아키텍처와 VMM의 수정이 필요할 것인가? 또 21세기의 가상 기계가 1970년대의 IBM 메인프레임과 VMM 기술만큼 효율적이 되기 위해서는 얼마나 많은 세월이 필요할 것인가 하는 문제 역시 앞으로 흥미진진한 이슈가 될 것이다.

예측 실행과 메모리 시스템

예측 실행이나 조건부 명령을 지원하는 프로세서의 본질적인 문제점은 예측 실행 없이는 발생하지 않는 유효하지 않은 주소를 생성할 가능성이다. 보호관련 예외 상황을 발생시킨다면 이는 올바르지 않은 결과를 낳게 할 뿐만 아니라 불필요한 실행 오버헤드에 의해 예측 실행의 장점 역시 사라질 것이다. 따라서 메모리 시스템은 예측 실행되는 명령들과 조건부적으로 실행되는 명령들을 감지하여 해당하는 예외 상황이 발생하지 않도록 해야 한다.

비슷한 이유로 이러한 명령들이 캐시를 미스한 경우 시스템이 스톨하게 해서는 안 된다. 왜냐하면 불필요한 스톨이 예측 실행의 장점을 앞도하게 되기 때문이다. 따라서 이러한 프로세서들은 논블로킹 캐시를 지원하여야 한다.

실제로 L2 미스로 인한 페널티는 너무 크기 때문에 컴파일러들은 보통 L1 미스에서만 예측 실행을 수행한다. 그림 5.5는 일부 과학 응용의 경우 컴파일러가 여러 개의 L2 미스를 진행시키게 하여 L2 미스 페널티를 효과적으로 줄이는 예를 보여준다. 이를 가능하게 하려면 컴파일러와 메모리 시스템 모두가 동시 진행하는 메모리 액세스 수를 일치시켜야 한다.

I/O와 캐시된 데이터의 일관성

데이터는 메모리와 캐시에 존재한다. 한 프로세서만 데이터를 읽거나 변경하고 캐시가 프로세서와 메모리 사이에 존재한다면 프로세서가 오래된 복사본을 볼 가능성은 없다. 4장에서 논의하였듯이 여러 프로세서와 I/O 장치로 인하여 복사본의 일관성이 깨질 가능성과 잘못된 복사본을 읽게 될 가능성이 생긴다.

캐시 일관성 문제가 발생하는 빈도에서 I/O와 메모리는 차이가 있다. I/O의 경우 여러 개의 데이터 복사본이 생기는 가능성은 매우 적으며 가능하면 이러한 상황은 회피되어야 한다. 반면 멀티프로세서에서 실행되는 프로그램은 여러 캐시에 같은 데이터의 복사본을 가지길 원한다. 멀티프로세서의 성능은 데이터 공유 시 시스템의 성능에 달려 있다.

I/O 캐시 일관성(I/O cache coherency) 문제는 다음과 같다. 컴퓨터 어디에서 I/O가 발생하는가? I/O 장치와 캐시 사이에 또는 I/O 장치와 메인 메모리 사이에? 만약 입력이 데이터를 캐시에 저장하고 출력이 데이터를 캐시로부터 읽어 들이면 I/O와 프로세서는 같은 데이터를 볼 것이다. 이 방식의 문제점은 프로세서와의 간섭이 발생하여 프로세서가 I/O 때문에 스톨할 가능성이 생긴다는 것이다. 입력 또한 캐시와 간섭을 발생시키게 되는데 캐시 내의 유용한 정보를 곧 사용하게 되지 않을 새 데이터로 교체시킨다는 것이다.

캐시를 가진 컴퓨터에서 I/O 시스템의 목적은 오래된 데이터를 읽는 문제를 방지하고 간섭 문제를 가능한 최소화하는 것이다. 따라서 대부분의 시스템은 I/O가 메모리로 직접 발생하게 하고 메인 메모리를 I/O 버퍼로 사용하는 것을 선호한다. 즉시 쓰기 캐시가 사용되면 메모리는 최신 정보를 갖게 되고 출력에서 오래된 데이터 문제는 발생하지 않는다. (이 장점이 프로세서가 즉시 쓰기 캐시를 사용하는 이유이다.) 오늘날 대부분은 1 단계 캐시로 즉시 쓰기 캐시를 2 단계 캐시로는 나중 쓰기 캐시를 사용한다.

입력에는 추가 작업이 필요하다. 소프트웨어적인 방법은 캐시 내에 입력 버퍼의 내용이 저장되지 않도록 하는 것이다. 이 버퍼를 포함한 페이지는 캐시불가능(noncachable)으로 마크되면 운영체제는 항상 이 페이지로 입력을 수행할 수 있다. 다른 방법은 운영체제가 입력이 발생하기 전에 캐시로부터 버퍼 주소에 해당되는 엔트리들을 플러쉬하는 것이다. 하드웨어 방법은 I/O 주소를 검사하여 이들이 캐시 내에 있는지 검사하는 것이다. 만약 캐시 내에 I/O 주소와 일치하는 주소가 발견되면 오래된 데이터를 방지하기 위해 캐시 엔트리들은 제거된다. 이와 같은 모든 방법은 또한 나중 쓰기 캐시의 출력에도 사용될 수 있다.

5.6 종합: AMD Opteron 프로세서의 메모리 계층

이 절에서는 AMD Opteron 프로세서의 메모리 계층을 살펴보고 SPEC2000 프로그램에서의 성능을 보여 준다. Opteron은 비순차적 파이프라인의 프로세서로 클록당 최대 3개의 명령을 인출하고 이들을 RISC 유형의 명령으로 변환하여 한 클록당 최대 3개의 명령을 이슈하고 11개의 병렬 실행 장치들을 갖는다. 2006년 현재 12-단계 정수 파이프라인이 최대 2.8 GHz의 클록 속도를 달성하며 지원되는 가장 빠른 메모리는 PC3200 DDR SDRAM이다. 48 비트 가상 주소와 40 비트 물리적 주소를 사용한다. 그림 5.18은 가상 주소를 TLB와 여러 단계의 캐시로 사상하는 과정을 그림 5.3과 유사한 형태로 보여 준다.

메모리 계층을 따라가 보자. 그림 5.19는 이 과정이 단계별로 표시되어 있다. 첫 번째, PC가 명령어 캐시로 보내진다. 명령어 캐시는 64 바이트 블록과 LRU 교체 방식을 사용하는 64KB의 2-방향 집합 연관 캐시이다. 캐시 인덱스는 아래와 같이 9 비트이다.

$$2^{\text{인덱스}} = \frac{\text{캐시 크기}}{\text{블록 크기} \times \text{집합 연관성}} = \frac{64K}{64 \times 2} = 512 = 2^9$$

가상 주소로 인덱스되고 *물리적 주소*로 태그되어 있다. 가상 주소로부터 9 비트 인덱스 (+ 적절한 16 바이트를 선택하기 위해 사용되는 추가의 2 비트)가 데이터 캐시로 보내지는 것(과정 2)과 동시에 명령어 주소의 페이지 프레임 부분이 명령어 TLB로 보내진다(과정 1). 완전 연관 구조의 TLB는 동시에 모든 40 엔트리를 탐색하여 주소와 일치하는 유효한 PTE를 찾는다(과정 3과 4). 주소 변환에 추가하여 TLB는 이 액세스가 액세스 위반과 같은 예외 상황을 발생시키는 지 해당하는 PTE를 검사한다.

I TLB 미스는 먼저 L2 I TLB로 보내진다. L2 I TLB는 4KB 페이지 크기의 PTE 엔트리를 512개 갖고 있으며 4-방향 집합 연관 구조이다. L2 TLB로부터 L1 TLB로 로드하는 데 2 사이클이 걸린다. 페이지 디렉터리 포인터 레지스터가 변경된 경우 기존의 80x86 TLB 방식은 모든 TLB를 플러쉬한다. 반면 Opteron은 메모리에서 실제 페이지 디렉터리의 변경을 검사하여 데이터 구조가 변경된 경우에만 플러쉬하여 불필요한 플러쉬를 피할 수 있다.

최악의 경우 페이지는 메모리에 없고 운영체제는 디스크로부터 페이지를 불러들여야 한다. 페이지 폴트 시에는 수백 만 개의 명령어가 실행될 수 있으므로 운영 체

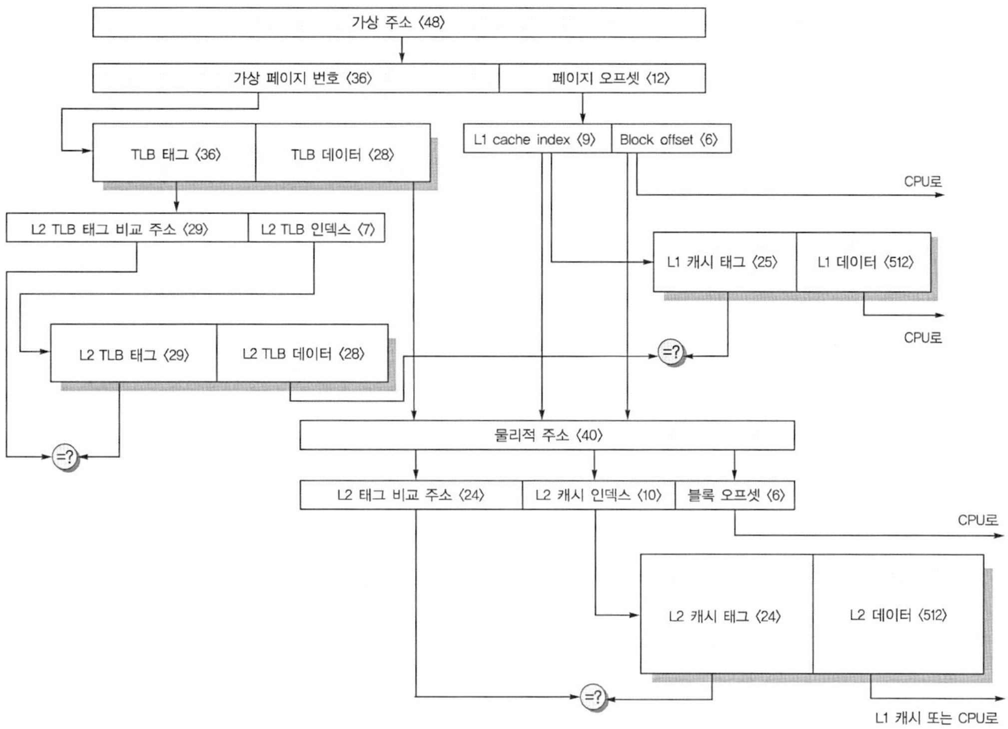

그림 5.18 AMD Opteron 프로세서의 캐시와 TLB에 대한 가상 주소, 물리적 주소, 인덱스, 태그와 데이터 블록. 명령어 캐시와 데이터 캐시는 동일하기 때문에 하나만 나타냈다. L1 TLB는 40 엔트리를 가진 완전 연관 구조이다. L2 TLB는 512개의 엔트리를 갖고 있으며 4-방향 집합 연관 캐시 구조이다. L1 캐시는 64 바이트의 블록과 64KB 용량을 가지는 2-방향 집합 연관 캐시이다. L2 캐시는 64 바이트 블록과 1 MB 용량을 가지는 16-방향 집합 연관 캐시이다. 이 그림은 그림 5.19에서와 같이 캐시와 TLB의 유효 비트와 보호 비트는 보여 주지 않는다.

제는 다른 프로세스로 교체한다. TLB 예외 상황이 발생하지 않으면 명령어 캐시 액세스가 계속된다.

주소의 인덱스 필드는 2-방향 집합 연관 캐시의 두 뱅크로 보내진다(과정 5). 명령어 캐시의 태그는 40 − 9(인덱스) − 6(블록 오프셋) = 25 비트이다. 4개의 태그와 유효 비트가 명령어 TLB로부터의 물리적 페이지 프레임 주소와 비교된다(과정 6). Opteron은 한 번에 16 바이트의 명령을 인출하므로 6 비트 블록 오프셋에 2 비트를 추가하여 이 16 바이트를 선택하기 위해 사용된다. 따라서 9 + 2, 즉 11 비트가 프로세서로 16 바이트의 명령을 보내기 위해 사용된다. L1 캐시는 파이프라인되어 있고 히트 시간은 2 사이클이다. L2 캐시 미스의 페널티를 줄이기 위해 미스는 L2 캐시와 메모리 컨트롤러에 같이 보내진다.

앞에서 언급했듯이 명령어 캐시는 가상 주소를 사용하지만 물리적 주소로 태그되어 있다. 미스 발생 시, 캐시 제어기는 동의주소(synonym, 같은 물리적 주소를 가리키는 다른 두 가상 주소)를 검사하여야 한다. 따라서 L2 액세스 동안 명령어 동의어 조사를 위해 명령어 캐시 태그와 L2 캐시 태그를 동시에 검사하여야 한다. 최소

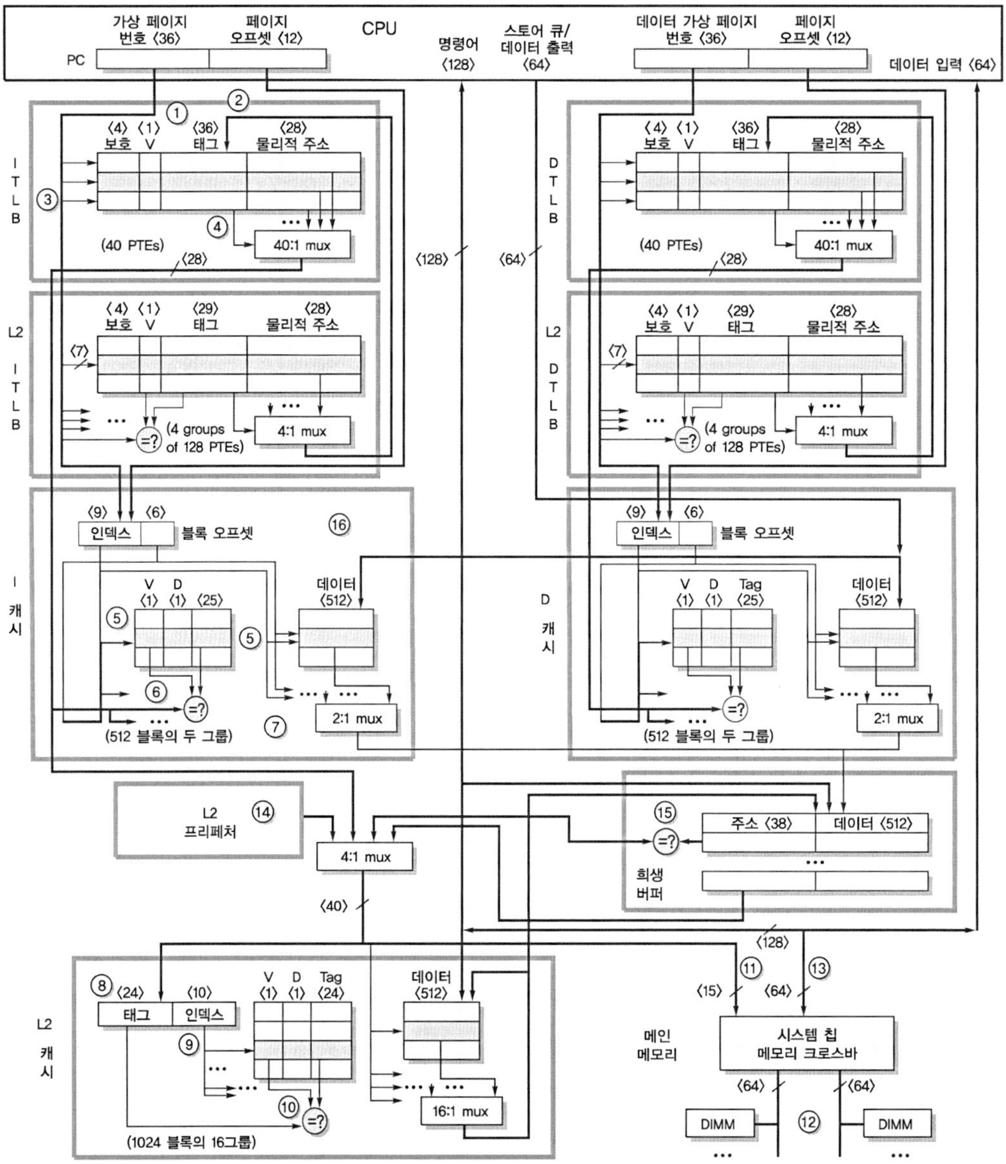

그림 5.19 AMD Opteron의 메모리 계층. L1 캐시들은 모두 64 바이트 블록과 LRU 교체 방식을 사용하는 64KB, 2-방향 집합 연관 캐시이다. L2 캐시는 64 바이트 블록과 pseudo LRU 교체 방식을 사용하는 1MB, 16-방향 집합 연관 캐시이다. 데이터와 L2 캐시 모두 쓰기 할당(write allocate)과 나중 쓰기를 사용한다. L1 명령어와 데이터 캐시 모두 가상 주소로 인덱스되고 물리적 주소로 태그되어 있어서 모든 주소는 캐시로 보내지는 것과 동시에 명령어와 데이터 TLB로 보내진다. 두 TLB는 모두 완전 연관 구조이고 40개의 엔트리를 갖는데 이 중 32개는 4KB 페이지에, 8개는 2MB 또는 4MB 페이지에 사용된다. 각 TLB는 4KB 페이지의 512개 엔트리를 가지는 4-방향 집합 연관 L2 TLB로 백업된다. Opteron은 48 비트의 가상 주소와 40 비트의 물리적 주소를 지원한다.

페이지 크기가 4 KB이므로 12 비트 캐시 인덱스와 블록 오프셋을 더하면 15 비트가 된다. 캐시는 동의주소 검사를 위해 뱅크 당 2^3 또는 8 블록을 검사하여야 한다.

Opteron은 스누핑 태그를 중복시켜 모든 동의주소를 1 사이클에 검사한다. 동의주소를 발견하는 경우 문제를 발생시킨 블록은 무효화되고 메모리로부터 재인출된다. 이는 캐시 블록이 16개의 가능한 캐시 장소 중에서 언제나 한 곳에만 존재하는 것을 보장하여 준다.

L2 캐시는 미스 발생 시 블록 인출을 시도한다. L2 캐시는 64 바이트 블록을 사용하며 1MB의 16-방향 집합 연관 캐시이다. 이 캐시는 8쌍의 블록을 LRU로 관리하여 한 쌍의 블록을 교체하는 pseudo-LRU 방식을 사용한다. L2 인덱스는 다음과 같다.

$$2^{\text{인덱스}} = \frac{\text{캐시 크기}}{\text{블록 크기} \times \text{집합 연관성}} = \frac{1024K}{64 \times 16} = 1024 = 2^{10}$$

따라서 34 비트 블록 주소 (40 비트 물리적 주소 − 6 비트 블록 오프셋)는 24 비트 태그와 10 비트 인덱스로 분리된다(과정 8). 전과 마찬가지로 인덱스와 태그는 16-방향 집합 연관 캐시의 16 그룹으로 동시에 보내지고(과정 9) 병렬로 비교된다. 만약 일치하는 블록이 발견되고 이 블록이 유효하면(과정 10) 블록을 클록당 8 바이트씩 차례로 리턴한다. L2 캐시는 또한 L1 캐시가 컨트롤러로 보낸 메모리 요청을 취소한다. L2 캐시에 히트한 L1 미스는 첫 번째 워드를 인출하는 데 7 프로세서 클록 사이클이 걸린다.

자원의 활용도를 높이기 위해 Opteron은 L1 캐시와 L2 캐시 사이의 배타성 정책을 사용한다. 즉 한 블록은 L1 또는 L2 캐시에만 존재하고 두 캐시에 모두 존재하지는 않는다. 따라서 블록을 L2 캐시에 단순히 저장하지 않는다. 대신 새 블록의 유일한 복사본은 L1 캐시에 저장하고 이전 L1 블록은 L2 캐시로 보낸다. L2 캐시에서 교체되는 블록이 더티 블록인 경우, Opteron은 희생 버퍼라 불리는 쓰기 버퍼로 이 블록을 보낸다.

4장에서는 포함성을 이용해서 모든 일관성 트래픽은 L2 캐시로만 보내지고 L1 캐시에는 보내지 않도록 하였다. Opteron의 이러한 배타성 정책은 일관성 트래픽이 두 캐시 모두를 검사하여야 함을 뜻한다. 일관성 트래픽과 L1로의 프로세서 트래픽 사이의 간섭을 줄여 주기 위해 Opteron은 주소 태그를 중복시킨다.

명령이 L2 캐시에서도 발견되지 않으면 온 칩 메모리 제어기가 메인 메모리로부터 블록을 인출하여야 한다. Opteron은 두 개의 64 비트 메모리 채널을 갖고 있는데 메모리 제어기가 하나이고 같은 주소가 두 채널에 보내지기 때문에 하나의 128 비트 채널로 동작한다(과정 11). 두 채널이 동일한 DIMM을 갖고 있을 때 와이드(wide) 전송이 발생한다. 각 채널은 최대 4개의 DDR DIMM을 지원한다(과정 12).

Opteron은 데이터 캐시, L2 캐시, 버스, 메인 메모리에 대해 SECDEC(single error correction double error detection)을 제공하므로 데이터 버스는 ECC를 위해 실

제 매 64 비트 데이터마다 추가로 8 비트를 사용한다. 두 번째 오류의 확률을 줄이기 위해 Opteron은 쉬는 사이클 동안 데이터 캐시, L2 캐시, 메모리로부터 손상된 블록을 읽고 다시 갱신함으로써 단일 비트 오류를 제거한다. 명령어 캐시와 TLB는 읽기만 수행할 수 있으므로 패러티(parity)로 보호되며 패러티 오류가 발생하면 아래 단계로부터 재인출된다.

메인 메모리에 의해 처리되는 명령어 미스의 총 지연시간은 약 20 프로세서 사이클 더하기 DRAM 지연시간이다. PC3200 DDR SDRAM과 2.8 GHz CPU를 사용하면 처음 16 바이트를 인출하는 데 걸리는 DRAM 지연시간은 140 프로세서 사이클(50 ns)이다. 메모리 제어기는 64 바이트 캐시 블록의 나머지 부분을 메모리 클록 사이클당 16 바이트씩 전송한다. 200 MHz DDR DRAM을 사용하면 3개의 추가 클록 에지와 추가적으로 7.5 ns의 지연시간이 생긴다. 즉 2.8 GHz 프로세서의 경우 21개의 프로세서 클록 사이클이 추가된다(과정 13).

Opteron은 L2 캐시에 프리페치 엔진을 사용한다(과정 14). 프리페치 엔진은 L2 미스 시 연속적인 (증가 또는 감소) 블록에 대한 패턴을 찾아서 다음 블록을 L2로 미리 인출한다.

2 단계 캐시가 나중 쓰기 캐시이므로 미스는 교체된 블록을 메모리에 써야하는 경우가 발생한다. Opteron은 데이터 캐시에서와 같이 이 "희생" 블록을 희생 버퍼에 저장한다. 버퍼는 미스를 발생시킨 명령어 인출이 먼저 진행할 수 있도록 해 준다. Opteron은 시스템 주소 버스에 먼저 명령어 미스의 주소를 전송하고 그 다음 희생 블록의 주소를 전송한다. 시스템 칩이 나중에 이 희생 데이터를 받아서 메모리 DIMM에 갱신한다.

희생 버퍼는 8 엔트리를 갖는다. 따라서 메모리로의 나중 쓰기 전에 여러 희생 블록이 저장될 수 있다. 메모리 컨트롤러는 최대 10개의 캐시 블록 미스를 진행시킬 수 있다. 이 중 8개는 데이터 캐시로부터 2개는 명령어 캐시로부터 발생할 수 있으므로 이는 부록 C에서 기술한 것과 같이 히트 언더 10 미스를 구현한다. 데이터 캐시와 L2 캐시는 미스된 블록을 찾기 위해 희생 버퍼를 검사하나, 데이터가 메모리에 써지고 다시 재인출될 때까지 스톨한다. 새로운 데이터는 도착하자마자 명령어 캐시로 로드된다. 배타성 정책에 따라 미스된 블록은 L2 캐시로는 로드되지 않는다.

만약 이 처음 명령이 로드이면 데이터 주소가 데이터 캐시와 데이터 TLB로 보내져서 명령어 캐시 액세스와 유사하게 작동한다. 데이터 캐시와 TLB는 명령어 캐시와 동일한 구조를 갖고 있기 때문이다. 한 가지 차이점은 데이터 캐시는 두 개의 뱅크를 갖고 있어서 메모리 주소가 다른 뱅크를 참조하는 경우 두 개의 로드와 스토어를 동시에 지원할 수 있다는 점이다. 또한 데이터 캐시 미스 시 나중 쓰기로 인하여 희생 블록이 생성될 수 있다. 희생 블록은 L2로부터 데이터가 채워지는 것과 동시에 캐시로부터 인출되어 희생 버퍼로 보내진다.

명령이 로드가 아닌 스토어라 가정하자. 스토어가 이슈되면 로드와 마찬가지로 데이터 캐시를 참조한다. 스토어 미스가 발생하면 쓰기 할당 정책으로 인하여 로드 미스와 마찬가지로 데이터 캐시로 블록이 인출된다. 스토어는 예측 실행이 아니라고 판명될 때까지 캐시로의 갱신은 수행하지 않는다. 이 기간 동안 스토어는 로드-스토어 큐에 저장되는데 이 큐는 프로세서의 비순차적 제어 기능의 일부분이다. 이 큐는 최대 44개의 엔트리를 지원하며 실행 장치로의 예측 포워딩을 지원한다. 데이터 캐시는 ECC로 보호되며 스토어에서 데이터 캐시를 갱신하려면 read-modify-write 연산이 수행되어야 한다. 이는 전체 블록을 로드-스토어 큐에 조립하여 항상 전체 블록을 갱신함으로써 구현된다.

Opteron 메모리 계층의 성능

Opteron의 성능은 어떠한가? 이 평가에서의 이슈는 프로세서가 메모리를 대기하면서 잃어버린 시간의 비율이다. 주요 구성요소는 명령어와 데이터 캐시, 명령어와 데이터 TLB, 2단계 캐시이다. 하지만 Opteron과 같은 비순차적 실행 프로세서에서 메모리 대기 시간을 분리하는 것은 매우 어렵다. 왜냐하면 한 명령에 의한 메모리 스톨 시간이 이후의 명령을 성공적으로 완료함으로써 완벽하게 감추어 질 수 있기 때문이다.

그림 5.20은 SPEC2000 프로그램과 TPC-C와 유사한 데이터베이스 벤치마크에 대하여 CPI와 1000 명령어당 미스 수를 보여 준다. 대부분의 SPEC2000 프로그램들은 mcf를 제외하고는 Opteron의 메모리 계층에 부담을 주지 않는다. (SPEC의 별명은 메모리 크기와 그 액세스 패턴으로 인하여 "캐시 버스터(cache buster)"라 불린다.) 명령어당 평균 SPEC I 캐시 미스율은 0.01%에서 0.09%이고 평균 D 캐시 미스율은 1.34%에서 1.43%, 평균 L2 캐시 미스율은 0.23%에서 0.36%이다. 상용 벤치마크는 메모리 계층의 사용을 더 많이 요구하며 명령어당 미스율은 각각 1.83%, 1.39%, 0.62%이다.

Opteron의 실제 CPI는 최고치 0.33에 비교하여 또는 클록 사이클당 3개의 명령어 이슈에 비교하여 얼마나 되는가? Opteron은 SPEC2000의 경우 클록 사이클당 평균 0.8−0.9개의 명령을 완료하여 평균 1.15−1.30의 CPI를 달성한다. 데이터베이스 벤치마크의 경우, 캐시와 TLB의 미스율이 높기 때문에 2.57의 CPI, 또는 클록 사이클당 0.4개의 IPC를 달성한다. TPC-C와 비슷한 벤치마크에서 2배 정도의 성능 저하는 데스크탑용 마이크로프로세서에 비하여 서버용 마이크로프로세서에 의한 메모리 시스템 요구가 훨씬 더 크다는 점을 보여 준다. 그림 5.21은 0.33의 베이스 CPI와 비교하여 메모리와 파이프라인으로 인한 스톨의 효과를 보여 준다.

그림 5.21에서는 메모리 계층 미스가 실행 파이프라인과 중첩되어 지지 않았다고 가정하였다. 따라서 파이프라인 스톨 시간은 최소로 가정한 것이다. 이러한 계산

벤치마크	Avg CPI	1000 명령어 당 미스 수						
		Icache	Dcache	L2	ITLB L1	DTLB L1	ITLB L2	DTLB L2
TPC-C-like	2.57	18.34	13.89	6.18	3.25	9.00	0.09	1.71
SPECint2000 total	1.30	0.90	14.27	3.57	0.25	12.47	0.00	1.06
164.gzip	0.86	0.01	16.03	0.10	0.01	11.06	0.00	0.09
175.vpr	1.78	0.02	23.36	5.73	0.01	50.52	0.00	3.22
176.gcc	1.02	1.94	19.04	0.90	0.79	4.53	0.00	0.19
181.mcf	13.06	0.02	148.90	103.82	0.01	50.49	0.00	26.98
186.crafty	0.72	3.15	4.05	0.06	0.16	18.07	0.00	0.01
197.parser	1.28	0.08	14.80	1.34	0.01	11.56	0.00	0.65
252.eon	0.82	0.06	0.45	0.00	0.01	0.05	0.00	0.00
253.perlbmk	0.70	1.36	2.41	0.43	0.93	3.51	0.00	0.31
254.gap	0.86	0.76	4.27	0.58	0.05	3.38	0.00	0.33
255.vortex	0.88	3.67	5.86	1.17	0.68	15.78	0.00	1.38
256.bzip2	1.00	0.01	10.57	2.94	0.00	8.17	0.00	0.63
300.twolf	1.85	0.08	26.18	4.49	0.02	14.79	0.00	0.01
SPECfp2000 total	1.15	0.08	13.43	2.26	0.01	3.70	0.00	0.79
168.wupwise	0.83	0.00	6.56	1.66	0.00	0.22	0.00	0.17
171.swim	1.88	0.01	30.87	2.02	0.00	0.59	0.00	0.41
172.mgrid	0.89	0.01	16.54	1.35	0.00	0.35	0.00	0.25
173.applu	0.97	0.01	8.48	3.41	0.00	2.42	0.00	0.13
177.mesa	0.78	0.03	1.58	0.13	0.01	8.78	0.00	0.17
178.galgel	1.07	0.01	18.63	2.38	0.00	7.62	0.00	0.67
179.art	3.03	0.00	56.96	8.27	0.00	1.20	0.00	0.41
183.equake	2.35	0.06	37.29	3.30	0.00	1.20	0.00	0.59
187.facerec	1.07	0.01	9.31	3.94	0.00	1.21	0.00	0.20
188.ammp	1.19	0.02	16.58	2.37	0.00	8.61	0.00	3.25
189.lucas	1.73	0.00	17.35	4.36	0.00	4.80	0.00	3.27
191.fma3d	1.34	0.20	11.84	3.02	0.05	0.36	0.00	0.21
200.sixtrack	0.63	0.03	0.53	0.16	0.01	0.66	0.00	0.01
301.apsi	1.17	0.50	13.81	2.48	0.01	10.37	0.00	1.69

그림 5.20 AMD Opteron에서 TPC-C-like 데이터베이스 워크로드와 SPEC2000 벤치마크를 실행하였을 때의 1000 명령어당 CPI와 미스 수. Opteron은 비순차적 실행을 사용하기 때문에 성공적으로 완료된 1000개의 명령어당 미스 수로 통계가 계산되었다.

에 근거하여 정수 프로그램에서 베이스 CPI 이상으로 발생한 부분 중에서 메모리에 의한 결과는 평균 50%이고 (eon의 1%에서 vpr의 100%까지) 부동 소수점 프로그램의 경우는 메모리로 인한 부분은 60%이다(sixtrack의 12%에서 applu의 98%까지). 한 단계 더 깊숙이 들어가서 정수 프로그램에서 메모리 CPI의 약 50%는 L2 캐시

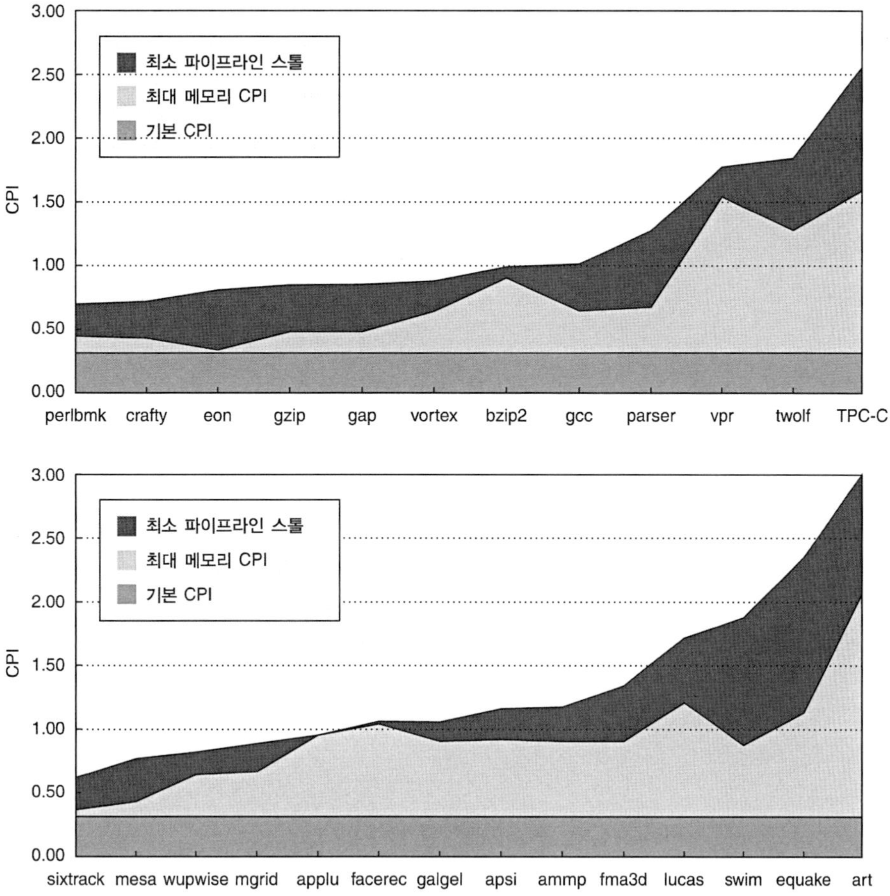

그림 5.21 SPECint2000 프로그램(+TPC-C-like 벤치마크)(위)과 SPECfp2000 프로그램(아래)에 대한 CPI 분석. CPI는 기본 CPI, 메모리 스톨, 파이프라인 스톨로 분할하여 표시하였다. 각 프로그램은 전체 평균 CPI가 낮은 순서에서 높은 순서로 정렬되었다. 메모리 CPI는 각 명령어당 미스 수를 각 단계의 미스 페널티로 곱해서 계산하였고 측정된 CPI에서 메모리 CPI와 기본 CPI를 뺀 값으로 파이프라인 스톨 CPI를 계산하였다. L2 미스 페널티는 140 클록 사이클이고 모든 다른 미스는 L2에서 히트된다. 이 분석은 메모리와 파이프라인 실행 사이의 중첩을 가정하지 않는다. 따라서 메모리 스톨의 일부는 파이프라인 스톨 또는 다른 메모리 액세스와 중첩될 수 있기 때문에 메모리가 차지하는 부분이 높게 추정되었다. mcf는 13.06의 CPI를 갖고 이 값은 다른 데이터를 압도하기 때문에 배제되었다. mcf에서 메모리 미스는 반드시 중첩되어야 한다. 그렇지 않은 경우 CPI는 18.53까지 커질 것이다.

미스에 의한 것이고 부동 소수점 프로그램의 경우 L2는 메모리 CPI의 약 70%를 차지한다(전체적으로 40%). 앞에서 언급했듯이 L2 미스 페널티는 너무 커서 다른 작업으로 이를 숨기기는 쉽지 않다.

마지막으로 그림 5.22는 Opteron의 데이터 캐시와 L2 캐시의 미스율을 Intel의 Pentium 4 프로세서와 비교한다. 10개의 SPEC 벤치마크에 대한 명령어당 미스 비율로 표시하였다. 비록 이 두 프로세서가 같은 프로그램을 같은 명령어 집합에 대하여 실행하였지만 실제 코드 시퀀스는 메모리 계층만큼이나 다르다. 다음 표는 두 프

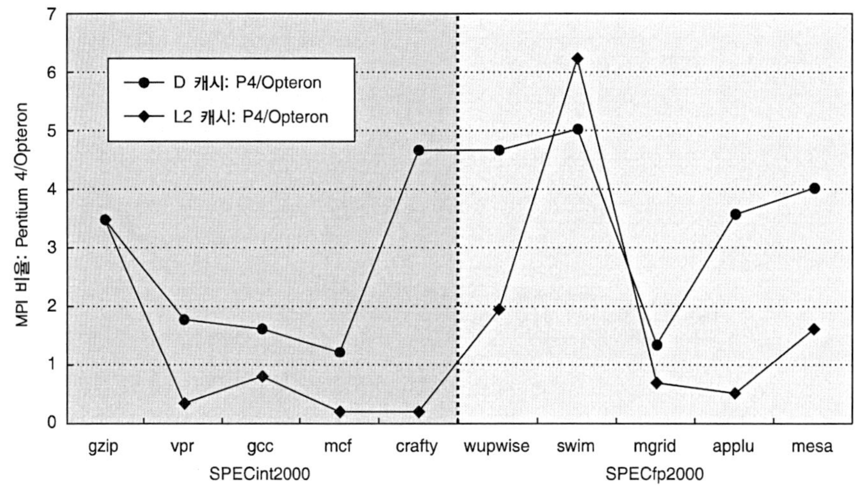

그림 5.22 Pentium 4와 Opteron의 명령어당 미스율 비교. 숫자가 더 클수록 Pentium 4의 미스율이 더 높은 것을 의미한다. 10개의 프로그램은 SPECint2000의 처음 5개 프로그램과 SPECfp2000의 처음 5개 프로그램이다. (두 프로세서와 그 메모리 계층은 아래 표에 설명하였다.) 5개의 SPECint 프로그램에서 두 프로세서의 성능 비율의 기하 평균은 1.00이고 표준 편차는 1.42이다. 5개 SPECfp 프로그램에서 성능 비율은 Opteron이 1.15배 빠르고 표준 편차는 1.25임을 보여 준다. 이 실험에서 Pentium 4의 클록 속도는 3.2 GHz이었다. 더 빠른 속도의 Pentium 4가 사용 가능했지만 실험에는 사용되지 않았다. 그림 5.10은 이 프로그램들 중 반(mcf, wupwise, swim, mgrid, applu)이 Pentium 4의 프리페칭 하드웨어를 통해 성능이 상당히 개선된 것을 보여 준다.

로세서의 메모리 계층을 요약한다.

프로세서	Pentium 4 (3.2 GHz)	Opteron (2.8 GHz)
데이터 캐시	8-방향 연관, 16KB, 64 바이트 블록	2-방향 연관, 64KB, 64 바이트 블록
L2 캐시	8-방향 연관, 2MB, 128 바이트 블록, D 캐시와의 포함성	16-방향 연관, 1MB, 64 바이트 블록, D 캐시와 배타 정책
프리페치	L2로의 8개 스트림	L2로의 1개 스트림

비록 Pentium 4의 연관성이 크지만, Opteron 데이터 캐시의 크기가 4배 이상 크기 때문에 L1 미스율이 더 작은 것을 볼 수 있다. 5개 SPECint2000 프로그램의 경우 L1 미스율 비율의 기하 평균은 2.25이고 기하 표준 편차는 1.75이다. SPECfp2000 프로그램의 경우 이 값은 각각 3.37과 1.72이다(기하 평균과 표준 편차에 대해서는 1장을 참조하라).

2배 크기의 L2 블록과 L2 캐시 용량, 또 더 공격적인 프리페칭으로 인하여 Pentium 4는 명령어당 더 적은 수의 L2 미스를 발생시킨다. 놀랍게도, Opteron L2가 10개 프로그램 중 4개에 대하여 더 적은 수의 L2 미스를 발생시킨다. 이와 같은 변동성은 평균값과 높은 표준 편차에 반영되어 있다. 정수 프로그램의 경우, L2 미스율 비율의 기하 평균과 표준 편차는 0.50과 3.45이고 부동 소수점 프로그램의 경우 이 숫자는 1.48과 2.66이다. 앞에서 언급했듯이 이러한 비직관적인 결과는 다른 컴파일러와 최적화에 의한 결과일 수 있다. 또 다른 가능성은 Opteron의 낮은 메모리 지연시간과 높은 메모리 대역폭이 이 프로세서의 하드웨어 프리페칭 효과를 증가시켰다는 것이다. 이는 많은 부동 소수점 프로그램에서 미스 수를 줄이는 것으로 알려져 있다. (그림 5.10 참조.)

5.7 오류와 함정

메모리 계층은 컴퓨터 아키텍처의 정량적인 원칙이 가장 잘 적용되는 분야이므로 메모리 계층은 오류와 함정에 덜 취약할 것으로 보이지만 실제로는 지면이 모자랄 만큼 많은 오류와 함정이 존재한다!

오류 *한 프로그램의 캐시 성능으로부터 다른 프로그램의 캐시 성능을 예측하는 것.*

그림 5.23은 SPEC2000 벤치마크의 3 프로그램에 대하여 캐시 크기의 변화에 따른 명령어 미스율과 데이터 미스율을 보여 준다. 4096 KB 캐시의 경우 천 개의 명령어당 데이터 미스의 수는 프로그램에 따라 9, 2, 또는 90이고 4 KB 캐시의 경우 천 개의 명령어당 명령어 미스 수는 55, 19, 또는 0.0004이다. 데이터베이스와 같은 상용 프로그램은 큰 L2 캐시에서도 상당한 미스율을 보이는 반면 SPEC 프로그램에서는 그렇지 않다. 한 프로그램으로 다른 프로그램의 캐시 성능을 예측하는 것은 현명하지 못하다.

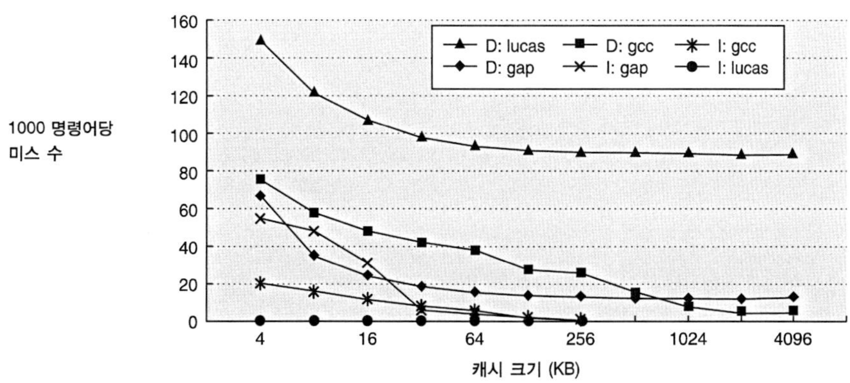

그림 5.23 캐시 크기를 4 KB에서 4096 KB로 변화시킴에 따라 1000개의 명령어당 명령어 미스와 데이터 미스의 수. gcc에서의 명령어 미스의 수는 lucas보다 30,000배에서 40,000배 많으며 lucas에서의 데이터 미스의 수는 gcc보다 2배에서 60배 많다. 프로그램 gap, gcc, lucas는 모두 SPEC2000 벤치마크에 속한다.

함정 *메모리 계층의 정확한 성능 측정치를 얻기 위해 충분한 수의 명령을 시뮬레이션하는 것.*

여기서 실제로는 3개의 함정이 있다. 한 가지는 작은 트레이스를 가지고 큰 캐시의 성능을 예측하는 것이고 또 한 가지는 프로그램의 지역성 특성이 전체 프로그램의 실행 기간 동안 일정하지 않다는 것이다. 세 번째는 프로그램의 지역성 행동이 입력에 따라 달라질 수 있다는 점이다.

그림 5.24는 하나의 SPEC2000 프로그램에서 5 가지 다른 입력에 대한 1000 명

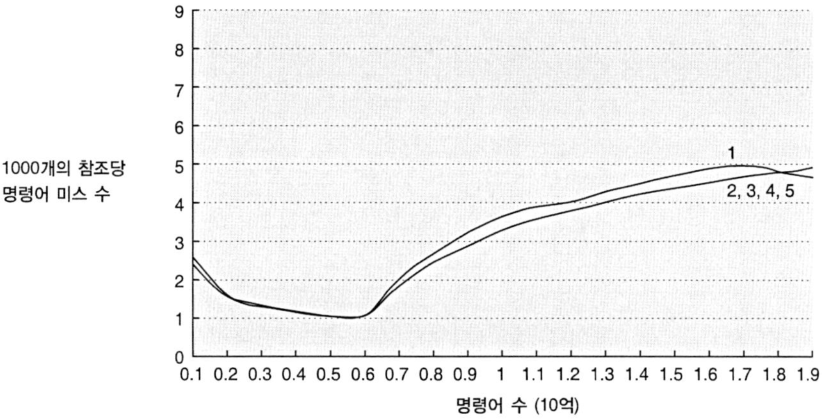

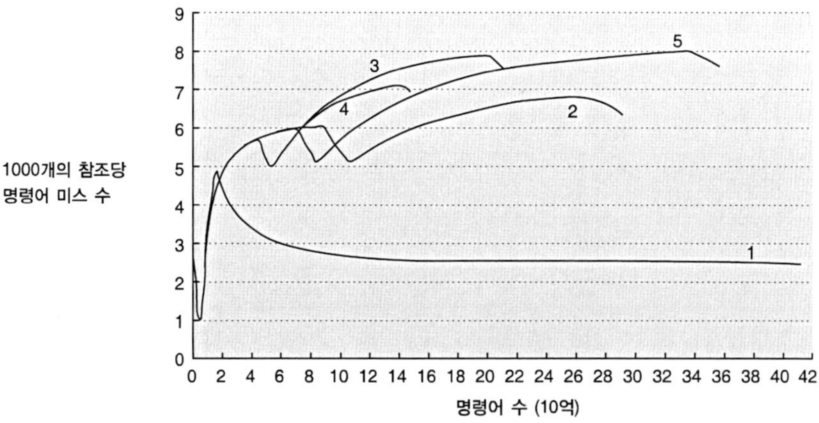

그림 5.24 SPEC2000의 perl 벤치마크에서 5개 입력에 대한 1000개의 메모리 참조당 명령어 미스 수. 처음 19억 명령을 실행하는 동안은 미스 수에 큰 변화가 없고 5개의 입력 사이에도 별 차이가 없다. 끝까지 실행한 결과는 미스 수가 프로그램의 실행 기간 동안 어떻게 바뀌고 이 들이 입력에 따라 어떻게 달라지는지 보여 준다. 위의 그래프는 처음 19억 개의 명령어를 실행하는 동안 평균 미스 수를 보여 주며 이 숫자는 5개 모든 프로그램에 대하여 1000 명령어당 약 2.5개에서 출발하여 4.7개로 끝나는 것을 보여 준다. 아래 그래프는 프로그램이 완료할 때까지 평균 미스 수의 변화를 보여 주며 입력에 따라 160억 개에서 410억 개의 명령을 실행한다. 처음 19억 개의 명령을 실행한 후, 1000개의 메모리 참조당 미스 수는 입력에 따라 2.4에서 7.9로 변화한다. 이 시뮬레이션은 독립적인 명령어와 데이터 L1 캐시를 갖는 Alpha 프로세서를 사용하였다. 각 L1 캐시는 LRU 방식의 2-방향 64KB 캐시이고 L2 캐시는 통합된 1MB의 직접 사상 캐시이다.

령어당 누적된 평균 명령어 미스 수를 보여 준다. 이 입력에서 처음 19억 개의 명령어를 실행하였을 때 평균 미스율은 실행의 나머지 기간 동안의 평균 미스율과 큰 차이가 있다.

이 책의 초판은 이 함정의 또 다른 예제를 보여 준다. 너무 적은 메모리 액세스들을 트레이스하였기 때문에 강제 미스율이 지나치게 높게 (예를 들어 1%) 나온 것이다. 초당 1000만 번 메모리를 액세스하는 컴퓨터에서 1%의 강제 미스율을 가진 프로그램은 1분당 수백 MB의 메모리를 액세스할 것이다.

$$\frac{10{,}000{,}000\ \text{액세스}}{\text{초}} \times \frac{0.01\ \text{미스}}{\text{액세스}} \times \frac{32\ \text{바이트}}{\text{미스}} \times \frac{60\ \text{초}}{\text{분}} = \frac{192{,}000{,}000\ \text{바이트}}{\text{분}}$$

일반적인 페이지 폴트 율과 프로세스 크기를 고려할 때 메모리가 이러한 속도로 액세스되었다는 것은 거의 불가능하다.

함정 *DRAM에서 메모리 대역폭을 지나치게 강조하는 것.*

수년 전 RAMBUS라는 벤처 기업이 DRAM 인터페이스를 혁신하였다. Direct RDRAM이란 상품은 하나의 DRAM 칩에서 최대 1.6 GB/s의 대역폭을 제공하였다. 발표되었을 때, 이 최대 대역폭은 그 당시 일반적인 SDRAM 칩의 대역폭보다 8배 정도 컸다. 그림 5.25는 DRAM과 RDRAM의 여러 버전들의 가격을 메모리 모듈과 시스템에서 비교한다.

PC는 대부분의 메모리 액세스를 2-단계 캐시 계층을 사용하여 수행한다. 따라서 메모리 지연시간을 향상시키지 않고 높은 대역폭에서 얼마만큼의 이득을 얻을 수

	모듈		Dell XPS PCs					
ECC?	ECC 없음	ECC	ECC 없음			ECC		
명칭	DIMM	RIMM	A	B	B–A	C	D	D–C
메모리 또는 시스템?	DRAM		시스템		DRAM	시스템		DRAM
메모리 크기 (MB)	256	256	128	512	384	128	512	384
SDRAM PC100	$175	$259	$1519	$2139	$620	$1559	$2269	$710
DRDRAM PC700	$725	$826	$1689	$3009	$1320	$1789	$3409	$1620
가격 비율 **DRDRAM/SDRAM**	4.1	3.2	1.1	1.4	2.1	1.1	1.5	2.3

그림 5.25 2000년 메모리 모듈과 시스템에서의 SDRAM과 DRDRAM의 가격 비교. DRDRAM 메모리 모듈 가격은 ECC가 없을 때는 4배, ECC를 포함해서는 3배 비싸다. PC에서 메모리를 128MB에서 512MB로 384MB 추가하는 비용을 살펴보면 DRDRAM의 비용이 2배정도 소요되는 것을 알 수 있다. DRAM 대역폭의 차이를 제외하고는 시스템 구성은 동일하다. Dell XPS PC는 메모리를 제외하고는 동일하다. 800MHz Pentium III, 20GB ATA 디스크, 48배속 CD-ROM, 17인치 모니터, Microsoft Windows 95/98과 Office 98이 사용되었다. 모듈 가격은 2000년 6월 pricewatch.com에서 가장 낮은 가격을 반영하였다. 2005년 9월 PC800 DRDRAM의 가격은 256MB에 $76인 반면 PC100에서 PC150 SDRAM의 가격은 $15에서 $23로 DRDRAM에 비하여 3.3배에서 5.0배 저렴하다. (2005년 9월 Dell은 DRAM 유형만 다른 시스템을 제공하지 않았다. 따라서 2000의 비교를 계속 사용한다.)

있는지는 분명하지 않았다. Pabst[2000]의 연구에 따르면 400MHz DRDRAM을 가진 PC와 133 MHz SDRAM을 가진 PC를 비교할 때, 오피스 응용 프로그램의 경우 거의 동일한 성능을 보여 주었다. 게임의 경우, DRDRAM이 1%에서 2% 정도 빨랐다. 전문 그래픽 응용의 경우는 10%에서 15% 정도 빨랐다. 이 실험은 800MHz Pentium III (256KB L2 캐시를 내장)를 사용하였고 133 MHz 시스템 버스와 128 MB의 메인 메모리를 지원하는 칩셋을 사용하였다.

RDRAM 가격의 한 가지 이유는 다이 크기에 있었다. RDRAM은 SDRAM에 비하여 같은 용량에서 20% 더 큰 다이를 필요로 하였다. DRAM 설계자들은 DRAM의 메모리에서 수율을 높이기 위해 중복된 열과 행을 사용한다. 따라서 훨씬 큰 인터페이스는 수율에 부정적인 영향을 미쳤다. 수율은 극비 사항이었지만 가격은 그렇지 않았다. 그림 5.25의 평가를 사용하면 2000년 RDRAM의 가격은 2-3배 더 비쌌고 이 비율은 2006년에도 더 적지 않았다.

RDRAM은 소니 Playstation과 같이 고 대역폭을 필요로 하는 작은 메모리 시스템에서 가장 두각을 나타내었다.

함정 *캐시 기반 시스템에서 높은 메모리 대역폭을 제공하지 않는 것.*

캐시는 평균 메모리 액세스 시간은 줄여 주지만 메인 메모리를 액세스하는 응용 프로그램에게 높은 메모리 대역폭을 제공하지는 않는다. 설계자는 이와 같은 응용 프

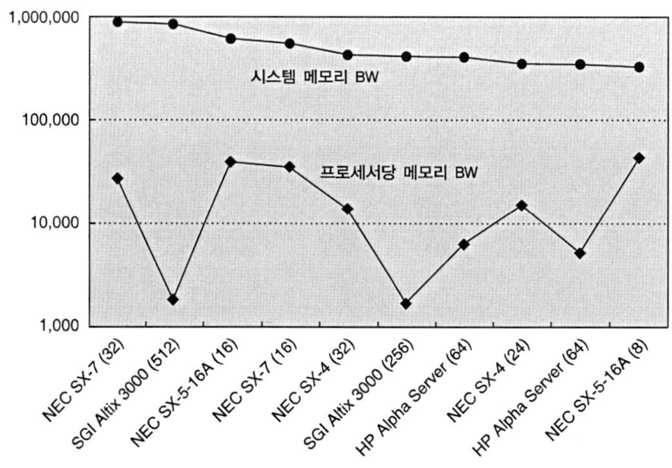

그림 5.26 stream 벤치마크의 튜닝되지 않은 복사 코드 영역에 의해 측정된 Top 10 메모리 대역폭 [McCalpin 2005]. 프로세서의 수는 괄호 안에 표시하였다. 두 시스템은 캐시 기반 클러스터 (SGI)이고, 두 시스템은 캐시 기반 SMP (HP)이다. 하지만 대부분은 각기 다른 세대에 해당하고 프로세서 수가 다른 NEC 벡터 프로세서들이다. 시스템들은 더 높은 대역폭을 달성하기 위해 8개에서 512개의 프로세서를 사용한다. 시스템 대역폭은 전체 프로세서의 대역폭을 모두 합한 숫자이다. 프로세서 대역폭은 시스템 대역폭을 단순히 프로세서 수로 나눈 값이다. STREAM 벤치마크는 간단한 합성 벤치마크 프로그램으로 간단한 벡터 커널에 대한 지속가능한 메모리 대역폭 (MB/sec)을 측정한다. 이 벤치마크는 주어진 시스템에서 사용 가능한 캐시보다 훨씬 큰 데이터 집합을 가지고 동작한다.

로그램에 대해서 높은 대역폭의 메모리를 제공하여야 한다. 극단의 예로 NEC SX7은 최대 16,384개의 인터리빙된 SDRAM 메모리 뱅크를 제공한다. 이 시스템은 벡터 컴퓨터로서 메모리 성능을 위해 캐시를 사용하지 않는다(부록 F 참조). 그림 5.26은 데이터를 복사하는 대역폭을 측정하는 Stream 벤치마크에서의 2005년 Top 10 결과를 보여 준다[McCalpin 2005]. 예측한대로 NEC SX7이 가장 좋은 성능을 보여 준다. 단 네 컴퓨터만 메모리 성능을 위해 데이터 캐시를 사용하며 이 들의 대역폭은 NEC SX7에 비하여 7-25배 더 느리다.

함정 *가상화를 고려하여 설계되지 않은 명령어 집합 아키텍처에 가상 기계 모니터를 구현하는 것.*

1970년대와 1980년대의 설계자들은 하드웨어 자원과 관련된 정보를 읽거나 쓰는 모든 명령어들이 특권을 가지도록 보장할 만큼 주의 깊지는 못했다. 이러한 자유방임적인 태도는 이러한 모든 아키텍처에 문제를 발생시켰다. 그 중에는 이 책에서 소개할 80x86도 포함되어 있다.

그림 5.27은 가상화에 문제를 야기하는 18개 명령을 설명한다. 명령들은 다음의 두 유형으로 크게 분류할 수 있다.

- 사용자 모드에서 제어 레지스터를 읽어 들여 게스트 운영 체제가 가상 기계에서 실행되고 있는지 파악한다(앞에서 언급한 POPF와 같은 명령).
- 세그먼트 아키텍처가 요구하는 보호 정보를 점검한다. 하지만 운영체제가 가장 높은 권한에서 실행되고 있다고 가정한다.

가상 메모리 또한 구현하기 쉽지 않다. 대부분의 RISC 아키텍처와 마찬가지로 80x86 TLB는 프로세스 ID 태그를 지원하지 않기 때문에 VMM과 게스트 OS가 TLB를 공유하는 것은 비경제적이다. 각 주소 공간의 변경은 일반적으로 TLB의 플러쉬를 필요로 한다.

I/O를 가상화하는 것 역시 80x86에서 쉽지 않은데 한 가지 이유는 이 아키텍처가 메모리 맵 I/O와 독립적인 I/O 명령을 모두 지원하기 때문이다. 그러나 더 큰 이유는 PC에서는 VMM이 다루어야 하는 너무 많은 수와 많은 유형의 디바이스와 디바이스 드라이버가 있기 때문이다. 제 3의 사업자가 자신의 드라이버를 제공할 수도 있으며 이들을 적절히 가상화하는 것은 쉽지 않다. 일반적인 VM 구현에서 사용하는 한 가지 방법은 실제 디바이스 드라이버를 VMM으로 직접 로드하는 것이다.

80x86에서의 VMM 구현을 돕기 위해 AMD와 Intel 모두 아키텍처에 대한 확장을 제안하였다. Intel의 VT-x는 VM의 실행을 지원하는 새로운 실행 모드, VM 상태의 아키텍처 정의, VM을 빠르게 교체하는 명령들, VMM이 반드시 호출되어야 하는 상황을 선택하기 위한 여러 변수 집합 등을 제공한다. 이들을 모두 합하면 VT-x는 11개의

문제 유형	문제의 80x86 명령어
사용자 모드에서 실행할 때 트랩 없이 민감한 레지스터를 액세스	Store global descriptor table register (SGDT) Store local descriptor table register (SLDT) Store interrupt descriptor table register (SIDT) Store machine status word(SMSW) Push flags (PUSHF, PUSHFD) Pop flags (POPF, POPFD)
사용자 모드에서 가상 메모리 기능을 액세스할 때 80x86 보호 상태 점검을 실패하는 명령들	Load access rights from segment descriptor (LAR) Load segment limit from segment descriptor (LSL) Verify if segment descriptor is readable (VERR) Verify if segment descriptor is writable (VERW) Pop to segment register (POP CS, POP SS, ...) Push segment register (PUSH CS, PUSH SS, ...) Far call to different privilege level (CALL) Far return to different privilege level (RET) Far jump to different privilege level (JMP) Software interrupt (INT) Store segment selector register (STR) Move to/from segment registers (MOVE)

그림 5.27 가상화에 문제를 야기하는 18개의 80x86 명령어들에 대한 요약. 위 그룹의 처음 다섯 명령은 사용자 모드에서 프로그램이 트랩을 발생시키지 않고 디스크립터(descriptor) 테이블 레지스터와 같은 제어 레지스터를 읽도록 허락하여 준다. Pop flags 명령은 민감한 정보를 가진 제어 레지스터를 변경하나 사용자 모드에서는 조용히 실패한다. 80x86 세그먼트 아키텍처의 보호 점검 기능은 아래 그룹의 실패 원인이다. 이 그룹의 각 명령은 제어 레지스터를 읽을 때 명령어 실행의 일부분으로 권한 수준을 묵시적으로 점검한다. 이러한 검사는 OS가 가장 높은 권한에서 실행된다고 가정하지만 이는 게스트 OS에는 해당하지 않는다. MOVE to segment register 명령만이 제어 상태를 변경하지만 이 역시 보호 점검으로 인해 실패한다.

새로운 명령을 80x86에 추가한다. AMD의 Pacifica 역시 유사한 제안을 발표하였다.

(새 VMXON 명령을 통해) VT-x 지원을 가능하게 하는 모드로 바꾸면, VT-x는 게스트 OS에게 4 가지 권한 수준을 제공하는데 이는 원래의 4 가지 권한 단계에 비하여 우선순위가 더 낮다. VT-x는 가상 기계의 모든 상태를 VMCS(Virtual Machine Control State)에서 관리하고 VMCS를 저장하고 복구하는 원자적 명령어들을 제공한다. 중요한 정보와 함께 VMCS는 언제 VMM을 실행할 지와 구체적으로 무엇이 VMM을 호출하도록 하였는 지를 결정하는 구성 정보를 갖고 있다. VMM이 호출되어야 하는 숫자를 줄이기 위해 이 모드는 일부 민감한 레지스터들의 쉐도우 버전을 추가하고 민감한 레지스터의 주요 비트들이 트랩 전에 변경되어야 하는 지를 점검하는 매스크들을 추가한다. 가상 메모리의 가상화 비용을 줄이기 위해 AMD의 Pacifica는 중첩된 페이지 테이블이라 불리는 하나의 간접 단계를 추가한다. 이는 쉐도우 페이지 테이블을 불필요하게 만든다.

AMD와 Intel이 새 모드를 제안한 것은 아이러니한 일이다. Linux나 Microsoft Windows와 같은 운영체제가 자신의 커널에서 이 모드를 사용하기 시작하면 이 새 모드는 약 100배나 느리기 때문에 VMM에게는 성능 문제를 야기할 것이다! 그럼에도 불구하고 Xen 구조는 Windows를 게스트 OS로 지원하기 위해 VT-x의 사용을 계획하고 있다.

5.8 결론

그림 5.28은 데스크탑과 서버 응용 마이크로프로세서들의 메모리 계층을 비교한다. L1 캐시의 크기는 응용에 관계없이 비슷하다. 주요 차이점은 L2 캐시 크기, 다이 크기, 프로세서 클록 속도와 클록당 이슈되는 명령어 수이다.

모든 설계 단계에서의 변수들이 서로 영향을 준다. 설계자는 현명한 결정을 하기 위해 전체 시스템의 입장에서 판단하여야 한다. 메모리 계층 설계자의 중요한 결정 사항은 전체가 조화롭게 동작하도록 변수를 선택하는 데 있으며 새로운 기술을 발명하는 것은 그다지 중요하지 않다. 점점 더 고성능의 프로세서가 더 많은 시간을 메모리로 인해 대기하고 있다. 이는 선택의 폭을 증가시킨 새로운 발명들을 탄생시켰다. 여기에는 프리페칭, 캐시를 고려한 컴파일러 기술과 페이지 크기의 증가 등이 있다. 다행히도, 성능과 가격, 전력 소비와 복잡성의 균형을 가져오는 몇 가지 설계 영역이 존재하는 경향이 있다. 잘못된 설계는 성능, 전력 소비, 하드웨어, 설계 시간, 디버그 시간, 또는 이 모든 것을 낭비할 것이다. 설계자는 주의 깊고 정량적인 분석을 통해 정확하게 목표를 달성하여야 한다.

5.9 역사적 관점과 참고문헌

동반된 CD의 K.6절은 캐시와 가상 메모리, 가상 기계의 역사를 살펴본다. IBM은 이 세 가지 모든 분야에서 주도적인 역할을 수행하였다. 추가적인 자료는 참고문헌을 참조하라.

사례 연구와 연습문제(Norman P. Jouppi)

사례 연구 1: 간단한 하드웨어를 통한 캐시 성능 최적화

이 사례 연구에 의해 설명된 개념

- 작고 간단한 캐시

MPU	AMD Opteron	Intel Pentium 4	IBM Power 5	Sun Niagara
명령어 집합 구조	80x86 (64b)	80x86	PowerPC	SPARC v9
응용 분야	데스크 탑	데스크 탑	서버	서버
CMOS 공정 (nm)	90	90	130	90
다이 크기 (mm^2)	199	217	389	379
클록 당 명령어 이슈 수	3	3 RISC ops	8	1
프로세스/칩	2	1	2	8
클록 속도 (2006)	2.8 GHz	3.6 GHz	2.0 GHz	1.2 GHz
프로세서 당 명령어 캐시	64 KB, 2-방향 집합 연관	12000 RISC op 트레이스 캐시 (~96 KB)	64 KB, 2-방향 집합 연관	16 KB, 1-방향 집합 연관
L1 I 지연시간 (클록)	2	4	1	1
프로세서당 데이터 캐시	64 KB, 2-방향 집합 연관	16 KB, 8-방향 집합 연관	32 KB, 4-방향 집합 연관	8 KB, 1-방향 집합 연관
L1 D 지연시간 (클록)	2	2	2	1
TLB 엔트리 (I/D/L2 I/L2 D)	40/40/512/512	128/54	1024/1024	64/64
최소 페이지 크기	4 KB	4 KB	4 KB	8 KB
온칩 L2 캐시	2 x 1 MB, 16-방향 집합 연관	2 MB 8-방향 집합 연관	1.875 MB, 10-방향 집합 연관	3 MB, 2-방향 집합 연관
L2 뱅크	2	1	3	4
L2 지연시간 (클록)	7	22	13	22 I, 23 D
오프칩 L3 캐시	—	—	36 MB, 12-방향 집합 연관 (태그 온 칩)	—
L3 지연시간 (클록)	—	—	87	—
블록 크기 (L1I/L1D/L2/L3, 바이트)	64	64/64/128/—	128/128/128/256	32/16/64/—
메모리 버스 폭 (비트)	128	64	64	128
메모리 버스 클록	200 MHz	200 MHz	400 MHz	400 MHz
메모리 버스의 수	1	1	4	4

그림 5.28 2005년 데스크탑과 서버 마이크로프로세서의 메모리 계층과 칩 크기.

- 방향 예측
- 파이프라인 캐시
- 멀티뱅크 캐시
- 통합된 쓰기 버퍼
- 중요 워드 우선 기법과 초기 재시작 기법
- 논블로킹 캐시

■ 단순한 순차적 프로세서에서의 캐시 성능 계산

여러분이 모든 비데이타 메모리 참조 명령들에 대하여 1의 CPI를 갖는 단순한 순차적 프로세서를 개발한다고 (비현실적으로) 상상하여 보자. 이 사례 연구에서는 작고 단순한 캐시, 방향 예측 캐시, 파이프라인 캐시 액세스, 멀티뱅크 캐시, 통합된 쓰기 버퍼, 중요 워드 우선과 초기 재시작 기법 등의 성능 효과를 살펴본다. 그림 5.29는 SPEC2000의 데이터 미스율(1000 명령어 당 미스 수)을 전체 벤치마크의 조화 평균(harmonic mean)으로 보여 준다.

CACTI는 공정 기술의 최소 선폭 크기와 캐시 구조에 따라 액세스 시간과 사이클 시간, 동적 소비전력과 정적 소비전력, 캐시 면적 등을 분석하는 도구이다. 물론 주어진 캐시 구조에는 여러 다른 회로 설계가 가능하고 주어진 공정 기술의 선폭 크기에 따라 다양한 공정 기술이 사용될 수 있다. 하지만 CACTI는 "일반적인" 구조와 기술을 가정한다. 따라서 절대적인 기준에서는 특정 캐시 구조와 기술에 대해서 정확한 분석이 어려울 수 있다. 하지만 다른 선폭 크기에서 다른 캐시 구조의 상대적인 성능을 정량화하는 데 있어서는 상당히 정확하다. CACTI는 *http://quid.hpl.hp.com:9081/cacti/*에서 온라인 형태로 액세스할 수 있다. 모든 캐시 미스가 20 사이클이 걸린다고 가정하라.

5.1 [12/12/15/15] <5.2> 다음 질문들은 CACTI를 사용하여 작고 간단한 캐시의 효과를 조사한다. 90nm (0.09 μm) 기술을 가정하라.

D-cache misses/inst: 2,521,022,899,870 data refs (0.32899--/inst);

1,801,061,937,244 D-cache 64-byte block accesses (0.23289--/inst)

크기	직접 사상	2-방향 LRU	4-방향 LRU	8-방향 LRU	완전 연관 LRU
1 KB	0.0863842--	0.0697167--	0.0634309--	0.0563450--	0.0533706--
2 KB	0.0571524--	0.0423833--	0.0360463--	0.0330364--	0.0305213--
4 KB	0.0370053--	0.0260286--	0.0222981--	0.0202763--	0.0190243--
8 KB	0.0247760--	0.0155691--	0.0129609--	0.0107753--	0.0083886--
16 KB	0.0159470--	0.0085658--	0.0063527--	0.0056438--	0.0050068--
32 KB	0.0110603--	0.0056101--	0.0039190--	0.0034628--	0.0030885--
64 KB	0.0066425--	0.0036625--	0.0009874--	0.0002666--	0.0000106--
128 KB	0.0035823--	0.0002341--	0.0000109--	0.0000058--	0.0000058--
256 KB	0.0026345--	0.0000092--	0.0000049--	0.0000051--	0.0000053--
512 MB	0.0014791--	0.0000065--	0.0000029--	0.0000029--	0.0000029--
1 MB	0.0000090--	0.0000058--	0.0000028--	0.0000028--	0.0000028--

그림 5.29 SPEC2000의 데이터 미스율 (1000 명령 당 미스 수)[Cantin and Hill 2003].

a. [12] <5.2> 64 바이트 블록과 단일 뱅크를 사용하는 32 KB 캐시의 액세스 시간을 비교하라. 직접 사상 구조와 비교하여 2-방향과 4-방향 집합 연관 캐시의 상대적 액세스 시간은?

b. [12] <5.2> 64 바이트 블록과 단일 뱅크를 사용하는 2-방향 집합 연관 캐시의 액세스 시간을 비교하라. 16 KB 캐시와 비교하여 32 KB와 64 KB 캐시의 상대적 액세스 시간은?

c. [15] <5.2> 전형적인 L1 캐시 구조의 액세스 시간이 용량 *B* (바이트)에 비례하는가? 아니면 *B*의 제곱근에 비례하는가? 아니면 *B*의 로그 값에 비례하는가?

d. [15] <5.2> 그림 5.29의 미스율 표와 0.90 ns의 캐시 액세스 시간 예산을 가정할 때 가장 작은 메모리 액세스 시간을 가진 캐시 구조를 찾아라. 이 캐시의 구조는? 이 크기에서 이 캐시가 모든 구조에서 가장 작은 미스율을 갖고 있는가?

5.2 [12/15/15/10] <5.2> 여러분이 방향 예측 L1 캐시의 잠재적 장점을 조사한다고 가정하자. 32KB 2-방향 집합 연관 단일 뱅크 L1 데이터 캐시가 현재 사이클 시간을 결정한다고 가정하자. 캐시 구조의 대안으로 85%의 예측 정확성을 갖고 16 KB의 직접 사상 캐시로 모델되는 방향 예측 캐시를 고려하고 있다. 방향 예측이 실패하고 캐시를 히트하는 액세스는 1 사이클이 추가된다고 가정하자.

a. [12] <5.2> 현재 캐시와 방향 예측 캐시의 평균 메모리 액세스 시간은?

b. [15] <5.2> 만약 이 시스템의 모든 구성 요소가 (메인 메모리를 포함하여) 방향 예측 캐시의 더 빠른 클록 사이클 시간에 동작할 수 있다면 방향 예측 캐시의 성능 효과는?

c. [15] <5.2> 방향 예측 캐시는 주로 명령어 큐나 버퍼를 갖고 있는 명령어 캐시에 사용된다. 여러분이 데이터 캐시에 방향 예측을 시도한다고 가정하자. 85%의 예측 정확성을 갖고 있고 이후의 모든 연산(예, 다른 명령어들의 데이터 캐시 액세스, 종속적인 연산 등)이 정확한 방향 예측을 가정하여 이슈된다고 가정하자. 따라서 방향 예측 실패는 파이프라인의 플러쉬와 리플레이 트랩(replay trap)을 발생시키며 이는 15 사이클이 소요된다. 데이터 캐시에 방향 예측을 추가하였을 때 로드 명령 당 평균 메모리 액세스 시간의 변화가 긍정적인가 아니면 부정적인가? 얼마만큼 그러한가?

d. [10] <5.2> 방향 예측에 대한 대안으로 큰 연관성을 가진 대다수의 L2 캐시들은 필요한 데이터 뱅크만 활성화될 수 있도록 태그와 데이터 액세스를 직렬화한다. 이는 전력소비를 줄이지만 액세스 시간을 증가시킨다. 64 바이트 블록과 144 비트의 읽기 출력, 1개의 뱅크, 단 하나의 읽기/쓰기 포트, 30 비트 태그를 사용하는 0.090 μm 공정의 1 MB 4-방향 집합 연관 캐시에 대하여 CACTI의 상세한 웹 인

터페이스를 사용하라. 액세스당 총 동적 읽기 에너지의 비율은 얼마인가? 또 병렬 액세스에 비하여 태그와 데이터 액세스를 직렬화할 때 액세스 시간의 비율은 얼마인가?

5.3 [10/12/15] <5.2> 여러분이 새 마이크로프로세서의 L1 캐시에 대하여 멀티뱅크 캐시와 파이프라인 캐시의 상대적 성능을 조사하게 되었다고 가정하자. 64 바이트 블록을 사용하는 64 KB 2-방향 집합 연관 캐시를 가정하자. 파이프라인 캐시는 Alpha 21264 데이터 캐시와 유사하게 2개의 파이프라인 단계로 구성된다. 멀티뱅크 캐시는 두 개의 32KB 2-방향 집합 연관 뱅크들로 구성된다. 다음 질문에서 CACTI 모델을 사용하고 90 nm (0.09 μm)의 공정 기술을 가정하라.

a. [10] <5.2> 액세스 시간과 비교하여 캐시의 사이클 시간은? 캐시가 몇 개의 파이프 단계로 구성될 것인가?

b. [12] <5.2> 파이프라인 캐시에서 데이터 종속성에 의해 캐시 액세스 파이프 단계들 중 20%가 비게 되고 또 미스 페널티가 2배로 증가하게 된다면 파이프라인 캐시의 평균 메모리 액세스 시간은 얼마인가?

c. [15] <5.2> 멀티 뱅크 캐시에서 매 사이클마다 메모리 액세스가 발생하고 뱅크 액세스가 무작위로 발생하며(재정렬 없음) 뱅크 충돌이 1 사이클의 지연을 발생시킨다면 멀티뱅크 설계의 평균 메모리 액세스 시간은 얼마인가?

5.4 [12/15] <5.2> L1 캐시의 중요 워드 우선과 초기 재시작 기법에 자극받아 L1 캐시 미스에도 같은 방법을 사용하는 것을 고려하여 보자. 64 바이트 블록을 사용하는 1 MB L2 캐시를 가정하고 미스 시에는 16 바이트 폭의 경로를 통해 블록이 채워진다고 가정하자. L2는 4개의 프로세서 사이클마다 16 바이트 씩 써지고 메모리 제어기로부터 처음 16 바이트 블록을 수신하는 데 100 사이클이 걸리고, 이후 메모리로부터의 추가적인 16 바이트 전송이 16 사이클이 걸리며 데이터는 L2 캐시의 읽기 포트로 직접 바이패스될 수 있다고 가정하자. 미스 요청을 L2 캐시로 전송하는 데 걸리는 사이클과 요청된 데이터를 L1 캐시로 보내는 데 걸리는 사이클은 무시하라.

a. [12] <5.2> 중요 워드 우선과 초기 재시작을 사용할 때와 사용하지 않을 때 L2 캐시 미스를 처리하는 데 몇 사이클이 소요되는가?

b. [15] <5.2> 중요 워드 우선과 초기 재시작이 L1 캐시와 L2 캐시 중에서 어느 캐시에 더 중요한가? 이들의 상대적 중요성을 결정하는 인자는 무엇인가?

5.5 [10/12] <5.2> 즉시 쓰기 L1 캐시와 나중 쓰기 L2 캐시 사이에 쓰기 버퍼를 설계한다고 가정하자. L2 캐시 쓰기 데이터 버스의 폭은 16 바이트이고 매 4개의 프로세서 사이클마다 독립적인 캐시 주소로 쓰기를 수행할 수 있다.

a. [10] <5.2> 쓰기 버퍼 엔트리의 폭은 몇 바이트인가?

b. [12] <5.2> 통합 쓰기를 수행하지 않을 때와 비교하여 통합 쓰기 버퍼를 사용할 때 안정 상태에서 얻을 수 있는 스피드업은 얼마인가? 모든 다른 명령들이 스토어와 병렬로 이슈될 수 있고 블록들이 L2 캐시에 존재하는 경우 32 비트 스토어의 실행에 의해 메모리는 모두 0으로 써진다고 가정하자.

사례 연구 2: 고급 기술을 사용한 캐시 성능의 최적화

이 사례 연구에 의해 설명된 개념

- 논블로킹 캐시
- 캐시를 위한 컴파일러 최적화
- 소프트웨어와 하드웨어 프리페칭
- 좀 더 복잡한 프로세서에서의 캐시 성능의 영향력 분석

행렬의 전치(transpose)는 다음과 같이 행과 열을 교환한다.

$$\begin{bmatrix} A11 & A12 & A13 & A14 \\ A21 & A22 & A23 & A24 \\ A31 & A32 & A33 & A34 \\ A41 & A42 & A43 & A44 \end{bmatrix} \Rightarrow \begin{bmatrix} A11 & A21 & A31 & A41 \\ A12 & A22 & A32 & A42 \\ A13 & A23 & A33 & A43 \\ A14 & A24 & A34 & A44 \end{bmatrix}$$

다음은 전치를 보여 주는 간단한 C 루프이다.

```
for (i = 0; i < 3; i++) {
   for (j = 0; j < 3; j++) {
      output[j][i] = input[i][j];
   }
}
```

입력과 출력 행렬 모두 행 우선 순서(row major order, 행 우선 순서는 행 인덱스가 가장 빨리 변화하는 것을 뜻한다)로 저장된다고 가정하자. 64 바이트 블록과 LRU 교체 방식을 사용하는 16 KB 완전 연관 (따라서 캐시 충돌은 고려할 필요가 없다) 구조의 L1 데이터 캐시를 가지는 프로세서에서 256 × 256 2배 정밀도 전치를 실행한다고 가정하자. L1 캐시 미스나 프리페치는 16 사이클이 소요되고 항상 L1 캐시에서 히트하며 L2 캐시는 매 2 프로세서 사이클마다 요청을 처리할 수 있다고 가정하라. 데이터가 L1 캐시에 존재하면 내부 루프의 각 반복이 4 사이클이 걸린다고 가정하라. 쓰기 미스의 경우 캐시가 쓰기 할당과 fetch-on-write 정책을 사용한다

고 가정하자. 더티 캐시 블록을 나중 쓰기 하는 것이 0 사이클이 걸린다고 비현실적으로 가정하라.

5.6 [10/15/15] <5.2> 위의 간단한 구현을 가정할 때, 이 실행 순서는 입력 행렬에 이상적이지 않다. 하지만 루프 교환을 적용하는 최적화 역시 출력 행렬에 비이상적인 순서를 생성할 수 있다. 루프 교환이 성능 개선에 충분하지 않으므로 대신 블로킹을 사용하여야 한다.

a. [10] <5.2> 하나의 입력과 출력 블록으로 데이터 캐시를 완전히 채우기 위해서 사용되어야하는 블록의 크기는?

b. [15] <5.2> L1 캐시가 직접 사상을 사용한다면 블로킹을 사용했을 때와 사용하지 않았을 때의 상대적인 미스 수를 비교하라.

c. [15] <5.2> $B \times B$ 블록을 사용하는 블록 크기 변수 B를 사용하여 전치를 수행하는 코드를 작성하라.

5.7 [12] <5.2> 위의 블로킹을 사용하지 않은 행렬 전치 코드에 대하여 프리페칭 하드웨어를 재설계한다고 가정하자. 가장 간단한 형태의 하드웨어 프리페칭은 미스 후에 연속적인 캐시 블록만 프리페치하는 것이다. 좀 더 복잡한 "비단일 스트라이드(nonunit stride)" 하드웨어 프리페칭은 미스 참조 패턴을 분석하여 비단일 스트라이드를 감지하고 프리페치를 수행할 수 있다. 반면, 소프트웨어 프리페칭은 단일 스트라이드와 마찬가지로 비단일 스트라이드를 결정할 수 있다. 프리페치가 캐시에 직접 쓰며 캐시 *오염*(*pollution*, 프리페치한 데이터가 그 전에 사용될 필요가 있는 데이터를 덮어 쓰는 것)이 발생하지 않는다고 가정하자. 내부 루프를 안정적으로 실행하는 상태에서 이상적인 비단일 스트라이드 프리페칭의 성능(각 반복당 사이클 수)은?

5.8 [15/15] <5.2> 연습문제 5.7의 (블로킹을 사용하지 않은) 전치 코드에 대하여 프리페칭 하드웨어를 다시 설계한다고 가정하자. 이번엔 단순한 2-스트림 순차적 프리페칭을 평가하기로 하였다. L2 액세스가 가능하다면 이 프리페칭 하드웨어는 미스 후 4개의 순차적 블록을 인출하여 스트림 버퍼에 저장한다. 빈 슬롯을 가진 스트림 버퍼는 라운드 로빈 방식으로 L2 캐시를 액세스한다. L1 미스가 발생하면 최근 미스 시 데이터를 적게 제공했던 스트림 버퍼가 플러쉬되고 새로운 미스 스트림이 채워진다.

a. [15] <5.2> 내부 루프를 안정적으로 실행하는 상태에서 성능이 프리페칭에 의해 제한된다고 가정할 때 이 단순한 2-스트림 순차적 버퍼를 사용할 때의 성능(반복당 사이클 수)은?

b. [15] <5.2> 주어진 L2 캐시 변수를 사용할 때 쓸모 있는 프리페치의 비율은?

5.9 [12/15] <5.2> 소프트웨어 프리페칭에서 프리페치가 적절한 시간에 발생하여 사용되

도록 주의를 기울이는 것도 중요하지만 캐시 오염을 최소화하고 마이크로구조의 부담을 줄이려면 진행 중인 프리페치의 수를 최소화하는 것 역시 중요하다. 하지만 프로세서에 따라 다른 기능과 제한 사항을 갖고 있으므로 이는 쉬운 일이 아니다.

a. [12] <5.2> 위의 블로킹 없는 코드를 소프트웨어 프리페칭을 수행할 수 있도록 수정하라.

b. [15] <5.2> 소프트웨어 프리페칭을 사용할 때 블로킹 없는 코드의 성능은?

사례 연구 3: 메인 메모리 기술과 최적화

이 사례 연구에 의해 설명된 개념

- 메모리 시스템 설계: 지연시간, 대역폭, 비용, 전력 소비
- 메모리 시스템 성능의 영향력 분석

그림 5.14를 사용하여 다양한 메모리 시스템 설계를 고려하여 보자. 8개의 3 GHz 코어와 Opteron에서와 같이 직접 연결된 메모리 제어기(즉, 통합된 Northbridge)를 가진 단일 칩 멀티프로세서를 가정하자. 이 칩 멀티프로세서(CMP)는 하나의 공유된 L2 캐시를 갖는데 여기서 미스가 발생하면 메인 메모리(즉 L3 캐시는 없음)로 요청이 전송된다. 그림 5.30은 DDR2 SDRAM의 타이밍 다이어그램 예를 보여 준다. t_{RCD}는 뱅크의 한 행을 활성화하는 데 필요한 시간이고 CAS 지연시간(CL)은 한 행에서 한 열을 읽는 데 걸리는 사이클 수이다. 이 RAM이 72개의 데이터 핀을 가지고 ECC를 포함한 표준 DDR2 DIMM에 장착되어 있다고 가정하자. 또한 버스트 길이로 8을 가정하라. 따라서 데이터 라인당 8 비트가 연속적으로 읽혀지고 DIMM으로부터 총 32 바이트가 읽혀진다. 각 DRAM은 1 KB의 페이지와 8개의 뱅크를 갖고 있고 t_{RCD} = CL * 클록 주파수, 클록 주파수 = 초당 전송 수 / 2임을 가정하라. 캐시 미스 시 L1 캐시와 L2 캐시를 거쳐서 돌아오는 온 칩 지연시간(즉 메인 메모리 액세스는 포함되지 않음)은 20 ns이다. CL = 5인 DDR2-667 1 GB DIMM이 $130이고 CL = 4인 DDR2-533 1 GB DIMM은 $100이다. (DDR2 메모리 구조와 타이밍에

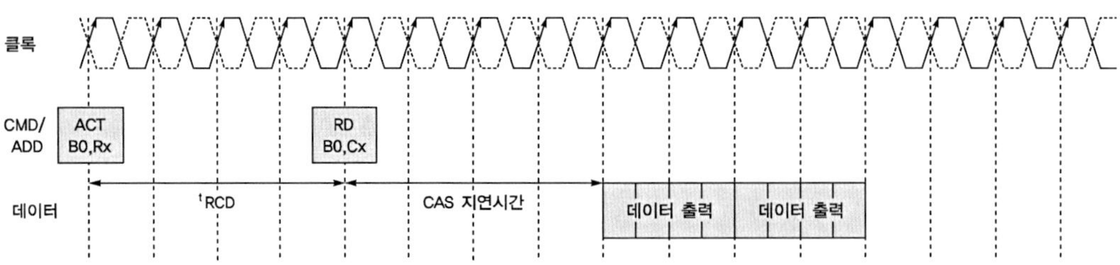

그림 5.30 DDR2 SDRAM의 타이밍 다이어그램.

대한 더 상세한 내용은 *http://download.micron.com/pdf/technotes/ddr2/TN4702.pdf*를 참조하라.)

5.10 [10/10/10/12/12] <5.3> 이 시스템이 여러분의 데스크탑 PC이고 이 CMP 중에서 하나의 코어만 활성화되어 있다고 가정하자. 또한 단 하나의 메모리 채널이 있다고 가정하자.

a. [10] <5.3> 만약 512M 비트 DRAM이 사용되었다면 이 DIMM에 몇 개의 DRAM이 있는가? 만약 하나의 DRAM이 각 DIMM 데이터 핀에 연결되어 있다면 각 DRAM은 몇 개의 데이터 I/O를 갖고 있는가?

b. [10] <5.3> 64 바이트 L2 캐시 블록과 32 바이트 블록을 지원하는 데 필요한 버스트 길이는?

c. [10] <5.3> 하나의 활성화된 페이지로부터 읽기를 수행하는 경우 DIMM들 사이의 최대 대역폭 비율은?

d. [12] <5.3> DDR2-533 1 GB CL = 4 DIMM에서 커맨드가 제시된 후 DRAM으로부터 마지막으로 요청된 비트가 유효(valid)에서 무효(invalid)로 전이될 때까지 걸리는 시간은?

e. [12] <5.3> 프로세서 내부에서 미스를 처리하는 데 필요한 시간을 포함하여 DDR2-533 DIMM을 사용할 때 이미 오픈된 페이지로의 읽기에 비하여 뱅크 활성화를 필요로 하는 읽기의 상대적 지연시간은?

5.11 [15] <5.3> 시스템이 하나의 DIMM을 사용하고 시스템의 나머지 비용은 $800이라 가정하자. 1K 명령당 3.33개의 L2 미스를 가진 워크로드에서 DDR2-667과 DDR2-533 DIMM을 사용한 시스템의 성능을 고려하여 보자. 모든 DRAM의 읽기가 활성화를 필요로 한다고 가정하자. 또 같은 워크로드에서 모두 8개의 코어가 활성화되어 있다고 가정하자. 한 번에 하나의 L2 캐시 미스가 진행할 수 있고 L2 캐시 미스 메모리 액세스 시간을 포함하지 않을 때 1.5의 CPI를 가진 순차적 코어를 가정하자. 다른 DIMM들을 사용했을 때 비용을 전체 시스템의 성능으로 나눈 값은?

5.12 [12] <5.3> 위의 시스템을 기반으로 서버를 구축한다고 가정하자. CMP의 8개 코어를 모두 사용하면 전체적으로 2.0의 CPI를 달성한다. (L2 캐시 미스 리필(refill)이 지연되지 않는다고 가정하자.) 모든 코어로부터의 미스들이 시간적으로 균등하게 분포되어 있다고 긍정적으로 가정하는 경우 1K 명령어당 6.67개의 L2 미스를 갖는 하나의 워크로드를 실행하고 있을 때 8개 모든 코어들을 지원하는 데 필요한 대역폭은?

5.13 [12] <5.3> DRAM 전력 소모의 큰 부분(1/3 이상)이 페이지 활성화에 소비된다

(*http://download.micron.com/pdf/technotes/ddr2/TN4704.pdf*와 *http://www.micron.com/systemcalc*를 참조하라). 여러분이 같은 스피드 등급을 가진 4-뱅크 512Mb × 4 DDR2 DRAM 또는 8-뱅크 1 Gb × 8 DRAM을 사용하여 1 GB의 메모리를 가진 시스템을 구축한다고 가정하자. 두 시스템 모두 1KB의 페이지를 사용한다. DRAM이 기 충전된 스탠바이(precharged standby) 상태에서는 활성화되어 있지 않고 전력 소비는 거의 무시할 수 있다고 가정한다. 스탠바이(standby)에서 활성화(active) 상태로의 전이 시간은 크지 않다고 가정한다. 어떤 DRAM 유형이 저 전력을 소비하는가? 이유를 설명하라.

사례 연구 4: 가상 기계

이 사례 연구에 의해 설명된 개념

- 가상 기계에 의해 제공되는 기능
- 가상화가 성능에 미치는 영향
- 가상화를 지원하기 위한 아키텍처 확장의 특징과 영향

인텔과 AMD 모두 가상화에 대한 x86의 단점을 보완하기 위해 x86 아키텍처의 확장을 제안하였다. 인텔의 솔루션은 VT-x(Virtualization Technology x86)라 부르며 (VT-x에 대한 보다 상세한 정보는 IEEE [2005]를 참조하라.) AMD의 솔루션은 Secure Visual Machine(SVM)이라 부른다. 인텔은 Itanium 아키텍처에도 대응하는 기술을 갖고 있으며 이를 VT-i라 부른다. 그림 5.31은 LMbench에 대하여 Itanium 시스템에서 Xen을 사용하여 여러 시스템 호출의 초기 성능을 원래의 실행, 순수 가상화, 유사 가상화 상황에서 비교한 리스트를 보여 준다. 성능은 백만 분의 1초로 단위로 측정한 시간이다. (University of New South Wales의 Matthew Chapman이 제공).

5.14 [10/10/10/10/10] <5.4> 가상 기계는 컴퓨터 시스템에 여러 가지 유익한 기능들을 제공하는 잠재력을 갖고 있다. 예를 들어, 총 소유 비용(TCO, total cost of ownership)이나 가용성(availability)의 향상 등을 가져올 수 있다. VM이 다음의 기능을 제공하는데 사용될 수 있는가? 그렇다면 어떻게 이것이 가능한가?

a. [10] <5.4> 오래된 여러 단일 프로세서에서 실행하는 많은 수의 응용을 하나의 고성능 CMP 기반 서버에 통합하는 작업을 용이하게 할 수 있다.

b. [10] <5.4> 컴퓨터 바이러스, 웜, 스파이웨어에 의해 발생한 손실을 제한한다.

c. [10] <5.4> 많은 메모리를 요구하는 메모리 집중(memory-intensive) 응용에서 고성능을 달성하게 한다.

d. [10] <5.4> 최대 응용 부하에 필요한 추가 용량을 동적으로 준비할 수 있게 한다.

e. [10] <5.4> 오래된 운영 체제로부터의 기존 (legacy) 응용을 새 기계에서 실행할 수 있게 한다.

5.15 [10/10/12/12] <5.4> 가상 기계는 특권 명령의 실행, TLB 미스, 트랩, I/O 등 여러 가지 사건으로 인하여 성능이 저하될 수 있다. 따라서 VM 실행 시의 성능 저하를 예측하는 한 가지 방법은 시스템 모드와 유저 모드에서 실행되는 응용 프로그램의 비율이다. 예를 들어, 실행의 10%를 시스템 모드에서 실행하는 응용은 VM 상황에서 60%까지 성능이 저하될 수 있다.

a. [10] <5.4> VM에서 실행 시 큰 성능 저하를 보일 것으로 예측되는 프로그램 유형은?

b. [10] <5.4> 만약 성능 저하가 시스템 시간의 선형 함수라면, 위에 주어진 성능 저하를 가정할 때, 실행의 30%를 시스템 모드에서 실행하는 프로그램은 얼마나 더 성능이 저하될 것으로 예측되는가?

c. [12] <5.4> 순수와 유사 가상화 환경에서 그림 5.31의 함수에 대한 평균 성능 저하는?

d. [12] <5.4> 그림 5.31중에서 어떤 함수가 가장 작은 성능 저하를 보이는가? 이 원인은 무엇인가?

5.16 [12] <5.4> 가상 기계에 대한 Popek과 Goldberg의 정의에 따르면 성능을 제외하고는 가상 기계는 실제 기계와 구별할 수 없다. 이 문제에서는 이 정의를 사용하여 프로세서의 네이티브 실행 모드에서 실행되는 것인지 아니면 가상 기계에서 실행되는 것인지를 액세스할 수 있는지를 알아 볼 것이다. 인텔의 VT-x 기술은 가상 기계의 사용을 위해 권한 수준의 두 번째 집합을 제공한다. VT-x에서와 같이 두 개의 권한 수준 집합이 주어졌을 때 가상 기계가 네이티브 시스템에서 실행되거나 또 다른 가

벤치마크	Native	Pure	Para
Null call	0.04	0.96	0.50
Null I/O	0.27	6.32	2.91
Stat	1.10	10.69	4.14
Open/close	1.99	20.43	7.71
Install sighandler	0.33	7.34	2.89
Handle signal	1.69	19.26	2.36
Fork	56.00	513.00	164.00
Exec	316.00	2084.00	578.00
Fork + exec sh	1451.00	7790.00	2360.00

그림 5.31 네이티브(native) 실행, 순수 가상화, 유사 가상화 상황 하에서의 여러 시스템 호출의 초기 성능.

상 기계에서 실행된다면 가상 기계의 상대적 성능에는 어떤 영향이 있는가?

5.17 [15/20] <5.4> x86 아키텍처에서 가상화 지원이 채택됨에 따라 가상 기계는 활발히 진화하고 있으며 주류가 되고 있다. 인텔의 VT-x와 AMD의 SVM 가상화 기술을 비교하고 대조하라. AMD의 SVM에 대한 정보는 *http://www.amd.com/us-en/assets/content_type/white_papers_and_tech_docs/24593.pdf*에서 찾을 수 있다.

a. [15] <5.4> 어떻게 VT-x와 SVM이 권한에 민감한 명령들을 처리하는가?

b. [20] <5.4> 많은 메모리를 요구하는 메모리 집중 응용에서 고성능을 제공하기 위해 VT-x와 SVM이 어떤 일을 하는가?

사례 연구 5: 종합: 대규모 병렬 시스템

이 사례 연구에 의해 설명된 개념

- 기계 성능에서 메모리 시스템 설계 절충이 가져오는 영향에 대한 이해

그림 5.32의 프로그램은 메모리 시스템의 성능을 평가하는 데 사용될 수 있다. 핵심은 정확한 시간 측정과 프로그램이 여러 다른 메모리 계층을 호출하도록 메모리를 액세스하게 하는 것이다. 그림 5.32는 C로 작성된 코드이다. 첫 번째 부분은 표준 유틸리티를 사용하여 사용자 CPU 시간을 정확하게 측정하는 프로시저로서 일부 시스템에서 작동하게 하려면 코드의 수정이 필요할 수도 있다. 두 번째 부분은 다른 스트라이드와 캐시 크기에서 메모리를 읽고 쓰는 중첩 루프이다. 정확한 캐시 타이밍을 얻기 위해 이 코드는 여러 번 반복되었다. 세 번째 부분은 중첩 루프의 오버헤드 시간을 측정하여 이 값이 전체 측정 시간에서 삭감되게 할 수 있게 함으로써 액세스가 얼마나 시간이 걸렸는지 알게 하여 준다. 출력 결과는 .csn 파일 포맷으로 작성되어 스프레드시트 프로그램으로의 입력을 도와 준다. 문제에 따라 또 측정하는 시스템의 메모리 크기에 따라 CACHE_MAX의 값을 변경할 필요가 있다. 프로그램을 단일 사용자 모드에서 아니면 적어도 다른 응용을 실행하지 않는 상태에서 실행하는 것이 좀 더 일관성 있는 결과를 보여 줄 것이다. 그림 5.32의 코드는 U.C. Berkeley의 Andrea Dusseau에 의해 작성된 프로그램을 기반으로 Saavedra-Barrera [1992]의 상세한 설명에 따라 수정되었다. 이 코드는 또 보다 최신의 기계에서 그리고 Microsoft Visual C++ 환경에서 실행될 수 있도록 여러 이슈들을 해결하기 위해 수정되었다.

그림 5.32의 프로그램은 프로그램 주소가 물리적 주소를 산출한다고 가정하였는데 이는 가상 주소 캐시 (virtually addressed cache)를 사용하는 Alpha 21264와 같은 소수의 시스템에만 해당되는 사실이다. 일반적으로 가상 주소는 리부팅 잠시 후에

```
#include "stdafx.h"
#include <stdio.h>
#include <time.h>
#define ARRAY_MIN (1024) /* 1/4 smallest cache */
#define ARRAY_MAX (4096*4096) /* 1/4 largest cache */
int x[ARRAY_MAX]; /* array going to stride through */

double get_seconds() { /* routine to read time in seconds */
      __time64_t ltime;
    _time64( &ltime );
    return (double) ltime;
}
int label(int i) {/* generate text labels */
    if (i<1e3) printf("%1dB,",i);
    else if (i<1e6) printf("%1dK,",i/1024);
    else if (i<1e9) printf("%1dM,",i/1048576);
    else printf("%1dG,",i/1073741824);
    return 0;
}
int _tmain(int argc, _TCHAR* argv[]) {
int register nextstep, i, index, stride;
int csize;
double steps, tsteps;
double loadtime, lastsec, sec0, sec1, sec; /* timing variables */

/* Initialize output */
printf(" ,");
for (stride=1; stride <= ARRAY_MAX/2; stride=stride*2)
    label(stride*sizeof(int));
printf("\n");

/* Main loop for each configuration */
for (csize=ARRAY_MIN; csize <= ARRAY_MAX; csize=csize*2) {
    label(csize*sizeof(int)); /* print cache size this loop */
    for (stride=1; stride <= csize/2; stride=stride*2) {

        /* Lay out path of memory references in array */
        for (index=0; index < csize; index=index+stride)
            x[index] = index + stride; /* pointer to next */
        x[index-stride] = 0; /* loop back to beginning */

        /* Wait for timer to roll over */
        lastsec = get_seconds();
        do sec0 = get_seconds(); while (sec0 == lastsec);

        /* Walk through path in array for twenty seconds */
        /* This gives 5% accuracy with second resolution */
        steps = 0.0; /* number of steps taken */
        nextstep = 0; /* start at beginning of path */
        sec0 = get_seconds(); /* start timer */
        do { /* repeat until collect 20 seconds */
            for (i=stride;i!=0;i=i-1) { /* keep samples same */
                nextstep = 0;
                do nextstep = x[nextstep]; /* dependency */
                while (nextstep != 0);
            }
            steps = steps + 1.0; /* count loop iterations */
            sec1 = get_seconds(); /* end timer */
        } while ((sec1 - sec0) < 20.0); /* collect 20 seconds */
        sec = sec1 - sec0;

        /* Repeat empty loop to loop subtract overhead */
        tsteps = 0.0; /* used to match no. while iterations */
        sec0 = get_seconds(); /* start timer */
        do { /* repeat until same no. iterations as above */
            for (i=stride;i!=0;i=i-1) { /* keep samples same */
                index = 0;
                do index = index + stride;
                while (index < csize);
            }
            tsteps = tsteps + 1.0;
            sec1 = get_seconds(); /* - overhead */
        } while (tsteps<steps); /* until = no. iterations */
        sec = sec - (sec1 - sec0);
        loadtime = (sec*1e9)/(steps*csize);
        /* write out results in .csv format for Excel */
        printf("%4.1f,", (loadtime<0.1) ? 0.1 : loadtime);
      }; /* end of inner for loop */
      printf("\n");
    }; /* end of outer for loop */
    return 0;
}
```

그림 5.32 메모리 시스템을 평가하는 C 프로그램.

물리적 주소를 따라가는 경향이 있으므로 결과에서 보다 부드러운 선을 얻기 위해서는 기계를 리부팅 할 필요가 있다. 문제의 답을 구하기 위해 메모리 계층 모든 구성 요소의 크기는 2의 승수로 가정하자. 페이지 크기가 2 단계 캐시(존재하는 경우에)의 블록 크기보다 훨씬 크고 2 단계 캐시 블록의 크기는 1 단계 캐시 블록의 크기보다 크거나 같다고 가정하라. 프로그램의 출력 예제가 그림 5.31에 도시되었다. 각 그래프는 사용된 배열의 크기를 보여 준다.

5.18 [10/12/12/12/12] <5.6> 그림 5.33의 프로그램 출력 예를 사용하자.

a. [10] <5.6> 몇 단계의 캐시가 존재하는가?

b. [12] <5.6> 1 단계 캐시의 전체 크기와 블록 크기는?

c. [12] <5.6> 1 단계 캐시의 미스 페널티는?

d. [12] <5.6> 1 단계 캐시의 연관성은?

e. [12] <5.6> 배열에 사용된 데이터의 크기가 L2 캐시 크기와 같은 경우 어떤 효과가 있는가?

5.19 [15/20/25] <5.6> 다음의 시스템 특성을 측정하기 위해 그림 5.32의 코드를 수정하라. 실험 결과를 경과 시간은 *y* 축에, 메모리 스트라이드는 *x* 축에 표시하여 그리시오. 양 축은 모두 로그 스케일을 사용하고 각 캐시 크기 별로 그래프를 그리시오.

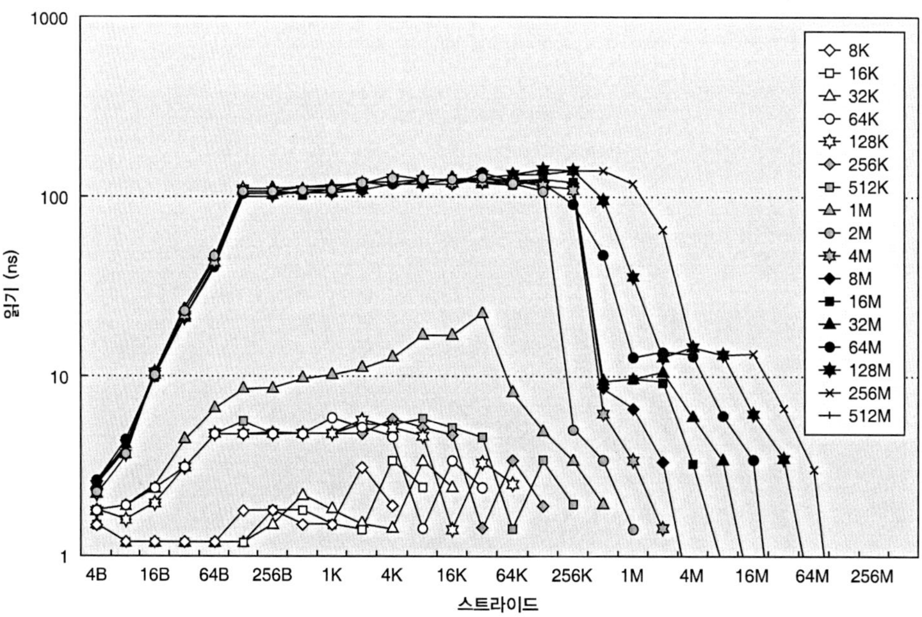

그림 5.33 그림 5.32의 프로그램에 대한 출력 예.

a. [15] <5.6> L1 캐시가 즉시 쓰기 캐시인가 나중 쓰기 캐시인가?

b. [20] <5.6> 메모리 시스템이 블로킹인가 논블로킹인가?

c. [25] <5.6> 논블로킹 메모리 시스템의 경우 몇 개의 메모리 참조가 동시에 진행할 수 있는가?

5.20 [25/25] <5.6> 멀티프로세서 메모리 시스템에서 메모리 계층의 낮은 단계들은 단일 프로세서에 의해서 채워지지는 않지만 여러 프로세서가 동시에 작동하면 포화상태에 놓일 수 있다. 그림 5.32의 코드를 수정하여 여러 복사본을 동시에 실행하라. 다음을 결정하라.

a. [25] <5.6> (존재하는 경우) 공유되는 2 단계 또는 3 단계 캐시가 제공하는 대역폭은?

b. [25] <5.6> 메인 메모리 시스템이 제공하는 대역폭은?

5.30 [30] <5.6> 순차적 슈퍼스칼라 프로세서와 예측 실행을 지원하는 VLIW 역시 명령어 수준 병렬성을 효과적으로 활용할 수 있으므로 비순차적(OOO) 슈퍼스칼라 프로세서를 설계하는 주요 이유는 캐시 미스로 인해 생기는 예측 불가능한 메모리 지연시간을 감당할 수 있는 능력 때문이다. 따라서 OOO 이슈를 지원하는 하드웨어를 메모리 시스템의 일부로 생각할 수 있다! 그림 5.34의 Alpha 21264 설계 도면에서 정수와 부동 소수점 이슈 큐와 매퍼(mapper)의 상대적 면적을 캐시와 비교하라. 큐는 이슈 시 명령들을 스케줄하고 매퍼는 레지스터 식별자에 대하여 리네이밍을 수행한다. 따라서 이들은 OOO 이슈를 지원하기 위해 추가된 기능들이다. 21264는 온

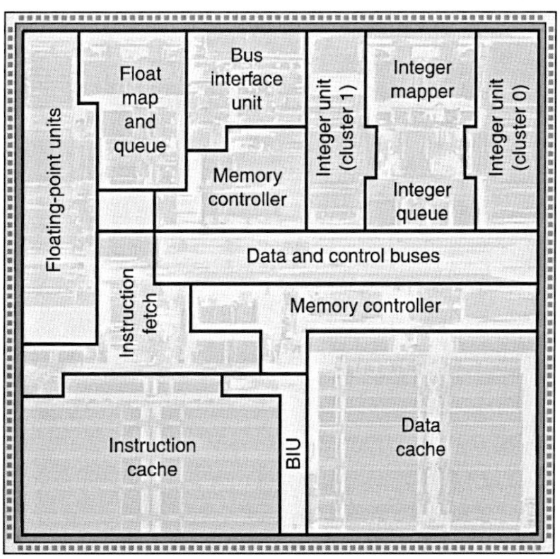

그림 5.34 Alpha 21264 프로세서의 설계도면[Kessler 1999].

칩에서 1 단계의 데이터와 명령어 캐시만을 가지며 이들은 모두 64 KB 2-방향 집합 연관 캐시이다. Simplescalar(*http://www.cs.wisc.edu/~mscalar/simplescalar.html*)와 같은 OOO 슈퍼스칼라 시뮬레이터를 사용하여 이슈 큐와 매퍼에 사용된 면적을 21264의 OOO 이슈 대신 순차적 슈퍼스칼라 프로세서에서 추가적인 L1 데이터 캐시 면적으로 사용하였을 때 메모리 집중 벤치마크에서 얼마만큼의 성능 손실을 가져오는지 분석하라. 비교를 공정하게 하기 위해 기계의 모든 다른 측면은 최대한 유사하다고 가정하라. 더 큰 캐시로 인한 액세스 시간이나 사이클 시간의 증가는 무시하라. 또 칩의 도면에서 더 큰 데이터 캐시로 인한 효과도 무시하라. (컴파일러가 생성한 코드가 순차적 프로세서를 위해 스케줄된 것이 아니므로 이 비교가 완벽하게 공정하지는 않다는 것에 주목하라.)

컴퓨터 구조 :

정량적인 접근 방식

COMPUTER ARCHITECTURE

Chapter 06

저장 장치

Storage Systems

실리콘 밸리라는 이름은 잘못 정해졌다고 생각한다. 지난 10년간 판매된 상품의 금액으로 따지면 실리콘보다는 자기 디스크 매출이 더 많았다. 실리콘 밸리는 철 옥사이드 밸리(Iron Oxide Valley)라 부르는 것이 맞다.

Al Hoagland
자기 디스크의 개척자 (1982)

대역폭과 저장 장치의 결합은 …… 급격히 확산되고 있는 디스크와 …… 인터넷 공간에서의 엄청난 컨텐츠로의 …… 빠르고 신뢰성 있는 액세스를 가능하게 하며 …… 모든 유형의 저장 장치 용량은 컴퓨터 성능 발전 속도를 추월하며 폭발적으로 증가하고 있다.

George Gilder
"종말이 다가온다," Forbes ASAP (2004년 4월 4일)

6.1 서론

Computer Architecture

검색 엔진과 경매 등 인터넷 서비스의 인기는 컴퓨터에서 I/O의 중요성을 증가시켜 왔다. 왜냐하면 아무도 인터넷을 액세스할 수 없는 데스크탑 컴퓨터를 원하지 않기 때문이다. I/O 중요성의 상승은 시대의 이름에서도 반영되어 있다. 1960년대부터 1980년대는 컴퓨팅 혁명의 시대로, 1990년대 이후는 정보화 시대로 부르는데 이는 기본 계산 성능의 발전과 정보 기술의 발전을 구별하여 표현한 것이다. 인터넷 서비스는 이 장에서 논의할 대용량 저장 장치와 부록 E의 초점인 네트워킹에 달려 있다.

계산 성능에서 통신과 정보 저장으로의 초점 이동은 가격 대비 성능뿐만 아니라 신뢰성과 확장성을 강조한다. 프로그램이 중단되어지는 것도 난감하지만 데이터를 잃게 된다면 사람들은 히스테리를 느끼게 될 것이다. 따라서 저장 장치는 컴퓨터의 다른 부품에 비해서 일반적으로 더 높은 수준의 신뢰성이 요구된다. 신뢰성은 저장 장치의 생명이며 처리속도와 응답 시간 사이에 균형을 유지하게 하는 자체적인 성능 이론 – 큐잉 이론 – 을 갖고 있다. 프로세서에서 어떤 기능이 사용될 지를 결정하는 소프트웨어는 컴파일러이지만 운영 체제에서는 그 역할이 저장 장치에 의해 수행된다.

따라서 저장 장치는 프로세서와는 전혀 다른 여러 방면의 문화를 갖고 있지만 여전히 아키텍처의 영역에 위치한다. 이 장에서는 먼저 현재 데스크탑과 서버 컴퓨터에서 가장 보편적인 저장 장치인 자기 디스크 기술의 발전에 대하여 논의를 시작하기로 하자. 1장에서 일부 설명하였지만, 독자들이 저장 장치의 기본적인 내용에 대해서는 이미 친숙해 있다고 가정하였다.

6.2 디스크 저장 장치의 최신 동향

Computer Architecture

디스크 산업은 역사적으로 디스크 용량의 향상에 집중하였다. 용량의 향상은 일반적으로 제곱 인치당 비트 수로 측정되는 면적밀도(areal density)의 향상으로 표현된다.

$$\text{면적밀도} = \text{디스크 표면당}\frac{\text{트랙 수}}{\text{인치}} \times \text{트랙당}\frac{\text{비트 수}}{\text{인치}}$$

1988년경까지 면적밀도의 향상률은 연간 29%, 즉 3년에 2배 정도의 밀도 향상을 보여 주었다. 하지만 그 이후부터 1996년경까지는 매년 60%정도로 향상되어 매 3년마다 밀도가 4배씩 증가하여 DRAM의 용량 증가와 일치하였다. 이후 1997년부터 2003년까지는 이 비율이 연 100%로 향상되어 매해 두 배씩의 향상을 보여 주었다.

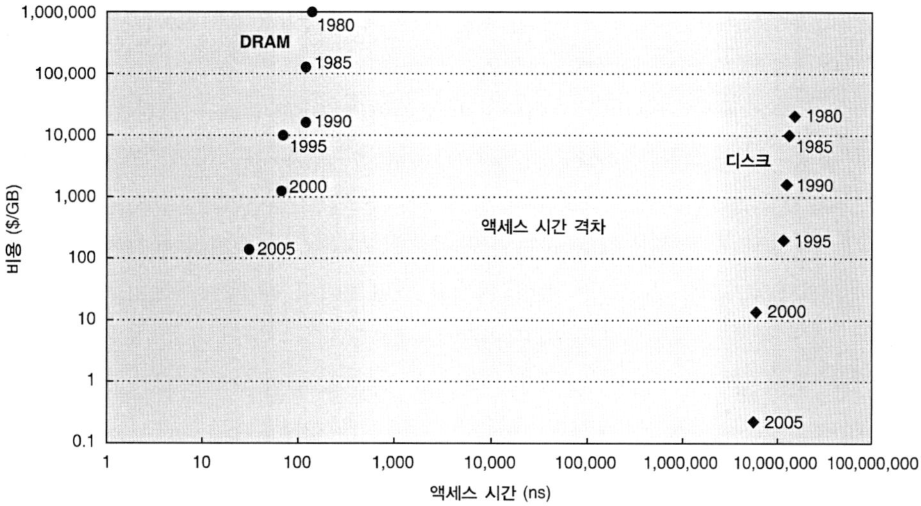

그림 6.1 1980, 1985, 1990, 1995, 2000, 2005년도 DRAM과 자기 디스크의 가격과 액세스 시간. 반도체 메모리와 자기 디스크 사이의 100배의 가격 격차와 10만 배의 액세스 시간 격차는 이 격차를 좁히기 위한 많은 경쟁 기술의 개발을 촉진하였다. 지금까지 이러한 모든 시도는 자기 디스크, DRAM 또는 두 기술 모두의 발전으로 인하여 실제 상품화되기 전에 구식이 되어 버리곤 했다. 1990년에서 2005년 사이 DRAM 칩의 기가바이트 당 가격은 별로 개선되지 않은 반면 디스크는 가격 면에서 혁신적인 발전이 있었음에 주목하라.

이와 같은 전성기를 가능하게 한 기술 혁신이 주춤하면서 이 비율은 최근 연 30% 정도로 줄어들었다. 2006년 기준으로 상용 제품 중에서 가장 고 밀도 제품의 면적밀도는 1 제곱 인치 당 1300억 비트이다. 기가바이트당 가격은 면적밀도의 증가만큼 빠르게 하락되었으며 더 작은 직경의 드라이브들이 이러한 성능 개선을 주도하였다. 1983년에서 2006년 사이 기가바이트당 가격은 100,000배 비율로 향상되었다.

자기 디스크는 보조 기억 장치의 대표 주자로서의 권위를 수차례 도전 받아왔다. 그림 6.1은 한 가지 원인인 디스크와 DRAM 사이의 액세스 시간 격차를 보여 준다. DRAM 지연시간은 디스크에 비해 100,000배 정도 빠르고 이러한 성능 장점으로 인해 기가바이트당 가격은 30배에서 150배 정도 비싸다.

대역폭의 차이는 좀 더 복잡하다. 예를 들어, 2006년 고속 디스크의 경우 115MB/s의 전송 속도를 가진 37GB의 용량의 디스크 매체의 가격이 150$ 정도이다 (그림 6.3 참조). 반면 2006년 $300 정도의 가격을 형성하는 2GB DRAM 모듈은 3200MB/s의 전송 속도를 갖고 있어 (5장의 5.3절 참조) 디스크에 비해 28배 더 큰 대역폭을 제공한다. 하지만 DRAM은 GB당 대역폭에서 500배 정도 크고, 달러당 대역폭은 14배 더 크다.

많은 사람들이 이 격차를 좁히기 위해 DRAM보다 저렴하면서 디스크보다 빠른 기술을 발명하려고 시도하였지만 모두 실패하였다. 도전자들은 원하는 시간에 상품을 출시하지 못했다. 새 상품이 출시되기 전까지 DRAM과 디스크는 전에 예측한대로 발전을 거듭하였고 이에 따라 가격 역시 하락함으로써 도전자들은 곧 구식이 되어버렸다.

가장 근사한 도전자는 플래시 메모리이다. 이 반도체 메모리는 디스크처럼 비휘발성이며 디스크와 유사한 대역폭을 갖지만 지연시간은 디스크에 비해 100–1000배 빠르다. 2006년 플래시 메모리의 기가바이트당 가격은 DRAM과 유사하다. 비록 플래시 메모리는 디스크보다 기가바이트당 50배 정도 가격이 비싸지만 훨씬 더 작은 용량으로 판매되고 전력 소비 면에서 효율적이기 때문에 카메라와 휴대용 음악 재생기에 많이 사용된다. 하지만 디스크, DRAM과는 달리 플래시 메모리의 비트들은 사용이 많아지면 닳아 없어지는 특성을 갖는다. 일반적으로 백만 번까지 쓸 수 있으며 따라서 데스크탑과 서버 컴퓨터에서는 인기가 없다.

디스크가 가까운 장래에도 경쟁력을 가질 것으로 예측되지만 기존의 섹터-트랙-실린더 모델의 미래는 더 이상 밝지 않다. 이 모델은 인접한 블록들은 같은 트랙에 있고 같은 실린더의 블록들은 탐색 시간(seek time)이 필요 없기 때문에 액세스하는 시간이 더 적게 걸리고 또 일부 트랙은 다른 트랙에 비해 더 가깝다는 가정을 하고 있다.

첫 번째, 디스크들은 그 내부에 마이크로프로세서를 포함하면서 ATA, SCSI와 같은 첨단의 지능형 인터페이스를 제공하기 시작했다. 순차적 액세스 속도를 향상시키기 위해 이 첨단 인터페이스들은 디스크들을 무작위 액세스 장치보다는 테이프와 같은 방식으로 같이 구성한다. 모든 섹터들을 같은 비트 밀도로 기록하기 위해 논리적 블록들은 단일 표면위에 뱀과 같이 꾸불꾸불한 모양으로 정렬된다. (전자 장치가 더 빠른 속도로 회전하는 바깥쪽 트랙에 맞추기 어렵고 따라서 선형의 밀도를 감소시키는 것이 작업을 쉽게 만들어 주기 때문에 디스크는 기록 밀도를 변화시킨다.) 따라서 순차적 블록들이 다른 트랙에 기록될 수 있다. 뒤에서 그림 6.22는 최신 디스크에서 기존의 섹터-트랙 모델을 가정함으로써 발생하는 오류를 예시한다.

두 번째, 디스크 내부에 마이크로프로세서가 사용되기 시작한 후 얼마 되지 않아 디스크들은 컴퓨터가 수신할 준비가 될 때까지 데이터를 저장하고 또 추가적인 액세스를 피하기 위해 캐시할 수 있도록 버퍼를 포함하기 시작했다. 또, 디스크가 최대 성능을 달성하면서 올바른 작동을 보장하기 위해서는 어떤 순서로 명령을 수행해야 할 지를 결정하게 해 주는 커맨드 큐를 추가하였다. 그림 6.2는 임의의 순서로 I/O를 수행하는 방식에 비하여 50개의 엔트리를 가진 큐를 사용하는 경우 스케줄링을 통해 초당 처리하는 I/O의 수를 두 배 정도 향상시킬 수 있는 것을 보여 준다. 비록 시스템이 실제로 256개의 커맨드를 한 큐에 가질 가능성은 매우 적지만 이 경우 초당 I/O 처리속도는 3배로 증가한다. 버퍼와 캐시, 비순차적 액세스를 고려할 때 실제 디스크의 정확한 성능 모델은 섹터-트랙-실린더 모델에 비하여 훨씬 더 복잡하다.

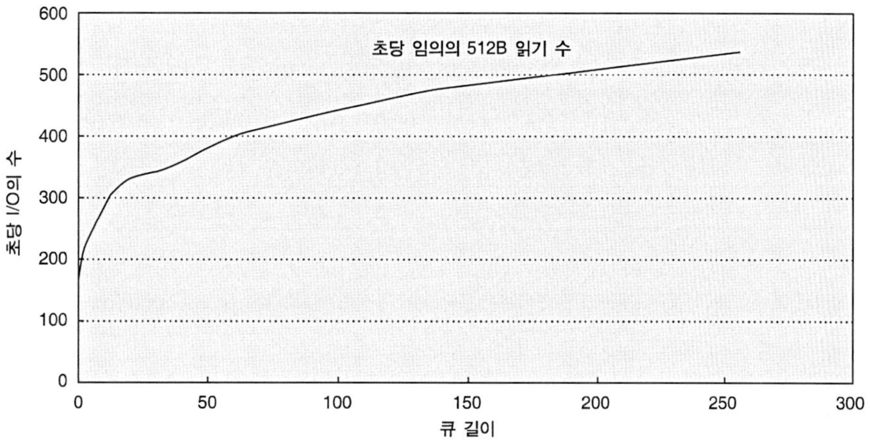

그림 6.2 512 바이트 읽기를 무작위로 수행하였을 때 커맨드 큐의 길이에 따른 처리속도. 디스크는 커맨드 큐가 없는 경우 초당 170 번의 읽기를 수행하고 이 속도는 큐 크기가 50일 때 두 배로, 256일 때 3배로 증가한다[Anderson 2003].

마지막으로 디스크 판의 수는 과거 12에서 최근 4 또는 1까지 감소하였다. 따라서 실린더의 중요성은 훨씬 감소되었다.

디스크 전력 소비

전력 소비는 프로세서뿐만 아니라 디스크에서 그 중요성이 증가하고 있다. 2006년 일반적인 ATA 디스크는 유휴 상태에서 9 와트의 전력을 소비하고, 읽거나 쓸 때는 11 와트, 탐색 시에는 13 와트의 전력을 소비한다. 무게가 작을수록 회전을 효율적으로 할 수 있기 때문에 더 작은 직경의 디스크가 전력 소비를 줄일 수 있다. 회전 속도와 판의 크기에 따른 디스크 모터에 의해 소비되는 전력을 표시하는 수식은 다음과 같다[Gurumurthi 2005].

$$\text{전력} \approx \text{직경}^{4.6} \times \text{RPM}^{2.8} \times \text{판의 개수}$$

따라서 판의 크기가 작을수록, 회전속도가 느릴수록, 판의 개수가 작을수록 디스크 모터의 전력 소비를 줄여 주며 디스크 전력의 대부분은 이 모터가 소비한다.

그림 6.3은 2006년 두 3.5인치 디스크의 명세서를 보여 준다. *직렬 ATA*(Serial ATA, SATA)는 고용량과 기가바이트당 최저 가격을 목표로 하며 따라서 500GB 드라이브의 가격은 기가바이트당 1$을 넘지 않는다. 이들은 규격에 넣을 수 있는 가장 넓은 판을 4개에서 5개 사용하지만 전력 소비를 줄이기 위해 7200 RPM에서 회전하고 탐색 속도가 상대적으로 느리다. 대응하는 직렬 부착 SCSI(Serial Attach SCSI, SAS)는 성능을 목표로 하며 따라서 15,000RPM의 속도로 회전하고 탐색시간 역시 훨씬 빠르다. 전력 소비를 줄이기 위해 판의 크기는 규격에 비해 훨씬 작으며 단일

	용량 (GB)	가격	판 개수	RPM	직경 (inch)	평균 탐색 시간 (ms)	전력 (watt)	I/O/sec	디스크 대역폭 (MB/s)	버퍼 대역폭 (MB/s)	버퍼 크기 (MB)	MTTF (시간)
SATA	500	$375	4 또는 5	7,200	3.7	8–9	12	117	31–65	300	16	0.6M
SAS	37	$150	1	15,000	2.6	3–4	25	285	85–142	300	8	1.2M

그림 6.3 2006년 3.5인치 규격에서 직렬 ATA (SATA)와 직렬 부착 SCSI (SAS) 드라이브의 비교. 초당 I/O의 수는 평균 탐색 시간과 반 회전 시간, 512KB 한 섹터를 전송하는 데 걸리는 시간을 합하여 계산하였다.

판을 사용한다. 이러한 조합은 SAS 드라이브의 용량을 37GB로 줄이게 된다.

기가바이트당 가격은 SATA 드라이브가 5배 정도 저렴하지만 역으로 초당 I/O 당 가격이나 초당 전송되는 MB당 가격은 SAS 드라이브가 5배 정도 우수하다. 비록 작은 판을 더 적은 수 사용하지만 SAS 디스크는 훨씬 빠른 RPM과 탐색 시간으로 인하여 SATA 드라이브에 비해 전력 소비가 두 배 정도 크다.

디스크 어레이의 최신 동향

저장 장치의 신뢰성과 성능을 동시에 향상시킬 수 있는 혁신 기술은 *디스크 어레이(disk arrays)*이다. 디스크 어레이를 사용하는 주된 동기는 적은 수의 큰 드라이브 대신에 많은 수의 디스크 드라이브들, 즉 여러 개의 디스크 암(disk arms)을 사용하여 잠재적 처리속도를 향상시키는 데 있다. 데이터 파일의 크기가 크다면 데이터를 여러 디스크에 분산시키는 *스트라이핑(striping)*을 통해 자동적으로 액세스를 여러 디스크로의 병렬 액세스로 변환시킬 수 있다. (비록 어레이가 처리속도는 증가시키지만 지연시간을 향상시키지는 않는다.) 1장에서 보았듯이 단점은 더 많은 장치를 사용하게 되어 신뢰성이 감소한다는 점이다. *N*개의 장치는 일반적으로 단일 장치에 비하여 1/*N*의 신뢰성을 갖는다.

각 디스크가 같은 신뢰성을 가질 때 비록 디스크 어레이가 더 적은 수의 큰 디스크를 사용하는 것에 비하여 고장 횟수가 많지만 이러한 고장을 허용할 수 있도록 어레이에 여분의 디스크를 추가하면 신뢰성은 향상된다. 즉, 한 디스크가 고장이 나면 잃어버린 정보는 중복된 정보로부터 복구되어 진다. 유일한 위험은 이 추가의 디스크가 *평균 수리 시간(MTTR, mean time to repair)* 동안 고장이 발생하는 경우이다. 디스크의 평균 고장 시간(MTTF, mean time to failure)이 수십 년이고 MTTR은 시간 단위로 측정되므로 중복성을 통해 많은 디스크의 신뢰성 측정치를 단일 디스크보다 훨씬 더 향상시킬 수 있다.

이와 같은 중복적인 디스크 어레이는 일반적으로 *값싼 디스크의 중복적인 어레이(redundant array of inexpensive disks)*를 뜻하는 *RAID*라는 약어로 부른다. 하지만 어떤 이들은 약어의 I에 *독립적(independent)*이란 단어를 선호하기도 한다. 고장으로부터의 복구 기능과 초당 메가바이트, 초당 I/O 횟수로 측정되는 처리 속도의 향상으로 인하여 RAID는 매력적인 기술로 인정되었다. 작은 직경 드라이브를 사용한 전력 소비 감소와 더 작은 물리적 크기의 장점으로 인해 RAID는 현재 대형 저장 시스템을 주도하고 있다.

그림 6.4는 다섯 단계의 RAID 표준을 요약하고 있다. 이 그림은 각 RAID 단계에서 8개의 사용자 데이터 디스크가 어떻게 여분의 또는 검증 디스크(check disks)에 의해 보충되어져야 하는 지를 보여 주며 또 각 단계의 장점과 단점을 설명한다. RAID 각 단계별 표준은 문서화가 잘 되어 있으므로 여기서는 간략히 리뷰한 후 상위 단계에 대하여 보다 상세히 살펴보기로 하자.

- RAID 0 – 중복성을 전혀 가지고 있지 않으며 비록 데이터가 어레이의 각 디스크에 분산되어 저장되기는 하지만 때로 "*JBOD* (Just a Bunch Of Disks)"라는 별명으로 불린다. 이 단계는 일반적으로 다른 RAID 단계의 가격, 성능, 신뢰성의 측

RAID 단계		허용되는 디스크 고장, 8개의 데이터 디스크 당 검증 공간 오버헤드	장점	단점	회사 제품
0	중복 없음, 스트라이핑	고장 0, 검증 디스크 1	공간 오버헤드 없음	보호 기능 없음	널리 사용
1	거울 기법	고장 1, 검증 디스크 8	패러티 계산 없음, 빠른 복구, 높은 RAID 단계 에 비하여 작은 쓰기는 빠름, 빠른 읽기	검증 공간 오버헤드가 가장 크다.	EMC, HP (Tandem), IBM
2	메모리 유형 ECC	고장 1, 검증 디스크 4	자가 진단을 위해 고장 디스크를 사용하지 않음	~Log 2 검증 공간 오버헤드	사용 안 됨
3	비트 인터리빙 패러티	고장 1, 검증 디스크 1	검증 오버헤드 작음, 큰 읽기나 쓰기에 높은 대역폭	작은, 무작위 읽기, 쓰기 지원하지 않음	저장 장치 개념
4	블록 인터리빙 패러티	고장 1, 검증 디스크 1	검증 오버헤드 작음, 작은 읽기에 더 큰 대역폭	패러티 디스크가 작다. 쓰기 병목현상	네트워크 가전
5	블록 인터리빙 분산 패러티	고장 1, 검증 디스크 1	검증 오버헤드 작음, 작은 읽기, 쓰기에 더 큰 대역폭	작은 쓰기 → 4 디스크 액세스	널리 사용
6	행-대각선 패러티, EVEN-ODD	고장 2, 검증 디스크 2	2 디스크 고장에 대한 보호	작은 쓰기 → 6 디스크 액세스, 2X 검증 오버헤드	네트워크 가전

그림 6.4 RAID 단계 별 고장 허용과 중복 디스크에서의 오버헤드. RAID란 용어를 소개한 논문 [Patterson, Gibson, and Katz 1987]은 지금은 보편화된 수치적 분류를 사용하였다. 실제로 비 중복적인 디스크 어레이는 데이터가 중복 없이 여러 디스크에 분산 저장된 것을 표시하기 위해 종종 RAID 0으로 부른다. 이 예에서 거울 기법 (RAID 1)은 각 거울 쌍의 한 디스크 씩 고장이 나는 경우 최대 8개의 디스크 고장을 허용할 수 있으며 최악의 경우는 한 쌍에서 두 디스크가 모두 고장 나는 경우이다. 2006년 현재 RAID 2의 상용 제품은 없고 나머지 표준들은 여러 제품에서 사용되고 있다. 본문에서는 RAID 0 + 1, 1 + 0, 01, 10, 6을 논의한다.

정 기준의 역할을 수행하기 위해 포함된다.

- RAID 1 – *거울 기법(mirroring)* 또는 *그림자 기법(shadowing)*이라고도 부르며 각 데이터는 두 개의 복사본을 갖는다. 이는 가장 간단하고 가장 오래된 중복 기법이지만 가장 많은 비용을 요구한다. 일부 어레이 제어기들은 중복된 디스크들이 독립적으로 읽기를 수행하도록 함으로써 읽기 성능을 최적화하기도 하지만 이와 같은 최적화는 중복된 쓰기의 완료 시간을 증가시키기도 한다.
- RAID 2 – 이 구조는 메모리에서의 오류 정정 코드를 디스크에 적용하는 데서 출발하였다. 이 단계는 최초 RAID 논문이 발표될 당시 이와 같은 디스크 어레이 상품이 출시되었기 때문에 포함되었으나 그 이후 다른 RAID 구조가 인기를 얻음에 따라 이러한 상품은 더 이상 출시되지 않는다.
- RAID 3 – 지능형 디스크 인터페이스들은 디스크의 상태를 판단할 수 있으므로 어떤 디스크에서 고장이 발생하였는지 파악하는 것은 어렵지 않다. 설계자들은 데이터 디스크 정보의 패러티를 저장한 하나의 디스크를 추가하여 디스크 고장으로부터 복구할 수 있음을 깨닫게 되었다. 데이터는 스트라이핑에 의해 분산되어지고 N개의 데이터 블록은 1개의 패러티 블록을 갖는다. 고장이 발생하면 양호한 블록에서 양호한 데이터만 빼고 나머지만 잃어버린 데이터가 된다. (이는 고장난 디스크가 데이터 디스크이거나 패러티 디스크인 경우 모두 유효하다.) RAID 3은 데이터가 읽기나 쓰기 시 모든 디스크에 분산되어 있음을 가정하는데 이는 대량의 데이터를 읽거나 쓰는 경우 적합하다.
- RAID 4 – 여러 응용들은 작은 액세스를 주로 사용한다. 각 섹터는 자신의 오류 검증 기능을 갖고 있으므로 각 디스크가 독립적으로 읽기를 수행하도록 허락함으로써 초당 읽기의 수를 안전하게 증가시킬 수 있다. 패러티 계산을 위해 모든 디스크를 읽어야 하기 때문에 쓰기는 여전히 느리다. 초당 쓰기의 수를 증가시키기 위한 한 가지 대안은 단 두 개의 디스크를 사용한다. 첫째, 어레이는 먼저 덮어써질 과거 데이터를 읽은 후 새 데이터를 쓰기 전에 어떤 비트들이 변경될 지를 계산한다. 이 후 검증 디스크에서 패러티의 과거 값을 읽은 후 변경 리스트에 따라 패러티를 갱신하고 검증 디스크에 패러티의 새 값을 기록한다. 따라서 소위 이러한 "작은 쓰기"는 작은 읽기에 비하여 여전히 더 느리다 – 네 번의 디스크 액세스가 필요하다 – 하지만 매번 쓰기를 수행할 때마다 모든 디스크를 읽는 것에 비해서는 빠르다. RAID 4는 RAID 3과 마찬가지로 검증 디스크 오버헤드가 작지만 작은 읽기와 쓰기는 물론 큰 읽기와 쓰기 역시 RAID 3 만큼 빠르게 수행할 수 있다. 하지만 제어는 더 복잡하다.
- RAID 5 – RAID 4에서 작은 쓰기의 성능적인 문제는 이들이 모두 같은 검증 디스크를 읽고 쓴다는 점이며 이는 성능상의 병목 현상을 야기한다는 점이다. RAID

5는 단순히 패러티 정보를 어레이의 모든 디스크에 분배함으로써 병목 현상을 제거한다. 패러티가 모든 디스크에 균일하게 분산되도록 각 스트라이프의 패러티 블록은 순환되어 저장된다. 디스크 어레이 제어기는 주어진 블록에 대한 쓰기를 수행하기 전에 어떤 디스크가 패러티를 갖고 있는지 계산하여야 하지만 이 계산은 단순하다. RAID 5는 RAID 3과 4 만큼 적은 검증 디스크 오버헤드를 가지고 RAID 3 만큼 큰 읽기와 쓰기를, RAID 4 만큼 작은 읽기를 수행할 수 있으나 RAID 4보다 더 큰 작은 쓰기 대역폭을 제공한다. 하지만 RAID 5는 고전적인 RAID 단계 중에서 가장 복잡한 제어기를 필요로 한다.

고전적인 RAID 단계들을 간단히 살펴보았으므로 RAID가 소개된 이후 대중화된 두 가지 RAID 단계를 살펴보기로 하자.

RAID 10 대 01(또는 1 + 0 대 RAID 0 + 1)

RAID 관련 문헌에서 자주 소개되지 않은 한 가지 주제는 RAID 1에서의 거울 기법이 스트라이핑과 어떤 상호 작용을 발생시키는지 하는 이슈이다. 4개 디스크 분량의 저장할 데이터가 있고 8개의 디스크를 사용할 수 있다고 가정하자. 4쌍의 디스크를 생성하여 각 쌍을 RAID 1로 구성한 후 데이터를 4개의 RAID 1쌍에 스트라이핑 할 것인가? 아니면 4개의 디스크를 한 세트로 두 세트를 생성하여 각 세트를 RAID 0으로 구성한 후, 두 RAID 0 세트에 거울 기법 쓰기를 수행할 것인가? RAID 용어는 전자를 RAID 1 + 0 또는 RAID 10("스트라이프 거울(striped mirrors)")으로 부르고 후자는 RAID 0 + 1 또는 RAID 01("거울 스트라이프(mirrored stripes")로 부른다.

RAID 6: 단일 디스크 고장을 넘어서

RAID 1에서 5까지 패러티 기반의 기법들은 단일 자체-식별 고장(single self-identifying failure)에 대한 보호 기능을 제공한다. 하지만 운영자가 실수로 고장 발생 시 다른 디스크를 대체하는 경우 디스크 어레이는 두 번의 고장을 경험하게 되고 데이터는 상실될 것이다. 또 다른 이슈는 디스크 대역폭의 증가속도가 디스크 용량에 비해 느리기 때문에 RAID 시스템에서 디스크의 MTTR은 증가하고 이는 결국 두 번째 고장의 가능성을 증가시킨다는 점이다. 예를 들어, 500 GB의 SATA 디스크는 간섭이 없다는 가정에서 연속적으로 읽기를 수행하는 데 약 3시간이 소요된다. 손상된 RAID가 데이터를 계속해서 제공한다면 복구는 상당히 지연될 것이고 이는 MTTR을 증가시키게 된다. 복구 시간 증가와 함께 또 다른 이슈는 복구 중 훨씬 더 많은 데이터를 읽게 되면 회복 불가능한 매체 고장의 가능성을 증가시키게 되고 이는 데이터 손실로 이어질 수 있다는 점이다. 동시 다발적인 고장을 야기할 수 있는 또 다른 문제는 어레이에서 디스크의 수가 증가한다는 점과 SCSI 디스크에 비하여 더 느리고 큰 ATA 디스크의 사용이 많아진다는 점이다.

따라서 지난 수년간 복수 고장 시 보호에 대한 관심은 증대되었다. 예를 들어, 네트워크 가전은 RAID 4 파일 서버를 구축함으로써 시작한다. 이중 고장이 고객들에게 위험으로 다가오자 *행 대각선 패러티(row-diagonal parity)* 또는 *RAID-DP*라 불리는 데이터 보호 기능이 보다 강화된 기법이 소개되었다. 표준 RAID 방식과 마찬가지로 행 대각선 패러티는 스트라이프 단위로 패러티를 계산하여 잉여 공간을 사용한다. 이중 고장에 대한 보호를 위해 이 방식은 데이터 블록마다 두 개의 검증 블록을 추가한다. 총 p + 1개의 디스크가 있고 p − 1개의 디스크가 데이터를 갖고 있다고 가정하자. 그림 6.5는 p가 5일 때의 경우를 보여 준다.

행 패러티 디스크는 RAID 4에서와 같다. 이 디스크는 스트라이프에서 다른 4개 데이터 블록에 대한 짝수 패러티를 포함한다. 대각선 패러티 디스크의 각 블록은 같은 대각선상의 블록들에 대한 짝수 패러티를 포함한다. 각 대각선이 하나의 디스크를 포함하지 못함을 주목하라. 예를 들어, 대각선 0은 디스크 1을 포함하지 않는다. p개의 디스크를 보호하기 위해서는 단 p − 1개의 대각선이 필요하고 따라서 이 디스크는 그림 6.5에서와 같이 0에서 3까지의 대각선을 갖고 있다.

그림 6.5에서 행-대각선 패러티가 어떻게 동작하는지 데이터 디스크 1과 3이 고장 났다고 가정하여 살펴보자. 디스크 1과 3의 두 데이터 블록이 빠져 있으므로 행 패러티와 첫째 행을 사용한 표준 RAID 복구는 수행할 수 없다. 하지만 대각선 0에 대한 복구는 수행할 수 있다. 왜냐하면 디스크 3과 관련된 데이터 블록만 빠져 있기 때문이다. 따라서 행-대각선 패러티는 이 예제에서 대각선 패러티를 사용하여 고장난 디스크의 4 블록 중 한 블록을 복구함으로써 시작한다. 각 대각선마다 하나의 디스크가 빠져 있고 모든 대각선이 각기 다른 디스크를 빠트리고 있기 때문에 두 대각선은 단 하나의 블록만 빠트린다. 이 예제의 경우 이들은 대각선 0과 2이다. 따라서

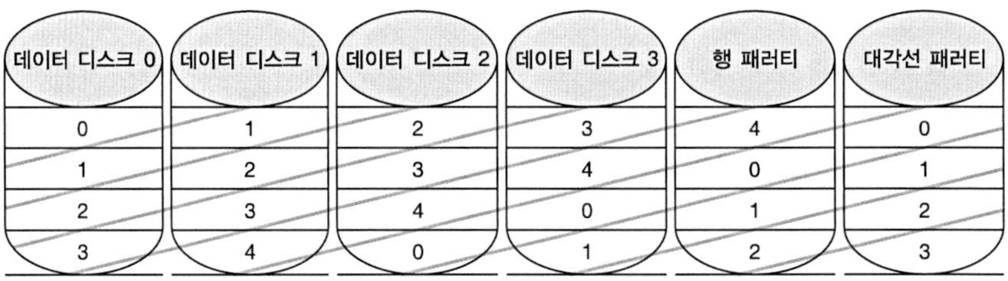

그림 6.5 4개의 데이터 디스크를 이중 고장으로부터 보호하는 p = 5에서의 행 대각선 패러티 [Corbett 2004]. 이 그림은 대각선 패러티 디스크에 저장된 패러티가 계산되는 데 사용된 대각선 그룹을 보여 준다. 비록 이 그림은 RAID 4에서처럼 행 패러티와 대각선 패러티에 대한 모든 검증 데이터를 다른 디스크에 보여 주지만 행-대각선 패러티를 회전하면 RAID 5와 유사하다. 변수 p는 반드시 2보다 큰 소수이어야 한다. 하지만 빠져있는 디스크가 모두 0을 가지고 있다고 가정하면 p를 데이터 디스크 수보다 크게 만들 수 있으며 이 방법은 여전히 유효하다. 이런 기법을 통해 기존 시스템에 쉽게 디스크를 추가할 수 있다. NetApp는 257을 p로 사용하여 시스템이 최대 256개의 데이터 디스크를 사용할 수 있도록 확장하는 것을 허락한다.

다음에는 고장난 디스크 1로부터 대각선 2의 블록을 복구한다. 이 블록들의 데이터가 복구된 후 표준 RAID 복구 기법을 사용하여 RAID 4 스트라이프 0과 2의 두 개 블록을 추가로 복구할 수 있고 이는 더 많은 대각선의 복구를 허락한다. 이러한 과정은 두 개의 고장난 디스크가 완전히 복구될 때까지 계속된다.

IBM 연구원들에 의해 초기에 개발된 EVEN-ODD 기법은 행 대각선 패러티와 유사하지만 동작과 복구 시 좀 더 많은 계산을 필요로 한다[Blaum 1995]. 최근 논문들은 이 EVEN-ODD 기법을 확장하여 3중 고장에 대한 보호 기법을 제안하였다[Blaum 1996; Blaum 2001].

6.3 실제 결함과 고장: 정의와 예제

Computer Architecture

비록 사람들은 가끔씩 중단되어 모든 프로그램을 재시작해야 하는 컴퓨터는 사용할 수 있지만 정보의 손실은 결코 없어야 한다고 주장한다. 저장 장치의 주목적은 어떤 일이 발생하더라도 정보를 기억하는 것이다.

1장은 의존성의 기초를 설명하며 이 절에서는 이 정보를 확장하여 고장의 표준 정의와 예제들을 살펴본다.

먼저 용어에 대한 혼란을 정리하여 보자. *결함(fault)*, *오류(error)*, *고장(failure)* 이란 용어는 종종 상호 교대로 사용되지만 신뢰성 문헌에서는 다른 의미를 갖고 있다. 예를 들어, 프로그래밍 실수는 결함인가, 오류인가, 아니면 고장인가? 프로그램의 설계 단계 또는 실행 단계에서 의미가 다른가? 만약 실행중인 프로그램이 이 실수를 실제로 사용하지 않는 경우, 이 실수는 여전히 결함/오류/고장인가? 다른 예제를 살펴보자. 알파 입자가 DRAM 메모리 셀을 때렸다고 가정하자. 만약 메모리 셀 값이 변하지 않았다면 이는 결함/오류/고장인가? 메모리가 변경된 비트를 액세스하지 않았다면 이는 결함/오류/고장인가? 만약 메모리가 오류를 교정하여 정확한 값을 CPU에 전달하였다면 결함/오류/고장이 여전히 발생한 것인가? 여러분도 어려움의 의미를 이해할 수 있을 것이다. 이와 같은 사건들을 보다 분석적으로 판단하기 위해서는 보다 명확한 정의가 분명히 필요하다.

이러한 부정확성을 피하기 위하셔 이 절은 Laprie [1985], Gray and Siewiorek [1991] 이 정의한 용어에 기반을 두고 있는데 이 용어들은 IFIP 워킹 그룹 10.4와 결함 허용(Fault Tolerance)에 대한 IEEE 컴퓨터 분과 기술 위원회의 승인을 받은 바 있다. 시스템을 하나의 모듈로 언급하지만 이 용어는 그 세부 모듈에도 재귀적으로 적용된다. 먼저 *의존성(dependability)*의 정의부터 살펴보자.

> 컴퓨터 시스템의 *의존성*이란 서비스에 대한 신뢰가 보장될 수 있는 전달된 서비스의 질을 뜻한다. 한 시스템에 의해 전달된 *서비스*는 이 시스템의 사용자들과 서로 영향을 미치

> 는 다른 시스템에 의해 감지되는 관측된 실제 행동이다. 각 모듈은 또한 이상적인 *명시된 행동(specified behavior)*을 갖는데 여기서 *서비스 규격(service specification)*은 예측되는 행동에 대한 동의된 명세이다. 시스템 *고장(failure)*은 실제 행동이 명시된 행동에서 벗어날 때 발생한다. 고장은 *오류(error)*, 즉 이 모듈에서의 결점(defect)에 의해 발생한다. 오류의 원인은 *결함(fault)*이다.
>
> 결함이 발생하면 *잠재적 오류(latent error)*를 생성하며 이 오류가 활성화되면 오류는 *유효하게(effective)* 된다. 이 오류가 실제로 전달된 서비스에 영향을 주게 되면 고장(failure)이 발생한다. 오류 발생과 그로 인한 고장 사이의 시간이 오류 지연시간 (error latency)이다. 따라서 오류는 시스템에서 결함의 징후이고 고장은 서비스에 대한 오류의 징후이다. [p. 3]

위의 흥미로운 예제로 돌아가 보자. 프로그래밍 실수는 결함이다. 그 결과는 소프트웨어 상의 *오류*(또는 *잠재적 오류*)이다. 이 오류가 활성화되면 *유효하게* 된다. 이 *유효* 오류(effective error)가 잘못된 데이터를 생성하여 전달된 서비스에 영향을 미치면 *고장*이 발생한다.

DRAM을 때린 알파 입자는 결함으로 간주된다. 만약 메모리 내용을 변경한다면 오류를 발생시킨다. 이 오류는 변경된 메모리 워드가 읽혀질 때까지 잠복 상태에 놓이게 된다. 만약 워드 오류가 유효하게 되어 전달된 서비스에 영향을 미치면 고장이 발생한다. 만약 ECC가 오류를 교정한다면 고장을 발생하지 않는다.

운영자에 의한 실수는 결함이다. 그 결과로 변경된 데이터는 오류이다. 이 오류가 활성화되기 전까지는 잠복기에 놓이게 되며 그 다음은 이전 예들과 같다.

이를 좀 더 명확하게 구별하기 위해 결함, 오류, 고장과의 관계를 기술하면 아래와 같다.

- 결함은 하나 이상의 잠재적 오류를 생성한다.
- 오류의 특성은 (1) 잠재적 오류는 활성화되면 유효하게 된다, (2) 오류는 잠재적 상태와 유효 상태를 순환할 수 있다, (3) 유효 오류는 한 부품에서 다른 부품으로 종종 전파되어지므로 새로운 오류를 생성하기도 한다. 따라서 유효 오류는 한 부품에서 이전의 잠재적인 오류로부터 발생하거나 그 부품 또는 다른 부품으로부터의 전파되어 온 오류로부터 발생한 것이다.
- 오류가 제공되는 서비스에 영향을 주면 부품의 고장이 발생한다.
- 이러한 특성들은 재귀적이며 시스템 내의 어떤 부품에도 적용된다.

Gray와 Siewiorek는 결함을 그 원인에 따라 4 가지로 분류하였다.

1. 하드웨어 결함(hardware faults) – 알파 입자가 메모리 셀을 때린 것과 같이 고장난 장치

2. 설계 결함(design faults) – (일반적으로) 소프트웨어와 (간혹) 하드웨어 설계상의 결함
3. 운영 결함(operation faults) – 운영자 및 관리자에 의한 실수
4. 환경 결함(environment faults) – 화재, 홍수, 지진, 정전, 파손 등

결함은 또한 그 기간에 따라 일시적(transient), 간헐적(intermittent), 또 영구적(permanent)으로 분류된다[Nelson 1990]. *일시적 결함*은 제한된 시간 동안 지속되며 다시 발생하지 않는다. *간헐적 결함*은 시스템이 결함이 있는 상태와 결함이 없는 상태를 왕복하도록 한다. *영구적 결함*은 시간이 경과해도 자체적으로 복구하지 못한다.

결함과 오류, 고장 사이의 차이를 정의하였으므로 실세계의 예제들을 살펴보자. 실제 오류율에 대한 문헌은 다음의 두 가지 이유에서 찾기가 쉽지 않다. 첫째, 학자들이 측정할 수 있을 만큼 의미 있는 하드웨어 자원을 가진 경우가 드물다. 둘째, 기업의 연구원들은 고장에 관한 정보를 발표하도록 허락되는 경우가 드문데 그 이유는 이러한 정보가 시장에서 회사에 대하여 부정적으로 사용될 수 있기 때문이다. 하지만 몇 가지 예외가 있다.

버클리의 제 3 디스크(Tertiary Disk)

캘리포니아 대학의 제 3 디스크 프로젝트는 샌프란시스코 미술관의 영상 서버를 탄생시켰다. 이 데이터베이스는 7만 개 이상 작품들의 고화질 이미지들로 구성된다. 데이터베이스는 스위치 이더넷으로 연결되며 368개의 디스크 드라이브를 가진 20개의 PC들로 구성된 클러스터에 저장되었고 7 피트 높이의 선반에 설치되었다.

그림 6.6은 제 3 디스크에서 여러 부품의 고장률을 보여 준다. 시스템을 구축하기 전까지 설계자들은 SCSI 데이터 디스크가 가장 불안정한 부품이라고 가정하였다. 왜냐하면 이들은 기계적 장치들이고 수가 많았기 때문이다. 그 다음으로는 IDE 디스크를 가정하였는데 그 이유는 수가 더 적었기 때문이며 그 다음은 전원, 집적회로 순으로 가정하였다. 또한 케이블과 같이 수동적인 장치들은 고장이 거의 없을 거라고 가정하였다.

그림 6.6은 이 가정들의 일부를 철저히 무너뜨렸다. 설계자들은 제조자들의 권고에 따라 디스크 케이스들이 진동을 줄이고 냉각이 잘 되도록 설치하였기 때문에 데이터 디스크들은 매우 높은 신뢰성을 보여 주었다. 반면, IDE/ATA 디스크들을 내장한 PC 케이스들은 똑 같은 환경적인 제어를 받지 못하였다. (IDE/ATA 디스크들은 데이터를 저장하지는 않았지만 응용 프로그램과 운영체제가 PC를 부팅하는 것을 도와 주었다.) 그림 6.6은 SCSI 백플레인(backplane), 케이블, 이더넷 케이블이 데이터 디스크에 비하여 신뢰성이 우수하지 않음을 보여 준다!

제 3 디스크는 여러 중복적인 구성 요소를 가진 대형 시스템이었기 때문에 이러

부품	시스템내의 총 숫자	고장난 숫자	고장률
SCSI 컨트롤러	44	1	2.3%
SCSI 케이블	39	1	2.6%
SCSI 디스크	368	7	1.9%
IDE/ATA 디스크	24	6	25.0%
디스크 케이스 - 백플레인	46	13	28.3%
디스크 케이스 - 전원	92	3	3.3%
이더넷 컨트롤러	20	1	5.0%
이더넷 스위치	2	1	50.0%
이더넷 케이블	42	1	2.3%
CPU/마더보드	20	0	0%

그림 6.6 제 3 디스크를 18 개월 동안 운영하면서 발생한 부품 고장. 각 부품별로 이 표는 시스템에서의 총 숫자, 고장난 숫자, 고장 발생 비율을 보여 준다. 디스크 케이스는 백플레인 무결성(backplane integrity) 고장과 전원 고장이라는 두 가지 유형의 문제를 갖고 있기 때문에 표에서 두 개의 엔트리를 가진다. 각 케이스는 두 개의 전원을 갖고 있으므로 전원 고장이 가용성에 영향을 주지는 않았다. 20개의 PC로 구성된 이 클러스터는 7개의 높이 7 피트, 폭 19인치의 선반에 설치되었고 368개의 8.4GB, 7200RPM, 3.5 인치 IBM 디스크들을 갖고 있다. 각 PC는 96MB의 DDR DRAM을 가진 P6-200MHz 시스템이다. 이들은 FreeBSD 3.0을 실행하고 100 Mbit/sec의 스위치 이더넷으로 연결된다. 모든 SCSI 디스크들은 RAID 1을 지원하기 위해 양끝을 모두 사용할 수 있는 SCSI 체인을 통해 두 개의 PC에 연결된다. 주 응용은 Zoom 프로젝트로 불리며 1998년 당시 72000개의 이미지를 가진 세계 최대의 미술 이미지 데이터베이스이다. Talagala et al. [2000]을 참조하라.

한 여러 유형의 고장을 감당할 수 있었다. 부품들은 연결되어 있었고 이미지들은 어떠한 단일 고장도 이미지 손실을 가져오지 않도록 복제되어 기록되었다. 이러한 전략은 비록 초기에는 너무 과도한 것으로 보였지만 필수적인 것으로 판명되었다.

이러한 경험을 통해 일시적 결함과 영구적 결함 사이의 차이점이 분명해졌다. 그림 6.6의 거의 모든 고장은 초기에는 일시적 결함으로 보였다. 고장의 상태에 따라 장치를 교체하여야 할지 계속 진행시킬지를 결정하는 것은 운영자에 달려 있었다. 사실, "고장"이란 용어는 사용되지 않았다. 대신에 연구자들은 일반적으로 문제 직원을 다룰 때 사용하는 용어를 사용하여 운영자가 문제의 부품을 "해고 (fire)"할 지, 하지 않을 지를 결정한다고 표현하였다.

Tandem

다음은 기업의 예제이다. Gray [1990]는 Tandem 컴퓨터에 대한 결함 데이터를 수집하였는데 Tandem은 결함 허용 컴퓨팅의 선구적인 업체로서 주로 데이터베이스 응용에 사용된 컴퓨터를 개발하였다. 그림 6.7은 1985년에서 1989년 사이 시스템 고장을 발생시킨 결함을 그래프로 나타내고 있으며 시스템당 절대적인 결함 수와 문제를 일으킨 결함의 비율로 표시하였다. 이 데이터는 하드웨어의 신뢰성과 관리 측면에서 분명한 개선이 있었음을 보여 준다. 1985년 디스크들은 매년 Tandem의 서비스

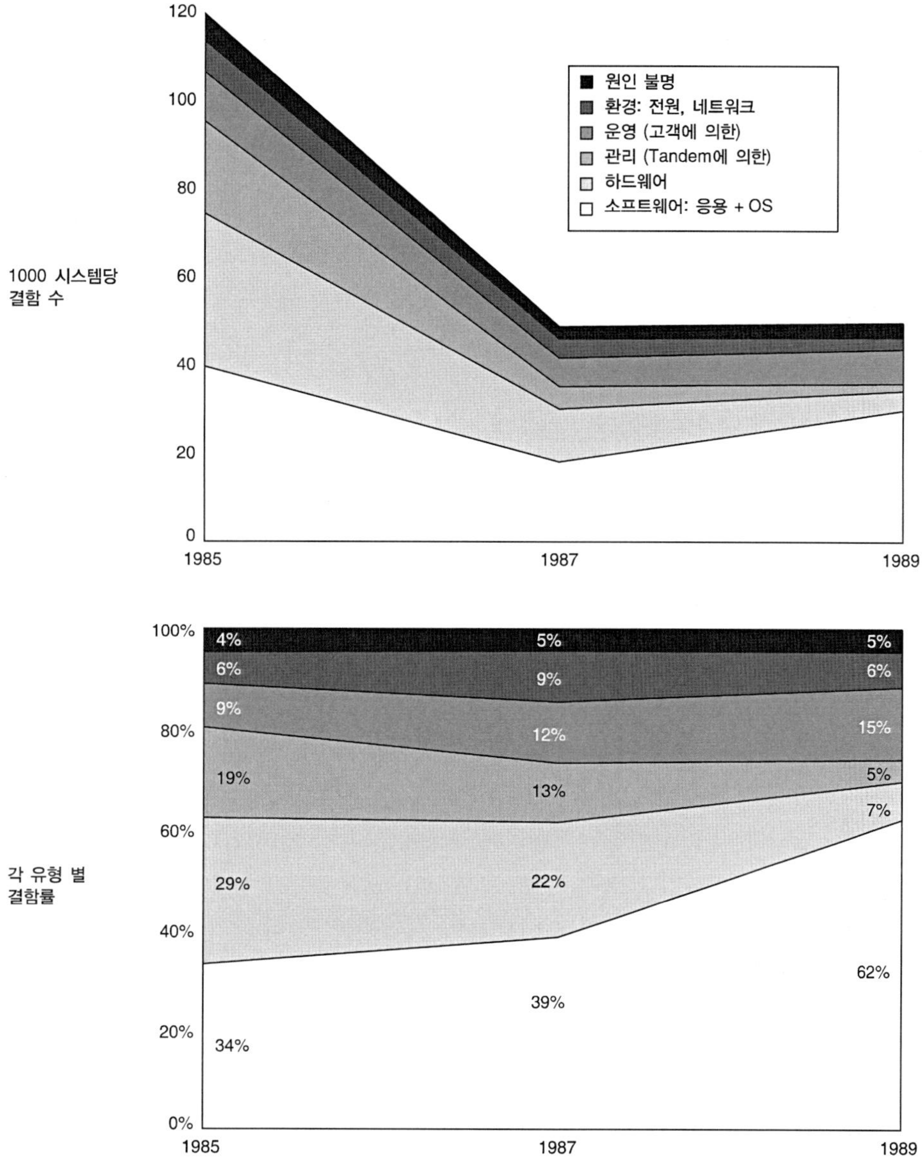

그림 6.7 1985년에서 1989년 사이 Tandem에서의 결함 통계. Gray [1990]는 고객들이 보고한 부품 고장 건수에 기초하여 결함이 허용되는 Tandem 컴퓨터에서 이 데이터를 수집하였다.

가 필요하였으나 이들은 더 이상 예정된 관리가 필요 없는 디스크로 교체되었다. 시스템당 칩과 연결회로의 수가 감소하고 하드웨어 결함을 허용하는 소프트웨어 기능이 강화됨에 따라 1989년 전체 고장에서 하드웨어가 차지하는 비율은 7%로 줄어들었다. 게다가 하드웨어 결함이 발생하는 경우 종종 이 하드웨어 장치에 내장된 소프트웨어가 원인이 되었다. 이 데이터에 따르면 1989년에 소프트웨어가 보고된 고장 건수 중에서 가장 큰 비중(62%)을 차지하고 그 다음은 시스템 운영 실수(15%)가 뒤

따르는 것을 볼 수 있다.

이와 같은 통계의 문제점은 이 데이터들이 보고된 숫자만 참조하고 있다는 점이다. 예를 들어, 정전으로 인한 환경적인 고장들은 지역적인 문제로 간주되어 Tandem에 보고되지 않았다. 운영상의 결함에 관련된 데이터는 관리자들의 의견에 영향을 줄 수 있고, 또 이는 고용 보장과 연봉에 영향을 주기 때문에 수집하기가 상당히 어렵다. Gray는 환경 결함과 운영자 결함 숫자 모두 더 적게 보고되었다고 믿었다. 그의 연구는 더 높은 가용성을 달성하기 위해서는 소프트웨어 질, 소프트웨어 결함 허용, 더 단순한 연산, 운영 결함의 허용 등에서 개선이 필요하다고 결론지었다.

의존성에 있어서 운영자의 역할에 대한 다른 연구들

제 3 디스크와 Tandem은 저장 기술과 관련된 의존성 연구이므로 시스템 고장과 관련된 인간의 역할에 대한 더 나은 측정을 위해서는 저장 장치 외부를 살펴볼 필요가 있다. Murphy와 Gent [1995]는 시스템이 매번 부팅할 때마다 자동적으로 운영자에게 재부팅의 사유를 묻도록 프롬프트를 제시하게 하여 운영자 결함에 대한 데이터의 정확성을 향상시키려고 시도하였다. 이들은 같은 결함에 따른 연속적인 고장은 운영자 결함으로 분류하였고 잘못된 값, 잘못된 구성, 잘못된 응용 설치 값들을 변수에 사용하는 것 등 직접적으로 시스템 고장을 발생시키는 운영자의 활동들을 이 결함에 포함하였다. 비록 이들은 운영자 실수가 여전히 적게 보고되었다고 믿었지만 운영자가 작성하여 매니저들에게 보고된 양식에 기초한 Gray 결과보다는 더 정확한 정보를 수집하였다. VAX 시스템에서 하드웨어/운영체제에 의해 야기된 고장 비율은 1985년 70%에서 1993년 28%로 줄어든 반면 같은 기간 운영자에 의해 발생한 고장 비율은 15%에서 52%로 증가하였다. Murphy와 Gent는 미래에 관리 시스템이 의존성의 주 과제가 될 것으로 예측하였다.

마지막 데이터는 정부에서 수집된 것이다. 연방 통신 위원회(FCC, Federal Communications Commission)는 모든 전화 회사로 하여금 최소 3만 명의 고객에 영향을 주거나 30분 이상 지속되는 정전을 경험하면 사유서를 제출하도록 요구하고 있다. 이러한 상세 보고는 자체적으로 보고된 이전의 숫자들과는 다르다. 왜냐하면 장비의 운영자가 아니라 조사관들이 정전의 원인을 결정하기 때문이다. Kuhn [1990]은 1992년에서 1994년 사이 정전의 원인을 연구하였고 Enriquez [2001]은 2001년 전반기에 대한 후행 연구를 수행하였다. 비록 수년간에 걸쳐 네트워크 과부하에 의한 고장은 상당한 개선이 있었지만 고객에 대한 전체 정전 시간 중 인간에 의한 고장이 차지하는 비율은 1/3에서 2/3로 증가하였다.

이 4 가지 예제를 포함하여 여러 연구에 의하면 오늘날 대형 시스템의 주 고장 원인은 인간 운영자에 의한 결함이다. 하드웨어 결함의 숫자는 시스템에서 사용되는 칩들의 수가 줄어들고 또 연결회로들의 수 역시 줄어들었기 때문에 감소하고 있다.

또한 하드웨어 의존성은 메모리 ECC와 RAID 같은 결함 허용 기술에 의해 향상되고 있다. 적어도 일부 운영 체제의 경우 새로운 기능을 추가하기 전에 이들이 가져올 신뢰성 이슈를 고려하고 있기 때문에 2006년 대부분의 고장은 다른 부분에서 발생한다.

비록 고장이 운영자의 결함에서 시작되기도 하지만 관리와 업그레이드 과정이 그 만큼 오류투성이라는 현재 시스템 기술의 사정을 다 반영하지는 못한다. 대부분의 저장 장치 사업자들은 고객들이 저장 장치의 구매보다는 저장 장치의 운영과 관리에 보다 많은 시간을 보내야 한다고 주장한다. 따라서 미래 의존성 있는 저장 시스템을 구현하기 위한 과제는 운영자의 결함을 허용하던지 아니면 시스템 관리 과정을 단순화하여 결함을 피하는 길 뿐이다. RAID 6은 운영자가 실수로 문제가 없는 디스크를 교체하더라도 저장 시스템이 정상 운영을 하도록 허락한다는 사실에 주목하라.

지금까지 의존성 이슈와 주요 용어 정의, 사례 연구, 또 의존성을 향상시키는 기술들을 살펴보았다. 저장 시스템의 다음번 주제는 성능이다.

6.4 I/O 성능, 신뢰성 측정과 벤치마크

Computer Architecture

I/O 성능은 설계에서는 사용되지 않는 기준들을 가진다. 이 중 하나는 다양성이다. 어떤 I/O 장치들이 이 컴퓨터 시스템에 연결될 수 있는가? 또 한 가지는 용량이다. 몇 대의 I/O 장치가 한 컴퓨터 시스템에 연결될 수 있는가?

이러한 독특한 기준과 더불어 기존의 성능 측정치인 응답 시간, 처리속도 역시 I/O에 적용된다. (I/O 처리속도는 간혹 *I/O 대역폭*으로 불리고 응답 시간은 때때로 *지연시간*으로 불린다.) 다음의 두 그림은 응답 시간과 처리속도 사이의 절충 관계를 보여 준다. 그림 6.8은 간단한 생산자-서버 모델을 보여 준다. 생산자는 수행될 작업들을 생성하여 이들을 버퍼에 저장한다. 서버는 FIFO 버퍼에서 작업들을 끄집어내어 실행한다.

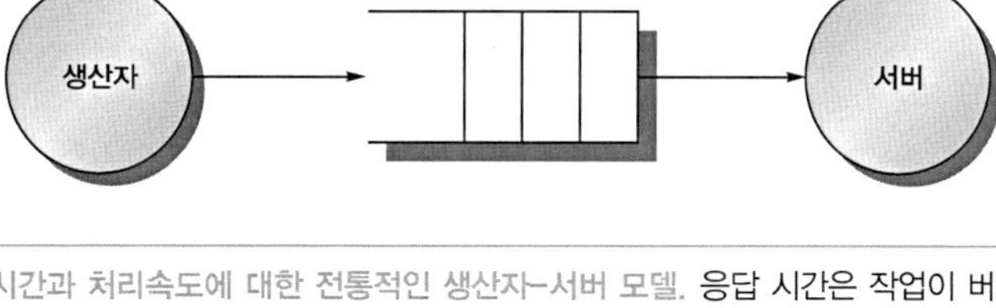

그림 6.8 응답 시간과 처리속도에 대한 전통적인 생산자-서버 모델. 응답 시간은 작업이 버퍼에 입력된 시간에서 시작하여 이 작업이 서버에 의해 완료되면 끝난다. 처리속도는 서버에 의해서 완료된 단위 시간당 작업의 수로 나타낸다.

응답 시간은 작업이 버퍼에 놓인 순간부터 서버가 작업을 완료한 시각까지의 시간으로 정의된다. 처리속도는 단순히 일정 기간 동안 서버에 의해 완료된 작업 수이다. 가능한 최고의 처리속도를 얻기 위해서 서버는 쉬어서는 안 되고 버퍼 역시 비어 있어서는 안 된다. 반면에 응답 시간은 버퍼에서 소비된 시간을 고려하기 때문에 빈 버퍼는 응답 시간을 줄여줄 것이다.

I/O 성능의 또 다른 측정치는 I/O와 프로세서 실행 사이의 간섭이다. 데이터 전송은 다른 프로세스의 실행에 영향을 줄 수 있다. 또한 I/O 인터럽트 처리에는 오버헤드가 소요된다. 여기서 우리의 관심은 다른 프로세스에 대한 I/O로 인하여 한 프로세스가 얼마나 실행이 더 오래 걸릴 것인가 하는 것이다.

처리속도와 응답 시간

그림 6.9는 전형적인 I/O 시스템에서의 처리속도와 응답 시간 사이의 관계를 보여준다. 그래프 곡선의 무릎에 해당하는 영역에서는 처리속도를 약간 증가시키면 응답 시간이 훨씬 증가되거나 아니면 그 반대로 응답 시간을 약간 줄이면 처리속도가 대폭 감소되는 것을 볼 수 있다.

어떻게 설계자가 이러한 두 상충적인 요구에 균형을 맞출 것인가? 만약 컴퓨터가 사람과 상호 작용을 수행한다면 그림 6.10은 해답을 제시한다. 컴퓨터와의 상호 작용, 또는 *트랜잭션*은 다음의 세 부분으로 나눠진다.

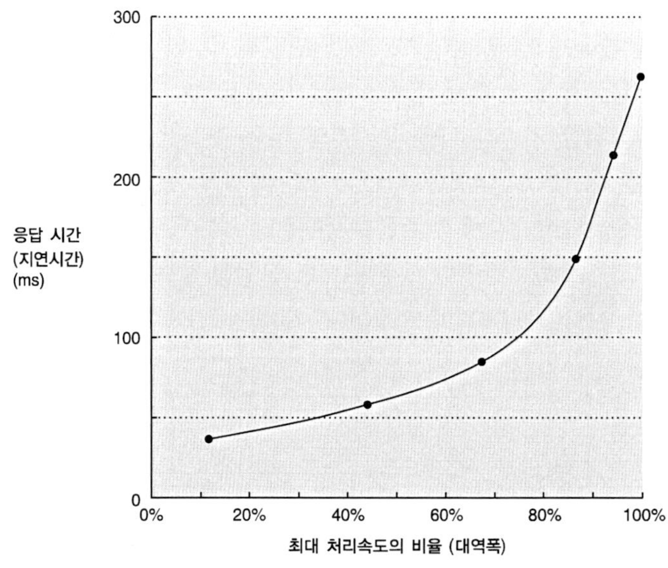

그림 6.9 처리속도와 응답 시간. 지연시간은 일반적으로 응답 시간으로 보고된다. 최소 응답 시간이 단지 처리속도의 11% 정도만 달성하지만 100% 처리속도에 대한 응답 시간은 최소 응답 시간보다 7배 정도 오래 걸린다. 이 곡선에서 독립적인 변수는 묵시적임을 주목하라. 곡선을 따라 가려면 일반적으로 부하(병행성, concurrency)를 변화시켜야 한다. Chen et al. [1990]은 자기 디스크 어레이에서 이 데이터를 수집하였다.

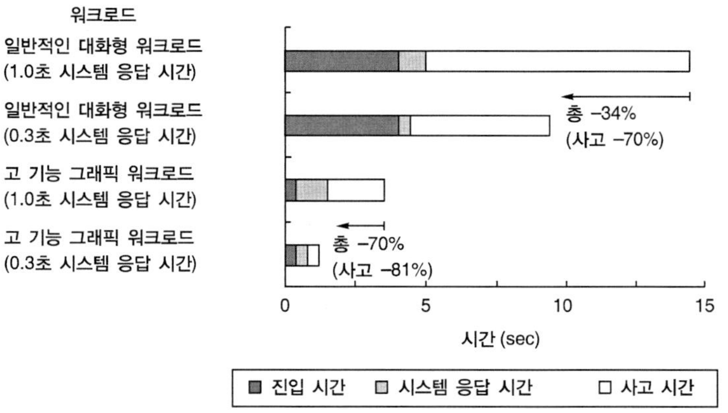

그림 6.10 일반적인 시스템과 그래픽 시스템에서 대화형 컴퓨터와의 사용자 트랜잭션이 진입 시간, 시스템 응답 시간, 사용자 사고 시간으로 구분되었다. 진입 시간은 시스템 응답 시간과 상관없이 일정하다. 일반적인 시스템의 경우 진입 시간은 4초 이고 그래픽 시스템의 경우는 0.25초이다. 응답 시간의 감소는 실제로 그 이상으로 트랜잭션 시간을 감소시켰다. (Brady [1986]에서.)

1. 진입 시간(entry time) – 사용자가 커맨드를 입력하는 시간.
2. 시스템 응답 시간(system response time) – 사용자가 커맨드를 입력한 시간에서 모든 응답이 출력된 시간.
3. 사고 시간(think time) – 응답을 받은 시간에서 사용자가 다음 커맨드를 입력하기까지의 시간.

이 세 부분의 합을 *트랜잭션 시간(transaction time)*이라 부른다. 여러 연구들은 사용자 생산성이 트랜잭션 시간에 반비례한다고 보고하였다. 그림 6.10의 결과는 시스템 응답 시간을 0.7초 줄이면 일반적인 트랜잭션의 경우 4.9초(34%)를 줄일 수 있고 그래픽 트랜잭션의 경우 2.0초(70%)를 줄일 수 있다는 것을 보여 준다. 이와 같은 믿기 어려운 결과는 사람의 본성으로 설명할 수 있다. 사람들은 응답이 빠를 때 더 적은 시간을 사고하게 된다는 것이다. 비록 이 연구가 수행된 지 20년이 지났고 프로세서는 1000배 정도 빨라졌지만 응답 시간은 여전히 종종 1초 이상 걸린다. 긴 지연 시간의 예는 데스크탑 PC에서 응용 프로그램을 시작할 때 많은 디스크 I/O가 발생하거나 웹 링크를 클릭할 때 네트워크 지연이 발생하는 것 등을 포함한다.

사용자 생산성에 대한 응답 시간의 중요성을 반영하기 위해 I/O 벤치마크는 응답 시간과 처리속도 사이의 절충을 고려하였다. 그림 6.11은 세 I/O 벤치마크에 대한 응답 시간 제한을 보여 준다. 이들은 응답 시간의 90%가 제한 시간보다 작거나 평균 응답 시간이 제한 시간보다 작은 경우 최대 처리속도가 달성 가능하다고 보고한다.

이 벤치마크들을 보다 상세히 살펴보자.

I/O 벤치마크	응답 시간 제한	처리속도 기준
TPC-C: 복잡한 질의어 OLTP	트랜잭션의 90% 이상은 응답 시간 제한을 만족하여야 한다. 대부분의 트랜잭션 유형에서 5초	분당 새 주문 트랜잭션의 수
TPC-W: 트랜잭션 웹 벤치마크	웹 대화의 90% 이상은 응답 시간 제한을 만족하여야 한다. 대부분의 웹 대화 유형에서 3초	초당 웹 대화 수
SPECsfs97	평균 응답 시간 ≤ 40ms	초당 NFS 연산 수

그림 6.11 세 I/O 벤치마크에 대한 응답 시간 제한.

트랜잭션 처리 벤치마크

트랜잭션 처리(TP, Transaction Processing, 또는 OLTP, Online Transaction Processing)는 *데이터 속도(data rate)*(초당 데이터 바이트 수로 측정)보다는 주로 I/O 처리속도(I/O rate)(초당 디스크 액세스 수)에 주로 관심을 갖는다. TP는 많은 수의 터미널들이 상당한 양의 공유되는 정보를 변경하는 작업을 포함하고 있고 TP 시스템은 고장 시 올바른 작동을 보장해 주어야 한다. 예를 들어, 고객이 ATM으로부터 출금을 시도할 때 은행의 컴퓨터가 오작동을 일으킨다고 가정하자. TP 시스템은 고객이 출금한 경우는 계좌에서 인출을, 고객이 출금하지 못한 경우는 계좌 내용에 변경이 없도록 보장하여야 한다. 은행뿐만 아니라 항공 예약 시스템 역시 TP의 전통적인 고객이다.

1장에서 언급했듯이 TP 커뮤니티의 수십 개 멤버 회사들이 공모하여 이 산업의 벤치마크를 제정하였고 재무부서의 분노를 피하기 위해 익명으로 보고서를 발표하였다 [Anon. et al. 1985]. 이 보고서는 *트랜잭션 처리 위원회(Transaction Processing Council)*를 발족시켰고 이 위원회가 설립된 후 8개의 벤치마크가 제작되었다. 그림 6.12는 이 벤치마크들을 보여 준다.

이 벤치마크들의 맛을 보기 위해 TPC-C를 살펴보자. TPC-C는 도매업자의 주문 입력 환경을 시뮬레이션하기 위해 데이터베이스를 사용하는데 여기에는 주문의 입력과 배달, 입금 기록, 주문의 상태 점검, 창고의 재고 관리 등의 내용을 포함한다. 이 벤치마크는 다양한 복잡성을 가진 5개의 트랜잭션을 병렬로 수행하고 데이터베이스는 고객과 다양한 크기의 레코드 정보를 가진 9개의 테이블을 포함한다. TPC-C는 분당 트랜잭션 수(tpmC)와 하드웨어, 소프트웨어, 3년간의 유지 보수를 포함하는 시스템 가격으로 측정된다. 1장의 그림 1.16은 최정상 시스템들의 TPC-C에 대한 성능과 가격 대비 성능을 보여 준다.

이 TPC 벤치마크들은 다음과 같은 별난 특성을 가진 최초의, 또 일부 경우에는 유일한 벤치마크들이다.

벤치마크	데이터 크기 (GB)	성능 기준	첫 결과 발표일
A: 차변 대변 (퇴출)	0.1–10	초 당 트랜잭션 수	1990년 7월
B: 일괄 차변 대변 (퇴출)	0.1–10	초 당 트랜잭션 수	1991년 7월
C: 복잡한 질의어 OLTP	100–3000 (최소 0.07 * TPM)	분 당 새 주문 트랜잭션 수	1992년 9월
D: 의사 결정 (퇴출)	100, 300, 1000	시간 당 질의어 수	1995년 12월
H: 임시 의사 결정	100, 300, 1000	시간 당 질의어 수	1999년 10월
R: 비즈니스 보고 의사 결정 (퇴출)	1000	시간 당 질의어 수	1999년 8월
W: 트랜잭션 웹 벤치마크	≈50, 500	초 당 웹 대화 수	2000년 7월
App: 응용 서버와 웹 서비스 벤치마크	≈2500	초 당 웹 서비스 대화 수	2005년 6월

그림 6.12 트랜잭션 처리 위원회 벤치마크. 요약 보고서는 성능 기준뿐만 아니라 이 기준의 가격 대비 성능 결과를 포함한다. TPC-A, TPC-B, TPC-D와 TPC-R은 더 이상 사용되지 않는다.

- *가격이 벤치마크 결과에 포함되어 있다.* 하드웨어, 소프트웨어, 관리 협정 비용이 결과와 함께 제출되도록 되어 있어 고성능뿐만 아니라 가격 대비 성능 역시 평가할 수 있다.
- *처리속도가 증가함에 따라 데이터 집합의 크기 역시 일반적으로 확장 가능하여야 한다.* 벤치마크는 실제 시스템을 모델하기 위한 것이고 실제 시스템에서 시스템에 대한 요구와 저장된 데이터의 크기는 함께 증가한다. 예를 들어, 분당 수천 명의 고객이 수백 개의 은행 계좌를 액세스하는 것은 사리에 맞지 않는다.
- *벤치마크 결과는 감사를 받는다.* 결과는 제출되기 전에 공정한 결과만이 제출되도록 TPC 규칙을 집행하는 TPC 감사로부터 인증되어야 한다. 결과 값들에 대한 이의 신청이 가능하며 TPC에 가기 전에 분쟁이 해결되어야 한다.
- *처리속도가 성능 측정치이지만 응답 시간에 제한이 있다.* 예를 들어, TPC-C에서 새 주문 트랜잭션 응답 시간의 90%는 5초 이내이어야 한다.
- *독립적인 기구가 벤치마크를 관리한다.* TPC에 의해 수집된 수수료는 최고 운영자(Chief Operating Officer)를 포함하는 관리 조직의 인건비 지급에 사용된다. 이 기구는 논쟁을 해결하고, 벤치마크 변경에 대한 투표를 관리하며 이사회 미팅을 개최하는 것과 같은 업무를 수행한다.

SPEC 시스템 수준 파일 서버, 메일, 웹 벤치마크

SPEC 벤치마크는 프로세서 성능 평가로 가장 많이 알려져 있지만 파일 서버, 메일 서버, 웹 서버에 대한 벤치마크 역시 제작한다.

7개의 회사가 Sun Microsystems 사의 네트워크 파일 서버(NFS)를 실행하는 시스템을 평가하기 위해 SFS라 불리는 합성 벤치마크에 합의하였다. 이 벤치마크는 NFS 버전 3을 지원하기 위한 기능을 포함하는 SFS 3.0(또는 SPEC SFS97_R1으로 불린다)으로 업그레이드되었다. NFS 버전 3은 트랜스포트 프로토콜로 UDP뿐만 아니라 TCP를 사용하고 연산들이 좀 더 현실적으로 혼합되어 있다. NFS 시스템에 대한 측정은 읽기, 쓰기, 파일 연산 등의 인공적인 혼합으로 구성되었다. SFS는 비교 평가를 위해 기본 변수들을 제공한다. 예를 들어, 모든 쓰기의 반은 8 KB 블록으로 수행되며 나머지 반은 1, 2, 4 KB의 부분 블록으로 수행된다. 읽기의 경우, 85%는 8 KB 블록으로 나머지 15%는 부분 블록으로 실행된다.

TPC-C처럼, SFS는 보고된 처리속도에 따라 저장된 데이터의 크기를 확장한다. 초당 100 NFS 연산마다 용량은 1GB씩 증가되어져야 한다. 또한 평균 응답 시간 역시 제한하는데 이 경우는 40 ms이다. 그림 6.13은 두 NetApp 시스템에 대한 평균 응답 시간과 처리속도를 보여 준다. 불행히도 TPC 벤치마크와는 달리, SFS는 다른 가격 구성에 따라 정규화하지는 않는다.

SPECMail은 인터넷 서비스 제공자의 메일 서버 성능을 평가하기 위한 벤치마크이다. SPECMail2001은 표준 인터넷 프로토콜인 SMTP와 POP3에 기반을 두고 있으며 사용자의 수를 10,000명에서 1,000,000명으로 확장하면서 처리속도와 사용자 응답 시간을 측정한다.

SPECWeb은 동시에 진행하는 사용자 세션의 수로 월드 와이드 웹의 성능을 측정하여 평가하는 벤치마크이다. SPECWeb2005 워크로드는 웹 서비스 제공자로의 액세스를 시뮬레이션 하는데 여기서 서버는 여러 조직의 홈 페이지들을 지원한다.

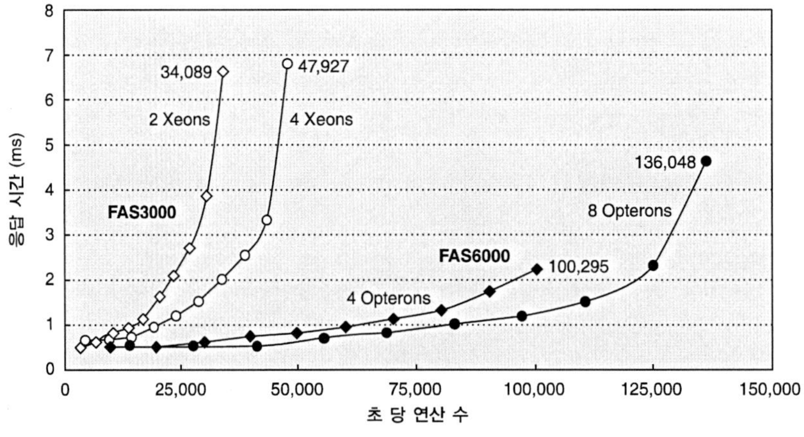

그림 6.13 두 가지 구성에서 NetApp FAS3050c NFS 서버의 SPEC SFS97_R1 성능. 두 프로세서 구성은 초당 34,089 연산을 달성하였고 4 프로세서 구성은 47,927 연산을 달성하였다. 2005년 5월에 보고 되었고 이 시스템들은 Data ONTAP 7.0.1R1 운영체제와 2.8 GHz Pentium Xeon 마이크로프로세서, 프로세서당 2 GB의 DRAM, 시스템당 1 GB의 비휘발성 메모리, 168개의 15K RPM, 72 GB, 광섬유 채널 디스크를 사용한다. 이 디스크들은 두 개 또는 4개의 QLogic ISP-2322 FC 디스크 제어기로 연결되었다.

이 벤치마크는 은행(HTTPS), 전자 상거래(HTTP와 HTTPS), 지원(HTTP)의 세 워크로드를 포함한다.

의존성을 가진 벤치마크의 예제

TPC-C 벤치마크는 사실 의존성에 대한 요구 사항을 갖고 있다. 벤치마크 대상의 시스템은 단일 디스크 고장을 처리할 수 있어야만 하는데 이는 모든 회사들이 저장 장치 시스템에서 RAID 구조를 일부 사용해서 실행하여야 함을 의미한다.

최근에는 시스템에서 결함 허용의 효과를 높이는 데 초점을 맞추고 있다. Brown과 Patterson [2000]은 시스템에 결함을 발생시키면서 시스템의 서비스 품질 기준의 변화를 조사함으로써 가용성을 측정할 것을 제안하였다. 웹 서버의 경우 측정 기준은 성능(초당 만족되는 요청의 수로 측정)과 결함 허용 수준(저장 시스템, 네트워크 연결 망 토폴로지 등에 의해 허용될 수 있는 결함의 수로 측정)이다.

초기 실험에서는 디스크 섹터의 쓰기 오류와 같은 단일 결함을 발생시키고 시스템의 행동을 서비스 품질 기준으로 평가하여 기록하였다. 이 예제에서는 Linux, Solaris, Windows 2000 Server에 의해 제공되는 소프트웨어 RAID 구현을 비교하였다. SPECWeb99가 워크로드로 제공되어 성능을 평가하는 데 사용되었다. 결함을 발생시키기 위해 소프트웨어 RAID 시스템에서 SCSI 디스크 중 하나는 에뮬레이션 된 디스크로 교체되었다. 이 디스크는 SCSI 컨트롤러를 사용하는 소프트웨어를 실행하는 PC이었고 SCSI 버스의 다른 장치들에게는 디스크로 인식되었다. 이 디스크 에뮬레이터는 결함을 발생시킬 수 있었다. 발생시킨 결함에는 교정 가능한 읽기 오류와 같은 다양한 형태의 일시적 디스크 결함과 쓰기 시 발생되는 디스크 매체 결함과 같은 영구적 결함이 포함되었다.

그림 6.14는 각기 다른 결함 상황에서 각 시스템의 행동을 보여 준다. 위의 두 그래프는 Linux(왼쪽)와 Solaris(오른쪽)를 보여 준다. RAID 시스템 역시 복구가 완료되기 전에 두 번째 디스크가 고장 나게 되면 데이터를 상실할 수 있기 때문에 복구 시간이 길수록 (MTTR) 가용성은 떨어진다. 하지만 빠른 복구는 복구가 실행중인 응용으로부터 I/O 자원을 사용하여야 하기 때문에 응용 프로그램의 성능을 감소시킨다. 따라서 복구 시 성능 저하를 감당하거나 성능 저하를 최소화하지만 취약한 기간을 증가시켜 MTTF의 기대치를 줄이는 것 중 한 가지를 선택하는 정책이 필요하다.

비록 어떤 테스트 시스템도 그들의 복구 정책을 소스 코드 외부에 문서화하지는 않았지만 단 하나의 결함만 발생시켜도 이 정책을 꿰뚫어 볼 수 있다. 실험에 따르면 Linux와 Solaris 모두 활성중인 디스크가 고장으로 인하여 서비스가 중단되면 여분의 디스크를 사용하여 RAID 시스템을 자동으로 복구하는 과정을 시작한다. 비록 Windows 역시 RAID 복구를 지원하지만 이 복구는 수동으로 시작된다. 따라서 사람의 개입 없이는 Windows 시스템은 첫 번째 고장이 발생한 후 바로 복구되지 않

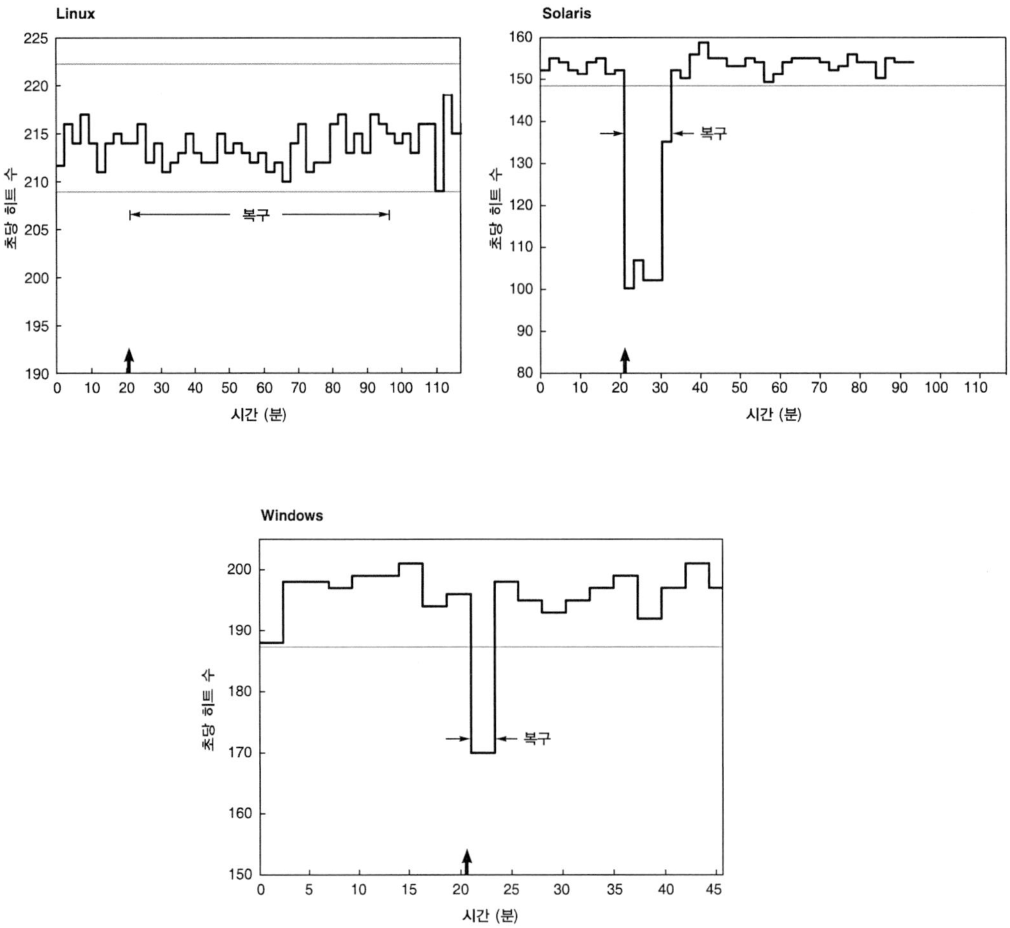

그림 6.14 같은 컴퓨터에서 Red Hat 6.0 Linux, Solaris 7, Windows 2000 운영체제를 실행하는 소프트웨어 RAID 시스템을 위한 가용성 벤치마크. Linux와 Windows, Solaris의 복구 속도와 관련된 철학의 차이에 주목하라. y축은 각 시스템의 행동을 SPECWeb99를 실행하면서 초당 히트 수로 나타낸다. 그래프 위쪽의 라인은 결함이 발생하기 전 성능의 99% 신뢰 구간을 보여 준다. 99% 신뢰 구간이란 변수가 이 범위 바깥에 있다면 이 값이 나타날 확률이 단 1%임을 뜻한다.

으므로 두 번째 고장이 발생할 수 있고 이는 취약한 기간을 증가시키게 된다. 하지만 일단 복구가 시작되면 빠르게 복구한다.

결함 발생 실험은 또한 자동적인 예비품 활용도, 복구율, 일시적 오류 등 Linux, Solaris, Windows 2000의 다른 가용성 정책을 파악하게 하여 준다. 전과 마찬가지로 어떠한 시스템도 이러한 정책을 문서화하지는 않았다.

일시적 결함 관리 측면에서 결함 발생 실험은 Linux의 소프트웨어 RAID 구현이 Solaris와 Windows의 RAID 구현과는 정반대의 접근 방법을 사용하였음을 알려 준다. Linux 구현은 지나치게 보수적이다. 첫 번째 오류 발생 시 이 오류가 일시적인지 파악될 때까지 기다리는 대신에 이 디스크의 사용을 제어하여 중단시키는 방식을 사용한다. 반면에 Solaris와 Windows는 더 관대한 정책을 사용하여 대부분의 일시적인 오류는 재발하지 않는다고 가정하여 무시한다. 따라서 이 시스템들은 Linux 시스템에 비해서는 일시적 결함에 더 강하다. Windows와 Solaris 모두 비록 오류들이 활성화되지 않더라도 오류가 보고되도록 보장하기 위해 일시적 결함들을 기록한다. 영구적 결함의 경우 세 시스템의 행동은 유사하다.

6.5 약간의 큐잉 이론

Computer Architecture

프로세서 설계에서 성능은 1장에서 소개된 CPI 공식을 사용하여 단순하게 어림잡아 계산하거나 더 많은 비용으로 더 정확한 계산을 위해 상세한 시뮬레이션을 사용할 수 있다. I/O 시스템에서도 최선의 경우 분석(best-case analysis)을 사용하여 간단히 계산할 수 있다. 전면적인 시뮬레이션은 훨씬 더 정확하지만 예측 성능을 계산하기 위해 훨씬 더 많은 작업이 요구된다.

하지만 I/O 시스템에서는 약간의 추가 작업이 요구되지만 최선의 경우 분석에 비해 훨씬 더 정확하며 시뮬레이션에 비해서는 적은 작업이 요구되는 I/O 설계를 가능하게 하는 수학적인 도구를 사용할 수 있다. I/O 사건의 확률적 특성과 I/O 자원의 공유로 인하여 전체 I/O 시스템의 응답 시간과 처리속도 계산을 도와주는 간단한 정리들의 집합을 산출할 수 있다. 이 유익한 분야를 *큐잉 이론*이라 부른다. 이 주제에 대한 여러 교과서와 강좌가 있기 때문에 이 절은 이 주제에 대하여 간단히 소개하고자 한다. 하지만, 이러한 작은 양의 논의도 I/O 시스템을 잘 설계하도록 도와준다.

그림 6.15에서와 같은 블랙박스 방식부터 살펴보자. 이 예제에서 프로세서가 I/O 요청을 하면 I/O 장치에 도달하고 I/O 장치가 이 요청을 완수하면 요청은 I/O 장치를 떠나게 된다.

우리는 일반적으로 시스템의 초기 시작 조건보다는 시스템의 장기적인 관점 또는 안정 상태(steady state)에 주로 관심을 갖는다. 그렇지 않다고 가정하여 보자. 일부의 경우 도움을 주는 수학적 접근 방안(Markov 체인)이 가능하기도 하지만 이러

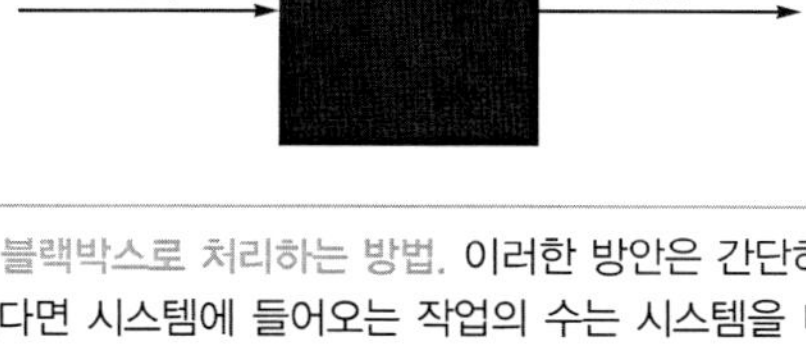

그림 6.15 I/O 시스템을 블랙박스로 처리하는 방법. 이러한 방안은 간단하지만 중요한 관찰을 가능하게 한다. 시스템이 안정 상태에 있다면 시스템에 들어오는 작업의 수는 시스템을 떠나는 작업의 수와 같다. 이러한 유동 균형 상태는 안정 상태를 위한 필요조건이지만 충분조건은 아니다. 시스템이 충분히 오랜 기간 동안 관측되거나 측정되었고 평균대기 시간이 안정화되어 있다면 시스템은 안정 상태에 도달했다고 말할 수 있다.

한 경우를 해결할 수 있는 유일한 방법은 시뮬레이션이다. 이 절의 목적이 간단한 계산보다는 조금 복잡하지만 시뮬레이션보다는 덜 복잡한 방법을 기술하는 데 있으므로 이러한 분석은 다루지 않기로 하자. (좀 더 상세한 내용은 부록 K를 참조하라.)

따라서 이 절에서는 다수의 독립적인 I/O 서비스 요청들이 평형 상태에 있는 시스템을 평가한다고 단순히 가정한다. 평형 상태에서는 입력 비율과 출력 비율은 같아야 한다. 또한 서비스를 얼마나 오랫동안 대기하느냐 와는 상관없이 계속적으로 일정한 작업들이 공급된다고 가정한다. TPC-C와 같이 많은 시스템에서 작업 소비율은 메모리 용량과 같은 다른 시스템 특성에 의해 결정된다.

이와 같은 가정은 시스템에 존재하는 평균 작업의 수, 새 작업의 평균 도착률, 평균 작업 수행 시간의 상관관계를 표시하는 *리틀의 법칙(Little's Law)*을 낳게 한다.

$$\text{시스템의 평균 작업 수} = \text{도착률} \times \text{평균 응답 시간}$$

리틀의 법칙은 블랙박스 내부에서 새 작업이 생성되거나 파괴되지 않는 한 평형 상태에 있는 어떤 시스템에도 적용된다. 도착률과 응답 시간은 같은 시간 단위를 사용하여야 함에 주목하라. 시간 단위의 불일치는 자주 발생하는 오류의 원인이다.

리틀의 법칙을 유도하여 보자. 시스템을 $\text{Time}_{\text{observe}}$ 분 동안 관찰한다고 가정하자. 이 관찰 기간 동안 각 작업을 처리하는 데 얼마나 걸리는지 기록하고 이 시간들을 합산한다. $\text{Time}_{\text{observe}}$ 동안 완료된 작업의 수는 $\text{Number}_{\text{task}}$이고 각 작업이 시스템에서 소비한 시간의 합계는 $\text{Time}_{\text{accumulated}}$이다. 작업들은 시간적으로 중복될 수 있기 때문에 $\text{Time}_{\text{accumulated}} \geq \text{Time}_{\text{observed}}$이다. 그러면,

$$\text{시스템의 평균 작업 수} = \frac{\text{Time}_{\text{accumulated}}}{\text{Time}_{\text{observe}}}$$

$$\text{평균 응답 시간} = \frac{\text{Time}_{\text{accumulated}}}{\text{Number}_{\text{tasks}}}$$

$$\text{도착률} = \frac{\text{Number}_{\text{tasks}}}{\text{Time}_{\text{observe}}}$$

대수를 사용하면 첫 번째 수식을 다음과 같이 분리할 수 있다.

$$\frac{\text{Time}_{\text{accumulated}}}{\text{Time}_{\text{observe}}} = \frac{\text{Time}_{\text{accumulated}}}{\text{Number}_{\text{tasks}}} \times \frac{\text{Number}_{\text{tasks}}}{\text{Time}_{\text{observe}}}$$

위의 세 정의를 이 공식에 대입하고 우변의 두 항의 순서를 바꾸면 다음과 같은 리틀의 법칙을 얻을 수 있다.

$$\text{시스템의 평균 작업 수} = \text{도착률} \times \text{평균 응답 시간}$$

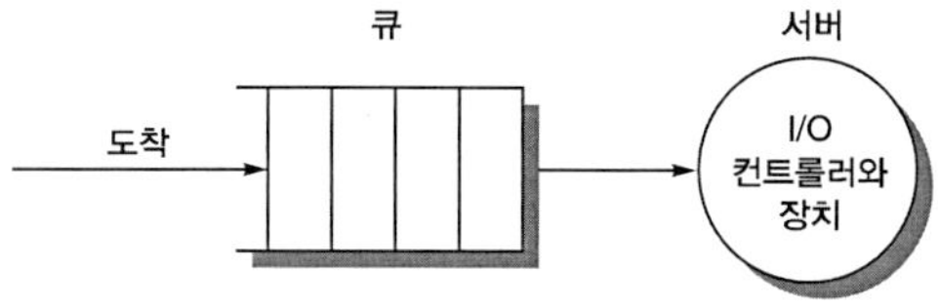

그림 6.16 이 절에서 사용된 단일 서버 모델. 이 상황에서 I/O 요청은 서버에 의해 완료된 후 떠나게 된다.

앞으로 살펴보듯이 이 식은 놀라울 정도로 강력하다.

만약 블랙박스를 연다면 그림 6.16을 볼 수 있다. 작업이 축적되고 서비스를 기다리는 곳은 *큐* 또는 *대기 줄*이라 불린다. 요청된 서비스를 수행하는 장치는 *서버*라 불린다. 이 절의 마지막 두 페이지에 도달할 때까지는 단일 서버를 가정한다.

리틀의 법칙과 일련의 정의를 통해 몇 가지 유용한 수식들을 유도하여 보자.

- $\text{Time}_{\text{server}}$ – 작업을 서비스하는 평균 시간; 평균 서비스율은 $1/\text{Time}_{\text{server}}$이며 많은 큐잉 관련 문헌에서 일반적으로 μ란 기호로 표시된다.
- $\text{Time}_{\text{queue}}$ – 큐에서의 작업당 평균 시간
- $\text{Time}_{\text{system}}$ – 시스템에서의 작업당 평균 시간 또는 응답 시간. $\text{Time}_{\text{queue}}$와 $\text{Time}_{\text{server}}$의 합계이다.
- 도착률 – 초당 도착하는 작업의 평균 수로서 전통적으로 많은 큐잉 관련 문헌에서 λ란 기호로 표시된다.
- $\text{Length}_{\text{server}}$ – 서비스되는 작업의 평균 수
- $\text{Length}_{\text{queue}}$ – 큐의 평균 길이
- $\text{Length}_{\text{system}}$ – 시스템 내의 작업의 평균 수로서 $\text{Length}_{\text{queue}}$와 $\text{Length}_{\text{server}}$의 합계이다.

한 가지 흔한 오해가 이 정의들에 의해 풀릴 수 있다. 이 질문은 작업이 서비스를 시작하기 전에 큐에서 얼마나 오랫동안 대기하여야 하느냐 ($\text{Time}_{\text{queue}}$) 또는 작업이 완료될 때까지 얼마나 걸리느냐 ($\text{Time}_{\text{system}}$) 하는 것이다. 후자는 응답 시간이고 두 용어 사이의 관계는 $\text{Time}_{\text{system}} = \text{Time}_{\text{queue}} + \text{Time}_{\text{server}}$이다.

서비스되는 작업의 평균 수($\text{Length}_{\text{server}}$)는 단순히 도착률 × $\text{Time}_{\text{server}}$이며 이는 바로 리틀의 법칙이다. 서버 이용률은 단순히 서비스되는 작업의 평균 수를 서비스율로 나눈 값이다. 단일 서버의 경우에 서비스율은 $1/\text{Time}_{\text{server}}$이다. 따라서 서버 이용률(과 이 경우 서버당 작업의 평균 수)은 단순히 다음과 같다.

$$\text{서버 이용률} = \text{도착률} \times \text{Time}_{\text{server}}$$

서비스 이용률은 0과 1 사이의 값이다. 그렇지 않으면 서비스되는 수보다 도착하는

작업의 수가 많아져 시스템이 평형 상태에 있다는 가정을 위반하게 된다. 이 식이 단순히 리틀의 법칙을 다르게 표현한 것이라는 사실에 주목하라. 이용률은 또한 *트래픽 강도(traffic intensity)*라 불리며 많은 큐잉 관련 문헌에서 ρ란 기호로 표현된다.

예제 하나의 디스크를 가진 I/O 시스템이 초당 평균 50개의 I/O 요청을 수신한다고 가정하자. 디스크가 I/O 요청을 서비스하는 평균 시간은 10 ms라 가정하자. I/O 시스템의 이용률은 얼마인가?

해답 위의 식을 사용하고 10 ms를 0.01초로 표현하면 다음의 결과를 얻는다.

$$\text{서버 이용률} = \text{도착률} \times \text{Time}_{\text{server}} = \frac{50}{\text{초}} \times 0.01\text{초} = 0.50$$

따라서 I/O 시스템 이용률은 0.5이다.

큐가 서버에 작업을 전달하는 방법을 *큐 규율(queue discipline)*이라 부른다. 가장 간단하고 일반적인 규율은 FIFO(first in first out, 선입선출)이다. FIFO를 가정하면 큐에서의 대기 시간과 큐에 있는 작업들의 평균 수와의 관계를 결정할 수 있다.

$$\text{Time}_{\text{queue}} = \text{Length}_{\text{queue}} \times \text{Time}_{\text{server}} + \text{서버가 바쁜 경우 새 작업이 도착했을 때 작업의 서비스를 완료하는 평균 시간}$$

즉, 큐에서의 대기 시간은 큐에 있는 작업들의 수 곱하기 평균 서비스 시간 더하기 새로운 작업이 도착했을 때 서비스 중인 작업을 서버가 완료하는 시간이다. (작업의 도착과 관련된 한 가지 제한 사항이 더 있는데 이는 뒤에서 밝힐 것이다.)

식의 마지막 구성 요소는 보는 것처럼 간단하지 않다. 새로운 작업은 어느 순간에나 도착할 수 있기 때문에 기존의 작업이 서버에 얼마동안 있었는지를 알만한 근거가 없다. 비록 이와 같은 요청이 임의의 사건이지만 사건의 분포에 대하여 무엇인가 알고 있다면 성능을 예측할 수 있다.

확률 변수의 포아송 분포

식의 마지막 구성 요소를 평가하기 위해서는 *확률 변수(random variables)*의 분포에 대하여 약간 공부할 필요가 있다. 어떤 변수가 명시된 값들의 집합 중 어느 한 값을 명시된 확률로 가질 때 이를 확률 변수라 한다. 즉, 다음 값이 어떤 값이 될 지는 정확하게 알 수 없지만 모든 가능한 값들의 확률은 알 수 있다는 것이다.

I/O 시스템으로부터의 서비스 요청은 확률 변수로 모델링될 수 있는데 이는 운영 체제가 일반적으로 독립적인 I/O 요청을 생성하는 여러 프로세스들을 번갈아 실

행하기 때문이다. 또한 디스크가 탐색 시간과 회전 지연시간 사이에서 확률적인 특성을 갖고 있기 때문에 I/O 서비스 시간 역시 확률 변수로 모델링할 수 있다.

이산적인 값을 가지는 확률 변수 값의 분포를 특징짓는 한 가지 방법은 최소값과 최대값 사이의 영역을 *버킷(bucket)*이라 불리는 세부 영역으로 나누는 *히스토그램*이다. 히스토그램은 각 버킷의 숫자를 기둥으로 표시한다.

히스토그램은 I/O 요청의 수와 같이 이산 값을 가지는 분포에 잘 적용된다. I/O 요청의 대기 시간과 같이 이산 값을 가지지 않는 분포에는 두 가지 방법이 있다. 값을 정확하게 추정할 수 있도록 값들의 전 영역을 곡선으로 그리거나 정확한 시간 추정을 위해 아주 작은 시간 단위를 사용함으로써 아주 많은 버킷을 사용하는 것이다. 예를 들어, 비록 디스크 서비스 시간이 실제로는 연속적이지만 디스크 서비스 시간을 10μs 간격으로 측정하여 히스토그램을 만들 수 있다.

따라서 위 식의 마지막 부분을 풀기 위해서는 확률 변수의 분포를 결정할 필요가 있다. 이와 같은 목적으로는 평균 시간과 평방 편차(variance)의 측정값이면 충분하다.

첫 번째 항목을 위해 *가중* 산술 *평균 시간(weighted arithmetic mean time)*을 사용한다. 일단 발생 건수, 즉 작업 수 n_i, 를 측정한 후, 작업 i의 발생 빈도를 계산할 수 있다고 가정하자.

$$f_i = \frac{n_i}{\left(\sum_{i=1}^{n} n_i\right)}$$

다음, 가중 산술 평균은 다음과 같다.

$$\text{가중 산술 평균 시간} = f_1 \times T_1 + f_2 \times T_2 + \ldots + f_n \times T_n$$

여기서 T_i는 작업 i의 시간이고 f_i는 작업 i의 발생 빈도이다.

평균에 대한 변동성을 파악하기 위해 많은 사람들은 표준 편차를 사용한다. 대신 표준 편차의 제곱인 *평방 편차(variance)*를 사용하자. 평방 편차는 확률 분포를 파악하는 데 도움을 줄 것이다. 가중 산술 평균이 주어졌을 때 평방 편차는 다음과 같이 계산될 수 있다.

$$\text{평방 편차} = (f_1 \times T_1^2 + f_2 \times T_2^2 + \ldots + f_n \times T_n^2) - \text{가중 산술 평균 시간}^2$$

평방 편차를 계산할 때 단위를 기억하는 것이 중요하다. 시간의 분포를 가정하여 보자. 시간이 약 100 ms이라면 그 제곱은 10,000 ms^2가 된다. 이 단위는 분명히 평범하지 않다. 단위가 없는 측정치를 가질 수 있다면 더 편리할 것이다.

이와 같은 단위 문제를 피하기 위해 일반적으로 C^2이라 불리는 *평방 편차의 제곱 계수(squared coefficient of variance)*를 사용한다.

$$C^2 = \frac{\text{평방 편차}}{\text{가중 산술 평균 시간}^2}$$

평방 편차의 상수인 C에 대하여 풀면 다음과 같다.

$$C = \frac{\sqrt{\text{평방 편차}}}{\text{가중 산술 평균 시간}} = \frac{\text{표준 편차}}{\text{가중 산술 평균 시간}}$$

확률 사건의 특성을 파악하는 것이 목적이지만 성능을 예측할 수 있으려면 수학을 사용할 수 있도록 확률 사건의 분포를 알아야 할 필요가 있다. 이 목적으로 가장 인기 있는 분포는 C 값으로 1을 가지는 *지수 분포(exponential distribution)*이다.

평균에 대한 변동성의 특성을 파악하기 위해 상수를 사용하고 있다는 점에 주목하라. 시간에 따른 C의 불변성은 과거 사건의 기록이 현재 발생하는 사건의 확률에 영향을 전혀 미치지 못한다는 특성을 반영한다. 이러한 망각성을 *메모리부재(memoryless)*라 부르며 이 특성은 이러한 모델들을 사용하여 행동을 예측하는 데 사용할 수 있는 한 가지 중요한 가정이다. (이러한 메모리 부재 특성이 존재하지 않는다고 가정하자. 그렇다면 요청들 사이의 정확한 상대적 도착 시간에 대하여 주의를 기울여야 하며 이는 수학적 분석을 상당히 까다롭게 만들 것이다!)

가장 널리 사용되는 지수 분포의 한 가지는 수학자 Simeon Poission의 이름을 딴 *포아송 분포(Poisson distribution)*이다. 이는 주어진 시간 간격 동안 확률 사건의 특성을 파악하는 데 사용하며 여러 가지 바람직한 수학적 특성을 갖고 있다. 포아송 분포는 (확률 질량 함수(probability mass function)라 불리는) 다음의 수식으로 표현된다.

$$\text{확률}(k) = \frac{e^{-a} \times a^k}{k!}$$

여기서 a = 사건 비율(rate of events) × 지연시간(elapsed time)이다. 만약 도착 시간 간격이 지수 분포를 갖고 위의 도착률을 사건 비율로 사용한다면 t 시간 간격 동안의 도착 수는 *포아송 프로세스*이고 이는 a = 도착률 × t를 가진 포아송 분포를 갖고 있다. 이전에 언급하였듯이 $\text{Time}_{\text{server}}$의 식은 작업 도착에 대한 또 다른 제한 사항을 갖고 있다. 이는 포아송 프로세스에만 해당한다.

마지막으로 서버가 작업을 완료할 때까지 새 작업이 기다려야 하는 시간에 대하여 대답할 수 있다. 이 시간은 *평균 잔여 서비스 시간(average residual service time)*이라 부르며 이 역시 포아송 도착을 가정한다.

$$\text{평균 잔여 서비스 시간} = 1/2 \times \text{산술 평균} \times (1 + C^2)$$

비록 이 식을 유도하지는 않지만 직관적인 방법을 사용할 수 있다. 확률적 분포가 아니고 모든 가능한 값이 평균이라면 표준 편차는 0이고 따라서 C 역시 0이다. 따라서 평균 잔여 서비스 시간은 예측한 대로 평균 서비스 시간의 반이 된다. 만약 확률적 포아송 분포를 가정하면 C는 1이고 평균 잔여 서비스 시간은 가중 산술 평균 시간과 같다.

예제 위의 정의와 수식을 사용하여 큐에서 대기하는 평균 시간($\text{Time}_{\text{queue}}$)을 평균 서비스 시간($\text{Time}_{\text{server}}$)과 서버 이용률을 사용하여 유도하라.

해답 새 작업을 서비스하기 전에 큐에서 이전에 있는 모든 작업($\text{Length}_{\text{queue}}$)들은 완료되어야 한다. 각 작업은 평균 $\text{Time}_{\text{server}}$가 걸린다. 작업이 서버에 의해 처리 중이면 이 작업은 완료할 때까지 평균 잔여 서비스 시간이 걸린다. 따라서 서비스 예상 시간은 서버 이용률 × 평균 잔여 서비스 시간이다. 이는 다음과 같은 식을 유도한다.

$$\text{Time}_{\text{queue}} = \text{Length}_{\text{queue}} \times \text{Time}_{\text{server}} + \text{서버 이용률} \times \text{평균 잔여 서비스 시간}$$

평균 잔여 서비스 시간을 그 정의로 대체하고 $\text{Length}_{\text{queue}}$를 도착률 × $\text{Time}_{\text{queue}}$로 대체하면 다음의 식을 얻는다.

$$\text{Time}_{\text{queue}} = \text{서비스 이용률} \times (1/2 \times \text{Time}_{\text{server}} \times (1 + C^2)) + (\text{도착률} \times \text{Time}_{\text{queue}}) \times \text{Time}_{\text{server}}$$

이 절에서는 지수 분포에 관심이 있으므로 C^2은 1이다. 따라서

$$\text{Time}_{\text{queue}} = \text{서버 이용률} \times \text{Time}_{\text{server}} + (\text{도착률} \times \text{Time}_{\text{queue}}) \times \text{Time}_{\text{server}}$$

마지막 항목을 재배열하여 도착률 × $\text{Time}_{\text{server}}$를 서버 이용률로 대체하면 다음과 같다.

$$\begin{aligned}\text{Time}_{\text{queue}} &= \text{서버 이용률} \times \text{Time}_{\text{server}} + (\text{도착률} \times \text{Time}_{\text{server}}) \times \text{Time}_{\text{queue}} \\ &= \text{서버 이용률} \times \text{Time}_{\text{server}} + \text{서버 이용률} \times \text{Time}_{\text{queue}}\end{aligned}$$

항목들을 재배열하고 간소화하면 다음과 같이 원하는 식을 얻을 수 있다.

$$\text{Time}_{\text{queue}} = \text{서버 이용률} \times \text{Time}_{\text{server}} + \text{서버 이용률} \times \text{Time}_{\text{queue}}$$
$$\text{Time}_{\text{queue}} - \text{서버 이용률} \times \text{Time}_{\text{queue}} = \text{서버 이용률} \times \text{Time}_{\text{server}}$$
$$\text{Time}_{\text{queue}} \times (1 - \text{서버 이용률}) = \text{서버 이용률} \times \text{Time}_{\text{server}}$$
$$\text{Time}_{\text{queue}} = \text{Time}_{\text{server}} \times \frac{\text{서버 이용률}}{(1 - \text{서버 이용률})}$$

리틀의 법칙은 블랙박스의 구성 요소에도 적용될 수 있는데 이는 이들 역시 평형 상태에 있어야만 하기 때문이다.

$$\text{Length}_{\text{queue}} = \text{도착률} \times \text{Time}_{\text{queue}}$$

$Time_{queue}$를 위의 식으로 대체하면 다음의 식을 얻는다.

$$Length_{queue} = 도착률 \times Time_{server} \times \frac{서버\ 이용률}{(1 - 서버\ 이용률)}$$

도착률 × $Time_{server}$ = 서버 이용률이므로 다음과 같이 간소화할 수 있다.

$$Length_{queue} = 서버\ 이용률 \times \frac{서버\ 이용률}{(1 - 서버\ 이용률)} = \frac{서버\ 이용률^2}{(1 - 서버\ 이용률)}$$

이 식은 큐에 있는 항목의 수와 서비스 이용률의 관계를 표현해 준다.

예제 이 절의 첫 예제에서 살펴본 0.5의 서버 이용률을 가진 시스템에서 큐에 있는 I/O 요청의 평균 수는 얼마인가?

해답 위의 식을 사용하면

$$Length_{queue} = \frac{서버\ 이용률^2}{(1 - 서버\ 이용률)} = \frac{0.5^2}{(1 - 0.5)} = \frac{0.25}{0.50} = 0.5$$

따라서 큐에는 평균 0.5개의 요청이 있다.

이전에 언급하였듯이 이 식들과 이 절의 내용은 확률 변수의 행동을 예측하는 수식을 제공하는 큐잉 이론이라 부르는 응용 수학을 기초로 하고 있다. 실제 시스템들은 큐잉 이론을 적용하기에는 너무나 복잡해서 정확한 분석을 제공하기 어렵고 따라서 근사적인 해답을 구할 경우에만 큐잉 이론을 사용할 수 있다.

큐잉 이론은 간단한 수학을 사용하여 측정할 수 있는 과거 사건들과 좀 더 복잡한 수학을 사용하여 예측하여야 하는 미래 사건들을 분명하게 구분한다. 컴퓨터 시스템에서는 일반적으로 과거로부터 미래를 예측할 수 있다. 한 가지 예는 LRU 블록 교체 정책이다(5장 참조). 따라서 측정과 예측된 분포 사이의 구분은 종종 분명하지 않으며 분포 유형을 검증하기 위해 측정을 사용하고 그 후 이 분포에 의지하는 방법을 사용한다.

큐잉 모델에 대한 가정을 다시 한 번 살펴보자.

- 시스템은 평형 상태에 있다.
- *도착 간격*이라 불리는 두 연속적인 요청이 도착한 시간 사이의 간격은 지수 분포를 갖는다. 이는 앞에서 언급한 도착률의 특성이다.
- 요청을 하는 소스의 수는 무한하다. (이는 큐잉 이론에서 *무한 모집단 모델(infinite population model)*이라 부른다. 시스템에 이미 존재하는 작업의 수에 따라 도착률

이 변할 때는 유한 모집단 모델을 사용한다.)

- 서버는 이전 작업을 완료하자마자 다음 작업을 시작할 수 있다.
- 큐의 길이에는 제한이 없으며 FIFO 규칙을 따른다. 따라서 대기하고 있는 모든 작업들은 완료되어야 한다.
- 하나의 서버만 존재한다.

이러한 큐를 *M/M/1*이라 부른다.

M = 지수 분포의 확률 요청 도착 (C^2 = 1). 여기서 *M*은 앞에서 언급한 메모리 부재 프로세스를 정의하고 분석한 수학자 A. A. Markov를 뜻한다.

M = 지수 분포의 확률 서비스 시간 (C^2 = 1). 여기서 *M*은 다시 Markov를 뜻한다.

1 = 단일 서버

M/M/1 모델은 간단하고 아주 자주 사용되는 모델이다.

지수 분포의 가정은 큐잉 예제에서 좋고, 공평하고, 나쁘다는 세 가지 이유로 자주 사용된다. 좋은 이유는 많은 임의의 분포를 중첩시키면 지수 분포의 특성을 갖는다. 컴퓨터 시스템에서 많은 경우 특정 행동은 여러 구성 요소의 상호 작용의 결과이고 따라서 도착 간격의 지수 분포는 적합한 모델이었다. 공평한 이유는 변동성이 분명하지 않다면 중간의 변동성(C = 1)을 가진 지수 분포는 낮은 변동성(C ≈ 0)이나 높은 변동성(큰 C 값)에 비해 안전한 추측이다. 나쁜 이유는 지수 분포를 가정하면 수학이 더 쉽다는 것이다.

몇 가지 예제에서 큐잉 이론이 어떻게 동작하는지 살펴보자.

예제 프로세서가 초당 40개의 I/O 요청을 수행하고 이 요청들은 지수 분포를 가지며 오래된 디스크의 평균 서비스 시간은 20 ms이라고 가정하자. 다음의 질문에 대하여 답하라.

1. 평균적으로 디스크는 얼마나 사용되는가?
2. 큐에서 소비되는 평균 시간은 얼마인가?
3. 큐잉 시간과 디스크 서비스 시간을 포함하여 디스크 요청의 평균 응답 시간은?

해답 다음의 사실을 다시 한 번 기술하여 보자.

초당 도착하는 작업의 평균 수는 40이다.
작업을 서비스하는 평균 디스크 시간은 20 ms (0.02초)이다.

서버 이용률은 다음과 같다.

$$\text{서버 이용률} = \text{도착률} \times \text{Time}_{\text{server}} = 40 \times 0.02 = 0.8$$

서비스 시간은 지수 분포를 가지므로 줄에서 대기 중인 평균 시간을 계산하기 위해 다음의 간소화된 식을 사용할 수 있다.

$$\text{Time}_{queue} = \text{Time}_{server} \times \frac{\text{서버 이용률}}{(1 - \text{서버 이용률})}$$

$$= 20 \text{ ms} \times \frac{0.8}{1 - 0.8} = 20 \times \frac{0.8}{0.2} = 20 \times 4 = 80 \text{ ms}$$

평균 응답 시간은 다음과 같다.

$$\text{Time}_{system} = \text{Time}_{queue} + \text{Time}_{server} = 80 + 20 \text{ ms} = 100 \text{ ms}$$

따라서 평균적으로 전체 시간의 80%를 큐에서 대기한다.

예제 더 빠른 새 디스크를 구입했다고 가정하자. 디스크 서비스 시간이 10 ms라고 가정하여 위 질문에 대하여 다시 답하여 보라.

해답 디스크 이용률은 다음과 같다.

$$\text{서버 이용률} = \text{도착률} \times \text{Time}_{server} = 40 \times 0.01 = 0.4$$

줄에서 기다리는 평균 시간을 위한 수식은 다음과 같다.

$$\text{Time}_{queue} = \text{Time}_{server} \times \frac{\text{서버 이용률}}{(1 - \text{서버 이용률})}$$

$$= 10 \text{ ms} \times \frac{0.4}{1 - 0.4} = 10 \times \frac{0.4}{0.6} = 10 \times \frac{2}{3} = 6.7 \text{ ms}$$

평균 응답 시간은 10 + 6.7 ms 또는 16.7 ms이고 따라서 비록 새 서비스 시간이 단 2.0배 빠르지만 이전의 응답 시간보다 6.0배 빠르다.

지금까지는 단일 디스크와 같이 단일 서버를 가정하였다. 하지만 실제 많은 시스템들은 여러 개의 디스크를 갖고 있으며 따라서 그림 6.17에서와 같이 여러 개의 서버를 갖는다. 이와 같은 시스템을 큐잉 이론에서는 *M/M/m* 모델이라 부른다.

M/M/m 큐에 같은 식을 적용하고 서버의 수는 $\text{N}_{servers}$로 표현하자. 처음 두 식은 쉽다.

$$\text{이용률} = \frac{\text{도착률} \times \text{Time}_{server}}{\text{N}_{servers}}$$

$$\text{Length}_{queue} = \text{도착률} \times \text{Time}_{queue}$$

큐에서의 대기 시간은 다음과 같다.

$$\text{Time}_{queue} = \text{Time}_{server} \times \frac{\text{P}_{\text{tasks} \geq \text{N}_{servers}}}{\text{N}_{servers} \times (1 - \text{이용률})}$$

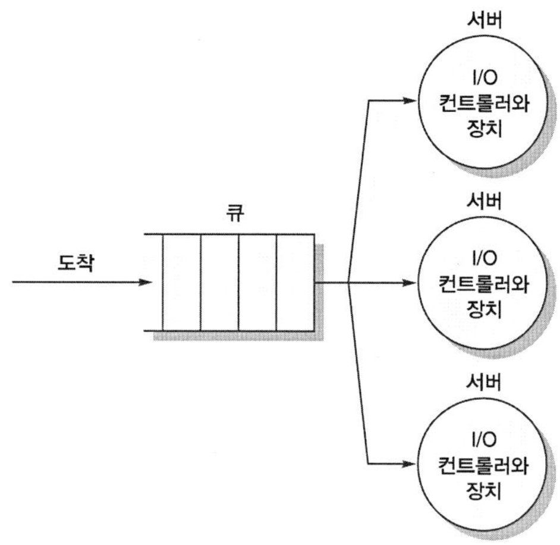

그림 6.17 M/M/m 다중 서버 모델.

단일 서버에서의 이용률을 작업이 즉시 서비스되는 것 대신에 큐에 넣어질 확률로 대체하고 큐에서의 시간을 서버의 수로 나누는 것을 제외하고는 M/M/1의 식과 유사하다. 하지만 큐에 작업이 놓일 확률을 계산하는 것은 $N_{servers}$가 있을 때는 훨씬 복잡하다. 먼저, 시스템에 작업이 없을 확률은 다음과 같다.

$$\text{Prob}_{0\ \text{tasks}} = \left[1 + \frac{(N_{servers} \times \text{이용률})^{N_{servers}}}{N_{servers}! \times (1 - \text{이용률})} + \sum_{n=1}^{N_{servers}-1} \frac{(N_{servers} \times \text{이용률})^{n}}{n!}\right]^{-1}$$

서버의 수보다 더 많은 작업이 존재할 확률은 다음과 같다.

$$\text{Prob}_{\text{tasks} \geq N_{servers}} = \frac{N_{servers} \times \text{이용률}^{N_{servers}}}{N_{servers}! \times (1 - \text{이용률})} \times \text{Prob}_{0\ \text{tasks}}$$

$N_{servers}$가 1이면 $\text{Prob}_{\text{tasks} \geq N_{servers}}$는 이용률로 간소화되어 M/M/1과 같은 식을 얻게 됨을 주목하라. 예제를 살펴보자.

예제 새 빠른 디스크 대신에 두 번째 느린 디스크를 추가하고 데이터를 중복시켜 두 디스크 중 하나로 서비스할 수 있도록 만들었다고 가정하자. 모든 요청은 읽기라고 가정하라. M/M/m 큐를 사용하여 앞의 질문에 대한 답을 계산하라.

해답 두 디스크의 평균 이용률은 다음과 같다.

$$\text{서버 이용률} = \frac{\text{도착률} \times \text{Time}_{server}}{N_{servers}} = \frac{40 \times 0.02}{2} = 0.4$$

큐에 작업이 없을 때의 확률을 먼저 계산해 보자.

$$\text{Prob}_{0\ \text{tasks}} = \left[1 + \frac{(2 \times \text{이용률})^2}{2! \times (1 - \text{이용률})} + \sum_{n=1}^{1} \frac{(2 \times \text{이용률})^n}{n!}\right]^{-1}$$

$$= \left[1 + \frac{(2 \times 0.4)^2}{2 \times (1 - 0.4)} + (2 \times 0.4)\right]^{-1} = \left[1 + \frac{0.640}{1.2} = 0.800\right]^{-1}$$

$$= [1 + 0.533 + 0.800]^{-1} = 2.333^{-1}$$

이 결과를 사용하여 큐에 작업이 있을 때의 확률을 계산한다.

$$\text{Prob}_{\text{tasks} \geq \text{N}_{\text{servers}}} = \frac{2 \times \text{이용률}^2}{2! \times (1 - \text{이용률})} \times \text{Prob}_{0\ \text{tasks}}$$

$$= \frac{(2 \times 0.4)^2}{2 \times (1 - 0.4)} \times 2.333^{-1} = \frac{0.640}{1.2} \times 2.333^{-1}$$

$$= 0.533/2.333 = 0.229$$

마지막으로 큐에서의 대기 시간은 다음과 같다.

$$\text{Time}_{\text{queue}} = \text{Time}_{\text{server}} \times \frac{\text{Prob}_{\text{tasks} \geq \text{N}_{\text{servers}}}}{\text{N}_{\text{server}} \times (1 - \text{이용률})}$$

$$= 0.020 \times \frac{0.229}{2 \times (1 - 0.4)} = 0.020 \times \frac{0.229}{1.2}$$

$$= 0.020 \times 0.190 = 0.0038$$

평균 응답 시간은 20 + 3.8 ms 또는 23.8 ms이다. 이 워크로드에서 두 개의 디스크는 하나의 느린 디스크에 비하여 큐 대기 시간을 21배 줄일 수 있었으며 하나의 빠른 디스크에 비해서는 큐 대기 시간을 1.75배 줄이는 것을 볼 수 있다. 하지만 하나의 빠른 디스크를 사용하는 시스템의 평균 서비스 시간은 디스크 서비스 시간이 2.0배 빠르기 때문에 두 디스크를 사용하는 경우에 비교하여 여전히 1.4배 빠르다.

만약 M/M/m 모델을 여러 개의 큐와 여러 개의 서버 모델로 일반화할 수 있다면 훨씬 더 현실적인 모델을 만들 수 있을 것이다. 하지만 이와 같은 모델은 계산이 어렵고 사용하기가 쉽지 않기 때문에 이 책에서는 다루지 않을 것이다.

6.6 연관된 이슈

Computer Architecture

버스를 대체하는 점 대 점 링크와 스위치

점 대 점 연결망과 스위치는 무어의 법칙이 부품의 가격을 감소시킴에 따라 인기가

표준	폭(비트)	길이(미터)	클록속도	MB/sec	최대 I/O 장치 수
(Parallel)ATA	8	0.5	133 MHz	133	2
Serial ATA	2	2	3 GHz	300	?
SCSI	16	12	80 MHz	320	15
Serial Attach SCSI	1	10	(DDR)	375	16,256
PCI	32/64	0.5	33/66 MHz	533	?
PCI Express	2	0.5	3 GHz	250	?

그림 6.18 병렬 I/O 버스들과 이들을 대체하는 점 대 점 링크들. 표시된 대역폭과 선의 수는 한 방향만 나타낸 것이기 때문에 양 방향으로 보낼 때는 대역폭은 두 배가 됨을 주목하라.

증가하고 있다. 더 빠른 프로세서, 빠른 디스크, 빠른 근거리 통신망은 더 높은 I/O 대역폭을 요구하고 버스의 가격 장점은 줄어들면서 데스크탑과 서버 컴퓨터에서의 버스 수는 줄고 있다. 이러한 경향은 이 책의 지난 개정판을 출간할 때 고성능 컴퓨터에서 나타나기 시작했으며 2006년에는 저장 장치 시스템 전체에서 널리 사용되고 있다. 그림 6.18은 과거의 버스 기반 표준들이 어떻게 대체되고 있는 지 보여 준다.

그림에 나타난 차세대의 비트 수와 대역폭은 한 방향에만 해당하므로 양 방향은 그 두 배가 된다. 이러한 새 설계 방식은 핀을 적게 사용하기 때문에 대역폭을 증가시키는 일반적인 방법은 비트 수와 대역폭을 몇 배로 증가시킨 버전을 제공하는 것이다.

블록 서버 대 파일러

지금까지는 저장 장치에 있어서 운영 체제의 역할을 거의 무시하였다. 컴파일러가 명령어 집합을 사용하는 것과 마찬가지로 운영 체제는 하드웨어에 의해 구현된 I/O 기술 중에서 어떤 기술을 실제로 사용할 지를 결정한다. 운영 체제는 일반적으로 디스크에 저장된 블록들 위에 파일 추상화 기능을 제공한다. *논리적 장치(logical units)*, *논리적 볼륨(logical volumes)*, *물리적 볼륨(physical volumes)*이란 용어는 Microsoft와 UNIX 시스템에서 디스크 블록들의 집합을 참조하기 위해 사용하는 관련 용어들이다.

논리적 장치는 디스크 어레이로부터 이출된(exported) 저장 장치의 단위로 대개 어레이에 있는 디스크들의 부분 집합으로 구성된다. 논리적 장치는 서버에게는 하나의 가상 "디스크"로 인식된다. RAID 디스크 어레이에서 논리적 장치는 RAID 5와 같이 특정 RAID 레이아웃으로 구성된다. 물리적 볼륨은 논리적 장치를 액세스하기 위해 파일 시스템이 사용하는 장치 파일이다. 논리적 볼륨은 한 단계의 가상화를 제공하여 파일 시스템이 물리적 볼륨을 여러 조각으로 나누어 저장하거나 데이터를 여러 물리적 볼륨 사이에 스트라이핑 하는 것을 가능하게 해 준다. 논리적 장치는 가상 디스크를 운영 체제에 제공하는 디스크 어레이의 추상화인 반면 물리적 볼륨과 논리적 볼륨은 운영 체제가 이 가상 디스크들을 여러 작은 독립적인 파일 시스템으로 나누기 위해 사용되는 추상화이다.

블록들의 집합에 대한 용어를 설명하였으므로 한 가지 질문은 파일의 환상은 어디에서 관리되느냐 하는 것이다. 서버에서 관리되는 것인가 아니면 저장 장치 네트워크(storage area network)의 다른 한 쪽에서 관리되는 것인가?

전통적인 해답은 서버이다. 서버는 저장 장치를 디스크 블록으로 액세스하고 메타데이터(metadata)를 관리한다. 대부분의 파일 시스템은 파일 캐시를 사용하므로 서버는 파일 액세스 사이의 일관성을 유지하여야 한다. 디스크는 *직접 부착* 방식으로 서버 내부의 I/O 버스에 연결되거나 저장 장치 네트워크를 통해 연결될 수 있지만 이 경우 서버는 저장 서브시스템에 데이터 블록을 전송하여야 한다.

또 다른 해답은 디스크 서브시스템 자체가 파일 추상화를 관리하고 서버는 파일 시스템 프로토콜을 통해 저장 장치와 통신하는 방법이다. 이 예에는 UNIX 시스템의 NFS(*Network File System, 네트워크 파일 시스템*)와 Windows 시스템의 CIFS (Common Internet File System, 범용 인터넷 파일 시스템)가 있다. 이와 같은 장치는 네트워크 부착 저장 장치(NAS, network attached storage)라 부르는데 이는 저장 장치가 서버에 직접 부착될 이유가 없기 때문이다. 이 이름은 하지만 좀 잘못 사용된 것이라 볼 수 있는데 그 이유는 FC-AL과 같은 저장 장치 네트워크도 블록 서버들을 연결하는 데 사용될 수 있기 때문이다. *파일러(filer)*란 용어가 파일 서비스와 파일 저장 장치만을 제공하는 NAS 장치에 주로 사용된다. Network Appliances 사는 파일러를 제조하는 초기 회사들 중 하나이다.

저장 장치를 네트워크에 올려놓은 원동력은 많은 컴퓨터가 정보를 공유하고 운영자들이 공유 시스템을 관리하는 작업을 쉽게 만들기 위해서다.

비동기적 I/O와 운영 체제

디스크는 일반적으로 데이터 전송보다는 기계적인 지연시간에 시간을 더 소모한다. 따라서 I/O 성능을 높이는 자연스런 방법은 병렬성을 사용하여 여러 디스크가 데이터를 동시에 액세스할 수 있도록 하는 것이다.

가장 직관적인 I/O 방식은 데이터를 요청한 후 데이터의 사용을 시작하는 것이다. 요청된 데이터가 도착할 때까지 운영 체제는 다른 프로세스로 교체한 후 다시 요청한 프로세스로 되돌아가게 된다. 이와 같은 유형을 *동기적 I/O (synchronous I/O)*라 하며 프로세스는 디스크로부터 데이터가 읽혀질 때까지 기다리는 방식이다.

또 다른 모델은 프로세스가 데이터를 요청한 후 계속 진행하는 것으로 요청한 데이터에 대한 읽기를 시도하기 전까지는 멈추지 않는다. 이와 같은 *비동기적 I/O (asynchronous I/O)*는 프로세스가 연속적으로 요청을 할 수 있도록 하여 여러 I/O 요청이 동시에 진행하는 것을 가능하게 한다. 비동기적 I/O는 비순차적 파이프라인의 논블로킹 캐시와 같은 철학을 사용하여 동시에 여러 사건을 진행시킴으로써 대역폭을 증가를 달성한다.

6.7 I/O 시스템의 설계와 평가 – 인터넷 아카이브 클러스터

Computer Architecture

I/O 시스템 설계 기술은 가격, 의존성, 다양성의 목적을 만족하면서 I/O 성능과 의존성의 병목 현상을 피하는 설계를 찾는 것이다. 병목 현상을 피한다는 것은 구성 요소에서 메인 메모리와 I/O 장치 사이의 균형을 찾아야 한다는 것이다. 왜냐하면 성능과 의존성, 따라서 효과적인 가격 대비 성능, 가격 대비 의존성이 I/O 체인에서의 가장 약한 링크에 의해 결정되기 때문이다. 설계자는 고객들이 I/O를 자신의 응용에 맞출 수 있도록 확장성을 고려하여야 한다. I/O 장치의 유형과 수 모두에 대한 이러한 확장성은 더 긴 I/O 버스, 네트워크, I/O 장치들을 확장하기 위한 더 큰 전원과 더 큰 캐비닛 등 가격을 증가시키는 요인이 된다.

I/O 시스템 설계에서 다른 여러 I/O 연결 방법과 각 유형 별로 다른 I/O 장치 수를 사용하여 성능, 비용, 용량, 가용성들을 분석하여 보자. 다음은 I/O 시스템을 설계하는 일련의 과정을 보여 준다. 각 단계에 대한 해답은 시장의 요구사항이나 단순히 가격, 성능, 또 가용성 목적 등에 의해 결정될 수 있다.

1. 기계에 연결된 I/O 장치의 유형을 나열하고 기계가 지원하는 표준 버스와 네트워크를 나열하라.
2. 각 I/O 장치의 물리적 요구 사항을 나열하라. 요구 사항에는 크기, 전력, 연결회로, 버스 슬롯, 확장 캐비닛 등이 포함되어야 한다.
3. 각 I/O 장치의 가격을 나열하라. 각 장치에 필요한 연결 회로의 가격 역시 포함하라.
4. 각 I/O 장치의 신뢰성을 나열하라.
5. 각 I/O 장치의 프로세서 자원 요구를 기록하라. 이 리스트에는 다음이 포함되어야 한다.
   - I/O를 시작하고 (인터럽트 처리와 같이) I/O 장치의 동작을 지원하고 I/O를 완료하는 명령에 소요되는 클록 사이클 수
   - 메모리와 버스, 캐시 사용을 완료하기 위해 I/O를 대기하는 데 필요한 프로세서 클록 스톨 수
   - 캐시 플러쉬와 같이 I/O 활동으로부터 복구하는 데 소요되는 프로세서 클록

사이클 수

6. 각 I/O 장치의 메모리와 I/O 버스 자원 요구를 나열하라. 프로세서가 메모리를 사용하지 않을 때에도 메인 메모리의 대역폭과 I/O 연결은 제한된다.
7. 마지막 단계는 이 I/O 장치들을 구성하는 여러 방식의 성능과 가용성을 평가하는 것이다. 가능하면 고장을 발생시킬 수 있는 곳은 피하여야 한다. 비록 큐잉 이론을 통해 추정할 수는 있지만 성능은 시뮬레이션을 통해서만 적절히 평가할 수 있다. I/O 장치가 독립적으로 고장을 발생시킨다고 가정하고 고장이 발생하는 시간이 지수 분포를 갖는다고 가정하면 신뢰성을 계산할 수 있다. 고장에서 수리까지의 시간을 고려하여 장치별로 MTTF를 계산하면 가용성은 신뢰성으로부터 계산될 수 있다.

비용, 성능, 가용성 목적이 주어졌을 때 최선의 구조를 선택하면 된다.

비용-성능 목적은 I/O 기법과 물리적 설계의 선택에 영향을 미친다. 응용의 요구에 따라 성능은 초당 메가바이트 또는 초당 I/O 횟수로 측정될 수 있다. 고성능에서 유일한 제한은 I/O 장치의 속도와 I/O 장치의 수, 그리고 프로세서와 메모리의 속도이다. 저 비용에서 대부분의 비용은 I/O 장치 자체에 있다. 가용성 목적은 부분적으로 비가용성이 그 조직에 미치는 비용에 달려 있다.

페이퍼 설계를 만들기보다는 실제 시스템을 평가하여 보자.

인터넷 아카이브 클러스터

이러한 개념을 더 분명하게 하기 위해 인터넷 아카이브(Internet Archive)의 한 대형 저장 장치 중심 클러스터의 비용, 성능, 가용성을 평가하여 보자. 인터넷 아카이브는 시간에 따른 인터넷의 역사적 기록을 목적으로 1996년에 시작하였다. 타임머신을 타고 과거 한 URL 주소의 웹 사이트가 어떻게 생겼는지 보려면 Wayback Machine 인터페이스를 통해 인터넷 아카이브를 사용하면 된다. 2006년 현재 이 아카이브는 페타바이트 (10^{15} 바이트) 이상의 데이터를 저장하고 있고 매달 20 테라바이트(10^{12} 바이트)의 새 데이터가 추가되기 때문에 저장 장치의 확장성은 필수적이다. 이 시스템은 역사적 기록을 저장하는 것뿐만 아니라 인터넷의 현재 모습을 담기 위해 몇 달에 한 번씩 웹을 액세스하는 데 사용된다.

근거리 통신망에 의해 연결된 컴퓨터 클러스터는 일부 응용의 경우 매우 효과적이며 경제적인 컴퓨팅 수단이 되었다. 클러스터는 또한 Google 검색 엔진과 같이 인터넷 서비스에서도 중요한 역할을 차지하는데 여기서의 경우와 마찬가지로 계산 보다는 저장에 더 초점이 맞추어져 있다.

비록 해가 지남에 따라 여러 다른 하드웨어를 사용하여 왔지만 인터넷 아카이브는 전력 소비와 공간 면에서 더 효율적인 새 클러스터로 이동하고 있다. 기본 빌딩

그림 6.19 인터넷 아카이브에 의해 사용되는 Caricorn Systems 사의 TB-80 VME 선반. 모든 케이블과 스위치, 디스플레이는 전면에서 액세스될 수 있으며 후면은 통풍을 위해서만 사용된다. 이는 두 선반을 등을 맞대고 설치하면 기계실에서의 공간을 줄여주는 장점을 제공한다.

블록은 Capricorn Technologies 사의 PetaBox GB2000이라 불리는 1U 저장 노드이다. 2006년 이 노드는 4개의 500GB 병렬 ATA(PATA) 디스크 드라이브와 512 MB의 DDR266 DRAM, 하나의 10/100/1000 이더넷 인터페이스, 또 80x86 명령어 집합을 실행하는 VIA 사의 1 GHz C3 프로세서로 구성된다. 이 노드는 일반적인 구성에서 약 80 와트의 전력을 소비한다.

그림 6.19는 표준 VME 선반에 설치된 클러스터를 보여 준다. 40개의 GB2000이 표준 VME 선반에 설치되어 이 선반은 80 TB의 용량을 가진다. 40개의 노드는 48 포트의 10/100 또는 10/100/1000 스위치로 연결되며 약 3 KW의 전력을 소비한다. 컴퓨터 시설에서 최대 전력 제한은 선반당 10 KW이므로 지침을 벗어나지는 않는다.

페타바이트는 이러한 선반 12개를 필요로 하며 이는 각 선반의 스위치로부터 연결된 기가비트 링크를 연결하는 한 단계 위의 스위치로 연결되어 있다.

인터넷 아카이브 클러스터의 성능, 의존성, 비용의 평가

I/O 시스템의 평가를 예시하기 위해 이 클러스터의 비용과 성능, 신뢰성에 대하여 추측하여 보자. 비용과 성능에 대하여 다음을 가정한다.

- VIA 프로세서, 512 MB의 DDR266 DRAM, ATA 디스크 컨트롤러, 전원, 팬, 케

이스는 모두 $500이다.

- 4개의 7200RPM 병렬 ATA 드라이브 각각은 500 GB의 용량을 가지며 평균 탐색 시간은 8.5 ms이고 디스크로부터의 전송 속도는 50 MB/sec, 가격은 $375이다. PATA 링크 속도는 133 MB/sec이다.
- 48 포트의 10/100/1000 이더넷 스위치와 선반의 모든 케이블은 $3000이다.
- VIA 프로세서의 성능은 1000 MIPS이다.
- ATA 컨트롤러는 디스크 I/O를 수행하는 데 0.1 ms의 오버헤드를 추가한다.
- 운영 체제는 디스크 I/O당 50,000 CPU 명령을 사용한다.
- 네트워크 프로토콜 스택은 데이터 블록을 클러스터에서 외부 세계로 전송하는 데 100,000 CPU 명령을 사용한다.
- Wayback 인터페이스를 통해 역사적 기록을 액세스할 때의 평균 I/O 크기는 16 KB이고 인터넷의 새 모습을 수집할 때의 평균 I/O 크기는 50 KB이다.

예제 80 TB 선반의 초 당 I/O (IOPS) 당 비용을 평가하라. 모든 디스크 I/O가 평균 탐색 시간과 평균 회전 지연시간을 갖는다고 가정하자. 워크로드는 모든 디스크에 균일하게 분산되어 있고 모든 장치가 100% 용량을 모두 사용한다고 가정하라. 즉 시스템은 가장 약한 링크에 의해 제한되며 각 링크는 100% 이용률에서 동작할 수 있다. 두 평균 I/O 크기에 대하여 계산하라.

해답 I/O 성능은 체인의 가장 약한 링크에 의해 제한되므로 각 구조의 최대 성능을 결정하기 위해서는 각 구조의 I/O 체인에서 각 링크의 최대 성능을 평가하여야 한다.

GB2000의 CPU, 메인 메모리, I/O 버스에 대한 IOPS의 최대 수를 계산하여 보자. CPU I/O 성능은 CPU의 속도와 디스크 I/O를 수행하고 이를 네트워크로 전송하는 데 필요한 명령어 수에 의해 결정된다.

$$\text{CPU에 대한 최대 IOPS} = \frac{1000\ \text{MIPS}}{\text{I/O당 } 50{,}000\ \text{명령} + \text{메시지당 } 100{,}000\ \text{명령}} = 6667\ \text{IOPS}$$

메모리 시스템의 최대 성능은 메모리 대역폭과 I/O 전송의 크기에 의해 결정된다.

$$\text{메인 메모리의 최대 IOPS} = \frac{266 \times 8}{\text{I/O당 } 16\ \text{KB}} \approx 133{,}000\ \text{IOPS}$$

$$\text{메인 메모리의 최대 IOPS} = \frac{266 \times 8}{\text{I/O당 } 50\ \text{KB}} \approx 42{,}500\ \text{IOPS}$$

병렬 ATA 링크 성능은 I/O의 대역폭과 크기에 의해 제한된다.

$$\text{I/O 버스의 최대 IOPS} = \frac{133\ \text{MB/sec}}{\text{I/O당 } 16\ \text{KB}} \approx 8300\ \text{IOPS}$$

$$\text{I/O 버스의 최대 IOPS} = \frac{133 \text{ MB/sec}}{\text{I/O당 } 50 \text{ KB}} \approx 2700 \text{ IOPS}$$

박스에는 두 버스가 있으므로 I/O 버스는 16 KB 블록에 대한 최대 성능을 18,600 IOPS로 제한하며 50 KB 블록에 대한 성능은 5400 IOPS로 제한한다.

자 이제 I/O 체인의 다음 링크인 ATA 컨트롤러의 성능을 살펴보자. 한 블록을 PATA 채널로 전송하는 시간은 다음과 같다.

$$\text{병렬 ATA 전송 시간} = \frac{16 \text{ KB}}{133 \text{ MB/sec}} = 0.1 \text{ ms}$$

$$\text{병렬 ATA 전송 시간} = \frac{50 \text{ KB}}{133 \text{ MB/sec}} = 0.4 \text{ ms}$$

0.1 ms의 ATA 컨트롤러 오버헤드 추가는 I/O당 0.2 ms에서 0.5 ms를 의미하며 따라서 컨트롤러당 최대 비율은 다음과 같다.

$$\text{ATA 컨트롤러당 최대 IOPS} = \frac{1}{0.2 \text{ ms}} = 5000 \text{ IOPS}$$

$$\text{ATA 컨트롤러당 최대 IOPS} = \frac{1}{0.5 \text{ ms}} = 2000 \text{ IOPS}$$

체인에서의 다음 링크는 디스크들이다. 평균 디스크 I/O 시간은 다음과 같다.

$$\text{I/O 시간} = 8.5 \text{ ms} + \frac{0.5}{7200 \text{ RPM}} + \frac{16 \text{ KB}}{50 \text{ MB/sec}} = 8.5 + 4.2 + 0.3 = 13.0 \text{ ms}$$

$$\text{I/O 시간} = 8.5 \text{ ms} + \frac{0.5}{7200 \text{ RPM}} + \frac{50 \text{ KB}}{50 \text{ MB/sec}} = 8.5 + 4.2 + 1.0 = 13.7 \text{ ms}$$

따라서 디스크 성능은

$$\text{(평균 탐색 시간을 사용한) 디스크당 최대 IOPS} = \frac{1}{13.0 \text{ ms}} \approx 77 \text{ IOPS}$$

$$\text{(평균 탐색 시간을 사용한) 디스크당 최대 IOPS} = \frac{1}{13.7 \text{ ms}} \approx 73 \text{ IOPS}$$

또는 4 디스크에 292–308 IOPS이다.

체인의 마지막 링크는 컴퓨터를 외부 세계로 연결시키는 네트워크이다. 링크 속도가 한계를 결정한다.

$$\text{1000 Mbit 이더넷 링크당 최대 IOPS} = \frac{1000 \text{ Mbit}}{16\text{K} \times 8} = 7812 \text{ IOPS}$$

$$\text{1000 Mbit 이더넷 링크당 최대 IOPS} = \frac{1000 \text{ Mbit}}{50\text{K} \times 8} = 2500 \text{ IOPS}$$

분명히 GB2000 성능의 병목은 디스크들이다. 전체 선반의 IOPS는 40 × 308 또는

12,320 IOPS에서 40 × 292 또는 11,680 IOPS이다. 네트워크 스위치는 16 KB 블록에 대하여 12,320 × 16K × 8 또는 1.6 Gbits/sec를 지원할 수 없거나 50 KB 블록에 대하여 11,680 × 50K × 8 또는 4.7 Gbits/sec를 지원할 수 없는 경우 성능의 병목 현상을 일으킬 수 있다. 48 포트 스위치의 잉여 8 기가비트 포트가 선반을 외부 세계와 연결시킨다고 가정하였다. 따라서 이는 선반에 있는 160개 디스크 전체의 최대 IOPS를 지원할 수 있다.

이러한 가정 하에 80 TB 선반의 비용은 40 × ($500 + 4 × $375) + $3000 + $1500 또는 $84,500이다. 디스크들은 이 비용의 거의 60%를 차지한다. 테라바이트당 비용은 거의 $1000로서 이는 2001년 버전의 저장 클러스터에 비하여 10−15배로 우수한 것이다. IOPS당 비용은 약 $7이다.

TB-80 클러스터의 MTTF 계산

Google과 같은 인터넷 서비스는 환경적인 결함이나 하드웨어 결함 등으로부터 보호하기 위해 응용 프로그램 수준에서 종종 데이터의 여러 복사본을 다른 지역에 저장하는 방법을 사용한다. 따라서 인터넷 아카이브는 데이터의 두 복사본을 각 사이트에 저장하며 샌프란시스코, 암스테르담, 이집트 알렉산드리아 등에 사이트를 갖고 있다. 각 사이트는 음악, 책, 영화, 비디오 등과 같은 고 가치의 콘텐츠는 복사본을 관리하고 역사적인 웹 사이트는 단일 본을 관리한다. 비용을 줄이기 위해 80 TB 선반에는 중복성이 없다.

예제 선반의 MTTF를 살펴보자. 제조자가 제시한 600,000 시간의 MTTF를 사용하는 것 대신에 디스크 드라이브의 최신 조사 결과 [Gray and van Ingen 2005]를 사용하여 보자. 1장에서 기술하였듯이 ATA 드라이브의 약 3%에서 7%는 매년 고장이 난다. 다시 말하면 약 125,000에서 300,000 시간의 MTTF를 갖는다. 수명의 지수 분포를 가정하고 다음의 가정을 해 보자.

- CPU/메모리/케이스의 MTTF는 1,000,000 시간이다.
- PATA 디스크의 MTTF는 125,000 시간이다.
- PATA 컨트롤러의 MTTF는 500,000 시간이다.
- 이더넷 스위치의 MTTF는 500,000 시간이다.
- 전원의 MTTF는 200,000 시간이다.
- 팬의 MTTF는 200,000 시간이다.
- PATA 케이블의 MTTF는 1,000,000 시간이다.

해답 위의 가정을 종합하면 다음의 고장률을 계산할 수 있다.

$$\text{고장률} = \frac{40}{1{,}000{,}000} + \frac{160}{125{,}000} + \frac{40}{500{,}000} + \frac{1}{500{,}000} + \frac{40}{200{,}000} + \frac{40}{200{,}000} + \frac{80}{1{,}000{,}000}$$

$$= \frac{40 + 1280 + 80 + 2 + 200 + 200 + 80}{1{,}000{,}000 \text{ 시간}} = \frac{1882}{1{,}000{,}000 \text{ 시간}}$$

시스템의 MTTF는 고장률의 역수이다.

$$\text{MTTF} = \frac{1}{\text{고장률}} = \frac{1{,}000{,}000 \text{ 시간}}{1882} = 531 \text{ 시간}$$

구성 요소의 MTTF에 대한 가정이 주어졌을 때 선반의 한 부분은 평균적으로 3주에 한 번씩 고장이 발생한다. 고장의 약 70%는 디스크이고 약 20%는 팬이나 전원이다.

6.8 종합: NetApp FAS6000 파일러

Computer Architecture

Network Appliance 사는 자체적인 로그-구조의 파일 시스템과 RAID 4 디스크 어레이를 사용하여 작동하기 쉬운 NFS 파일 서버를 제공하려는 목적으로 1992년에 저장 장치 시장에 진입하였다. 이 회사는 후에 Windows CIFS 파일 시스템과 행-대각선 패러티 또는 RAID-DP라 불리는 RAID 6 방식에 대한 지원을 추가하였다(381페이지 참조). 데이터베이스 시스템과 같이 파일 시스템의 오버헤드 없이 가공되지 않은 데이터 블록을 액세스하고자 하는 응용을 지원하기 위해 NetApp 파일러는 표준 Fibre Channel 인터페이스를 통해 데이터 블록을 서비스할 수 있다. NetApp는 또한 iSCSI를 지원하는데 이는 TCP/IP 네트워크를 통해 SCSI 명령어를 실행하는 것을 허락해 준다. 따라서 이더넷과 같은 표준 네트워킹을 사용하여 서버를 먼 거리에 있는 저장 장치에 연결하게 하여 준다.

최신 하드웨어 상품은 FAS6000이다. 이 시스템은 Hypertransport 링크로 연결된 AMD Opteron 마이크로프로세서에 기반을 둔 멀티프로세서이다. 이 마이크로프로세서는 NSF, CIFS, RAID-DP, SCSI 등을 포함하는 NetApp 소프트웨어 스택을 실행한다. FAS6000은 듀얼 프로세서(FAS6030) 또는 쿼드 프로세서(FAS6070)의 두 모델로 제공된다. 4장에서 기술되었듯이 Opteron에서 DRAM은 각 마이크로프로세서에 분산되어 있다. FAS6000은 8 GB의 DDR2700을 각 Opteron에 연결하여 FAS6030에서는 16 GB를 FAS6070에서는 32 GB를 제공한다. 5장에서 언급했듯이 DRAM 버스의 폭은 128 비트이고 메모리의 단일 에러 교정 및 더블 에러 감지(SEC/DEC)를 위해 추가적인 비트들을 포함한다. 두 모델 모두 4개의 Hypetransport 링크를 I/O에 배정하였다.

파일러로서 FAS6000 시스템은 디스크와 서버에 연결하기 위해 많은 I/O를 필요로 한다. 통합된 I/O는 다음으로 구성된다.

- 8개의 Fibre Channel (FC) 컨트롤러와 포트
- 6개의 기가비트 이더넷 링크
- 8배속 PCI Express 카드를 위한 6개의 슬롯
- PCI-X 133 MHz, 64 비트 카드를 위한 3개의 슬롯
- 이에 추가하여 IDE, USB, 32 비트 PCI와 같은 표준 I/O 옵션들

8개의 Fibre Channel 컨트롤러 각각은 14개의 3.5인치 FC 디스크를 포함하는 6개의 선반에 부착될 수 있다. 따라서 통합된 I/O의 최대 드라이브 수는 8 × 6 × 14 또는 672개의 디스크이다. 추가적인 FC 컨트롤러들이 최대 1008개의 드라이브를 연결하기 위해, 또 경쟁을 줄이려는 목적으로 FC 네트워크당 드라이브 수를 줄이기 위해 옵션 슬롯에 추가될 수 있다. RAID RDP 그룹이 14 데이터 디스크와 2개의 검증 디스크라고 가정하면 2006년 FC 드라이브당 500 GB가 주어졌을 때 사용 가능한 데이터 용량은 672 디스크의 경우 294 TB이고 1008 디스크의 경우 441 TB이다.

이는 또한 SATA 브리지로 연결된 Fibre Channel을 통해 직렬 ATA 디스크에 연결될 수 있는데 이름이 뜻하듯이 이는 FC와 SATA가 통신할 수 있도록 해 준다.

6개의 1 기가비트 이더넷 링크는 서버를 연결하여 FAS6000 시스템을 NTFS나 CIFS를 실행하는 파일 서버로 또는 iSCSI를 실행하는 블록 서버로 동작할 수 있도록 만들어 준다.

의존성을 높이기 위해 FAS6000 파일러는 하나가 고장이 나면 다른 하나가 동작하도록 한 쌍으로 제공될 수 있다. 클러스터의 대체 작동을 위해서는 두 파일러 모두가 FC 연결망을 사용하여 파일러 쌍의 모든 디스크를 액세스할 수 있어야 한다. 이 연결망은 또한 각 파일러가 다른 파일러의 NVRAM에 로그 데이터의 복사본을 가지게 해 주고 두 파일러의 클록이 동기화될 수 있게 만들어 준다. 파일러의 상태는 계속해서 감시되며 대체 작동은 자동으로 발생한다. 양호한 상태의 파일러는 자신의 네트워크 신원과 자신의 주요 기능을 관리할 뿐만 아니라 고장난 파일러의 네트워크 신분을 가정하고 관리자가 데이터 서비스를 원 상태로 복구할 때까지 가상 파일러를 통해 모든 데이터 요청을 처리한다.

6.9 오류와 함정

오류 *부품은 빨리 고장 난다.*

대부분의 결함 허용에 관한 문헌들은 부품은 잠재적 오류가 효력을 발휘할 때까지 부품은 완벽하게 작동하다가 고장이 발생하면 바로 부품을 멈추게 한다는 단순한

고장난 디스크에 대한 시스템 로그에서의 메시지들	로그 메시지의 수	기간 (시간)
Hardware Failure (Peripheral device write fault [for] Field Replaceable Unit)	1763	186
Not Ready (Diagnostic failure: ASCQ = Component ID [of] Field Replaceable Unit)	1460	90
Recovered Error (Failure Prediction Threshold Exceeded [for] Field Replaceable Unit)	1313	5
Recovered Error (Failure Prediction Threshold Exceeded [for] Field Replaceable Unit)	431	17

그림 6.20 제 3 디스크에서 18 개월의 기간 동안 교체되었던 368개 디스크 중 4개 디스크에 대한 시스템 로그 기록. Talagala and Patterson [1999]를 참조하라. SCSI 명세와 일치하는 이 메시지들은 디바이스 드라이버에 의해 시스템 로그에 기록되었다. 메시지들은 운영자가 디스크를 교체하기 최대 1 주일 전부터 발생하기 시작했다. 3 번째와 4 번째 메시지는 드라이브의 고장 예측 기법이 즉각적인 고장을 감지하고 예측하였다는 것을 표시한다. 하지만 드라이브는 몇 시간이 지난 후에야 운영자에 의해 교체되었다.

가정을 하고 있다.

제 3 디스크 프로젝트는 정 반대의 경험을 겪었다. 많은 부품은 고장 나기 오래 전부터 이상한 행동을 보이며 부품이 고장 났다고 선언하는 것은 시스템 운영자에 달려 있다. 부품들은 일반적으로 운영자가 부품을 "중단"시키기 전까지는 서비스 동의를 위반하면서도 동작을 계속하려고 한다.

그림 6.20은 중단된 4 드라이브의 역사와 교체되기 전에 이상한 행동을 보인 시간을 보여 준다.

오류 *컴퓨터 시스템은 광고되는 것처럼 99.999%("파이브 나인, five nine")의 가용성을 달성한다.*

서버를 만드는 회사의 영업 부서들은 그들 회사의 컴퓨터 하드웨어의 가용성을 자랑하기 시작했다. 그림 6.21에 따르면 그들은 파이브 나인이라는 별명을 가진 99.999%의 가용성을 주장했다. 운영 체제 회사의 영업 부서조차도 이러한 인상을 주려고 노력하였다.

한 해 동안 5분만 이용하지 못한다는 것은 분명히 인상적이다. 하지만 고장률 조사에 따르면 이 주장은 믿기 어렵다. 예를 들어, Hewlett Packard는 HP-9000 서버 하드웨어와 HP-UX 운영 체제가 "사전에 정의된, 또 사전에 검증된 특정한 고객 환경"에서는 99.999%의 가용성을 보장한다고 주장한다. (Hewlett Packard [1998] 참조.) 이 보장은 운영자 결함이나 응용 결함, 또 환경 결함에 의한 고장은 포함하지 않았는데 실은 이들이 현재 가장 자주 발생하는 결함 유형이다. 또한 이는 예정된 다운 시간을 포함하지 않았다. 만약 시스템이 이러한 보장을 만족하지 않는 경우 얼마만큼의 재정적인 비용이 소요될 지는 명확하지 않다.

비가용성(년 당 분수)	가용성(퍼센트)	가용성 클래스("9의 개수")
50,000	90%	1
5,000	99%	2
500	99.9%	3
50	99.99%	4
5	99.999%	5
0.5	99.9999%	6
0.05	99.99999%	7

그림 6.21 주어진 가용성 클래스를 달성하기 위해 1 년 동안 사용하지 못하는 분 수. (Gray and Siewiorek [1991] 참조.) 파이브 나인은 1 년에 5 분 사용하지 못한다는 것을 뜻한다.

마이크로소프트 역시 파이브 나인 캠페인을 마케팅 하였다. 하지만 2001년 1월 *www.microsoft.com*은 22시간 동안 다운되었다. 이 웹 사이트가 99.999%의 가용성을 달성하기 위해서는 앞으로 250년간 다운되어서는 안 된다.

마케팅 부서의 주장과는 달리, 2006년 잘 관리되는 서버들은 일반적으로 99%에서 99.9%의 가용성을 달성한다.

함정 *기능을 어디에 구현하였는지가 신뢰성에 영향을 준다.*

이론적으로 RAID 기능은 소프트웨어로 옮길 수 있다. 실제로는 이러한 소프트웨어를 신뢰성 있게 동작시키는 것은 매우 어렵다.

소프트웨어 문화는 일반적으로 일련의 발표와 패치를 통해 궁극적으로 완벽을 추구한다. 또한 소프트웨어의 다른 계층으로부터 독립적으로 만들기는 어렵다. 예를 들어, 소프트웨어의 올바른 동작은 적절한 버전과 운영 체제의 패치 발표를 제 때 업데이트하는 것을 가정한다. 따라서 많은 고객들은 소프트웨어 RAID 시스템에서 소프트웨어 버그나 환경의 불일치로 인해 데이터를 상실하였다.

분명히 하드웨어 시스템 역시 버그에 면역력을 가지고 있지는 않지만 하드웨어 문화는 초기 버전에서 완벽성을 검증하는 것을 더욱 강조하는 경향이 있다. 추가적으로 하드웨어는 운영 체제의 버전과는 무관할 가능성이 크다.

함정 *디스크 액세스를 스케줄할 가장 좋은 장소는 운영 체제이다.*

ATA와 SCSI와 같은 고 단계 인터페이스는 운영 체제에 논리적 블록 주소를 제공한다. 이러한 고 수준의 추상화가 주어졌을 때 운영 체제가 할 수 있는 최선의 방책은 논리적 블록 주소를 오름차순으로 정렬하는 것이다. 디스크만이 논리적 주소를 섹터, 트랙, 실린더 등의 물리적 위치로 사상할 수 있으므로 디스크는 회전 지연과 탐색 시간을 줄일 수 있다.

예를 들어, 4개의 읽기로 구성된 워크로드를 가정하자 [Anderson 2003].

연산	시작 LBA	길이
읽기	724	8
읽기	100	16
읽기	9987	1
읽기	26	128

운영 체제는 4개의 읽기 연산을 논리적 블록 주소로 재정렬 할 수 있다.

읽기	26	128
읽기	100	16
읽기	724	8
읽기	9987	1

디스크에서 데이터의 상대적 위치에 따라 이러한 재정렬은 그림 6.22에서와 같이 상황을 악화시킬 수 있다. 디스크가 스케줄한 읽기들은 디스크 3/4 회전 시간에 완료되지만 OS가 스케줄한 읽기들은 3 회전이 걸린다.

오류 *컴퓨터 시스템에서 디스크의 평균 탐색 시간은 실린더 수 1/3 만큼의 탐색 시간이 걸린다.*

이 오류는 제조사들이 제시한 디스크의 예측 성능을 혼동하고 탐색 시간이 거리에 비례한다는 잘못된 가정으로부터 낳은 결과이다. 이 1/3 거리 규칙은 현재 트랙은 포함하지 않고 많은 수의 트랙이 존재한다는 가정 하에 임의의 위치로부터 다른 임의의 위치까지의 탐색 거리를 계산한 결과이다. 과거에 제조사들은 일관성 있는 비교 기준을 제시하기 위해 이 거리에서의 탐색 시간을 나열하였다. (오늘날 제조사들

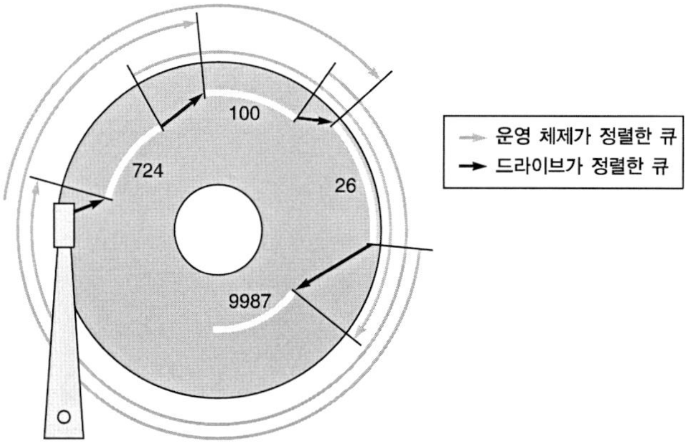

그림 6.22 OS 대 디스크 스케줄 액세스. 전자는 4 번의 읽기를 수행하기 위해 3 회전이 필요한 반면, 후자는 3/4 회전 만에 모두 완료한다. 출처 Anderson [2003].

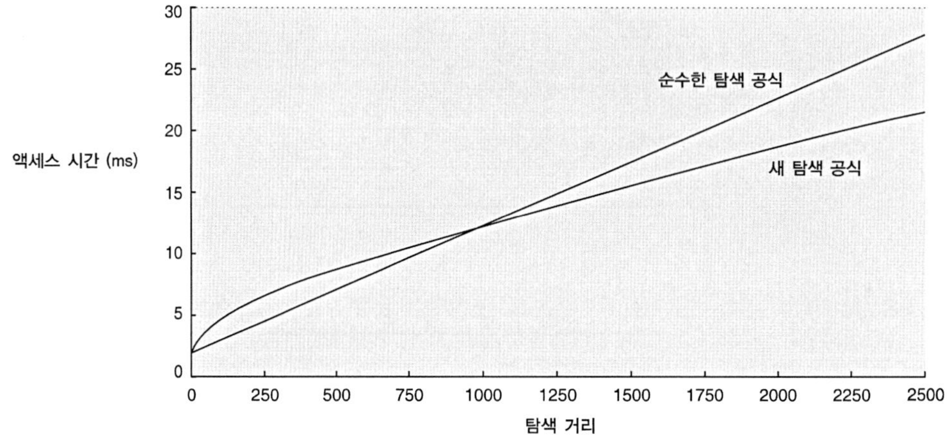

$$a = \frac{-10 \times \text{Time}_{min} + 15 \times \text{Time}_{avg} - 5 \times \text{Time}_{max}}{3 \times \sqrt{\text{실린더 수}}} \quad b = \frac{7 \times \text{Time}_{min} - 15 \times \text{Time}_{avg} + 8 \times \text{Time}_{max}}{3 \times \text{실린더 수}} \quad c = \text{Time}_{min}$$

그림 6.23 정확한 모델과 기본적인 모델 사이의 탐색 시간과 탐색 거리. Chen과 Lee [1995]는 변수 a, b, c 값에 대한 위 식이 여러 디스크에서 잘 적용됨을 보여 주었다.

은 모든 탐색시간을 기록하고 전체 수로 나누어 평균을 계산한다.) 탐색 시간이 거리에 비례한다고 (잘못) 가정하고 제조사의 최소와 "평균" 탐색 시간을 사용하면 다음과 같이 탐색 시간을 예측할 수 있다.

$$\text{Time}_{\text{seek}} = \text{Time}_{\text{minimum}} + \frac{\text{Distance}}{\text{Distance}_{\text{average}}} \times (\text{Time}_{\text{average}} - \text{Time}_{\text{minimum}})$$

탐색 시간과 관련하여 두 가지 오류가 존재한다. 첫 째, 탐색 시간은 거리에 비례하지 *않는다*. 디스크 암(arm)은 관성을 극복하기 위해 가속해야 하고, 최대 이동 속도를 달성한 후, 요청된 위치에 도착하면 감속을 하며 암이 진동을 멈출 때까지 기다려야 (*안정 시간, settle time*) 한다. 게다가 암은 가끔 진동을 제어하기 위해 멈추어야 한다. 200개 이상의 실린더를 가진 디스크에서 Chen과 Lee [1995]는 탐색 거리를 다음과 같이 모델링 하였다.

$$\text{탐색 시간(거리)} = a \times \sqrt{\text{거리} - 1} + b \times (\text{거리} - 1) + c$$

여기서 a, b, c는 이 식이 제조사가 발표한 거리 = 1, 거리 = 최대값, 거리 = 1/3 최대값 시간에 맞추도록 특정 디스크에 선택된 값들이다. 첫 번째 식과는 달리 거리의 제곱근은 가속과 감속을 반영한다.

두 번째 문제는 제품 설명서의 평균값은 디스크 활동이 지역성을 갖고 있지 않는 경우에만 해당 된다. 다행히도 디스크 활동은 시간적 공간적 지역성을 모두 갖고 있다. (부록 C 참조.) 예를 들어, 그림 6.24는 UNIX 시분할 워크로드와 비즈니스 처

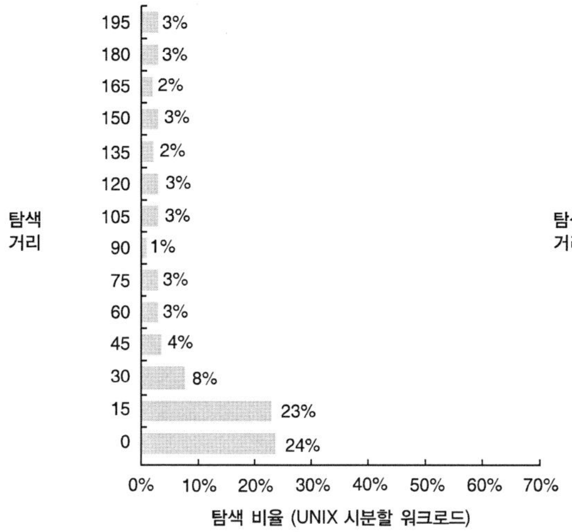

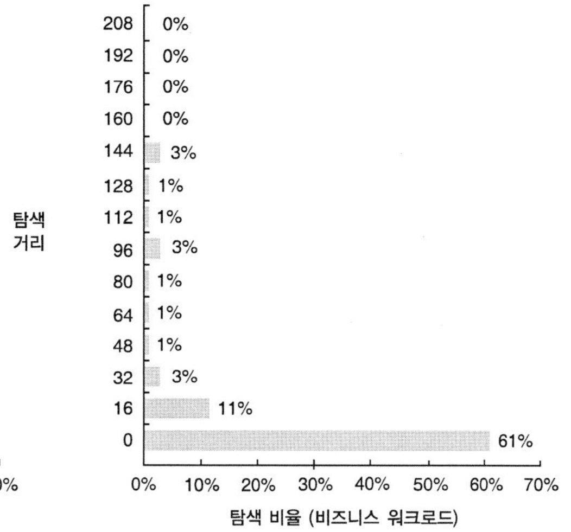

그림 6.24 두 시스템에서 탐색 거리에 따른 측정 예. 왼쪽의 측정값들은 UNIX 시분할 시스템에서 측정되었으며 오른쪽 측정값들은 처리 속도를 개선하기 위해 디스크 탐색 활동을 스케줄한 비즈니스 처리 응용에서 측정되었다. 탐색 거리 0은 액세스가 같은 실린더에서 이루어짐을 보여 준다. 다른 숫자들은 y 축에서 각 거리 사이의 퍼센트 합계를 보여 준다. 예를 들어, 비즈니스 그래프의 16 막대에 해당하는 11%는 1 실린더와 16 실린더 사이의 탐색 비율이 11%임을 나타낸다. UNIX 측정값은 1000 실린더 중에서 200에 멈추었는데 이는 전체 액세스의 85%를 차지한다. 비즈니스 측정은 디스크의 816 실린더 모두를 기록하였다. 1% 이상의 값을 갖는 거리 중에서 그래프에서 빠진 값들은 4%의 값을 가지는 224와 각각 1%의 값을 가지는 304, 336, 512, 624이다. 전체 합계는 94%이고 작지만 0이 아닌 값들은 빠져있다. Seagate 사의 Dave Anderson 제공.

리 워크로드의 두 워크로드에 대한 탐색 거리 별 측정 예를 보여 준다. 두 워크로드에서 탐색 거리 0으로 명시하였듯이 같은 실린더에 대한 디스크 액세스가 높은 비율을 차지함을 주목하라. 따라서 이 오류는 완전히 잘못된 것이다.

6.10 결론

저장 장치는 당연시되는 기술 중의 하나이다. 하지만 현재의 상황을 정확하게 살펴보면 저장 장치는 가장 중요하다. 필수용품이 되어버린 서버 시스템조차도 현재 저장 장치 시스템의 주변 장치가 되어버렸다고 주장할 수도 있다. 앞으로 2년 내에 저장 장치 판매가 서버 판매를 능가할 것이라는 IBM의 예측은 이러한 사실을 뒷받침하는 좋은 사례이다.

Michael Vizard
Infoworld의 편집 위원장, 2001년 8월 11일

저장 시스템은 그 가치가 점점 명확해짐에 따라 혁신과 투자의 대상으로 부각되었다.

오늘날 저장 시스템의 도전 과제는 의존성과 유지보수 기능이다. 고객들은 그들의 데이터가 분실되는 것을 바라지 않을 뿐만 아니라(신뢰성), 오늘 날 응용 프로그

램들은 항상 데이터가 액세스될 수 있어야 하는 것(가용성)을 점점 더 요구한다. 하드웨어와 소프트웨어의 신뢰성과 결함 허용에 있어서의 향상에도 불구하고 이러한 시스템을 관리하는 데 있어서의 조잡성은 비용과 가용성 면에서 문제가 되고 있다. 가장 보편적으로 인용되는 통계 중 하나가 고객들이 $1의 구매마다 $6에서 $8의 운영비를 지출한다는 점이다. 검색 엔진에서와 같이 의존성 문제를 시스템의 위 단계에서 여러 중복된 복사본을 가져 해결하면서 초대형 시스템 역시 저장 장치 부품의 가격 대비 성능에 민감해지기 시작하였다.

저장 장치의 의존성과 유지보수 이슈는 오늘날 I/O의 가장 중요한 이슈가 되었다.

6.11 역사적 관점과 참고문헌

동반된 CD의 부록 K.7은 디스크의 발명자, RAID와 관련된 숨겨진 이야기, 운영 체제와 데이터베이스의 역사 등 저장 장치와 관련 기술의 역사를 다루고 있으며 이 주제와 관련된 여러 참고문헌을 제공한다.

사례 연구와 연습문제(Andrea C. Arpaci-Dusseau와 Remzi H. Arpaci-Dusseau)

사례 연구 1: 디스크의 해체

이 사례 연구에 의해 설명된 개념

- 성능 특성
- 마이크로벤치마크

저장 시스템의 내부는 블록들의 선형 배열이라는 간단한 인터페이스 뒤에 일반적으로 숨겨져 있다. 모든 저장 시스템들이 동일한 인터페이스를 갖는 것은 많은 장점을 가진다. 운영 체제는 수정 없이 어떤 저장 시스템도 사용할 수 있으면서 동시에 저장 시스템은 이 인터페이스 뒤에서 자유롭게 혁신을 추구할 수 있다. 예를 들어, 디스크는 <섹터, 트랙, 표면>의 내부 구조를 최고의 성능을 발휘할 수 있는 선형 배열로 사상할 수 있으며, 여러 디스크를 가진 RAID 시스템 역시 여러 디스크에 속해 있는 블록들을 이 선형 배열로 사상할 수 있다. 하지만 이러한 고정된 인터페이스는 여러 단점을 가지고 있다. 특히 운영 체제의 경우 저장 시스템 내부의 블록들의 정확한 배치에 대한 지식 없이는 성능, 신뢰성, 보안 최적화를 수행할 수 없다.

이 사례 연구에서는 소프트웨어를 사용하여 블록 기본 인터페이스 내부에 숨겨진 저장 시스템의 내부 구조를 밝혀본다. 기본 아이디어는 잘 정의된 워크로드를 저장 시스템에 실행시켜 각기 다른 요청에 따라 필요한 시간을 측정하여 저장 시스템과 관련된 상세한 정보를 추출하는 것이다. 이러한 방법을 통해 내부 시스템과 관련된 놀라울 정도의 상세한 정보를 추론할 수 있다.

U.C. Berkeley 대학의 Nisha Talagala와 그 동료들이 개발한 Skippy 알고리즘은 단일 디스크의 지표들을 밝혀낸다. 그 핵심은 선형으로 증가하는 주소를 사용하여 (1, 2, 3 등으로 증가하는) 개개 섹터를 연속적으로 탐색함으로써 디스크 회전으로 인한 효과를 제거하는 것이다. 따라서 기본 알고리즘은 매번 쓰기를 수행하기 전에 탐색의 거리를 한 섹터 씩 증가시키고 각 쓰기의 거리와 시간을 출력하면서 디스크 전체를 건너뛰면서 액세스하는 것이다. 파일 시스템의 최적화를 피하기 위해 기본 디바이스 인터페이스를 사용하였다. SECTOR SIZE(섹터 크기)는 디스크로부터 한 번에 읽을 수 있는 최소 데이터 크기(즉, 512 바이트)로 정하였다. (Skippy는 Talagala et al. [1999]에 상세히 설명되어 있다.)

```
fd = open("raw disk service");
for (i = 0; i < measurements; i++) {
    begin_time = gettime();
    lseek(fd, i*SECTOR_SIZE, SEEK_CUR);
    write(fd, buffer, SECTOR_SIZE);
    interval_time = gettime() -begin_time;

    printf("stride: %d Time: %d\n", i, interval_time);
}
close(fd);
```

각 쓰기에 필요한 시간을 탐색 거리의 함수로 도시하면 (탐색 시간이나 회전 지연이 없는) 최소 전송 시간, 헤드 교체 시간, 실린더 교체 시간, 회전 지연시간, 디스크의 헤드 수 등을 추론할 수 있다. 전형적인 그래프는 4개의 선을 갖는데 각 선의 기울기는 같지만 오프셋은 다르다. 가장 위의 선과 가장 아래 선은 다른 회전 지연시간을 갖지만 실린더나 헤드 교체는 없는 요청에 해당한다. 따라서 두 선 사이의 차이가 디스크의 회전 지연을 보여 준다. 밑에서 두 번째 선은 (회전 지연시간의 증가에 추가하여) 헤드 교체를 발생시키는 요청에 해당한다. 마지막으로 세 번째 선은 (회전 지연에 추가하여) 실린더 교체를 발생시키는 요청에 해당한다.

6.1 [10/10/10/10/10] <6.2> 그림 6.25는 모형 디스크 (Disk Alpha)에 대한 Skippy 실행 결과를 보여 준다.

a. [10] <6.2> 최소 전송 시간은?

b. [10] <6.2> 회전 지연시간은?

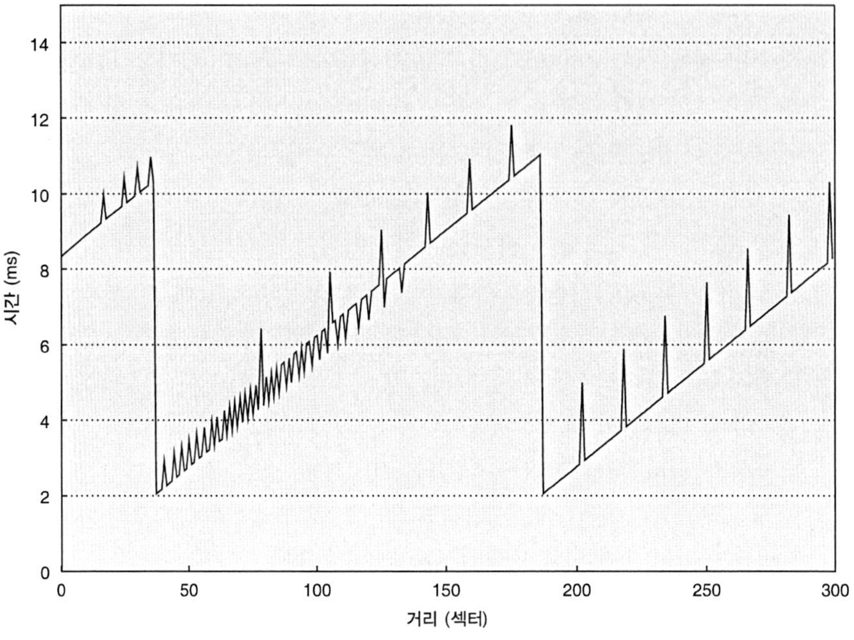

그림 6.25 디스크 Alpha에 Skippy를 실행한 결과.

c. [10] <6.2> 헤드 교체 시간은?

d. [10] <6.2> 실린더 교체 시간은?

e. [10] <6.2> 디스크 헤드의 수는?

6.2 [25] <6.2> 다음의 변수를 갖는 디스크 Beta에 Skippy를 실행한 결과를 보여 주는 대략적인 그래프를 그려라.

- 최소 전송 시간: 2.0 ms
- 회전 지연시간: 6.0 ms
- 헤드 교체 시간: 1.0 ms
- 실린더 교체 시간: 1.5 ms
- 디스크 헤드의 수: 4
- 트랙당 섹터 수: 100

6.3 [10/10/10/10/10/10/10] <6.2> 여러분이 선택한 디스크 위에 Skippy 알고리즘을 구현하고 실행하여 보시오.

a. [10] <6.2> Skippy를 실행한 결과를 그래프로 그려라. 디스크의 제조 회사와 모델을 나열하라.

b. [10] <6.2> 최소 전송 시간은?

c. [10] <6.2> 회전 지연시간은?

d. [10] <6.2> 헤드 교체 시간은?

e. [10] <6.2> 실린더 교체 시간은?

f. [10] <6.2> 디스크 헤드의 수는?

g. [10] <6.2> Skippy를 실제 디스크에서 실행한 결과가 모형 디스크에서의 결과와 정성적으로 차이가 있는가?

사례 연구 2: 디스크 어레이의 해체

이 사례 연구에 의해 설명된 개념

- 성능 특성
- 마이크로벤치마크

Wisconsin 대학의 Timothy Denehy와 동료들[Denehy et al. 2004]이 개발한 Shear 알고리즘은 RAID 시스템의 지표들을 밝혀낸다. 기본 아이디어는 RAID 어레이에 요청들로 구성된 워크로드를 생성하고 이 요청의 시간을 측정하는 것이다. 어떤 요청 집합들이 더 오래 시간이 걸리는지 관측하여 어떤 블록들이 같은 디스크에 할당되었는지를 추론할 수 있다.

RAID 특성은 다음과 같이 정의된다. 데이터들은 RAID 내 디스크에 블록 단위로 할당되는데 여기서 *블록*은 파일 시스템이 저장 시스템으로부터 읽거나 쓰는 데이터의 최소 단위이다. 따라서 파일 시스템과 정보 추출 소프트웨어는 블록의 크기를 알 수 있다. *청크(chunk)*는 디스크 내에서 연속적으로 할당되는 블록들의 집합이다. *스트라이프*는 D 데이터 디스크들 각각에 분산된 청크들의 집합이다. 마지막으로 *패턴*은 패턴 내의 블록 오프셋 i가 항상 디스크 j에 위치한 데이터 블록들의 최소 시퀀스이다.

6.4 [20/20] <6.2> 다음의 코드를 사용하여 패턴의 크기를 밝힐 수 있다. 이 코드는 파일 시스템 최적화를 피하기 위해 기본 장치를 액세스한다. Shear 알고리즘의 핵심은 RAID 내에서 또는 개별 디스크 내에서 프리페칭이나 캐싱 메커니즘의 작동을 피하기 위해 무작위로 요청을 발생시키는 것이다. 이 코드 시퀀스의 기본 아이디어는 RAID 어레이 내부에서 고정 구간 p마다 N개의 무작위 블록들을 액세스하고 각 구간의 완료 시간을 측정하는 것이다.

```
for (p = BLOCKSIZE; p <= testsize; p += BLOCKSIZE) {
    for (i = 0; i < N; i++) {
        request[i] = random()*p;
```

```
        }
        begin_time = gettime();
        issues all request[N] to raw device in parallel;
        wait for all request[N] to complete;
        interval_time = gettime() - begin_time;
        printf("PatternSize: %d Time: %d\n", p,
            interval_time);
    }
```

이 코드를 RAID 어레이에서 실행시키고 *N*개의 요청에 대하여 측정된 시간을 *p*의 함수로 그리면 모든 *N*개의 요청이 같은 디스크에 배정될 때 시간 값이 가장 큰 것을 볼 수 있다. 따라서 가장 큰 시간을 가진 *p*의 값은 RAID의 패턴 크기에 해당한다.

a. [20] <6.2> 그림 6.26은 무명의 RAID 시스템에 패턴 크기 알고리즘을 실행한 결과를 보여 준다.

- 이 저장 시스템의 패턴 크기는?
- 0.4, 0.8, 1.6초의 측정된 시간은 이 저장 시스템의 무엇에 해당하는가?
- 만약 이 시스템이 RAID 0 어레이라면 몇 개의 디스크가 존재하는가?
- 만약 이 시스템이 RAID 0 어레이라면 청크의 크기는?

b. [20] <6.2> 다음의 특성을 가진 저장 시스템에 이 Shear 코드를 실행한 결과를 보여 주는 그래프를 그리시오.

- 요청의 수: N = 1000
- 디스크에서 무작위로 읽기를 수행하는 데 걸리는 시간: 5 ms
- RAID 단계: RAID 0
- 디스크의 수: 4
- 청크 크기: 8 KB

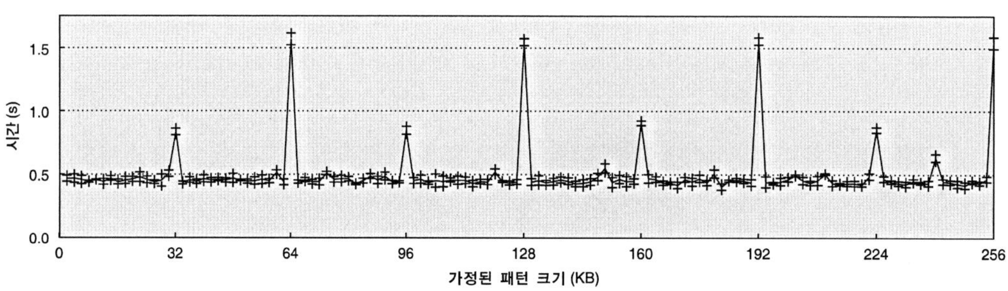

그림 6.26 모형 저장 시스템에서 Shear의 패턴 크기 알고리즘을 실행한 결과.

6.5 [20/20] <6.2> 다음의 코드를 사용하여 청크 크기를 밝혀낼 수 있다. 기본 아이디어는 무작위로 선택된 *N* 패턴으로부터 읽기를 수행하지만 패턴 내의 오프셋을 항상 *c*, *c* − 1로 제어하는 것이다.

```
for (c = 0) c < patternsize; c += BLOCKSIZE) {
    for (i = 0; i < N; i++) {
        requestA[i] = random()*patternsize + c;
        requestB[i] = random()*patternsize +
            (c - 1)%patternsize;
    }
    begin_time = gettime();

    issue all requestA[N] and requestB[N] to raw device
        in parallel;
    wait for requestA[N] and requestB[N] to complete;

    interval_time = gettime() - begin_time;
    printf("ChunkSize: %d Time: %d\n", c, interval_time);
}
```

이 코드를 실행한 후 측정 시간을 *c*의 함수로 도시하면 *requestA*와 *requestB*가 두 다른 디스크에 배정되는 경우 측정 시간이 가장 작은 것을 알 수 있다. 따라서 작은 시간을 가진 *c*의 값들은 RAID 디스크 사이의 청크 경계에 해당한다.

a. [20] <6.2> 그림 6.27은 무명의 RAID 시스템에 청크 크기 알고리즘을 실행한 결과를 보여 준다.

- 이 저장 시스템의 청크 크기는?
- 0.75초와 1.5초의 측정 시간은 이 저장 시스템의 무엇에 해당하는가?

b. [20] <6.2> 이 Shear 코드를 다음의 특성을 가진 저장 시스템에서 실행한 결과를 보여 주는 그래프를 그리시오.

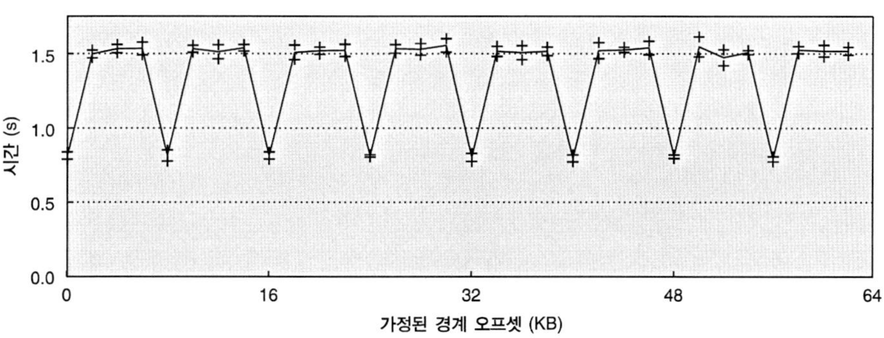

그림 6.27 모형 저장 시스템에 Shear의 청크 크기 알고리즘을 실행한 결과.

- 요청의 수: N = 1000
- 디스크에서 무작위로 읽기를 수행하는 데 걸리는 시간: 5 ms
- RAID 단계: RAID 0
- 디스크의 수: 8
- 청크 크기: 12 KB

6.6 [10/10/10/10] <6.2> 마지막으로 다음의 코드를 사용하면 디스크에서 청크의 배치를 결정할 수 있다. 기본 아이디어는 *N*개의 무작위 패턴을 선택하여 패턴 내의 모든 청크 조합 쌍을 전부 읽는 것이다.

```
for (a = 0; a < numchnks; a += chunksize) {
    for (b = a; b < numchunks; b += chunksize) {
        for (i = 0; i < N; i++) {
            requestA[i] = random()*patternsize + a;
            requestB[i] = random()*patternsize + b;
        }
        begin_time = gettime();
        issue all requestA[N] and requestB[N] to raw device in parallel;
        wait for all requestA[N] and requestB[N] to
            complete;
        interval_time = gettime() - begin_time;
        printf("A: %d B: %d Time: %d\n", a, b,
            interval_time);
    }
}
```

이 코드를 실행한 후 측정 시간을 *a*와 *b*의 함수로 보고할 수 있다. 이 그래프를 그릴 수 있는 가장 간단한 방법은 *a*와 *b*를 변수로 2차원 표를 생성하여 시간을 음영으로 표시하는 것이다. 빠른 시간에는 어두운 색을 느린 시간에는 밝은 색을 사용할 수 있다. 따라서 밝은 색은 패턴 내의 두 오프셋 *a*와 *b*가 같은 디스크에 배정됨을 표시한다.

그림 6.28은 384KB의 패턴 크기와 32KB의 청크 크기를 가진 저장 시스템에서 배치 알고리즘을 실행한 결과를 보여 준다.

a. [20] <6.2> 패턴에는 몇 개의 청크가 있는가?

b. [20] <6.2> 각 패턴의 어떤 청크들이 같은 디스크에 할당된 것으로 보이는가?

c. [20] <6.2> 이 저장 시스템에는 몇 개의 디스크가 있는 것으로 보이는가?

d. [20] <6.2> 디스크에서 블록들의 레이아웃을 그려라.

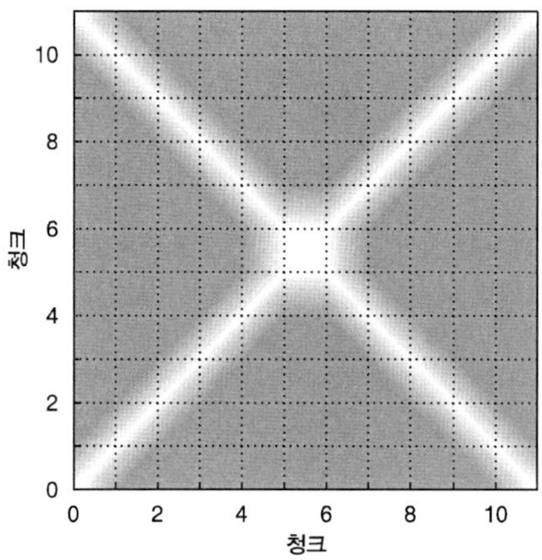

그림 6.28 모형 저장 시스템에서 Shear의 배치 알고리즘을 실행한 결과.

6.7 [20] <6.2> 그림 6.29에 나타낸 저장 시스템에서 배치 알고리즘을 실행한 결과를 보여 주는 그래프를 그리시오. 이 저장 시스템은 4개의 디스크와 4개의 4KB 블록 (16 KB) 크기의 청크를 갖고 있고 RAID 5의 왼쪽-비대칭 레이아웃을 사용한다.

사례 연구 3: RAID 복구

이 사례 연구에 의해 설명된 개념

- RAID 시스템
- RAID 복구
- 평균 고장 시간(MTTF)
- 평균 데이터 손실 시간(MTDL, mean time until data loss)

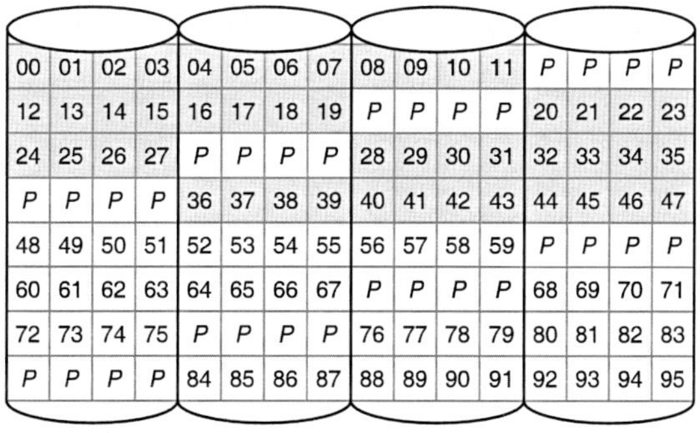

그림 6.29 RAID 5의 왼쪽-비대칭 레이아웃을 사용하고 4개의 디스크와 4개의 4KB 블록 크기의 청크를 가진 저장 시스템.

- 수행능력(performability)
- 이중 고장

RAID 시스템은 디스크가 고장 날 때 데이터가 분실되지 않도록 보장한다. 따라서 RAID의 핵심 임무 중 하나는 고장 시 디스크에 있는 데이터를 복구하는 것이다. 이 과정을 *복구(reconstruction)*라 부르며 이 사례 연구에서 탐구할 주제이다. 하나의 디스크 고장을 허용할 수 있는 RAID 시스템과 두 개의 디스크 고장을 허용할 수 있는 RAID-DP를 모두 고려할 것이다.

복구는 일반적으로 두 가지 다른 방법으로 수행된다. *오프라인 복구(offline reconstruction)*에서 RAID는 모든 자원을 복구에 사용하고 워크로드로부터의 요청은 서비스하지 않는다. *온라인 복구(online reconstruction)*에서 RAID는 계속해서 워크로드를 서비스하면서 복구를 수행한다. 복구 과정은 종종 RAID 시스템의 전체 대역폭의 일부만 사용하도록 제한된다.

복구가 수행되는 과정은 시스템의 *신뢰성*과 *수행능력*에 영향을 미친다. RAID 5에서 첫 번째 디스크로부터 데이터가 복구되기 전에 두 번째 디스크가 고장이 나면 데이터가 상실된다. 복구 시간(MTTR)이 오래 걸릴수록, 신뢰성 또는 평균 데이터 손실 시간은 작아진다. 수행능력은 시스템의 성능과 가용성 모두를 조합한 지표이다. 이는 주어진 상태에서의 시스템 성능을 이 상태의 확률로 곱한 값으로 정의된다. RAID 어레이에서 가능한 상태에는 디스크 고장이 없는 정상 동작 상태, 하나의 디스크가 고장난 복구 상태, 여러 디스크 고장으로 인한 운행정지 상태 등이 포함된다.

이 연습문제에서는 6개의 디스크와 충분한 수의 예비 부품을 가진 RAID 시스템을 가정하라. 그림 6.3에서와 같이 각 디스크는 37 GB SCSI 디스크로 가정하자. 각 디스크는 최대 142 MB/sec의 속도로 데이터를 연속적으로 읽을 수 있고 85 MB/sec의 속도로 데이터를 연속적으로 쓸 수 있다고 가정한다. 디스크들은 Ultra320 SCSI 버스에 연결되며 이 버스는 총 320 MB/sec의 속도로 전송할 수 있다고 가정하자. 각 디스크 고장은 독립적이며 시스템에서 다른 잠재적 고장은 무시한다고 가정하라. 복구 과정에서 XOR 계산이나 메모리 복사에 따른 오버헤드는 무시할 수 있다고 가정한다. 온라인 복구에서 복구 과정은 RAID 시스템에서 총 10 MB/sec의 대역폭을 사용하는 것으로 제한된다고 가정하자.

6.8 [10] <6.2> 6개의 디스크를 가진 RAID 4 시스템을 가정하자. 이 RAID 시스템에서 블록들의 디스크 배치를 보여 주는 간단한 다이어그램을 그리시오.

6.9 [10] <6.2> 한 디스크가 고장이 났을 때 RAID 4 시스템은 복구를 수행한다. 복구에 필요한 시간은?

6.10 [10/10/10] <6.2, 6.4> RAID 4 어레이의 복구가 시간 t에 시작되었다고 가정하자.

a. [10] <6.2, 6.4> 복구를 수행하는 데 필요한 읽기와 쓰기 연산은?

b. [10] <6.2, 6.4> 오프라인 복구에서 언제 복구가 완료되는가?

c. [10] <6.2, 6.4> 온라인 복구에서 언제 복구가 완료되는가?

6.11 [10/10/10/10] <6.2, 6.4> 이 연습문제에서는 평균 데이터 손실 시간을 조사해 보자. RAID 4에서 첫 번째 디스크가 수리되기 전에 두 번째 디스크가 고장 나는 경우 데이터는 분실된다.

a. [10] <6.2, 6.4> 오프라인 복구 과정에서 두 번째 고장이 발생할 확률은?

b. [10] <6.2, 6.4> 복구 과정에서 위의 두 번째 고장의 확률이 주어졌을 때, 오프라인 복구에 대한 MTDL은?

c. [10] <6.2, 6.4> 온라인 복구 과정에서 두 번째 고장이 발생할 확률은?

d. [10] <6.2, 6.4> 복구 과정에서 위의 두 번째 고장의 확률이 주어졌을 때, 온라인 복구에 대한 MTDL은?

6.12 [10] <6.2, 6.4> 오프라인 복구에서 RAID 4 어레이의 수행능력은? RAID 4 어레이의 디스크에 균일하게 분배된 임의의 읽기 전용(read-only)의 워크로드를 가정할 때 IOPS를 사용하여 수행능력을 계산하라.

6.13 [10] <6,2, 6,4> 온라인 복구에서 RAID 4 어레이의 수행능력은? 온라인 복구 동안 IOPS가 최대 수치에 비하여 70%로 감소하였다고 가정할 수 있다. 온라인과 오프라인 복구 중에서 수행능력이 더 좋은 것은?

6.14 [10] <6.2, 6.4> RAID 6은 최대 동시에 두 개의 디스크 고장을 허용할 수 있다. 행-대각선 패러티에 기반을 둔 RAID 6 시스템 또는 RAID-DP를 가정하자. 그림 6.5에서와 같이 6개의 디스크를 가진 RAID-DP 시스템은 p = 5를 가진 RAID 4에 기반을 둔다. 만약 데이터 디스크 0과 데이터 디스크 6이 고장난 경우 어떻게 이 두 디스크가 복구될 수 있는가? 처음 4개의 스트라이프에서 잃어버린 블록들을 계산하는 데 필요한 일련의 과정을 보이시오.

사례 연구 4: RAID에 대한 성능 예측

이 사례 연구에 의해 설명된 개념

- RAID 단계
- 큐잉 이론
- 워크로드의 영향
- 디스크 레이아웃의 영향

이 사례 연구에서는 I/O 시스템의 성능을 예측하는 데 간단한 큐잉 이론이 어떻게 사용될 수 있는지를 탐구할 것이다. 저장 시스템 구성과 워크 로드 모두가 어떻게 서비스 시간, 디스크 이용률, 평균 응답 시간에 영향을 주는 지 조사할 것이다.

저장 시스템의 구성은 성능에 큰 영향을 미친다. RAID의 각 단계는 큐잉 이론을 사용하여 다양하게 모델링될 수 있다. 예를 들어, *N*개의 디스크를 가진 RAID 0 어레이는 요청들이 *N*개의 디스크로 적절히 분배되었다고 가정하면 M/M/1 큐를 가진 *N*개의 독립적인 시스템으로 모델링될 수 있다. RAID 1 어레이의 동작은 워크로드에 달려 있다. 읽기 연산은 거울 쌍 중 하나로 보내어 질 수 있는 반면 쓰기 연산은 두 디스크에 모두 보내져야 한다. 따라서 읽기 전용의 워크로드에서 2-디스크의 RAID 1 어레이는 M/M/2 큐로 모델링될 수 있는 반면 쓰기 전용의 워크로드에서는 M/M/1 큐로 모델링될 수 있다. *N*개의 디스크를 가진 RAID 4 어레이의 동작 역시 워크로드에 달려 있다. 읽기 연산은 특정 데이터 디스크에만 보내지는 반면 쓰기들은 모두 패러티 디스크를 갱신하여야 하는데 이는 시스템의 병목 현상을 발생시키게 된다. 따라서 읽기 전용 워크로드에서 RAID 4는 $N - 1$개의 독립적인 시스템으로 모델링되는 반면 쓰기 전용 워크로드에서는 하나의 M/M/1 큐로 모델링된다.

저장 시스템 내 블록들의 배치 역시 성능에 상당한 영향을 미친다. 40 GB의 용량을 가진 하나의 디스크를 가정하자. 만약 워크로드가 40 GB의 데이터를 무작위로 액세스한다면, 디스크에서 이 블록들의 위치는 성능에 별 영향을 미치지 못한다. 하지만 워크로드가 디스크 용량의 반만 (즉 디스크 데이터의 20 GB) 무작위로 액세스한다면 배치는 중요하며 탐색 시간을 줄이기 위해 20 GB의 데이터는 전체 40 GB에 균일하게 할당되는 것 대신에 20 GB 내의 연속적인 트랙에 밀집되는 것이 바람직하다.

이 문제를 위해 디스크 서비스 시간을 추정하는 다소 간단한 모델을 사용하기로 하자. 이 기본 모델에서 간단한 임의의 요청에 대한 평균 탐색 시간과 전송 시간은 탐색 거리의 선형 함수이다. 이 문제의 40 GB 디스크에 대하여 서비스 시간은 5 *ms* * 공간 이용률이라 가정하자. 따라서 40 GB 디스크 전체가 사용된다면 임의의 요청에 대한 평균 탐색 시간과 전송 시간은 5 ms이다. 만약 디스크의 처음 20 GB만 사용된다면 평균 탐색 시간과 전송 시간은 2.5 ms이다.

이 사례 연구를 통해 프로세서는 초당 167개의 작은 임의의 요청을 전송하며 이 요청들은 지수 분포를 갖는다고 가정하자. 요청의 크기는 8 KB 블록 크기와 같다고 가정할 수 있다. 시스템의 각 디스크는 40 GB의 용량을 가진다. 저장 시스템의 구성과는 관계없이 워크로드는 총 40 GB의 데이터를 액세스한다. 40 GB의 데이터는 가장 효율적인 방법으로 시스템 내 디스크들에 할당되어져야 한다.

6.15 [10/10/10/10/10] <6.5> 저장 시스템이 하나의 40 GB 디스크로 구성되었다고 가정하자.

a. [10] <6.5> 이와 같은 워크로드와 저장 시스템이 주어졌을 때, 평균 서비스 시간은?

b. [10] <6.5> 평균적으로 디스크의 이용률은?

c. [10] <6.5> 평균적으로 각 요청은 얼마의 시간을 디스크를 기다리는 데 소비하는가?

d. [10] <6.5> 큐에 있는 요청들의 평균수는?

e. [10] <6.5> 마지막으로 디스크 요청들에 대한 평균 응답 시간은?

6.16 [10/10/10/10/10/10] <6.2, 6.5> 이번에는 저장 시스템이 두 개의 40 GB 디스크를 가진 RAID 0 어레이로 구성되었다고 상상하자. 즉, 데이터는 중복 없이 두 디스크에 8 KB 블록 단위로 똑같이 스트라이핑 되어 있다.

a. [10] <6.2, 6.5> 40 GB의 데이터가 디스크들에 어떻게 할당되는가? 총 40 GB에 대한 임의의 요청 워크로드를 가정할 때 각 요청의 서비스 시간 예상 값은?

b. [10] <6.2, 6.5> 이 저장 시스템을 모델링하기 위해 큐잉 이론이 어떻게 사용될 수 있는가?

c. [10] <6.2, 6.5> 각 디스크의 평균 이용률은?

d. [10] <6.2, 6.5> 평균적으로 각 요청은 얼마의 시간을 디스크를 기다리는 데 소비하는가?

e. [10] <6.2, 6.5> 각 큐에 있는 요청들의 평균수는?

f. [10] <6.2, 6.5> 마지막으로 디스크 요청들에 대한 평균 응답 시간은?

6.17 [20/20/20/20/20] <6.2, 6.5> 이번에는 저장 시스템이 두 개의 40 GB 디스크를 가진 RAID 1 어레이로 구성되었다고 상상하자. 즉, 데이터는 두 디스크에 동일하게 중복되어 있다. 큐잉 이론을 사용하여 읽기 전용 워크로드에 대해 이 시스템을 모델링하라.

a. [20] <6.2, 6.5> 40 GB의 데이터가 디스크들에 어떻게 할당되는가? 총 40 GB에 대한 임의의 요청 워크로드를 가정할 때 각 요청의 서비스 시간 예상 값은?

b. [20] <6.2, 6.5> 이 저장 시스템을 모델링하기 위해 큐잉 이론이 어떻게 사용될 수 있는가?

c. [20] <6.2, 6.5> 각 디스크의 평균 이용률은?

d. [20] <6.2, 6.5> 평균적으로 각 요청은 얼마의 시간을 디스크를 기다리는 데 소비하는가?

e. [20] <6.2, 6.5> 마지막으로 디스크 요청들에 대한 평균 응답 시간은?

6.18 [10/10] <6.2, 6.5> RAID 1 어레이에 대하여 읽기 전용 워크로드 대신에 쓰기 전용 워크로드를 가지고 있다고 가정하자.

a. [10] <6.2, 6.5> 이 시스템과 워크로드를 모델링하기 위해 큐잉 이론이 어떻게 사용될 수 있는가?

b. [10] <6.2, 6.5> 이러한 시스템과 워크로드가 주어졌을 때, 평균 이용률과 평균대기 시간, 평균 응답 시간은?

사례 연구 5: I/O 서브시스템 설계

이 사례 연구에 의해 설명된 개념

- RAID 시스템
- 평균 고장 시간(MTTF)
- 성능과 신뢰성 사이의 절충

이 사례 연구에서는 여러분은 주어진 예산에 따라 I/O 서브시스템을 설계할 것이다. 시스템에게는 최소한의 필요한 용량이 주어지고 여러분은 성능, 신뢰성, 또는 둘 모두를 위해 최적화를 수행한다. 여러분은 예산을 넘지 않는 범위에서 필요한 만큼 많은 수의 디스크와 컨트롤러를 사용할 수 있다.

사용될 기본 블록들은 다음과 같다.

- 가격이 $1000인 10,000 MIPS CPU. 이 CPU의 MTTF는 1,000,000 시간이다.
- 20개의 Ultra320 SCSI 버스들과 컨트롤러들을 수용할 수 있는 하나의 1000 MB/sec I/O 버스
- 320 MB/sec의 전송 속도와 최대 15개의 디스크를 지원할 수 있는 Ultra320 SCSI 버스들. (이들은 SCSI 스트링이라 불린다.) SCSI 케이블의 MTTF는 1,000,000 시간이다.
- 50,000 IOPS를 처리할 수 있고 500,000 시간의 MTTF를 가지며 가격이 $250인 하나의 Ultra320 SCSI 컨트롤러
- 전원 공급과 8개의 디스크를 냉각시킬 수 있는 $2000 케이스. 이 케이스의 MTTF는 1,000,000 시간이고 팬의 MTTF는 200,000 시간이며 전원의 MTTF는 200,000 시간이다.
- 그림 6.3에 기술된 SCSI 디스크들
- 고장난 부품을 교체하는데 24시간이 걸린다.

워크로드에 대한 가정은 다음과 같다.

- 운영 체제는 각 디스크 I/O당 70,000 CPU 명령의 처리를 필요로 한다.
- 워크로드는 16 KB의 평균 크기를 가지는 많은 수의 동시에 진행되는 임의의 I/O로 구성된다.

여러분이 구성한 시스템은 다음의 특성을 가져야 한다.

- 금전적인 예산은 $28,000이다.
- 최소한 1 TB의 용량을 제공하여야 한다.

6.19 [10] <6.2> 먼저 용량과 성능만을(신뢰성은 제외), 특히 IOPS를 최적화한 I/O 서브 시스템을 설계한다고 가정하자. 최고의 성능을 제공하는 RAID 단계와 블록 크기를 논의하라.

6.20 [20/20/20/20] <6.2, 6.4, 6.7> 위와 같은 예산과 용량 제한이 주어졌을 때 SCSI 디스크, 컨트롤러, 케이스의 어떤 구성이 최고의 성능을 제공하는가?

a. [20] <6.2, 6.4, 6.7> 제안한 시스템이 얼마만큼의 IOPS를 제공하는가?

b. [20] <6.2, 6.4, 6.7> 시스템의 비용은?

c. [20] <6.2, 6.4, 6.7> 시스템의 용량은?

d. [20] <6.2, 6.4, 6.7> 시스템의 MTTF는?

6.21 [10] <6.2, 6.4, 6.7> RAID 10 또는 RAID 01 어레이를 제작하여 신뢰성을 최적화함으로써 이 시스템을 재설계한다고 가정하자. 이 저장 시스템은 디스크 고장뿐만 아니라 컨트롤러, 케이블, 전원, 팬 고장에도 내성을 가지고 있어야 한다. 구체적으로 어떠한 단일 부품 고장도 한 쌍의 두 복사본을 액세스하는 것을 막아서는 안 된다. 블록들이 RAID 10 또는 RAID 01 구성에서 디스크에 어떻게 할당되는지 보여주는 다이어그램을 그려라. 이 환경에서 RAID 10과 RAID 01 중에서 어느 것이 더 적합한가?

6.22 [20/20/20/20/20] <6.2, 6.4, 6.7> 이 RAID 10 또는 RAID 01 어레이를 신뢰성만을 위해 (하지만 용량과 예산 제한은 유지하면서) 최적화한다고 가정하자. RAID 구성을 어떻게 하는 것이 좋은가?

a. [20] <6.2, 6.4, 6.7> 이 시스템 부품들의 전체적인 MTTF는?

b. [20] <6.2, 6.4, 6.7> 이 시스템의 MTDL은?

c. [20] <6.2, 6.4, 6.7> 이 시스템의 사용가능한 용량은?

d. [20] <6.2, 6.4, 6.7> 이 시스템의 비용은?

e. [20] <6.2, 6.4, 6.7> 쓰기 전용 워크로드를 가정할 때, 이 시스템은 얼마만큼의

IOPS를 제공하는가?

6.23 [10] <6.2, 6.4, 6.7> 같은 가격에 두 배의 용량을 가진 디스크에 액세스할 수 있다고 가정하자. 계속해서 신뢰성만을 위해 설계한다고 가정하면 이 저장 시스템을 어떻게 변경할 것인가? 이유는?

사례 연구 6: 불량 비트들

이 사례 연구에 의해 설명된 개념

- 부분 디스크 고장
- 고장 분석
- 성능 분석
- 패러티 보호
- 체크섬

"불량 비트", 즉 파일의 비트나 블록이 시간이 지남에 따라 안 좋아지는 문제를 해결하는 역할을 맡았다고 가정하자. 이 문제는 특히 데이터가 한 번 기록되지만 후에 몇 년간 액세스되는 아카이브 시나리오에서 중요하다. 데이터 보호를 위한 추가적인 조치 없이는 파일의 비트와 블록들은 매체 오류나 다른 I/O 결함에 의해 천천히 변경되거나 사용하지 못하게 될 것이다.

불량 비트의 관리는 검출과 복구라는 두 구성 요소를 필요로 한다. 불량 비트를 효율적으로 검출하기 위해서는 대상이 되는 파일의 각 블록에 대하여 체크섬(checksum)을 사용할 수 있다. 체크섬이란 단순히 (잠재적으로 긴) 데이터 스트링을 입력으로 받아 고정된 크기의 스트링(체크섬)을 출력하는 일종의 함수이다. 여러분이 활용할 특성은 만약 데이터가 변경되면 계산된 체크섬 값도 변경될 가능성이 매우 높다는 것이다.

일단 검출되면 불량 비트의 복구를 위해서는 어떤 형태의 중복성을 필요로 한다. 예제로는 미러링(mirroring, 각 블록의 여러 복사본을 관리하는 것), 패러티 (약간의 잉여 정보로서 미러링보다는 공간 효율적이다) 등이 포함된다.

이 사례 연구에서는 여러 시나리오에서 이러한 기술들이 얼마나 효과적인지 분석할 것이다. 또한 파일 집합에 대하여 데이터 무결성 보호를 구현하기 위한 코드를 작성할 것이다.

6.24 [20/20/20] <6.2> 연습문제 6.24에서 6.27까지는 간단한 패러티 보호를 사용한다고 가정하자. 구체적으로 파일 시스템의 각 파일에 대하여 *하나의* 패러티 블록을 계산한다고 가정하자. 추가적으로 각 파일의 4 KB 블록에 대하여 20 바이트의 MD5 체크섬을 사용한다고 가정하라.

먼저 공간 오버헤드 문제를 살펴보자. 최근 연구에 따르면 [Douceur and Bolosky 1999], 최신 PC에서는 다음과 같이 파일의 크기가 분산되어 있다.

≤ 1 KB	2 KB	4 KB	8 KB	16 KB	32 KB	64 KB	128 KB	256 KB	512 KB	≤ 1 MB
26.6%	11.0%	11.2%	10.9%	9.5%	8.5%	7.1%	5.1%	3.7%	2.4%	4.0%

이 연구에 따르면 파일 시스템은 대게 반 정도만 사용되었다. 37 GB의 디스크 볼륨을 가정하고 약 반 정도가 사용되었으며 위와 같은 분포를 가지고 있다고 가정하자. 다음 질문에 대하여 답하라.

a. [20] <6.2> 체크섬을 가지고 단일 오류를 검출하기 위해서 디스크 상에 유지하여야 하는 추가적인 정보의 양은? (바이트 수와 전체 디스크 볼륨의 퍼센트로 계산하라.)

b. [20] <6.2> 체크섬을 가지고 단일 오류의 검출과 교정을 모두 수행하기 위해서 디스크 상에 유지하여야 하는 추가적인 정보의 양은? (바이트 수와 전체 디스크 볼륨의 퍼센트로 계산하라.)

c. [20] <6.2> 이와 같은 파일 분포를 가정할 때, 체크섬을 계산하기 위해 사용하는 블록의 크기가 너무 큰가, 너무 작은가, 아니면 적합한가?

6.25 [10/10] <6.2, 6.3> 데이터 보호의 큰 문제점 중 하나는 오류 검출이다. 한 가지 방법은 *게으르게* 오류 검출을 수행하는 것이다. 즉, 파일이 액세스될 때까지 기다린 후, 그 시점에서 검사하여 올바른 데이터가 있는 것을 확인하는 방법이다. 이 방법의 문제점은 파일은 자주 액세스되지 않으며 따라서 천천히 불량화되어 가기 때문에 액세스되었을 때는 너무 오류가 많아 교정할 수 없게 된다는 점이다. 따라서 때때로 *디스크 세척(disk scrubbing)*이라 불리는 좀 더 적극적인 방법은 주기적으로 데이터를 검토하여 미리 오류를 발견하는 방법이다.

a. [10] <6.2, 6.3> 비트 오류는 1 개월마다 GB당 1 비트의 속도로 독립적으로 발생한다고 가정하자. 반 정도만 사용한 20 GB의 볼륨을 가정하고 그림 6.3에서와 같이 (4 ms 탐색 시간과 약 100 MB/sec의 전송 속도를 가진) SCSI 디스크를 사용한다고 가정하자. 얼마나 자주 파일들을 검사하고 복구하여야 하는가?

b. [10] <6.2, 6.3> 비트 오류 속도가 얼마만큼 되었을 때 데이터 무결성 유지가 불가능해지는가? 마찬가지로 20 GB 볼륨과 SCSI 디스크를 가정하라.

6.26 [10/10/10/10] <6.2, 6.4> 데이터 보호 추가에 따른 또 다른 잠재적 비용은 성능 부담이다. 이 데이터 보호 방법의 성능 오버헤드를 조사해 보자.

a. [10] <6.2, 6.4> 이 SCSI 디스크에 하나의 40 MB 파일을 연속적으로 쓴 다음, 데

이터 보호 방법을 구현하기 위해 추가의 정보를 디스크에 한 번 기록한다고 가정하자. 이 방식은 얼마만큼의 *쓰기 트래픽*을 발생시키는가? (총 바이트 수와 총 트래픽의 퍼센트 모두를 기술하라.)

b. [10] <6.2, 6.4> 데이터베이스 파일에서와 같이 파일을 무작위로 갱신한다고 가정하자. 즉 파일에 일련의 4KB 무작위 쓰기를 수행하고 매번 쓰기를 수행할 때마다 디스크의 보호 정보를 갱신하여야 한다고 가정하자. 10,000 번의 무작위 쓰기를 수행한다고 가정할 때 이 방식은 얼마만큼의 *I/O 트래픽*을 생성하는가? (총 바이트 수와 총 트래픽의 퍼센트 모두를 기술하라.)

c. [10] <6.2, 6.4> 데이터 보호 정보가 항상 보호받는 파일과는 떨어져 있는 디스크의 독립적인 영역에 저장된다고 가정하자. (즉, 각 파일 A에 대하여 A의 모든 체크섬 정보를 저장하는 또 다른 파일 $A_{\text{checksums}}$이 존재한다고 가정하자.) 따라서 읽기마다 발생하는 잠재적 오버헤드는 데이터 변조를 검출하기 위해서는 체크섬을 사용하여야 한다는 점이다.

디스크로부터 4 KB 블록을 10,000 번 연속적으로 읽는다고 가정하자. (그림 6.3의 SCSI 디스크에서와 같이) 4ms의 평균 탐색 시간과 100 MB/sec의 전송 속도를 가정할 때, 디스크로부터 파일(과 해당하는 체크섬)을 읽는데 걸리는 시간은? 체크섬을 추가함으로써 생기는 추가적인 시간 손실은 얼마인가?

d. [10] <6.2, 6.4> (c)에서와 같이 데이터 보호 정보가 독립적으로 저장된다고 가정하고 아주 큰 (즉, 10,000 블록보다 훨씬 더 큰) 파일로부터 4 KB 블록 10,000개를 무작위로 읽는다고 가정하자. 매번 읽을 때마다 데이터 무결성을 보장하기 위해 체크섬을 사용해야 한다고 가정하자. 같은 디스크 특성을 가정할 때 디스크로부터 10,000 블록을 읽는데 걸리는 시간은? 체크섬을 추가함으로써 생기는 추가적인 시간 손실은 얼마인가?

6.27 [40] <6.2, 6.3, 6.4> 마지막으로 이론을 현실에 적용하기 위해 파일 변조로부터 보호하기 위한 사용자 도구를 개발하여 보자. 데이터 무결성을 검출하고 복구하는 간단한 도구들의 집합을 제작한다고 가정하자. 첫 번째 도구는 체크섬과 패러티에 사용된다. 이 도구의 이름은 `build`이고 다음과 같이 사용된다.

```
build <filename>
```

`build` 프로그램은 `filename`이란 파일의 체크섬과 중복 정보를 (뒤에 찾기 쉽도록) 같은 디렉터리에 있는 `.filename.cp`라는 이름의 파일에 저장한다.

두 번째 프로그램은 손상된 파일을 검사하고 잠재적으로 복구하기 위해 사용된다. 이 도구의 이름은 `repair`이고 다음과 같이 사용된다.

```
repair <filename>
```

repair 프로그램은 해당 파일의 .cp 파일을 검사하여 저장된 모든 체크섬이 이 데이터에 대하여 계산된 체크섬과 일치하는지 검증한다. 만약 체크섬이 한 블록에 대하여 일치하지 않으면 repair는 중복 정보를 사용하여 올바른 데이터를 복원하고 파일을 수정한다. 하지만, 둘 이상의 블록이 불량이면 repair는 단순히 파일이 복구할 수 없을 정도로 변조되어 있다고 보고한다. 시스템 시험을 이해 corrupt라 불리는 파일을 변조하는 도구를 제공한다. 이는 다음과 같이 사용된다.

```
corrupt <filename> <blocknumber>
```

corrupt 프로그램이 하는 일은 파일의 특정 블록을 임의의 잡음 데이터로 채우는 것이다. 체크섬으로는 MD5를 사용하라. MD5는 입력 스트링을 받아 128 비트의 "지문", 또는 체크섬을 출력한다. MD5의 간단하지만 훌륭한 구현은 다음의 사이트에서 찾아볼 수 있다.

http://sourceforge.net/project/showfiles.php?group_id=42360

패러티는 XOR 연산자로 계산된다. C 코드에서 BLOCKSIZE 크기의 두 블록에 대한 패러티는 다음과 같이 계산할 수 있다.

```
unsigned char block1[BLOCKSIZE];
unsigned char block2[BLOCKSIZE];
unsigned char parity[BLOCKSIZE];

// first, clear parity block
for (int i = 0; i < BLOCKSIZE; i++)
    parity[i] = 0;

// then compute parity; carat symbol does XOR in C
for (int i = 0; i < BLOCKSIZE; i++) {
    parity[i] = block1[i] ^ block2[i];
}
```

사례 연구 7: 소팅

이 사례 연구에 의해 설명된 개념

- 벤치마킹
- 성능 분석
- 비용/성능 분석
- 오버헤드의 할부상환
- 균형 잡힌 시스템

데이터베이스 분야는 시스템 비교를 위해 오랫동안 벤치마크를 사용하여 왔다. 이 문제에서는 Anonymous et al. [1995] (1장 참조)에 의해 소개된 벤치마크 하나를 (외부 또는 디스크-에서-디스크 소팅) 살펴보기로 하자.

소팅(sorting)은 여러 가지 이유에서 흥미로운 벤치마크이다. 첫째, 소팅은 디스크, 메모리, 프로세서를 포함하여 컴퓨터 시스템의 모든 부품을 동작시킨다. 둘째, 최대 성능의 소팅을 위해서는 CPU 캐시, 운영 체제, I/O 서브시스템 동작에 대한 상당한 수준의 전문 지식을 필요로 한다. 셋째, 소팅은 학생들이 구현할 수 있을 만큼 충분히 간단하다. (아래를 참조하라.)

데이터양에 따라 소팅은 하나 또는 여러 패스로 구현될 수 있다. 간단히 이야기하면, 전체 데이터 집합을 모두 메모리에 적재할 수 있을 만큼 메모리가 충분하다면, 전체 데이터를 메모리로 읽어 들인 후 소팅하고 결과를 출력하면 된다. 이를 "단일 패스" 소팅이라 한다.

만약 메모리가 충분하지 않다면 데이터는 여러 패스로 소팅되어져야 한다. 여러 방법이 가능하다. 한 가지 간단한 방법은 입력 파일의 각 조각을 소팅한 후 디스크에 기록하는 것이다. 이러한 방법은 (입력 파일 크기) / (메모리 크기) 수만큼의 소팅된 파일을 디스크에 남긴다. 이다음 각각의 소팅된 임시 파일을 합쳐서 소팅된 하나의 파일을 출력하는 것이다. 이를 "2-패스" 소팅이라 한다. 모든 스트림을 두 번째 패스에서 합치는 것이 불가능한 아주 드문 경우에는 더 많은 패스가 필요하다.

이 사례 연구에서는 소팅의 여러 다른 측면을 분석하고 여러 다른 시나리오에서 그 효과와 비용 효율성을 분석할 것이다. 또 여러분은 여러분 자신의 외부 소팅 버전을 작성하여 실제 하드웨어에서의 성능을 측정할 것이다.

6.28 [20/20/20] <6.4> 소팅을 최단 시간에 완료할 수 있는 시스템을 구성하여 보자. 예산에는 제한이 없다고 가정하라. 소팅에서 최고의 처리 속도를 달성하기 위해서는 시스템의 모든 데이터 경로가 충분한 대역폭을 갖고 있어야 한다.

문제를 간소화하기 위해 키 값을 메모리 내에서 소팅하기 위한 시간이 기계의 CPU 속도와 메모리 대역폭에 선형으로 비례한다고 가정하자. (즉, 1 MB/sec의 메모리 대역폭과 1 MIPS 프로세서를 가진 시스템에서 1 MB의 레코드를 소팅하는 데 1초가 소요된다.) 또한 순차적 대역폭을 달성하기 위해 소팅의 각 I/O 단계들을 주의를 기울여 작성했다고 가정하자. 물론 데이터 모두를 한 번에 저장할 수 있을 만큼 메모리가 충분하지 않다면 소팅에는 두 패스가 필요함을 주목하라.

I/O를 수행하는 데 있어서 한 가지 문제점은 시스템들은 종종 추가의 *메모리 복사*를 수행한다는 점이다. 예를 들어, `read()` 시스템 콜이 호출될 때 데이터는 먼저 디스크에서 시스템 버퍼로 읽혀진 다음 후에 명시된 사용자 버퍼로 복사된다. 따라서 I/O 과정에서의 메모리 대역폭은 중요한 이슈이다.

마지막으로, 문제를 간소화하기 위해 읽기, 소팅, 쓰기 사이에는 중첩 실행이 없다고 가정하자. 즉, 디스크로부터 읽기를 수행하는 동안은 디스크 읽기만, 소팅 중에는 CPU와 메모리 대역폭만 사용하고, 쓰기 시에는 디스크 쓰기만 수행한다.

여러분의 작업은 1 GB의 데이터(즉, 100 바이트 데이터 약 천만 개 분량)를 소팅할 때 최대 성능을 달성하는 시스템을 구성하는 것이다. 다음의 표를 사용하여 어떤 기계, 메모리, I/O 연결망, 디스크를 구매할 지를 선택하라.

CPU			I/O 연결망		
Slow	1 GIPS	$200	Slow	80 MB/sec	$50
Standard	2 GIPS	$1000	Standard	160 MB/sec	$100
Fast	3 GIPS	$2000	Fast	320 MB/sec	$400
Memory			**Disk**		
Slow	512 MB/sec	$100/GB	Slow	30 MB/sec	$70
Standard	1 GB/sec	$200/GB	Standard	60 MB/sec	$120
Fast	2 GB/sec	$500/GB	Fast	110 MB/sec	$300

주의: 단일 프로세서 시스템을 구매하고 최대 두 개의 I/O 연결망을 가질 수 있다고 가정하자. 하지만 메모리의 크기와 디스크의 수는 여러분에게 달려 있다. (I/O 연결망에 연결할 수 있는 디스크의 수에는 제한이 없다.)

a. [20] <6.4> 이 시스템의 총 비용은? (이 비용을 각 부품별로, 즉 CPU, 메모리, 디스크 수, I/O 버스 등으로 나누시오.)

b. [20] <6.4> 1 GB의 레코드를 모두 소팅하는 데 얼마의 시간이 걸리는가? (이 시간을 디스크로부터 읽기를 수행하는 시간, 디스크 쓰기를 수행하는 시간, 소팅에 걸리는 시간으로 나누시오.)

c. [20] <6.4> 이 시스템의 병목은?

6.29 [25/25/25] <6.4> 소팅에서의 비용-성능 이슈를 조사하여 보자. 결국 고성능 기계를 구입하는 편이 쉽다. 가격 성능 면에서 효율적인 시스템을 구매하는 것은 훨씬 어려운 일이다.

이러한 이슈가 발생하는 한 예제는 PennySort 시합이다(*research.microsoft.com/barc/SortBenchmark/*). PennySort는 1 페니를 가지고 가능한 많은 수의 레코드를 소팅하도록 요구한다. 이를 계산하기 위해서는 구매할 시스템이 3년간 (94,608,000 초) 사용될 것으로 가정하고 이를 기계 구매에 소요된 총 페니 수로 나누어야 한다. 그 결과는 페니당 시간 예산이다.

우리의 임무는 좀 더 간단하다. $2000의 고정된 예산이 주어졌다고 가정하자. 구성할 수 있는 가장 빠른 소팅 시스템은? 연습문제 6.28에서와 같은 하드웨어 표를 사용하여 시스템을 구성하라.

(*힌트*: 모든 가능한 시스템 구성을 생성하는 간단한 컴퓨터 프로그램을 작성하여 보라.)

a. [25] <6.4> 이 시스템의 전체 비용은? (이 비용을 각 부품별로, 즉 CPU, 메모리, 디스크 수, I/O 버스 등으로 나누시오.)

b. [25] <6.4> 이 시스템 구성에서 디스크로부터 읽기를 수행하는 시간, 디스크 쓰기를 수행하는 시간, 소팅 시간을 나누시오.)

c. [25] <6.4> 이 시스템의 병목은?

6.30 [20/20/20] <6.4, 6.6> 우수한 디스크 성능을 달성하려면 종종 오버헤드의 *분할 상환 (amortization of overhead)*이 필요하다. 아이디어는 간단하다. 오버헤드가 요구되면 그 비용을 지불한 후 최대한 유익한 작업을 많이 수행하여 그 영향을 줄이는 것이다. 이 아이디어는 상당히 보편적이고 컴퓨터 시스템의 여러 분야에 적용될 수 있다. 디스크에서는 데이터 전송 전에 발생하는 탐색 시간과 회전 지연시간(오버헤드)이 발생한다. 많은 양의 데이터를 전송함으로써 비싼 탐색과 회전 지연시간의 비용을 분할 상환할 수 있다.

이 연습문제에서는 2-패스 소팅의 두 번째 패스 과정에서 탐색 시간과 회전 지연시간의 비용을 분할 상환하는 것에 대하여 집중하여 보자. 두 번째 패스가 시작되기 전에 디스크에는 *N*개의 소팅된 런(run)들이 존재하고 각 런은 메모리 내에 적재될 수 있는 크기라고 가정하자. 여기서의 작업은 소팅된 런으로부터 한 청크씩 읽어 들여 그 결과를 하나의 최종 소팅 출력에 병합하는 것이다. 매번 각 런으로부터의 읽기는 탐색과 회전 지연시간을 필요로 할 것이라는 사실에 주목하라. 왜냐하면 지난번 읽기는 다른 런에서 읽어왔을 가능성이 매우 크기 때문이다.

a. [20] <6.4, 6.6> 100 MB/sec의 전송 속도와 7 ms의 평균 탐색 시간, 10,000 RPM의 회전 속도를 가진 디스크를 가정하자. 런으로부터 매번 읽기를 수행할 때마다 1 MB의 데이터를 읽고 1 GB 크기의 런이 100개 존재한다고 가정하자. 또한 (최종 소팅 출력으로의) 쓰기가 1 GB 청크로 발생한다고 가정하자. I/O가 비용을 주도한다고 (즉, I/O 만이) 가정할 때 병합에는 얼마나 시간이 걸리는가?

b. [20] <6.4, 6.6> 읽기의 크기를 1 MB에서 10 MB로 변경한다고 가정하자. 소팅의 두 번째 패스를 수행하는 데 걸리는 총 시간에는 어떤 영향이 있는가?

c. [20] <6.4, 6.6> 두 경우 모두 디스크 효율성을 최대화하는 것이 목표로 한다고 가정하자. *디스크 효율성*은 데이터 전송 시간을 디스크를 액세스하는 총 시간으

로 나눈 비율로 계산한다. 위의 각 시나리오에서 디스크 효율성을 계산하라.

6.31 [40] <6.2, 6.4, 6.6> 이 연습문제에서는 여러분이 직접 외부 소팅 프로그램을 작성할 것이다. 데이터 집합을 생성하기 위해 다음과 같이 동작하는 generate란 도구를 제공한다.

```
generate <filename> <size (in MB)>
```

generate를 실행하면 size MB 크기의 filename이란 파일을 생성한다. 파일은 10 바이트 레코드(반드시 소팅되어져야 하는 부분)를 가진 100 바이트 키들로 구성된다. 또한 주어진 입력 파일이 소팅되어졌는지 아닌지를 검사하는 check라 불리는 도구를 제공한다. 이 도구는 다음과 같이 사용된다.

```
check <filename>
```

기본적인 단일 패스 소팅은 데이터를 읽고 소팅한 후 결과를 출력하는 작업을 수행한다. 하지만 여러 최적화 기법을 적용할 수 있다. 읽기와 소팅을 중첩시킬 수 있고, 캐시 활동을 향상시켜서 소팅을 가속화하기 위해 키 값을 레코드의 나머지와 분리시킬 수 있으며, 소팅과 쓰기를 중첩시킬 수 있다. 힌트를 찾으려면 Neuberg et al. [1994]를 참조하라.

중요한 규칙 하나는 데이터는 (파일 시스템 캐시가 아니라) 디스크에서 항상 시작하여야 한다는 것이다. 이를 보장하기 위한 가장 쉬운 방법은 파일 시스템을 언마운트(unmount)하고 리마운트(remount)하는 것이다.

한 가지 목표: Datamation의 소팅 기록을 능가하라. 현재 기록은 32개의 기계로 구성된 클러스터에서 달성된 것으로 100 바이트 크기의 백만 레코드를 0.44초에 소팅한 것이다. 여러분이 충분히 주의를 기울이면 몇 개의 디스크를 가진 단일 PC에서 이 기록을 능가할 수 있을 것이다.

참고문헌

Adve, S. V., and K. Gharachorloo [1996]. "Shared memory consistency models: A tutorial," *IEEE Computer* 29:12 (December), 66–76.

Adve, S. V., and M. D. Hill [1990]. "Weak ordering—a new definition," *Proc. 17th Int'l Symposium on Computer Architecture* (June), Seattle, Wash., 2–14.

Agarwal, A. [1987]. *Analysis of Cache Performance for Operating Systems and Multiprogramming*, Ph.D. thesis, Stanford Univ., Tech. Rep. No. CSL-TR-87-332 (May).

Agarwal, A. [1991]. "Limits on interconnection network performance," *IEEE Trans. on Parallel and Distributed Systems* 2:4 (April), 398–412.

Agarwal, A., R. Bianchini, D. Chaiken, K. Johnson, and D. Kranz [1995]. "The MIT Alewife machine: Architecture and performance," *Int'l Symposium on Computer Architecture* (Denver, Colo.), June, 2–13.

Agarwal, A., J. L. Hennessy, R. Simoni, and M. A. Horowitz [1988]. "An evaluation of directory schemes for cache coherence," *Proc. 15th Int'l Symposium on Computer Architecture* (June), 280–289.

Agarwal, A., J. Kubiatowicz, D. Kranz, B.-H. Lim, D. Yeung, G. D'Souza, and M. Parkin [1993]. "Sparcle: An evolutionary processor design for large-scale multiprocessors," *IEEE Micro* 13 (June), 48–61.

Agarwal, A., and S. D. Pudar [1993]. "Column-associative caches: A technique for reducing the miss rate of direct-mapped caches," 20th Annual Int'l Symposium on Computer Architecture ISCA '20, San Diego, Calif., May 16–19, *Computer Architecture News* 21:2 (May), 179–190.

Agerwala, T., and J. Cocke [1987]. "High performance reduced instruction set processors," IBM Tech. Rep. (March).

Alexander, W. G., and D. B. Wortman [1975]. "Static and dynamic characteristics of XPL programs," *IEEE Computer* 8:11 (November), 41–46.

Alles, A. [1995]. "ATM internetworking" (May), *www.cisco.com/warp/public/614/12.html.*

Alliant Computer Systems Corp. [1987]. *Alliant FX/Series: Product Summary* (June), Acton, Mass.

Almasi, G. S., and A. Gottlieb [1989]. *Highly Parallel Computing,* Benjamin/Cummings, Redwood City, Calif.

Alverson, G., R. Alverson, D. Callahan, B. Koblenz, A. Porterfield, and B. Smith [1992]. "Exploiting heterogeneous parallelism on a multithreaded multiprocessor," *Proc. 1992 Int'l Conf. on Supercomputing* (November), 188–197.

Amdahl, G. M. [1967]. "Validity of the single processor approach to achieving large scale computing capabilities," *Proc. AFIPS Spring Joint Computer Conf.* 30, Atlantic City, N.J. (April), 483–485.

Amdahl, G. M., G. A. Blaauw, and F. P. Brooks, Jr. [1964]. "Architecture of the IBM System 360," *IBM J. Research and Development* 8:2 (April), 87–101.

Amza, C., A. L. Cox, S. Dwarkadas, P. Keleher, H. Lu, R. Rajamony, W. Yu, and W. Zwaenepoel [1996]. "Treadmarks: Shared memory computing on networks of workstations," *IEEE Computer* 29:2 (February), 18–28.

Anderson, D. [2003]. "You don't know jack about disks," *Queue,* 1:4 (June), 20–30.

Anderson, D., J. Dykes, and E. Riedel [2003]. "SCSI vs. ATA—More than an interface," *Conf. on File and Storage Technology (FAST),* San Francisco, April 2003.

Anderson, D. W., F. J. Sparacio, and R. M. Tomasulo [1967]. "The IBM 360 Model 91: Processor philosophy and instruction handling," *IBM J. Research and Development* 11:1 (January), 8–24.

Anderson, M. H. [1990]. "Strength (and safety) in numbers (RAID, disk storage technology)," *Byte* 15:13 (December), 337–339.

Anderson, T. E., D. E. Culler, and D. Patterson [1995]. "A case for NOW (networks of workstations)," *IEEE Micro* 15:1 (February), 54–64.

Ang, B., D. Chiou, D. Rosenband, M. Ehrlich, L. Rudolph, and Arvind [1998]. "StarT-Voyager: A flexible platform for exploring scalable SMP issues," *Proc. of SC'98,* Orlando, Fla., November.

Anjan, K. V., and T. M. Pinkston [1995]. "An efficient, fully-adaptive deadlock recovery scheme: Disha," *Proc. 22nd Int'l Symposium on Computer Architecture* (June), Italy.

Anon. et al. [1985]. "A measure of transaction processing power," Tandem Tech. Rep. TR 85.2. Also appeared in *Datamation* 31:7 (April), 112–118.

Archibald, J., and J.-L. Baer [1986]. "Cache coherence protocols: Evaluation using a multiprocessor simulation model," *ACM Trans. on Computer Systems* 4:4 (November), 273–298.

Arpaci, R. H., D. E. Culler, A. Krishnamurthy, S. G. Steinberg, and K. Yelick [1995]. "Empirical evaluation of the CRAY-T3D: A compiler perspective," *Proc. 23rd Int'l Symposium on Computer Architecture* (June), Italy.

Asanovic, K. [1998]. *Vector microprocessors,* Ph.D. thesis, Computer Science Division, Univ. of California at Berkeley (May).

Associated Press [2005]. "Gap Inc. shuts down two internet stores for major overhaul," USATODAY.com, August 8, 2005.

Atanasoff, J. V. [1940]. "Computing machine for the solution of large systems of linear equations," Internal Report, Iowa State University, Ames.

Austin, T. M., and G. Sohi [1992]. "Dynamic dependency analysis of ordinary programs," *Proc. 19th Symposium on Computer Architecture* (May), Gold Coast, Australia, 342–351.

Babbay, F., and A. Mendelson [1998]. "Using value prediction to increase the power of speculative execution hardware," *ACM Trans. on Computer Systems* 16:3 (August), 234–270.

Baer, J.-L., and W.-H. Wang [1988]. "On the inclusion property for multi-level cache hierarchies," *Proc. 15th Annual Symposium on Computer Architecture* (May–June), Honolulu, 73–80.

Bailey, D. H., E. Barszcz, J. T. Barton, D. S. Browning, R. L. Carter, L. Dagum, R. A. Fatoohi, P. O. Frederickson, T. A. Lasinski, R. S. Schreiber, H. D. Simon, V. Venkatakrishnan, and S. K. Weeratunga [1991]. "The NAS parallel benchmarks," *Int'l. J. Supercomputing Applications* 5, 63–73.

Bakoglu, H. B., G. F. Grohoski, L. E. Thatcher, J. A. Kaeli, C. R. Moore, D. P. Tattle, W. E. Male, W. R. Hardell, D. A. Hicks, M. Nguyen Phu, R. K. Montoye, W. T. Glover, and S. Dhawan [1989]. "IBM second-generation RISC processor organization," *Proc. Int'l Conf. on Computer Design,* IEEE (October), Rye, N.Y., 138–142.

Balakrishnan, H., V. N. Padmanabhan, S. Seshan, and R. H. Katz [1997]. "A comparison of mechanisms for improving TCP performance over wireless links," *IEEE/ACM Trans. on Networking* 5:6 (December), 756–769.

Ball, T., and J. Larus [1993]. "Branch prediction for free," *Proc. SIGPLAN'93 Conference Programming Language Design and Implementation,* 300–313.

Banerjee, U. [1979]. *Speedup of ordinary programs,* Ph.D. thesis, Dept. of Computer Science, Univ. of Illinois at Urbana-Champaign (October).

Barham, P., B. Dragovic, K. Fraser, S. Hand, T. Harris, A. Ho, and R. Neugebauer [2003]. "Xen and the art of virtualization," *Proc. ACM Symposium on Operating Systems Principles.*

Barroso, L. A., K. Gharachorloo, and E. Bugnion [1998]. "Memory system characterization of commercial workloads," *Proc. 25th Int'l Symposium on Computer Architecture,* Barcelona (July), 3–14.

Barton, R. S. [1961]. "A new approach to the functional design of a computer," *Proc. Western Joint Computer Conf.,* 393–396.

Bashe, C. J., W. Buchholz, G. V. Hawkins, J. L. Ingram, and N. Rochester [1981]. "The architecture of IBM's early computers," *IBM J. Research and Development* 25:5 (September), 363–375.

Bashe, C. J., L. R. Johnson, J. H. Palmer, and E. W. Pugh [1986]. *IBM's Early Computers,* MIT Press, Cambridge, Mass.

Baskett, F., T. Jermoluk, and D. Solomon [1988]. "The 4D-MP graphics superworkstation: Computing + graphics = 40 MIPS + 40 MFLOPS and 10,000 lighted polygons per second," *Proc. COMPCON Spring,* San Francisco, 468–471.

Baskett, F., and T. W. Keller [1977]. "An evaluation of the Cray-1 processor," in *High Speed Computer and Algorithm Organization,* D. J. Kuck, D. H. Lawrie, and A. H. Sameh, eds., Academic Press, San Diego, 71–84.

BBN Laboratories [1986]. "Butterfly parallel processor overview," Tech. Rep. 6148, BBN Laboratories, Cambridge, Mass.

Bell, C. G. [1984]. "The mini and micro industries," *IEEE Computer* 17:10 (October), 14–30.

Bell, C. G. [1985]. "Multis: A new class of multiprocessor computers," *Science* 228 (April 26), 462–467.

Bell, C. G. [1989]. "The future of high performance computers in science and engineering," *Comm.* ACM 32:9 (September), 1091–1101.

Bell, C. G., and J. Gray [2002]. "What's next in high performance computing," *CACM* 45:2 (February), 91–95.

Bell, C. G., J. C. Mudge, and J. E. McNamara [1978]. *A DEC View of Computer Engineering*, Digital Press, Bedford, Mass.

Bell, C. G., and A. Newell [1971]. *Computer Structures: Readings and Examples,* McGraw-Hill, New York.

Bell, C. G., and W. D. Strecker [1976]. "Computer structures: What have we learned from the PDP-11?," *Proc. Third Annual Symposium on Computer Architecture* (January), Pittsburgh, 1–14.

Bell, G., R. Cady, H. McFarland, B. DeLagi, J. O'Laughlin, R. Noonan, and W. Wulf [1970]. "A new architecture for mini-computers: The DEC PDP-11," *Proc. AFIPS SJCC,* 657–675.

Bell, G., and J. Gray [2001]. "Crays, clusters and centers," Microsoft Research Technical Report, MSR-TR-2001-76.

Bell, G., and W. D. Strecker [1998]. "Computer structures: What have we learned from the PDP-11?" *25 Years of the International Symposia on Computer Architecture (Selected Papers),* ACM, 138–151.

Benes, V. E. [1962]. "Rearrangeable three stage connecting networks," *Bell System Technical Journal* 41, 1481–1492.

Bertozzi, D., A. Jalabert, S. Murali, R. Tamhankar, S. Stergiou, L. Benini, and G. De Micheli [2005]. "NoC synthesis flow for customized domain specific multiprocessor systems-on-chip," *IEEE Trans. on Parallel and Distributed Systems* 16:2 (February), 113–130.

Bhandarkar, D. P. [1995]. *Alpha Architecture and Implementations,* Digital Press, Newton, Mass.

Bhandarkar, D., and D. W. Clark [1991]. "Performance from architecture: Comparing a RISC and a CISC with similar hardware organizations," *Proc. Fourth Conf. on Architectural Support for Programming Languages and Operating Systems,* IEEE/ACM (April), Palo Alto, Calif., 310–319.

Bhandarkar, D., and J. Ding [1997]. "Performance characterization of the Pentium Pro processor," *Proc. Third Int'l Symposium on High Performance Computer Architec-*

ture, IEEE (February), San Antonio, 288–297.

Bhuyan, L. N., and D. P. Agrawal [1984]. "Generalized hypercube and hyperbus structures for a computer network," *IEEE Trans. on Computers* 32:4 (April), 322–333.

Bier, J. [1997]. "The evolution of DSP processors," presentation at U.C. Berkeley, November 14.

Birman, M., A. Samuels, G. Chu, T. Chuk, L. Hu, J. McLeod, and J. Barnes [1990]. "Developing the WRL3170/3171 SPARC floating-point coprocessors," *IEEE Micro* 10:1, 55–64.

Blaum, M., J. Brady, J. Bruck, and J. Menon [1994]. "EVENODD: An optimal scheme for tolerating double disk failures in RAID architectures," *Proc. 21st Annual Symposium on Computer Architecture* (April), Chicago, Ill., 245–254.

Blaum, M., J. Brady, J. Bruck, and J. Menon [1995]."EVENODD: An optimal scheme for tolerating double disk failures in RAID architectures," *IEEE Trans. on Computers* 44:2 (February), 192–202.

Blaum, M., J. Brady, J., Bruck, J. Menon, and A. Vardy [2001]. "The EVENODD code and its generalization," in *High Performance Mass Storage and Parallel I/O: Technologies and Applications*, edited by H. Jin, T. Cortes, and R. Buyya, IEEE & Wiley Press, New York, Chapter 14, 187–208.

Blaum, M., J. Bruck, and A. Vardy [1996]. "MDS array codes with independent parity symbols," *IEEE Trans. on Information Theory*, IT-42 (March), 529–42.

Bloch, E. [1959]. "The engineering design of the Stretch computer," *1959 Proceedings of the Eastern Joint Computer Conf.,* 48–59.

Blue Gene [2005]. *IBM J. Res. & Dev.* 49:2/3.

Boddie, J. R. [2000]. "History of DSPs," *www.lucent.com/micro/dsp/dsphist.html.*

Boggs D., A. Baktha, J. Hawkins, J. Miller, P. Roussel, R. Singhal, and B. S. Venkatraman [2004]. "The microarchitecture of the Intel Pentium 4 processor on 90nm technology," *Intel Technology Journal,* Volume 8, Issue 1.

Borg, A., R. E. Kessler, and D. W. Wall [1990]. "Generation and analysis of very long address traces," *Proc. 17th Annual Int'l Symposium on Computer Architecture*, Seattle, Wash., May 28–31, 270–279.

Bouknight, W. J., S. A. Deneberg, D. E. McIntyre, J. M. Randall, A. H. Sameh, and D. L. Slotnick [1972]. "The Illiac IV system," *Proc. IEEE* 60:4, 369–379. Also appears in D. P. Siewiorek, C. G. Bell, and A. Newell, *Computer Structures: Principles and Examples,* McGraw-Hill, New York (1982), 306–316.

Brady, J. T. [1986]. "A theory of productivity in the creative process," *IEEE CG&A* (May), 25–34.

Brain, M. [2000]. "Inside a digital cell phone," *www.howstuffworks.com/inside-cell-phone.htm.*

Brandt, M., J. Brooks, M. Cahir, T. Hewitt, E. Lopez-Pineda, and D. Sandness [2000]. *The Benchmarker's Guide for Cray SV1 Systems.* Cray Inc., Seattle, Wash.

Brent, R. P., and H. T. Kung [1982]. "A regular layout for parallel adders," *IEEE Trans. on Computers* C-31, 260–264.

Brewer, E. A., and B. C. Kuszmaul [1994]. "How to get good performance from the CM-5 data network," *Proc. Eighth Int'l Parallel Processing Symposium* (April), Cancun, Mexico.

Brin, S., and L. Page [1998]. "The anatomy of a large-scale hypertextual Web search engine," *Proc. 7th Int'l World Wide Web Conf.,* Brisbane, Qld., Australia (April 14–18), 107–117.

Brown, A., and D. A. Patterson [2000]. "Towards maintainability, availability, and growth benchmarks: A case study of software RAID systems." *Proc. 2000 USENIX Annual Technical Conf.* (June), San Diego, Calif.

Bucher, I. V., and A. H. Hayes [1980]. "I/O performance measurement on Cray-1 and CDC 7000 computers," *Proc. Computer Performance Evaluation Users Group, 16th Meeting*, NBS 500-65, 245–254.

Bucher, I. Y. [1983]. "The computational speed of supercomputers," *Proc. SIGMETRICS Conf. on Measuring and Modeling of Computer Systems,* ACM (August), 151–165.

Bucholtz, W. [1962]. *Planning a Computer System: Project Stretch,* McGraw-Hill, New York.

Burgess, N., and T. Williams [1995]. "Choices of operand truncation in the SRT division algorithm," *IEEE Trans. on Computers* 44:7.

Burkhardt, H., III, S. Frank, B. Knobe, and J. Rothnie [1992]. "Overview of the KSR1 computer system," Tech. Rep. KSR-TR-9202001, Kendall Square Research, Boston (February).

Burks, A. W., H. H. Goldstine, and J. von Neumann [1946]. "Preliminary discussion of the logical design of an electronic computing instrument," Report to the U.S. Army Ordnance Department, p. 1; also appears in *Papers of John von Neumann,* W. Aspray and A. Burks, eds., MIT Press, Cambridge, Mass., and Tomash Publishers, Los Angeles, Calif., 1987, 97–146.

Calder, B., D. Grunwald, M. Jones, D. Lindsay, J. Martin, M. Mozer, and B. Zorn [1997]. "Evidence-based static branch prediction using machine learning," *ACM Trans. Program. Lang. Syst.* 19:1, 188–222.

Calder, B., G. Reinman, and D. M. Tullsen [1999]. "Selective value prediction," *Proc. 26th Int'l Symposium on Computer Architecture (ISCA),* Atlanta, June.

Callahan, D., J. Dongarra, and D. Levine [1988]. "Vectorizing compilers: A test suite and results," *Supercomputing '88,* ACM/IEEE (November), Orlando, Fla., 98–105.

Cantin, J. F., and M. D. Hill [2001]. "Cache performance for selected SPEC CPU2000 benchmarks," *www.jfred.org/cache-data.html* (June).

Cantin, J., and M. Hill [2003]. "Cache performance for SPEC CPU2000 benchmarks, version 3.0," *www.cs.wisc.edu/multifacet/misc/spec2000cache-data/index.html.*

Case, R. P., and A. Padegs [1978]. "The architecture of the IBM System/370," *Communications of the ACM* 21:1, 73–96. Also appears in D. P. Siewiorek, C. G. Bell, and A. Newell, *Computer Structures: Principles and Examples,* McGraw-Hill, New York (1982), 830–855.

Censier, L., and P. Feautrier [1978]. "A new solution to coherence problems in multicache systems," *IEEE Trans. on Computers* C-27:12 (December), 1112–1118.

Chandra, R., S. Devine, B. Verghese, A. Gupta, and M. Rosenblum [1994]. "Scheduling and page migration for multiprocessor compute servers," *Sixth Int'l Conf. on Architectural Support for Programming Languages and Operating Systems (ASPLOS-VI),* ACM, Santa Clara, Calif., October, 12–24.

Chang, P. P., S. A. Mahlke, W. Y. Chen, N. J. Warter, and W. W. Hwu [1991]. "IMPACT: An architectural framework for multiple-instruction-issue processors," *Proc. 18th Int'l Symposium on Computer Architecture* (May), 266–275.

Charlesworth, A. E. [1981]. "An approach to scientific array processing: The architecture design of the AP-120B/FPS-164 family," *Computer* 14:9 (September), 18–27.

Charlesworth, A. [1998]. "Starfire: Extending the SMP envelope," *IEEE Micro* 18:1 (January/February), 39–49.

Chen, P. M., G. A. Gibson, R. H. Katz, and D. A. Patterson [1990]. "An evaluation of redundant arrays of inexpensive disks using an Amdahl 5890," *Proc. 1990 ACM SIGMETRICS Conf. on Measurement and Modeling of Computer Systems* (May), Boulder, Colo.

Chen, P. M., and E. K. Lee [1995]. "Striping in a RAID level 5 disk array," *Proc. 1995 ACM SIGMETRICS Conf. on Measurement and Modeling of Computer Systems* (May), 136–145.

Chen, P. M., E. K. Lee, G. A. Gibson, R. H. Katz, and D. A. Patterson [1994]. "RAID: High-performance, reliable secondary storage," *ACM Computing Surveys* 26:2 (June), 145–188.

Chen, S. [1983]. "Large-scale and high-speed multiprocessor system for scientific applications," *Proc. NATO Advanced Research Work on High Speed Computing* (June); also K. Hwang, ed., in "Superprocessors: Design and applications," *IEEE*

(August), 1984.

Chen, T. C. [1980]. "Overlap and parallel processing," in H. Stone, ed., *Introduction to Computer Architecture,*Science Research Associates, Chicago, 427–486.

Chow, F. C. [1983]. *A Portable Machine-Independent Global Optimizer—Design and Measurements,* Ph.D. thesis, Stanford Univ. (December).

Chrysos, G. Z., and J. S. Emer [1998]. "Memory dependence prediction using store sets," *Proc. 25th Int'l Symposium on Computer Architecture (ISCA),* June, Barcelona, 142–153.

Clark, B., T. Deshane, E. Dow, S. Evanchik, M. Finlayson, J. Herne, and J. Neefe Matthews [2004]. "Xen and the art of repeated research," *Proc. USENIX Annual Technical Conf.,* 135–144.

Clark, D. W. [1983]. "Cache performance of the VAX-11/780," *ACM Trans. on Computer Systems* 1:1, 24–37.

Clark, D. W. [1987]. "Pipelining and performance in the VAX 8800 processor," *Proc. Second Conf. on Architectural Support for Programming Languages and Operating Systems,* IEEE/ACM (March), Palo Alto, Calif., 173–177.

Clark, D. W., and J. S. Emer [1985]. "Performance of the VAX-11/780 translation buffer: Simulation and measurement," *ACM Trans. on Computer Systems* 3:1 (February), 31–62.

Clark, D., and H. Levy [1982]. "Measurement and analysis of instruction set use in the VAX-11/780," *Proc. Ninth Symposium on Computer Architecture* (April), Austin, Tex., 9–17.

Clark, D., and W. D. Strecker [1980]. "Comments on 'the case for the reduced instruction set computer'," *Computer Architecture News* 8:6 (October), 34–38.

Clark, W. A. [1957]. "The Lincoln TX-2 computer development," *Proc. Western Joint Computer Conference* (February), Institute of Radio Engineers, Los Angeles, 143–145.

Clos, C. [1953]. "A study of non-blocking switching networks," *Bell Systems Technical Journal* 32 (March), 406–424.

Cody, W. J., J. T. Coonen, D. M. Gay, K. Hanson, D. Hough, W. Kahan, R. Karpinski, J. Palmer, F. N. Ris, and D. Stevenson [1984]. "A proposed radix- and word-length-independent standard for floating-point arithmetic," *IEEE Micro* 4:4, 86–100.

Colwell, R. P., R. P. Nix, J. J. O'Donnell, D. B. Papworth, and P. K. Rodman [1987]. "A VLIW architecture for a trace scheduling compiler," *Proc. Second Conf. on Architectural Support for Programming Languages and Operating Systems,* IEEE/ACM (March), Palo Alto, Calif., 180–192.

Colwell, R. P., and R. Steck [1995]. "A 0.6um BiCMOS processor with dynamic execution." *Proc. of Int'l Symposium on Solid State Circuits,* 176–177.

Comer, D. [1993]. *Internetworking with TCP/IP,* second edition., Prentice Hall, Englewood Cliffs, N.J.

Compaq Computer Corporation [1999]. *Compiler Writer's Guide for the Alpha 21264,* Order Number EC-RJ66A-TE, June, *www1.support.compaq.com/alpha-tools/documentation/current/21264_EV67/ec-rj66a-te_comp_writ_gde_for_alpha21264.pdf.*

Conti, C., D. H. Gibson, and S. H. Pitkowsky [1968]. "Structural aspects of the System/360 Model 85, Part I: General organization," *IBM Systems J.* 7:1, 2–14.

Coonen, J. [1984]. *Contributions to a Proposed Standard for Binary Floating-Point Arithmetic,* Ph.D. thesis, Univ. of Calif., Berkeley.

Corbett, P., B. English, A. Goel, T. Grcanac, S. Kleiman, J. Leong, and S. Sankar [2004]. "Row-diagonal parity for double disk failure correction," *Proc. FAST '04.*

Crawford, J., and P. Gelsinger [1988]. *Programming the 80386,* Sybex Books, Alameda, Calif.

Culler, D. E., J. P. Singh, and A. Gupta [1999]. *Parallel Computer Architecture: A Hardware/Software Approach,* Morgan Kaufmann, San Francisco.

Curnow, H. J., and B. A. Wichmann [1976]. "A synthetic benchmark," *The Computer J.*

19:1, 43–49.

Cvetanovic, Z., and R. E. Kessler [2000]. "Performance analysis of the Alpha 21264-based Compaq ES40 system," *Proc. 27th Annual Int'l Symposium on Computer Architecture*, Vancouver, Canada, June 10–14, IEEE Computer Society Press, 192–202.

Dally, W. J. [1990]. "Performance analysis of k-ary n-cube interconnection networks," *IEEE Trans. on Computers* 39:6 (June), 775–785.

Dally, W. J. [1992]. "Virtual channel flow control," *IEEE Trans. on Parallel and Distributed Systems* 3:2 (March), 194–205.

Dally, W. J. [1999]. "Interconnect limited VLSI architecture," *Proc. of the International Interconnect Technology Conference*, San Francisco (May).

Dally, W. J., and C. I. Seitz [1986]. "The torus routing chip," *Distributed Computing* 1:4, 187–196.

Dally, W. J., and B. Towles [2001]. "Route packets, not wires: On-chip interconnection networks," *Proc. of the Design Automation Conference*, Las Vegas (June).

Dally, W. J., and B. Towles [2003]. *Principles and Practices of Interconnection Networks*, Morgan Kaufmann, San Francisco.

Darcy, J. D., and D. Gay [1996]. "FLECKmarks: Measuring floating point performance using a full IEEE compliant arithmetic benchmark," CS 252 class project, U.C. Berkeley (see *HTTP.CS.Berkeley.EDU/~darcy/Projects/cs252/*).

Darley, H. M., et al. [1989]. "Floating point/integer processor with divide and square root functions," U.S. Patent 4,878,190 (October 31).

Davidson, E. S. [1971]. "The design and control of pipelined function generators," *Proc. Conf. on Systems, Networks, and Computers,* IEEE (January), Oaxtepec, Mexico, 19–21.

Davidson, E. S., A. T. Thomas, L. E. Shar, and J. H. Patel [1975]. "Effective control for pipelined processors," *COMPCON, IEEE* (March), San Francisco, 181–184.

Davie, B. S., L. L. Peterson, and D. Clark [1999]. *Computer Networks: A Systems Approach,* second edition, Morgan Kaufmann, San Francisco.

Dehnert, J. C., P. Y.-T. Hsu, and J. P. Bratt [1989]. "Overlapped loop support on the Cydra 5," *Proc. Third Conf. on Architectural Support for Programming Languages and Operating Systems* (April), IEEE/ACM, Boston, 26–39.

Demmel, J. W., and X. Li [1994]. "Faster numerical algorithms via exception handling," *IEEE Trans. on Computers* 43:8, 983–992.

Denehy, T. E., J. Bent, F. I. Popovici, A. C. Arpaci-Dusseau, and R. H. Arpaci-Dusseau [2004]. "Deconstructing storage arrays," *Proc. 11th Int'l Conf. on Architectural Support for Programming Languages and Operating Systems (ASPLOS XI),* 59–71, Boston, Mass., October.

Desurvire, E. [1992]. "Lightwave communications: The fifth generation," *Scientific American* (International Edition) 266:1 (January), 96–103.

Diep, T. A., C. Nelson, and J. P. Shen [1995]. "Performance evaluation of the PowerPC 620 microarchitecture," *Proc. 22nd Symposium on Computer Architecture* (June), Santa Margherita, Italy.

Digital Semiconductor [1996]. *Alpha Architecture Handbook, Version 3,* Digital Press, Maynard, Mass.

Ditzel, D. R., and H. R. McLellan [1987]. "Branch folding in the CRISP microprocessor: Reducing the branch delay to zero," *Proc. 14th Symposium on Computer Architecture* (June), Pittsburgh, 2–7.

Ditzel, D. R., and D. A. Patterson [1980]. "Retrospective on high-level language computer architecture," *Proc. Seventh Annual Symposium on Computer Architecture,* La Baule, France (June), 97–104.

Doherty, W. J., and R. P. Kelisky [1979]. "Managing VM/CMS systems for user effectiveness," *IBM Systems J.* 18:1, 143–166.

Dongarra, J. J. [1986]. "A survey of high performance processors," *COMPCON,* IEEE

(March), 8–11.

Dongarra, J., T. Sterling, H. Simon, and E. Strohmaier [2005]. "High-performance computing: Clusters, constellations, MPPs, and future directions," *Computing in Science and Engineering,* IEEE (March/April), 51–59.

Douceur, J. R., and W. J. Bolosky [1999]. "A large scale study of file-system contents," *Proc. 1999 ACM SIGMETRICS Conf. on Measurement and Modeling of Computer Systems (SIGMETRICS '99),* 59–69, Atlanta, Ga., May.

Douglas, J. [2005]. "Intel 8xx series and Paxville Xeon-MP Microprocessors," *Proc. Hot Chips Conference,* Stanford University, August.

Duato, J. [1993]. "A new theory of deadlock-free adaptive routing in wormhole networks," *IEEE Trans. on Parallel and Distributed Systems* 4:12 (Dec.) 1320–1331.

Duato, J., I. Johnson, J. Flich, F. Naven, P. Garcia, T. Nachiondo [2005]. "A new scalable and cost-effective congestion management strategy for lossless multistage interconnection networks," *Proc. 11th Int'l Symposium on High Performance Computer Architecture* (February), San Francisco.

Duato, J., O. Lysne, R. Pang, and T. M. Pinkston [2005]. "Part I: A theory for deadlock-free dynamic reconfiguration of interconnection networks," *IEEE Trans. on Parallel and Distributed Systems* 16:5 (May), 412–427.

Duato, J., and T. M. Pinkston [2001]. "A general theory for deadlock-free adaptive routing using a mixed set of resources," *IEEE Trans. on Parallel and Distributed Systems* 12:12 (December), 1219–1235.

Duato, J., S. Yalamanchili, and L. Ni [2003]. *Interconnection Networks: An Engineering Approach,* 2nd printing, Morgan Kaufmann, San Francisco.

Dubois, M., C. Scheurich, and F. Briggs [1988]. "Synchronization, coherence, and event ordering," *IEEE Computer* 9-21 (February).

Dunigan, W., K. Vetter, K. White, and P. Worley [2005]. "Performance evaluation of the Cray X1 distributed shared memory architecture," *IEEE Micro,* (January/February).

Eden, A., and T. Mudge [1998]. "The YAGS branch prediction scheme," *Proc. of the 31st Annual ACM/IEEE International Symposium on Microarchitecture,* 69–80.

Edmondson, J. H., P. I. Rubinfield, R. Preston, and V. Rajagopalan [1995]. "Superscalar instruction execution in the 21164 Alpha microprocessor," *IEEE Micro* 15:2, 33–43.

Eggers, S. [1989]. *Simulation Analysis of Data Sharing in Shared Memory Multiprocessors,* Ph.D. thesis, Univ. of California, Berkeley. Computer Science Division Tech. Rep. UCB/CSD 89/501 (April).

Elder, J., A. Gottlieb, C. K. Kruskal, K. P. McAuliffe, L. Randolph, M. Snir, P. Teller, and J. Wilson [1985]. "Issues related to MIMD shared-memory computers: The NYU Ultracomputer approach," *Proc. 12th Int'l Symposium on Computer Architecture* (June), Boston, 126–135.

Ellis, J. R. [1986]. *Bulldog: A Compiler for VLIW Architectures,* MIT Press, Cambridge, Mass.

Emer, J. S., and D. W. Clark [1984]. "A characterization of processor performance in the VAX-11/780," *Proc. 11th Symposium on Computer Architecture* (June), Ann Arbor, Mich., 301–310.

Enriquez, P. [2001]. "What happened to my dial tone? A study of FCC service disruption reports," poster, *Richard Tapia Symposium on the Celebration of Diversity in Computing,* October 18–20, Houston, Tex.

Erlichson, A., N. Nuckolls, G. Chesson, and J. L. Hennessy [1996]. "SoftFLASH: Analyzing the performance of clustered distributed virtual shared memory," *Proc. 7th Symposium on Architectural Support for Programming Languages and Operating Systems (ASPLOS-VII),* October, 210–220.

Evers, M., S. J. Patel, R. S. Chappell, and Y. N. Patt [1998]. "An analysis of correlation and predictability: What makes two-level branch predictors work," *Proc. 25th Annual Intl. Sym. Comp. Arch. (ISCA),* 52–61.

Fabry, R. S. [1974]. "Capability based addressing," *Comm. ACM* 17:7 (July), 403–412.

Falsafi, B., and D. A. Wood [1997]. "Reactive NUMA: A design for unifying S-COMA and CC-NUMA," *Proc. 24th Int'l Symposium on Computer Architecture,* June, Denver, Colo., 229–240.

Farkas, K. I., P. Chow, N. P. Jouppi, and Z. Vranesic [1997]. "Memory-system design considerations for dynamically-scheduled processors," *Proc. 24th Annual Int'l Symposium on Computer Architecture,* Denver, Col., June 2–4, 133–143.

Farkas, K. I., and N. P. Jouppi [1994]. "Complexity/performance trade-offs with non-blocking loads," *Proc. 21st Annual Int'l Symposium on Computer Architecture,* Chicago (April).

Farkas, K. I., N. P. Jouppi, and P. Chow [1995]. "How useful are non-blocking loads, stream buffers and speculative execution in multiple issue processors?," *Proc. First IEEE Symposium on High-Performance Computer Architecture,* Raleigh, N.C., January 22–25, 78–89.

Fazio, D. [1987]. "It's really much more fun building a supercomputer than it is simply inventing one," *COMPCON,* IEEE (February), 102–105.

Fisher, J. A. [1981]. "Trace scheduling: A technique for global microcode compaction," *IEEE Trans. on Computers* 30:7 (July), 478–490.

Fisher, J. A. [1983]. "Very long instruction word architectures and ELI-512," *Proc. Tenth Symposium on Computer Architecture* (June), Stockholm, 140–150.

Fisher, J. A., J. R. Ellis, J. C. Ruttenberg, and A. Nicolau [1984]. "Parallel processing: A smart compiler and a dumb processor," *Proc. SIGPLAN Conf. on Compiler Construction* (June), Palo Alto, Calif., 11–16.

Fisher, J. A., and S. M. Freudenberger [1992]. "Predicting conditional branches from previous runs of a program," *Proc. Fifth Conf. on Architectural Support for Programming Languages and Operating Systems,* IEEE/ACM (October), Boston, 85–95.

Fisher, J. A., and B. R. Rau [1993]. *Journal of Supercomputing* (January), Kluwer.

Flemming, P. J., and J. J. Wallace [1986]. "How not to lie with statistics: The correct way to summarize benchmarks results," *Comm. ACM* 29:3 (March), 218–221.

Flynn, M. J. [1966]. "Very high-speed computing systems," *Proc. IEEE* 54:12 (December), 1901–1909.

Forgie, J. W. [1957]. "The Lincoln TX-2 input-output system," *Proc. Western Joint Computer Conference* (February), Institute of Radio Engineers, Los Angeles, 156–160.

Foster, C. C., and E. M. Riseman [1972]. "Percolation of code to enhance parallel dispatching and execution," *IEEE Trans. on Computers* C-21:12 (December), 1411–1415.

Frank, S. J. [1984]. "Tightly coupled multiprocessor systems speed memory access time," *Electronics* 57:1 (January), 164–169.

Freiman, C. V. [1961]. "Statistical analysis of certain binary division algorithms," *Proc. IRE* 49:1, 91–103.

Friesenborg, S. E., and R. J. Wicks [1985]. "DASD expectations: The 3380, 3380-23, and MVS/XA," Tech. Bulletin GG22-9363-02 (July 10), Washington Systems Center.

Fuller, S. H., and W. E. Burr [1977]. "Measurement and evaluation of alternative computer architectures," *Computer* 10:10 (October), 24–35.

Furber, S. B. [1996]. *ARM System Architecture*, Addison-Wesley, Harlow, England (see *www.cs.man.ac.uk/amulet/publications/books/ARMsysArch).*

Gagliardi, U. O. [1973]. "Report of workshop 4—software-related advances in computer hardware," *Proc. Symposium on the High Cost of Software*, Menlo Park, Calif., 99–120.

Gajski, D., D. Kuck, D. Lawrie, and A. Sameh [1983]. "CEDAR—a large scale multiprocessor," *Proc. Int'l Conf. on Parallel Processing* (August), 524–529.

Gallagher, D. M., W. Y. Chen, S. A. Mahlke, J. C. Gyllenhaal, and W.W. Hwu [1994]. "Dynamic memory disambiguation using the memory conflict buffer," *Proc. Sixth Int'l Conf. on Architectural Support for Programming Languages and Operating Systems* (October), Santa Clara, Calif., 183–193.

Galles, M. [1996]. "Scalable pipelined interconnect for distributed endpoint routing: The SGI SPIDER chip," *Proc. Hot Interconnects '96,* Stanford University, August.

Gamasutra [2005]. "Amazon Reports Record Xmas Season, Top Game Picks," *http://www.gamasutra.com/php-bin/news_index.php?story=7630.*

Game, M., and A. Booker [1999]. "CodePack code compression for PowerPC processors," *MicroNews,* 5:1, *www.chips.ibm.com/micronews/vol5_no1/codepack.html.*

Gao, Q. S. [1993]. "The Chinese remainder theorem and the prime memory system," 20th Annual Int'l Symposium on Computer Architecture ISCA '20, San Diego, Calif., May 16–19, *Computer Architecture News* 21:2 (May), 337–340.

Garner, R., A. Agarwal, F. Briggs, E. Brown, D. Hough, B. Joy, S. Kleiman, S. Muchnick, M. Namjoo, D. Patterson, J. Pendleton, and R. Tuck [1988]. "Scalable processor architecture (SPARC)," *COMPCON,* IEEE (March), San Francisco, 278–283.

Gap [2006]. "Gap Inc. Reports Fourth Quarter and Full Year Earnings," *http://gapinc.com/public/documents/Q32005PressRelease_Final22.pdff.*

Gap [2005]. "Gap Inc. Reports Third Quarter Earnings," *http://gapinc.com/public/documents/PR_Q405EarningsFeb2306.pdf.*

Gee, J. D., M. D. Hill, D. N. Pnevmatikatos, and A. J. Smith [1993]. "Cache performance of the SPEC92 benchmark suite," *IEEE Micro* 13:4 (August), 17–27.

Gehringer, E. F., D. P. Siewiorek, and Z. Segall [1987]. *Parallel Processing: The Cm* Experience,* Digital Press, Bedford, Mass.

Gharachorloo, K., A. Gupta, and J. L. Hennessy [1992]. "Hiding memory latency using dynamic scheduling in shared-memory multiprocessors," *Proc. 19th Annual Int'l Symposium on Computer Architecture,* Gold Coast, Australia, June.

Gharachorloo, K., D. Lenoski, J. Laudon, P. Gibbons, A. Gupta, and J. L. Hennessy [1990]. "Memory consistency and event ordering in scalable shared-memory multiprocessors," *Proc. 17th Int'l Symposium on Computer Architecture* (June), Seattle, Wash., 15–26.

Gibson, D. H. [1967]. "Considerations in block-oriented systems design," *AFIPS Conf. Proc.* 30, SJCC, 75–80.

Gibson, G. A. [1992]. *Redundant Disk Arrays: Reliable, Parallel Secondary Storage,* ACM Distinguished Dissertation Series, MIT Press, Cambridge, Mass.

Gibson, J. C. [1970]. "The Gibson mix," Rep. TR. 00.2043, IBM Systems Development Division, Poughkeepsie, N.Y. (Research done in 1959.)

Gibson, J., R. Kunz, D. Ofelt, M. Horowitz, J. Hennessy, and M. Heinrich [2000]. "FLASH vs. (simulated) FLASH: Closing the simulation loop," *Proc. 9th Conf. on Architectural Support for Programming Languages and Operating Systems* (November), San Jose, Calif., 49–58.

Glass, C. J., and L. M. Ni [1992]. "The Turn Model for adaptive routing," *Proc. 19th Int'l Symposium on Computer Architecture* (May), Australia.

Goldberg, D. [1991]. "What every computer scientist should know about floating-point arithmetic," *Computing Surveys* 23:1, 5–48.

Goldberg, I. B. [1967]. "27 bits are not enough for 8-digit accuracy," *Comm. ACM* 10:2, 105–106.

Goldstein, S. [1987]. "Storage performance—an eight year outlook," Tech. Rep. TR 03.308-1 (October), Santa Teresa Laboratory, IBM, San Jose, Calif.

Goldstine, H. H. [1972]. *The Computer: From Pascal to von Neumann,* Princeton University Press, Princeton, N.J.

González, J., and A. González [1998]. "Limits of instruction level parallelism with data speculation," *Proc. of the VECPAR Conf.,* 585–598.

Goodman, J. R. [1983]. "Using cache memory to reduce processor memory traffic," *Proc. 10th Int'l Symposium on Computer Architecture* (June), Stockholm, Sweden, 124–131.

Goralski, W. [1997]. *SONET: A Guide to Synchronous Optical Network,* McGraw-Hill, New York.

New York.

Gosling, J. B. [1980]. *Design of Arithmetic Units for Digital Computers,* Springer-Verlag, New York.

Gray, J. [2006]. "Sort benchmark home page." *research.microsoft.com/barc/SortBenchmark/.*

Gray, J. [1990]. "A census of Tandem system availability between 1985 and 1990," *IEEE Transactions on Reliability*, 39:4 (October), 409–418.

Gray, J. (ed.) [1993]. *The Benchmark Handbook for Database and Transaction Processing Systems,* second edition, Morgan Kaufmann, San Francisco.

Gray, J., and A. Reuter [1993]. *Transaction Processing: Concepts and Techniques,* Morgan Kaufmann, San Francisco.

Gray, J., and D. P. Siewiorek [1991]. "High-availability computer systems," *Computer* 24:9 (September), 39–48.

Gray, J., and C. van Ingen [2005]. "Empirical measurements of disk failure rates and error rates," Microsoft Research, MSR-TR-2005-166, December.

Grice, C., and M. Kanellos [2000]. "Cell phone industry at crossroads: Go high or low?," *CNET News (*August 31), *technews.netscape.com/news/0-1004-201-2518386-0.html?tag=st.ne.1002.tgif.sf.*

Groe, J. B., and L. E. Larson [2000]. *CDMA Mobile Radio Design,* Artech House, Boston.

Gunther, K. D. [1981]. "Prevention of deadlocks in packet-switched data transport systems," *IEEE Trans. on Communications* COM–29:4 (April), 512–524.

Gurumurthi, S., A. Sivasubramaniam, and V. Natarajan [2005]. Disk Drive Roadmap from the Thermal Perspective: A Case for Dynamic Thermal Management, *Proceedings of the International Symposium on Computer Architecture (ISCA),* June, 38–49.

Hagersten, E., and M. Koster [1998]. "WildFire: A scalable path for SMPs," *Proc. Fifth Int'l Symposium on High Performance Computer Architecture.*

Hagersten, E., A. Landin, and S. Haridi [1992]. "DDM—a cache-only memory architecture," *IEEE Computer* 25:9 (September), 44–54.

Hamacher, V. C., Z. G. Vranesic, and S. G. Zaky [1984]. *Computer Organization,* second edition, McGraw-Hill, New York.

Handy, J. [1993]. *The Cache Memory Book*, Academic Press, Boston.

Hauck, E. A., and B. A. Dent [1968]. "Burroughs' B6500/B7500 stack mechanism," *Proc. AFIPS SJCC*, 245–251.

Heald, R., K. Aingaran, C. Amir, M. Ang, M. Boland, A. Das, P. Dixit, G. Gouldsberry, J. Hart, T. Horel, W.-J. Hsu, J. Kaku, C. Kim, S. Kim, F. Klass, H. Kwan, R. Lo, H. McIntyre, A. Mehta, D. Murata, S. Nguyen, Y.-P. Pai, S. Patel, K. Shin, K. Tam, S. Vishwanthaiah, J. Wu, G. Yee, and H. You [2000]. "Implementation of third-generation SPARC V9 64-b microprocessor," *ISSCC Digest of Technical Papers,* 412–413 and slide supplement.

Heinrich, J. [1993]. *MIPS R4000 User's Manual,* Prentice Hall, Englewood Cliffs, N.J.

Henly, M., and B. McNutt [1989]. "DASD I/O characteristics: A comparison of MVS to VM," Tech. Rep. TR 02.1550 (May), IBM, General Products Division, San Jose, Calif.

Hennessy, J. [1984]. "VLSI processor architecture," *IEEE Trans. on Computers* C-33:11 (December), 1221–1246.

Hennessy, J. [1985]. "VLSI RISC processors," *VLSI Systems Design* 6:10 (October), 22–32.

Hennessy, J., N. Jouppi, F. Baskett, and J. Gill [1981]. "MIPS: A VLSI processor architecture," *Proc. CMU Conf. on VLSI Systems and Computations* (October), Computer Science Press, Rockville, Md.

Hewlett-Packard [1994]. *PA-RISC 2.0 Architecture Reference Manual,* 3rd ed.

Hewlett-Packard [1998]. "HP's '5NINES:5MINUTES' vision extends leadership and redefines high availability in mission-critical environments" (February 10), *www.future.enterprisecomputing.hp.com/ia64/news/5nines_vision_pr.html.*

Hill, M. D. [1987]. *Aspects of Cache Memory and Instruction Buffer Performance*, Ph.D.

thesis, University of Calif. at Berkeley, Computer Science Division, Tech. Rep. UCB/CSD 87/381 (November).

Hill, M. D. [1988]. "A case for direct mapped caches," *Computer* 21:12 (December), 25–40.

Hill, M. D. [1998]. "Multiprocessors should support simple memory consistency models," *IEEE Computer* 31:8 (August), 28–34.

Hillis, W. D. [1985]. *The Connection Multiprocessor,* MIT Press, Cambridge, Mass.

Hinton, G., D. Sager, M. Upton, D. Boggs, D. Carmean, A. Kyker, and P. Roussel [2001]. "The microarchitecture of the Pentium 4 processor," *Intel Technology Journal*, February.

Hintz, R. G., and D. P. Tate [1972]. "Control data STAR-100 processor design," *COMPCON,* IEEE (September), 1–4.

Hirata, H., K. Kimura, S. Nagamine, Y. Mochizuki, A. Nishimura, Y. Nakase, and T. Nishizawa [1992]. "An elementary processor architecture with simultaneous instruction issuing from multiple threads," *Proc. 19th Annual Int'l Symposium on Computer Architecture* (May), 136–145.

Hitachi [1997]. *SuperH RISC Engine SH7700 Series Programming Manual* (see *www.halsp.hitachi.com/tech_prod/* and search for title).

Ho, R., K. W. Mai, and M. A. Horowitz [2001]. "The future of wires," *Proc. of the IEEE* 89:4 (April), 490–504.

Hoagland, A. S. [1963]. *Digital Magnetic Recording,* Wiley, New York.

Hockney, R. W., and C. R. Jesshope [1988]. *Parallel Computers-2, Architectures, Programming and Algorithms,* Adam Hilger Ltd., Bristol, England.

Holland, J. H. [1959]. "A universal computer capable of executing an arbitrary number of subprograms simultaneously," *Proc. East Joint Computer Conf.* 16, 108–113.

Holt, R. C. [1972]. "Some deadlock properties of computer systems," *ACM Computer Surveys* 4:3 (September), 179–196.

Hopkins, M. [2000]. "A critical look at IA-64: Massive resources, massive ILP, but can it deliver?" *Microprocessor Report* (February).

Hord, R. M. [1982]. *The Illiac-IV, The First Supercomputer,* Computer Science Press, Rockville, Md.

Horel, T., and G. Lauterbach [1999]. "UltraSPARC-III: Designing third-generation 64-bit performance," *IEEE Micro* 19:3 (May–June), 73–85.

Hospodor, A. D., and A. S. Hoagland [1993]. "The changing nature of disk controllers." *Proc. IEEE* 81:4 (April), 586–594.

Hristea, C., D. Lenoski, and J. Keen [1997]. "Measuring memory hierarchy performance of cache-coherent multiprocessors using micro benchmarks," *Proc. Supercomputing 97,* San Jose, Calif., November.

Hsu, P. [1994]. "Designing the TFP microprocessor," *IEEE Micro* 18:2 (April), 2333.

Huck, J., et al. [2000]. "Introducing the IA-64 Architecture" *IEEE Micro*, 20:5 (September–October), 12–23.

Hughes, C. J., P. Kaul, S. V. Adve, R. Jain, C. Park, and J. Srinivasan [2001]. "Variability in the execution of multimedia applications and implications for architecture," *Proc. 28th Annual Int'l Symposium on Computer Architecture,* Goteborg, Sweden, June 30–July 4, 254–265.

Hwang, K. [1979]. *Computer Arithmetic: Principles, Architecture, and Design,* Wiley, New York.

Hwang, K. [1993]. *Advanced Computer Architecture and Parallel Programming,* McGraw-Hill, New York.

Hwu, W.-M., and Y. Patt [1986]. "HPSm, a high performance restricted data flow architecture having minimum functionality," *Proc. 13th Symposium on Computer Architecture* (June), Tokyo, 297–307.

Hwu, W. W., S. A. Mahlke, W. Y. Chen, P. P. Chang, N. J. Warter, R. A. Bringmann, R. O. Ouellette, R. E. Hank, T. Kiyohara, G. E. Haab, J. G. Holm, and D. M. Lavery

[1993]. "The superblock: An effective technique for VLIW and superscalar compilation," *J. Supercomputing* 7:1, 2 (March), 229–248.

IBM [1982]. *The Economic Value of Rapid Response Time,* GE20-0752-0, White Plains, N.Y., 11–82.

IBM [1990]. "The IBM RISC System/6000 processor" (collection of papers), *IBM J. Research and Development* 34:1 (January).

IBM [1994]. *The PowerPC Architecture,* Morgan Kaufmann, San Francisco.

IEEE [1985]. "IEEE standard for binary floating-point arithmetic," *SIGPLAN Notices* 22:2, 9–25.

IEEE [2005]. "Intel virtualization technology, computer," *IEEE Computer Society* 38:5 (May), 48–56.

Imprimis [1989]. *Imprimis Product Specification,* 97209 Sabre Disk Drive IPI-2 Interface 1.2 GB, Document No. 64402302 (May).

InfiniBand Trade Association [2001]. *InfiniBand Architecture Specifications Release 1.0.a, www.infinibandta.org.*

Intel [2001]. "Using MMX instructions to convert RGB to YUV color conversion," *cedar.intel.com/cgi-bin/ids.dll/content/content.jsp?cntKey=Legacy::irtm_AP548_9996&cntType=IDS_ EDITORIAL.*

Internet Retailer [2005]. "The Gap launches a new site-after two weeks of downtime," *http://www.internetretailer.com/article.asp?id=16254.*

Jain, R. [1991]. *The Art of Computer Systems Performance Analysis: Techniques for Experimental Design, Measurement, Simulation, and Modeling,* Wiley, New York.

Jantsch, A., and H. Tenhunen (eds.) [2003]. *Networks on Chips,* Kluwer Academic Publishers, The Netherlands.

Jimenez, D. A., and C. Lin [2002]. "Neural methods for dynamic branch prediction," *ACM Trans. Computer Sys.* 20:4 (November), 369–397.

Johnson, M. [1990]. *Superscalar Microprocessor Design*, Prentice Hall, Englewood Cliffs, N.J.

Jordan, H. F. [1983]. "Performance measurements on HEP—a pipelined MIMD computer," *Proc. 10th Int'l Symposium on Computer Architecture* (June), Stockholm, 207–212.

Jordan, K. E. [1987]. "Performance comparison of large-scale scientific processors: Scalar mainframes, mainframes with vector facilities, and supercomputers," *Computer* 20:3 (March), 10–23.

Jouppi, N. P. [1990]. "Improving direct-mapped cache performance by the addition of a small fully-associative cache and prefetch buffers," *Proc. 17th Annual Int'l Symposium on Computer Architecture*, 364–73.

Jouppi, N. P. [1998]. "Retrospective: Improving direct-mapped cache performance by the addition of a small fully-associative cache and prefetch buffers," *25 Years of the Int'l Symposia on Computer Architecture (Selected Papers)*, ACM, 71–73.

Jouppi, N. P., and D. W. Wall [1989]. "Available instruction-level parallelism for superscalar and superpipelined processors," *Proc. Third Conf. on Architectural Support for Programming Languages and Operating Systems,* IEEE/ACM (April), Boston, 272–282.

Jouppi, N. P., and S. J. E. Wilton [1994]. "Trade-offs in two-level on-chip caching," *Proc. 21st Annual Int'l Symposium on Computer Architecture,* Chicago, April 18–21, 34–45.

Kaeli, D. R., and P. G. Emma [1991]. "Branch history table prediction of moving target branches due to subroutine returns," *Proc. 18th Int'l Symposium on Computer Architecture (ISCA),* Toronto, May, 34–42.

Kahan, J. [1990]. "On the advantage of the 8087's stack," unpublished course notes, Computer Science Division, University of California at Berkeley.

Kahan, W. [1968]. "7094-II system support for numerical analysis," *SHARE Secretarial Distribution* SSD-159.

Kahaner, D. K. [1988]. "Benchmarks for 'real' programs," *SIAM News* (November).

Kahn, R. E. [1972]. "Resource-sharing computer communication networks," *Proc. IEEE* 60:11 (November), 1397–1407.

Kane, G. [1986]. *MIPS R2000 RISC Architecture,* Prentice Hall, Englewood Cliffs, N.J.

Kane, G. [1996]. *PA-RISC 2.0 Architecture*, Prentice Hall PTR, Upper Saddle River, N.J.

Kane, G., and J. Heinrich [1992]. *MIPS RISC Architecture,* Prentice Hall, Englewood Cliffs, N.J.

Katz, R. H., D. A. Patterson, and G. A. Gibson [1989]. "Disk system architectures for high performance computing," *Proc. IEEE* 77:12 (December), 1842–1858.

Keckler, S. W., and W. J. Dally [1992]. "Processor coupling: Integrating compile time and runtime scheduling for parallelism," *Proc. 19th Annual Int'l Symposium on Computer Architecture* (May), 202–213.

Keller, R. M. [1975]. "Look-ahead processors," *ACM Computing Surveys* 7:4 (December), 177–195.

Keltcher, C. N., K. J. McGrath, A. Ahmed, and P. Conway [2003]. "The AMD Opteron processor for multiprocessor servers," *IEEE Micro* 23:2 (March–April), 66–76. *dx.doi.org/10.1109.MM.2003.119116.*

Kembel, R. [2000]. "Fibre Channel: A comprehensive introduction," *Internet Week (*April).

Kermani, P., and L. Kleinrock [1979]. "Virtual Cut-Through: A New Computer Communication Switching Technique," *Computer Networks* 3 (January), 267–286.

Kessler, R. [1999]. "The Alpha 21264 microprocessor," *IEEE Micro* 19:2 (March/April) 24–36.

Kilburn, T., D. B. G. Edwards, M. J. Lanigan, and F. H. Sumner [1962]. "One-level storage system," *IRE Trans. on Electronic Computers* EC-11 (April) 223–235. Also appears in D. P. Siewiorek, C. G. Bell, and A. Newell, *Computer Structures: Principles and Examples* (1982), McGraw-Hill, New York, 135–148.

Killian, E. [1991]. "MIPS R4000 technical overview–64 bits/100 MHz or bust," *Hot Chips III Symposium Record* (August), Stanford University, 1.6–1.19.

Kim, M. Y. [1986]. "Synchronized disk interleaving," *IEEE Trans. on Computers* C-35:11 (November), 978–988.

Kissell, K. D. [1997]. *MIPS16: High-Density for the Embedded Market* (see *www.sgi.com/MIPS/arch/MIPS16/MIPS16.whitepaper.pdf*).

Kitagawa, K., S. Tagaya, Y. Hagihara, and Y. Kanoh [2003]. "A hardware overview of SX-6 and SX-7 supercomputer," *NEC Research & Development J.* 44:1 (January), 2–7.

Knuth, D. [1981]. *The Art of Computer Programming,* vol. II, second edition, Addison-Wesley, Reading, Mass.

Kogge, P. M. [1981]. *The Architecture of Pipelined Computers,* McGraw-Hill, New York.

Kohn, L., and S.-W. Fu [1989]. "A 1,000,000 transistor microprocessor," *IEEE Int'l Solid-State Circuits Conf.*, 54–55.

Kontothanassis, L., G. Hunt, R. Stets, N. Hardavellas, M. Cierniak, S. Parthasarathy, W. Meira, S. Dwarkadas, and M. Scott [1997]. "VM-based shared memory on low-latency, remote-memory-access networks," *Proc. 24th Annual Int'l Symposium on Computer Architecture (*June), Denver, Colo.

Koren, I. [1989]. *Computer Arithmetic Algorithms,* Prentice Hall, Englewood Cliffs, N.J.

Kozyrakis, C. [2000]. "Vector IRAM: A media-oriented vector processor with embedded DRAM," presentation at Hot Chips 12 Conf., Palo Alto, Calif, 13–15.

Kroft, D. [1981]. "Lockup-free instruction fetch/prefetch cache organization," *Proc. Eighth Annual Symposium on Computer Architecture* (May 12–14), Minneapolis, 81–87.

Kroft, D. [1998]. "Retrospective: Lockup-free instruction fetch/prefetch cache organization," *25 Years of the Int'l Symposia on Computer Architecture (Selected Papers),* ACM, 20–21.

Kuck, D., P. P. Budnik, S.-C. Chen, D. H. Lawrie, R. A. Towle, R. E. Strebendt, E. W. Davis, Jr., J. Han, P. W. Kraska, and Y. Muraoka [1974]. "Measurements of parallelism in ordinary FORTRAN programs," *Computer* 7:1 (January), 37–46.

Kuhn, D. R. [1997]. "Sources of failure in the public switched telephone network," *IEEE Computer* 30:4 (April), 31–36.

Kumar, A. [1997]. "The HP PA-8000 RISC CPU," *IEEE Micro* 17:2 (March/April).

Kunimatsu, A., N. Ide, T. Sato, Y. Endo, H. Murakami, T. Kamei, M. Hirano, F. Ishihara, H. Tago, M. Oka, A. Ohba, T. Yutaka, T. Okada, and M. Suzuoki [2000]. "Vector unit architecture for emotion synthesis," *IEEE Micro* 20:2 (March–April), 40–47.

Kunkel, S. R., and J. E. Smith [1986]. "Optimal pipelining in supercomputers," *Proc. 13th Symposium on Computer Architecture* (June), Tokyo, 404–414.

Kurose, J. F., and K. W. Ross [2001]. *Computer Networking: A Top-Down Approach Featuring the Internet,* Addison-Wesley, Boston.

Kuskin, J., D. Ofelt, M. Heinrich, J. Heinlein, R. Simoni, K. Gharachorloo, J. Chapin, D. Nakahira, J. Baxter, M. Horowitz, A. Gupta, M. Rosenblum, and J. L. Hennessy [1994]. "The Stanford FLASH multiprocessor," *Proc. 21st Int'l Symposium on Computer Architecture,* Chicago, April.

Lam, M. [1988]. "Software pipelining: An effective scheduling technique for VLIW processors," *SIGPLAN Conf. on Programming Language Design and Implementation,* ACM (June), Atlanta, Ga., 318–328.

Lam, M. S., E. E. Rothberg, and M. E. Wolf [1991]. "The cache performance and optimizations of blocked algorithms," Fourth Int'l Conf. on Architectural Support for Programming Languages and Operating Systems, Santa Clara, Calif., April 8–11. *SIGPLAN Notices* 26:4 (April), 63–74.

Lam, M. S., and R. P. Wilson [1992]. "Limits of control flow on parallelism," *Proc. 19th Symposium on Computer Architecture* (May), Gold Coast, Australia, 46–57.

Lambright, D. [2000]. "Experiences in measuring the reliability of a cache-based storage system," *Proc. of First Workshop on Industrial Experiences with Systems Software* (WIESS 2000), collocated with the 4th Symposium on Operating Systems Design and Implementation (OSDI), San Diego, Calif. (October 22).

Lamport, L. [1979]. "How to make a multiprocessor computer that correctly executes multiprocess programs," *IEEE Trans. on Computers* C-28:9 (September), 241–248.

Laprie, J.-C. [1985]. "Dependable computing and fault tolerance: Concepts and terminology," *Fifteenth Annual Int'l Symposium on Fault-Tolerant Computing FTCS 15.* Digest of Papers. Ann Arbor, Mich. (June 19–21), 2–11.

Larson, E. R. [1973]. "Findings of fact, conclusions of law, and order for judgment," File No. 4-67, Civ. 138, *Honeywell v. Sperry-Rand and Illinois Scientific Development,* U.S. District Court for the State of Minnesota, Fourth Division (October 19).

Laudon, J., A. Gupta, and M. Horowitz [1994]. "Interleaving: A multithreading technique targeting multiprocessors and workstations," *Proc. Sixth Int'l Conf. on Architectural Support for Programming Languages and Operating Systems* (October), Boston, 308–318.

Laudon, J., and D. Lenoski [1997]. "The SGI Origin: A ccNUMA highly scalable server," *Proc. 24th Int'l Symposium on Computer Architecture* (June), Denver, Colo., 241–251.

Lauterbach, G., and T. Horel [1999]. "UltraSPARC-III: Designing third generation 64-bit performance," *IEEE Micro* 19:3 (May/June).

Lazowska, E. D., J. Zahorjan, G. S. Graham, and K. C. Sevcik [1984]. *Quantitative System Performance: Computer System Analysis Using Queueing Network models,* Prentice Hall, Englewood Cliffs, N.J. (Although out of print, it is available online at *www.cs.washington.edu/homes/lazowska/qsp/.)*

Lebeck, A. R., and D. A. Wood [1994]. "Cache profiling and the SPEC benchmarks: A case study," *Computer* 27:10 (October), 15–26.

Lee, R. [1989]. "Precision architecture," *Computer* 22:1 (January), 78–91.

Leighton, F. T. [1992]. *Introduction to Parallel Algorithms and Architectures: Arrays, Trees, Hypercubes,* Morgan Kaufmann, San Francisco.

Leiner, A. L. [1954]. "System specifications for the DYSEAC," *J. ACM* 1:2 (April), 57–81.

Leiner, A. L., and S. N. Alexander [1954]. "System organization of the DYSEAC," *IRE Trans. of Electronic Computers* EC-3:1 (March), 1–10.

Leiserson, C. E. [1985]. "Fat trees: Universal networks for hardware-efficient supercomputing," *IEEE Trans. on Computers* C–34:10 (October), 892–901.

Lenoski, D., J. Laudon, K. Gharachorloo, A. Gupta, and J. L. Hennessy [1990]. "The Stanford DASH multiprocessor," *Proc. 17th Int'l Symposium on Computer Architecture* (June), Seattle, Wash., 148–159.

Lenoski, D., J. Laudon, K. Gharachorloo, W.-D. Weber, A. Gupta, J. L. Hennessy, M. A. Horowitz, and M. Lam [1992]. "The Stanford DASH multiprocessor," *IEEE Computer* 25:3 (March).

Levy, H., and R. Eckhouse [1989]. *Computer Programming and Architecture: The VAX,* Digital Press, Boston.

Li, K. [1988]. "IVY: A shared virtual memory system for parallel computing," *Proc. 1988 Int'l Conf. on Parallel Processing,* Pennsylvania State University Press.

Lincoln, N. R. [1982]. "Technology and design trade offs in the creation of a modern supercomputer," *IEEE Trans. on Computers* C-31:5 (May), 363–376.

Lindholm, T., and F. Yellin [1999]. *The Java Virtual Machine Specification,* second edition, Addison-Wesley, Reading, Mass. Also available online at *java.sun.com/docs/books/vmspec/.*

Lipasti, M. H., and J. P. Shen [1996]. "Exceeding the dataflow limit via value prediction," *Proc. 29th Annual ACM/IEEE Int'l Symposium on Microarchitecture* (December).

Lipasti, M. H., C. B. Wilkerson, and J. P. Shen [1996]. "Value locality and load value prediction," *Proc. Seventh Symposium on Architectural Support for Programming Languages and Operating Systems* (October), 138–147.

Liptay, J. S. [1968]. "Structural aspects of the System/360 Model 85, Part II: The cache," *IBM Systems J.* 7:1, 15–21.

Lo, J., L. Barroso, S. Eggers, K. Gharachorloo, H. Levy, and S. Parekh [1998]. "An analysis of database workload performance on simultaneous multithreaded processors," *Proc. 25th Int'l Symposium on Computer Architecture* (June), 39–50.

Lo, J., S. Eggers, J. Emer, H. Levy, R. Stamm, and D. Tullsen [1997]. "Converting thread-level parallelism into instruction-level parallelism via simultaneous multithreading," *ACM Transactions on Computer Systems* 15:2 (August), 322–354.

Lovett, T., and S. Thakkar [1988]. "The Symmetry multiprocessor system," *Proc. 1988 Int'l Conf. of Parallel Processing*, University Park, Penn., 303–310.

Lubeck, O., J. Moore, and R. Mendez [1985]. "A benchmark comparison of three supercomputers: Fujitsu VP-200, Hitachi S810/20, and Cray X-MP/2," *Computer* 18:12 (December), 10–24.

Luk, C.-K., and T. C Mowry [1999]. "Automatic compiler-inserted prefetching for pointer-based applications," *IEEE Trans. on Computers* 48:2 (February), 134–141.

Lunde, A. [1977]. "Empirical evaluation of some features of instruction set processor architecture," *Comm. ACM* 20:3 (March), 143–152.

Luszczek, P., J. J. Dongarra, D. Koester, R. Rabenseifner, B. Lucas, J. Kepner, J. McCalpin, D. Bailey, and D. Takahashi [2005]. "Introduction to the HPC challenge benchmark suite," Lawrence Berkeley National Laboratory, Paper LBNL-57493 (April 25), *repositories.cdlib.org/lbnl/LBNL-57493.*

Maberly, N. C. [1966]. *Mastering Speed Reading,* New American Library, New York.

Magenheimer, D. J., L. Peters, K. W. Pettis, and D. Zuras [1988]. "Integer multiplication and division on the HP precision architecture," *IEEE Trans. on Computers* 37:8, 980–990.

Mahlke, S. A., W. Y. Chen, W.-M. Hwu, B. R. Rau, and M. S. Schlansker [1992]. "Sentinel scheduling for VLIW and superscalar processors," *Proc. Fifth Conf. on Architectural Support for Programming Languages and Operating Systems* (October), Boston, IEEE/ACM, 238–247.

Mahlke, S. A., R. E. Hank, J. E. McCormick, D. I. August, and W. W. Hwu [1995]. "A comparison of full and partial predicated execution support for ILP processors," *Proc. 22nd Annual Int'l Symposium on Computer Architecture* (June), Santa Margherita Ligure, Italy, 138–149.

Major, J. B. [1989]. "Are queuing models within the grasp of the unwashed?," *Proc. Int'l Conf. on Management and Performance Evaluation of Computer Systems,* Reno, Nev. (December 11–15), 831–839.

Markstein, P. W. [1990]. "Computation of elementary functions on the IBM RISC System/6000 processor," *IBM J. of Research and Development* 34:1, 111–119.

Mathis, H. M., A. E. Mercias, J. D. McCalpin, R. J. Eickemeyer, and S. R. Kunkel [2005]. "Characterization of the multithreading (SMT) efficiency in Power5," *IBM J. Res. & Dev.,* 49:4/5 (July/September), 555–564.

McCalpin, J. D. [2005]. *STREAM: Sustainable Memory Bandwidth in High Performance Computers, www.cs.virginia.edu/stream/.*

McCormick, J., and A. Knies [2002]. "A brief analysis of the SPEC CPU2000 benchmarks on the Intel Itanium 2 processor," *Proc. Hot Chips Conference*, Stanford University, August.

McFarling, S. [1989]. "Program optimization for instruction caches," *Proc. Third Int'l Conf. on Architectural Support for Programming Languages and Operating Systems* (April 3–6), Boston, 183–191.

McFarling, S. [1993]. "Combining branch predictors," WRL Technical Note TN-36 (June), Digital Western Research Laboratory, Palo Alto, Calif.

McFarling, S., and J. Hennessy [1986]. "Reducing the cost of branches," *Proc. 13th Symposium on Computer Architecture* (June), Tokyo, 396–403.

McGhan, H., and M. O'Connor [1998]. "PicoJava: A direct execution engine for Java bytecode," *Computer* 31:10 (October), 22–30.

McKeeman, W. M. [1967]. "Language directed computer design," *Proc. 1967 Fall Joint Computer Conf.,* Washington, D.C., 413–417.

McMahon, F. M. [1986]. "The Livermore FORTRAN kernels: A computer test of numerical performance range," Tech. Rep. UCRL-55745, Lawrence Livermore National Laboratory, Univ. of California, Livermore (December).

McNairy, C., and D. Soltis [2003]. "Itanium 2 processor microarchitecture," *IEEE Micro* 23:2 (March–April), 44–55.

Mead, C., and L. Conway [1980]. *Introduction to VLSI Systems,* Addison-Wesley, Reading, Mass.

Mellor-Crummey, J. M., and M. L. Scott [1991]. "Algorithms for scalable synchronization on shared-memory multiprocessors," *ACM Trans. on Computer Systems* 9:1 (February), 21–65.

Menabrea, L. F. [1842]. "Sketch of the analytical engine invented by Charles Babbage," *Bibiothèque Universelle de Genève* (October).

Menon, A., A. L. Cox, and W. Zwaenepoel [2006]. "Optimizing network virtualization in xen," *USENIX Annual Technical Conf.* (June), Boston, Mass.

Menon, A., J. Renato Santos, Y. Turner, G. Janakiraman, and W. Zwaenepoel [2005]. "Diagnosing performance overheads in the xen virtual machine environment," *Proc. 1st ACM/USENIX Int'l Conference on Virtual Execution Environments,* Chicago, 13–23.

Merlin, P. M., and P. J. Schweitzer [1980]. "Deadlock avoidance in store-and-forward networks—I: Store-and-forward deadlock," *IEEE Trans. on Communications* COM–28:3 (March), 345–354.

Metcalfe, R. M. [1993]. "Computer/network interface design: Lessons from Arpanet and Ethernet," *IEEE J. on Selected Areas in Communications* 11:2 (February), 173–180.

Metcalfe, R. M., and D. R. Boggs [1976]. "Ethernet: Distributed packet switching for local computer networks," *Comm. ACM* 19:7 (July), 395–404.

Metropolis, N., J. Howlett, and G. C. Rota, eds. [1980]. *A History of Computing in the Twentieth Century,* Academic Press, New York.

Meyer, R. A., and L. H. Seawright [1970]. A virtual machine time sharing system, *IBM Systems J.* 9:3, 199–218.

Meyers, G. J. [1978]. "The evaluation of expressions in a storage-to-storage architecture," *Computer Architecture News* 7:3 (October), 20–23.

Meyers, G. J. [1982]. *Advances in Computer Architecture*, second edition, Wiley, New York.

Micron [2004]. "Calculating Memory System Power for DDR2," *http://download.micron.com/pdf/pubs/designline/dl1Q04.pdf.*

Micron [2006]. "The Micron® System-Power Calculator," *http://www.micron.com/systemcalc.*

MIPS [1997]. *MIPS16 Application Specific Extension Product Description* (see *www.sgi.com/MIPS/arch/MIPS16/mips16.pdf*).

Miranker, G. S., J. Rubenstein, and J. Sanguinetti [1988]. "Squeezing a Cray-class supercomputer into a single-user package," *COMPCON,* IEEE (March), 452–456.

Mitchell, D. [1989]. "The Transputer: The time is now," *Computer Design* (RISC supplement), 40–41.

Mitsubishi [1996]. *Mitsubishi 32-Bit Single Chip Microcomputer M32R Family Software Manual* (September).

Miura, K., and K. Uchida [1983]. "FACOM vector processing system: VP100/200," *Proc. NATO Advanced Research Work on High Speed Computing* (June); also in K. Hwang, ed., "Superprocessors: Design and applications," *IEEE* (August 1984), 59–73.

Miya, E. N. [1985]. "Multiprocessor/distributed processing bibliography," *Computer Architecture News* (ACM SIGARCH) 13:1, 27–29.

Montoye, R. K., E. Hokenek, and S. L. Runyon [1990]. "Design of the IBM RISC System/6000 floating-point execution," *IBM J. of Research and Development* 34:1, 59–70.

Moore, B., A. Padegs, R. Smith, and W. Bucholz [1987]. "Concepts of the System/370 vector architecture," *Proc. 14th Symposium on Computer Architecture* (June), ACM/IEEE, Pittsburgh, 282–292.

Morse, S., B. Ravenal, S. Mazor, and W. Pohlman [1980]. "Intel microprocessors—8080 to 8086," *Computer* 13:10 (October).

Moshovos, A., S. Breach, T. N. Vijaykumar, and G. S. Sohi [1997]. "Dynamic speculation and synchronization of data dependences," *Proc. 24th Int'l Symposium on Computer Architecture (ISCA),* June, Boulder, Colo.

Moshovos, A., and G. S. Sohi [1997]. "Streamlining inter-operation memory communication via data dependence prediction," *Proc. 30th Annual Int'l Symposium on Microarchitecture (MICRO-30),* December, 235–245.

Moussouris, J., L. Crudele, D. Freitas, C. Hansen, E. Hudson, S. Przybylski, T. Riordan, and C. Rowen [1986]. "A CMOS RISC processor with integrated system functions," *Proc. COMPCON,* IEEE (March), San Francisco, 191.

Mowry, T. C., S. Lam, and A. Gupta [1992]. "Design and evaluation of a compiler algorithm for prefetching," Fifth Int'l Conf. on Architectural Support for Programming Languages and Operating Systems (ASPLOS-V), Boston, October 12–15, *SIGPLAN Notices* 27:9 (September), 62–73.

MSN Money [2005}. "Amazon shares tumble after rally fizzles," *http://moneycentral.msn.com/content/CNBCTV/Articles/Dispatches/P133695.asp.*

Muchnick, S. S. [1988]. "Optimizing compilers for SPARC," *Sun Technology* 1:3 (Summer), 64–77.

Mueller, M., L. C. Alves, W. Fischer, M. L. Fair, and I. Modi [1999]. "RAS strategy for IBM S/390 G5 and G6," *IBM J. Research and Development* 43:5–6 (September–November), 875–888.

Mukherjee, S. S., C. Weaver, J. S. Emer, S. K. Reinhardt, and T. M. Austin [2003]. "Measuring architectural vulnerability factors," *IEEE Micro* 23:6, 70–75.

Murphy, B., and T. Gent [1995]. "Measuring system and software reliability using an automated data collection process," *Quality and Reliability Engineering International* 11:5 (September–October), 341–353.

Myer, T. H., and I. E. Sutherland [1968]. "On the design of display processors," *Communications of the ACM* 11:6 (June), 410–414.

National Research Council [1997]. *The Evolution of Untethered Communications,* Computer Science and Telecommunications Board, National Academy Press, Washington, D.C.

National Storage Industry Consortium [1998]. *Tape Roadmap* (June), *www.nsic.org.*

Nelson, V. P. [1990]. "Fault-tolerant computing: Fundamental concepts," *Computer* 23:7 (July), 19–25.

Ngai, T.-F., and M. J. Irwin [1985]. "Regular, area-time efficient carry-lookahead adders," *Proc. Seventh IEEE Symposium on Computer Arithmetic,* 9–15.

Nicolau, A., and J. A. Fisher [1984]. "Measuring the parallelism available for very long instruction word architectures," *IEEE Trans. on Computers* C-33:11 (November), 968–976.

Nikhil, R. S., G. M. Papadopoulos, and Arvind [1992]. "*T: A multithreaded massively parallel architecture," *Proc. 19th Int'l Symposium on Computer Architecture,* Gold Coast, Australia, May, 156–167.

Noordergraaf, L., and R. van der Pas [1999]. "Performance experiences on Sun's WildFire prototype," *Proc. Supercomputing 99,* Portland, Ore., November.

Nyberg, C. R., T. Barclay, Z. Cvetanovic, J. Gray, and D. Lomet [1994]. "AlphaSort: A RISC machine sort," *Proc. 1994 ACM SIGMOD Int'l Conf. on Management of Data (SIGMOD '04),* Minneapolis, Minn., May.

Oka, M., and M. Suzuoki [1999]. "Designing and programming the emotion engine," *IEEE Micro* 19:6 (November–December), 20–28.

Okada, S., S. Okada, Y. Matsuda, T. Yamada, and A. Kobayashi [1999]. "System on a chip for digital still camera," *IEEE Trans. on Consumer Electronics* 45:3 (August), 584–590.

Oliker, L., A. Canning, J. Carter, J. Shalf, and S. Ethier [2004]. "Scientific computations on modern parallel vector systems," *Proc. ACM/IEEE Conference on Supercomputing,* 10.

Pabst, T. [2000]. "Performance showdown at 133 MHz FSB—the best platform for coppermine," *www6.tomshardware.com/mainboard/00q1/000302/.*

Padua, D., and M. Wolfe [1986]. "Advanced compiler optimizations for supercomputers," *Comm. ACM* 29:12 (December), 1184–1201.

Palacharla, S., and R. E. Kessler [1994]. "Evaluating stream buffers as a secondary cache replacement," *Proc. 21st Annual Int'l Symposium on Computer Architecture,* Chicago, April 18–21, 24–33.

Palmer, J., and S. Morse [1984]. *The 8087 Primer,* J. Wiley, New York, 93.

Pan, S.-T., K. So, and J. T. Rameh [1992]. "Improving the accuracy of dynamic branch prediction using branch correlation," *Proc. Fifth Conf. on Architectural Support for Programming Languages and Operating Systems,* IEEE/ACM (October), Boston, 76–84.

Partridge, C. [1994]. *Gigabit Networking,* Addison-Wesley, Reading, Mass.

Patterson, D. [1985]. "Reduced instruction set computers," *Comm. ACM* 28:1 (January), 8–21.

Patterson, D. [2004]. "Latency lags bandwidth," *CACM* 47:10 (October), 71–75.

Patterson, D. A., and D. R. Ditzel [1980]. "The case for the reduced instruction set computer," *Computer Architecture News* 8:6 (October), 25–33.

Patterson, D. A., P. Garrison, M. Hill, D. Lioupis, C. Nyberg, T. Sippel, and K. Van Dyke [1983]. "Architecture of a VLSI instruction cache for a RISC," *10th Annual*

Int'l Conf. on Computer Architecture Conf. Proc., Stockholm, Sweden, June 13–16, 108–116.

Patterson, D. A., G. A. Gibson, and R. H. Katz [1987]. "A case for redundant arrays of inexpensive disks (RAID)," Tech. Rep. UCB/CSD 87/391, Univ. of Calif. Also appeared in *ACM SIGMOD Conf. Proc.*, Chicago, June 1–3, 1988, 109–116.

Patterson, D. A., and J. L. Hennessy [2004]. *Computer Organization and Design: The Hardware/Software Interface,* third edition, Morgan Kaufmann, San Francisco.

Pavan, P., R. Bez, P. Olivo, and E. Zanoni [1997]. "Flash memory cells—an overview." *Proc. IEEE* 85:8 (August), 1248–1271.

Peh, L. S., and W. J. Dally [2001]. "A delay model and speculative architecture for pipelined routers," *Proc. 7th Int'l Symposium on High Performance Computer Architecture* (January), Monterrey.

Peng, V., S. Samudrala, and M. Gavrielov [1987]. "On the implementation of shifters, multipliers, and dividers in VLSI floating point units," *Proc. Eighth IEEE Symposium on Computer Arithmetic,* 95–102.

Pfister, G. F. [1998]. *In Search of Clusters,* second edition, Prentice Hall, Upper Saddle River, N.J.

Pfister, G. F., W. C. Brantley, D. A. George, S. L. Harvey, W. J. Kleinfekder, K. P. McAuliffe, E. A. Melton, V. A. Norton, and J. Weiss [1985]. "The IBM research parallel processor prototype (RP3): Introduction and architecture," *Proc. 12th Int'l Symposium on Computer Architecture* (June), Boston, 764–771.

Pinkston, T. M. [2004]. "Deadlock characterization and resolution in interconnection networks (Chapter 13)," *Deadlock Resolution in Computer-Integrated Systems,* edited by M. C. Zhu and M. P. Fanti, Marcel Dekkar/CRC Press, 445–492.

Pinkston, T. M., A. Benner, M. Krause, I. Robinson, and T. Sterling [2003]. "InfiniBand: The 'de facto' future standard for system and local area networks or just a scalable replacement for PCI buses?" *Cluster Computing* (Special Issue on Communication Architecture for Clusters) 6:2 (April), 95–104.

Pinkston, T. M., and J. Shin [2005]. "Trends toward on-chip networked microsystems," *International Journal of High Performance Computing and Networking* 3:1, 3–18.

Pinkston, T. M., and S. Warnakulasuriya [1997]. "On deadlocks in interconnection networks," *Proc. 24th Int'l Symposium on Computer Architecture* (June), Denver.

Postiff, M.A., D. A. Greene, G. S. Tyson, and T. N. Mudge [1999]. "The limits of instruction level parallelism in SPEC95 applications," *Computer Architecture News* 27:1 (March), 31–40.

Przybylski, S. A. [1990]. *Cache Design: A Performance-Directed Approach,* Morgan Kaufmann, San Francisco.

Przybylski, S. A., M. Horowitz, and J. L. Hennessy [1988]. "Performance trade-offs in cache design," *Proc. 15th Annual Symposium on Computer Architecture* (May–June), Honolulu, 290–298.

Puente, V., R. Beivide, J. A. Gregorio, J. M. Prellezo, J. Duato, and C. Izu [1999]. "Adaptive bubble router: A design to improve performance in torus networks," *Proc. 28th Int'l Conference on Parallel Processing* (September), Aizu-Wakamatsu, Japan.

Radin, G. [1982]. "The 801 minicomputer," *Proc. Symposium Architectural Support for Programming Languages and Operating Systems* (March), Palo Alto, Calif., 39–47.

Ramamoorthy, C. V., and H. F. Li [1977]. "Pipeline architecture," *ACM Computing Surveys* 9:1 (March), 61–102.

Rau, B. R. [1994]. "Iterative modulo scheduling: An algorithm for software pipelining loops," *Proc. 27th Annual Int'l Symposium on Microarchitecture* (November), San Jose, Calif., 63–74.

Rau, B. R., C. D. Glaeser, and R. L. Picard [1982]. "Efficient code generation for horizontal architectures: Compiler techniques and architectural support," *Proc. Ninth Symposium on Computer Architecture* (April), 131–139.

Rau, B. R., D. W. L. Yen, W. Yen, and R. A. Towle [1989]. "The Cydra 5 departmental supercomputer: Design philosophies, decisions, and trade-offs," *IEEE Computers* 22:1 (January), 12–34.

Redmond, K. C., and T. M. Smith [1980]. *Project Whirlwind—The History of a Pioneer Computer,* Digital Press, Boston.

Reinhardt, S. K., J. R. Larus, and D. A. Wood [1994]. "Tempest and Typhoon: User-level shared memory," *Proc. 21st Annual Int'l Symposium on Computer Architecture,* Chicago, April, 325–336.

Reinman, G., and N. P. Jouppi. [1999]. "Extensions to CACTI," *research.compaq.com/wrl/people/jouppi/CACTI.html.*

Rettberg, R. D., W. R. Crowther, P. P. Carvey, and R. S. Towlinson [1990]. "The Monarch parallel processor hardware design," *IEEE Computer* 23:4 (April).

Riemens, A., K. A. Vissers, R. J. Schutten, F. W. Sijstermans, G. J. Hekstra, and G. D. La Hei [1999]."Trimedia CPU64 application domain and benchmark suite," *Proc. 1999 IEEE Int'l Conf. on Computer Design: VLSI in Computers and Processors, ICCD'99,* Austin, Tex., October 10–13, 580–585.

Riseman, E. M., and C. C. Foster [1972]. "Percolation of code to enhance paralled dispatching and execution," *IEEE Trans. on Computers* C-21:12 (December), 1411–1415.

Robin, J., and C. Irvine [2000]. "Analysis of the Intel Pentium's ability to support a secure virtual machine monitor." *Proc. 9th USENIX Security Symposium,* Denver, Colo., August 14–17.

Robinson, B., and L. Blount [1986]. "The VM/HPO 3880-23 performance results," IBM Tech. Bulletin GG66-0247-00 (April), Washington Systems Center, Gaithersburg, Md.

Ropers, A., H. W. Lollman, and J. Wellhausen [1999]. "DSPstone: Texas Instruments TMS320C54x," Technical Report Nr. IB 315 1999/9-ISS-Version 0.9, Aachen University of Technology, *www.ert.rwth-aachen.de/Projekte/Tools/coal/dspstone_c54x/index.html.*

Rosenblum, M., S. A. Herrod, E. Witchel, and A. Gupta [1995]. "Complete computer simulation: The SimOS approach," in *IEEE Parallel and Distributed Technology* (now called *Concurrency*) 4:3, 34–43.

Rowen, C., M. Johnson, and P. Ries [1988]. "The MIPS R3010 floating-point coprocessor," *IEEE Micro,* 53–62 (June).

Russell, R. M. [1978]. "The Cray-1 processor system," *Comm. of the ACM* 21:1 (January), 63–72.

Rymarczyk, J. [1982]. "Coding guidelines for pipelined processors," *Proc. Symposium on Architectural Support for Programming Languages and Operating Systems,* IEEE/ACM (March), Palo Alto, Calif., 12–19.

Saavedra-Barrera, R. H. [1992]. *CPU Performance Evaluation and Execution Time Prediction Using Narrow Spectrum Benchmarking,* Ph.D. dissertation, University of Calif., Berkeley (May).

Salem, K., and H. Garcia-Molina [1986]. "Disk striping," *IEEE 1986 Int'l Conf. on Data Engineering,* February 5–7, Washington, D.C., 249–259.

Saltzer, J. H., D. P. Reed, and D. D. Clark [1984]. "End-to-end arguments in system design," *ACM Trans. on Computer Systems* 2:4 (November), 277–288.

Samples, A. D., and P. N. Hilfinger [1988]. "Code reorganization for instruction caches," Tech. Rep. UCB/CSD 88/447 (October), University of Calif., Berkeley.

Santoro, M. R., G. Bewick, and M. A. Horowitz [1989]. "Rounding algorithms for IEEE multipliers," *Proc. Ninth IEEE Symposium on Computer Arithmetic,* 176–183.

Satran, J., D. Smith, K. Meth, C. Sapuntzakis, M. Wakeley, P. Von Stamwitz, R. Haagens, E. Zeidner, L. Dalle Ore, and Y. Klein [2001]. "iSCSI," IPS working group of IETF, Internet draft *www.ietf.org/internet-drafts/draft-ietf-ips-iscsi-07.txt.*

Saulsbury, A., T. Wilkinson, J. Carter, and A. Landin [1995]. "An argument for Simple COMA," *Proc. First Conf. on High Performance Computer Architectures* (January), Raleigh, N.C., 276–285.

Schneck, P. B. [1987]. *Superprocessor Architecture,* Kluwer Academic Publishers, Norwell, Mass.

Schwartz, J. T. [1980]. "Ultracomputers," *ACM Trans. on Programming Languages and Systems* 4:2, 484–521.

Scott, N. R. [1985]. *Computer Number Systems and Arithmetic,* Prentice Hall, Englewood Cliffs, N.J.

Scott, S. L. [1996]. "Synchronization and communication in the T3E multiprocessor," *Proc. Architectural Support for Programming Languages and Operating Systems (ASPLOS-VII),* Cambridge, Mass., October, 26–36.

Scott, S. L., and J. Goodman [1994]. "The impact of pipelined channels on k-ary n-cube networks," *IEEE Trans. on Parallel and Distributed Systems* 5:1 (January), 1–16.

Scott, S. L., and G. M. Thorson [1996]. "The Cray T3E network: Adaptive routing in a high performance 3D torus," *Proc. Symposium on High Performance Interconnects (Hot Interconnects 4),* Stanford University, August, 14–156.

Scranton, R. A., D. A. Thompson, and D. W. Hunter [1983]. "The access time myth," Tech. Rep. RC 10197 (45223) (September 21), IBM, Yorktown Heights, N.Y.

Seagate [2000]. *Seagate Cheetah 73 Family: ST173404LW/LWV/LC/LCV Product Manual,* Volume 1, *www.seagate.com/support/disc/manuals/scsi/29478b.pdf.*

Seattle PI [2005}. "Amazon sees sales rise, profit fall," *http://seattlepi.nwsource.com/business/245943_techearns26.html.*

Seitz, C. L. [1985]. "The Cosmic Cube (concurrent computing)," *Communications of the ACM* 28:1 (January), 22–33.

Senior, J. M. [1993]. *Optical Fiber Commmunications: Principles and Practice,* second edition, Prentice Hall, Hertfordshire, U.K.

Sharangpani, H., and K. Arora [2000]. "Itanium Processor Microarchitecture," *IEEE Micro* 20:5 (September–October), 24–43.

Shurkin, J. [1984]. *Engines of the Mind: A History of the Computer,* W. W. Norton, New York.

Shustek, L. J. [1978]. *Analysis and Performance of Computer Instruction Sets,* Ph.D. dissertation, Stanford University (January).

Silicon Graphics [1996]. *MIPS V Instruction Set* (see *http://www.sgi.com/MIPS/arch/ISA5/#MIPSV_indx*).

Singh, J. P., J. L. Hennessy, and A. Gupta [1993]. "Scaling parallel programs for multiprocessors: Methodology and examples," *Computer* 26:7 (July), 22–33.

Singhal, R. [2004]. "Intel Pentium 4 processor on 90nm technology," presentation at Hot Chips 16 Conf., Stanford University, August.

Sinharoy, B., R. N. Koala, J. M. Tendler, R. J. Eickemeyer, and J. B. Joyner [2005]. "POWER5 system microarchitecture," *IBM J. Res. & Dev,* 49:4–5, 505–521.

Sites, R. [1979]. *Instruction Ordering for the CRAY-1 Computer,* Tech. Rep. 78-CS-023 (July), Dept. of Computer Science, Univ. of Calif., San Diego.

Sites, R. L. (ed.) [1992]. *Alpha Architecture Reference Manual,* Digital Press, Burlington, Mass.

Sites, R. L., and R. Witek, (eds.) [1995]. *Alpha Architecture Reference Manual,* second edition, Digital Press, Newton, Mass.

Skadron, K., P. S. Ahuja, M. Martonosi, and D. W. Clark [1999]. "Branch prediction, instruction-window size, and cache size: Performance tradeoffs and simulation techniques," *IEEE Trans. on Computers* 48:11 (November).

Skadron, K., and D. W. Clark [1997]. "Design issues and tradeoffs for write buffers," *Proc. Third Int'l Symposium on High-Performance Computer Architecture,* 144–155.

Slater, R. [1987]. *Portraits in Silicon,* MIT Press, Cambridge, Mass.

Slotnick, D. L., W. C. Borck, and R. C. McReynolds [1962]. "The Solomon computer," *Proc. Fall Joint Computer Conf.* (December), Philadelphia, 97–107.

Smith, A. J. [1982]. "Cache memories," *Computing Surveys* 14:3 (September), 473–530.

Smith, A., and J. Lee [1984]. "Branch prediction strategies and branch-target buffer design," *Computer* 17:1 (January), 6–22.

Smith, B. J. [1978]. "A pipelined, shared resource MIMD computer," *Proc. 1978 ICPP* (August), 6–8.

Smith, B. J. [1981]. "Architecture and applications of the HEP multiprocessor system," *Real-Time Signal Processing IV* 298 (August), 241–248.

Smith, J. E. [1981]. "A study of branch prediction strategies," *Proc. Eighth Symposium on Computer Architecture* (May), Minneapolis, 135–148.

Smith, J. E. [1984]. "Decoupled access/execute computer architectures," *ACM Trans. on Computer Systems* 2:4 (November), 289–308.

Smith, J. E. [1988]. "Characterizing computer performance with a single number," *Comm. ACM* 31:10 (October), 1202–1206.

Smith, J. E. [1989]. "Dynamic instruction scheduling and the Astronautics ZS-1," *Computer* 22:7 (July), 21–35.

Smith, J. E., G. E. Dermer, B. D. Vanderwarn, S. D. Klinger, C. M. Rozewski, D. L. Fowler, K. R. Scidmore, and J. P. Laudon [1987]. "The ZS-1 central processor," *Proc. Second Conf. on Architectural Support for Programming Languages and Operating Systems,* IEEE/ACM (March), Palo Alto, Calif., 199–204.

Smith, J. E., and J. R. Goodman [1983]. "A study of instruction cache organizations and replacement policies," *Proc. 10th Annual Symposium on Computer Architecture* (June 5–7), Stockholm, 132–137.

Smith, J. E., and A. R. Pleszkun [1988]. "Implementing precise interrupts in pipelined processors," *IEEE Trans. on Computers* 37:5 (May), 562–573. (This paper is based on an earlier paper that appeared in *Proc. 12th Symposium on Computer Architecture,* June 1988.)

Smith, M. D., M. Horowitz, and M. S. Lam [1992]. "Efficient superscalar performance through boosting," *Proc. Fifth Conf. on Architectural Support for Programming Languages and Operating Systems* (October), Boston, IEEE/ACM, 248–259.

Smith, M. D., M. Johnson, and M. A. Horowitz [1989]. "Limits on multiple instruction issue," *Proc. Third Conf. on Architectural Support for Programming Languages and Operating Systems,* IEEE/ACM (April), Boston, 290–302.

Smotherman, M. [1989]. "A sequencing-based taxonomy of I/O systems and review of historical machines," *Computer Architecture News* 17:5 (September), 5–15. Reprinted in *Computer Architecture Readings,* Morgan Kaufmann, 1999, 451–461.

Sodani, A., and G. Sohi [1997]. "Dynamic instruction reuse," *Proc. 24th Int'l Symposium on Computer Architecture* (June).

Sohi, G. S. [1990]. "Instruction issue logic for high-performance, interruptible, multiple functional unit, pipelined computers," *IEEE Trans. on Computers* 39:3 (March), 349–359.

Sohi, G. S., and S. Vajapeyam [1989]. "Tradeoffs in instruction format design for horizontal architectures," *Proc. Third Conf. on Architectural Support for Programming Languages and Operating Systems,* IEEE/ACM (April), Boston, 15–25.

Soundararajan, V., M. Heinrich, B. Verghese, K. Gharachorloo, A. Gupta, and J. L. Hennessy [1998]. "Flexible use of memory for replication/migration in cache-coherent DSM multiprocessors," *Proc. 25th Int'l Symposium on Computer Architecture* (June), Barcelona, 342–355.

SPEC [1989]. *SPEC Benchmark Suite Release 1.0* (October 2).

SPEC [1994]. *SPEC Newsletter* (June).

Sporer, M., F. H. Moss, and C. J. Mathais [1988]. "An introduction to the architecture of the Stellar Graphics supercomputer," *COMPCON,* IEEE (March), 464.

Spurgeon, C. [2001]. "Charles Spurgeon's Ethernet Web site," *wwwhost.ots.utexas.edu/ethernet/ethernet-home.html.*

Spurgeon, C. [2006]. "Charles Spurgeon's Ethernet Web Site," *www.ethermanage.com/ethernet/ethernet.html.*

Stenström, P., T. Joe, and A. Gupta [1992]. "Comparative performance evaluation of cache-coherent NUMA and COMA architectures," *Proc. 19th Annual Int'l Symposium on Computer Architecture,* May, Queensland, Australia, 80–91.

Sterling, T. [2001]. *Beowulf PC Cluster Computing with Windows and Beowulf PC Cluster Computing with Linux,* MIT Press, Cambridge, Mass.

Stern, N. [1980]. "Who invented the first electronic digital computer?" *Annals of the History of Computing* 2:4 (October), 375–376.

Stevens, W. R. [1994–1996]. *TCP/IP Illustrated* (three volumes), Addison-Wesley, Reading, Mass.

Stokes, J. [2000]. "Sound and vision: A technical overview of the emotion engine," *arstechnica.com/reviews/1q00/playstation2/ee-1.html.*

Stone, H. [1991]. *High Performance Computers,* Addison-Wesley, New York.

Strauss, W. [1998]. "DSP strategies 2002," *Forward Concepts, www.usadata.com/market_research/spr_05/spr_r127-005.htm.*

Strecker, W. D. [1976]. "Cache memories for the PDP-11?," *Proc. Third Annual Symposium on Computer Architecture* (January), Pittsburgh, 155–158.

Strecker, W. D. [1978]. "VAX-11/780: A virtual address extension of the PDP-11 family," *Proc. AFIPS National Computer Conf.* 47, 967–980.

Sugumar, R. A., and S. G. Abraham [1993]. "Efficient simulation of caches under optimal replacement with applications to miss characterization," *1993 ACM Sigmetrics Conf. on Measurement and Modeling of Computer Systems,* Santa Clara, Calif., May 17–21, 24–35.

Sun Microsystems [1989]. *The SPARC Architectural Manual,* Version 8, Part No. 800-1399-09, August 25.

Sussenguth, E. [1999]. "IBM's ACS-1 Machine," *IEEE Computer* 22:11 (November).

Swan, R. J., A. Bechtolsheim, K. W. Lai, and J. K. Ousterhout [1977]. "The implementation of the Cm* multi-microprocessor," *Proc. AFIPS National Computing Conf.,* 645–654.

Swan, R. J., S. H. Fuller, and D. P. Siewiorek [1977]. "Cm*—a modular, multi-microprocessor," *Proc. AFIPS National Computer Conf.* 46, 637–644.

Swartzlander, E. (ed.) [1990]. *Computer Arithmetic,* IEEE Computer Society Press, Los Alamitos, Calif.

Takagi, N., H. Yasuura, and S. Yajima [1985]."High-speed VLSI multiplication algorithm with a redundant binary addition tree," *IEEE Trans. on Computers* C-34:9, 789–796.

Talagala, N. [2000]. *Characterizing large storage systems: Error behavior and performance benchmarks,* Ph.D. dissertation CSD-99-1066, June 13, 1999.

Talagala, N., R. Arpaci-Dusseau, and D. Patterson [2000]. "Micro-benchmark based extraction of local and global disk characteristics," CSD-99-1063, June 13.

Talagala, N., S. Asami, D. Patterson, R. Futernick, and D. Hart [2000]. "The art of massive storage: A case study of a Web image archive," *Computer* (November).

Talagala, N., and D. Patterson [1999]. "An analysis of error behavior in a large storage system," Tech. Report UCB//CSD-99-1042, Computer Science Division, University of California at Berkeley (February).

Tamir, Y., and G. Frazier [1992]. "Dynamically-allocated multi-queue buffers for VLSI communication switches," *IEEE Trans. on Computers* 41:6 (June), 725–734.

Tanenbaum, A. S. [1978]. "Implications of structured programming for machine architecture," *Comm. ACM* 21:3 (March), 237–246.

Tanenbaum, A. S. [1988]. *Computer Networks,* second edition, Prentice Hall, Englewood Cliffs, N.J.

Tang, C. K. [1976]. "Cache design in the tightly coupled multiprocessor system," *Proc. AFIPS National Computer Conf.,* New York (June), 749–753.

Tanqueray, D. [2002]. "The Cray X1 and supercomputer road map," 13th Daresbury Machine Evaluation Workshop (December 11–12).

Tarjan, D., S. Thoziyoor, and N. Jouppi [2005]. HPL Technical report on CACTI 4.0. *www.hpl.hp.com/techeports/2006/HPL=2006+86.html.*

Taylor, G. S. [1981]. "Compatible hardware for division and square root," *Proc. Fifth IEEE Symposium on Computer Arithmetic,* 127–134.

Taylor, G. S. [1985]. "Radix 16 SRT dividers with overlapped quotient selection stages," *Proc. Seventh IEEE Symposium on Computer Arithmetic,* 64–71.

Taylor, G., P. Hilfinger, J. Larus, D. Patterson, and B. Zorn [1986]. "Evaluation of the SPUR LISP architecture," *Proc. 13th Symposium on Computer Architecture* (June), Tokyo.

Taylor, M. B., W. Lee, S. P. Amarasinghe, and A. Agarwal [2005]. "Scalar operand networks," *IEEE Trans. on Parallel and Distributed Systems* 16:2 (February), 145–162.

Tendler, J. M., J. S. Dodson, J. S. Fields, Jr., H. Le, and B. Sinharoy [2002]. "Power4 system microarchitecture," *IBM J. Res & Dev* 46:1, 5–26.

Texas Instruments [2000]. "History of innovation: 1980s," *www.ti.com/corp/docs/company/history/1980s.shtml.*

Thacker, C. P., E. M. McCreight, B. W. Lampson, R. F. Sproull, and D. R. Boggs [1982]. "Alto: A personal computer," in *Computer Structures: Principles and Examples,* D. P. Siewiorek, C. G. Bell, and A. Newell, eds., McGraw-Hill, New York, 549–572.

Thadhani, A. J. [1981]. "Interactive user productivity," *IBM Systems J.* 20:4, 407–423.

Thekkath, R., A. P. Singh, J. P. Singh, S. John, and J. L. Hennessy [1997]. "An evaluation of a commercial CC-NUMA architecture—the CONVEX Exemplar SPP1200," *Proc. 11th Int'l Parallel Processing Symposium (IPPS '97),* Geneva, Switzerland, April.

Thorlin, J. F. [1967]. "Code generation for PIE (parallel instruction execution) computers," *Proc. Spring Joint Computer Conf.,* 27.

Thornton, J. E. [1964]. "Parallel operation in Control Data 6600," *Proc. AFIPS Fall Joint Computer Conf., Part II,* 26, 33–40.

Thornton, J. E. [1970]. *Design of a Computer, the Control Data 6600,* Scott, Foresman, Glenview, Ill.

Tjaden, G. S., and M. J. Flynn [1970]. "Detection and parallel execution of independent instructions," *IEEE Trans. on Computers* C-19:10 (October), 889–895.

Tomasulo, R. M. [1967]. "An efficient algorithm for exploiting multiple arithmetic units," *IBM J. Research and Development* 11:1 (January), 25–33.

Torrellas, J., A. Gupta, and J. Hennessy [1992]. "Characterizing the caching and synchronization performance of a multiprocessor operating system," Fifth Int'l Conf. on Architectural Support for Programming Languages and Operating Systems (ASPLOS-V), Boston, October 12–15, *SIGPLAN Notices* 27:9 (September), 162–174.

Touma, W. R. [1993]. *The Dynamics of the Computer Industry: Modeling the Supply of Workstations and Their Components,* Kluwer Academic, Boston.

Tuck, N., and D. Tullsen [2003]. "Initial observations of the simultaneous multithreading Pentium 4 processor," *Proc. 12th Int. Conf. on Parallel Architectures and Compilation Techniques (PACT'03)*, 26–34.

Tullsen, D. M., S. J. Eggers, J. S. Emer, H. M. Levy, J. L. Lo, and R. L. Stamm [1996]. "Exploiting choice: Instruction fetch and issue on an implementable simultaneous multithreading processor," *Proc. 23rd Annual Int'l Symposium on Computer Architecture* (May), 191–202.

Tullsen, D. M., S. J. Eggers, and H. M. Levy [1995]. "Simultaneous multithreading: Maximizing on-chip parallelism," *Proc. 22nd Int'l Symposium on Computer Architecture* (June), 392–403.

Ungar, D., R. Blau, P. Foley, D. Samples, and D. Patterson [1984]. "Architecture of SOAR: Smalltalk on a RISC," *Proc. 11th Symposium on Computer Architecture* (June), Ann Arbor, Mich., 188–197.

Unger, S. H. [1958]. "A computer oriented towards spatial problems," *Proc. Institute of Radio Engineers* 46:10 (October), 1744–1750.

Vaidya, A. S., A Sivasubramaniam, and C. R. Das [1997]. "Performance benefits of virtual channels and adaptive routing: An application-driven study," *Proceedings of the 1997 Int'l Conference on Supercomputing* (July), Austria.

Vajapeyam, S. [1991]. *Instruction-level characterization of the Cray Y-MP processor,* Ph.D. thesis, Computer Sciences Department, University of Wisconsin-Madison.

van Eijndhoven, J. T. J., F. W. Sijstermans, K. A. Vissers, E. J. D. Pol, M. I. A. Tromp, P. Struik, R. H. J. Bloks, P. van der Wolf, A. D. Pimentel, and H. P. E. Vranken [1999]. "Trimedia CPU64 architecture," *Proc. 1999 IEEE Int'l Conf. on Computer Design: VLSI in Computers and Processors, ICCD'99,* Austin, Tex., October 10–13, 586–592.

Van Vleck, T. [2005]. "The IBM 360/67 and CP/CMS," *http://www.multicians.org/thvv/360-67.html.*

von Eicken, T., D. E. Culler, S. C. Goldstein, K. E. Schauser [1992]. "Active Messages: A mechanism for integrated communication and computation,"*Proc. 19th Int'l Symposium on Computer Architecture* (May), Australia.

Waingold, E., M. Taylor, D. Srikrishna, V. Sarkar, W. Lee, V. Lee, J. Kim, M. Frank, P. Finch, R. Barua, J. Babb, S. Amarasinghe, and A. Agarwal [1997]. "Baring it all to software: Raw Machines," *IEEE Computer* 30 (September), 86–93.

Wakerly, J. [1989]. *Microcomputer Architecture and Programming,* Wiley, New York.

Wall, D. W. [1991]. "Limits of instruction-level parallelism," *Proc. Fourth Conf. on Architectural Support for Programming Languages and Operating Systems* (April), Santa Clara, Calif., IEEE/ACM, 248–259.

Wall, D. W. [1993]. *Limits of Instruction-Level Parallelism,* Research Rep. 93/6, Western Research Laboratory, Digital Equipment Corp. (November).

Walrand, J. [1991]. *Communication Networks: A First Course*, Aksen Associates: Irwin, Homewood, Ill.

Wang, W.-H., J.-L. Baer, and H. M. Levy [1989]. "Organization and performance of a two-level virtual-real cache hierarchy," *Proc. 16th Annual Symposium on Computer Architecture* (May 28–June 1), Jerusalem, 140–148.

Watanabe, T. [1987]. "Architecture and performance of the NEC supercomputer SX system," *Parallel Computing* 5, 247–255.

Waters, F. (ed.) [1986]. *IBM RT Personal Computer Technology,* IBM, Austin, Tex., SA 23-1057.

Watson, W. J. [1972]. "The TI ASC—a highly modular and flexible super processor architecture," *Proc. AFIPS Fall Joint Computer Conf.,* 221–228.

Weaver, D. L., and T. Germond [1994]. *The SPARC Architectural Manual,* Version 9, Prentice Hall, Englewood Cliffs, N.J.

Weicker, R. P. [1984]. "Dhrystone: A synthetic systems programming benchmark," *Comm. ACM* 27:10 (October), 1013–1030.

Weiss, S., and J. E. Smith [1984]. "Instruction issue logic for pipelined supercomputers," *Proc. 11th Symposium on Computer Architecture* (June), Ann Arbor, Mich., 110–118.

Weiss, S., and J. E. Smith [1987]. "A study of scalar compilation techniques for pipelined supercomputers," *Proc. Second Conf. on Architectural Support for Programming Languages and Operating Systems* (March), IEEE/ACM, Palo Alto, Calif., 105–109.

Weiss, S., and J. E. Smith [1994]. *Power and PowerPC,* Morgan Kaufmann, San Francisco.

Weste, N., and K. Eshraghian [1993]. *Principles of CMOS VLSI Design: A Systems Perspective,* second edition, Addison-Wesley, Reading, Mass.

Wiecek, C. [1982]. "A case study of the VAX 11 instruction set usage for compiler execution," *Proc. Symposium on Architectural Support for Programming Languages and Operating Systems* (March), IEEE/ACM, Palo Alto, Calif., 177–184.

Wilkes, M. [1965]. "Slave memories and dynamic storage allocation," *IEEE Trans. Electronic Computers* EC-14:2 (April), 270–271.

Wilkes, M. V. [1982]. "Hardware support for memory protection: Capability implementations," *Proc. Symposium on Architectural Support for Programming Languages and Operating Systems* (March 1–3), Palo Alto, Calif., 107–116.

Wilkes, M. V. [1985]. *Memoirs of a Computer Pioneer,* MIT Press, Cambridge, Mass.

Wilkes, M. V. [1995]. *Computing Perspectives,* Morgan Kaufmann, San Francisco.

Wilkes, M. V., D. J. Wheeler, and S. Gill [1951]. *The Preparation of Programs for an Electronic Digital Computer,* Addison-Wesley, Cambridge, Mass.

Williams, T. E., M. Horowitz, R. L. Alverson, and T. S. Yang [1987]. "A self-timed chip for division," *Advanced Research in VLSI, Proc. 1987 Stanford Conf.,* MIT Press, Cambridge, Mass.

Wilson, A. W., Jr. [1987]. "Hierarchical cache/bus architecture for shared-memory multiprocessors," *Proc. 14th Int'l Symposium on Computer Architecture* (June), Pittsburgh, 244–252.

Wilson, R. P., and M. S. Lam [1995]. "Efficient context-sensitive pointer analysis for C programs," *Proc. ACM SIGPLAN'95 Conf. on Programming Language Design and Implementation,* La Jolla, Calif., June, 1–12.

Wolfe, A., and J. P. Shen [1991]. "A variable instruction stream extension to the VLIW architecture," *Proc. Fourth Conference on Architectural Support for Programming Languages and Operating Systems* (April), Santa Clara, Calif., 2–14.

Wood, D. A., and M. D. Hill [1995]. "Cost-effective parallel computing," *IEEE Computer* 28:2 (February).

Wulf, W. [1981]. "Compilers and computer architecture," *Computer* 14:7 (July), 41–47.

Wulf, W., and C. G. Bell [1972]. "C.mmp—A multi-mini-processor," *Proc. AFIPS Fall Joint Computing Conf.* 41, part 2, 765–777.

Wulf, W., and S. P. Harbison [1978]. "Reflections in a pool of processors—an experience report on C.mmp/Hydra," *Proc. AFIPS 1978 National Computing Conf.* 48 (June), Anaheim, Calif., 939–951.

Wulf, W. A., R. Levin, and S. P. Harbison [1981]. *Hydra/C.mmp: An Experimental Computer System,* McGraw-Hill, New York.

Yamamoto, W., M. J. Serrano, A. R. Talcott, R. C. Wood, and M. Nemirosky [1994]. "Performance estimation of multistreamed, superscalar processors," *Proc. 27th Hawaii Int'l Conf. on System Sciences* (January), I:195–204.

Yang, Y., and G. Mason [1991]. "Nonblocking broadcast switching networks," *IEEE Trans. on Computers* 40:9 (September), 1005–1015.

Yeager, K. [1996]. "The MIPS R10000 superscalar microprocessor," *IEEE Micro* 16:2 (April), 28–40.

Yeh, T., and Y. N. Patt [1992]. "Alternative implementations of two-level adaptive branch prediction," *Proc. 19th Int'l Symposium on Computer Architecture* (May), Gold Coast, Australia, 124–134.

Yeh, T., and Y. N. Patt [1993]. "A comparison of dynamic branch predictors that use two levels of branch history," *Proc. 20th Symposium on Computer Architecture* (May), San Diego, 257–266.

찾아보기

CD에 대한 정보

이 책과 동반된 CD에는 다음의 정보가 포함되어 있다.

- *참고문헌 부록.* 관련 전문가가 저술한 이 부록들은 특정 아키텍처, 임베디드 시스템, 특정 응용 프로세서(application-specific processors) 등 다양한 주제를 다루고 있다.
- *역사적 관점과 참고문헌.* 부록 K의 각 절은 이 책의 각 장에서 제시하는 주요 개념들을 심도 있게 논의하며 각 주제와 관련된 여러 참고문헌을 제공한다.
- *검색 엔진.* 출판된 책과 CD-기반의 부록의 내용을 모두 검색할 수 있는 검색 엔진을 포함하였다.

CD의 부록

- **부록 D:** 임베디드 시스템
- **부록 E:** 연결망 회로(Interconnection Networks)
- **부록 F:** 벡터 프로세서
- **부록 G:** VLIW와 EPIC 구조의 하드웨어와 소프트웨어
- **부록 H:** 대형 멀티프로세서와 과학 응용
- **부록 I:** 컴퓨터 연산
- **부록 J:** 명령어 집합 구조에 대한 문헌 조사
- **부록 K:** 역사적 관점과 참고문헌

ucloud office 부록 CD 다운로드 안내

http://office.ucloud.com

ID : pptsm@ucloud.com
PW : hp2274

⇒ My ucloud ⇨ 게스트폴더 ⇨ 해당 도서 폴더 검색 ⇨
폴더 PW : ISBN(978 혹은 89를 제외한)뒤 8자리 번호를 입력

정가 35,000원

컴퓨터 구조 : 정량적인 접근 방식 (제4판)
Computer Architecture A Quantitative Approach

2008년 8월 20일 초판 인쇄
2008년 8월 30일 초판 발행

저 자 : John L. Hennessy · David A. Patterson
역 자 : 최 린
발행자 : 우명찬 · 송 준
발행처 : 홍릉과학출판사
주 소 : 서울시 강북구 수유5동 455-60
142-885
등 록 : 1976년 10월 21일 제5-66호
전 화 : (02) 999-2274, 996-8341, 903-7037
팩 스 : (02) 905-6729
e-mail: hongpub@hongpub.co.kr
http://www.hongpub.co.kr

저자와의 협의하에 인지생략